Unternehmen und Steuern
Herausgeber: Prof. Dr. Jochen Sigloch, Universität Bayreuth
Prof. Dr. Klaus Henselmann, Universität Erlangen-Nürnberg

Band 56

Dietmar Tzschentke

Mitarbeiterbeteiligung und deren Besteuerung in Deutschland, Frankreich und Großbritannien

Bestandsaufnahme und Perspektiven

Shaker Verlag
Aachen 2010

Bibliografische Information der Deutschen Nationalbibliothek
Die Deutsche Nationalbibliothek verzeichnet diese Publikation in der Deutschen Nationalbibliografie; detaillierte bibliografische Daten sind im Internet über http://dnb.d-nb.de abrufbar.

Zugl.: Bayreuth, Univ., Diss., 2008

Printed in Germany.

ISBN 978-3-8322-7712-3
ISSN 1436-7246

Shaker Verlag GmbH • Postfach 101818 • 52018 Aachen
Telefon: 02407 / 95 96 - 0 • Telefax: 02407 / 95 96 - 9
Internet: www.shaker.de • E-Mail: info@shaker.de

Geleitwort

Die Idee der Mitarbeiterbeteiligung kann in Deutschland auf eine mehr als 150-jährige Geschichte zurückblicken. Ein näherer Blick macht deutlich, dass die Motive für eine Mitarbeiterbeteiligung sehr verschiedenartig sind und im Zeitablauf erheblichen Wandlungen unterlegen haben. Trotz vieler kleiner Erfolge ist dem Beteiligungsgedanken in Deutschland im Gegensatz zu Frankreich und Großbritannien allerdings der von manchen ersehnte große Durchbruch bislang versagt geblieben.

Vor diesem Hintergrund erscheint das Anliegen von Herrn Tzschentke verständlich und begrüßenswert

- die Ursachen für die vergleichsweise geringe Akzeptanz der Mitarbeiterbeteiligung in Deutschland und
- die Gründe für die relativ hohe Verbreitung in Frankreich und Großbritannien

zu analysieren. Darauf aufbauend sollen zielführende Handlungsempfehlungen herausgearbeitet werden. Dem steuerlichen Schwerpunkt der Arbeit entsprechend gilt dabei das besondere Anliegen dem Abbau oder zumindest der Abmilderung hinderlicher und der Schaffung förderlicher steuerlicher Rahmenbedingungen für die Mitarbeiterbeteiligung.

Die kritische Bestandsaufnahme der Mitarbeiterbeteiligung in Deutschland, Frankreich und Großbritannien hebt zunächst die Besonderheit hervor, dass in Frankreich für Unternehmen ab einer gewissen Größenordnung die Mitabeiterbeteiligung gesetzlich zwingend vorgeschrieben ist. Daneben erweisen sich die steuerlichen Rahmenbedingungen als wichtiger Erfolgsfaktor für die Mitarbeiterbeteiligung. Anzuführen sind insbesondere die großzügigen steuerlichen Förderbeträge in Frankreich und Großbritannien für betriebliche Mitarbeiterbeteiligungsmodelle. Daneben ergeben sich günstige steuerliche Folgewirkungen aus der Tatsache, dass in Großbritannien die Unternehmen überwiegend als Kapitalgesellschaften organisiert sind und in Frankreich auch Personengesellschaften steuerlich partiell wie Kapitalgesellschaften behandelt werden und damit Vertragsbeziehungen zwischen Unternehmen und Eigentümern steuerliche Anerkennung finden. Demgegenüber beschränkt sich die steuerliche Förderung in Deutschland in der Tradition des Vermögensbildungsgesetzes eher auf kleinere Förderbeträge. Die hier zu beobachtende Dominanz der Personenunternehmen und die steuerrechtliche Festlegung, zivilrechtlich bestehende oder fiktive Vertragsbeziehungen zwischen Unternehmen und Eigentümern steuerlich nicht anzuerkennen, erweisen sich schließlich als großes Hemmnis für zweckmäßige betriebliche Gestaltungen.

Die von Herrn Tzschentke vorgestellten Reformüberlegungen setzen an den im Ländervergleich kritisch analysierten Rahmenbedingungen an. Soll der vor allem in Wahlkampfzeiten immer beschworenen herausragenden Bedeutung der Mitarbeiter am Erfolg und am Kapital ihres Unternehmens wirksam Rechnung getragen werden, ist es notwendig, dieser bei großen Aktiengesellschaften durchaus verbreiteten Idee auch den Weg in kleine und mittlere Unternehmen und insbesondere auch in der Rechtsform von Personenunternehmen zu ebnen. Dies erfordert es, mit der ohne große Schwierigkeiten möglichen Umgestaltung der steuerlichen Rahmenbedingungen für alle Unternehmensrechtsformen eine zukunftsfähige Grundlage und ein positives Klima für die Mitarbeiterbeteiligungsidee zu schaffen und zur Einführung (temporär) spürbare Förderanreize bereitzustellen.

Bayreuth, im August 2010

Prof. Dr. Jochen Sigloch

Inhaltsübersicht

Inhaltsverzeichnis

Abbildungsverzeichnis

Abkürzungsverzeichnis

a. d.	an der
AG-	Arbeitgeber-
AGP	Arbeitsgemeinschaft Partnerschaft in der Wirtschaft e. V.
AN	Arbeitnehmer
AP	Arbeitsrechtliche Praxis (Nachschlagewerk des Bundesarbeitsgerichts)
AVG	Angestelltenversicherungsgesetz
Az.	Aktenzeichen
BBO	Belegschafts-Buy-Out
BR-Drs.	Bundesrat-Drucksache
bzw.	beziehungsweise
CGI	Code generale de impôt
CGT	Confédération Générale du Travail (Frankreichs ältester, traditionsreichster und größter Gewerkschaftsdachverband)
CRDS	Contribution au remboursement de la dette sociale (Abgabe/Beitrag zur Rückzahlung der Sozialversicherungsschulden)
CSG	Contribution sociale généralisée (allgemeine(r) Sozialbeitrag/-abgabe)
CSS	Code de la sécurité sociale
DHV	Deutschnationaler Handlungsgehilfen-Verband (christlicher Angestelltenverband)
EK	Eigenkapital
Erg. d. Verf.	Ergänzung des Verfassers
ESOP	Employee Stock Ownership Plan
EStG	Einkommensteuergesetz
f.	Folgende
ff.	Fortfolgende
FK	Fremdkapital
GBP	Great Britain Pound (= britisches Pfund)
Gen.-beteiligung	Genossenschaftsbeteiligung
GuV	Gewinn- und Verlustrechnung
Herv. d. Verf.	Hervorhebung des Verfassers

i. e. S.	im engeren Sinne
i. S. d.	im Sinne des/der
i. S. v.	im Sinne von
i. V. m.	In Verbindung mit
i. w. S.	im weiteren Sinne
IAB	Institut für Arbeitsmarkt- und Berufsforschung der Bundesanstalt für Arbeit
IAFP	International Association of Financial Participation
Ifo	Institut für Wirtschaftsforschung, München
Jg.	Jahrgang
k. A.	keine Angaben
KapG	Kapitalgesellschaft
KfW	Kreditanstalt für Wiederaufbau
KStG	Körperschaftsteuergesetz
KVStG	Kapitalverkehrsteuergesetz
LBO	Leveraged-Buy-Out
m. w. N.	mit weiteren Nachweisen
MBO	Management-Buy-Out
öEStG	Österreichische Einkommensteuergesetz
Para.	Paragraph (engl. = Paragraf)
Paras.	Paragraphs (engl. = Paragrafen)
PEPPER	Promotion of Employee Participation in Profits and Enterprise Results
PersU	Personenunternehmen
Pt.	Part (engl. = Teil)
PWA-Modell	Produktivkapitalbeteiligung-Wohnversorgung-Altersversorgung-Modell
Regs.	Regulations (engl. = Verordnung)
RM	Reichsmark
RVO	Reichsversicherungsordnung
s.	Section (engl. = Paragraph)
S.	Seite(n)
Sched.	Schedule
ss.	Sections (engl. = Paragraphen)
SS(C)	Social Security (Contributions) (engl. = Sozialversicherungsgesetz, Beitragskapitel)
T. C.	Tax Case (engl. = Steuerfall, Bezeichnung bei

	Finanzgerichtsurteilen)
u.a.	unter anderem/anderen
U-initiative	Unternehmerinitiative
U-risiko	Unternehmerrisiko
URSSAF	Les Unions de Recouvrement des cotisations de Sécurité Sociale et d'Allocations Familiales (französische Organisation, an welche ein Teil der französischen Sozialabgaben (Arbeitgeber- und Arbeitnehmeranteil) abgeführt wird)
USA	United States of Amerika; Vereinigte Staaten von Amerika
v. a.	vor allem
Vgl.	Vergleiche
Vs.	Versus
vwL	vermögenswirksame Leistungen
WR	Wahlrecht
Zfbf	(Schmalenbachs) Zeitschrift für betriebswirtschaftliche Forschung
Ziff.	Ziffer

Einführung

„...bis mir plötzlich klar wurde, daß die Gewinnbeteiligung nicht nur in meinem Interesse liegen würde, sondern auch in dem meiner Angestellten.“[1]

Jean Leclaire (1840)

I. Problemstellung

Die Mitarbeiterbeteiligung hat eine lange und bewegte Geschichte – mittlerweile wird ihre Verbreitung jedoch als allgemein sinnvoll erachtet.[2] Während in Deutschland die Rahmenbedingungen der Beteiligung von Arbeitnehmern an betrieblichen und unternehmerischen Entscheidungsprozessen im Laufe ihrer historischen Entwicklung durch die gesetzliche Mitbestimmung geprägt wurden, fand sich die materielle Mitarbeiterbeteiligung allzu oft in den Hintergrund gedrängt. Insbesondere in Krisenzeiten hat sie allerdings, nicht zuletzt durch ihre Januskköpfigkeit[3], regelmäßig wiederkehrend an Bedeutsamkeit gewonnen. Dies hat sich beispielsweise in den Novellierungen des Vermögensbildungsgesetzes und in der staatlichen Förderung über § 19a EStG niedergeschlagen. Dennoch hat die materielle Arbeitnehmerbeteiligung in Deutschland trotz aller bisherigen „Anstrengungen“ im Vergleich zur immateriellen Mitarbeiterbeteiligung bislang keinen Durchbruch erzielt.

In Politik[4] und Wirtschaft[5] wird häufig dringlicher Handlungsbedarf gesehen, weil das Verbreitungsniveau der Mitarbeiterbeteiligung – nicht nur in Deutschland – als zu gering erachtet wird. Der bisher letzte große Vorstoß ist der so genannte – erste – PEPPER-Bericht, der die Verbreitung verschiedener Mitarbeiterbeteiligungsmodelle in den einzelnen Nationen der Europäischen Union sowie die jeweiligen staatlichen Engagements dokumentiert.[6] Seither dienen Frankreich und Großbritannien als Referenz für Reformvorschläge, da die Mitarbeiterbeteiligung in diesen beiden Ländern eine relativ hohe Verbreitung erreicht hat. Einige europäische Staaten haben dies seit

---

1 Zitat von Jean Leclaire (1801 – 1872) aus Katscher, L., Teilung (1891), S. 53.

2 Die vorliegende Arbeit ist kein weiterer Beitrag zur Diskussion um die Sinnhaftigkeit der Beteiligungsidee. Vielmehr basiert die Untersuchung auf der Annahme, dass die positiven Effekte der Mitarbeiterbeteiligung überwiegen und sie einzel- und gesamtwirtschaftlich als sinnvoll erachtet wird.

3 Sigloch, J., Mitarbeiterbeteiligungen (1998), S. 577.

4 Vgl. anstatt vieler Schröder, G., Rede (Amtliches Bulletin Nr. 18 v. 01.04.00), S. 1 ff.; Schröder, G., Mitarbeiterbeteiligung (Gewerkschaftliche Monatshefte 6/00), S. 322.

5 Vgl. zuletzt Bontrup,H. J./Springob, K., Gewinnbeteiligung (2002), S. 11 ff.; Pankoke, R., Mitarbeiterkapitalbeteiligung (2002), S. 9; Würz, S., Mitarbeiterbeteiligung (2005), S. 39 f.

6 Vgl. Uvalic, M., PEPPER-Bericht (1991).

Ende der 90er Jahre zum Anlass genommen und die gesetzlichen Voraussetzungen zur Mitarbeiterbeteiligung zum Teil wesentlich verbessert.[7] Im Vergleich dazu lässt sich in Deutschland noch keine nennenswerte Verbesserung der Mitarbeiterbeteiligung feststellen.

Die politische Diskussion ist jedoch allzu oft durch die Forderung nach einer stärkeren staatlichen Unterstützung getrieben. Diese Forderung hat ebenfalls der Rat der Europäischen Union im Empfehlungsschreiben gestellt,[8] das aufgrund des ersten PEPPER-Berichts an die Regierungen der Mitgliedstaaten gerichtet wurde.[9] Im Vordergrund der (politischen) Debatte um die Mitarbeiterbeteiligung in Deutschland steht deshalb immer wieder

- die Höhe der Arbeitnehmer-Sparzulage für Produktivkapitalbeteiligungen sowie
- die Höhe des Steuerfreibetrags, der im Rahmen des § 19a EStG für die unentgeltliche oder verbilligte Überlassung von Vermögensbeteiligungen an Arbeitnehmer gewährt wird.

Das grundlegende Problem möglicher sozio-kultureller und institutioneller Barrieren, die bisher eine stärkere Verbreitung der materiellen Mitarbeiterbeteiligung behinderten, wird regelmäßig außer Acht gelassen. Ebenso wenig werden detaillierte Informationen über die Mitarbeiterbeteiligung in Frankreich und Großbritannien angesprochen – es wird häufig lediglich die hohe Verbreitung der unterschiedlichsten Beteiligungssysteme gewürdigt. Das wie und warum der länderspezifischen Beteiligungssituationen wird, wie häufig bei Kopierversuchen aus den Vereinigten Staaten schon geschehen, schlichtweg ignoriert.

In Anbetracht dessen stellt sich die Frage, ob die Art und Weise, wie die Verbreitung der – wünschenswerten – Arbeitnehmerbeteiligung auf ein höheres Niveau geführt werden soll, sinnvoll ist, oder ob die genannten Forderungen nicht zu kurz greifen. Darüber hinaus ist die Informationslücke, die bezüglich des hohen Verbreitungsniveaus der französischen und britischen materiellen Beteiligungsmodelle besteht, zu schließen.

---

7 In den Niederlanden, in Belgien und Spanien ist infolge der PEPPER-Berichte die staatliche Förderung von Arbeitnehmerbeteiligungen z. T. stark verbessert worden. Vgl. van Messem, W., Belgium (2003), S. 21 ff.; Veltkamp, H./Voogd, A., Netherlands (2003), S. 75 ff.; Procar, A., Spain (2003), S. 104 ff.; Würz, S., Mitarbeiterbeteiligung (2005), S. 2.

8 Vgl. Rat der Europäischen Union, Empfehlung (92/443/EWG v. 27.06.92).

9 Eine Minderheit von Vertretern der Beteiligungsidee begrenzt sich allerdings nicht nur auf die Möglichkeit einer Erhöhung der staatlichen Förderung finanzieller Art, sondern nennt weitergehende Maßnahmen, um die Verbreitung der materiellen Mitarbeiterbeteiligung zu erhöhen. Vgl. insbesondere Loritz, K.-G./Wagner, K.-R., Zukunftsperspektiven (1992), S. 33 ff.; Loritz, K.-G., Vergütungen (AuA 7/97), S. 224 ff.; Loritz, K.-G., Produktivvermögen (ZfA 4/98), S. 543 ff.; Sinn, H.-W., Kapitalbeteiligung (1998), S. 9 ff.; Wagner, K.-R., Kapitalbeteiligung (1999); Wagner, K.-R., Innovative Wege (DStR 40/00), S. 1707 ff.

II. Zielsetzung und Gang der Untersuchung

Im Rahmen der vorliegenden Arbeit wird das Ziel verfolgt, durch eine Untersuchung aller Faktoren, die auf die Verbreitung der Mitarbeiterbeteiligung Einfluss nehmen könnten, sowohl

- die Hindernisse, die einer weiteren Verbreitung unterschiedlicher Beteiligungsmodelle in Deutschland entgegenstehen, wie auch
- die „Erfolgsfaktoren", welche die vergleichsweise hohe Verbreitung von Mitarbeiterbeteiligungsmodellen in Frankreich und Großbritannien bewirken,

zu bestimmen. Ausgehend von diesen Untersuchungsergebnissen und basierend auf dem steuerlichen Schwerpunkt der Arbeit werden Reformvorschläge

- zur systemkonformen Ausgestaltung der steuerrechtlichen Rahmenbedingungen einer Erfolgs- und Kapitalbeteiligung sowie
- für eine speziell auf die betriebliche Mitarbeiterkapitalbeteiligung ausgerichtete Fördersystematik

entwickelt. Die Untersuchung berücksichtigt dabei den Rechtsstand bis einschließlich 31.12.2006.

Die Arbeit gliedert sich in vier Teile, denen eine Einführung mit Problemstellung, Zielsetzung und Gang der Untersuchung vorangestellt ist. Eine Zusammenfassung der wesentlichen Analyseergebnisse und ein Ausblick beschließen die Ausführungen.

Im **Ersten Teil** der Ausführungen wird zunächst der Begriff der Mitarbeiterbeteiligung erläutert und anhand der unterschiedlichen Beteiligungsformen systematisiert. Ein Überblick über betriebs- und gesamtwirtschaftliche Aspekte, die für eine Arbeitnehmerbeteiligung sprechen, sowie über die mit einer Mitarbeiterbeteiligung verbundenen Risiken verdeutlicht die ökonomischen Zusammenhänge der Mitarbeiterbeteiligung. Anschließend erfolgt eine Bestimmung von möglichen Einflussfaktoren, die durch ihre unterschiedlichen Ausprägungsmöglichkeiten die Differenzen der zahlenmäßigen Verbreitung von Beteiligungsmodellen in Deutschland, Frankreich und Großbritannien erklären sollen. Dabei rückt die Bedeutung der Besteuerung in den Vordergrund, da sie als einer der bedeutsamsten Faktoren die Verbreitung von Mitarbeiterbeteiligungsmodellen beeinflusst.

Der **Zweite Teil** der Untersuchung beschreibt anhand der sozio-kulturellen und gesetzlichen Rahmenbedingungen die Entwicklungsgeschichte der Mitarbeiterbeteiligung in Deutschland, Frankreich und Großbritannien vom historischen Ausgangspunkt des Beteiligungsgedankens bis heute. Daran anschließend werden die aktuellen Rechtsbereiche aufgezeigt, die Einfluss auf die Beteiligung von Mitarbeitern nehmen. Die steuer- und sozialversicherungsrechtlichen Rahmenbedingungen bilden dabei aufgrund ihres gewichtigen finanziellen Einflusses auf die Mitarbeiterbeteiligung den

Schwerpunkt der Untersuchung. Die Darstellung erfolgt in einem so genannten „Mit-Ohne-Vergleich", bei dem zunächst die allgemein gültigen Besteuerungsvorschriften für Erfolgs- und Kapitalbeteiligungen beschrieben und daran anschließend spezielle Sondervorschriften der Fördermaßnahmen erläutert werden. Dadurch kann die Anreizwirkung der Förderung durch die Darstellung der Beteiligungssituation ohne und mit steuerlichen und sonstigen Vergünstigungen verdeutlicht werden.

Im **Dritten Teil** der Abhandlung erfolgt die analytische Gegenüberstellung der nationalen Rahmenbedingungen, um die Behinderungen und Erschwernisse einer Erfolgs- oder Kapitalbeteiligung von Mitarbeitern in den jeweiligen Ländern, insbesondere in Deutschland, aufzudecken. Darüber hinaus sollen die spezifischen Erfolgsfaktoren hervorgehoben werden, die in Frankreich und Großbritannien für das hohe Verbreitungsniveau der Mitarbeiterbeteiligung verantwortlich zeichnen. Die daraus gewonnenen Einsichten dienen als Grundlage für die Erarbeitung von Handlungsalternativen für eine stärkere Verbreitung der Mitarbeiterbeteiligung in Deutschland.

Im **Vierten Teil** der Untersuchung werden Überlegungen zu verschiedenen Reformelementen auf Basis der anerkannten Besteuerungsgrundsätze Gleichmäßigkeit und Neutralität der Besteuerung angestellt. Durch die unterschiedlich weitreichenden Empfehlungen werden Vorschläge zur Überwindung der steuersystematischen Hindernisse der Erfolgs- und Kapitalbeteiligung in Deutschland erarbeitet. Hierbei wird auf besondere Ausnahmeregelungen für Mitarbeiterbeteiligungen verzichtet. Im Abschluss wird ein Reformvorschlag zur Neuausrichtung der staatlichen Förderung von Mitarbeiterbeteiligungen in Deutschland skizziert.

Erster Teil: Ökonomische Bedeutung und theoretisch mögliche Akzeptanz- und Einflussfaktoren von Mitarbeiterbeteiligungen

Zunächst wird in diesem grundlegenden ersten Teil aufgrund des oft noch missverständlichen Aussagegehalts der „Mitarbeiterbeteiligung" in der Literatur und Praxis ihre Definition sowie eine Systematisierung verschiedener Beteiligungsformen gegeben. Die internationale Betrachtung der Thematik erfordert ebenfalls eine klare begriffliche Zuordnung der fremdsprachigen Synonyme.

Ein vollständiges Bild über die Beteiligung von Mitarbeitern kann gewiss nur vermittelt werden, wenn sich die Erläuterungen nicht nur auf die befürwortenden Argumentationen beschränkt, sondern ebenfalls entgegenstehende Begründungen aufzeigt. Aus diesem Grund soll eine kurze wertneutrale Darstellung betriebs- und gesamtwirtschaftlicher Ziele und Wirkungen der Mitarbeiterbeteiligung einerseits sowie die Risiken einer Beteiligung von Arbeitnehmern andererseits den Einstieg in die Thematik vervollständigen.

Darauf folgen Überlegungen, wie sich die unterschiedlich hohen Verbreitungsniveaus der Mitarbeiterbeteiligung in Deutschland, Frankreich und Großbritannien erklären lassen. Hierbei sollen alle theoretisch möglichen Faktoren betrachtet werden, welche die unterschiedlichen Beteiligungsmodelle beeinflussen könnten. Denn erst die Identifikation der einzelnen Einflussfaktoren sowie deren Zusammenwirken erlaubt eine Beurteilung des jeweiligen Verbreitungsniveaus der zu untersuchenden Länder. Diese Beurteilung bildet den Ansatzpunkt für die Erarbeitung der Lösungsvorschläge – und weist unter Umständen geeignete Lösungsalternativen auf.

I. Mitarbeiterbeteiligung – Begriffsdefinition und Systematik

Der Grundgedanke einer Beteiligung der „Ertragschaffenden" am wirtschaftlichen Erfolg wurde schon von den Römern im so genannten System „colonia partiaria"[10] umgesetzt. Damals war also schon bekannt, dass die Arbeit der Sklaven bei Furcht und Strafe nachlässig war und durch das Eigeninteresse günstig beeinflusst werden konnte. Diese Überlegungen überdauerten nicht nur den Untergang der römischen Herrschaft, sondern lassen sich auch in den unterschiedlichsten Kulturgesellschaften der nachfolgenden Jahrhunderte wiederfinden. So war vor allem in der Fischerei und

[10] Colonia partiaria = (zu)geteilte Pflanzstadt/Ansiedlung.

der Landwirtschaft die Ertragsbeteiligung eine übliche Art der Entlohnung, wobei die diese in natura vorgenommen wurde.[11]

Ein weiter, für die Begriffsbestimmung bedeutender historischer „Sprung“ führt in die Anfänge der Industrialisierung, welche den Wandel der Wirtschaftsstruktur von der Agrar- zur Industrieökonomie einleitete. In dieser durch den Kapitalismus geprägten Epoche wurde der Wirkungsbereich des Beteiligungsgedankens elementar erweitert: das Proletariat war entstanden. Befasste sich bis dato der Kernbereich der Beteiligungsidee noch mit den Problemen der Landarbeiter, war nun das Hauptaugenmerk auf die ökonomische Unsicherheit der (Fabrik-)Arbeiter gerichtet.[12] Die verschiedensten Modelle einer Beteiligung von Mitarbeitern am ökonomischen Erfolg des arbeitgebenden Unternehmens versuchten hierauf positiv einzuwirken. Damit waren nicht nur die ersten Formen einer erfolgsbezogenen Entgeltgestaltung entstanden. Durch eine mehr oder weniger lange Anlage der den Arbeitern zugedachten Erfolgsanteile im Unternehmen war auch der Grundstein einer Kapitalbeteiligung gelegt.[13] In späteren Phasen der Industrialisierung befassten sich zudem verschiedene Beteiligungsüberlegungen neben ökonomischen auch mit nicht-finanziellen, immateriellen oder ideellen Problemen der Arbeiterschaft.

Die praktischen Versuche wurden zunehmend von einer – über nationale Grenzen hinaus Einfluss nehmenden – wissenschaftlichen Diskussion begleitet, was der Thematik einen zusätzlichen Impuls verlieh und immer neue Modelle hervorbrachte. Nicht zuletzt dadurch wurde der Rahmen einer einfachen Begriffsbestimmung der Beteiligungsidee immer wieder gesprengt.

Gegenwärtig reicht die Terminologie um den Begriff „Mitarbeiterbeteiligung“ von der synonymen Verwendung der Wörter Arbeitnehmerbeteiligung, Arbeitnehmerpartizipation, Erfolgsbeteiligung, Gewinn- oder (Produktiv-)Kapitalbeteiligung, Stock Options, betriebliche Vermögensbildung bis hin zu den Schlagwörtern „betriebliche Partnerschaft“ oder „Mitunternehmertum“.[14] Allerdings können diese Unstimmigkeiten vor dem Hintergrund vergangener Verhältnisse als weniger dramatisch eingestuft

---

11 Vgl. Beck, H., Arbeitslohn (1902), S. 76. Beispielhaft seien hier drei Unternehmen erwähnt, die im Jahre 1671 in der Cleirac'schen Ausgabe der „Jugements d'Oléron“ („Seemännische Sitten und Gebräuche“, Rouen 1671) in diesem Zusammenhang genannt wurden: Erste Deutsche Nordseefischerei-Gesellschaft, Hamburg; Fischerei-Gesellschaft auf Aktien, Büsum a. d. Nordsee; Fischerei-Gesellschaft auf Aktien, Cappeln a. d. Nordsee. Zitiert nach Gilman, N. P., Geschäftsgewinn (1891), S. 17 ff.

12 Vor dem Industrialisierungsprozess war die Erzeugnisteilung (=Beteiligung in natura) ein sehr verbreitetes „Entlohnungssystem“. Im Zuge der Industrialisierung wurde die Entlohnungsproblematik „wiedergeboren“ infolgedessen ein bis dato unbekannter Interessengegensatz von Arbeit und Kapital entstand.

13 Vgl. Gaugler, E., Anfänge (2002), S. 22.

14 Oftmals resultieren missverständliche Definitionen daraus, dass die Wurzeln der Begriffsentstehung zu wenig Beachtung finden. Vgl. in ähnlichem Zusammenhang Gaugler, E., Mitunternehmer (1997), S. 600 m. w. N.

werden.[15] So bedarf es zur Erklärung des Beteiligungsbegriffs keiner eigenen neuen Definitionsfindung, sondern lediglich einem Rückgriff auf eine von ESSER/FALTLHAUSER[16] formulierten Definition der Mitarbeiterbeteiligung, die in der herrschenden Literatur – ehedem – weitgehend Beachtung fand und an der im Folgenden festgehalten werden soll:

> „Als Mitarbeiter-Beteiligung *ist* [Erg. d. Verf.] jede Beteiligung des Mitarbeiters an ideellen und/oder materiellen Rechten und Funktionen im arbeitgebenden Unternehmen *zu verstehen* [Erg. d. Verf.], die über regelmäßig in Arbeitsverträgen festgelegte Rechte und Funktionen hinausgehen.“[17]

Aus dieser Definition wird ersichtlich, dass sich unter den Oberbegriff der Mitarbeiterbeteiligung unterschiedliche Formen subsumieren lassen.[18] Nachfolgende Darstellung grenzt die zu unterscheidenden Grundelemente möglicher Mitarbeiterbeteiligungsmodelle voneinander ab.

---

15 SIEGLER bezeichnete 1979 den damaligen Status Quo als „babylonisches Definitionenwirrwarr um den Beteiligungsbegriff“. Vgl. Siegler, A., Beteiligungsgedanke (DBW 39/79), S. 143. In den 70er und 80er Jahren gab es national wie international eine bedeutende literarische Welle zum Thema der Mitarbeiterbeteiligung. Zu den namhaftesten deutschen Autoren vgl. anstatt vieler Schneider, H. J. (Hrsg.), Handbuch der Mitarbeiter-Kapitalbeteiligung (1977), sowie Hebig, M./Zacharias, E., Handbuch (1991). Eine gleichrangige Bedeutung wird den fremdsprachigen Publikationen von Blasi, J. R., Cable, J. R., Estrin, S., Fitzroy, F., Latta, G., sowie Poole, M. beigemessen. So zahlreich wie die Veröffentlichungen waren auch deren Erklärungsansätze zum Begriff der Mitarbeiterbeteiligung, die durch meist unterschiedliche Hintergründe geprägt waren. Die sich langsam vereinheitlichende Definition ist in den vergangenen Jahren jedoch allem Anschein nach wieder einer vielfältigeren und unpräziseren Verwendung des Begriffs gewichen.

16 Esser, K./ Faltlhauser, K., Beteiligungsmodelle (1974), S. 12

17 In ihrer Definition verwendeten Esser/Faltlhauser bewusst den Begriff „Mitarbeiter“ synonym für den arbeitsrechtlichen Begriff „Arbeitnehmer“, da dieser in Zusammenhang mit der Konzeption der betrieblichen Partnerschaft häufig kritisiert wurde. Zur Diskussion über die Definition des Arbeitnehmers vgl. Schmidt, E., Arbeitnehmer (StB 10/01), S. 361.

18 Auch hierzu gab es verschiedene Ansätze, die Faltlhauser als rechtstechnische, finanztechnische und ideologische Systematik bezeichnete. Die beiden ersten sollen hier nicht näher erläutert werden. Detailliert dazu Faltlhauser, K., Systematik (1977), S. 72 ff. Im Folgenden wird der ideologischen Systematik von Faltlhauser gefolgt.

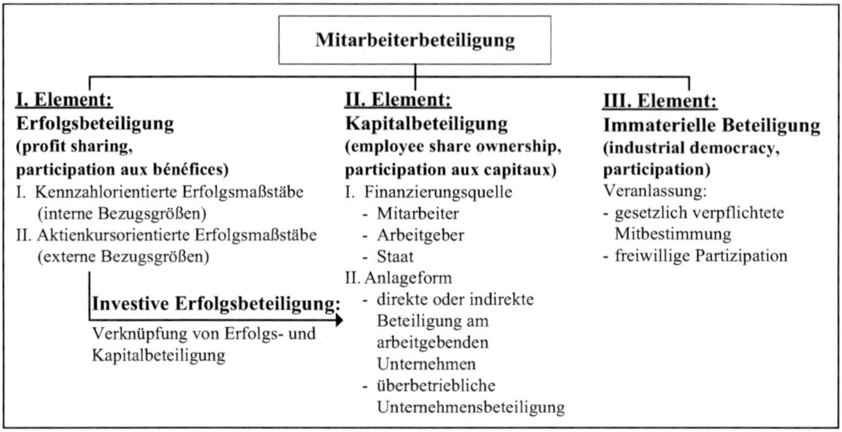

Abb. 1: Systematisierung einer Mitarbeiterbeteiligung[19]

Modelle zur Beteiligung von Mitarbeitern können grundsätzlich aus bis zu drei Elementen bestehen, die einzeln oder in Kombination miteinander im Unternehmen umgesetzt werden können. Die Bezeichnungen „Erfolgsbeteiligung" und „Kapitalbeteiligung" umfassen jeweils einen bestimmten Grundtypus einer materiellen Beteiligung der Mitarbeiter. Als Erfolgsbeteiligungen wird eine Beteiligung bezeichnet, die sich auf eine Teilhabe am „Erfolg" des arbeitgebenden Unternehmens bezieht. Grundsätzlich ist dabei zwischen kennzahlorientierten (= interner Maßstab) und aktienkursorientierten (= externer Maßstab) Größen zu unterscheiden. Als Kapitalbeteiligungen ist die Teilhabe des Arbeitnehmers am Eigen- oder Fremdkapital des arbeitgebenden Unternehmens zu verstehen. Hierbei ist sowohl die Finanzierungsquelle als auch die Anlageform als ausschlaggebendes Unterscheidungsmerkmal hervorzuheben. Alle nicht-materiellen Beteiligungskomponenten sind unter dem Begriff „immaterielle Beteiligung" zusammenzufassen, wobei prinzipiell zu unterscheiden ist, ob es sich um gesetzlich verpflichtende oder aber um freiwillige Beteiligungsrechte handelt.

Eine Besonderheit stellt die Kombination von Erfolgs- und betrieblicher Kapitalbeteiligung dar, die als „investive Erfolgsbeteiligung" bezeichnet wird, und auf die wegen ihrer hohen Bedeutung nach eingehenden Erläuterungen der reinen Grundtypen separat eingegangen wird.

---

19 In Anlehnung an Bundesministerium für Arbeit und Sozialordnung (Hrsg.), Mitarbeiterbeteiligung (2001), S. 1 und Sigloch, J., Mitarbeiterbeteiligungsmodelle (1999), S. 6. Die Begriffe in Klammern bezeichnen die entsprechenden englischen und französischen Wortbedeutungen.

A. Erfolgsbeteiligung

Bis kurz nach dem zweiten Weltkrieg sprach man im allgemeinen von der Gewinnbeteiligung, auch wenn es – nach heutigem Verständnis – nicht exakt eine Beteiligung am „Gewinn“ bedeutete. FISCHER glaubte 1952, „dass es jetzt noch Zeit ist, diesen ungenauen Sammelbegriff [der Gewinnbeteiligung; Erg. d. Verf.] zu ersetzen durch die Bezeichnung ‚*Erfolgsbeteiligung*‘“.[20] Mit diesem Oberbegriff soll deutlich das Grundprinzip der Beteiligung hervorgehoben und von den unterschiedlichen Beteiligungsalternativen abgegrenzt werden.

Dem Prinzip dieses ersten Elements einer Mitarbeiterbeteiligung liegt die Annahme zugrunde, dass der Mitarbeiter neben seiner (fixen) Lohnzahlung einen Anspruch auf einen Teil des (Unternehmens-)Erfolgs hat.[21] Der diesem Prinzip zugrundeliegende, historisch verankerte Gedanke geht davon aus, dass sowohl das Kapital als auch die Arbeit am Erfolg und am Gedeihen des Unternehmens beteiligt sind und dass beide dementsprechend auch teilhabeberechtigt sein müssten.[22]

Anstoß dieser Überlegungen war das durch die Industrialisierung inflationär gestiegene Einkommensverhältnis der Produktionsfaktoren Kapital und Arbeit.[23] Die theoretisch richtige Vorstellung, dass der Faktor Arbeit mit dem Kontrakteinkommen vollständig und vor allem leistungsgerecht entlohnt wird, scheiterte an der Realität, da die beteiligten Akteure nicht rational handelten. Der Ruf der Arbeitnehmerseite nach Lohnerhöhungen wurde lauter, prallte aber auf Unternehmensseite aufgrund der Tatsache, dass das Kapital das volle unternehmerische Risiko zu tragen hat, auf Widerstand – was den Konflikt einer jeden Lohnforderungsrunde bis heute charakterisiert.

Zum besseren Verständnis soll an dieser Stelle nicht nur die Gewinnbeteiligung als einzige Lösungsmöglichkeit dieses Konflikts Erwähnung finden. Insgesamt lassen

---

20 Fischer, G., Gewinnbeteiligung (MuA 4/52), S. 230. Im Anschluss an diese Veröffentlichung folgte in der Literatur eine eingehende Diskussion um diese Bereinigung des damaligen Sprachgebrauchs, welcher die Definition von Fischer standhielt. Anzumerken sei gleichwohl, dass der Begriff „Erfolg“ in der Betriebswirtschaftslehre auf das Ergebnis der GuV-Rechnung, das sowohl positiv (= Gewinn) als auch negativ (= Verlust) sein kann, bezogen wird. Erfolg, wie er hier zu verstehen ist, soll als Grad der Zielerreichung verstanden sein, wobei eine Vielzahl verschiedene Zielgrößen zur Auswahl stehen. Vgl. hierzu die Ausführungen im Folgenden.

21 Zu unterscheiden ist, dass der individuelle Erfolg eines Arbeitnehmers z. B. über Provisionen oder Tantiemen entlohnt werden kann. Demgegenüber wird im Rahmen einer Erfolgsbeteiligung ein Teil der oder die gesamte Belegschaft am Unternehmenserfolg beteiligt. Vgl. hierzu Kunze, S., Neuer Markt (Personalwirtschaft 9/99), S. 10.

22 Vgl. Grimmer, J., Arbeitergewinnbeteiligung (1929), S. 15, der dies jedoch über die Gewinnbeteiligung äußerte.

23 Die aus dieser Situation entstandenen Auseinandersetzungen zwischen Arbeitnehmern und Kapitaleignern ist mit der Bezeichnung „Antagonismus zwischen Arbeit und Kapital“ belegt. Zu weiteren Erläuterungen vgl. die Ausführungen im zweiten Teil II.A.1.a) dieser Arbeit.

sich neben der Gewinnbeteiligung zwei weitere, grundsätzlich verschiedene Ansätze erkennen, die in nachfolgender Abbildung dargestellt sind.

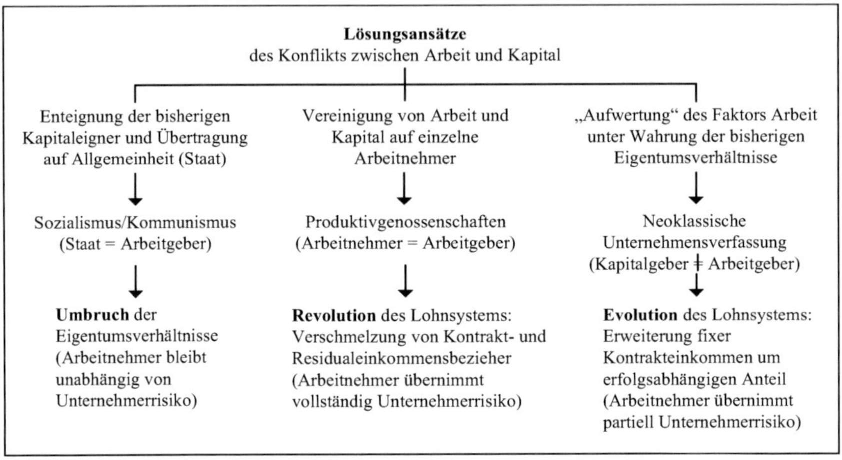

Abb. 2: Lösungsansätze für Antagonismus zwischen Arbeit und Kapital

Ein – mittlerweile überholter – Ansatz zur Lösung des Antagonismus zwischen Kapital und Arbeit sah die Abschaffung der bisherigen Eigentumsverhältnisse vor, wobei das Kapital auf die Allgemeinheit übereignet werden sollte.[24] Eine weniger radikale Konfliktlösung war, Arbeitnehmer und Kapitaleigner in einer Person im Rahmen von so genannten Produktivgenossenschaften zu vereinigen. Dem Konfliktpotential wurde dadurch die Grundlage entzogen, dass bei der Entlohnung von Arbeitnehmern die bisherigen Interessengegensätze nicht mehr existierten. Da allerdings das Unternehmerrisiko vollständig auf die Arbeitnehmer überging, wurde ein Problem mit der Entstehung eines neuen gelöst.[25]

Der dritte Lösungsansatz reformierte das starre Lohnsystem dahingehend, dass sich die Einkommenszuwendungen des Arbeitnehmers sowohl aus dem fixen Kontrakteinkommen als auch aus einer finanziellen Beteiligung am Unternehmenserfolg zusammensetzten. Die entscheidende Neuerung dabei war, dass diese Beteiligung nicht mehr zwangsläufig eine Beteiligung am Unternehmenskapital voraussetzte, sondern nun auch dem Faktor Arbeit per se zustand. Die erbrachte Arbeitsleistung sollte in

---

24 Vgl. zu den Gedanken des Kommunismus und des Sozialismus die Schriften von MARX und ENGELS. Ein chronologischer Überblick aller Werke findet sich im Internet unter http://www.mlwerke.de/me/default.htm (Stand: 23.08.2005).

25 Dennoch existiert diese „Lösungsalternative“ auch heute noch und wird v. a. in der Landwirtschaft praktiziert. Zu Produktivgenossenschaften und den sich ergebenden neuen Problemen vgl. anstatt vieler Atmaca, D., Kooperation (2002) m. w. N.; Flieger, B., Terra incognita (2002), S. 275 ff.

erster Linie durch das Kontrakteinkommen vorabvergütet werden. Die endgültig „richtige" Entlohnung sollte erst durch die Erfolgsbeteiligung erfolgen, die im Falle einer niedrigeren Vorabvergütung positiv ausfallen konnte, was der Regelfall sein sollte, oder bei einem zu hohen Fixlohn auch durchaus schmälernd wirken musste, um somit die langfristige Unternehmenserhaltung zu sichern, da die Arbeitsleistung zu teuer bezahlt wurde. Folglich wurde das Unternehmerrisiko teilweise auf den Produktionsfaktor Arbeit übertragen.

Die Vorstellungen einer Beteiligung von Mitarbeitern am Erfolg der arbeitgebenden Unternehmen greifen damit über die liberale Wirtschaftsordnung hinaus, da die kapitalistische Unternehmensverfassung[26] im Kern aufgehoben wird.[27]

Aus diesen theoretischen Überlegungen heraus bildeten sich im Laufe der Zeit die unterschiedlichsten Beteiligungsmodelle. Die entscheidende Fragestellung bei der Entwicklung von Erfolgsbeteiligungsmodellen ist dabei jeweils die Bestimmung des „richtigen" Erfolgsmaßstabes.[28] Häufig beschränkt sich die Betrachtung möglicher Bezugsgrößen auf traditionelle Formen der Erfolgsbeteiligung.[29] Dem Grundprinzip einer Erfolgsbeteiligung entsprechen allerdings auch die zur Managemententlohnung entwickelten Bezugsgrößen und sollten deshalb ebenfalls in die Betrachtung mit aufgenommen werden.[30] Nachfolgende Abbildung gibt einen systematischen Überblick über die Vielzahl von möglichen Bezugsgrößen.

---

26 Unter kapitalistischer Unternehmensverfassung ist die Einheit von Risiko, Kontrolle und Gewinn zu verstehen. Zu dieser neuen Form der Unternehmensverfassung vgl. Vollmer, L., Entwicklung (1976).

27 Vgl. Steinmann, H./ Klaus, H., Gewinnbeteiligung (HWR 1993), Sp. 773 u. 780. Weitere, etwas aktuellere theoretische Begründungsansätze der Gewinn- (und der Kapital)beteiligung basieren auf der Theorie der Verfügungsrechte sowie dem Property-Rights-Ansatz i. V. m. dem Transaktionskostenansatz. Vgl. anstatt vieler Coase, R. H., Nature (Economica 4/37) und Furubotn, E. G./ Pejovich, S., Property Rights (Journal of Economic Literature 10/72) mit weiterführender Literatur.

28 Nachrangig von Bedeutung ist danach die Problematik der Verteilung des ermittelten Erfolges auf die zu beteiligenden Mitarbeiter.

29 So z. B. bei Haensel, J., Mitarbeiterbeteiligung (1999), S. 21 ff. oder Harrer, H., Mitarbeiterbeteiligung (2000), S. 9.

30 Dabei beschränkt sich die Anwendung dieser Entlohnungssysteme nicht mehr nur auf obere Führungsebenen, sondern dient auch der Entlohnung breiterer Mitarbeiterschichten.

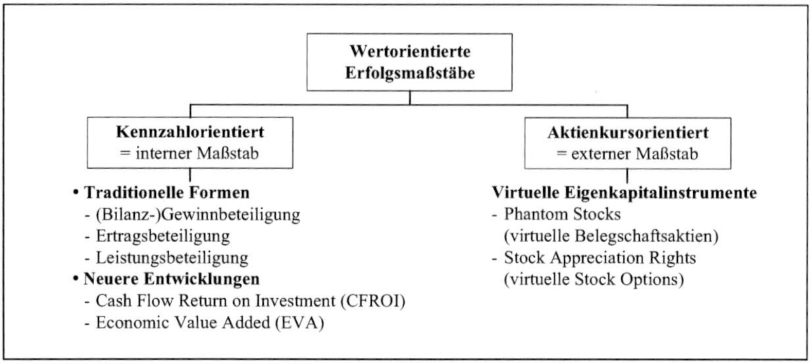

Abb. 3: Formen wertorientierter Erfolgsmaßstäbe[31]

In obiger Abbildung wird eine Differenzierung der verschiedenen Erfolgsmaßstäbe zwischen Kennzahlen des (unternehmens-)internen Rechnungswesens, die unabhängig von der Unternehmensrechtsform Anwendung finden können, und aktienkursbezogenen[32] und deshalb (unternehmens-)externen Maßstäben vorgenommen.

Als reine Erfolgsbeteiligung gelten jedoch ausschließlich diejenigen Modelle, die zu keiner – echten – Eigen- oder Fremdkapitalbeteiligung führen.[33] Die jeweiligen Erfolgsanteile müssen dem Mitarbeiter dementsprechend bar vergütet werden. Zudem sollte der Auszahlungszeitpunkt relativ zeitnah sein.

Entgegen dieser begrifflichen Klarstellung findet in der gesamten englischsprachigen Literatur die Bezeichnung „profit sharing“, die mit Gewinnbeteiligung übersetzt wird zugleich als Oberbegriff und Bezeichnung einer Beteiligungsform Anwendung, obwohl auch hier die unterschiedlichen Erfolgsmaßstäbe bekannt sind.[34] In der französischen Literatur scheint das Problem der Begriffsbestimmung ebenfalls nicht verfolgt

---

[31] In Anlehnung an Pellens, B./ Crasselt, N./ Rockholtz, C., Entlohnungssysteme (1998), S. 12.

[32] Die Aktienkursentwicklung kann dabei ausschließlich von börsennotierten Unternehmen als Bezugsgröße herangezogen werden.

[33] Erfolgsbeteiligungsmodelle, die hingegen zu einer echten Eigenkapitalbeteiligung führen, wie z. B. Belegschaftsaktien (Restricted Stock) oder Aktienoptionen (Stock Options), stellen den Spezialfall der investiven Erfolgsbeteiligung dar. Vgl. hierzu die Ausführungen unter Punkt I.C., S. 25 ff.

[34] Laut KRUSE ist unter „profit sharing“ „...any system which has a direct link between the profits of a company in a particular period and the compensation of employees in that period“ zu verstehen. Vgl. Kruse, D. L., Profit Sharing (Economic Journal Jan/92), S. 24. Im PEPPER-Bericht der Kommission der Europäischen Gemeinschaften spricht UVALIC ebenfalls von Gewinnbeteiligung (profit-sharing) als Oberbegriff und Anwendungsform zugleich. Vgl. Uvalic, M., PEPPER-Bericht (1991), S. 6 ff.

zu werden, da hier nur zwei bestimmte institutionalisierte Arten von „participation aux bénéfices" bekannt sind.[35]

In den nachfolgenden Abschnitten sollen zunächst die kennzahlorientierten und anschließend die aktienkursorientierten Erfolgsmaßstäbe erläutert werden.

1. Kennzahlorientierte Erfolgsbeteiligungsmodelle

Die kennzahlenorientierten Erfolgsbeteiligungsmodelle versuchen, den Erfolg anhand einer Maßgröße des internen oder externen Rechnungswesens festzulegen.

a) Traditionelle Formen

- Gewinnbeteiligung: Mit dem Erfolgsmaßstab „Gewinn" können sowohl die direkten innerbetrieblichen Leistungen der Produktionsfaktoren „Arbeit" und „Kapital" als auch der externe Einfluss des Marktes berücksichtigt werden.[36] Die betriebliche Gewinnbeteiligung knüpft dabei i. d. R. am Bilanzgewinn als Berechnungsgrundlage der Beteiligung an, kann sich aber auch auf den Ausschüttungs- oder den Substanzgewinn beziehen.[37] Ob für die bilanzielle Ausgangsgröße der Handels- oder der Steuerbilanzgewinn heranzuziehen ist, wird unterschiedlich befürwortet. Spricht die Tatsache, dass der Handelsbilanzgewinn ebenfalls Ausschüttungsbemessungsgrundlage für die Anteilseigner ist, für diese Bezugsgröße, erscheint eine Orientierung am handelsbilanziellen Gewinn wegen der größeren Bewertungsspielräume, die einer willkürlichen Gewinnbeeinflussung gleichkommt, als weniger geeignet. Dem Steuerbilanzgewinn hingegen wird ein psychologischer Vorteil bescheinigt, da das Vertrauen in den ausgewiesenen und vom Finanzamt kontrollierten Gewinn höher ist, als in den Handelsbilanzgewinn.[38] Dem wiederum wird entgegengehalten, dass bei der steuerlichen Gewinnermittlung stets die Gefahr der unzureichenden Risikovorsorge besteht.[39] Um einer Risikovorsorge gerecht zu werden, sind außerbilanziell umfangreiche Korrekturen erforderlich, die den Mitarbeitern plausibel gemacht werden müssen.[40]

---

35 Diese heißen „Intéressement" und „Participation". Die Ursache für die geringe Formenvielfalt liegt in der französischen Gesetzgebung. Vgl. hierzu die weiteren Ausführungen unter Punkt III.C. im dritten Teil der Arbeit, S. 155 ff.

36 Vgl. Wöhe, G./Döring, U., Einführung (2002), S. 229.

37 In der Praxis hat sich allerdings nur die Bilanzgewinnbeteiligung durchsetzen können. Vgl. Hebig, M./Zacharias, E., Handbuch (1991), S. 81.

38 Vgl. Schneider, H. J., Partnerschaftliche Kapitalbeteiligung (1973), S. 72 ff.; Schneider, H. J./ Zander, E., Kapitalbeteiligung (1993), S. 69.

39 Vgl. Moxter, A., Bewertungsprobleme (1985), S. 132.

40 Vorschlag zur Ermittlung des verteilungsfähigen Gewinns: Steuerbilanzgewinn – Eigenkapitalverzinsung – Unternehmerlohn – neutrale Erträge + neutrale Verluste – Risikoprämie – Inflationsausgleich = verteilungsfähiger Gewinn. Vgl. hierzu Hebig, M./Zacharias, E., Handbuch (1991), S. 88.

Unabhängig von der handels- oder steuerbilanziellen Gewinnermittlung stellt sich zudem die Frage, nach welchem Verteilungsschlüssel der verteilungsfähige Gewinn auf die Produktionsfaktoren Arbeit und Kapital verteilt werden soll. Keine allgemein gültige Antwort kann aufgrund der individuellen Unternehmensverhältnisse die häufig vertretene Auffassung einer paritätischen Verteilung sein.[41]

- Die Ertragsbeteiligung basiert auf Größen wie Brutto- und Nettoertrag, Umsatzerlös oder Wertschöpfung. Liegt der Ertragsbeteiligung der Bruttoumsatz zugrunde, besteht die Gefahr, dass auch dann Umsatzanteile zur Verteilung kommen, wenn diese Umsätze keine Umsatzrendite mehr erwirtschaften.[42] Die um Vorleistungen, Steuern und kalkulatorische Kosten bereinigte Größe Nettoertrag nähert sich zwar an den Unternehmensgewinn an. Eine Identität ist allerdings nicht zwangsläufig gegeben, da unterschiedliche Wertansätze in der Gewinn- und Verlustrechnung zu Differenzen zwischen Nettoertrag und Bilanzgewinn führen können.

  Im allgemeinen spielt die Ertragsbeteiligung in der Praxis eine eher untergeordnete Rolle,[43] weshalb in der Untersuchung der Gewinnbeteiligung zentrale Bedeutung zukommt.[44]

- Bei der Leistungsbeteiligung werden die Mitarbeiter unter weitgehender Ausschaltung der Marktschwankungen an den von ihnen beeinflussbaren innerbetrieblichen Ergebnissen beteiligt.[45] Grundlage der Leistungsbeteiligung ist folglich die Leistung der Belegschaft, die relativ einfach an Hand der betrieblichen Kosten- und Leistungsrechnung ermittelt werden kann. Die der Beteiligung der Mitarbeiter zugrunde liegende Leistungsmenge ist dabei die Differenz, die sich aus vorgegebener „Normalleistung“ und tatsächlich erreichter Leistung ergibt. Verwechslungsgefahr besteht bei Entgelten für individuelle Leistungen des Arbeitnehmers wie Akkord- und Prämienlöhne, Tantiemen, Sonderprämien oder sonstige leistungsbezogene Zahlungen. Derartige finanzielle Zuwendungen zählen nicht zur Leistungsbeteiligung.[46]

---

41 Vgl. zur Diskussion um den „richtigen“ Gewinnverteilungsschlüssel Hebig, M./Zacharias, E., Handbuch (1991), S. 88 ff.

42 Vgl. Maier, K., Leistungs- und Ertragsbeteiligung (1977), S. 114.

43 Ebensowenig die Leistungsbeteiligung. Erklären lässt sich dies damit, dass Gewinnbeteiligungssysteme aus unternehmerischer Sicht den Vorteil haben, dass sie sich automatisch an die jeweilige Geschäftslage anpassen. Vgl. Hebig, M./Zacharias, E., Handbuch (1991), S. 6. Schneider lehnt die Ertrags- und Leistungsbeteiligung sogar tendenziell ab. Vgl. hierzu Schneider, H. J., Partnerschaftliche Kapitalbeteiligung (1973), S. 59 ff.

44 Einen ausführlichen Einblick in die Ertragsbeteiligung gibt der Tagungsbericht zur internationalen Tagung der Sozialakademie Dortmund: Duvernell, H., Ertragsbeteiligung (1965).

45 Vgl. Spiegelhalter, F., Gewinnbeteiligung (1957), S. 38.

46 Esser/Faltlhauser schließen alle finanzielle Zuwendungen aus der Begriffsdefinition der *Mitarbeiterbeteiligung* aus, die keine konkreten „Beteiligungs-*Modelle*“ oder „Beteiligungs-*Systeme*“ vorweisen können, welche anhand aufgeführter Kriterien definiert werden. Vgl. hierzu Esser, K./ Faltlhauser, K., Beteiligungsmodelle (1974), S. 15 ff.

In der Praxis erweist es sich als problematisch, dass es unabhängig von der Ertragslage des Unternehmens zu einer Leistungsbeteiligung kommen kann, wodurch sie selten angewendet wird.[47]

b) Neuere Entwicklungen

Ausgehend von den Schwierigkeiten der traditionellen Erfolgsmaßstäbe, die Leistungsfähigkeit der Mitarbeiter valide darzustellen und gleichzeitig die Substanzsicherung des Unternehmens zu gewährleisten, haben die in der wertorientierten Unternehmenssteuerung mittlerweile etablierten Kennzahlen[48] „Cash Flow Return on Investment", und „Economic Value Added" auch in der Managemententlohnung Einzug gehalten.[49] Im Gegensatz zum (Bilanz-)Gewinn weisen die neu entwickelten Erfolgsmaßstäbe einerseits einen Bezug zum eingesetzten Eigenkapital auf und sind andererseits frei von Verzerrungen durch bilanzielle Bewertungsspielräume.[50] Durch die Einbeziehung des eingesetzten Eigenkapitals in die Bezugsgrößenberechnung ist die im Rahmen der Gewinnbeteiligung genannte Verteilungsproblematik des verteilungsfähigen Gewinns auf die Produktionsfaktoren Arbeit und Kapital unerheblich geworden. Die – im Vergleich zu den Korrekturen bei der Gewinnbeteiligung – komplexeren Berechnungen beeinträchtigen aber die Nachvollziehbarkeit für die Erfolgsbemessung.[51]

Unterscheiden lassen sich die zwei Bezugsgrößen wie folgt:

- Der CFROI ist eine Kennzahl, die auf einem Rentabilitätskonzept beruht. Danach wird anhand der internen Zinsfussmethode die Rendite des Cash Flows (= CFROI in %) eines Geschäftsbereichs, der Tochtergesellschaft oder des Gesamtunterneh-

---

47 Als weiterführende Literatur zur Leistungsbeteiligung sind die grundlegenden Schriften von Morenz, A., Kaiser-Plan (1968) und Fischer, G., Gewinnbeteiligung (MuA 4/52) zu empfehlen.

48 Zum CFROI vgl. Lewis, T./Lehmann, S., Investitionsentscheidungen (BFuP 44/92), S. 1 ff.; Lewis, T., Steigerung (1995); zum EVA vgl. Stewart, B., Value (1991); Stewart, B., Guide (1999). Die nachfolgenden Ausführungen sollen sich auf die zwei genannten Kennzahlen beschränken. Darüber hinaus wird vereinzelt die Kennzahl des „Discounted Cash Flow – DCF" als wertorientierter Erfolgsmaßstab genannt. Vgl. Pellens, B./ Crasselt, N./ Rockholtz, C., Entlohnungssysteme (1998), S. 11 ff.

49 Wie bei den Aktienoptionsprogrammen könnten sich diese Erfolgsmaßstäbe von den oberen Führungsschichten auf die mittleren und unteren Managementebenen bis hin zu Erfolgsbeteiligungsmodellen für weite Belegschaftsteile ausbreiten.

50 Selbst wenn im Rahmen der Gewinnbeteiligung eine Berücksichtigung der risikoadjustierten Alternativrendite der Eigenkapitalgeber durch eine kalkulatorische Verrechung der Eigenkapitalverzinsung grundsätzlich hergestellt werden kann, bleiben die buchhalterischen Verzerrungen immer noch bestehen. Zur allgemeinen Kritik an traditionellen Kennzahlen vgl. anstatt vieler Rappaport, A., Shareholder Value (1998), S. 13 ff.

51 Vgl. Pellens, B./ Crasselt, N./ Rockholtz, C., Entlohnungssysteme (1998), S. 19.

mens berechnet und mit einem gewichteten Gesamtkapitalkostensatz verglichen.[52] Übersteigt dabei der interne Zins die von Eigen- und Fremdkapitalgebern geforderte durchschnittliche Kapitalverzinsung, wurde durch die betriebliche Leistung der Mitarbeiter (im entsprechenden Geschäftsbereich, im Tochter- oder Gesamtunternehmen) Wert geschaffen.[53] Ist der CFROI kleiner wurde ein entsprechender Wert vernichtet, der über ein „Verlustkonto" in den Fällen auf die Mitarbeiter abgewälzt werden kann, in denen in nachfolgenden Jahren wieder positive Erfolge erzielt werden.

- Die Kennzahl des EVA basiert dagegen auf einem Residual- oder Übergewinnkonzept. Bei diesen Überlegungen ist die Bezugsgröße unmittelbar auf den leistungswirtschaftlichen Erfolg ausgerichtet. Der zugrunde liegende Erfolgsmaßstab berücksichtigt lediglich betriebliche Aktivitäten. Erträge aus dem nicht betriebsnotwendigen Vermögen finden ebenso wenig Berücksichtigung wie Zinsaufwendungen.[54] Der EVA stellt demnach eine spezifische Periodenerfolgsgröße dar, die sich aus dem Nettobetriebsergebnis nach Steuern und dem Kapitalentgelt zusammensetzt. Der Erfolgsmaßstab ist dann positiv, wenn – gemessen am eingesetzten Kapital – das erwirtschaftete Ergebnis die gesamten Finanzierungskosten des betrieblich genutzten Vermögens übersteigt und zu einem Übergewinn geführt hat.[55] Reicht das Ergebnis der betrieblichen Tätigkeit nicht aus, die Gesamtkapitalentgelte zu decken, ist aus Sicht der Kapitaleigner Wert vernichtet worden, der analog zum CFROI-Ansatz über ein Verlustkonto den beteiligten Mitarbeiter belastet werden könnte.

2. Aktienkursorientierte Erfolgsbeteiligungsmodelle

Reine Erfolgsbeteiligungsmodelle, bei denen der Erfolgsmaßstab an die Entwicklung des Aktienkurses der arbeitgebenden Unternehmung gekoppelt ist, sind eine Abbildung der wirtschaftlichen Konsequenzen von herkömmlichen Eigenkapitalinstrumenten wie Belegschaftsaktienmodelle oder Stock Options-Programme. Aus diesem Grund werden sie als virtuelle Aktien[56] oder „Phantom Stocks" beziehungsweise als virtuelle Aktienoptionen oder „Stock Appreciation Rights" bezeichnet.

- Bei Phantom-Stocks ist der Erfolgsmaßstab lediglich an die Entwicklung des Aktienkurses geknüpft, ohne dass es zu einer echten Eigenkapitalbeteiligung

---

52 Die Richtigkeit dieser Vorgehensweise wird von SCHNEIDER angezweifelt. Vgl. Schneider, D., Unternehmensrechnung (DB 51/98), S. 1476 ff.

53 Vgl. Deimel, K., Shareholder Value-Kennzahlen (WISU 4/02), S. 507.

54 Vgl. Greth, M., Managemententlohnung (1998), S. 74.

55 Vgl. zum Begriff „Übergewinn" Hostettler, S., Konzept (1997), S. 38.

56 Es wird auch häufig der Begriff „Stock-based Compensation" für dieses aktienkursgekoppelte Entgeltsystem verwendet.

kommt.[57] Es werden nur die finanziellen Auswirkungen von Belegschaftsaktien durch so genannte Bucheinheiten nachgebildet. Dazu gehört auch die Partizipation der Mitarbeiter an den Dividendenausschüttungen. Allerdings werden dem Mitarbeiter keine gesellschafterlichen Rechte eingeräumt, wodurch unerwünschten Folgen echter Eigenkapitalanteile, wie z. B. hohe Bilanzierungskosten und/oder Verwässerungseffekte durch echte Aktienausgabe, umgangen werden.[58] Phantom Stocks unterliegen – wie die Stock Appreciation Rights – keinen gesellschaftsrechtlichen Bestimmungen, da es sich prinzipiell lediglich um eine bestimmte Form der erfolgsabhängigen Vergütung i. S. einer Erfolgsbeteiligung handelt.

- Stock Appreciation Rights[59] räumen dem Mitarbeiter das Recht ein, bis zu einem bestimmten Zeitpunkt einen Betrag in Höhe des dann geltenden Aktienkurses abzüglich eines zuvor vereinbarten Basispreises einzufordern. Wie bei echten Optionsplänen kann dieses Recht i. d. R. erst nach Ablauf einer Sperrfrist und bei fortgesetzter Unternehmenszugehörigkeit ausgeübt werden.[60] Gesellschaftliche Mitspracherechte werden jedoch auch durch diese Beteiligungsform nicht begründet.[61] Diese rechtlichen Gesichtspunkte lassen eine Qualifizierung der virtuellen Beteiligungen nicht als Kapital-, sondern als Erfolgsbeteiligung zu.[62]

B. Kapitalbeteiligung

Unter Mitarbeiter-Kapitalbeteiligung[63] im engeren Sinne versteht man eine Beteiligung der Arbeitnehmer am (Eigen- oder Fremd-)Kapital des arbeitgebenden Unternehmens. Diese so genannte betriebliche Kapitalbeteiligung grenzt sich von der außer- oder überbetrieblichen Kapitalbeteiligung insofern ab, als dass bei letzteren Beteiligungsmodellen die Mitarbeiter Kapitalbeteiligungen erwerben, die sich nicht – auch nicht indirekt – auf das arbeitgebende Unternehmen beziehen. Die Arbeitnehmer halten dementsprechend Kapitalanteile von fremden Unternehmen, bei denen sie keine Mitarbeiter sind. Kennzeichnend für eine betriebliche Arbeitnehmerkapitalbeteiligung ist damit, dass die Mitarbeiter dem Unternehmen des Arbeitgebers direkt

---

57 Auf eine ähnliche Gestaltung basieren die Überlegungen zur Arbeitsaktie, die schon vor über einhundert Jahren eine virtuelle Kapitalbeteiligung darstellte, mittlerweile jedoch in Vergessenheit geraten ist. Vgl. hierzu die Ausführungen im zweiten Teil der Arbeit unter Punkt II.A.2., S. 73.

58 Vgl. Hennessy, S., Phantom Stock (Employee benefits 7-8/01), S. 1; Egner, T., Vergütungsmodelle (2002), S. 68 f.; Wildner, S., Stock Options (2000), S. 9.

59 Es werden anstatt dem englischen Begriff häufig auch die deutschen Synonyme „virtuelle Optionen" oder „Wertzuwachsrechte" verwendet.

60 Vgl. Pellens, B./ Crasselt, N./ Rockholtz, C., Entlohnungssysteme (1998), S. 13.

61 Vgl. Herzig, N., Stock Appreciation Rights (DB 1/99), S. 1 f.

62 Vgl. Egner, T., Vergütungsmodelle (2002), S. 29.

63 Dem deutschen Begriff Mitarbeiter-Kapitalbeteiligung ist dem englischen Begriff *employee share ownership* und dem französischen Begriff *participation des salariés à le capital* gleichzusetzen.

oder indirekt durch Zwischenschaltung einer Beteiligungsgesellschaft „ihrem" Unternehmen finanzielle Mittel im Sinne von Kapital zur Verfügung stellen.[64]

Die betriebliche Praxis hat – nicht nur in Deutschland – in der Vergangenheit die verschiedenartigsten Beteiligungsmodelle für das zweite Element der Mitarbeiterbeteiligung hervorgebracht. Diese lassen sich zu einem Grundmodell der (betrieblichen) Kapitalbeteiligung zusammenfassen, das sich typischerweise in die drei Phasen

- Mittelaufbringung,
- Mittelverwendung (im arbeitgebenden Unternehmen) sowie
- Mittelrückzahlung/Mittelrückfluss

einteilen lässt.[65] Besonders hervorzuheben ist, dass dieser „Lebenszyklus" eines Beteiligungsmodells für französische und britische Modelle wie auch für alle anderen landesspezifischen und internationalen Modelle zutrifft.

Nachfolgende Abbildung stellt die unterschiedlich auszugestaltenden Modellvariablen des Grundmodells für die einzelnen Abschnitte dieses Modellebenszyklus dar.

64 Vgl. Schanz, G., Beteiligungsmodelle (1986), S. 71 sowie Haensel, J., Mitarbeiterbeteiligung (1999), S. 20.

65 Vgl. Sigloch, J., Mitarbeiterbeteiligungsmodelle (1999), S. 3.

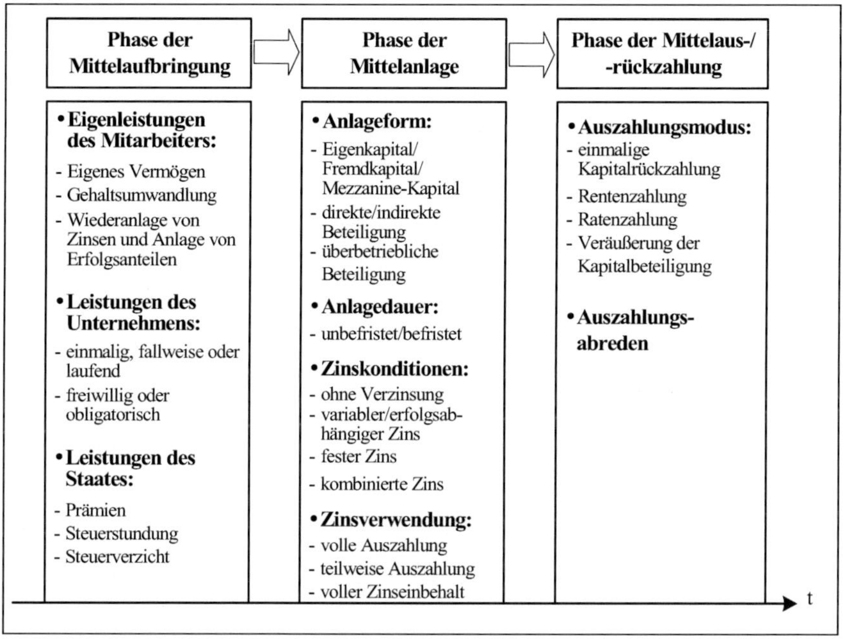

Abb. 4: Phasen einer Kapitalbeteiligung[66]

Aufgrund der unterschiedlichen Gestaltungsfaktoren lässt sich die Variationsbreite der in der betrieblichen Praxis vorkommenden Modellvarianten nur annähernd abschätzen. Dieser breite Gestaltungsspielraum, der sich aus den einzelnen Modellvarianten sowie deren Kombination miteinander ergibt, macht eine detaillierte Modellklassifizierung unmöglich, weswegen in der Literatur eine Systematisierung der Modelle anhand einer bestimmten Phase vorgenommen wird. In den nachfolgenden Abschnitten werden die verschiedenen Varianten der einzelnen Phasen mit ihren jeweiligen Vor- und Nachteilen näher erläutert.

1. Mittelherkunft

Die zur Begründung einer Kapitalbeteiligung notwendigen finanziellen Mittel können aus verschiedenen Finanzierungsquellen stammen, welche in der Praxis häufig miteinander kombiniert Anwendung finden.[67]

---

[66] In Anlehnung an Sigloch, J., Mitarbeiterbeteiligungsmodelle (1999), S. 3 f.

[67] Neben dieser technischen Bedeutung ist in besonderem Maße die Herkunft der Mittel auch verhaltensrelevant. Individuen entwickeln zu selbst finanzierten Mitteln eine andere – meist engere – Beziehung als zu jenen Beträgen, die ihnen von Dritten überlassen werden. Vgl. Strack, H.-C., Beteiligung (1984), S. 138 f.

- Von **Eigenleistungen** spricht man, wenn der Arbeitnehmer freiwillig und aufgrund seiner eigenen Entscheidung zur Teilnahme an einem Mitarbeiterbeteiligungsprogramm die finanziellen Mittel für die Kapitalbeteiligung aus seiner Privatsphäre entnimmt. Er kann einerseits Mittel aus bisher angespartem Privatvermögen oder durch Umwandlung von Lohn- bzw. Gehaltszahlungen im Rahmen der Mitarbeiterbeteiligung einbringen. Die Wiederanlage von Zinsen und Gewinnanteilen aus bereits bestehenden Beteiligungsverhältnissen zählt ebenfalls als Eigenleistung des Mitarbeiters, wenn dieser die Wahl hat, sich diese Beträge ausbezahlen zu lassen oder zu „reinvestieren“. Ausschlaggebend für die Zuordnung der Mittelaufbringung als Eigenleistung ist demzufolge, dass kein Mitarbeiter zur Zahlung derselben gezwungen werden kann.[68]

  Die Bedeutung der Eigenleistung als Komponente eines Beteiligungsmodells hängt davon ab, ob die Eigenleistungen fakultativ oder Voraussetzung für das Erlangen der Zuwendung von Seiten des Unternehmens sind.[69] Des weiteren wird sie von der Möglichkeit der Mittelverwendung beeinflusst. So spielen bei Management-Buy-Outs[70] oder Belegschafts-Buy-Outs[71] die Eigenleistungen der entsprechenden Personenkreise eine wichtige Rolle.

- **Betriebliche Leistungen** zur (Mit-)Finanzierung der Kapitalbeteiligung kann der Arbeitgeber entweder vertraglich unabhängig in Form von freiwilligen Sonderzuwendungen gewähren oder aufgrund einer rechtlichen Verpflichtung beisteuern.[72]

---

68 Vgl. Bundesministerium für Arbeit und Sozialordnung (Hrsg.), Mitarbeiterbeteiligung (2001), S. 17.

69 Vgl. Steinle, R., Beteiligung (1985), S. 33. Für Deutschland existieren Untersuchungen, aus denen hervorgeht, dass die Finanzierung von Kapitalbeteiligungen im Rahmen eines Mitarbeiterbeteiligungsmodells durch Eigenleistungen im Vergleich zu anderen Finanzierungsquellen eine untergeordnete Rolle spielen. Vgl. Guski, H.-G./ Schneider, H. J., Vermögensbeteiligung (1977), S. 61, Schneider, H. J., Finanzwirtschaftliche Auswirkungen (1977), S. 301, Schröder, J., Finanzierung (1977), S. 91 f. Für andere Länder sind keine vergleichbaren Untersuchungen bekannt. Die Anwendung der Komponente „Eigenleistungen“ in den verschiedenen Beteiligungsmodellen der einzelnen Länder ist deshalb u. a. Gegenstand von Teil 1 der Untersuchung.

70 Das Management Buy-Out (MBO) ist eine Sonderform der Kapitalbeteiligung, demzufolge Manager eines Unternehmens im Sinne eines Unternehmenskaufs die unternehmerische Führung und wesentliche oder alle Geschäftsanteile übernehmen. Für eine detaillierte Darstellung des MBO vgl. Luippold, T. L., Management (1991); Wagner, K.-R., Management (2001), Fach 1500 Rdn. 601 ff.

71 Als Belegschafts Buy-Out (BBO) bezeichnet man den Fall, wenn das Unternehmen nicht wie beim MBO an das Management, sondern an die gesamte Belegschaft übergeht. Zum BBO vgl. Assmann, H.-D./Schütze, R. A., Kapitalanlage (1990).

72 Vgl. Schröder, J., Finanzierung (1977), S. 92 ff. Ob dabei diese betrieblichen Leistungen auch als betrieblicher (Personal-)Aufwand abzugsfähig sind, hängt von der konkreten Ausgestaltung des jeweiligen Beteiligungsmodells und den damit verbundenen jeweiligen handels- und steuerrechtlichen Vorschriften der zu untersuchenden Länder ab. Vgl. Hierzu die ausführlichen Darstellungen in den jeweiligen Länderteilen.

Gemeinsam ist beiden Aufbringungsmöglichkeiten, dass die Mittel investiv im arbeitgebenden Unternehmen angelegt werden.

Freiwillige Leistungen des Unternehmens dienen oft als Anreiz für die Teilnahme der Mitarbeiter an einem Kapitalbeteiligungsprogramm und können beispielsweise nach dem so genannten „matching-principle" organisiert werden. Diese Anlageprämie sieht eine Zuwendung des Unternehmens vor, die an eine freiwillige Eigenleistung des Mitarbeiters gekoppelt ist und dadurch den als Einwand gegen eine einfache Sonderleistung vorgebrachten Schenkungscharakter abwehrt. Die Höhe der Zuwendung richtet sich nach der Anzahl der am Beteiligungsprogramm teilnehmenden Mitarbeiter oder nach der Höhe der von ihnen erbrachten Eigenleistung, da das Unternehmen meist einen vorab determinierten Betrag zur Verfügung stellt.[73] Freilich kann die betriebliche Leistung auch ungebunden in die Kapitalbeteiligung fließen. Maßgebend für die Gewährung der Sonderzuwendungen wird im Normalfall die wirtschaftliche Situation des arbeitgebenden Unternehmens sein, weswegen diese in der Regel einmalig oder fallweise erbracht werden.

Vertraglich vereinbarte Leistungen können Gegenstand von Einzelverträgen, Betriebsvereinbarungen oder Tarifverträgen sein. Eine vom Unternehmenserfolg und somit von der wirtschaftlichen Lage des Unternehmens unabhängige Leistung ist der zusätzlich zum bisherigen Arbeitslohn vereinbarte Investivlohn. Zu den rechtlich fixierten Leistungen zählt jedoch vor allem die nicht an den beteiligten Arbeitnehmer ausgeschüttete Erfolgsbeteiligung.[74] Eine obligatorische Gewinnbeteiligung, durch die das arbeitgebende Unternehmen per Gesetz gezwungen wird, seine Mitarbeiter am Unternehmensgewinn zu beteiligen, ist ebenfalls unter die unternehmensseitigen Leistungen zu subsumieren.[75]

- Die kapitalmäßige Beteiligung der Mitarbeiter am arbeitgebenden Unternehmen kann schließlich auch von **staatlicher Seite** unterstützt werden. Als Förderwege bieten sich die Zahlung von staatlichen Prämien oder Zulagen sowie die Begünstigung der zwei genannten Möglichkeiten der Mittelaufbringung entweder per temporärer Steuerstundung oder durch einen vollständigen Verzicht der Besteuerung an.[76]

---

73 Vgl. Guski, H.-G./ Schneider, H. J., Vermögensbeteiligung (1977), S. 74 f. sowie speziell zum „matching-principle" anstatt vieler Latta, G. W., Profit Sharing (1979), S. 38 f.

74 In Abgrenzung hierzu zählt der ausbezahlte und vom Mitarbeiter reinvestierte Erfolgsanteil einer Erfolgsbeteiligung zu den freiwilligen Eigenleistungen des Mitarbeiters.

75 Zur obligatorischen Gewinnbeteiligung sei auf Punkt II.D des zweiten Teils der Untersuchung verwiesen. Sich hieraus ergebende Probleme werden im dritten Teil unter Punkt IV analysiert.

76 Zur Fördersystematik im allgemeinen vgl. dritter Teil Punkt III.D.1, S. 319 ff.

2. Mittelverwendung

Ist für ein einzuführendes Kapitalbeteiligungsprogramm die Herkunft der finanziellen Mittel geklärt, müssen die verschiedenen Möglichkeiten der Anlage dieser Mittel in Augenschein genommen werden. Ausschlaggebend für die Wahl der Anlageform ist neben der Intention, die das Unternehmen mit der Einführung des Beteiligungsprogramms verfolgt, die Risikoeinstellung der Mitarbeiter, die bei Modellen mit Eigenleistung ihre Annahmebereitschaft stark beeinflussen kann.

a) Eigen- oder Fremdkapitalbeteiligung

Die Rechtssysteme aller untersuchten Länder stellen den Unternehmen für eine kapitalmäßige Beteiligung ihrer Mitarbeiter eine Reihe von Rechtsinstituten zur Verfügung, die prinzipiell unter den Deckmantel der Beteiligung am Eigenkapital oder am Fremdkapital gefasst werden können.[77] Entgegen des Grundgedankens der Beteiligungsidee, die eine Eigenkapitalbeteiligung verlangt, wird in der Praxis die gesamte Bandbreite der Kapitalbeteiligungsmöglichkeiten ausgenutzt und Gesellschafter- oder Fremdkapitalbeteiligungen als Anlageform verwendet. Die Zielsetzung der Unternehmen für die Auswahl der Beteiligungsform muss sich insofern an den grundsätzlich konträren Charakteristiken von Eigen- oder Fremdkapitalbeteiligung orientieren.[78]

- Verfolgt der Arbeitgeber mit seinem Beteiligungsprogramm das Motto „Beteiligung am Produktivkapital“ oder „Mitarbeiter zu Mitunternehmer machen“, kann das vom Grundsatz her nur eine Beteiligung am **Eigenkapital** bedeuten. Die verwendeten Mittel stellen Risikokapital dar, wodurch die Mitarbeiter sowohl am Gewinn als auch am Verlust partizipieren. Auf diese Weise wird die Beteiligung mit der wirtschaftlichen Situation des Unternehmens verbunden.[79] Damit gehen aber auch bestimmte Rechte für die Mitarbeiter als Eigenkapitalgeber einher, die sie zu Mitunternehmern werden lässt, weswegen sie entsprechende Einflussmöglichkeiten auf das Unternehmensgeschehen innehaben.

- Sind die bisherigen Eigenkapitalgeber jedoch nicht Willens, dass sich aus der Beteiligung der Mitarbeiter gesellschaftsrechtliche Konsequenzen ergeben bzw. sich die Eigentumsverhältnisse ändern, werden diese nur die **Fremdkapitalbeteiligung** (als Beteiligungsform) befürworten. Die Mitarbeiter sehen sich dadurch als Gläubiger gegenüber dem arbeitgebenden Unternehmen, wodurch sie keinesfalls

---

77 Die nationalen Einzelheiten der verschiedenen Rechtsinstitute werden im zweiten Teil der Untersuchung detailliert erörtert.

78 Zu detaillierten Begriffsdefinitionen von Eigen- und Fremdkapital sowie deren Funktionen vgl. anstatt vieler Perridon, L./Steiner, M., Finanzwirtschaft (1999), S. 344 ff. und Schneider, D., Investition (1992), S. 42 ff.

79 Vgl. Steinle, R., Beteiligung (1985), S. 34 ff. insb. S. 36 f.

in das Unternehmen integriert werden. Nachteilig i. S. d. Beteiligungsgedankens wirkt sich des weiteren die in der Regel erfolgsunabhängige Verzinsung einer Fremdkapitalbeteiligung aus, die den Mitarbeiter von der wirtschaftlichen Situation des Unternehmens abkoppelt. Als Vorteil einer Fremdkapitalbeteiligung wird häufig die Verminderung des so genannten doppelten Risikos von Arbeitsplatz- und Kapitalverlust der Mitarbeiter angeführt. Die Neigung zu dieser Beteiligungsform hängt deshalb in nicht unerheblichem Maße von der Risikoeinstellung der Arbeitnehmer ab, die allerdings nationale Unterschiede aufweisen könnte.[80]

- Gleichwohl sind die Unternehmen nicht gezwungen, eine dieser Extrempositionen im Beteiligungsprogramm umzusetzen. Vielmehr sehen sie sich aufgrund der vielfältigen vertraglichen Ausgestaltungsmöglichkeiten hybrider Kapitalformen[81], die auch **Mezzanine-** oder **Zwischenkapital** genannt werden, in der Lage, Zwischenpositionen zu wählen. Durch diese Mischformen können Nachteile vermieden und Vorteile beibehalten werden. So können Fremdkapitalbeteiligungen durch (teil-) variable Zinskonditionen an die wirtschaftliche Situation des Unternehmens gekoppelt und bei Eigenkapitalbeteiligungen die Verlustbeteiligung und/oder gesellschafterliche Rechte durch vertragliche Ausgestaltungen ausgeschlossen werden.

b) Direkte oder indirekte Beteiligung

Eine Beteiligung der Mitarbeiter ist auf direktem oder indirektem Wege realisierbar. Im Gegensatz zur direkten Beteiligung besteht bei der indirekten Variante kein unmittelbares Beteiligungsverhältnis zwischen Mitarbeitern und Unternehmen. Die indirekte Kapitalbeteiligung erfolgt über eine zwischengeschaltete Institution, auch Pool genannt, die als Sammelbecken für das Mitarbeiter-Kapital dient. Die Mitarbeiter sind folglich direkt an einer „Mitarbeiter-Gesellschaft“ beteiligt, die sich ihrerseits direkt am Eigen- oder Fremdkapital des arbeitgebenden Unternehmens beteiligt. Vorteilhaft ist dies, wenn es sich bei dem Beteiligungsunternehmen um einen rechtlich stark gegliederten Unternehmensverband handelt und dadurch Probleme beseitigt werden, die bei einer direkten Beteiligung der Mitarbeiter bestünden.[82] Die komplizierte Ausgestaltung und die damit verbundenen höheren Kosten der mittelbaren Beteiligung stehen diesen Vorteilen gegenüber, weswegen sie aus Effizienzgründen in der Regel erst ab einer bestimmten Größenordung des Beteiligungsprogramms eingeführt wird.

---

80 Vgl. Hierzu die Ausführungen im dritten Teil der Arbeit unter Punkt II.A., S. 273 ff.

81 Als hybride Kapitalformen werden Finanzinstrumente bezeichnet, mit denen keine „reinen“ Eigen- oder „reinen“ Fremdkapitalansprüche verbunden sind. Es sind Mischformen, die spezifische Vorteile gegenüber den „reinen“ Formen erzielen. Vgl. Drukarczyk, J., Finanzierung (1993), S. 581.

82 So ist die indirekte Beteiligung unabhängig von der Rechtsform des arbeitgebenden Unternehmens, erlaubt eine flexiblere Vertragsgestaltung, integriert Tochtergesellschaften und schafft eine rechtliche Trennung des Arbeitsverhältnisses von der Kapitalbeteiligung. Vgl. Schneider, H. J./ Zander, E., Kapitalbeteiligung (1993), S. 141 f.

c) Außer- oder überbetriebliche Beteiligung

Für gewöhnlich bezieht sich die Bezeichnung „außerbetriebliche“ oder „überbetriebliche“ Beteiligung auf eine Kapitalbeteiligung von Arbeitnehmer an Unternehmensbeteiligungsgesellschaften, an Investmentfonds oder an fremden Unternehmen (z. B. über den Erwerb von börsennotierten Aktien von Drittunternehmen am freien Kapitalmarkt). Die außer- oder überbetriebliche Kapitalbeteiligung an sich fällt dementsprechend nicht unter die Begriffsbestimmung der materiellen Mitarbeiterbeteiligung von ESSER/FALTLHAUSER,[83] da es sich hierbei um eine Kapitalbeteiligung von Personen handelt, die nicht gleichzeitig Arbeitnehmer des Beteiligungsunternehmens sind.

Allerdings können außer- beziehungsweise überbetriebliche Kapitalbeteiligungen dennoch Bestandteil einer Mitarbeiterbeteiligung sein. Dies ist dann der Fall, wenn im Rahmen einer betrieblichen Erfolgsbeteiligung den Mitarbeitern die jeweiligen finanziellen Mittel nicht bar ausbezahlt und auch nicht investiv im arbeitgebenden Unternehmen – als Kapitalbeteiligung – angelegt, sondern damit, etwa aus Risikogesichtspunkten, für die Mitarbeiter überbetriebliche Kapitalanteile erworben werden.

3. Mittelauszahlung

Die Auszahlung des Mitarbeiterkapitals bedeutet in der Regel eine finanzielle Belastung für das Unternehmen. Bei Fremdkapitalbeteiligungen bedeutet die Rückzahlung des jeweiligen Nominalbetrages eine Reduktion der Unternehmensverbindlichkeiten. Eigenkapitalbeteiligungen können bis zu einem gewissen Rahmen vom arbeitgebenden Unternehmen erworben werden.[84] Diese Kapitalanteile stehen danach für nachfolgende Beteiligungsprogramme zur Verfügung. Selbst das vermeintlich dauerhaft in der Unternehmung gebundene Eigenkapital einer Aktien- oder GmbH-Beteiligung kann aber auch durch eine ordentliche Kapitalrückzahlung zur Auszahlung kommen.[85] Es müssen deshalb Regelungen einer Kapitalaus- bzw. -rückzahlung für alle Anlageformen, sowohl für Fremdkapital- als auch für Eigenkapital- oder eigenkapitalähnliche Beteiligungen, getroffen werden. Denkbar sind eine Rückzahlung des gesamten Mitarbeiterkapitals, eine Raten- oder Rentenzahlung, wobei die finanzielle Lage des Unternehmens unterschiedlich stark belastet wird. Aussagen darüber, welchem Auszahlungsmodus in der Praxis der Vorzug gegeben wird, können nicht pauschal getroffen werden, sondern hängen einerseits von der individuellen Lage des Unternehmens ab. Auf der anderen Seite spielen die Präferenzen der Mitarbeiter e-

---

83 Vgl. hierzu Punkt I in diesem Teil der ARbeit. Im Folgenden wird die überbetriebliche Kapitalbeteiligung jedoch auch dort in die Betrachtung mit einbezogen, wo sie dem Leser aufschlussreiche Information bieten kann.

84 Diese Beschränkungen sind durch die jeweiligen gesellschaftsrechtlichen Vorschriften länderspezifisch geregelt. Vgl. Hierzu die Ausführungen in den jeweiligen Länderabschnitten unter Punkt II.B.2, S. 92 ff., III.B.2., S. 139 ff. und IV.B.2., S. 202 ff. des zweiten Teils der Arbeit.

85 Vgl. Schneider, D., Investition (1992), S. 48 f.

benfalls eine gewichtige Rolle. In den so genannten Auszahlungsabreden sind alle die Mittelauszahlung betreffenden Einzelheiten vertraglich festzuhalten.

C. Investive Erfolgsbeteiligung

Die investive Erfolgsbeteiligung, die früher häufig auch als „laboristische Kapitalbeteiligung“[86] bezeichnet wurde, kann als ein spezieller Grundtypus eines Beteiligungsmodells eingestuft werden, bei welchem eine Verknüpfung von Erfolgs- und Kapitalbeteiligung zum Zweck der Innenfinanzierung vorgesehen ist. Die finanziellen Mittel einer Erfolgsbeteiligung werden nicht an die Mitarbeiter bar ausgeschüttet, sondern – zwangsweise – in zukünftige Ansprüche umgewandelt und in eine Kapitalbeteiligung am arbeitgebenden Unternehmen „gekleidet“.[87] Die Erfolgsbeteiligung wird dementsprechend zur Finanzierung der Kapitalbeteiligung herangezogen und wird damit Mittel zum Zweck.[88] Sie stellt also eine bestimmte Form der Mittelaufbringung dar.

Ergebnis dieser Verknüpfung ist, dass der Mitarbeiter einerseits ein Gewinnanrecht aufgrund seiner Arbeit im Unternehmen und andererseits infolge der Kapitalbeteiligung hat. Dadurch wird er „Einkommen“ gegebenenfalls aus den drei Quellen kontraktmäßiger Grundlohn, Erfolgsbeteiligung aufgrund der Mitarbeit (= variabler Lohnanteil) sowie Gewinnanteil aufgrund der Kapitalanlage beziehen.[89] Allerdings wird zumindest die Erfolgsbeteiligung nicht sofort bar ausbezahlt, sondern per definitionem in das arbeitgebende Unternehmen investiert.

Als ein Sonderfall der investiven Erfolgsbeteiligung können die Stock Options bezeichnet werden, da hier ebenfalls eine Verknüpfung von Erfolgs- und Kapitalbeteiligung stattfindet. Sie dienen aber in der Regel nicht der Innenfinanzierung des begebenden Unternehmens. Denn wenn die ausgegebenen Optionen durch Aktien bedient werden, die zuvor auf dem freien Kapitalmarkt erworben werden mussten, fließen liquide Mittel in Höhe der Aktienkurse aus dem Unternehmen ab. Nur im Falle einer Bedienung der Optionen mit neuen Aktien, die eine Kapitalerhöhung samt Verwässerungseffekt zur Folge hat, fließen keine finanziellen Mittel aus dem Unternehmen ab.

---

86 Vgl. anstatt vieler Hebig, M./Zacharias, E., Handbuch (1991), S. 6 f.

87 Vgl. Drukarczyk, J., Finanzierung (1993), S. 15.

88 Vgl. Scharf, D., Eigenkapitalbeteiligung (1981).

89 Vgl. Faltlhauser, K., Systematik (1977), S. 75. Inwiefern dieses „Einkommen“ mit dem steuerrechtlichen Einkommen übereinstimmt, hängt von den jeweiligen steuerlichen Vorschriften ab. Des weiteren können Arbeitnehmer auch über andere Einkommensquellen, wie z. B. aus Vermietung und Verpachtung etc., verfügen.

D. Immaterielle Mitarbeiterbeteiligung

Das dritte Element der Mitarbeiterbeteiligung nach oben genannter Philosophie ist die immaterielle oder auch ideelle Mitarbeiterbeteiligung. Im nicht-deutschsprachigen Raum wird sie vielfach als „betriebliche Demokratie" (engl.: Industrial Democracy) bezeichnet.[90]

Sie umfasst solche Funktionen und Rechte der Mitarbeiter, die sich insbesondere auf eine Beteiligung der Mitarbeiter an Entscheidungsprozessen im Unternehmen beziehen und von bloßer Information und Konsultation bis zur minoritären oder gar voll paritätischen Mitbestimmung reichen.[91] Dadurch wird die zentrale Steuerung durch Anweisung und Kontrolle einer hierarchisch-tayloristischen Organisation angegriffen und verworfen und eine kooperative, partnerschaftliche Unternehmensverfassung begründet.[92]

Nun hat sich in Deutschland das Wort „Mitbestimmung" als Oberbegriff eingebürgert, obwohl es neben der eigentlichen Mitbestimmung auch die Formen der Mitwirkung und der Mitsprache gegeneinander abzugrenzen gilt.[93] Besonders wichtig in vorstehendem Zusammenhang ist hierbei die Differenzierung dieser – risikolosen – Funktionen und Rechte von den Stimm- und Mitspracherechten, die sich in der Regel aus einer Beteiligung am Eigenkapital des arbeitgebenden Unternehmens ergeben.

Diese risikolosen Rechte erstrecken sich einerseits auf

- die **gesetzliche Mitbestimmung**, die in den zu untersuchenden Länder „von einer fast perfektionistisch anmutenden gesetzlichen Regelungsdichte, wie sie etwa die Bundesrepublik aufweist, bis hin zu kaum vorhandenen oder fast völlig

---

90 Vgl. Uvalic, M., PEPPER-Bericht (1991), S. 1. Als wirtschaftliche Demokratie (engl.: economic democracy) werden dagegen die mit einer Kapitalbeteiligung verbundenen Rechte und Pflichten bezeichnet. Vgl. zur Beziehung Mitarbeiterbeteiligung – betriebliche/wirtschaftliche Demokratie Baddon, L. et al, Capitalism (1989), S. 21 ff.; Heller, R., Shares (1984), S. 107; Mygind, N./ Rock, C.P., Financial Participation (Economic and Industrial Democracy 14(2)/93), S. 163 ff.; Poole, M./ Jenkins, G., Impact of Economic Democracy (1990), S. 25 ff.; Poutsma, E./ de Nijs, W./ Doorewaard, H., Employee Participation (Economic and Industrial Democracy 2/99), S. 171 ff.; Poutsma, E./ Huijgen, F., Financial Participation (1999), S. 9 ff.

91 Vgl. Juntermanns, H.-J., Lexikon (1990), S. 17. Esser/Faltlhauser differenzieren drei Ebenen, auf die sich die ideelle Beteiligung erstreckt: Mitbestimmung am Arbeitsplatz, im Betrieb und auf Unternehmensebene. Hieraus ließen sich verschiedene Formen (direkt/indirekt) der immaterielle Beteiligung ableiten; dessen ungeachtet kann hier nur auf weiterführende Literatur verwiesen werden: Fakesch, B., Mitarbeiterbeteiligung (1991); Hebig, M./Zacharias, E., Handbuch (1991), S. 7 m. w. N. sowie Knudsen, H., Participation (1995).

92 Vgl. Beyer, H./Fehr, H./Nutzinger, H. G., Unternehmenskultur (1995), S. 70.

93 Vgl. Fischer, G., Gewinnbeteiligung (MuA 4/52), S. 230.

fehlenden Mitbestimmungsnormen, wie etwa in Großbritannien“[94] reicht, sowie andererseits auf

- die freiwillig über diese gesetzlichen Regelungen hinausgehenden Rechte (**freiwillige Partizipation**), die nicht immer an die Stelle der fehlenden Kodifizierung treten.

Die Einbeziehung dieser unterschiedlichen Mitbestimmungsstrukturen in die Untersuchung scheint vor dem Hintergrund der Interdependenzen zwischen materieller und ideeller Beteiligung unentbehrlich und soll zu wichtigen zusätzlichen Erkenntnissen führen.

Das vielfältige Gestaltungspotential, das der betrieblichen Praxis zur Umsetzung ihrer individuellen Mitarbeiterbeteiligungsmodelle – sowohl durch jedes der drei Elemente der Mitarbeiterbeteiligung als auch deren Kombination miteinander – zur Verfügung steht, spiegelt die Opulenz der Beweggründe einer Mitarbeiterbeteiligung wider. Der Versuch einer Systematisierung dieser Leitgedanken ist das Anliegen des nächsten Kapitels.

94 Klinkhammer, H./Welslau, D., Mitbestimmung (1995), S. 33.

II. Ökonomische Bedeutung der Mitarbeiterbeteiligung

A. Überblick

Die Bedeutung der Mitarbeiterbeteiligung in der Wirtschaft lässt sich am überzeugendsten anhand der unterschiedlichen Zielvorstellungen aufzeigen, die mit der Ein- und Durchführung von Beteiligungsmodellen verfolgt werden. Neben den einzelwirtschaftlichen Interessen an einer (betrieblichen) Mitarbeiterbeteiligung ist der gesamtwirtschaftliche Nutzen materieller Arbeitnehmerbeteiligungen hervorzuheben. Nachfolgende Übersicht zeigt eine mögliche, jedoch nicht immer trennscharfe Abgrenzung der einzelnen Motive.

Zielvorstellungen im Rahmen der Mitarbeiterbeteiligung		
Gesamtwirtschaftliche Motive	**Einzelwirtschaftliche Motive**	
	Arbeitgebermotive	**Arbeitnehmermotive**
• Sozialer Friede durch Überwindung des Antagonismus zwischen Arbeit und Kapital • Partnerschaftliche Unternehmensverfassung • Vermögensbildung/ Altersvorsorge der Arbeitnehmer • Neuordnung lohnpolitischer Rahmenbedingungen • Sicherung und Schaffung von Arbeitsplätzen • Sicherung/Verbesserung der (internationalen) Wettbewerbsfähigkeit insbesondere der KMU	• **Liquiditätsverbesserung und Rentabilitätssteigerung durch:** - Verhinderung/Verzögerung des Liquiditätsabflusses - Nutzung von Steuereffekten - Kapitalbeschaffung - Kapitalstrukturverbesserung (Basel II) • **Produktivitätssteigerung durch:** - Identifikation der Mitarbeiter mit arbeitgebendem Unternehmen - Motivations- und Leistungssteigerung der Mitarbeiter - Personalgewinnung/-bindung - Lohnflexibilisierung • **Lösungsalternative für Unternehmensnachfolgeproblematik**	• Mitsprache/Mitwirkung im arbeitgebenden Unternehmen • Teilhabe am Erfolg des arbeitgebenden Unternehmens • Vermögensmehrung/ zusätzliche Altersvorsorge • Sicherung des eigenen Arbeitsplatzes

Abb. 5: Zielvorstellungen im Rahmen der Mitarbeiterbeteiligung[95]

Auf gesamtwirtschaftlicher Ebene wird im Rahmen der Mitarbeiterbeteiligung in der Regel von sozial- und wirtschaftspolitischen Zielsetzungen gesprochen. Jedoch wurde bisweilen eher der sozialen Zielsetzung vor dem Hintergrund des Umverteilungsgedankens eine erhöhte Bedeutung beigemessen. Dass sie für eine Volkswirtschaft aber auch eine bestimmte wirtschaftliche Bedeutung haben könnte, wird allem Anschein

95 In Anlehnung an Sigloch, J., Mitarbeiterbeteiligungsmodelle (1999), S. 2.

nach – in Deutschland und Frankreich – nur in geringem Umfang anerkannt, was sich aus den verschiedensten Diskussionsinhalten um die Mitarbeiterbeteiligung ableiten lässt.[96]

Dagegen stehen auf einzelwirtschaftlicher Ebene fast ausschließlich wirtschaftliche Interessen im Vordergrund, soziale Komponenten finden sich meist nur als Ergänzung zu den Hauptmotiven. Dies wird unter anderem durch die Gestaltungsvielfalt von Beteiligungsmodellen ermöglicht, denn Arbeitgeber – und Arbeitnehmer – verfolgen im Rahmen einer Mitarbeiterbeteiligung meist nicht nur ein einzelnes Ziel, sondern in der Regel ein ganzes Zielbündel.[97]

In den nachfolgenden Abschnitten werden die wichtigsten Ziele kurz erläutert.

B. Gesamtwirtschaftliche Motive

In den Volkswirtschaften der zu untersuchenden Länder finden sich analoge Zielvorstellungen, die allerdings von Land zu Land aufgrund der jeweiligen nationalen Entwicklungsgeschichte unterschiedlich stark ausgeprägt sind.[98]

1. Überblick

Die Stabilität der Gesellschaft wird seit der Industriellen Revolution von der so genannten Zweiklassengesellschaft gefährdet, die sich aus der ungleichen Verteilung des Produktivvermögens ergibt. Die Größenunterschiede der zwei Klassen erhöhen

---

96 In Deutschland steht bei der Diskussion um die Mitarbeiterbeteiligung hauptsächlich (noch) die Vermögensbildung im Vordergrund. Vgl. hierzu Deutscher Bundestag, Gesetzentwurf (BT-Drs. 13/10012 v. 03.03.98), S. 1; Deutscher Bundestag, Beschlussempfehlung (BT-Drs. 13/10527 v. 28.04.98), S. 5 ff.; Schröder, G., Rede (Amtliches Bulletin Nr. 18 v. 01.04.00). In Frankreich in erster Linie die Altersvorsorge. Vgl. Bornard, J., aspects financièes (Journal officiel , Avis et rapports du Conseil économique et social 4/89); Jouyet, J.-P. et allii, Circulaire (2001). Großbritannien und die EU-Kommission stellen allerdings wirtschaftliche Belange an erste Stelle für ihr Engagement. Vgl. hierzu Blasi, J. R., Employee Ownership (1988), S. 20 f., Chamberline, C. E., Tolley's (2001), S. 1 f.; Uvalic, M., PEPPER-Bericht (1991), S. 2 ff.; EU-Kommission, KOM (96)697 (1996), S. 1 ff.. Einige Autoren heben jedoch auch in Deutschland die gesamtwirtschaftliche Bedeutung der Mitarbeiterbeteiligung hervor. Vgl. anstatt vieler Schneider, H. J., Finanzwirtschaftliche Auswirkungen (1977), S. 311 ff.; Wagner, K.-R., Kapitalbeteiligung (1999), S. 15 ff.; Loritz, K.-G., Produktivvermögen (ZfA 4/98), S. 543 ff.

97 Vgl. Esser, K./ Faltlhauser, K., Beteiligungsmodelle (1974), S. 45 ff. Zur Zielkonfliktproblematik vgl. Gaugler, E., Zieldynamik (1982), S. 114 ff.

98 Im Folgenden werden die grundsätzlichen Motive erläutert. Weiter unten in der Untersuchung werden in den jeweiligen historischen Rückblicken die Entwicklung der zeitweiligen politischen Einstellung zur Mitarbeiterbeteiligung sowie deren Zielsetzungen chronologisch ersichtlich. Vgl. Teil 2 jeweils II.A., III.A. und IV.A.

die Brisanz der Problematik. Eine Vielzahl an statistischem Datenmaterial[99] belegt, dass der Großteil des Produktivvermögens seit Generationen in den Händen Weniger liegt, während die überwiegende Anzahl der Bevölkerung „lediglich" Gehalts- und Lohnempfänger sind.[100] Unter der Leitvorstellung der Vermögensbildung soll insbesondere in Deutschland und Frankreich eine Umverteilung stattfinden, um so eine größere Verteilungsgerechtigkeit zu realisieren.[101]

Neben dem Ziel der Verteilungsgerechtigkeit setzt sich die Vermögenspolitik auch Ziele aus dem metapolitischen Bereich wie die Schaffung von Chancengleichheit und die Erhaltung des sozialen Friedens.[102] Dem Umverteilungsgedanken – bezüglich des Produktivkapitals – wird entgegengebracht, dass eine gerechtere Vermögensverteilung nur erreicht werden könnte, wenn die Alteigentümer des Produktivkapitals auf einen Gewinnanteil, der entsprechend hoch ausfallen sollte, verzichteten und sie sich zusätzlich von Kapitalanteilen trennten.[103]

Gänzlich fern vom Umverteilungsgedanke sind die Vorstellungen über die so genannte „partnerschaftliche Unternehmensverfassung", welche durch die Umsetzung des betrieblichen[104] Beteiligungsgedankens in den Beteiligungsunternehmen entstehen soll.[105] Durch eine Veränderung und Weiterentwicklung der Unternehmenskultur soll

---

99 Zur Entwicklung derartiger Statistiken mit ausführlichen Angaben über die Verteilung des (Produktiv-)Vermögens vgl. anstatt vieler Krelle, W./ Schunck, J./ Siebke, J., Ertragsbeteiligung (Bd. II 1968), S. 309 ff.; Latta, G. W., Profit Sharing (1979), S. 70 ff.; BT-Drucksache 13/4373, S. 1; Lezius, M., Mitunternehmer (Gablers Magazin 2/99), S. 29.

100 Vgl. Wagner, K.-R., Innovative Wege (DStR 40/00), S. 1707.

101 Im Rahmen von Mitarbeiterbeteiligungen stand dabei als Instrumentarium zunächst die Erfolgsbeteiligung im Vordergrund, bevor sich die Beteiligung der Bevölkerung am Produktivkapital zur eigentlichen Altersvorsorge durchsetzte. Befürwortet werden diesbezüglich sowohl betriebliche als auch überbetriebliche Beteiligungen am Produktivkapital. Vgl. hierzu die Ausführungen Teil 2 II.A., III.A. und IV.A.

102 Vgl. Kilian, H., Beteiligungsmodelle (1978), S. 5.

103 Das Argument des Gewinnverzichts der Alteigentümer entfaltet allerdings nur bei rein additiven Leistungen des Arbeitgebers seine Wirkung. Außerdem sehen verschiedene Autoren die Entwicklung in der Praxis ganz anders. Vgl. hierzu Kraus, A., Entstehungsgeschichte (1993), S. 167. Hinzu kommt, dass eine Beeinflussung der durch eine hohe Konsumpräferenz gekennzeichneten Verhaltensmuster der Arbeitnehmer eine schwer lösbare Aufgabe darstellt, ohne die jedoch keine vermögenspolitischen Erfolge erzielt werden können. Vgl. hierzu Allekotte, H., Volkswirtschaftliche Aspekte (1977), S. 349 ff.

104 Bei überbetrieblichen Beteiligungen kann sich keine partnerschaftliche Unternehmensverfassung entwickeln, weil die materiellen Mittel hierbei außerhalb des Unternehmens investiert werden.

105 Zur partnerschaftlichen Unternehmensverfassung vgl. Gaugler, E., Mitunternehmer (1997), S. 510 ff.; Dräger, C., Elemente (2002), S. 252 ff. Während in den 50er-Jahren in Deutschland die Vertreter der partnerschaftlichen Unternehmensverfassung als Sozialromantiker diffamiert wurden, änderte sich in vergangenen Jahrzehnten mit zunehmendem Einfluss des „Stakeholder Value" die allgemeine Haltung.

die Gesellschaftsstruktur derart gestärkt werden, dass die Arbeitnehmer letztendlich zu Mitunternehmern werden.

Rein wirtschaftspolitische Interessen stehen auch hinter der Zielsetzung der Stärkung der Eigenkapitalbasis von Unternehmen, die insbesondere im Wirtschaftsstandort Deutschland zu einer Verbesserung der (internationalen) Wettbewerbsfähigkeit führen soll(te). Regelmäßig wiederkehrend sollen durch die Beteiligung der Mitarbeiter an Erfolg und/oder Kapital des Unternehmens die lohnpolitischen Forderungen abgeschwächt werden, um somit eine flexible, „atmende Lohnpolitik“[106] zu erhalten, die sich an den Erträgen der Unternehmen orientiert.[107]

Politisch blieb bisher der Aspekt der Arbeitsplatzsicherung und der Schaffung neuer Arbeitsplätze durch (betriebliche) Mitarbeitererfolgsbeteiligungsmodelle unbeachtet oder jedenfalls stark vernachlässigt. Die gesamtwirtschaftlich Bedeutung dieser Problematik ist jedoch nicht als weniger bedeutsam einzustufen, als zum Beispiel die Verteilungsproblematik, die mittels einer Mitarbeiterkapitalbeteiligung gelöst werden soll. Angesichts der kontinuierlich hohen Arbeitslosenquote in Deutschland erscheint dieser bisher wenig beachtete Aspekt besonders hervorhebenswert.

2. Beschäftigungswirkung und makroökonomischer Stabilitätseffekt von Erfolgsbeteiligungssystemen

Die Keynesianische Theorie aus den dreißiger Jahren sah eine Lösung des Problems der Massenarbeitslosigkeit nicht am Arbeitsmarkt per se über Lohnsenkungen, sondern durch eine Stärkung der Nachfrage mittels Lohnerhöhungen.[108] Eine Gegenthese wurde erst 1965 von VANEK[109] aufgestellt, der das Keynesianische Gleichgewicht in Frage stellte. Er argumentierte aus der als traditionell zu bezeichnenden beschäftigungspolitischen Sichtweise und hebt den Stabilitätseffekt der Lohnflexibilität hervor. Sinkt das Wertgrenzprodukt der Beschäftigten infolge einer Veränderung der Unternehmensumwelt,[110] gleicht sich durch den – im Rahmen eines Mitarbeitererfolgsbe-

106 Braun, Ludwig Georg (Präsident des DIHT) im Bündnis für Arbeit, zitiert nach Hagelüken, A., Bündnis (sueddeutsche.de v. 21.01.02 http://www.sueddeutsche.de/wirtschaft/brachenpolitik/34783/index.php), S. 3.

107 Das Postulat der Überwindung von Klassengegensätzen zwischen Arbeit und Kapital verliert dabei nicht weniger an Bedeutung. Jedoch wird in diesem Zusammenhang die Kritik am Produktionsmitteleigentum und damit an der „kapitalistischen“ Klassengesellschaft als reine Fiktion dargestellt. Anstatt vieler vgl. Besters, H., Beteiligung der Arbeitnehmer (1985), S. 9. Solange diese Fiktion noch aufrechterhalten bleibt und die ordnungspolitische Bedrohung des Gegensatzes von Arbeit und Kapital selbst von offiziellen Stellen noch vorgebracht wird, kann die Mitarbeiterbeteiligung auch weiterhin die Funktion eines Katalysators erfüllen.

108 Vgl. Gerlach, K., Beschäftigungsförderung (1997), S. 315.

109 Vgl. Vanek, J., Profit Participation (1965), S. 206 ff.

110 Z. B. durch Konjunktureinbrüche, aber auch durch Preiserhöhungen der Produktionsfaktoren außer Arbeit.

teiligungsmodells – flexiblen, erfolgsabhängigen Lohnanteil die Gesamtentlohnung an die veränderte betriebliche Situation an. Diese Anpassung entzieht einer Arbeiterfreisetzung die Berechtigungsgrundlage. Bei einem Fixlohnsystem würde sich keine Anpassung einstellen, so dass die Entlohnung der Arbeiter höher wäre als deren Wertgrenzprodukt, weswegen die Arbeitgeber in der Regel versuchen würden, dieses Gleichgewicht durch Entlassungen wieder herzustellen.

Eine aus dieser traditionellen Sichtweise als Extremposition zu beschreibende Theorie der Beteiligungsökonomie wurde von WEITZMAN[111] entwickelt, die eine bis heute anhaltende Diskussion über die Beschäftigungswirkungen von flexiblen Lohnsystemen, wie sie im Rahmen von Mitarbeitererfolgsbeteiligungsmodellen verwirklicht werden können, entzündete. Laut GERLACH[112] ist der zentrale Gedanke der Weitzman'schen Argumentation, dass sich eine ökonomische Welt errichten ließe, in der alle Unternehmen ein auf variabler Entlohnung basierendes – also nicht additives(!) – Erfolgsbeteiligungssystem einführten, was eine dauerhafte Überschussnachfrage nach Arbeitnehmern zur Folge hätte. Das flexible Entlohnungssystem über Erfolgsbeteiligungen überträgt dementsprechend die Folgen von ertragsschwachen Unternehmensperioden teilweise direkt auf den Arbeitnehmer. Selbst bei negativen Veränderungen der Unternehmensumwelt führe dies aber nicht zu Arbeitslosigkeit, da die Unternehmen weiterhin eine Nachfrage nach Arbeitnehmern hätten.[113] Im Vergleich dazu würden sich in der „alten" Welt mit konventionellem Lohnsystem die Unternehmer analog der traditionellen Sichtweise wie oben aufgeführt verhalten und Arbeitnehmer entlassen, wodurch die Beschäftigung per se als einzig flexibles Element agiert. Diesem einfachen Makromodell zur Beseitigung der Massenarbeitslosigkeit sind allerdings zahlreiche Einwände entgegengebracht worden, welche seine Anwendbarkeit beschränken.[114]

Auch wenn entgegen der Weitzman'schen Annahme die Arbeitslosigkeit nicht beseitigt werden kann bleibt festzuhalten, dass Erfolgsbeteiligungen durch eine flexible Entlohnung zu einer niedrigeren Arbeitslosigkeit als starre Entlohnungssysteme füh-

---

111 Vgl. Weitzman, M. L., Compensation System (Economic Journal Jg. 93/83), S. 763 ff.

112 Vgl. Gerlach, K., Beschäftigungsförderung (1997), S. 314.

113 Zu den von WEITZMAN aufgestellten funktionalen Beziehungen und für weiterführende Einzelheiten vgl. Weitzman, M. L., Compensation System (Economic Journal Jg. 93/83), S. 765 ff. und vor allem Weitzman, M. L., Share Economy (1984).

114 Einen Gesamtüberblick über Kritikpunkte und Gegenargumente zur Weitzman'schen Theorie geben u. a. Nordhaus, W. D./ John, A. A., Share Economy (Journal of Comparative Economics 10/89); Hübler, O., Beschäftigungseffekte (Konjunkturpolitik 5-6/88) sowie Eder, M., Beschäftigungsstabilisierung (1992). Am schwerwiegendsten sehen die Kritiker die Annahme von Weitzman, dass der Arbeitsmarkt langfristig durch vollständige Konkurrenz gekennzeichnet ist, weshalb die Löhne nach der Anpassung an mögliche Umfeldänderungen immer auf markträumendem Niveau liegen. Die Gewinnbeteiligung löst danach „nur" die kurzfristige Arbeitslosigkeit, da die langfristige Arbeitslosigkeit bereits qua Annahme ausgeschlossen ist. Vgl. hierzu und zu folgendem Schares, C., Gewinn- und Kapitalbeteiligung (ZfW 2/93), S. 182 ff.

ren. Begründet wird dies, dass ein durch die Fixentlohnung hervorgerufenes Absinken des Produkts Arbeit zu einer sinkenden Nachfrage nach Arbeit und somit zu einer höheren Arbeitslosigkeit führt.

Diese These kann auch vor dem Hintergrund von empirischen Untersuchungen zu dieser Thematik vertreten werden. Zwar konnte durch Untersuchungsergebnisse[115] keine klare Schlussfolgerung über den Zusammenhang zwischen Erfolgsbeteiligung und Beschäftigung bewiesen werden. Die Messungen offenbaren zwar sowohl positive, wie auch negative oder gar keine Korrelation zwischen Erfolgsbeteiligung und Beschäftigungswirkung beziehungsweise Stabilitätseffekt. Erklären lässt sich dies zum Teil dadurch, dass sehr unterschiedliche Datensätze und Untersuchungsmethoden Anwendung fanden. Besonders von Bedeutung ist dabei jedoch die Tatsache, dass die wenigsten praktizierten Erfolgsbeteiligungssysteme dem Ideal des Weitzman-Modells entsprechen, da die Mehrzahl der Beteiligungsunternehmen den Erfolgsanteil zusätzlich, also additiv zum bisher bezahlten Arbeitslohn gewähr(t)en und so die Systematik der Lohnflexibilisierung nicht funktionieren kann.

Nun bezieht sich die bisherige Darstellung der Beschäftigungswirkung und des makroökonomischen Stabilitätseffektes lediglich auf die Erfolgsbeteiligung, ohne explizit auf die Auswirkungen von Kapitalbeteiligungen eingegangen zu sein. In erster Linie ist es für die Aussage, dass der Erfolgsbeteiligung ein gewisses Stabilisierungspotential nachgesagt werden kann, unerheblich, ob sie bar an die Mitarbeiter ausbezahlt oder in eine Eigen- oder Fremdkapitalbeteiligung am arbeitgebenden Unternehmen umgewandelt wird, was seinerseits die dargestellten Wirkungen nach sich zieht. Bedeutung gewinnt die auf Lohnflexibilisierung basierende Kapitalbeteiligung vor dem Hintergrund sich verändernder Produktionsbedingungen. Einerseits ist eine steigende Automatisierung dem technischen Fortschritt „anzulasten", andererseits ist diese Entwicklung vom globalen Wettbewerb hervorgerufen, der durch die Niedriglohnkonkurrenz die Unternehmen zum Handeln – das in der Regel Rationalisierung bedeutete – zwingt. Eine potentielle Lösungsalternative stellt die Lohnflexibilisierung dar, die die Kosten der Erwerbsarbeit senken und somit die aus der Lohnkonkurrenz resultierende Beschäftigungsverringerung ausgleichen würde.[116] Der durch den technischen Fortschritt implizierten Tendenz der Aufwertung der Produktivfaktoren Kapital und Wissen im Wertschöpfungsprozess und gleichzeitigen Abwertung des Faktors

115 Wiederum gibt die Untersuchung von KRUSE den breitesten Überblick über die zu diesem Zeitpunkt veröffentlichten Studien. Vgl. Kruse, D. L., Profit Sharing (1993), S. 112.

116 Dabei würden die Beteiligungsrechte nur den jeweils Beschäftigten (auch Insider genannt) gewährt werden, während Neueinstellungen (sog. Outsider) zunächst lediglich den Basislohn erhalten. Vgl. zu ausführlichen Darstellung dieser Überlegungen Sinn, H.-W., Kapitalbeteiligung (1989), S. 9 ff. sowie Sinn, H.-W., Lohndifferenzierung (Die Mitbestimmung 1-2/99), S. 39 ff. Ein Anreiz bestünde dabei allerdings nur, wenn der Basislohn die Arbeitslosenhilfe übersteigt.

Arbeit kann dadurch Rechnung getragen werden, dass die Lohnflexibilisierung zu einer Kapitalbeteiligung am Unternehmen führt.[117]

Für Kapitalbeteiligungen, die keinen Zusammenhang zu einem flexiblen Entlohnungssystem aufweisen und demzufolge vollständig aus Eigenmitteln der Mitarbeiter finanziert werden, kann kein entsprechender direkter Beschäftigungs- und Stabilisierungseffekt festgestellt werden.[118] Kommt es analog der obigen Ausführungen[119] durch die Kapitalbeteiligung zu einer Erhöhung des Investitionsvolumens, können sich jedoch auch daraus positive Beschäftigungs- und Stabilitätseffekte ergeben.

Abschließend sei noch erwähnt, dass zusätzliche Effekte aus – den im nachfolgenden Abschnitt aufzuzeigenden – Produktivitätssteigerungen, personalpolitischen Maßnahmen, der Dezentralisierung von Entscheidung etc. die Beschäftigungssicherheit erhöhen und sich daraus weitere indirekte Beschäftigungswirkungen ergeben können.

C. Einzelwirtschaftliche Motive

Im Allgemeinen stehen im Rahmen der einzelwirtschaftlichen Motive vor allem die Ziele der Arbeitgeber im Vordergrund, da diese über die Einführung eines Beteiligungsmodells entscheiden. Gelegentlich sind es jedoch auch die Mitarbeiter oder Gewerkschaften, welche die Arbeitgeberseite zu Beteiligungsprogrammen „animieren", wenngleich die Arbeitgeber dessen ungeachtet als Initiatoren gelten.[120] Nichtsdestotrotz sollten die Motive der Arbeitnehmer nicht außer Acht gelassen werden, da, wie weiter unten zu erläutern sein wird, der Erfolg des angebotenen Modells in nicht geringem Umfang von ihnen abhängig ist.

---

117 MIEGEL verweist auf den Befund, dass in allen frühindustrialisierten Nationen in Europa, Nordamerika und Japan die Bedeutung der Erwerbsarbeit schwindet und „kapitalgebundenes Wissen" wächst. Für ihn bietet sich durch die Mitarbeiterkapitalbeteiligung der Zugang zu den Ressourcen der Zukunft. Für eingehendere Erläuterungen vgl. Miegel, M., Arbeit (Manager Magazin 3/97) sowie Wagner, K.-R., Arbeitsplätze (ZIP 34/01), S. 1484 ff.

118 Vgl. Schares, C., Lohnform (1996), S. 185 ff.

119 Vgl. Punkt II.C.2.b), S. 41 ff.

120 Vgl. Baddon, L. et al, Capitalism (1989), S. 80.

1. Zielvorstellungen der Arbeitgeber

a) Überblick

Die verschiedensten nationalen und internationalen Untersuchungen[121] zeigen, dass die verfolgten Zielvorstellungen der Arbeitgeber im internationalen Vergleich generell identisch sind. Sie lassen sich unter die Schlagworte

- Liquiditätsverbesserung und Rentabilitätssteigerung,
- Produktivitätssteigerung sowie
- Unternehmensnachfolge

zusammenfassen. Diese Aspekte stehen insbesondere bei kleinen und mittelständischen Unternehmen im Vordergrund, wohingegen bei großen Unternehmen – ebenfalls – soziale Aspekte maßgeblich sind.[122] Hervorzuheben ist allerdings, dass die Zielkombinationen, die mit den jeweiligen Beteiligungsprogrammen verfolgt werden, stark von den subjektiven Präferenzen der jeweiligen Initiatoren abhängen.[123]

b) Liquiditäts-, Rentabilitäts- und Vermögenswirkungen von Erfolgs- und Kapitalbeteiligungen

Je nach Beteiligungsmodell ergeben sich unterschiedliche finanzielle Effekte, die

- von der jeweiligen vertraglichen Ausgestaltung des Modells und
- den entsprechenden steuer- und sozialversicherungsrechtlichen Regelungen sowie den jeweiligen bilanziellen Rahmenbedingungen

abhängen. Der zwischen Beteiligungssystem und finanziellen Auswirkungen bestehende Zusammenhang soll in nachfolgender Abbildung verdeutlicht werden.

---

121 Van den Bulcke bestätigt in einer europaweiten Untersuchung erneut die Ergebnisse der Studien von Latta, G. W., Profit Sharing (1979); Guski, H.-G./Schneider, H. J., Vermögensbeteiligung (1983); Proshare, Research (1997 - 1998); Cable, J. R./Wilson, N., Profit-sharing (1988); Vaughan-Whitehead, D., Participation (1990). Vgl. van den Bulcke, F., Finanzielle Beteiligung (2000). Anzumerken ist jedoch, dass sich diese Studie auf die 500 größten Unternehmen in der EU bezieht und aufgrund der abweichenden Zielstruktur bei KMUs eine Bestätigung für diese Zielgruppe nicht in jeder Beziehung übertragbar ist.

122 Vgl. Schneider, H. J., Mitarbeiter-Beteiligung (1998), S. 8 f. oder Schanz, G./Riekhof, H.-C., Mitarbeiter-Kapitalbeteiligung (1984), S. 37. Bei Großunternehmen galt sicherlich lange Zeit die paternalistische Absicht als ein ursprünglicher Beweggrund der Mitarbeiterbeteiligung, um so dem Arbeiterkonflikt eher wohlwollend zu begegnen und damit den Gewerkschaftseinflüssen entgegenzuwirken. Vgl. Baddon, L. et al, Capitalism (1989), S. 80 f.

123 Vgl. Adam, H., Vermögen (1974), S. 38 f., FitzRoy, F./Kraft, K., Mitarbeiterbeteiligung (1987), S. 25; Mez, B., Mitarbeiter-Kapitalbeteiligung (1991), S. 22.

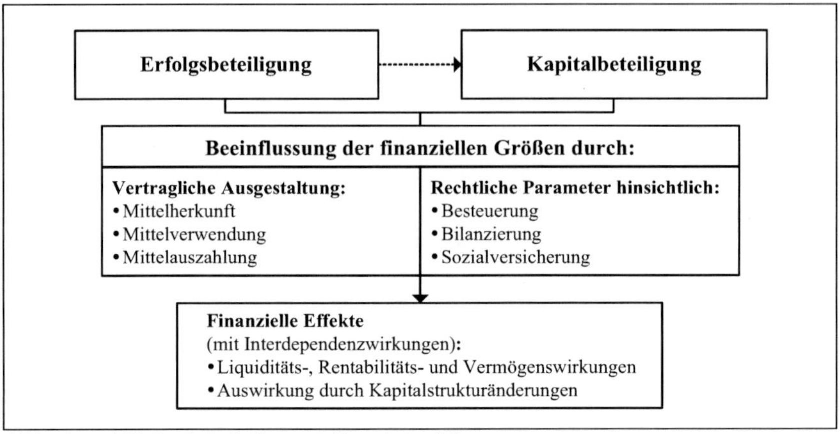

Abb. 6: Abhängigkeit finanzieller Auswirkungen

In den zu untersuchenden Ländern unterscheiden sich die in Abhängigkeit der vertraglichen Ausgestaltung ergebenden Effekte nicht. Steuerliche und bilanzielle Rahmenbedingungen können jedoch voneinander abweichen, weshalb die Vermutung nahe liegt, dass in möglichen steuersystematischen Unterschieden der untersuchten Länder eine (Teil-)Ursache für die unterschiedlichen Verbreitungsniveaus liegen könnte.

aa) Liquiditätswirkungen

Die Zahlungsfähigkeit des Beteiligungsunternehmens kann durch eine reine Erfolgsbeteiligung, eine investive Erfolgsbeteiligung oder durch eine Kapitalbeteiligung verbessert oder verschlechtert werden oder unverändert bleiben.

- Wird den Mitarbeitern zusätzlich zu ihrem Fixlohngehalt eine reine Erfolgsbeteiligung gewährt, ergibt sich zum Auszahlungszeitpunkt eine Liquiditätsminderung, da finanzielle Mittel in Höhe der Beteiligungserträge aus dem Unternehmen abfließen. Tritt die Erfolgsbeteiligung im Rahmen einer Lohnflexibilisierung jedoch anstelle von fixen Gehaltsbestandteilen, kann der Liquiditätseffekt in Abhängigkeit der Erfolgsgröße variieren. Im Vergleich zur Fixlohnvergütung kann es bei entsprechend niedrigen Beteiligungsbeträgen zu Liquiditätsvorteile führen, da sich der Gesamtpersonalaufwand reduziert – und vice versa.[124]

Im Rahmen von betrieblichen Kapitalbeteiligungsmodellen sind die Liquiditätswirkungen durch das Zusammenspiel von Mittelherkunft und Mittelverwendung bedingt.

---

124 Für detaillierte Angaben über die finanzwirtschaftlichen Ausprägungen einzelner Komponenten eines Erfolgsbeteiligungsmodells vgl. Amann, K., Auswirkungen (1977), S. 30 ff.

Bei Eigenleistung der Mitarbeiter erhöht sich nur dann die Liquidität, wenn keine Kapitalanteile – des Unternehmens – von Dritten erworben werden.[125] Sind für die Begründung einer Mitarbeiterkapitalbeteiligung betriebliche Leistungen[126] vorgesehen, ergeben sich folgende Auswirkungen:

- Sieht das Beteiligungsmodell eine Investition in **Fremdkapitalanteile** vor, bleibt die Liquidität des Unternehmens unverändert, da die betrieblichen Mittel im Unternehmen bleiben.
- Bei einer Beteiligung in **Eigenkapitalanteile** bleibt die Liquidität nur in dem Falle unverändert, wenn neue Titel ausgegeben werden. Müssen die Kapitalanteile jedoch vorher von Dritten erworben werden, vermindert sich die Liquidität um die aus dem Unternehmen abfliesenden betrieblichen Leistungen.

Schließlich tritt ein negativer Liquiditätseffekt ein, wenn die Kapitalbeteiligung aufgelöst wird und in Folge der Mittelauszahlung dem Mitarbeiter die entsprechenden Geldbeträge aus dem Unternehmen zufließen. Ein Liquiditätsabfluss kann nicht nur bei Fremdkapitalbeteiligungen stattfinden, sondern ist im Ausnahmefall durch eine Kapitalherabsetzung auch bei Eigenkapitalbeteiligungen möglich. In der Regel werden diese Anteile allerdings im Rahmen eines nachfolgenden Beteiligungsmodells an die Mitarbeiter oder an fremde Dritte weiterveräußert, so dass es keiner Kapitalherabsetzung bedarf.

Diese einfachen Wirkungen werden durch Steuereinflüsse verstärkt.[127] Vor dem Hintergrund der weiteren Untersuchung kann eine Differenzierung der Steuereffekte in

- die **systeminhärenten** Splitting-[128], Steuerspar-[129] und Steuerstundungseffekte[130] sowie

[125] Wird im Rahmen des Beteiligungsmodells eine – liquiditätssteigernde – Kapitalerhöhung durchgeführt, kommt es zum so genannten „Verwässerungseffekt", wenn die neuen EK-Anteile Stimmrechte besitzen. Vgl. hierzu anstatt vieler Perridon, L./Steiner, M., Finanzwirtschaft (1999), S. 363 ff.

[126] Als betriebliche Leistungen gelten Leistungen einer investiven Erfolgsbeteiligung, freiwillige Zusatzleistungen nach dem „matching-principle" bei Eigenleistungen von Mitarbeitern oder die Differenzbeträge bei verbilligt angebotenen Kapitalanteilen, die zuvor von Dritten erworben werden mussten.

[127] In der Literatur spricht man hierbei von Betriebsausgaben- oder Steuervermeidungseffekten, Splitting- bzw. Steuerspareffekten und Steuerstundungseffekten. Vgl. Schwetzler, B., Mitarbeiterbeteiligung (1989), S. 46 ff. Von Bedeutung für die Modellausgestaltung sind jedoch nicht nur diese quantitativen Steuereinflüsse, sondern auch qualitative Steueraspekte. So wird vielfach die Kapitalbeteiligung in Deutschland schon deshalb als günstigere Finanzierungsform angesehen, weil die dem Mitarbeiter zugewendeten Mittel steuerlich abzugsfähig sind. Vgl. hierzu Haegert, L., Kapitalkosten (zfbf 12/93), S. 1040.

[128] Die betrieblichen Leistungen werden i. d. R. aus dem Marginalgewinn geschöpft. Dadurch, dass diese Gewinnspitze auf die Arbeitnehmer aufgesplittet wird, lassen sich durch mögliche Steuersatzunterschiede die als Splittingeffekte bezeichneten Steuerwirkungen erzielen.

- die vor dem Hintergrund der staatlichen Förderung von Mitarbeiterbeteiligungen gewährten, **nicht systembedingten** Steuervergünstigungen

vorgenommen werden.[131] Neben diesen Steuereffekten haben noch die vertraglichen Ausgestaltungsmöglichkeiten über die Erträge des Mitarbeiterkapitals sowie die Verwendung dieser Kapitalerträge oder Zinsen einen elementaren Einfluss auf die Unternehmensliquidität.

Nun ist die Kenntnis der Liquiditätswirkungen von Erfolgs- und Kapitalbeteiligungen zwar eine unabdingbare Voraussetzung zur Sicherung des Geschäftsbetriebs. Jedoch sollten bei der Einführung von Beteiligungsmodellen die Kostengesichtspunkte nicht vernachlässigt oder gar mit den Liquiditätswirkungen verwechselt werden.

bb) Vermögenswirkungen

Zahlreiche ökonometrische Studien haben sich in der Vergangenheit immer wieder mit der quantitativen Erfassung der unterschiedlichen finanziellen Auswirkungen von Erfolgs- und Kapitalbeteiligungsmodellen befasst, um daraus konkrete Aussagen über die Kosten einer Mitarbeiterbeteiligung treffen und sie somit gegebenenfalls von anderen Finanzierungsalternativen abgrenzen zu können.[132] In der Regel werden dabei die erwarteten Vermögenswirkungen für die Beteiligten als Beurteilungsmaßstab herangezogen.

Hierbei stellt sich die Frage, wie sich der Umfang der Vermögensänderung feststellen lässt. Relativ einfach wäre dies nach der Phase der Mittelauszahlung möglich, indem man alle historischen Daten, die Einfluss auf die Vermögensposition hatten, aufbereitet und der Beurteilung zugrunde legt. Der Informationsgewinn dieser Vorgehensweise könnte jedoch nur noch für zukünftige Mitarbeiterbeteiligungsmodelle von Nutzen sein. Als Entscheidungshilfe für den im Vorfeld zu treffenden Entschluss zur Beteiligung der Mitarbeiter ist folglich eine Antizipation dieser Daten notwendig. Hierfür bieten die mehrperiodigen Modelle der Investitionsrechnung die erforderlichen Voraussetzungen, wobei das Vermögensendwertkonzept der Problemstruktur am besten

---

129 Wenn der Steuersatz der Mitarbeiter unter dem Grenzsteuersatz des Unternehmens liegt, entsteht ein Steuerspareffekt.

130 Ursächlich für diesen Effekt ist das Inkongruenzprinzip. Vgl. hierzu Esser, K., Steuerstundungs-Effekt (1977), S. 271 ff. Die nachgelagerte Besteuerung von Arbeitseinkommen – z. B. aus Mitarbeiterbeteiligungsprogrammen – nützt diesen Steuerstundungseffekt.

131 Von Bedeutung ist diese Differenzierung, weil die Auswirkungen der staatlichen Fördermaßnahmen auf die Verbreitung der Mitarbeiterbeteiligung getrennt von den systembedingten Verzerrungen (sowohl durch Be- als auch durch Entlastungen) untersucht werden sollen.

132 Einen ausführlichen Überblick über einzelne im Schrifttum verfolgte (deutsche) Ansätze gibt SCHWETZLER. Vgl. hierzu Schwetzler, B., Mitarbeiterbeteiligung (1989), S. 45 ff. Zu aktuelleren Berechnungen vgl. Haegert, L., Kapitalkosten (zfbf 12/93); Sigloch, J., Mitarbeiterbeteiligungen (1998), S. 588 ff.

entspricht.[133] In der Regel werden bei diesen Modellrechnungen alle Einflussgrößen, die direkt auf die Vermögensposition zu beziehen sind in Form von Zahlungen der jeweiligen Periode zugeordnet. Nicht erfasst werden dagegen Einflussgrößen, die in indirektem Zusammenhang mit der Vermögensänderung stehen, wie z. B. die Produktivitätswirkung, da es relativ schwierig bis nahezu unmöglich ist, die Auswirkungen auf die Vermögensposition betragsmäßig zu bestimmen und somit in die Berechnung mit einfließen zu lassen.[134]

In einer vereinfachten Darstellung sollen mögliche Vermögensänderungen kurz veranschaulicht werden. Dabei wird angenommen, dass die Mitarbeiterbeteiligung sowohl durch Eigenleistungen des Mitarbeiters als auch durch betriebliche Leistungen „gespeist" wird. Je nach Laufzeit des Beteiligungsprogramms ergeben sich aus den Steuervorteilen und den Zinseszinseffekten die jeweiligen Vermögensänderungen.

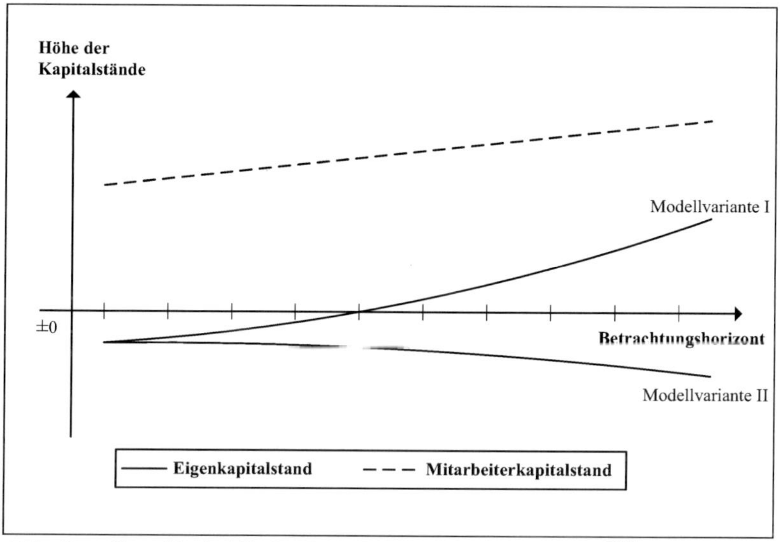

Abb. 7: Graphische Verlauf der Vermögensänderungen[135]

133 Vgl. Sigloch, J., Mitarbeiterbeteiligungen (1998), S. 589. Zu den Grundlagen der Investitionstheorie vgl. anstatt vieler Schneider, D., Investition (1992), S. 20 ff.

134 Für die formale Darstellung sei auf die entsprechende Literatur verwiesen. Einen Überblick gesamtheitlicher Modellansätze (von Hager, Amann, Prager und Steinle) liefert SCHWETZLER. Vgl. hierzu sowie zu seinem eigenen Ansatz Schwetzler, B., Mitarbeiterbeteiligung (1989), S. 45 ff. sowie S. 79 ff. Für aktuellere formale Darstellungen vgl. Haegert, L., Kapitalkosten (zfbf 12/93) sowie Sigloch, J., Mitarbeiterbeteiligungen (1998), S. 588 ff.

135 In Anlehnung an Sigloch, J., Mitarbeiterbeteiligungen (1998), S. 590.

In der Graphik ist die Vermögensposition des Alteigentümers durch den Eigenkapitalstand ausgedrückt. Der mögliche Verlauf des Eigenkapitalstandes soll durch zwei Szenarien beschrieben werden. Bei beiden Modellvarianten ergibt sich zunächst aufgrund der Teilfinanzierung des Mitarbeiterkapitals durch den Alteigentümer (=betriebliche Leistung) zu Beginn des Mitarbeiterbeteiligungsmodells ein negativer Eigenkapitalstand. Ohne Einführung des Beteiligungsprogramms entspräche der Eigenkapitalstand des Alteigentümers Null. Bei Variante I[136] steigt der Eigenkapitalstand allerdings während der Modelllaufzeit in Folge der die vermögensmindernden Zahlungen überkompensierenden Steuer- und Zinseffekte kontinuierlich an, wohingegen sich der Eigenkapitalstand der zweiten Modellvariante[137] gleichmäßig reduziert, da die vermögensmindernden Belastungen die positiven Steuer- und Zinseffekte überwiegen. Im Schnittpunkt der Eigenkapitalkurve (Variante I) mit der x-Achse decken die vermögensmehrenden Steuer- und Zinseffekte sämtliche Ausgaben des Alteigentümers, die in Zusammenhang mit dem Beteiligungsmodell stehen.

Die Vermögensposition des Mitarbeiters ist in der obigen Graphik ebenfalls dargestellt und verallgemeinert für Eigen- oder Fremdkapitalbeteiligungen als Mitarbeiterkapital bezeichnet. Der Anfangsbestand setzt sich dabei aus der Eigenleistung des Mitarbeiters und der Teilfinanzierung des Unternehmens zusammen. Das Mitarbeiterkapital nimmt durch die Reinvestition der Fremdkapitalzinsen oder Kapitalerträge im Laufe der Modelllaufzeit stetig zu.

Wie aus der – die Realität vereinfachenden – Darstellung leicht ersichtlich, ist die Höhe der Vergütungen für das Mitarbeiterkapital ausschlaggebend für die Entwicklung des Eigenkapitalstands der Alteigentümer und somit für die Attraktivität der Mitarbeiterbeteiligung. Der Bestimmung der Vergütungshöhe können dabei folgende Überlegungen zugrunde gelegt werden:

Isoliert betrachtet besteht für die betrieblichen Leistungen keine Mindestverzinsungsverpflichtung, da die Arbeitnehmer im Vergleich zur Situation ohne Mitarbeiterbeteiligung immer einen Vermögensvorteil in Höhe der Unternehmenszuwendung erzielen. Die Höhe der zu gewährenden Eigenkapitalrendite beziehungsweise der Fremdkapitalverzinsung liegt dementsprechend alleine im Ermessen der Alteigentümer.[138] Nur wenn die Mitarbeiter die Kapitalbeteiligung aus Eigenleistungen finanzieren, steht dieses Kapital in Konkurrenz zu Alternativkapital und sollte infolgedessen angemessen verzinst werden. Dabei sollte berücksichtigt werden, dass die Unternehmenszuwendungen eine Art Grundverzinsung der Eigenleistungen darstellt. Und nur

---

136 Z. B. einer investiven Fremdkapitalbeteiligung mit einer geringeren als der marktüblichen FK-Verzinsung, die im Unternehmen reinvestiert wird und den Mitarbeiterkapitalstand weiter erhöht.

137 Z. B. einer investiven Fremdkapitalbeteiligung mit einer höheren als der marktüblichen Verzinsung. Für das Unternehmen ergeben sich dementsprechend keine Zinsvorteile ggü. einer Alternativfinanzierung.

138 So argumentiert z. B. SCHWETZLER; vgl. Schwetzler, B., Mitarbeiterbeteiligung (1989), S. 61 f.

in diesem Fall kann ein aussagekräftiger Vergleich mit anderen Finanzierungsformen vorgenommen werden, bei dem die Kapitalkosten der Finanzierungsalternative mit den effektiven Kapitalkosten der Mitarbeiterbeteiligung in Bezug zu setzen sind.[139] Unter letztere fallen alle Kosten, die für das Beteiligungsmodell anfallen, d. h. nicht nur die Vergütungen des Mitarbeiterkapitals, sondern auch Kosten für Verwaltungsaufwand des Beteiligungsmodells und für bankbürgschaftliche Absicherungen sowie die freiwillige Unternehmensleistungen selbst.

cc) Kapitalstrukturänderungen

Die Kapitalstruktur eines Unternehmens gibt das Verhältnis von Eigen- zu Fremdkapital an. Durch die Beteiligung der Mitarbeiter am arbeitgebenden Unternehmen kann dieses Verhältnis verändert werden. Sie bleibt unverändert, wenn die Alteigentümer einen bestimmten Teil ihres Eigenkapitals für das Beteiligungsprogramm zur Verfügung stellen, oder wenn das Mitarbeiterfremdkapital bereits bestehendes Fremdkapital substituiert.

Führt das Beteiligungsmodell allerdings zu einer zusätzlichen Fremdkapitalbeteiligung, kommt es zu einer Senkung der Eigenkapitalquote. Gestaltet man das Kapitalbeteiligungsprogramm derart, dass zusätzlich zum Eigenkapital der Alteigentümer durch die Beteiligung des Arbeitnehmers neues Eigenkapital dem Unternehmen zugeführt wird, erhöht sich die EK-Quote, infolge dessen eine Verbesserung des Finanzierungsspielraums der Unternehmung möglich ist. Begründen lässt sich diese Erweiterung des Finanzierungsrahmens eines Unternehmens dadurch, dass Banken bei der fundamentalanalytischen Bonitäts- oder Kreditwürdigkeitsprüfung neben dem Cash Flow und der Erfolgs- und Rentabilitätslage die Vermögens- und Kapitalverhältnisse als Beurteilungsschwerpunkte zugrunde legen.[140] Eine – durch Erhöhung der Eigenkapitalquote – verbesserte Bonität des Unternehmens wirkt sich bis dato in erster Linie auf die Entscheidung der Banken über die Kreditvergabe per se aus, weniger auf dessen Bedingungen.[141] Im Rahmen des Basel II-Abkommens[142] sollen zukünftig die Kreditkonditionen – stärker als bisher – von der Bonität des Unternehmens abhängig sein. Im Gegensatz zur traditionellen Kreditwürdigkeitsprüfung gewinnen dabei die Jahresabschlüsse und Vermögensstati, worunter die Eigenkapitalquote zu subsumie-

139 Wird das Mitarbeiterkapital vom Arbeitgeber alleine entweder durch freiwillige Zuwendungen oder durch eine Erfolgsbeteiligung aufgebracht, können im Prinzip keine Kapitalkosten der Mitarbeiterbeteiligung ermittelt werden. Vgl. hierzu Haegert, L., Kapitalkosten (zfbf 12/93), S. 1041.

140 Vgl. Büschgen, H. E., Bankbetriebslehre (1998), S. 939 ff., insb. S. 941 m. w. N.

141 Vgl. Hein, M., Bankbetriebslehre (1993), S. 188 ff.

142 Zu den neuen Baseler Eigenkapitalvereinbarungen, insb. zu den Konsultationspapieren und Begleitdokumenten vgl. Url: http://www.bundesbank.de/bank/bank_basel.php (Stand: 31.07.2003).

ren ist, an Qualität, da aufgrund dieser neuen Kreditvergabekriterien externe oder interne Ratings der kreditsuchenden Unternehmen erforderlich sind.[143]

Vielfach ist die Eigenkapitalausstattung von Unternehmen gleichwohl unter einem anderen Aspekt Thema von betriebswirtschaftlichen Erörterungen. Der Kapitalstrukturhypothese zur Folge existiert ein Zusammenhang zwischen der Eigenkapitalquote, der Investitionstätigkeit und der Insolvenzwahrscheinlichkeit.[144] Die ursprüngliche Aussage, dass sich mit geringerer Eigenkapitalquote die Investitionstätigkeit einschränkt,[145] ist zwischenzeitlich mehrfach widerlegt worden.[146] An dieser Stelle soll keine weitere Analyse der Kapitalstrukturhypothese erfolgen. Vielmehr seien hier die in der Literatur entgegengebrachten Entkräftungsargumente angenommen und der Annahme von SCHWETZLER gefolgt, der eine Verknüpfung von Mitarbeiterkapitalbeteiligung und Investitionstätigkeit aufzeigen konnte.[147] Demgemäß verteuern sich bei einer externen Eigenkapitalaufnahme – aufgrund eines unvollkommenen Kapitalmarktes – die vom Investitionsobjekt abhängigen Kapitalkosten um Suchkosten einerseits sowie Misstrauens-Aufschlags- und Vertragskosten andererseits.[148] „Diese zusätzlichen Kosten können den Nettokapitalwert eines Investitionsobjekts soweit senken, dass es bei einer externen Eigenkapitalbeschaffung unvorteilhaft wird und damit eine Investitionseinschränkung aufgrund einer zu geringen Eigenmittelausstattung eintritt."[149] Diese Belastung lässt sich durch die Eigenkapitalaufnahme mittels Mitarbeiterbeteiligung vermindern, da die Misstrauensaufschlags-, Vertrags- und Suchkosten niedriger als bei externer Kapitalbeschaffung sind. Im Vergleich zur Situation ohne Mitarbeiterbeteiligung führt diese folgerichtig zu einer Erhöhung des Investitionsvolumens.

---

143 Vgl. Großkreutz, M., Basel II (Stbg 4/02), S. 183.

144 Vgl. Sachverständigenrat zur Begutachtung der gesamtwirtschaftlichen Entwicklung, Jahresgutachten 1978/79 (1978), Tz. 380 sowie Sachverständigenrat zur Begutachtung der gesamtwirtschaftlichen Entwicklung, Jahresgutachten 1979/80 (1979), Tz. 351, S. 148 und Tz. 355 ff., S. 149 f. Zitiert aus Schneider, D., Investition (1992), S. 585.

145 Vgl. Sachverständigenrat zur Begutachtung der gesamtwirtschaftlichen Entwicklung, Jahresgutachten 1984/85 (1984), Tz. 151, S 88.

146 Vgl. anstatt vieler Schneider, D., Eigenkapitallücke (DB 45/86), S. 2293 ff.; Schwetzler, B., Mitarbeiterbeteiligung (1989), S. 251 ff.

147 Er geht dabei von einer Realisationsabsicht eines Unternehmers hinsichtlich einer vorteilhaften Investitionsobjekts aus, der jedoch nicht über ausreichende Eigenmittel verfügt. Vgl. hierzu und zum folgenden Schwetzler, B., Mitarbeiterbeteiligung (1989), S. 257 ff.

148 Unter *Suchkosten* sind dabei diejenigen Kosten zu verstehen, die bei externer Kapitalaufnahme anfallen, wenn kein Zugang zum organisierten Kapitalmarkt besteht. Ein *Mißtrauensaufschlag* stellt die aufgrund von Informationsvorsprüngen und möglicher schädigender Strategien der Alteigentümer zusätzlich zu den vom Investitionsobjekt abhängigen Kapitalkosten verlangte Renditeforderung der externen Kapitalgeber dar. Durch entsprechende vertragliche Vereinbarungen zwischen Alteigentümer und externem Kapitalgeber hinsichtlich Informationsverbesserung und Sanktionsmöglichkeit kann diese zusätzlich geforderte Rendite reduziert werden, wodurch jedoch für den Alteigentümer *Vertragskosten* entstehen.

149 Schwetzler, B., Mitarbeiterbeteiligung (1989), S. 355.

Die mögliche, aber theoretisch immer wieder widerlegte Aussage, „eine steigende Eigenkapitalquote senkt die Insolvenzwahrscheinlichkeit“[150], hängt neben den ökonomischen Faktoren stark von insolvenzrechtlichen Normen ab, und soll im Zusammenhang mit der Mitarbeiterbeteiligung nur der Vollständigkeit halber erwähnt werden.

c) Produktivitätswirkung betrieblicher Mitarbeiterbeteiligungen

Nahezu alle Beteiligungskonzepte basieren in unterschiedlicher Art und Weise auf leistungs- und motivationsfördernden Faktoren. Vordergründig wird nur der Erfolgs- und Kapitalbeteiligung aufgrund des finanziellen Charakters ein Anreiz zur Mobilisierung verborgen Leistungsreserven der Mitarbeiter nachgesagt. Indem erfolgsabhängige Zahlungen außerdem nicht nur als anspornende Zusatzvergütung eingesetzt, sondern als Bestandteil normaler Vergütungen herangezogen werden, sind Personalkosten und Ertragslage des Unternehmens partiell aneinandergekoppelt. Durch die Gehaltsflexibilisierung soll bei den Mitarbeitern (wieder) ins Bewusstsein gerückt werden, dass ihre Arbeit und die entsprechende Vergütung Bestandteile der unternehmerischen Wertschöpfungskette sind. Darüber hinaus können jedoch auch immaterielle Beteiligungskomponenten die Motive der Mitarbeiter in Einklang mit denen der Unternehmensführung bringen, so dass diese sich mit dem Unternehmen identifizieren.[151] Auch wenn sich über einen funktionalen Zusammenhang von ideeller Beteiligung und Leistungssteigerung keine konkreten Aussagen treffen lassen, so zeigen empirische Untersuchungen,[152] dass ausschließlich materiell ausgerichtete Beteiligungssysteme nicht so erfolgreich[153] sind, wie partnerschaftliche Modelle, die alle drei Elemente der Mitarbeiterbeteiligung vereinigen.[154]

---

150 Theoretisch z. B. bewiesen von SCHWETZLER. Vgl. Schwetzler, B., Mitarbeiterbeteiligung (1989), S. 291 ff., insb. 294. Diese Aussage verwerfend z. B. Schneider, D. Investition (1992), S. 588 ff.

151 Vgl. Hebig, M./Zacharias, E., Handbuch (1991), S. 7.

152 Vgl. anstatt vieler Gärtner, U., Arbeitsproduktivität (1977) oder FitzRoy, F. R./ Kraft, K., Produktivität (ZfB 1985), S. 21 ff. Neuere Untersuchungen bestätigen die positiven Ergebnisse der früheren Arbeiten. Für Studien in Deutschland vgl. IAB-Studie von Möller, I., Produktivitätswirkung (Mitteilungen aus der Arbeitsmarkt- und Berufsforschung 4/00), S. 565 ff. mit Überblick und Ergebnissen ausgewählter Literatur zur Produktivitätswirkung von Mitarbeiterbeteiligung; IfM-Studie: Backes-Gellner, U./Kay, R./Schröer, S./Wolff, K., Mitarbeiterbeteiligung (2002); Für internationale Untersuchungen vgl. Jones, D. C./Pliskin, J., Employee Ownership (1988) m. w. N.; Bhargava, S., Profit Sharing (Economic Journal Sep. 94); Kruse, D. L., Profit Sharing (1993); IfW-Studie: Weitzman, M. L., Incentive (1995); Blasi, J. R./Conte, M./ Kruse, D. L., Corporate Performance (Industrial and Labour Relations Review Oct. 96).

153 Erfolgreich sind Beteiligungsmodelle, wenn sie zum einen breiten Zuspruch bei der Belegschaft finden, andererseits aber vor allem die Ziele der Initiatoren erreichen. Finanzwirtschaftliche Ziele lassen sich dabei empirisch viel unproblematischer erfassen als qualitative Ziele wie z. B. Motivationssteigerung.

154 Vgl. Juntermanns, H.-J./Klötzl, G., Partnerschafts-Entwicklung (1994), S. 3.

Aber auch bei Erfolgs- und Kapitalbeteiligungsprogrammen sind die einzelnen leistungs- und motivationsfördernden Faktoren nur schwer zu erfassen. In den empirischen Untersuchungen weicht man deshalb in der Regel auf die einfachere Erfassung der Produktivitätsänderung als messbare Größe der qualitativen Faktoren von Mitarbeiterbeteiligungen aus, da folgender Wirkungszusammenhang unterstellt wird:[155]

Die durch die Einführung eines Mitarbeiterbeteiligungsmodells erhofften Motivations- und Leistungssteigerungen seitens der Mitarbeiter ergeben eine Leistungssteigerung des Unternehmens und als Folge daraus wird eine Produktivitätssteigerung erwartet. Übertrifft die Steigerung der Produktivität die für die bisherigen Kapitalgeber entstehenden Kosten, erhöht sich – zusätzlich zu oben genannten Finanzierungsaspekten – in entsprechendem Maße die Rentabilität des eingesetzten Kapitals. Insofern ergeben sich aus einer Produktivitätssteigerung indirekt positive Finanzierungseffekte.

Die grundlegenden funktionalen Beziehungen zwischen betrieblicher Beteiligung und Produktivitätswirkung kann allerdings aus der ökonomischen Theorie abgeleitet werden. Das Paradigma einer „Ein-Personen-Betrachtung" illustriert dabei in einer einfach verständlichen Art und Weise die wichtigsten Zusammenhänge und bietet gleichzeitig die Basis für anspruchsvollere Überlegungen.[156] Der Betrachtung liegt die Annahme zugrunde, dass ein Individuum gemäß einer determinierten Produktionsfunktion ein „Single-Output" aus einem „Single-Input" produziert. Die Produktivität gibt das Verhältnis von „Output" als der Ausbringung zu „Input" im Sinne der eingesetzten Produktionsfaktormenge an. Eine Produktivitätsänderung ergibt sich folglich durch eine Veränderung der Faktoreinsatzverhältnisse, die in der Regel mengen- oder wertmäßig gemessen wird, wodurch die Kostenfunktion aus der Produktionsfunktion abgeleitet wird.[157] Im Ausgangsbeispiel kann der Input als Kombination aus Arbeitsstunden des Individuums und seiner Leistungsintensität definiert werden.[158] Wenn eine Beteiligung Auswirkungen auf die Produktivität haben soll, dann muss es zu einer Beeinflussung des Verhältnisses von Input und Output kommen, die sich entweder durch eine Mengenänderung des Produktionsfaktoreinsatzes oder durch Intensitätsänderungen der Leistung ergibt. Im konkreten Fall einer Ein-Mann-

---

155 Vgl. Schühsler, H., Kapitalbeteiligung (1989), S.111 ff. Gestützt wird diese These von ROSETTE/SCHNEIDER. Sie legten ihrer Untersuchung die moderne Motivationstheorie zugrunde und fanden heraus, dass anerkannte Motivationsfaktoren in Beteiligungsunternehmen vermehrt vorkommen. Vgl. hierzu Rosette, C./Schneider, H. J., Mitarbeiter-Beteiligung (1986), S. 102 ff.

156 Zur Ableitung des Paradigmas aus der ökonomischen Theorie vgl. Weitzman, M. L., Incentive (1995), S. 53 ff.

157 Zur Produktionstheorie und Kostentheorie vgl. anstatt vieler Gutenberg, E., Grundlagen (1983) oder Adam, D., Produktions-Management (2001).

158 Dabei lässt sich die Arbeitszeit messen, die Leistungsintensität, die den Output maßgeblich beeinflussen kann, jedoch nicht. Unter Leistungsintensität seien Begriffe wie Arbeitseinsatz, die Arbeitsfreude, Initiativenübernahme, Sparsamkeit etc. subsumiert, die i. d. R. schlecht oder gar nicht von Vorgesetzten zu kontrollieren sind.

Landwirtschaft, bei der dem Landarbeiter ein fester Stundenlohn bezahlt wird, ergibt sich bei einer bestimmten Arbeitszeit sowie einer bestimmten Leistungsintensität des Landarbeiters ein gewisser Output. Unterstellt man dem Landarbeiter rationales handeln, so wird er seine Leistungsintensität so gering wie möglich halten, was zu einem ineffizienten Output führt. An diesem Punkt setzt die Erfolgsbeteiligung an: Der Landarbeiter bekommt neben einem fixen Betrag für seine Arbeitsbereitstellung eine Beteiligung am erwirtschafteten Output, den er maßgeblich durch seine Leistungsintensität beeinflussen kann. Unter den getroffenen Annahmen bedeutet dies eine Erhöhung der Produktivität.

Das angeführte Paradigma scheint allerdings realitätsfern, da es wichtige Merkmale der heutigen Arbeitsumwelt ignoriert. Nachfolgende Abbildung soll unter Beachtung von realistischeren Bedingungen einen Überblick von möglichen Produktivitätsänderungen durch die Mitarbeiterbeteiligung geben:

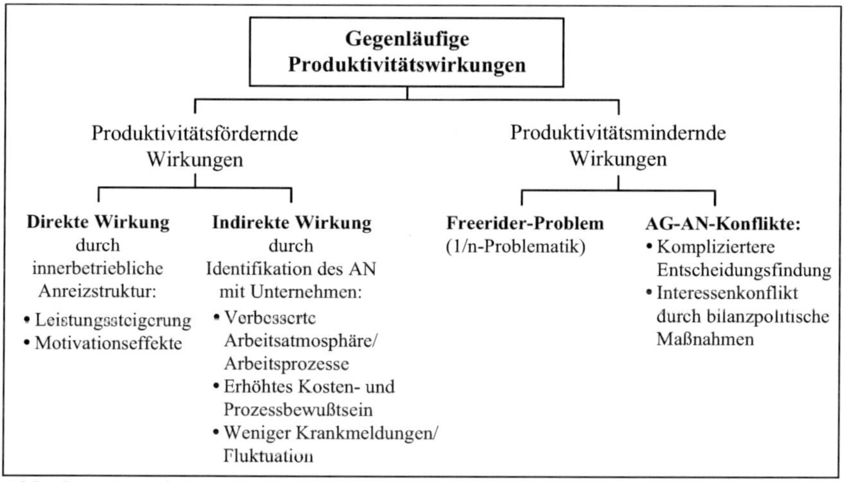

Abb. 8: Auswirkungen der Mitarbeiterbeteiligung auf die Produktivität

Wie aus der Abbildung ersichtlich, können sich sowohl die Produktivität erhöhende als auch die Produktivität reduzierende Auswirkungen durch die Einführung von Beteiligungsmodellen ergeben.

- Produktivitätssteigerungen können dabei über mehrere direkte und indirekte Wege erfolgen. Unmittelbare Effekte lassen sich durch die Umsetzung in einem Gruppenanreizsystem feststellen, weil dadurch Leistungs- und Motivationssteigerungen bei den Mitarbeitern hervorgerufen werden können.[159] Neben diesen unmittelbaren Anreizwirkungen kann es durch eine bessere Identifikation des Arbeitnehmers mit dem arbeitgebenden Unternehmen zu einer generellen Verbesserung der Arbeitsatmosphäre kommen, die wiederum zu einem erfolgreicheren Informationsaustausch unter den Arbeitnehmern und zur Unternehmensleitung führen kann. Die Mitarbeiter können einen nicht geringen Einfluss auf die Effizienz der Arbeits- und Produktionsprozesse bewirken und werden technologischen (arbeitssparenden) Neuerungen eher wohlwollend als bei einer angespannten Arbeitsatmosphäre gegenüberstehen.[160] Die erhöhte Verbundenheit zum Unternehmen kann außerdem zu einer Reduktion der Krankmeldungen und Verringerung der Fluktuation führen.

- Die produktivitätsfördernden Auswirkungen von Gruppenanreizsystemen werden hingegen dadurch beeinträchtigt, dass sich bei Leistungszurückhaltung eines Mitarbeiters dessen Entlohnung nur um den n-ten Teil der verringerten Produktivität reduziert. Bei diesem als Freerider-Problem bezeichnete Verhalten eines Beschäftigten ist es nicht rational eine erhöhte Leistung zu erbringen, da die aus einer Produktivitätssteigerung resultierende Gewinnbeteiligung zwischen allen Beteiligten im Verhältnis 1/n aufgeteilt wird und sich so für den einzelnen nur marginal auswirkt.[161] Allerdings nimmt man an, dass dieses „sich-vor-der-Arbeit-drücken“ von Kollegen nicht geduldet werden würde. Dieser Kontrollmechanismus wird sogar als effizienter im Vergleich zur Überwachung durch Vorgesetzte erachtet, da Beschäftigte auf der gleichen Hierarchieebene den Freiraum zur Leistungszurückhaltung genau kennen.[162]

[159] Dem in diesem Zusammenhang häufig vorgebrachten Argument, Individualanreize seien in der Verfolgung dieser Ziele überlegener, kann entgegengehalten werden, dass in der modernen Arbeits- und Produktionsstruktur die Messung des individuellen Output in zunehmendem Maße schwieriger wird oder mit unwirtschaftlich hohen Kosten verbunden ist. Vgl. Gerlach, K./ Hübler, O., Gewinnbeteiligung (1994), S. 374 sowie Möller, I., Produktivitätswirkung (Mitteilungen aus der Arbeitsmarkt- und Berufsforschung 4/00), S. 577 f. Des weiteren wird dem entgegengehalten, dass die Mitarbeiter nur daran denken, wie sie möglichst hohe Zusatzvergütungen in Gestalt von Boni, Provisionen, Tantiemen etc. erhalten. Häufig steht diese Individualzielverfolgung zu stark im Vordergrund und der Mitarbeiter verschwendet zuviel Motivation für persönliche Ziele, statt im Interesse des Gesamtunternehmens zu denken. Vgl. Loritz, K.-G., Vergütungen (AuA 7/97), S. 226.

[160] Vgl. hierzu Kruse, D., Profit Sharing (Economic Journal Jan/92), S. 28 f.; Hübler, O., Produktivitätssteigerung (Mitteilungen aus der Arbeitsmarkt- und Berufsforschung 2/95), S. 10 ff.

[161] Zur Freerider- oder 1/n-Problematik vgl. Estrin, S./ Grout, P. A./ Wadhwani, S., Profit Sharing (Economic Policy 4/87), S. 30. Im Terminus 1/n bezeichnet die Variable n die Anzahl der Mitglieder im Gruppenanreizsystem, auf die die jeweilige Beteiligung verteilt wird.

[162] Dieser Mechanismus kommt allerdings bei „normaler“ Entlohnung nicht zur Geltung, da bei den Kollegen das Interesse zur gegenseitigen Überwachung (horizontales monitoring) fehlt. Vgl. FitzRoy, F. R./ Kraft, K., Produktivität (ZfB 1985), S. 22 f. Für weiterführende Untersuchungen vgl. Weitzman, M. L./ Kruse, D., Productivity (1990), S. 93.

Weitere Produktivitätshemmnisse können sich aufgrund von Interessenkonflikten und Meinungsverschiedenheiten zwischen Belegschaft und Unternehmensführung ergeben. Fühlen sich die Mitarbeiter durch bilanzpolitische Maßnahmen der Unternehmensleitung, die erheblichen Einfluss auf den Gewinnausweis haben, um ihre Gewinnanteile gebracht, kann das Anreizsystem gestört werden.[163] Außerdem kann es zu Problemen kommen, wenn die Mitarbeiter einzelne Managemententscheidungen dahingehend anzweifeln, dass diese nicht zu Produktivitätssteigerung führen, und somit die Entscheidungsfindung konfliktträchtiger und kostenintensiver ist.

Die beschriebenen Produktivitätswirkungen ergeben sich jeweils in unterschiedlichem Ausmaß aus den einzelnen Beteiligungskomponenten. Dabei ist es ohne Bedeutung für die Wirkungsmechanismen, ob die Gewinnbeteiligung auf dem Arbeitsverhältnis oder aufgrund einer Beteiligung am Kapital des arbeitgebenden Unternehmens basiert. Isoliert betrachtet, kann die immaterielle Beteiligungskomponente zu keiner monetären Anreizwirkung führen. In Verbindung mit der Beteiligung am Gewinn wirkt sie bei der Verbesserung der Arbeitsbeziehungen allerdings in besonderem Masse positiv und kann die oben genannten Wirkungen verstärken.[164]

Empirische Untersuchungen[165] bestätigen immer wieder die aufgestellte Hypothese, dass die Beteiligung von Arbeitnehmern am Erfolg (und Kapital) des arbeitgebenden Unternehmens die Produktivität beeinflusst. Dabei gibt es jedoch eine breite Streuung der Ergebnisse und sehr wenig empirisch eindeutig nachgewiesene Zusammenhänge für die spezifischen Wirkungsmechanismen zwischen Mitarbeiterbeteiligung und Produktivitätssteigerung.[166] Studien, die zudem die Unternehmensgröße des Beteiligungsunternehmens erfassten, kamen des weiteren zu dem Ergebnis, dass in kleinen Unternehmen eine stärkere Wertschöpfung aufgrund der Produktivitätswirkung gemessen werden konnte und dass sich mit zunehmender Unternehmensgröße dieser Effekt abschwächt.

163 Vgl. Maede, J. E., Share Economy (1986), S. 34.

164 Vgl. Berthold, N./ Stettes, O., Mitbestimmung (WiSt 10/01), S. 507 f.

165 Vgl. Backes-Gellner, U./Kay, R./Schröer, S./Wolff, K., Mitarbeiterbeteiligung (2002); Bhargava, S., Profit Sharing (Economic Journal Sep. 94); Blasi, J. R./Conte, M./ Kruse, D. L., Corporate Performance (Industrial and Labour Relations Review Oct. 96); FitzRoy, F. R./ Kraft, K., Produktivität (ZfB 1985), S. 21 ff.; Gärtner, U., Arbeitsproduktivität (1977); Jones, D. C./Pliskin, J., Employee Ownership (1988); Kruse, D. L., Profit Sharing (1993); Möller, I., Produktivitätswirkung (Mitteilungen aus der Arbeitsmarkt- und Berufsforschung 4/00), S. 565 ff.; Weitzman, M. L., Incentive (1995).

166 KRUSE beziffert die Produktivitätssteigerung in Unternehmen mit Mitarbeiterbeteiligung auf 3,5 bis 5 % im Vergleich zur Kontrollgruppe der Unternehmen ohne Mitarbeiterbeteiligung. Vgl. Kruse, D. L., Profit Sharing (1993), S. 123. Ebenfalls in dieser Größenordnung bewegen sich die Ergebnisse einer früheren Studie von Weitzman und Kurse. Vgl. Weitzman, M. L./ Kruse, D., Productivity (1990), S. 138 f. Zu zweistelligen Produktivitätszuwächsen kommen dagegen einige deutsche Studien, die auf dem so genannten IAB Pannel basieren. So z. B. Möller, I., Produktivitätswirkung (Mitteilungen aus der Arbeitsmarkt- und Berufsforschung 4/00), S. 575 ff.

2. Zielvorstellungen der Mitarbeiter

Bei der Frage nach den Beweggründen von Arbeitnehmern für die Teilnahme an einem Beteiligungsprogramm, ist zu unterscheiden, ob es sich um ein betriebliches oder überbetriebliches Beteiligungssystem handelt. Bei letzterem sind es monetäre Ziele wie die Vermögensbildung für eine zusätzliche Altersvorsorge bei gleichzeitiger Trennung von Arbeitsplatz- und Kapitalrisiko.

Dem stehen die Motive entgegen, die zu einer Mitwirkung an einem betrieblichen Beteiligungsmodell führen. Für die Mitarbeiter steht nicht primär die Vermögensbildung im Vordergrund, sondern in erster Linie die Teilhabe am Unternehmenserfolg als gleichwertiger Partner, die bei Barausschüttung zusätzliches Einkommen darstellt oder in Kapitalanteile umgewandelt werden.[167] Ein ebenfalls vorrangiger Aspekt ist die Sicherung ihres Arbeitsplatzes, indem sie dem Unternehmen durch die Lohn- und Gehaltsflexibilisierung finanzielle Bewegungsspielräume verschaffen, oder wenn durch das Beteiligungsmodell die Unternehmensnachfolge geregelt wird und somit die Unternehmensfortführung per se gesichert ist.[168] Aber auch die Erwartungen nach mehr Mitbestimmungs-, Informations- und Mitspracherechten[169] sowie nach einer Verbesserung der Unternehmenskultur im Sinne einer kooperativeren Unternehmensphilosophie stehen bei der Forderung nach mehr Mitarbeiterbeteiligung im Vordergrund.

Nun wird vielfach die Meinung vertreten, dass sich die Zielvorstellungen der Belegschaft stark von der Zielsetzung der Initiatoren des Beteiligungsprogramms unterscheiden. Jedoch ist relativ einfach nachvollziehbar, dass bei unterschiedlicher Zielsetzung von Arbeitgeber und Mitarbeiter(n) kein funktionierendes und somit erfolgversprechendes Mitarbeiterbeteiligungsprogramm praktiziert werden kann. Vice versa korrelieren bei (erfolgreich) initiierten Beteiligungssystemen die Zielvorstellungen auf Unternehmensebene.[170]

---

167 Wobei eine Barausschüttung erfahrungsgemäß von den Arbeitnehmern (noch) als vorziehenswürdig betrachtet wird. Vgl. Heller, R., Shares (1984), S. 100 sowie Fn. 103.

168 Vgl. Wagner, K.-R., Kapitalbeteiligung (1999), S. 100 ff. In der über das Wertpapiererwerbs- und Übernahmegesetz (WpÜG) geführten Diskussion wurde derzeit das Argument der „Abwehr einer feindlichen Übernahme" durch eine Beteiligung der Mitarbeiter am Eigenkapital des zu übernehmenden Unternehmens zur Verminderung des Arbeitsplatzverlustrisikos medienwirksam eingesetzt. Bezüglich genauer Wirkungsmechanismen bei den so genannten „Hostile Takeover" vgl. Haensel, J., Mitarbeiterbeteiligung (1999), S. 76 ff.

169 Diese Motive zeigen sich vor allem in Ländern mit einer geringen gesetzlichen Mitbestimmung.

170 Vor dem Hintergrund der Erarbeitung eines Vorschlags zur Reform der staatlichen Förderung der Mitarbeiterbeteiligung ist entscheidend, ob sich die Ziele von Unternehmen und Beteiligten einerseits sowie die politischen Zielrichtungen, die im folgenden aufzuzeigen sind, andererseits kompatibel zueinander verhalten.

Einer häufig anzutreffenden Gesetzmäßigkeit folgend, fehlt es den Befürwortern der Mitarbeiterbeteiligungsidee nicht an Gegenpositionen, die der so plausibel erscheinenden Fülle erstrebenswerter Auswirkungen der materiellen und immateriellen Mitarbeiterbeteiligung ihre Gefahren entgegenhalten. Nur der Einbezug aller Auffassungen über die Mitarbeiterbeteiligung kann ein vollständiges Bild über die ökonomische Bedeutung des Beteiligungsgedankens liefern, welches als Basis in der nachfolgenden Analyse Eingang findet und somit unweigerlich die Qualität derselben beeinflusst.

D. Negative Wirkungen aus der Beteiligung von Mitarbeitern

Das so genannte „doppelte Risiko", welches die Mitarbeiter im Falle einer Mitarbeiterkapitalbeteiligung zu tragen hätten, ist aller Verlautbarung nach ein gewichtiger Einwand gegen die Beteiligung der Arbeitnehmer.[171] So wird gegen die Beteiligung der Mitarbeiter am (Eigen-)Kapital des arbeitgebenden Unternehmens aufgeführt, dass ihm zusätzlich zum Verlust seines Arbeitsplatzes der Verlust seines Vermögens droht, wenn dieses in finanzielle Schwierigkeiten gerät. Eine aus betrieblichen Gründen veranlasste Beschäftigungsfreisetzung ist dabei jedoch nicht gleichbedeutend mit einem (teilweisen) Kapitalverlust oder gar der Insolvenz des arbeitgebenden Unternehmens. Eine Lösungsmöglichkeit dieses Doppelrisikos wurde beziehungsweise wird – von den Gewerkschaften – noch immer in der überbetrieblichen Kapitalbeteiligung gesehen, die eine Risikostreuung durch Diversifikation für das Kapital des Arbeitnehmers bietet.[172] Allerdings kann das Verlustrisiko auch minimiert werden, indem man die Kapitalbeteiligung rechtlich so ausgestaltet, dass das Mitarbeiterkapital nicht am Unternehmensverlust partizipiert. Überdies spricht für diese Alternative, dass im Gegensatz zur überbetrieblichen Kapitalbeteiligung die Beschäftigungssituation des arbeitgebenden Unternehmens durch die oben erläuterten positiven Auswirkungen der betrieblichen Kapitalbeteiligung stabilisiert werden kann.

Darüber hinaus wird als zusätzliches Risiko das Einkommensrisiko für den erfolgsbeteiligten Arbeitnehmer aufgeführt, wenn das Beteiligungsunternehmen wegen schlechter Wirtschaftslage, Struktur- oder Konjunkturproblemen keinen Erfolg erwirtschaftet und somit die erfolgsabhängige Entlohnung ausbleibt.[173] Dieser Argumentation wird entgegengehalten, dass ohne die erläuterten Beschäftigungseffekte der variablen Entlohnung bei traditioneller Lohnstruktur der Verlust des Arbeitsplatzes wahrscheinlicher ist, und diese kurzfristige Einkommenseinbuße im Vergleich zur Arbeitslosigkeit das kleinere Übel darstellen müsste. Das Argument der Einkom-

171 Zum folgenden vgl. Uvalic, M., PEPPER-Bericht (1991), S. 15 m. w. N.

172 Diese Argumentation verliert allerdings an Wirksamkeit, wenn man bedenkt, dass überbetriebliche Beteiligungen das Kapitalverlustrisiko nicht vollständig auszuschließen vermögen. Dem Ruf nach Tariffonds wird entgegengehalten, dass hier zusätzliche Risiken im Umgang mit Geld entstehen können. Vgl. Wagner, K.-R., Sicherungsbedürftigkeit (1990), S. 38.

173 Guski, H.-G./ Schneider, H. J., Vermögensbeteiligung (1977), S. 23; Schares, C., Gewinn- und Kapitalbeteiligung (ZfW 2/93), S. 54.

menseinbußen kann des weiteren dadurch abgeschwächt werden, wenn unterstellt wird, dass im Vorfeld die Erfolgsanteile (teilweise) zu Kapitalanteilen führten, die dem Arbeitnehmer bei positivem Geschäftsverlauf zusätzliches Einkommen generieren.

Diesen zwei Gegenargumenten steht eine Begründung von Vertretern der so genannten „Property Rights School" zur Seite. Danach erleiden Alteigentümer des Beteiligungsunternehmens eine Schwächung ihrer Eigentumsrechte durch gesetzgeberische Maßnahmen zur Förderung der verteilungspolitischen Anliegen, die eine Umverteilung der Vermögenswerte von den Altkapitaleignern auf die Mitarbeiter bewirken sollen.[174] Gesetzliche Verpflichtungen zur Beteiligung der Mitarbeiter am Unternehmensgewinn beschneiden dagegen die Eigentumsrechte der Altkapitaleigner in erheblichem Maße. Mitunter wird die obligatorische Gewinnbeteiligung gar als sozialistische Enteignung verstanden, wenn sie zu einer Beteiligung am (arbeitgebenden) Unternehmen führen und im Laufe der Zeit durch den so genannten Lawineneffekt der Verlust der Kapitalmehrheit der Alteigentümer sowie demzufolge der Verlust der Entscheidungsautonomie droht.[175] Diesem negativen Effekt kann durch eine Anpassung des Mitarbeiter-Erfolgsanteils bei Erreichen eines gewünschten Mitarbeiterkapitalanteils begegnet werden. Um diese Gefahr zu dämmen, führt die obligatorische Erfolgsbeteiligung in der Regel zu einer außer- bzw. überbetrieblichen (Produktiv-)-Kapitalbeteiligung.

Abschließend soll an dieser Stelle nochmals die von Skeptikern angezweifelte produktivitätsfördernde Wirkung von Erfolgsbeteiligungssystemen erwähnt werden.[176]

Nachdem die für die Untersuchung relevante Definition und Abgrenzung der drei verschiedenen Elemente der Mitarbeiterbeteiligung gegeben und darüber hinaus die ökonomische Bedeutung des Beteiligungsgedankens vermittelt wurde, soll nachfolgend die der Analyse zugrunde liegenden Einflussfaktoren erläutert werden.

---

174 Vgl. Uvalic, M., PEPPER-Bericht (1991), S. 15.

175 Bei investiven Erfolgsbeteiligungsmodellen erhöht sich das Mitarbeiterkapital um den Erfolgsanteils aus der Arbeitnehmerstellung einerseits und aufgrund des Kapitalanteils andererseits. Dadurch wächst das Mitarbeiterkapital schneller als das der Altkapitaleigner. Vgl. Schwetzler, B., Mitarbeiterbeteiligung (1989), S. 63 f.; Schneider, H. J., Steuerung (1977), S. 379 ff.; Steinle, R., Beteiligung (1985), S. 87 ff.

176 Vgl. Punkt II.C.1 mit den Erläuterungen, die gerade für ein derartiges Gruppenanreizsystem sprechen und das Argument der Freeriderproblematik entkräften.

III. Theoretische Einflussfaktoren der Verbreitung von Mitarbeiterbeteiligungen

A. Überblick

Die Verbreitung der Mitarbeiterbeteiligungsmodelle in Europa ist diversen empirischen Erhebungen zur Folge sehr divergent. Als Ursache für diese ungleiche Verteilung kommt nicht etwa nur eine einzige Begebenheit in Frage. Vielmehr wird die Existenz der Beteiligungssysteme von einer Reihe länderspezifischer Eigenarten bestimmt. Am nahe liegendsten sind dabei die als „hard facts" zu bezeichnenden staatlichen Rahmenbedingungen wie Gesetze, Normen, Subventionen und Steuervergünstigungen, die durch die jeweilige Ausgestaltung die Verbreitung der Beteiligungsmodelle entweder begünstigt oder beeinträchtigt oder aber ohne Einfluss darauf bleibt.[177] Letzteres erklärt die Bedeutung der so genannten „soft facts", die sich unter dem Stichwort „sozio-kulturelles Umfeld" zusammenfassen lassen, da auch bei annähernd vergleichbaren staatlichen Rahmenbedingungen nationale Abweichungen festgestellt werden konnten.[178] Die Akzeptanz der Beteiligungsidee hängt folglich in einem nicht unwesentlichen Maße von den länderspezifischen Ausprägungen der sozio-kulturellen Umfeldfaktoren ab, welche neben den gesetzlichen Rahmenbedingungen zu den nationalen Unterschieden bei der Verbreitung von Beteiligungssystemen beitragen könnten. In nachfolgendem Modell ist die Mannigfaltigkeit der einzelnen, landesindividuell unterschiedlichen Faktoren sowohl als positiver als auch negativer Einflussfaktor, der auf die Verbreitung der Mitarbeiterbeteiligung Einfluss nimmt, im Zusammenhang graphisch dargestellt:

---

177 Vgl. Gerlach, K./ Hübler, O., Gewinnbeteiligung (1994), S. 379.

178 Diese Annahme kann aus den einschlägigen Untersuchungsergebnissen über die Verbreitung von Beteiligungsmodellen abgeleitet werden, da in Ländern ohne besondere staatliche Rahmenbedingungen die Anzahl der Beteiligungssysteme erheblich schwankt. Die umfassendsten Ergebnisse lieferten die folgenden Untersuchungen: Uvalic, M., PEPPER-Bericht (1991); OECD, Profit Sharing (Employment Outlook 1995); Pendleton, A./ Poutsma, E./ Ommeren, J. van/ Brewster, C., Employee (2001). Ähnliche Annahmen sind aus der Untersuchung von van den Bulcke abzuleiten. Vgl. hierzu van den Bulcke, F., Finanzielle Beteiligung (2000), S. 37 ff.

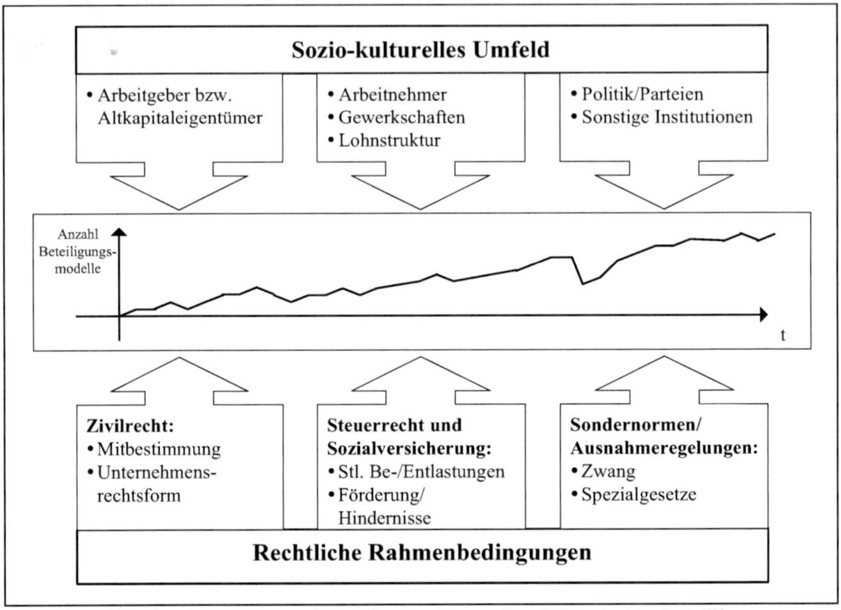

Abb. 9: Einflussbereiche auf die Verbreitung der Mitarbeiterbeteiligung

Wie in vielen anderen elementaren Untersuchungsbereichen so gilt auch hier, dass „erst die Kenntnis der Entwicklungsgeschichte den Weg zum Verständnis der Zusammenhänge der Gegenwart eröffnet“.[179] Eine fundierte Analyse, auf deren Basis die Handlungsempfehlungen für die erwünschte Ausdehnung der Mitarbeiterbeteiligung in Deutschland herausgearbeitet werden sollen, darf sich deshalb nicht auf die gegenwärtige Ausprägung des Beteiligungsumfeldes sowie der aktuellen institutionellen Rahmenbedingungen beschränken, sondern muss auch den seit den Anfängen der Beteiligungsidee eingetretenen Entwicklungsphasen samt ihren Zäsuren Rechnung tragen.

Die im folgenden angestellten Überlegungen geben auf einer theoretischen Basis wieder, in welche Art und Weise die als sozio-kulturelles Umfeld zusammenzufassende Einflusselemente sowie die einzelnen Rechtsbereiche die (zahlenmäßige) Verbreitung der unterschiedlichen Mitarbeiterbeteiligungssysteme beeinflussen mögen. Vereinfachend werden dabei die angesprochenen Faktoren einer isolierten Betrachtung unterworfen, um daraus jeweils die theoretisch mögliche Einflussnahme auf die Akzeptanz der Mitarbeiterbeteiligung ableiten zu können.

179 Stegner, A., Ansätze (2000), S. 7.

B. Sozio-kulturelles Umfeld der Mitarbeiterbeteiligung

Das sozio-kulturelle Umfeld spiegelt alle Parameter wider, die neben den gesetzlichen Rahmenbedingungen maßgeblichen Einfluss auf die Verbreitung der Mitarbeiterbeteiligung nehmen können. Die Beteiligungskultur wir in erster Linie von den direkt Mitwirkenden geprägt, da diese von ausschlaggebender Bedeutung für die Einführung und den Erfolg der unterschiedlichen Modelle sind. Einerseits entscheiden die Unternehmenseigentümer als Initiatoren über eine Beteiligung der Mitarbeiter, entweder aus alleiniger Abwägung heraus, aufgrund des Konkurrenzdrucks oder durch die Belegschaft animiert. Andererseits sind es die zu beteiligenden Mitarbeiter, die durch ihre Abneigung oder Zustimmung der Entfaltung der Beteiligungsidee entgegenstehen oder diese begünstigen. An dieser Stelle müssen die Gewerkschaften als Interessenvertreter der Mitarbeiter und die Arbeitgeberverbände als Interessenvertreter der Unternehmer in den Wirkungskreis eingereiht werden. Schließlich spielen der Beteiligungsidee verschriebene Organisationen, die Aufklärungs- und Überzeugungsarbeiten leisten, sowie die politischen Parteien, die letztlich die gesetzlichen Rahmenbedingungen formen, eine tragende Rolle.

Wie oben aufgeführt, weisen die am Beteiligungsmodell Mitwirkenden nahezu identische Zielvorstellungen auf.[180] Der Umfang an Verwirklichung des Partizipationsgedankens hängt jedoch davon ab, wie verbreitet diese Einstellung per se bei der Gesamtheit der Unternehmer beziehungsweise der Arbeitnehmer ist.

1. Einstellung der Arbeitgeber/Alteigentümer

Die Einstellung der Arbeitgeber zur Mitarbeiterbeteiligung wird dabei besonders am Führungsstil im Unternehmen deutlich. Die Beteiligungsunternehmen unterscheiden sich von den übrigen Unternehmen dadurch, dass sie durch eine marktorientierte Unternehmensführung den Mitarbeitern und deren Know-how, also dem Humankapital, einen höheren Stellenwert beimessen und sie in den Managementprozess einbeziehen und sich somit die gesamten „Inhousepotentiale“ zu nutze machen. In klassisch geführten Unternehmen dagegen, bei der das Management, das häufig mit dem oder den Unternehmenseigentümer(n) gleichzusetzen ist, vordenkt und die Belegschaft nur das ausführende Organ ist, wird die Beteiligungsidee aufgrund der ideologischen Vorbehalte der Arbeitgeber keine Grundlage finden.

2. Einstellung von Arbeitnehmern und Gewerkschaften

Von Seiten der Arbeitnehmer ist die Risikoneigung ein sehr bestimmender Faktor, der sie hinsichtlich einer materiellen Mitarbeiterbeteiligung positiv oder negativ stimmt. Unter der Voraussetzung, dass den zu beteiligten Mitarbeitern die Beteiligungssituation auch hinsichtlich Risiko und Chance durch geeignete Informations- und Aufklä-

180 Vgl. Punkt II.A, S. 29 ff.

rungsinstrumente[181] eingehend dargelegt wurde, lässt sich aufgrund von risikoaversen und risikofreudigen Neigungen die unterschiedliche Annahme von angebotenen Beteiligungsmodellen plausibel begründen. Risikoaverse Mitarbeiter stehen additiven Erfolgsbeteiligungsmodellen skeptisch gegenüber. Einer Lohnflexibilisierung verschließen sie sich und bevorzugen den sicheren klassischen Lohn vor der teilweise erfolgsabhängigen Lohnstruktur. Und der festverzinslichen Geldanlage geben sie aus Sicherheitsaspekten den Vorzug vor einer Produktivkapitalbeteiligung.[182] Risikofreudige Arbeitnehmer sehen dagegen in der Mitarbeiterbeteiligung eher die Chancen, die sich in den oben erläuterten Zielvorstellungen der beteiligten Arbeitnehmer äußern.

Seit sich die Arbeitnehmer im Zuge der industriellen Revolution in Arbeitnehmervereinigungen organisieren und durch diese Institution ihre Forderungen durchzusetzen versuchen, sehen sich die Unternehmenseigentümer bei ihren Partizipationsbemühungen mehr oder weniger mit den Gewerkschaften als Interessenvertreter der Mitarbeiter konfrontiert. Allerdings wäre eine generelle Aussage über die Missbilligung der Gewerkschaften bezüglich der Beteiligung von Mitarbeitern sehr verfehlt. So lassen sich innerhalb der verschiedenen Branchen und in gesteigerter Form zwischen den Nationen Unterschiede des gewerkschaftlichen Einflusspotentials auf die Arbeitgeber-Arbeitnehmer-Beziehung verzeichnen. Dementsprechend heterogen sind die Positionen der branchenspezifischen Gewerkschaften in den zu untersuchenden Ländern, die sich indirekt auf die Einführung von Mitarbeiterbeteiligungsmodellen auswirken.

Die Bandbreite wird am Beispiel der Lohnverhandlungen deutlich. Sie finden in Europa unter unterschiedlichen Rahmenbedingungen statt, die sich durch die Mannigfaltigkeit so genannter „Industrial Relation"-Systeme ergeben. Die in die Untersuchung einzubeziehenden Länder Deutschland, Frankreich und Großbritannien sind bekannt für ihre Eigentümlichkeit und Verschiedenartigkeit der Industrial Relations.[183] In der Literatur findet sich eine Typisierung dieser Systeme, die als „Logik der Kollektivhandlung" bezeichnet wird.[184]

Keinen Einfluss auf die Lohnverhandlungen haben die Gewerkschaften, wenn die Arbeitnehmer individuell in Verhandlungen mit dem Arbeitgeber treten. In der entge-

---

181 Zu Aufbau und Inhalten dieser Instrumente vgl. Wagner, K.-R., Massenkommanditgesellschaft (1985), S. 232 ff.

182 An dieser Stelle sei auf die weiter unten erläuterten rechtlichen Rahmenbedingungen sowie deren Analyse im dritten Teil dieser Arbeit verwiesen. Die Tatsache, dass eine steuerliche Förderung der Mitarbeiterbeteiligung rein aus vermögenspolitischer Sicht dazu führen kann, dass Mitarbeiter nur deshalb eine Beteiligung erwägen, um in Genuss der steuerlichen Förderkomponente zu gelangen, ist aufgrund des diskutierten Sicherheitsaspektes mancher Arbeitnehmer zu überprüfen. Zu dieser Problematik äußerte sich schon WAGNER; vgl. Wagner, K.-R., Sicherungsbedürftigkeit (1990), S. 47 ff.

183 In den übrigen europäischen Staaten können die Organisationsformen der Industrial Relations als „artverwandt" bezeichnet werden.

184 Ausführlich erläutert in: Nagelkerke, A. G./ de Nijs, W. F., Institutional Dynamics (Labour 4/98), S. 745 ff.

gengesetzten Extremposition werden zwischen Arbeitnehmer und Arbeitgeber keine direkten Lohnverhandlungen mehr geführt, da dem Arbeitnehmer der durch Gewerkschaft und Arbeitgeberverband verhandelte Tariflohn bezahlt wird. Eine Abschwächung letzt genannter Ausprägung der gewerkschaftlichen Machtposition ergibt sich, wenn Lohnverhandlungen auf regionaler Ebene beschlossen werden oder wenn Gewerkschaften nur auf Unternehmensebene in die Lohnfindungsfrage einbezogen werden.

Diese differenzierten Machtpositionen machen sich sowohl bei der Einführung von Erfolgs- als auch von Kapitalbeteiligungsmodellen bemerkbar. Dabei kann konstatiert werden, dass mit zunehmendem gewerkschaftlichem Wirkungsgrad der Widerstand gegen eine Lohnflexibilisierung anhand einzelwirtschaftlicher Erfolgsbeteiligungen, die zudem keinen Verhandlungsspielraum lässt, mit dem Argument der Entsolidarisierung der kollektiven Arbeitnehmermacht wächst. Umgekehrt ist bei einer dezentral gehaltenen Lohnpolitik eine weniger starke Auflehnung der Gewerkschaften gegen eine Erfolgsbeteiligung zu erwarten.

Nationale Unterschiede im Institutionalisierungsgrad der betrieblichen Demokratie, die je nach Nation von einer umfangreichen gesetzlichen Regelung der „Mitbestimmung" bis hin zu (immateriellen) Arbeitnehmerbeteiligungssystemen ohne deutlich erkennbare Kodifizierung reicht, spielen allerdings bei der Einstellungsbildung (der Gewerkschaften) und dem Verständnis der Mitarbeiterbeteiligungsidee eine bedeutende Rolle. Je spezifischer und weitreichender die Mitbestimmung gesetzlich normiert ist, desto eher wird in der direkten Kapitalbeteiligung ein Instrument zur Schwächung der paritätischen Mitbestimmung gesehen. Fehlen derartige Kodifizierungen, kann auf der anderen Seite durch die Einführung von Mitarbeiterkapitalbeteiligungsmodellen eine Verbesserung der Arbeitnehmermitbestimmung erzielt werden, wodurch eine differenzierte länderspezifische Haltung der Gewerkschaften begründet werden kann. Die Problematik des mit einer Kapitalbeteiligung verbundenen „doppelten Risikos" verstärkt in erstem Falle die ablehnende Haltung der Arbeitnehmerorganisationen und führt in zweit genannter Situation dazu, dass die Gewerkschaften überbetriebliche Kapitalbeteiligungen favorisieren, die zudem einen gewissen gewerkschaftlichen Einfluss vorsehen, wodurch eine Stärkung der Verhandlungsmacht gegenüber den Arbeitgebern angestrebt wird.

Als weiterer Einflussfaktor auf die Ausbreitung der Mitarbeiterbeteiligung ist das Interesse der jeweiligen Regierungspartei(en) an der Beteiligungsidee zu nennen.[185] Bei wenig starker Ausprägung wird sich keine Regierung für die Mitarbeiterbeteiligung einsetzen und weder explizit fördernde Maßnahmen in die Wege leiten, noch gegen etwaige länderspezifische Hindernisse Initiativen zu deren Beseitigung ergreifen. Starke Engagements resultieren jedoch häufig in einer Änderung der gesetzlichen

185 Die unterschiedlichen Einstellungen sind dabei in Abhängigkeit zur entsprechenden politischen Grundausrichtung der Parteien zu sehen.

Rahmenbedingungen, die wie nachfolgend aufzuzeigen ist, unterschiedliche Auswirkungen auf die Verbreitung der Mitarbeiterbeteiligungsidee haben.

Bevor allerdings die Einflussmechanismen der gesetzlichen Rahmenbedingungen Erläuterung finden, soll abschließend der letzte unter das sozio-kulturelle Umfeld zusammengefasste Einflussfaktor näher bestimmt werden. Anzuführen sind hier Non-Profit-Organisationen und Vereinigungen, die nationale und auch internationale Aktivitäten zur Förderung des Beteiligungsgedankens unternehmen. Durch Vorträge und Tagungen, (individuelle) Beratungen von beteiligungswilligen Unternehmen, enge Zusammenarbeit mit Beteiligungsunternehmen und dem daraus resultierenden Netzwerk, Beratungen von Wirtschaftsverbänden, Veröffentlichungen sowie Unterstützung von Regierungskommissionen, um nur einige der wichtigsten Funktionen aufzuzählen, versuchen sie im gesamten – regionalen, nationalen und jüngst auch internationalen – sozio-kulturellen Umfeld die Mitarbeiterbeteiligung attraktiver zu machen und durch Lobbyismusarbeit die gesetzlichen Rahmenbedingungen mitzugestalten.[186]

C. Gesetzliche und rechtliche Rahmenbedingungen

In diesem Abschnitt werden diejenigen Teile einer (marktwirtschaftlichen) Rechtsordnung erläutert, die durch unterschiedliche Ausgestaltungsmöglichkeiten den Handlungsspielraum im sozio-kulturellen Umfeld bestimmen und so das Ausmaß der Verbreitung von Mitarbeiterbeteiligungsmodellen mehr oder weniger stark beeinflussen können. Aufgrund der hohen Komplexität der national unterschiedlichen Teilrechtsordnungen und des verfolgten Untersuchungsrahmens kann gleichwohl keine detaillierte Darstellung aller durch die Beteiligung von Mitarbeitern hervorgerufenen (zivil)rechtlichen Problembereiche erfolgen, die möglicherweise indirekt Einfluss auf die Entwicklung der Beteiligungskultur haben.[187] Für die hier aufgestellten Überlegungen sind vielmehr die Einflüsse

- der Mitbestimmung und der gesellschaftsrechtlichen Spielräume,
- der steuer- und sozialversicherungsrechtlichen Vorschriften sowie

---

[186] Einige der einflussreichsten Organisationen haben sich in einer internationalen Vereinigung, der International Association for Financial Participation (IAPF), zusammengeschlossen, um den Informationsaustausch zwischen den national agierenden Organisationen, Arbeitgebern und Forschungseinrichtungen zu verbessern und die Ausbreitung der Mitarbeiterbeteiligung auf supranationaler Ebene voranzutreiben. Die IAFP wurde 1987 von Remy Schlumberger, einem französischen Bankier, und derzeit nur national operierenden Organisationen aus Frankreich, Großbritannien und den USA gegründet. Aktuell verzeichnet die Vereinigung 32 aktive Mitglieder aus Asien, Australien Europa sowie Nord Amerika und hat seinen Sitz in Paris, Frankreich. Für nähere Informationen vgl. http://perso.wanadoo.fr/iafp/INDEX.HTM (Stand: 10.08.2006).

[187] Für profunde Überlegungen zur zivilrechtlichen Problematik bei der Beteiligung von Mitarbeitern, die sich aus der Vielfalt der gesellschaftsrechtlichen Gestaltungsmöglichkeiten und daraus resultierender Spannungsverhältnisse zum Arbeitsrecht ergeben, vgl. Loritz, K.-G., Mitarbeit (1984), Wagner, K.-R., Beteiligungsformen (1993) sowie Wagner, K.-R., Grundsatzfragen (1993).

- der speziell zur Mitarbeitbeteiligung ratifizierten Gesetze

aufgrund des unmittelbaren Zusammenhangs zur Einführung einer Beteiligung von Mitarbeitern am Erfolg und Kapital eines Unternehmens von Bedeutung. Den letztgenannten zwei Punkten gilt dabei das Hauptaugenmerk der Untersuchung, wohingegen die Mitbestimmung und die gesellschaftsrechtlichen Rahmenbedingungen „nur" einer marginalen Betrachtung unterzogen werden.

1. Mitbestimmung und Gesellschaftsrecht

Die Mitbestimmung der Arbeitnehmer wird als Eckpfeiler der bundesrepublikanischen Arbeits- und Sozialverfassung bezeichnet.[188] Unter der (gesetzlichen) Mitbestimmung in Deutschland ist die Einflussnahme oder Beteiligung an der Willensbildung und Entscheidungsfindung der Arbeitgeber von Seiten der Arbeitnehmer oder ihrer Interessenvertreter zu verstehen. Im (europäischen) Ausland weicht die Bedeutung dieser Funktionen und Rechte der Mitarbeiter jedoch zum Teil erheblich von dem ab, was in Deutschland unter Mitbestimmung verstanden wird. Eine wörtliche Übersetzung des Begriffs der Mitbestimmung kann hier nur Irreführen. Der in obiger Definition verwendete Begriff der betrieblichen Demokratie hat an dieser Stelle Eingang in der Literatur gefunden.[189] Darunter ist also auch die freiwillige Partizipation zu fassen. Diese soll aus der gleichen Überlegung heraus die in Gesetze verfassten – und somit nicht mehr von der Freiwilligkeit der Arbeitgeber abhängenden – Rechte ergänzen.

Der Grundgedanke der betrieblichen Demokratie, der von einer Beteiligung der Arbeitnehmer an Entscheidungsprozessen im Unternehmen ausgeht, entspricht allerdings auch nicht überall dem gleichen Grundverständnis. In manchen Staaten, wie etwa in Großbritannien (und den USA), steht man diesem Grundgedanken eher skeptisch gegenüber. Anstatt dessen sieht man die Einbeziehung der Mitarbeiter an Entscheidungsprozessen bisher nur auf Basis der wirtschaftlichen Demokratie. Die Fiktion, dem Faktor Arbeit betrieblichen Demokratie (= immateriellen Beteiligung) die gleichen Funktionen und Rechte wie dem Faktor Kapital zu gewähren, scheint dementsprechend so nicht vorhanden zu sein. Vielmehr wird lediglich die Alternative „praktiziert", dem Mitarbeiter über eine Beteiligung am Kapital des arbeitgebenden Unternehmens die entsprechenden Funktionen und Rechte zu gewähren.

Insgesamt lässt sich daraus schlussfolgern, dass die Verbreitung von Mitarbeiterkapitalbeteiligungsprogrammen in gewissem Maße von der Mitbestimmungsstruktur im jeweiligen Land abhängt. Je stärker die betriebliche Demokratie in Recht und Gesetz verankert ist, desto marginaler wirken die freiwilligen Partizipationsrechte und desto

---

188 Vgl. Klinkhammer, H./Welslau, D., Mitbestimmung (1995), S. 35.

189 Vgl. Punkt I. B., S. 26.

schwächer ist das Bedürfnis, die „fehlende“ Demokratie über Kapitalrechte einzuräumen und vice versa.[190]

In diesem Zusammenhang ist das Handels- und Gesellschaftsrecht mit in die Betrachtung einzubeziehen, da es die gesetzlichen Grundlagen für eine Beteiligung des Mitarbeiters am Eigenkapital des (arbeitgebenden) Unternehmens bildet. Es existieren in der Regel alternative Beteiligungsformen, die jedoch aufgrund von Rechtsformabhängigkeiten nicht für jedes Unternehmen zur Verfügung stehen. Die Beteiligungsformen können anhand ihrer jeweiligen Vor- und Nachteile charakterisiert werden, wobei Vorteile für den Unternehmer unter Umständen für die beteiligten Mitarbeiter nachteilige Auswirkungen haben könnten und vice versa. Deshalb ist auch die Eignung für die Mitarbeiterbeteiligung per se sehr unterschiedlich. Eignen sich gerade bestimmte rechtsformabhängige Beteiligungsformen für eine Arbeitnehmerbeteiligung, liegt die Vermutung nahe, dass die Verbreitung der Beteiligungssysteme mit der Rechtsformverbreitung korreliert.

Aus diesem Grund werden in der länderspezifischen Darstellung nicht nur die möglichen Beteiligungsformen hinsichtlich vorteilhafter beziehungsweise unvorteilhafter gesetzlicher Kodifizierungen erläutert, die sich auf das Ausmaß der Mitarbeiterbeteiligung auswirken, sondern gleichzeitig auch die Unternehmensrechtsformen sowie deren zahlenmäßige Verbreitung aufgezeigt, um daraus eventuelle Rückschlüsse ziehen zu können.

2. Steuerrechtliche Rahmenbedingungen

Die steuerrechtlichen Rahmenbedingungen bilden das Hauptaugenmerk der Untersuchung.[191] Daneben sind sozialversicherungsrechtliche Vorschriften, die im Zusammenhang mit der Beteiligung von Arbeitnehmern zur Geltung kommen, von Bedeutung. Diese gesetzlichen Normierungen haben, wie in den Erläuterungen zu den finanziellen Auswirkungen der Mitarbeiterbeteiligung aufgezeigt, ein hohes Einflusspotential auf die durch eine Beteiligung der Arbeitnehmer veranlasste Veränderung der Liquiditäts- und Vermögensposition von Arbeitgeber und beteiligtem Mitarbeiter und der Kapitalstruktur der Unternehmung. Was die Wirkung auf die Verbreitung der Mitarbeiterbeteiligung ausmacht, sind dabei nicht die Normierungen an sich, sondern die im Falle steuerlich (und sozialversicherungsrechtlich) ungleicher Behandlungen wirtschaftlich identischer Sachverhalte auftretenden Verzerrungen.

---

190 Wie oben bereits erwähnt, stehen Gewerkschaften einer wirtschaftlichen Demokratie sehr verhalten gegenüber, da für sie eine Konfliktsituation dadurch entsteht, dass der zunehmend am Unternehmenskapital beteiligte Arbeitnehmer sich mehr an der wirtschaftlichen als an der betrieblichen Demokratie orientiert, was einem Machtverlust für die Gewerkschaften gleichkommt. Vgl. hierzu DAG, RdA (1977), S. 258 ff.

191 Diese Orientierung gibt jedoch keine Gewichtung der verschiedenen Einflussfaktoren auf die Verbreitung der Mitarbeiterbeteiligung wider.

Einerseits wirken sich quantitative Steuerwirkungen[192], die den am Mitarbeiter(kapital)beteiligungsmodell Teilnehmenden einen materiellen Vorteil verschaffen, den sie unter sonst gleichen Bedingungen nicht erlangen würden, positiv auf die zu erzielende Rendite der Mitarbeiterbeteiligung aus. Es ist davon auszugehen, dass eine Begünstigung – im Vergleich zur „normalen" Besteuerungssituation – zu einem verstärkten Gebrauch des Instruments Mitarbeiterbeteiligung führt. Analog hierzu werden steuerliche Vorschriften, die bei den Beteiligungsparteien zu materiellen Nachteilen führt, die Mitarbeiterbeteiligung in jedem Fall beeinträchtigen.

Diese, die Verbreitung der Arbeitnehmerbeteiligung behindernde oder fördernde steuerliche Be- oder Entlastung stellt eine Durchbrechung der systemtragenden Prinzipien der Besteuerung (Gerechtigkeits-, Neutralitäts-, Einfachheits- sowie Korrespondezprinzip)[193] dar und verstößt folglich gegen das in den zu untersuchenden Ländern vorherrschende Primat der Besteuerung nach der Leistungsfähigkeit des Steuersubjekts.[194]

An dieser Stelle soll nicht diskutiert werden, ob ein eventueller Verstoß gegen die Besteuerungsprinzipien sowie gegen das Leistungsfähigkeitsprinzip zu rechtfertigen

---

192 Im einzelnen können diese aus dem Betriebsausgaben- oder Steuervermeidungseffekt, dem Splitting- oder Steuerspareffekt und/oder dem Steuerstundungseffekt resultieren. Siehe Fn. 127.

193 Zu den Steuerprinzipien vgl. anstatt vieler Heidrich, P., Steuerprinzipien (1929); Lang, J., Grundlagen (2005), § 4. Diese Prinzipien werden im dritten Teil der Arbeit als Beurteilungsmaßstab der jeweiligen steuerlichen Rahmenbedingungen sowie anschließend im vierten Teil als Leitbild für die Erarbeitung der Problemlösung(en) herangezogen. Ausgehend von der grundsätzlichen Beurteilungsproblematik in wissenschaftlichen Forschungskonzepten, zu denen auf CHMIELEVICZ verwiesen wird, vgl. Chmielevicz, K., Forschungskonzeptionen (1994), S. 207 ff., stellt sich hier im Speziellen die Frage nach den möglichen Beurteilungskriterien von Steuersystemen. Zur ursprünglichen Diskussion vgl. anstatt vieler Wöhe, G., Aufgabe (1983), S. 5 ff., insb. S. 11 f.; Neumark,F., Grundsätze (1970); Mönning, J.-H., Würdigung (1976).

194 Das Leistungsfähigkeitsprinzip wird sowohl in Deutschland, als auch in Frankreich (Art. 13 der franz. Verfassung) als Fundamentalprinzip der Besteuerung angesehen. In Großbritannien sind diese Besteuerungsprinzipien nicht gebräuchlich. Es ist zwar nicht direkt im Grundgesetz der Bundesrepublik Deutschland verankert, sondern ist daraus indirekt ableitbar, weil Art. 3I GG, der Gleichheitssatz, ein sachgerechtes Prinzip voraussetzt und nach herrschender Meinung außer dem Leistungsfähigkeitsprinzip kein anderes existiert oder in Betracht kommt. Ein Verstoß gegen das Leistungsfähigkeitsprinzip ist nur dann zu rechtfertigen, wenn dies dem Gemeinwohl, dem öffentlichen Interesse oder der Vereinfachung dient. Vgl. Lang, J., Grundlagen (2005), § 4, Rz. 81 ff. Zur Besteuerung nach dem Leistungsfähigkeitsprinzip jeweils m. w. N. vgl. des weiteren Birk, Leistungsfähigkeitsprinzip (1983), S. 1 ff. (zur Ideengeschichte: S. 6 ff.); Kirchhof, P., Leistungsfähigkeit (StuW 4/85), S. 319 ff.; Schneider, D., Steuerbilanzen (1978), S. 13 ff., 38 ff.

ist oder nicht.[195] Es soll lediglich untersucht werden, ob Verstöße gegen dieses Besteuerprinzip in den zu untersuchenden Ländern existent sind, um daraus die vorhandene Verbreitungsdivergenz beurteilen zu können. Es gilt freilich, nicht nur steuerliche Regelungen zu identifizieren, die zu Steuerverzerrungen mit negativen respektive positiven Auswirkungen auf die Ausdehnung der Mitarbeiterbeteiligung führen, sondern es gilt diese gegebenenfalls von der allgemeinen Besteuerung abzugrenzen. Erwachsen demzufolge aus einer Beteiligung der Mitarbeiter dem Beteiligungsunternehmen und/oder den beteiligten Arbeitnehmern materielle Nachteile, die aus der Anwendung steuer- und sozialversicherungsrechtlicher Bestimmungen resultieren, ist anzunehmen, dass derartige Beteiligungsmodelle in der Regel keine Verbreitung finden. Dem entsprechend kann man für materielle Vorteile aus Steuervergünstigungen (oder sonstigen staatlichen Förderungen) unterstellen, dass bei diesen Beteiligungsmodellen der „Zulauf“ höher ist als unter „normalen“ Bedingungen.

Einer Rechtfertigung für die Durchbrechung der Besteuerungsprinzipien – respektive des Leistungsfähigkeitsprinzips – ohne weiteres beizustimmen, ist eher abzulehnen. Negative steuerliche Einflüsse, die sich lediglich auf eine bestimmte (Kapital-)Beteiligungsform beziehen – oder welche die Beteiligung von Mitarbeitern generell im Vergleich zu alternativen Unternehmensbeteiligungen benachteiligt –, sind jedoch im Sinne der (Entscheidungs- beziehungsweise Rechtsform-)Neutralität der Besteuerung[196] abzulehnen. Entsprechend der Forderung nach Entscheidungsneutralität hinsichtlich unternehmerischer Investitionen darf die Besteuerung keine schädigende Wirkung auf die optimale Ausgestaltung der Mitarbeiterbeteiligung haben. Wird die optimale Mitarbeiterbeteiligung durch steuerliche Einflüsse be- oder verhindert, hat dies negative Folgen für die Verbreitung der Mitarbeiterbeteiligung. Die negativen Steuerwirkungen können sich dabei in erster Linie in Zusammenhang mit der Kapi-

---

195 Dienen Durchbrechungen des Leistungsfähigkeitsprinzips nur einer bestimmten Gruppe oder gar nur einzelnen um ihrer selbst willen, so handelt es sich um ein Steuerprivilegien, die eine ungerechtfertigte Durchbrechung des Gleichheitssatzes darstellen. Es wird z. B. argumentiert, dass öffentliche Bedienstete nicht in den Genuss einer Mitarbeiterbeteiligung kommen könnten, weshalb die Steuervorteile der beteiligten, privatwirtschaftlichen Arbeitnehmer unzulässige Geschenke aus Steuermitteln seien.

196 Die Bedeutung der Entscheidungsneutralität basiert auf der Annahme, dass eine effiziente Faktorallokation vielmehr in einem nicht verzerrten freien Marktwettbewerb als in einem durch staatliche Eingriffe verzerrten Markt stattfindet. Vgl. hierzu Schwinger, R., Steuersysteme (1992), S. 12 ff. Eine entscheidungsneutrale Besteuerung beeinflusst demnach die sich als Ergebnis von rational handelnden Wirtschaftssubjekten ergebende Faktorallokation nicht. Die der effizienten Faktorallokation zugrunde liegende Rangfolge der Handlungsalternativen ändert sich demzufolge durch die Besteuerung nicht. Vgl. Sigloch, J., Abschreibungsfreiheit (1987), S. 170. Bezogen auf die Wahl einer bestimmten Rechtsform (als Handlungsalternativen) spricht man in diesem Zusammenhang von Rechtsformneutralität der Besteuerung. Ob die Investition durchgeführt werden soll oder nicht, müsste unabhängig von der gewählten Rechtsform entschieden werden. Zu detaillierten Erläuterungen der einzelnen Neutralitätsbegriffe vgl. Elschen, R./Hüchtebrock, M., Steuerneutralität (Finanzarchiv 5/83), S. 253 ff.; Wenger, E., Periodisierungsregeln (ZfB 2/86), S. 131 ff.; Elschen, R., Entscheidungsneutralität (StuW 2/91), S. 99 ff.; Schneider, D., Investition (1992), S. 206 ff.; Wagner, F., Neutralität (StuW 1/92), S. 2 ff.; Treisch, C., Entscheidungsneutralität (SteuerStud 8/00), S. 368 ff.

talbeteiligung ergeben. Die Besteuerung der Erträge aus Erfolgsbeteiligungen oder der unternehmensseitigen Zuwendungen, die den Arbeitnehmern in Verbindung mit einer Kapitalbeteiligung gewährt werden, sind dabei aus steuersystematischer Sicht – abgesehen vom Problem der zeitlichen Zuordnung – generell weniger problematisch, da in den zu untersuchenden Ländern diese Beträge steuerlich in der Regel als Arbeitslohn definiert werden.

3. Spezialnormen und Ausnahmeregelungen für Beteiligungssysteme

Inwieweit das ungleiche Wachstum der Mitarbeiterbeteiligung auf die unterschiedlichen steuersystematischen Begebenheiten zurückgeführt werden kann, wurde erläutert. In engem Zusammenhang mit den steuerlichen Regelungen haben spezifische Rechtsvorschriften außerdem Einfluss auf die Verbreitung der unterschiedlichen Systeme zur Beteiligung von Arbeitnehmern.

Vermögen spezielle Vorschriften den Rechtsstatus der unterschiedlichen Systeme abzugrenzen und somit Unklarheiten zur (steuer-)rechtlichen Zuordnung zu beseitigen, kann dadurch die Anwendung der entsprechenden Modelle vereinfacht werden. Sind diese gesetzlichen Bestimmungen jedoch zu starr und zu kompliziert, be- oder verhindert dies die Einführung der Mitarbeiterbeteiligung. Zu einer hohen Verbreitung von Beteiligungssystemen führen ohne Zweifel gesetzliche Zwänge zur Einführung bestimmter Systeme.

Die Untersuchung der nationalen Beteiligungsmodelle muss auf Basis all dieser Faktoren erfolgen, denn in den zu untersuchenden Ländern ist die Entwicklung der Mitarbeiterbeteiligungssysteme – wie erläutert – in Abhängigkeit der Einflussfaktoren zum heutigen Zustand „gewachsen". Das Verständnis der aktuellen Verbreitungssituation kann mit Hilfe einer Analyse dieser Entwicklungsprozesse deutlich erhöht werden. Nur wenn man die Erkenntnisse für die unterschiedlichen Entwicklungsstände analysiert hat, können daraus Verbesserungsmaßnahmen beziehungsweise Maßnahmen zur Weiterentwicklung abgeleitet werden.

Zweiter Teil: Mitarbeiterbeteiligung in Deutschland, Frankreich und Großbritannien

I. Ausgangsüberlegungen

Die Beschreibung der Entwicklungsgeschichte der Mitarbeiterbeteiligung in Deutschland, Frankreich und Großbritannien sowie die Darstellung der gegenwärtigen Ausprägungen der länderspezifischen Rahmenbedingungen dient als Ausgangsbasis für die im dritten Teil folgende Ursachenanalyse des vielfach angedeuteten Verbreitungsdefizits der Mitarbeiterbeteiligung in Deutschland. Zu diesem Zweck ist eine möglichst einheitliche Darstellung notwendig. In jedem Länderabschnitt werden daher

- vom historischen Ausgangspunkt[197] des Beteiligungsgedankens die spezifischen Entwicklungen der hierauf einwirkenden sozio-kulturellen und gesetzlichen Einflussgrößen chronologisch beschrieben und
- die betreffenden Rechtsbereiche grundlegend – ohne speziellen Bezug auf die Mitarbeiterbeteiligung – erläutert, um daran anschließend
- detailliert auf relevante Formen der Erfolgs- und Kapitalbeteiligung im Einzelnen einzugehen, mögliche Besonderheiten der Beteiligungssituationen herauszustellen und die statistischen Daten aufzubereiten.

II. Mitarbeiterbeteiligung in Deutschland

A. Entwicklungsgeschichte des Beteiligungsgedankens

Seit dem Aufkommen der Beteiligungsidee lassen sich in Deutschland verschiedene „Evolutionsphasen“ festhalten. Charakteristisch sind hierbei einschneidende Zäsuren, die durch eine maßgebliche Veränderung einer oder mehrer Einflussfaktoren entstanden sind:

- Deutschland im Wandel vom Agrar- zum Industriestaat
- Renaissance der Mitarbeiterbeteiligung nach 1918
- Comeback der Mitarbeiterbeteiligung in der Erhard-Epoche
- Deutsche Wiedervereinigung – Privatisierungswelle in Ostdeutschland, und
- Haussee der Börse

---

197 Als historischer Ausgangspunkt dieser Untersuchung gilt der Zeitpunkt der Entstehung unserer heutigen Gesellschafts- und Wirtschaftsordnung: die Anfänge der Mitarbeiterbeteiligung liegen also in dem Zeitabschnitt, der im allgemeinen als Kapitalismus bezeichnet wird. Vgl. Gutsche, K., Gewinnbeteiligung (1932), S. 58.

1. Deutschland im Wandel vom Agrar- zum Industriestaat

In der Literatur besteht Uneinigkeit hinsichtlich der genauen zeitlichen Zuordnung der ersten praktischen Versuche der Beteiligung von Mitarbeitern. GILMAN erwähnt ein Bulletin der Cleirac'schen Ausgabe der „Jugements d'Oléron" („Seemännische Sitten und Gebräuche", Rouen 1671), in welchem drei Unternehmen aufgeführt sind, die im Jahre 1671 Mitarbeiterbeteiligungen praktizierten: Erste Deutsche Nordseefischerei-Gesellschaft, Hamburg; Fischerei-Gesellschaft auf Aktien, Büsum a. d. Nordsee; Fischerei-Gesellschaft auf Aktien, Cappeln a. d. Nordsee.[198] Eine andere Literaturquelle nennt das Jahr 1791, in dem die Textilfabrik Agathof, Gebrüder Ahnesorge in Kassel-Bettenhausen, in eine Art Stiftung mit Gewinnbeteiligung umgewandelt wurde.[199] Dann führt BÖHMERT einmal den Amtsrat Albert an, der im Jahre 1824 auf seinem Gut Cöthen das Experiment der Gewinnteilung startete.[200] Und ein Jahr später schrieb er: „Der erste, in weiteren Kreisen bekannt gewordene deutsche Versuch mit Gewinnbeteiligung der Arbeiter ist auf landwirtschaftlichem Gebiete von dem Mecklenburgischen Gutsbesitzer und Nationalökonomen J. H. v. Thünen[201] gemacht wor-

198 Vgl. Gilman, N. P., Geschäftsgewinn (1891), S. 17 ff. BÖHMERT hat ebenfalls diese Gesellschaften in seiner ersten Veröffentlichung zum Thema Gewinnbeteiligung angeführt; vgl. Böhmert, V., Gewinnbeteiligung (1878), S. 75 ff. Weder bei Gilman, noch bei Böhmert ist jedoch erkennbar, um welche Art der Beteiligung es sich handelte.

199 Zitiert bei: Esser, K./ Faltlhauser, K., Beteiligungsmodelle (1974), S. 9.

200 Böhmert, V., in: Arbeiterfreund, Jg. 1901, Heft 4, S. 65. Zitiert nach Beck, H., Arbeitslohn (1902), S. 78. Ebenso nennt Feilchenfeld das Gut von Albert in Cöthen als „den ältesten in der Literatur aufgeführten deutschen Gewinnbeteiligungsversuch" dar und zitiert als Quelle sowohl Böhmert, V., Die Gewinnbeteiligung der Arbeitnehmer in Deutschland, Oesterreich und der Schweiz, Dresden 1902 und „Eigene Angaben des Besitzers vom Oktober 1921". Vgl. Feilchenfeld, W., Gewinnbeteiligung (1922), S. 110. Allerdings findet sich in der zuletzt angegebenen Literaturstelle bei Böhmert, V., Gewinnbeteiligung (1902), S. 89 nicht diese Information. BECK notiert weiter, dass dieser erste Versuch damals großes Aufsehen erregte, was schon daraus zu ersehen ist, dass Webers Handbuch der ökonomischen Literatur (1823-30, Bd. VI, S. 296 – 297 , Bd. VII, S. 339) einige Abhandlungen über diese Anteilswirtschaft publizierte; vgl. Beck, H., Arbeitslohn (1902), S. 86.

201 Von Thünen hegte schon seit Mitte der Zwanziger Jahre den Wunsch, seine Tagelöhner an den Gutseinnahmen zu beteiligen, den er aber aus Bedenken über die Reaktion der Arbeiter der benachbarten Güter über zwei Jahrzehnte zurückstellte. „Erst" 1847 entschloss er sich auf Gut Tüllow „Bestimmungen über den Anteil der Dorfbewohner an der Guteinnahme" zu treffen. Dabei fasste von Thünen die Einführung seiner Mitarbeiterbeteiligung gar nicht als „Gewinnbeteiligung", sondern vielmehr als Beweisapparat für die Ausführbarkeit und Richtigkeit seiner Theorie vom „gerechten natürlichen Arbeitslohn auf Vgl. Beck, H., Arbeitslohn (1902), S. 87. Von Thünen sah in der Gewinnbeteiligung „die einzige Rettung der arbeitenden Klassen". Zitat aus Gilman, N. P., Geschäftsgewinn (1891), S. 315. Zur exakten Beschreibung der Gewinnbeteiligung von Thünen sowie dessen schriftliche Beweisführung zur Thün'schen Formel "naturgemäßer Arbeitslohn $= \sqrt{a \bullet p}$" vgl. von Thünen, J. H., Der isolierte Staat (1875).

den".[202] Zur gleichen Zeit beteiligte als erstes Industrieunternehmen die G. Steinheil, Dieterlen & Co., Baumwollspinnerei in Rhotau i. Elsaß ihr Personal am Gewinn und Verlust des Unternehmens.[203] Erhöhter Geltung sollte gleichwohl der W. Borchert jr. Messingwerke, Berlin zukommen, denn sie war 1867 das erstes Unternehmen der deutschen Fabrikindustrie, das seine Arbeiter nicht nur am Gewinn, sondern auch am Eigenkapital beteiligte.[204]

Die genannten Beteiligungsmodelle, insbesondere das des Nationalökonomen von Thünen, die in den vorkapitalistischen Zeitabschnitt oder die Epoche des Wandels vom Agrar- zum Industriestaat fallen, bilden den Einstieg in die gestellte Problematik. Sie von den (Vorgänger-)Systemen der Gewinnbeteiligung ab, weil sie keine (ungeregelte) Erzeugnisteilung darstellen, sondern sich an einer „Unternehmenserfolgsgröße", hier dem verbleibenden, in Geld bewertetem Gewinn orientieren. Aber sie unterscheiden sich dennoch von der Mitarbeiterbeteiligung in Industriebetrieben hinsichtlich der „Arbeiterfrage". In der Landwirtschaft stellte diese kaum ein großes Problem dar. Von Thünen strebte nicht danach, durch die Einführung seiner Bestimmungen Spannungen auszugleichen. Die Tatsache, dass der Anteil am Gutsertrag nicht bar ausbezahlt, „sondern zur Bildung eines Kapitals" verwendet wurde, das für die Altersversorgung zur Verfügung stehen sollte, zeigt das Verantwortungsgefühl von Thünen's. Stärker noch als in der Landwirtschaft waren in den ersten industriellen Beteiligungsunternehmen die positive Einstellung der Arbeitgeber gegenüber „ihren Arbeitern" für die Einführung der Gewinnbeteiligungssysteme verantwortlich.[205] Eine starke Verbreitung der Beteiligungsidee allein aufgrund dieser Hintergründe kam gleichwohl nicht zustande. Erst die sich im Zuge der Industrialisierung ergebenden gesellschaftlichen Vorgänge schafften die Grundlagen für den ersten Höhepunkt der Mitarbeiterbeteiligung.

Bis Mitte des 19. Jahrhunderts waren auch in Deutschland die industriellen Grundlagen gelegt.[206] Die gesellschaftlichen Verhältnisse wandelten sich dadurch in zweifa-

---

202 Böhmert, V., Gewinnbeteiligung (1902), S. 9. Trotz allem oder gerade deshalb sei anzumerken, dass Prof. Viktor Böhmert Leiter des Königlich Sächsischen Statistischen Büros und Herausgeber der Zeitschrift „Der Arbeiterfreund – Zeitschrift für die Arbeiterfrage. Organ des Zentralvereins für das Wohl der arbeitenden Klassen", in Dresden war. Aufgrund dessen und seiner erschöpfenden Veröffentlichungen zum Thema Gewinn- und Kapitalbeteiligung war er national wie international ein anerkannter Experte der Beteiligungsidee.

203 Vgl. Feilchenfeld, W., Gewinnbeteiligung (1922), S. 71.

204 Vgl. anstatt vieler Böhmert, V., Gewinnbeteiligung (1902), S. 18; Gilman, N. P., Geschäftsgewinn (1891), S. 269. Vgl. insb. zu den gesellschaftlichen Hintergründen dieses „ersten Industrial-Partnership-Experiments" Engelhardt, U., Verschmelzung (Archiv für Sozialgeschichte 21/81), S. 97 ff.

205 Vgl. Gutsche, K., Gewinnbeteiligung (1932), S. 2 f.

206 Im Vergleich zu Frankreich und Großbritannien vollzog sich in Deutschland diese Entwicklung um einige Jahrzehnte später. Die Erschöpfung nach der 1848er-Revolution erbrachte politisch die so genannte Phase der „Reaktion". Für die Wirtschaft bedeutete dies allerdings den nötigen Freiraum für die volle Entfaltung der Industrialisierung.

cher Hinsicht. Zahllose Unternehmer schafften ein neues, wohlhabendes Besitzbürgertum und die damals stark ansteigende Landbevölkerung fand in den neu entstandenen Industrieunternehmen Arbeit. Mit fortschreitendem Wirtschaftswachstum verbesserte sich die soziale Lage der arbeitenden Klasse zunehmend. Verglichen mit dem Massenelend in den ersten Jahrzehnten dieses Jahrhunderts, steigerte sich der Lebensstandart der arbeitenden Klasse erheblich. Doch bald entstand durch eine folgenreiche Unzufriedenheit der Arbeiter, da sie ihrer Meinung nach am Wohlstandswachstum in keiner Weise partizipierten. Stetig wiederkehrende Lohnforderungen waren Ausfluss des Interessengegensatzes zwischen Arbeitnehmer und Arbeitgeber, der als so genannter Antagonismus zwischen Arbeit und Kapital in die Geschichte einging.

Es waren hauptsächlich die Arbeiter der Großindustrie, die sich von der kapitalistischen Produktionsweise ausgebeutet sahen, und von der aus die Arbeiterbewegung erstarkte. Es bildeten sich – nach englischem Vorbild – die ersten vor- beziehungsweise frühgewerkschaftlichen Zusammenschlüsse der Arbeitnehmer, die ihre Lohnforderungen in – zum Teil schweren – Streiks durchzusetzen versuchten. Die „soziale Frage“ wurde zusehends Problem- und Erörterungsgegenstand einer breiten öffentlichen Meinung.[207] Ein, wenn auch nur bescheidenes, beruhigend wirkendes Mittel zur Lösung der sozialen Frage sah man in der „Gewinnbeteiligung“ oder „Gewinnteilung“,[208] die die Milderung der Lohnkämpfe bezwecken und die Überwindung der Gegnerschaft zwischen Arbeitgeber und Arbeitnehmer herbeiführen sollte. Für die Entwicklung der Arbeiterfrage in Deutschland sehr frühzeitig vertrat der Staatswissenschaftler Robert von Mohl diese Haltung. Er veröffentlichte 1835 in „Rau’s Archiv der politischen Ökonomie“ einen Aufsatz mit dem Titel „Über die Nachteile, welche sowohl dem Arbeitsstande selbst, als dem Wohlstande und der Sicherheit der gesamten bürgerlichen Gesellschaft aus dem fabrikmäßigen Betriebe der Industrie erwachsen“, in dem er sich öffentlich für die Gewinnbeteiligung aussprach.[209] Nicht ganz unbedeutend ist zudem die Tatsache, dass man seinerzeit schon über eine zwangsweise Einführung des Systems auf dem Wege der Gesetzgebung nachdachte.[210] Jahrzehntelang beschäftigten sich nur Wissenschaftler[211] und einige private

---

207 Zur „sozialen Frage“ in Deutschland vgl. anstatt vieler Brakelmann, G., Soziale Frage (1981); Lehmkuhl, A., Soziale Frage (1911); Ritter, G. A., Soziale Frage (1998). Zur Diskussion um die Errichtung der Wettbewerbsordnung vgl. Brenk-Keller, S., Beteiligung (1997), S. 89 ff.

208 Als große weitgreifende und umwälzende Lösungen wurden allerdings die Theorien des Sozialismus, Kommunismus und des Kollektivismus einer weitaus größeren Erörterung unterzogen.

209 Vgl. Goldschmidt, B., Gewinnbeteiligung (1922), S. 2.

210 Allerdings begründete z. B. Ritter von Buß wenig später die Verwerfung der Idee einer zwangsweisen Einführung einer Gewinnbeteiligung mit den Worten: „[...] weil der Unternehmer eines Geschäftes in einem diese Beschränkungen einführenden Staate mit den Unternehmern des gleichen Geschäfts in einem solchen Zwang nicht kennenden Auslande die Mitwerbung nicht mehr bestehen könnte [...]“. Zitiert aus Retzbach, A., Ritter von Buß (1927), S. 76.

Vereinigungen mit dem Anteilsgedanken. Der „Verein für Socialpolitik" wirkte seit 1872 als eine der ersten und bekanntesten Institutionen für die Rechte der Arbeiter und verbreitete dabei mit Nachdruck den Beteiligungsgedanken.[212] Und immer wieder fand die Frage nach der gesetzlichen Regelung und Förderung der Erfolgsbeteiligung beträchtliches Interesse.[213]

Die erwähnte breite Öffentlichkeit nahm jedoch wenig Kenntnis von der Spezialliteratur über den Beteiligungsgedanken und diskutierte „nur" über soziale Selbsthilfen der Arbeiterschaft, der Lohn- und Arbeitspolitik und forderte, abgesehen von wenigen Ausnahmen, vehement mehr Einfluss der Arbeiter auf die (Fix-)Lohnhöhe sowie die Vermittlung von Arbeit. Die soziale Frage war dementsprechend zwar ein Politikum, aber der politische Einfluss der volksvertretenden Parteien war auch nach der Märzrevolution noch zu unbedeutend, um diese gesellschaftliche Problematik angemessen in die politische Programmatik zu integrieren. Erst nach der Reichsgründung im Jahre 1871 erhielten alle im deutschen Reichstag vertretenen Parteien ihre politische Prägung – federführend in allen staatlichen Maßnahmen war trotz allem der Reichskanzler.[214] Mit dem Sozialistengesetz von 1878 stoppte Bismarck die Fortschritte der sozialdemokratischen Bewegung und der gewerkschaftlichen Zusammenschlüsse der Arbeitnehmer in Deutschland. Auf der einen Seite wurde somit die der Anteilsidee abgeneigte Haltung der Sozialisten auf politischer Ebene der Boden entzogen. Ande-

---

211 Dabei spielte Prof. Viktor Böhmert mit seinem im Jahre 1878 veröffentlichten Foliant „Die Gewinnbeteiligung" eine gewichtige Rolle. Nach BECK ist es „das grundlegendste Werk, auf dem die deutsche und *der weitaus größte Teil der ausländischen Spezialliteratur* [Hervorhebung d. Verf.] fußt". Beck, H., Arbeitslohn (1902), S. 89.

212 Vgl. hierzu insb. die „Schriften des Vereins für Sozialpolitik, 1874, Bd. VI.

213 Allen voran wieder V. MOHL; vgl. v. Mohl, R., Staatsrecht (1869), S. 562 ff.; auch BECK, der einen Überblick über die publizierten Vorschläge der staatlichen Förderungsmöglichkeiten und gesetzlichen Mittel gibt; vgl. Beck, H., Arbeitslohn (1902), S. 158 ff. Einen Diskussionsschwerpunkt setzte der Entwurf, die Erfolgsbeteiligung im neuen deutschen Aktienrecht mit aufzunehmen. Dieser Vorschlag führte sogar in Frankreich zu einer eingehenden Erörterung; s. Punkt III.A.1., S. 122ff. In England gab es derweilen schon die ersten gesetzlichen Maßnahmen für eine Verbesserung der Beteiligungsbedingungen; vgl. hierzu Punkt IV.A.1., S. 186 ff.

214 Nach der Reichsverfassung von 1871, einer konstitutionellen Monarchie, bildete der Bundesrat (Vertretung der deutschen Fürsten) das oberste Organ, dem der Reichstag als Volksvertretung gegenüberstand. Gesetze mussten von beiden Kammern gemeinsam beschlossen werden. Oberster Beamter war der Reichskanzler, der vom Kaiser ernannt wurde und diesem allein verantwortlich war. Zu weiterführender Literatur vgl. anstatt vieler Craig, G. A., Verfassungsgeschichte (1999).

rerseits wurden aber auch von den tatsächlichen staatlichen Kräften keine bedeutenden Maßnahmen zur Stärkung des Beteiligungsgedankens unternommen.[215]

Es waren also lediglich – die weniger zahlreichen – Vertreter[216] aus Wissenschaft und Praxis, die während den Anfängen der 70er-Jahre des neunzehnten Jahrhunderts mit Hilfe des Wirtschaftsaufschwungs eine Verbreitungszunahme der Gewinnbeteiligungssysteme bewirkten. Nachdem BÖHMERT die ersten empirischen Untersuchungen veröffentlichte,[217] war der erste Höhepunkt der Beteiligungswelle in Deutschland, nicht zuletzt unter dem Druck der schweren konjunkturellen Depression, bereits schon wieder überschritten.[218]

Mitte der 80er- bis Anfang der 90er-Jahre des 19. Jahrhunderts – nach der Aufhebung des Sozialistengesetzes – nahmen die Aktivitäten der Arbeiterorganisationen wieder zu. Eine Reihe davon bejahte die Kapital- und Gewinnbeteiligung im Sinne eines Zwischenstadiums auf dem Weg zur Erlangung der Produktionsmittel der Arbeiter.[219] Die Verfechter Marxistischer Gedanken, allen voran die sozialistischen Organisationen, waren jedoch per se gegen jeglichen Kapitalismus, also auch gegen den Arbeiterkapitalismus. Gegen die Gewinnbeteiligung brachten sie außerdem hervor, dass sie lediglich als Disziplinierungs- und Ausbeutungsinstrument der Unternehmer dienten, und zu keiner gerechten Entlohnung führen kann. Christliche Gewerkschaften, die im Gegensatz zu den Vertretern der Klassenkampfideologie für eine friedliche Lösung des Interessenkonfliktes eintraten, lehnten ebenfalls die Beteiligungssysteme ab.[220]

Einige der um die Jahrhundertwende eingeführten Beteiligungssysteme müssen als Versuch der Unternehmer angesehen werden, die aufkommenden gewerkschaftlichen Einflüsse fernzuhalten, indem sie ihre Arbeiter am Kapital der Unternehmen beteiligten. In dessen Folge erhofften sie, die Arbeiterschaft von dem allgemein hohen Streikpotential abzubringen. Da man aber zu dieser Zeit (noch) nicht von einer über-

---

215 Anzumerken ist, dass das Haftpflichtgesetz (1871), die Verpflichtung zur Gründung von Hilfskassen (1876), die gesetzliche Krankenversicherung (1883), die gesetzliche Unfallversicherung (1884) und das Gesetz über die Invaliditäts- und Alterssicherung (1889) als großes Maßnahmenpacket der Regierung zur Entspannung der sozialen Lage angesehen wurde und auch im Ausland vielfach Nachahmer gefunden hat. In Frankreich hat es zu dieser Zeit dagegen schon staatliche Maßnahmen und solide Bemühungen privater Vereinigungen zur Verbreitung der Beteiligungsidee gegeben; vgl. hierzu in diesem Teil der Arbeit Punkt III.A.1, S. 122 ff.

216 Neben Böhmert waren Namen wie Engels, Borchert, Freese, Schmollers und von Treitschke sowie gewissermaßen Gilman und Katcher die Träger der Bewegung in Deutschland.

217 Vgl. Böhmert, V., Gewinnbeteiligung (1878).

218 Vgl. Siegler, A., Beteiligungsgedanke (DBW 39/79), S. 144.

219 Vgl. Richter, H., Kapital- und Gewinnbeteiligung (1922), S. 12.

220 Für ausführliche Angaben über einzelne Stellungnahmen der einzelnen Arbeiterorganisationen vgl. Siegler, A., Lohnpolitik (1978), S. 6 ff., insb. S. 50 ff. und Siegler, A., Beteiligungsgedanke (DBW 39/79), S. 147 ff.

mächtigen Stellung der Gewerkschaften sprechen kann, überwiegen in der damaligen Literatur als Ziele der Arbeitgeber die sozialen und mildtätigen Motive.[221]

Auffällig ist, dass sich sowohl die literarische Diskussion[222] der Kapitalbeteiligung als auch die praktische Umsetzung[223] bis auf sehr wenige Ausnahmen, wie die Beteiligung am Kommanditanteil oder die Genossenschaftsbeteiligung, vorwiegend auf Kapitalbeteiligungen an Aktiengesellschaften, hauptsächlich in den Unternehmen der Großindustrie bezogen haben.[224] Vermutlich waren dort die Interessengegensätze zwischen Arbeitgeber und Arbeiter, und demzufolge die organisierte Arbeiterschaft am ausgeprägtesten. Erklärungen hierzu finden sich in den Überlegungen, dass eine persönliche Entfremdung im Arbeitsleben gerade mit zunehmender Betriebsgröße entstand, während in den kleineren Unternehmen die soziale Distanz eine direkte betriebliche Willensbildung der Arbeiter ermöglichte.[225] Eine Kapitalbeteiligung in (kleineren) Handwerks- oder sonstigen Betrieben ist in den Bestandsaufnahmen nicht nachzuweisen und wird vereinzelt auch zurückgewiesen.[226]

Für die demnach am besten geeignete Beteiligungsform der Aktienbeteiligung stellte eine besondere Regelung des damaligen Handelsgesetzbuches (HGB), in welchem damals die Vorschriften über Aktiengesellschaften subsumiert waren, ein konkretes

---

221 Einen äußerst umfassenden Überblick über die damaligen Publikationen zur Gewinn- und Kapitalbeteiligung gibt Joseph Stammhammer in seiner Literatursammlung „Bibliographie der Social-Politik“, Band I, Jena 1896 und Band II (enthaltend die Literatur von 1895 – 1911 und Ergänzungen zu Band I), Jena 1912.

222 GILMAN gibt in seinem Werk erstmals eine nahezu vollständige und zusammenfassende Darstellung zum Partizipationsgedanken. Vgl. Gilman, N. P., Geschäftsgewinn (1891), S. 315.

223 Vgl. hierzu die Bestandsaufnahmen von BÖHMERT oder GILMANN. Böhmert, V., Gewinnbeteiligung (1902), S. 31 ff.; Gilman, N. P., Geschäftsgewinn (1891), S. 65 ff.

224 Bevor der Gesetzgeber das Aktienrecht ordnete (1885), hatte insbesondere die Publikums-KG erhebliche Bedeutung. In den Aufschwungjahren Anfang der 1870er Jahre setzten sich die Vorzüge der Aktiengesellschaft durch und wurde im Laufe der Zeit zur volkswirtschaftlich wichtigsten Form der Gesellschaftsunternehmen; und somit ebenso für die Kapitalbeteiligung der Mitarbeiter. Arbeitnehmerkapitalbeteiligungen an den übrigen (Personen)-Unternehmen waren damals allem Anschein nach genauso unbequem/unpraktisch wie heute. Die bestehenden gesetzlichen Regelungen für Genossenschaften waren jedoch für größere Arbeitnehmerzahlen hinderlich und machten daher diese Rechtsform ungeeignet. Erst mit der Novelle des Genossenschaftsgesetzes vom 01.06.1922 verbesserte sich die Rechtslage zum Vorteil von Arbeitnehmerkapitalbeteiligungen an Genossenschaften. Vgl. hierzu Fn. 253 weiter unten.

225 Hierin werden ebenfalls die Wurzeln der betrieblichen Mitbestimmung gesehen. Ebenso wie bei der Einführung von Erfolgsbeteiligungssystemen lassen sich bei den freiwillig eingerichteten Arbeiterausschüssen zwischen 1850 und 1890 entsprechend den verschiedenen Unternehmermotivationen für eine betriebliche Sozialpolitik mehr sozialliberale, vorwiegend sozialethisch konstruierte und „fabrikkonstitutionell“ aufgebaute Betriebsvertretungen erkennen. Vgl. Teuteberg, H.-J., Mitbestimmung (1981), S. 15.

226 Für Habermann z. B. eigneten sich kleine Unternehmen nicht für den Mitbesitz einer vielleicht rasch wechselnden Arbeiterschicht. Vgl. Habermann, M., Kapital und Arbeit (1921), S. 51.

Hindernis dar. Seit 1884 legte Artikel 207a HGB die Mindesthöhe des Aktiennennbetrages auf 1.000 Mark fest.[227] Bis kurz nach dem ersten Weltkrieg sollte diese Regelung noch Bestand haben und ihre hemmende Wirkung auf die Verbreitung der Kapitalbeteiligung in Deutschland ausüben, obwohl es nicht an Vorschlägen über die gesetzliche Zulassung von Aktien über kleinere Nominalbeträge, auch speziell für Arbeiter gab.[228] Dies scheint unter anderem eine Ursache dafür zu sein, dass nach der Jahrhundertwende wiederum ein Stillstand in der Verbreitung der Mitarbeiterbeteiligung eintrat.

Nachfolgender Tabelle sind die ersten Angaben zur Verbreitung der Mitarbeiterbeteiligung zu entnehmen.

Jahr	Beteiligungsart	Beteiligungs-unternehmen	Beteiligte Mitarbeiter	Kapital (in Mio. RM)
1878	EB	54	-	-
	KB	5 (2 inkl. EB)	1.000 – 1.500	1,2
1901	EB	42	27.500	-
	KB	3	500	0,5

Abb. 10: Betriebliche Erfolgs- und Kapitalbeteiligung bis zum I. Weltkrieg[229]

Erst ab dem Jahr 1878 sind in den damaligen Erhebungen Erfolgsbeteiligungsmodelle ausgewiesen, die eine Teilung des bisher dem Kapital alleine zugerechneten Unternehmensgewinn vorsahen und der gesamten Angestellten- und Arbeiterschaft zugute kamen. Bei zeitlich früheren Veröffentlichungen ist die konkrete Abgrenzung des Untersuchungsgegenstandes Erfolgsbeteiligung problematisch, weswegen zu große Unterschiede in den Daten zu verzeichnen sind. Die Angaben zu den Kapitalbeteiligungsmodellen beziffern die zur jeweiligen Bestandsaufnahme bestehenden Systeme. Bis dato eingeführte und wieder aufgegebene Modelle übersteigen die Zahlen dabei

227 Vgl. Starer, B., Kleinaktienfrage (1922), S. 7. Die Höhe des Nominalbetrages sollte Aktienspekulationen der Kleinanleger vorbeugen. Vor der Novelle des HGB von 1884 gab es zunächst bis 1870 keine gesetzlich festgelegten Mindestbeträge, danach wurde durch die Aktiennovellierung der Mindestnominalbetrag auf 50 Vereinstaler für Namensaktien und 100 Vereinstaler bei Inhaberaktien festgesetzt. Mit dem Wirtschaftsboom kam es zu einer Spekulationswelle mit ähnlichen Auswirkungen der jüngst geplatzten Börsenhausse von 2001 und führte 1873 zur Krise. Mit der Novelle von 1884 wollte man den unkundigen Kleinanleger vor seiner Spekulationswut bewahren. Vgl. Fabri, T., Kleinaktie (1959), S. 23 ff.; zu den Intentionen der Gesetzesnovelle vgl. Verhandlungen des Reichstags (1884), S. 248 ff.

228 So z. B. 1907 auch von den „Gelben", einem wirtschaftlich-friedlichen Verband von Fabrikvereinen, nationalen Arbeiterverbänden und Streikbrechergruppen. Vgl. hierzu Siegler, A., Beteiligungsgedanke (DBW 39/79), S. 148.

229 Die Daten sind aus den Veröffentlichungen von BÖHMERT und FEILCHENFELD zusammengefasst. Vgl. Böhmert, V., Gewinnbeteiligung (1878); Böhmert, V., Gewinnbeteiligung (1902); Feilchenfeld, W., Gewinnbeteiligung (1922).

um ein Vielfaches. Bis auf eine Ausnahme wurden alle Kapitalbeteiligungen in Unternehmen mit der Rechtsform einer Aktiengesellschaft eingeführt.

2. Renaissance der Mitarbeiterbeteiligung

Die Revolution von 1918 brachte eine Reform der politischen Organisation des Staates, deren Überführung in die Wirtschaft nach dem Umsturz ohne Gewalt stattfinden sollte. Die vielfältigen Anstöße der politischen Neuordnung, der sozialen Veränderungen und der Geldentwertung verlangten eine vollständige Reorganisation der deutschen Wirtschaft. Sozialtheoretiker und Ökonomen, aber auch Industrielle waren im Disput und das deutsche Wirtschaftssystem am Scheideweg zwischen den Enteignungsforderungen der Revolutionäre[230] und einer möglichen Neuausrichtung mit Beibehaltung des Privateigentums, um den Leistungsanforderungen der Reparationszahlungen gerecht zu werden.[231]

Ausschlaggebend für die nachfolgende Entwicklung der Wirtschaft war die von der Regierung anerkannte Gründung einer Zentralarbeitsgemeinschaft, in der sich Vertreter von Arbeitgebern und Arbeitnehmern gleichberechtigt gegenüber saßen und über die Ausführungsmöglichkeiten des Sozialisierungsgedankens verhandelten. Die Unternehmerseite konnte sich unter anderem mit diesem Eingeständnis und einer Flucht nach vorne einer radikalen Enteignung entziehen, denn man ist über Beratungen zur Umgestaltung der freien Privatwirtschaft in sozialisierte Staatsunternehmen nicht hinausgekommen.[232] Fern von staatlichem Einfluss konnten die Arbeitgebervertreter durch sozial- und tarifpolitisches Entgegenkommen eine fundamentale Neuordnung der bestehenden Wirtschaft erreichen.[233] Die Bestrebungen stiegen, die notwendige Steigerung der Wirtschaftsleistung durch eine Beteiligung der Arbeiter an der Leitung und am Ertrag wirtschaftlicher Unternehmen zu erzielen.[234]

Die Rahmenbedingungen der Erfolgs- und Kapitalbeteiligung hätten dementsprechend erfolgreich von diesen beiden Interessenvertretergruppen geprägt werden können. Jedoch gab es weder bei den großen Arbeitgeberverbänden noch bei den unter-

---

230 Im November 1918 rissen Arbeiter- und Soldatenräte die Macht an sich und forderten die Sozialisierung der Betriebe und Überführung der Produktionsmittel in Gemeineigentum. Zu den Besonderheiten der Revolution von 1918 und deren Folgen vgl. anstatt vieler Neebe, R., Republik (2000).

231 Vgl. Piechottka, E., Gleichberechtigung (1921), S. 4.

232 Vgl. Piechottka, E., Gleichberechtigung (1921), S. 5.

233 Vgl. Becker, B., Diskussion (1992), S. 9 f. Die Kollektivvereinbarungen zwischen den Tarifvertragsparteien, die den bisher üblichen individuellen Arbeitsvertrag ergänzten, waren durch die am 23.12.1918 verabschiedete Tarifvertragsordnung rechtlich fixiert und hatten somit Gesetzescharakter. Für weiterführende Erläuterungen vgl. Biedenkopf, K., Sozialpolitik (1974), S. 290 ff.

234 Vgl. Piechottka, E., Gleichberechtigung (1921), S. 5.

schiedlichen Arbeitnehmerorganisationen eine klar erkennbare Linie hinsichtlich einer Erfolgsbeteiligung und noch viel weniger betreffend einer Kapitalbeteiligung.

Eine erste Umorientierungstendenz ist bei den Freien Gewerkschaften[235] dahingehend zu verzeichnen, dass sie sich nach Aufgabe des Sozialisierungsgedankens auf die Verfolgung neu aufgestellter Sozialisierungspläne konzentrierten.[236] Außerdem war seit der Verabschiedung des Betriebsrätegesetzes[237] und der gewerkschaftlich erzielten Tariferfolge eine generelle Ablehnung der Erfolgsbeteiligung gegenstandslos geworden. Die Organisation verkörperte jedoch keinen einheitlichen Willen zur Förderung der Erfolgsbeteiligung. Sie sah ihre Aufgaben lediglich darin, die Arbeiter gegen nachteilige Wirkungen des Systems zu sichern und seine Durchführung so zu regeln, dass die gewerkschaftlichen Interessen nicht gefährdet wurden.[238] Dazu brachte man in einem Forderungskatalog zum Ausdruck, unter welchen Bedingungen Erfolgsbeteiligungssysteme eingeführt werden könnten. Diese stellten allerdings für die Unternehmerseite indiskutable Restriktionen dar und provozierte deshalb heftigen Widerstand.[239] In ihrer ablehnenden Haltung gegenüber einer Arbeitnehmerkapitalbeteiligung blieben die Freie Gewerkschaften allerdings ihren sozialistischen Wurzeln trotz der sich geänderten Einsichten treu, da sie dennoch daran dachten, die alte Eigentumsordnung über kurz oder lang zu beseitigen.[240]

Im Kontrast zur Haltung der Freien Gewerkschaften ging der christlichen Arbeitnehmerbewegung[241] sowie den wirtschafts-friedlichen Gewerkschaften die Beteiligung

---

235 Die – sozialistisch orientierten – Freien Gewerkschaften bilden mit 4.156.451 Mitgliedern die stärkste Interessenvertretung der Arbeiter, gefolgt von den christlichen Gewerkschaften (606.349) und schließlich den wirtschafts-friedlichen Arbeiterverbänden (187.720). Das Kräfteverhältnis ist aus den Mitgliederzahlen mit Stand von 1925 abgeleiteten. Vgl. Grimmer, J., Arbeitergewinnbeteiligung (1929), S. 115 f.

236 Vor dem Krieg wurde die Erfolgsbeteiligung noch als ein Machmittel bezeichnet, um den Arbeiter gewaltsam an die Unternehmen zu fesseln, das die Solidarität beeinträchtige, die Klasseninteressen mindere und die nicht organisierten Arbeiter noch stärker ausbeute.

237 Am 5.12.1916 wurden mit dem Gesetz über den Vaterländischen Hilfsdienst Betriebsvertretungen (so genannte Arbeiter- bzw. Angestelltenausschüsse) in allen Betrieben mit mehr als 50 Beschäftigten mit Ausnahme der Landwirtschaft zur Pflicht. Diese Ausschüsse wurden seit dem Beschluss der Sozialdemokraten vom 23.03.1919 über die „sozialistische Umwandlung der kapitalistischen Gesellschaft“ – die wie oben erwähnt nicht im Wege einer Diktatur, sondern mit Hilfe der Arbeiter- und Angestelltenausschüsse erfolgen sollte – Betriebsräte genannt. Zu den Ursprüngen der innerbetrieblichen Mitbestimmung vgl. Teuteberg, H.-J., Mitbestimmung (1981), S. 7 ff.

238 Vgl. Goldschmidt, B., Gewinnbeteiligung (1922), S. 109 f.

239 Zu Details des Forderungskatalogs vgl. Siegler, A., Beteiligungsgedanke (DBW 39/79), S. 149 m. w. N.

240 Vgl. Nestriepke, S., Gewerkschaftslehre (1924); Becker, B., Diskussion (1992), S. 113. Z. B. fassten die Betriebsräte in der Bergarbeiterindustrie 1920 den einhelligen Beschluss die Kapitalbeteiligung entschiedenst zu bekämpfen. Vgl. Krasper, F., Arbeitsfriede (1921), S. 33.

241 Dazu sind die Christlichen Gewerkschaften einerseits und der Deutschnationale Handlungsgehilfen-Verband (DHV) als Vertreter der Angestellten andererseits zu zählen.

am Erfolg des Unternehmens nicht weit genug, da sie nichts an den Vermögensverhältnissen zu ändern vermochten. Neben der Forcierung der Erfolgsbeteiligung der Mitarbeiter, forderten sie eine verstärkte Beteiligung der Arbeiter und Angestellten an den Produktionsmitteln.[242]

Die als Randgruppe zu bezeichnende Revolutionäre Gewerkschafts-Opposition stand als einzige Arbeitnehmerorganisation sowohl der Erfolgs- als auch der Kapitalbeteiligung ablehnend gegenüber. Dies hatte aber aufgrund ihrer relativ geringen Stellung im Rahmen der Meinungsbildung der Zentralarbeitsgemeinschaft so gut wie keine Auswirkung.[243]

Die Aktivitäten der Arbeitgeberseite zur Einführung der Kapitalbeteiligung gingen anfänglich von der Schwerindustrie aus, was neben dem Grund der Entsolidarisierung auch vor der gefährdeten Kapitalbeschaffung der Industrie zu sehen ist.[244] Die Dringlichkeit zur Einführung von betrieblichen Kapitalbeteiligungen lässt sich daran erkennen, dass man bewusst eine Begriffsverwischung betrieb und diese gegenüber der Belegschaft als eine andere Art von Sozialisierung bezeichnete.[245]

Neben den politischen Parteien gaben auch andere Institutionen häufig Stellungnahmen zur Beteiligungsproblematik ab.[246] Diese konnten jedoch nur indirekt auf die Haltung der Zentralarbeitsgemeinschaft Einfluss nehmen, die ihrerseits wiederum versuchte, die Regierung zu beeinflussen.[247]

---

242 Für detaillierte Erläuterungen zu den einzelnen Vorschlägen der Christlichen Gewerkschaften vgl. Brauer, T., Gewerkschaften (1921), S. 30 ff.; Becker, B., Diskussion (1992), S. 114 ff. m. w. N. sowie Grimmer, J., Arbeitergewinnbeteiligung (1929), S. 116. Zwei für die nachfolgende Entwicklung der Kapitalbeteiligung nachhaltigen Vorschläge stammten vom DHV. Dabei forderten sie allerdings, dass die Verwaltung aller Arbeitnehmerkapitalbeteiligungen durch die Berufsverbände und Gewerkschaften zur Machtkonzentration mittels Gründung von Gewerkschaftsbanken erfolgen solle. Auf die Erhöhung der oft begrenzten Fungibilität wurde durch eine derartige Organisation ebenfalls verwiesen. Vgl. hierzu Habermann, M., Kapital und Arbeit (1921); für die wirtschaftsfriedlichen vgl. Leuchtl, H., Gewinnbeteiligung (1927), S. 28, insb. S. 50 f.

243 Vgl. Gutsche, K., Gewinnbeteiligung (1932), S. 57.

244 Vgl. Richter, H., Kapital- und Gewinnbeteiligung (1922), S. 13; Leuchtl, H., Gewinnbeteiligung (1927), S. 41.

245 Vgl. Becker, B., Diskussion (1992), S. 82.

246 Deutschnationale Fraktion im Reichstag stellte im November 1921 einen Beschluss-Antrag; Deutscher Juristentag, 32. Deutscher Juristentag in Bamberg (Berichterstatter Kastel/Ehrenzweig); Die Kommunisten lehnen dagegen die Erfolgsbeteiligung aufgrund ihrer Weltanschauung gänzlich ab. Bei den Sozialdemokraten müsste man aufgrund ihrer Sozialisierungsgedanken eigentlich ebenfalls davon ausgehen, dass sie absolut gegen eine Erfolgsbeteiligung waren. Aus der – oben dargestellten – Einstellung der ihnen nahe stehenden Gewerkschaften lässt sich allerdings gegenteiliges schließen. Im Staats- und Finanzminister SÜDEKUM findet sich sogar ein außerordentlicher sozialdemokratischer Fürsprecher der Beteiligungsidee.

247 Vgl. Becker, B., Diskussion (1992), S. 11.

Im Mittelpunkt der Diskussion um die Kapitalbeteiligung der Arbeitnehmer standen dabei folgende zwei Alternativen:[248]

- Die „Arbeitsaktie“ einerseits, und
- die „Arbeiter-“ oder „Kleinaktie“ andererseits.

„Arbeitsaktie“[249] wurde eine – nach französischem Vorbild[250] entwickelte – virtuelle Kapitalbeteiligung der Mitarbeiter am Unternehmen genannt, die ihm eine rechtliche Grundlage für die Teilhabe am Unternehmenserfolg bot. Die Arbeitskraft wurde hierbei als dem Geld- und Sachkapital gleichwertige Einlage in das Unternehmen verstanden. Für die Arbeitnehmer wäre dabei von Vorteil gewesen, dass sie für diese Kapitalbeteiligung keine geldlichen Leistungen hätten erbringen müssen, was für die Arbeitgeber hinsichtlich des damals erhöhten Kapitalbedarfs keinen Nutzen gehabt hätte. Als kapitalisierte Größe sollte die Arbeit gleichwertig an den Unternehmensausschüttungen partizipieren und die gleichen Stimmrechte erhalten. Die auszuschüttende „Dividende“ errechnete sich dabei wie folgt: Der vorläufige Unternehmenserfolg wurde um eine Mindestverzinsung des Eigenkapital vermindert. Ein sich ergebender Restbetrag wurde im Verhältnis des Arbeitsaktien- und des normalen Aktienkapitals aufgeteilt. Damit wurde – rein theoretisch – die Problematik der bisherigen Erfolgsbeteiligung umgangen, die dem Mitarbeiter aufgrund seines Arbeitsverhältnisses eine Teilhabe am Unternehmenserfolg zugesteht. In Deutschland ist es allerdings zu keiner ernsthaften und nachhaltigen Umsetzung der Arbeitsaktie in die Praxis gekommen.

Als zweiten Durchführungsweg der Beteiligung von Arbeitnehmern am Produktivkapital wurde die so genannte „Arbeiter-“ oder „Kleinaktie“ vorgeschlagen.[251] Vornehmlich bezogen sich die Überlegungen auf die Beseitigung der seit langem erkannten Behinderung des bestehenden Handelsrechts,[252] die einer Annäherung von Arbeit und Kapital infolge einer stärkeren Verbreitung von Aktienbeteiligungen (noch) im

---

248 Nur selten befürwortete man aufgrund des Risikoaspektes, der mit Aktienbeteiligungen verbunden wurde, Fremdkapitalbeteiligungen wie zum Beispiel über Genussscheine, die mit eigenkapitalähnlichen Rechten angereichert wurden. Dieser Beteiligung vermochte man allerdings nicht, dem Ziel, die bestehende Spannung zwischen Arbeit und Kapital zu lösen, weit genug näher zukommen. Vgl. Habermann, M., Kapital und Arbeit (1921), S. 45 ff., insb. S. 49. Wie oben schon angedeutet, befand man eine Beteiligung an Personenunternehmen als ungeeignet.

249 Zur Arbeitsaktie vgl. anstatt vieler: Becker, B., Diskussion (1992), S. 58 ff., der ausführlich zu den in Deutschland bekannt gewordenen Entwürfe von COHEN, DEWITZ und PIECHOTTKA Stellung nimmt; Grimmer, J., Arbeitergewinnbeteiligung (1929), S. 52 ff.; Leuchtl, H., Gewinnbeteiligung (1927), S. 64 ff.

250 In Frankreich wurde die Arbeitsaktie per Gesetz vom 26.04.1917 Bestandteil des Gesellschaftsrechts. Vgl. hierzu unter Punkt III.A.1, S. 123.

251 Auch hierzu gibt BECKER einen erschöpfenden Überblick; vgl. Becker, B., Diskussion (1992), S. 75 ff.

252 Diese nunmehr im § 180 I-IV HGB geregelten Vorschriften legten die Mindestnennbetragshöhe bei Inhaberaktien (1.000 Mark) und bei vinkulierten Namensaktien (200 Mark), deren Übertragung u. a. eine notarielle Beurkundung erforderte, fest.

Wege stand. Dabei favorisierten einige Vorschläge die individuelle Beteiligung, durch welche der Arbeitnehmer in eigener Verantwortung alle sich ergebenden Rechte und Pflichten erfüllen sollte. Andere dagegen zielten auf eine kollektive Beteiligung, um die Interessen der Mitarbeiter solidarisch wahrzunehmen und alle Arbeiter- oder Kleinaktien gemeinsam zu verwalten. Wiederum andere kollektive Ansätze lösten das drängende Problem der handelsrechtlichen Vorschriften indem sich die kapitalschwachen Arbeitnehmer nicht direkt, sondern mittelbar über einen genossenschaftlich organisierten Treuhänder am arbeitgebenden Unternehmen beteiligen sollten.[253] Und letztlich wurden auch hervorzuhebende Bemühungen zur überbetrieblichen Beteiligung unternommen.[254] Die Arbeiter- oder Kleinaktie war folglich der Oberbegriff für eine Vielzahl von Vorschlägen zur – reellen – betrieblichen oder überbetrieblichen Kapitalbeteiligung, die die Besonderheiten der weniger kapitalkräftigen Bevölkerungsschicht zu berücksichtigten versuchten.

Wie schon erwähnt, konnte sich die Arbeitsaktie nicht durchsetzen. Der große Durchbruch blieb allerdings auch für die Arbeiter- oder Kleinaktie aus. Zwar erfolgte zum

---

253 Die Novelle des Genossenschaftsgesetzes vom 01.07.1922 schaffte hierzu die Voraussetzungen. So genannte Arbeits- oder Werksgenossenschaften fungierten dabei als Kapitalsammelstelle. Dadurch konnten die hemmenden Normierungen des § 180 HGB umgangen werden. Diese kollektiven Beteiligungssysteme hatten dann aber den Nachteil, dass die Arbeitnehmer nur noch indirekt am arbeitgebenden Unternehmen beteiligt waren. Da sie wie eine Kapitalanlagegesellschaft konzipiert war, bot sich auf der anderen Seite der Vorteil, dass eine Arbeitnehmerbeteiligung unabhängig von der Rechtsform des arbeitgebenden Unternehmens möglich war. Vgl. Becker, B., Diskussion (1992), S. 78.

254 Unter dem Namen „Reichsaktie" wurden die Vorschläge von RIEDER und PINNER bekannt, wonach die Inhaber von Gesellschaftsanteilen bzw. vermögende Personen allgemein mit einer zwangsweisen Vermögensabgabe belastet werden sollten, die von einer staatlichen Institution zu halten wären, an der sich wiederum die – arbeitenden – Kleinanleger beteiligen konnten. Zu ersterem vgl. Weindling, A., Kleinaktie (1921), S. 203 ff.; zu Pinner vgl. Becker, B., Diskussion (1992), S. 99 ff. Im Gegensatz zu den genannten Vorschlägen ist die dritte, überbetriebliche Beteiligungsvorstellung von Südekum zu sehen, da er damit hauptsächlich verteilungspolitische Aspekte verfolgte. Er schlug die Gründung einer „Treuhand-Gesellschaft Deutschland AG (Treuga)" vor, die 25 v. H. aller neu emissionierter Titel vor allem der deutschen Aktiengesellschaften, aber auch anderer gesellschaftsrechtlicher Form (z. B. GmbH), erhalten sollte, und an der Kleinanleger partizipieren konnten. Vgl. hierzu Vgl. Südekum, A., Kapital- und Gewinnbeteiligung (1921). Der überbetrieblichen Beteiligung an Industriezweigen oder an der Gesamtwirtschaft eines Landes wurde damals allerdings entgegengebracht, dass sie unter dem Gesichtspunkt der Sozialisierung wertvolle Momente enthalte, aber dem Ziel einer Interessengemeinschaft zwischen Arbeitgeber und Arbeitnehmer widerspreche. Vgl. Kaskel/Ehrenzweig, Beteiligung (1922), S. 269. Die Pläne zur überbetrieblichen Beteiligung wurden insgesamt nur kurz – so auch in der Preußischen Landesversammlung – diskutiert und konnten sich damals in Deutschland nicht durchsetzen. Sie fand aber in der Entwicklungsgeschichte der Beteiligungsidee wiederkehrend ihre Fürsprecher, die diese Gedanken immer wieder aufgriffen; so z. B. unmittelbar nach dem zweiten Weltkrieg und in den 1970er Jahren. Von den Gewerkschaften wird die überbetriebliche Beteiligung z. T. heute noch mit dem Argument der Vermeidung des „doppelten Risikos" vertreten.

31.12.1923 die angestrebte Abänderung der handelsrechtlichen Vorschriften,[255] so dass von dieser Seite einer Ausdehnung der Kapitalbeteiligung nichts mehr im Wege stand und eine anfängliche Zunahme der Beteiligungssysteme zu verzeichnen war. Die politischen Verhältnisse beruhigten sich aber verhältnismäßig rasch und die Valuta stabilisierte sich auch wieder. Infolge dessen verloren viele Arbeitgeber die im Augenblick der Enteignungsgefahr so dringlichen Beteiligungsbestrebungen aus dem Auge. Lediglich eine stark reduzierte Anzahl setzte die Beteiligungsversuche, meist aus ökonomischen Gründen[256] und weniger aus patriarchalischen oder sozialethischen Motiven, fort oder begann neue.[257] Die Gewerkschaften machten zunehmend die Erfahrung, dass die beteiligten Arbeitnehmer nun auch die Auswirkungen von Streiks infolge niedrigerer Gewinnausschüttungen zu tragen hatten und sich deren Solidarität stark abschwächte. Und so änderte sich deren anfänglich abwartende beziehungsweise befürwortende Haltung gegenüber einer Kapitalbeteiligung der Mitarbeiter in heftige Ablehnung der Freien Gewerkschaften und für viele Arbeitgeber nicht akzeptablen Bedingungen von Seiten der Christlichen. Die staatlichen Stellen konzentrierten ihre ganze Aufmerksamkeit auf die wirtschaftspolitische Entwicklung – unter anderem auch auf die Fortentwicklung der betrieblichen Mitbestimmung, so dass schließlich deren letzte Bemühungen um die Mitarbeiterbeteiligung vollständig verebbten.

In der öffentlichen Diskussion ist es während des Nationalsozialistischen Regimes um das Thema Mitarbeiterbeteiligung zu einem gänzlichen Stillstand gekommen. Lediglich für den Zeitraum 1921/22 liegen Daten über die Mitarbeiterbeteiligung vor, die der nachfolgenden Tabelle zu entnehmen sind.[258]

Jahr	**Beteiligungsart**	**Beteiligungs-unternehmen**	**Beteiligte Mitarbeiter**	**Kapital** (in Mio. RM)
1921/22	EB	95	50.000	-
	KB	13	2.500 – 4.000	3

Abb. 11: Betrieblichen Erfolgs- und Kapitalbeteiligung

Wie schon drei Jahrzehnte zuvor ist ein Krieg, dieses Mal der Zweite Weltkrieg, als einschneidende Zäsur der Entwicklungsgeschichte des Beteiligungsgedankens zu deuten, nach dessen Ende ein als dritte Phase zu charakterisierender Entwicklungsabschnitt beginnt.

255 Die – einzige – rechtliche Grundlage für die Kapitalbeteiligung wurde am 30.12.1923 mit dem Inkrafttreten der „Verordnung über Goldbilanzen" geschaffen. Dadurch wurde der Mindestnominalbetrag für Aktien auf 20 Goldmark und auf 100 Goldmark bei Neuemissionen herabgesetzt.

256 So wurden Mitarbeiterkapitalbeteiligungen auch aus steuerlichen Gründen in Erwägung gezogen, da sich die Steuersätze infolge der Reparationszahlungen stark erhöhten. Ein weiterer Grund lag in den zu erwartenden Produktivitätssteigerungen.

257 Siegler, A., Beteiligungsgedanke (DBW 39/79), S. 150.

258 Vgl. Feilchenfeld, W., Gewinnbeteiligung (1922).

3. „Wohlstand für alle!“: Mitarbeiterbeteiligung im geteilten Deutschland

Die Leistungsfähigkeit der deutschen Wirtschaft war nach dem Zweiten Weltkrieg um ein vielfaches geschwächter und das private Immobilien-, Produktiv- und Sachvermögen stärker in Mitleidenschaft gezogen als in den Jahren nach 1918. Allerdings kann der Situation im Nachkriegsdeutschland im Vergleich zum Zeitpunkt nach dem I. Weltkrieg in zwei Punkten eine ausschlaggebende Bedeutung beigemessen werden. Die Wirtschaft sah sich keiner Enteignungsforderung der Sozialisten konfrontiert und war durch die Währungsunion, die eine Entwertung des bisherigen Geldvermögens bedeutete, in ihren Eigentumsverhältnissen am – zerstörten oder unbeschädigten – Sach- und Produktivkapital unberührt. Und mit Ausnahme der Lastenausgleichsgesetzte,[259] die die Ungleichmäßigkeiten bei der Belastung durch kriegsbedingte Vermögensschäden glätten sollte, konzentrierten sich die staatlichen Aktivitäten in erster Linie auf die Förderung eines möglichst raschen Wiederaufbaus durch Steuervergünstigungen, ohne dabei Verteilungsgesichtspunkte besonders zu berücksichtigen.[260] Gegen Ende der 50er-Jahre wurde demzufolge der Dissens über die bisherige Grundorientierung der Vermögenspolitik lauter, da sich immer mehr abzeichnete, dass durch die Steuervergünstigungen insbesondere Bezieher vergleichsweise höherer Einkommen bei der Vermögensbildung unterstützt wurden.[261]

In diese Situation fügte sich das Verhalten der Unternehmer hinsichtlich des bedrückenden Kapitalmangels der deutschen Wirtschaft nahtlos ein. Zur Produktivkapitalbildung wurde nur in Ausnahmefällen auf die in den 20er-Jahren erwogene Kapitalbeteiligung von Mitarbeitern zurückgegriffen. Vielmehr versuchten die Unternehmen, über die Preise zu einer Eigenkapitalbildung zu gelangen, dem sich die Verbraucher, die einen großen Nachholbedarf hatten, nicht durch Kaufzurückhaltung entziehen konnten. Die Vermögensbildung der Bezieher vergleichsweise niedrigerer Einkommen fand deshalb kaum statt.

Durch die Liberalisierung des Außenhandels Mitte der 50er-Jahr bescherte der damalige Wirtschaftsminister Ludwig Erhard der deutschen Wirtschaft eine Hochkonjunktur, infolge dessen die Gewerkschaften, die seit erreichen der Vollbeschäftigung in einer besonders starken Position waren, eine expansive Lohnpolitik erwogen. Darauf-

---

259 Zu Begründungen und zu den verschiedenen Fassungen der Lastenausgleichsgesetze vgl. Krumper, A., Hauptentschädigung (1973); Kühne, W./Wolff, B., Lastenausgleichsgesetz (1952).

260 Vgl. Kemmerich, E., Beteiligung (1989), S. 2. Durch die Bemessungsgrundlage verbreiternde Abschreibungsvergünstigungen des originären § 7 EStG erleichterte man die Selbstfinanzierung der Unternehmen und förderte die Bildung des Wohneigentums, das schon im Rahmen der Vermögenspolitik durch das Bausparen seit 1934 gefördert wurde. Ebenfalls seit 1948 wurden Vergünstigungen für das Kontensparen im Rahmen der Einkommensbesteuerung gewährt.

261 Vgl. Kemmerich, E., Beteiligung (1989), S. 3; Boettcher, E./Börner, D., et alii, Vermögenspolitik (1985), S. 2.; Krelle, W./Schunck, J./Siebke, J., Ertragsbeteiligung (1968b), S. 380.

hin kam es aber zu sozialen Spannungen, die die Bereitschaft der Arbeitgeberseite bestärkte, die den Produktivitätszuwachs übersteigende Lohnforderungen anzunehmen und auf die Preise abzuwälzen.[262] Nur sehr wenige Unternehmer erinnerten sich derweilen an das Instrumentarium der Erfolgs- und Kapitalbeteiligung, um den – neuen – Interessengegensätzen zwischen Arbeit und Kapital zu begegnen, dem die meisten Gewerkschaften zudem immer noch vehement entgegentraten.[263] Einige Aktivitäten und Forderungen nach einer Erfolgsbeteiligung oder einem Miteigentum der Arbeitnehmer am Produktivkapital waren allerdings auch aus den Reihen der Regierung, der politischen Parteien und konsequenterweise von einzelnen Vertretern der Mitarbeiterbeteiligungsidee zu vernehmen.[264]

Erste gesetzliche Maßnahmen zur Förderung der Arbeitnehmerbeteiligung waren das so genannte Spar-Prämiengesetz[265], das die Sonderausgabenregelung für Kapitalansammlungsverträge ablöste, das Kapitalerhöhungssteuergesetz[266], das steuerliche Vergünstigungen für die Überlassung von eigenen Aktien an Arbeitnehmer vorsah und das Vermögensbildungsgesetz[267], das neben der Bildung anderer Vermögensarten auch Aufwendungen des Arbeitnehmers für den Erwerb eigener Aktien des Arbeitgebers im Sinne des Kapitalerhöhungssteuergesetzes begünstigte. Die Arbeitgeber boten den Arbeitnehmern wegen der wenig attraktiven Form der Förderung kaum vermögenswirksame Leistungen an. Die vermögenswirksamen Leistungen waren zwar von der Lohnsummensteuer und den Sozialabgaben befreit. Jedoch musste sie der Arbeitgeber einer Lohnsteuerpauschale in Höhe von 8 % unterwerfen. Zudem waren tarifvertragliche Leistungen explizit von der Förderung ausgeschlossen. Der Ausschluss der tarifvertraglichen Leistungen wurde dabei als „Affront des Gesetzgebers gegenüber den Gewerkschaften“ aufgefasst und gibt eine mögliche Erklärung für

---

262 Vgl. zum vorangegangenen anstatt vieler Laitenberger, V., Erhard (1986), S. 83 ff., insb. S. 93 f.

263 Eine Ausnahme bildet z. B. die Deutsche Angestellten-Gewerkschaft (DAG); vgl. DAG, Miteigentum (1955).

264 Zu einer überaus reichhaltigen Übersicht über derzeitige Thesen, Pläne und Gesetzentwürfen zur Bildung von Miteigentum, die neben dem in den 20er-Jahren favorisierten Gedanken einer Ertragsbeteiligung der Arbeitnehmer zahlreiche neue Alternativen in Form von Vorschlägen sei es für Maßnahmen auf lohnpolitischer Ebene, Maßnahmen der Steuerpolitik oder Maßnahmen zur Förderung der Ersparnisbildung hervorbrachten, vgl. Schriftenreihe des Instituts für Städtebau, Materialien (1965). Zudem findet sich eine erschöpfende Literatursammlung zum Thema Mitarbeiterbeteiligung, vgl. ebenda S. 161 ff.

265 Spar-Prämiengesetz v. 05.05.1959, BGBl. I 1959, S. 241 ff.

266 Kapitalerhöhungssteuergesetz v. 30.12.1959, BGBl. I 1959, S. 834 f.

267 Vermögensbildungsgesetz v. 12.07.1961, BGBl. 1961 I, S. 909 ff. Aufgrund der Novellierungen des VermBG wurde dieses Gesetz als „Erstes“ Vermögensbildungsgesetz bezeichnet. Der Gesetzgeber handelte dabei nicht nur aus vermögenspolitischen Grundsätzen, sondern verfolgte gewisse Nebenabsichten wie gesellschaftspolitische Erwägungen und Kapitalbildung der Volkswirtschaft. Vgl. hierzu Zitat aus der Gesetzesbegründung im Gesetzentwurf zum I. VermBG, BR-Drs. 314/60. Hieraus lässt sich schon eine Zielabkehr von der einstigen Interessenangleichung von Arbeit und Kapital zu mehr Verteilungsgerechtigkeit erkennen.

die nachhaltig konträre Haltung derselben gegenüber nachfolgenden vermögenspolitischen Anstrengungen der Regierung ab.[268] So lehnten die Gewerkschaften strikt diese – auch als Investivlohn-Konzept bezeichneten – vom Arbeitgeber gewährten vermögenswirksamen Leistungen ab. Die Novellierung des 1. Vermögensbildungsgesetzes[269] brachte einen leichten Anstieg der Vermögensbildung in Arbeitnehmerhand. Aber erst durch das 3. Vermögensbildungsgesetz[270] und durch die – daraufhin – folgende Abkehr der Bundesvereinigung der Deutschen Arbeitgeberverbände und der Gewerkschaften von ihrer ablehnenden Haltung vermögenswirksame Leistungen in Tarifverträgen abzuschließen, war im allgemeinen der Durchbruch der Vermögensbildung erfolgt.[271] Im Besonderen hinsichtlich der Beteiligung von Arbeitnehmern am Produktivkapital ist damit jedoch so gut wie kein Erfolg zu verzeichnen gewesen. Neben den gesetzlichen Maßnahmen versuchte (deshalb) die Regierung in Einzelfällen durch die Ausgabe so genannter Volksaktien, die aus Teilprivatisierungen von Unternehmen im Bundesbesitz stammten, die Verbreitung von Produktivvermögen zu fördern.[272] Doch an der ausschlaggebenden Grundorientierung der staatlichen Aktivitäten auf das Konten- und Bausparen konnten diese begrenzten Anstrengungen nichts ändern. Die in der Untersuchung von KRELLE/SCHUNK/SIEBKE für das Jahr 1960 festgestellte Vermögensbildung in Deutschland fundierte schließlich die vielfach geübte Kritik an der bisherigen Ausrichtung der Vermögenspolitik.[273] War einerseits eine erfreuliche Bildung des Geld- und Immobilienvermögens sowie von Lebensversicherungsverträgen bei den Arbeitnehmern zu verzeichnen, so zeigte der bekannte

268 Vgl. Kemmerich, E., Beteiligung (1989), S. 6 u. S. 7 (v. a. Zitat).

269 Zweites Gesetz zur Förderung der Vermögensbildung der Arbeitnehmer v. 01.07.1965, BGBl. I 1965, S. 585 ff. Nach dem 2. VermBG wurden tarifvertraglich vereinbarte vermögenswirksame Leistungen in die Förderung mit aufgenommen, die Lohnsteuerpauschalierung der Arbeitgeber fallen gelassen, Arbeitnehmer des öffentlichen Dienstes in die Förderung miteinbezogen und bestimmten Arbeitgebern zudem Steuervergünstigungen gewährt. Vgl. hierzu Börner, D., Maßnahmen (1984), S. 57 f. Trotz der Novellierung wurde weiterhin kritisiert, dass einkommensschwache Arbeitnehmer durch die Steuervergünstigungen i. Vgl. z. besser verdienenden Arbeitnehmern wegen des Progressionseffektes des Einkommensteuertarifs immer noch benachteiligt würden.

270 Drittes Vermögensbildungsgesetz zur Förderung der Vermögensbildung der Arbeitnehmer v. 27.06.1970, BGBl. I 1970, S. 930 ff. Das 3. VermBG reagierte auf die Kritik der Förderungsmodalität und hob die Steuer- und Sozialabgabenbefreiung der vermögenswirksamen Leistungen auf und führte als neue Förderungskomponente eine an bestimmte Einkommenshöchstgrenzen (24 bzw. 48.000 DM) gebundene, steuer- und sozialabgabenfreie Arbeitnehmer-Sparzulage i. H. v. 30 % resp. 40 % auf den Förderungshöchstbetrag v. 612 DM ein. Die Steuerermäßigung für Kleinbetriebe wurde auf jährlich 6.000 DM verdoppelt.

271 Vgl. Gaugler, E., Einführung (1987), S. 8 f.

272 Teilprivatisierungen wurden 1959 bei der Preussag, 1961 bei VW und 1965 bei der Veba durchgeführt.

273 Vgl. hierzu und zum folgenden Krelle, W./Schunck, J./Siebke, J., Ertragsbeteiligung (1968b), S. 377 ff., insb. 381.

Vergleich „1,7 % aller Haushalte besitzen rund 70 % des Produktivkapitals" sehr deutlich die Konzentration dieser Vermögensart.[274]

Während aber zahlreiche, aus der Kritik an den Vermögensbildungsgesetzen entstandene Vorschläge die Förderung der betrieblichen Mitarbeiterbeteiligung favorisierten, sind auch Pläne zur überbetrieblichen Erfolgs- und Kapitalbeteiligung in die Diskussion über die Vermögensbildung in Deutschland eingeflossen.[275] Nachhaltig für die Entwicklung der Mitarbeiterbeteiligung sind dabei die scheinbar unüberwindbaren Gegensätze der verschiedenen Interessenvertreter. Die christlichen und liberalen Parteien und Gewerkschaften vertraten (und vertreten immer noch) die betrieblichen Beteiligungsmodelle, während die sozialdemokratische Partei sowie die ihnen nahe stehenden Gewerkschaften nur überbetriebliche Systeme akzeptier(t)en.[276] Von Bedeutung sind die unterschiedlichen Zielvorstellungen zwischen betrieblichen Modellen, mit denen man die Integration der Arbeitnehmer verfolgt(e), und überbetrieblichen Systemen, durch die sich hauptsächlich die Gewerkschaften eine Neuverteilung der wirtschaftlichen Macht versprachen. Unter diesen Vorzeichen scheiterten dann auch verschiedene Gesetzesinitiativen zur Förderung freiwilliger betrieblicher Beteiligungssysteme, aber auch Versuche zur gesetzlichen Verpflichtung an (überbetrieblichen) Konzeptionen konnten verhindert werden.[277]

Unberührt von diesen politischen Debatten und Erörterungen wurden in der Praxis zahlreiche Erfolgs- und Kapitalbeteiligungsprogramme eingeführt, um so die partnerschaftlichen Unternehmensverfassung zu verwirklichen. Wie viele Unternehmen dabei ausschließlich Erfolgsbeteiligungsmodelle eingeführt haben, ist aufgrund mangelnder statistischer Erhebungen in Deutschland nicht genau bezifferbar. Allerdings wird in britischen und französischen Veröffentlichungen davon gesprochen, dass es innerhalb Europas nach dem Zweiten Weltkrieg in Deutschland die größte Entwick-

274 Wie viele in den darauf folgenden Jahren bzw. Jahrzehnten durchgeführte Berechnungen zeigen, bedarf es in mancherlei Hinsicht einer Relativierung dieser Konzentrationsrelation. Die Aussage blieb aber tendenziell dieselbe. Vgl. Mierheim, H./Wicke, L., Vermögensverteilung (1978), S. 71 ff. u. S. 103; Baron, D., Vermögensverteilung (1988), insb. S. 170 ff.

275 An der Diskussion beteiligte sich die politischen Parteien, der Sachverständigenrat, die Gewerkschaften, die Arbeitgeber- und Wirtschaftsverbände und zahlreiche Vertreter aus Wissenschaft und Praxis in einer Vielzahl an Literatur. Eine detaillierte und chronologisch fortgeführte Sammlung der Materialien, Thesen und Gesetze findet sich in einer mittlerweile neun Folgen umfassenden Schriftenreihe des Instituts für Städtebau, Wohnungswirtschaft und Bausparwesen e. V.

276 Zur gewerkschaftlichen Ablehnung der betrieblichen Mitarbeiterbeteiligung vgl. DGB, Stellungnahme (1978), S. 127 ff.; Schäfer, C., Vorhaben (Gewerkschaftliche Monatshefte 1/78), S. 28 ff.

277 Die letzte Initiative zur obligatorischen Erfolgsbeteiligung wurde vor dem Hintergrund der Körperschaftsteuerreform von 1977 losgetreten, scheiterte jedoch am scharfen Widerstand v. a. der Unternehmerseite. Zu Einzelheiten der Kabinettsbeschlüsse vgl. Mückl, W. J., Konzepte (1975). Zum Kompromiss der damaligen Regierungsparteien vgl. BABl. 1974, S. 85 ff. Zu derzeitigen Stellungnahmen vgl. anstatt vieler Guski, H.-G., Vermögensbildung (1977); Scharf, D., Eigenkapitalbeteiligung (1981).

lung von Erfolgsbeteiligungsprogrammen gegeben hat.[278] Ob die Unternehmen ihre Erfolgsbeteiligungssysteme aufgrund der bestehenden Förderungsmöglichkeiten der Vermögensbildungsgesetze oder rein aus dem Partnerschaftsgedanke heraus eingeführt haben, ist dabei nicht nachzuvollziehen. Für diejenigen Beteiligungsunternehmen, die ihre Belegschaft am Kapital der Unternehmung beteiligten, stand letzteres jedoch im Vordergrund.[279]

Nach der Körperschaftsteuerreform im Jahre 1977 wurde die vermögenspolitische Diskussion von drei nunmehr gleichgewichtigen Themenblöcken beherrscht: der Reform der Sparförderung, der Verbesserung der Rahmenbedingungen zum Erwerb von Haus- und Grundeigentum und schließlich der Förderung der Beteiligung der Arbeitnehmer am Produktivkapital.[280] Infolge dessen und mit Auswirkungen der Regierungsablösung durch die christlich-liberale Koalition wurden zunächst die betrieblichen Beteiligungspläne durch das I. Vermögensbeteiligungsgesetz[281] gefördert. Die Erweiterung des Anlagekatalogs, der sich seither auf Aktienbeteiligungen beschränkte, um die rechtsformunabhängigen Beteiligungsformen stille Beteiligung und Genussschein/Genussrecht, erhöhte die Anzahl der Beteiligungsmodelle erheblich. Eine wenig später folgende Erweiterung des Anlagekatalogs um überbetriebliche Beteiligungen[282] in Form von Beteiligungen an Unternehmensbeteiligungsgesellschaften und am Beteiligungssondervermögen von Kapitalanlagegesellschaften verstärkte die Annahme bei den Arbeitnehmern. Die Phase der Neuausrichtung der Vermögenspolitik endete 1986 mit dem II. Vermögensbeteiligungsgesetz[283], wodurch

---

278 Vgl. Sawyer, M., Germany (1976), S. 30; Latta, G. W., Profit Sharing (1979), S. 3; Rémus, J., Participation (Revue international du Travail, 1/83), S. 1.

279 Vgl. Schneider, H.-J., Partnerschaft (1999), S. 68.

280 Vgl. Malz, F., Vermögensbildung (1985), S. VI f.

281 Änderung des Dritten Vermögensbildungsgesetzes v. 22.12.1983, Gesetz zur Förderung der Vermögensbildung der Arbeitnehmer durch Kapitalbeteiligungen – Vermögensbeteiligungsgesetz, BGBl. I 1983, S. 1592 ff. Die Änderungen erweiterten den bisher auf Aktienbeteiligungen begrenzten Anlagekatalog, dehnten die Steuerermäßigungen für kleine Unternehmen aus und ermöglichten eine vorzeitige unschädliche Verfügung der vermögenswirksamen Leistungen. Außerdem wurde das Spar-Prämiengesetz geändert und die Bestimmungen des EStG durch den neuen § 19a EStG, der die Regelungen des § 8 des KapErhStG übernimmt und erweitert, neu gefasst. Das Gesetz sah (noch) keine überbetrieblichen Anlageformen vor und schloss außerdem GmbH-und Kommanditbeteiligungen aus. Mit der in der Begründung explizit genannten Ziele „Verbesserung der EK-Ausstattung der KMU", „Festigung einer auf Privateigentum an Produktionsmitteln beruhenden Wirtschaftsordnung", „Verbesserung der partnerschaftlichen Integration der Arbeitnehmer in ihr Arbeitgebendes Unternehmen", „Ergänzung einer wachstums- und beschäftigungsorientierten Lohnpolitik" und „Erleichterung der Zurückhaltung bei Nominallohnabschlüssen" ist eine deutliche Abkehr vom einstigen Hauptaugenmerk „Umverteilung & Verteilungsgerechtigkeit" der Vermögenspolitik zu verzeichnen. Vgl. BR-Drs. 304/2/83, S. 1.

282 Den lange anhaltenden Forderungen der SPD und z. T. der Gewerkschaften wurde somit schließlich genüge getan. Vgl. BT-Drs. 10/768.

283 Zweites Gesetz zur Förderung der Vermögensbildung der Arbeitnehmer durch Kapitalbeteiligungen v. 19.12.1986, BGBl. I 1986, S. 2595 ff.

GmbH-Beteiligungen und stille Beteiligungen an nicht emissionsfähigen KMU über Kapitalanlagegesellschaften[284] in den Anlagekatalog einbezogen wurden. Eine Aufnahme der Kommanditbeteiligung in den Förderkatalog erfolgte dagegen nicht.[285] Ende der Achtziger Jahre bremste man die anlaufende Akzeptanz des Vermögensbeteiligungsgesetzes durch Einschränkungen der staatlichen Zulagen.[286] Welche Auswirkungen sich durch diese Veränderungen auf die Verbreitung der Mitarbeiterbeteiligung ergaben, ist in nachfolgender Tabelle dargestellt.

Jahr	Beteiligungsart	Beteiligungs-unternehmen	Mitarbeiter (in Tsd.)	Kapital (in Mrd. DM)
1976	EB	-	-	-
	KB	770	770	2,3
1987	EB	-	-	-
	KB	1.364	1.100	7,6

Abb. 12: Betriebliche Mitarbeiterbeteiligungsmodelle 1976 und 1986[287]

Die gesetzlichen Errungenschaften zur Gestaltung der Rahmenbedingungen und Förderung der Erfolgs- und Kapitalbeteiligung werden jedoch in ein schwächeres Licht gerückt, wenn man sich über die politischen Bestrebungen, immaterielle Beteiligungsrechte der Arbeitnehmer gesetzlich zu ordnen, einen zusätzlichen Überblick verschafft.[288] So lebte die in der Weimarer Zeit diskutierte Forderung nach Wirtschaftsdemokratie und Mitbestimmung unmittelbar nach Kriegsende wieder auf. Die sozialpolitische Entwicklung ist durch das Montan-Mitbestimmungsgesetz[289] von 1951, in welchem die Gewerkschaften ausnahmslos ihre Forderungen durchsetzen konnten, geprägt. Zum Missfallen der Gewerkschaften wurde die branchenbezogene Montan-

---

284 Eine Erweiterung der bisher beschränkenden Zusammensetzung des Sondervermögens um die nicht börsennotierte Anlageform der stillen Beteiligung wurde in einem neuen Dritten Abschnitt des KAGG verwirklicht.

285 Schon im Rahmen des I. Vermögensbeteiligungsgesetzes sollte die Kommanditbeteiligung im Anlagekatalog Berücksichtigung finden, da diese Beteiligungsform als besonders geeignet für Mitarbeiterkapitalbeteiligungen angesehen wurde. Vgl. BR-Drs. 239/82. Eine Annahme der Vorschläge scheiterte an der Durchsetzung der notwendigen Einengung des Mitunternehmerbegriffs durch eine Neufassung des § 15 I Nr. 2 EStG.

286 Vgl. StRefG 1990 v. 25.07.1988, BGBl. I 1990, S. 1093 ff. und v. 04.10.1988, BGBl. I 1988, S. 2074.

287 Vgl. Guski, H.-G./Schneider, H. J., Vermögensbildung (1987). In den Erhebungen wurden jedoch nur Beteiligungsunternehmen erfasst, die entweder reine Kapitalbeteiligungssysteme oder investive Erfolgsbeteiligungen praktizierten, reine Erfolgsbeteiligungsmodelle dagegen wurden nicht erhoben.

288 Vgl. zum folgenden Klinkhammer, H./Welslau, D., Mitbestimmung (1995), S. 36 ff., insb. S. 39 f.

289 Gesetz über die Mitbestimmung der Arbeitnehmer in den Aufsichtsräten und Vorständen der Unternehmen des Bergbaus und der Eisen und Stahl erzeugenden Industrie v. 21.05.1951, BGBl. I, S. 347 ff. Zu Einzelheiten über das Zustandekommen der Montan-Mitbestimmung vgl. Potthoff, E., Montan-Mitbestimmung (1957).

Mitbestimmung nicht als Leitbild für die gesamte Wirtschaft übernommen. Stattdessen wurden schon ein Jahr später im Betriebsverfassungsgesetz[290] unternehmensverfassungsrechtliche Regelungen getroffen, die eine Einschränkung der Wirtschaftsdemokratie bedeutete, und durch das Betriebsverfassungsgesetz[291] von 1972 und dem Mitbestimmungsgesetz[292] von 1976 sogar noch eingehender geregelt wurde. Ständige Novellierungen führten zu „einer fast perfektionistisch anmutenden gesetzlichen Regelungsdichte“ in Deutschland.[293] Der gewerkschaftliche Kampf um die Erhaltung der Montan-Mitbestimmung hat sich im Grunde bis heute fortgesetzt – und aufgrund des überschneidenden Einflussbereiches auch die vermögenspolitischen Diskussion im allgemeinen sowie die Verbreitung der materiellen Mitarbeiterbeteiligung im speziellen beeinträchtigt.[294]

In den vorstehend beschriebenen Zeitabschnitt fällt aber auch die Gründung der Arbeitsgemeinschaft Partnerschaft in der Wirtschaft e. V. (AGP) im Jahre 1950,[295] die sich als erste private Institution in Deutschland der Beteiligung von Arbeitnehmern an Unternehmen verschrieben hat,[296] und seitdem gewiss nicht ohne Einfluss auf Politik, Gesetze und Wirtschaft war.

4. Deutsche Wiedervereinigung und Börsenboom

Die deutsche Wiedervereinigung setzte mit der Anforderung der marktwirtschaftlichen Umstrukturierung der DDR-Unternehmen einen neuen Meilenstein in der Entwicklungsgeschichte der Mitarbeiterbeteiligung in Deutschland. Die für die Privatisierung zuständige Treuhandanstalt stellte in zunehmendem Maße bei der ihr übertrage-

290 Betriebsverfassungsgesetz v. 11.10.52, BGBl I 1952, S. 681 ff.

291 Betriebsverfassungsgesetz v. 15.01.72, BGBl I 1972, S. 13 ff.

292 Gesetz über die Mitbestimmung der Arbeitnehmer v. 04.05.76, BGBl I 1976, S. 1153 ff.

293 Klinkhammer, H./Welslau, D., Mitbestimmung (1995), S. 33. Zu einem Überblick über die z. T. minutiösen arbeitsrechtlichen Regelungen vgl. Zöllner, W./Loritz, K.-G., Arbeitsrecht (1998), S. 348 ff.

294 So betrachtet z. B. der DGB die Kapitalbeteiligungssysteme als Instrument zur Verhinderung der paritätischen Mitbestimmung in allen Industriezweigen. Vgl. Uvalic, M., PEPPER-Bericht (1991), S. 44.

295 Die AGP wurde als gemeinnütziger Verein mit Sitz in Kassel gegründet, verzeichnet bis dato über 500 vornehmlich mittelständische Firmenmitglieder und hat mittlerweile eine Zweigniederlassung in Berlin.

296 In den 50er-Jahren kamen noch andere Institutionen wie der Studienkreis für sozialwirtschaftliche Betriebsformen „Der Neue Betrieb“, Düsseldorf; Arbeitskreis für soziale Betriebspraxis, München; Arbeitskreis TWI zur Förderung innerbetrieblicher Arbeitsbeziehungen, Stuttgart; Arbeitsgemeinschaft für soziale Betriebsgestaltung (ASB), Heidelberg; Arbeitsgemeinschaft selbständiger Unternehmen (ASU) hinzu.

nen Aufgabe die Mitarbeiterkapitalbeteiligung in den Vordergrund.[297] Oftmals war der Kauf eines Betriebes durch die Geschäftsführung, durch Belegschaftsangehörige oder in unterschiedlicher Kombination dieser beiden Formen „der sinnvollste und oftmals einzig mögliche Weg“ für deren Privatisierung.[298] Doch für bereits privatisierte Unternehmen, aber auch für neu gegründete Unternehmen, war die Kapitalbeteiligung zunehmend in den Mittelpunkt des Interesses gerückt, sei es bei soliden Unternehmen aus der Motivation heraus, die Marktstellung zu sichern beziehungsweise zu verbessern, oder bei existenzgefährdeten Unternehmen aus reinen Überlebensgründen.[299] Über Modelle zur reinen Erfolgsbeteiligung, die im Vergleich zur Beteiligung der Mitarbeiter am Kapital nicht zur Diskussion stand, können wiederum keine Aussagen getroffen werden, da auch hier die notwendige Datenbasis fehlt.

Neben der erwähnten bundesstaatlichen Förderung soll an dieser Stelle auf Maßnahmen einzelner, insbesondere eben der ostdeutschen Bundesländer hingewiesen werden, die sich durch die Mitarbeiterbeteiligung hauptsächlich eine Stärkung der Unternehmen sowie den Arbeitnehmern eine zusätzliche Einkommensquelle versprechen.[300]

Eine, wenn auch nur leichte, Abkehr ihrer hartnäckigen Vorbehalte gegenüber betrieblichen Beteiligungsmodellen ist zu diesem Zeitpunkt bei einigen Gewerkschaften zu erkennen.[301] Aus zahlreichen Erkenntnissen, die sie bei der Einführung von betrieblichen Systemen vornehmlich in Großunternehmen und in ostdeutschen Betrieben sammeln konnten, hat.[302] Außerdem wurden im 3. Vermögensbeteiligungsgesetz, das am 01.01.1999 in Kraft getreten ist,[303] teilweise die Forderungen der Gewerk-

---

297 Von der einen Seite vernimmt man, dass aus Wissenschaft und Politik eine (stärkere) Kapitalbeteiligung ostdeutscher Arbeitnehmer empfohlen, ja sogar gefordert wurde, um einer „zweiten Enteignung“ durch eine ungeschickte und vornehmlich Westinteressen bedienende Privatisierungspolitik der Treuhandanstalt entgegenzuwirken. Vgl. AGP, Produktivkapitalbeteiligung (1990); Heering , W., Unternehmensrestrukturierung (1993); Heering, W./Schroeder, K., Motivation (1995). Mit begrenztem Umfang an Interessenten aus den alten Bundesländern und dem Ausland begründet dies GLOEDE weniger negativ. Vgl. Gloede, K., Management-Buy-Out (1992), S. 3.

298 Gloede, K., Management-Buy-Out (1992), S. 5.

299 Vgl. Heering, W., Mitarbeiterbeteiligung (1999), S. 28 ff.

300 Zu Maßnahmen der einzelnen Bundesländer vgl. Übersicht im Anhang, S. 398 ff.

301 Zu einzelnen gewerkschaftlichen Stellungnahmen vgl. Kempe, M., Tarifvertrag (Mitbestimmung 3/01), S. 30.

302 Insb. die hohe Annahmebereitschaft der Arbeitnehmer und die Erkenntnis, dass überbetriebliche Fonds (Tariffonds) politisch nicht durchsetzbar waren, hat das Entstehen einer pragmatischeren Haltung ggü. einer Arbeitnehmerbeteiligung am eigenen Betrieb begünstigt. Vgl. Putzhammer , H., Mitarbeiterbeteiligungsmodelle (DGB 3/00), S. 9 f.

303 Dritte Vermögensbeteiligungsgesetz v. 07.09.1998, BGBl. I S. 2647 ff., das in das 5. VermBG integriert wurde.

schaften erfüllt.[304] Im so genannten Bündnis für Arbeit, in dem sich beide Tarifvertragsparteien gegenübersaßen, konnte jedoch keine tatsächliche Annäherung auf dem Gebiet der (betrieblichen) Mitarbeiterbeteiligung verzeichnet werden, da die Diskussion dem traditionellen Muster gefolgt war.[305] Wie schon in den zwanziger Jahren in der Zentralarbeitsgemeinschaft hatte die Regierung keine ausschlaggebende Aufgabe, sondern übernahm „nur" die Vermittlerrolle. Als Ergebnis dieser Bemühungen muss ein weiteres Mal konstatiert werden, dass die (tarif-)politische Zielrichtung nicht kompatibel zu den Zielen von Unternehmen und der meisten Beteiligten ist.[306]

In der Wirtschaft spielte sich dagegen seit Anfang der neunziger Jahre eine für die Verbreitung der Mitarbeiterbeteiligung viel bedeutendere Entwicklung ab. Bei vielen deutschen Aktiengesellschaften fand ein Trend zur Einführung von Mitarbeiteraktienoptionen, den so genannten Stock Options, statt.[307] Die Bedeutung, die dieser neuen Entlohnungsform beigemessen wurde, lässt sich aus den prompten Reaktionen von Rechtsprechung[308] und Gesetzgebung[309] ableiten. Die Entwicklung von Aktienoptionsplänen beschränkte sich nicht lange auf die Führungskräfte börsennotierter Unternehmen, sondern setzte sich rasch – signifikant vor dem Hintergrund der Börsenhaussee – auch für deren Mitarbeiter durch. Die in der unternehmerischen Praxis notwendigerweise aufkommende Gestaltungsvielfalt der Optionspläne entfachte national wie international eine steuerrechtliche Diskussion um den Besteuerungszeitpunkt, die jedoch keine nachhaltigen Auswirkungen auf die Verbreitung der Beteiligungspläne hatte.[310]

---

304 Die bisherige gesetzliche Diskriminierung von überbetrieblichen Beteiligungsformen wurde abgebaut, die Förderbeträge sind aufgestockt und einer Risikoabsicherung gegen Verlust der Mitarbeiterkapitaleinlagen durch Bankbürgschaften oder Absicherungen bei Versicherungsunternehmen ist genüge getan worden (§ 2 Abs. 5a 5. VermBG). Zur Problematik der Sicherungsbedürftigkeit von Mitarbeiterbeteiligungen vgl. insb. Wagner, K.-R., Sicherungsbedürftigkeit (1990); Wagner, K.-R., Kapitalbeteiligung (1999), S. 42 ff.

305 Ausnahmen bildeten einmal mehr Vorschläge von DAG/Gesamtmetall.

306 Vgl. Wagner, K.-R., Arbeitsplätze (ZIP 34/01), S. 1483.

307 Vgl. Feddersen, D., Aktienoptionspläne (ZHR 161/97), S. 270; Lutter, M., Aktienoptionen (ZIP 1/97), S. 1; Wenger, E./ Knoll, L., Management-Anreize (BFuP 6/99), S. 565.

308 Die Vereinbarkeit mit den zivilrechtlichen Rechtsgrundlagen wurden bald mehrfach bestätigt. Vgl. OLG Stuttgart v. 12.08.1998, 20 U 111/97 (DB 1998, S. 1757); OLG Braunschweig v. 29.07.1998, 3 U 75/98 (BB 1998, S. 2022).

309 Durch das Gesetz zur Kontrolle und Transparenz im Unternehmensbereich (KonTraG) konnten die gesetzlichen Rahmenbedingungen für die Einführung von Stock Options bedeutend verbessert werden. Zur Begründung vgl. BT-Drs. 13/9712, S. 1.

310 Vgl. Isensee, T., Mitarbeiteraktienoptionen (DStR 4/99), S. 143; Portner, R./Bödefeld, A., Besteuerung (DStR 17/95), S. 629. So konnten für die folgenden Jahre die in Klammern angegebenen Optionsprogramme registriert werden: 1986 (1), 1990 (5), 1996 (13), 1998 (70) und 1999 (130). Vgl. Gless, S.-E./Kall, F., Aktienoptionsprogramme (2000), S. 13. Zur gegenwärtigen steuerrechtlichen Behandlung von Aktienoptionsplänen vgl. Punkt II.C.3, S. 101 ff.

5. Historische Synopsis der Mitarbeiterbeteiligung in Deutschland

Ein tabellarischer Überblick über die Verbreitung der Mitarbeiterbeteiligung soll die historische Entwicklung des Beteiligungsgedankens vervollständigen.

Jahr	Beteiligungsart	Beteiligungs-unternehmen	Mitarbeiter (in Tsd.)	Kapital (in Mrd. RM/DM; 2004 in Mrd. €)
1878	EB	54	-	-
	KB	5 (2 inkl. EB)	1,0 – 1,5	0,0012
1901	EB	42	27,556	-
	KB	3	0,5	0,0005
1921/22	EB	95	50	-
	KB	13	2,5 – 4,0	0,003
1976	EB	-	-	-
	KB	770	770	2,3
1987	EB	-	-	-
	KB	1.364	1.100	7,6
1991	EB	-	-	-
	KB	1.840	1.600	11,5
1996	EB	-	-	-
	KB	2.500	2.000	15
1999	EB	-	-	
	KB	2.700	2.200	25
2004	**EB[311]**	**100.000**	**6.000**	**-**
	KB	**3.000**	**2.400**	**12**

Abb. 13: Entwicklung der betrieblichen Erfolgs- und Kapitalbeteiligung[312]

Zu den Daten ab 1991 ist anzumerken, dass sie zwar häufig in den wiederkehrend geführten Diskussionen um die Mitarbeiterbeteiligung kursieren. Da aber die von der AGP veröffentlichten Zahlen allerdings lediglich auf Hochrechnungen der Bestands-

311 Für die Erfolgsbeteiligung existiert auch für diesen Zeitraum keine deutsche Bestandsaufnahme. Aus den internationalen „Cranet“-Studien über Befragungen von Unternehmen mit mehr als 100 Arbeitnehmer (1999/2000; mehr als 200 bei den zwei zuvor durchgeführten Befragungen 1992 u. 1995) lassen sich jedoch einige Angaben herausrechnen. Zu den Studien vgl. Pendleton, A./ Poutsma, E./ Ommeren, J. van/ Brewster, C., Employee (2001), S. 34.

312 Zu den Zahlen von 1878, 1901 u. 1921 vgl. Böhmert, V., Gewinnbeteiligung (1878); Böhmert, V., Gewinnbeteiligung (1902); Feilchenfeld, W., Gewinnbeteiligung (1922); für 1976 u. 1987 vgl. Guski, H.-G./Schneider, H. J., Vermögensbildung (1987); für 1991 bis 1999 vgl. AGP/GIZ; für 2002 vgl. Url: http://www.agpev.de/ (Stand: 01.09.2002).

erhebungen von GUSKI/SCHNEIDER[313] beruhen, sind diese Angaben zu den Beteiligungsunternehmen mit Vorsicht zu genießen. Andere Erhebungen neueren Datums wie zum Beispiel des ifo[314] oder des IAB[315] weisen im Vergleich zu den Angaben der AGP deutlich höhere Zahlen über die Beteiligungsunternehmen aus. Nach der ifo-Betriebsbefragung gibt es in 66.000 Betrieben Modelle mit Mitarbeiter-Kapitalbeteiligungen und laut IAB partizipieren in über 100.000 Betrieben fast 6 Mio. Mitarbeiter am Erfolg- und/oder Kapital des arbeitgebenden Betriebs. Nach Mitteilung des NRW-Wirtschaftsministeriums gibt es allein in Nordrhein-Westfahlen 35.600 Betriebe, die Erfolgsbeteiligungen praktizieren, und rund 6.800 Betriebe, die Mitarbeiterkapitalbeteiligungen eingeführt haben.[316] Diese zahlenmäßigen Unterschiede resultieren aus der Abgrenzung der Untersuchungsobjekte, die im Falle der AGP nur (Mutter- oder Konzern-)Unternehmen erfasst, Tochterunternehmen oder gar separate Betriebe jedoch nicht –bei der ifo- oder der IAB-Betriebsbefragung sowie den Angaben des NRW-Wirtschafts- und Arbeitsministeriums ist dies jedoch der Fall.[317] Letztere trennt des weiteren nicht in Erfolgs- und Kapitalbeteiligungsunternehmen. Im Hinblick auf die erhobenen Angaben zur Anzahl der beteiligten Mitarbeiter und des Beteiligungskapitals (bei Mitarbeiterkapitalbeteiligungen) verliert die Abgrenzungsproblematik fast vollständig an Bedeutung und die Zahlen nähern sich mit 2,1 Mio. (ifo) und 2,4 Mio. (AGP) stark an.

In internationalen Studien werden dagegen Erhebungen durchgeführt, die Erfolgs- und Kapitalbeteiligungen in den untersuchten Ländern separat erfassen. Jedoch sind auch hier die Ergebnisse nur unter Vorbehalt zu interpretieren, da sie einerseits lediglich prozentuale Angaben wiedergeben und andererseits die Abgrenzungsproblematik wieder zu berücksichtigen ist.[318]

---

313 Vgl. Guski, H.-G./ Schneider, H. J., Vermögensbeteiligung (1977); Guski, H.-G./Schneider, H. J., Vermögensbeteiligung (1983); Guski, H.-G./Schneider, H. J., Vermögensbeteiligung (1986).

314 Hofmann, H./Holzner, C., Mitarbeiterkapitalbeteiligung (ifo Schnelldienst 12/02).

315 Im Sommer 1998 wurde in der jährlich durchgeführten Befragung des IAB-Betriebspanels, an der 9.200 Betriebe in West- und Ostdeutschland mitwirken, die Frage nach einer Erfolgs- oder Kapitalbeteiligung aufgenommen.

316 Vgl. hierzu Url: http://www.mwa.nrw.de/bibiothek/pressearchiv1_2003/pm030318a.htm (Stand: 01.07.2003).

317 So auch in einer Veröffentlichung der Bundesregierung; vgl. BT-Drs. 14/9731 v. 28.06.2002, S. 5.

318 Einer großen Studie zur Folge gibt es in 18 % (53 %) der deutschen Unternehmen Erfolgsbeteiligungsprogramme, die die gesamte Belegschaft (nur Führungskräfte) beteiligt.Vgl. Pendleton, A./ Poutsma, E./ Ommeren, J. van/ Brewster, C., Employee (2001), S. 34. Andere Studien z. B. von V. D. BULCKE, vgl. van den Bulcke, F., Finanzielle Beteiligung (2000), beziehen sich nur auf Aktiengesellschaften (hier: 500 größten AGs in der EU), um eine bessere Vergleichsbasis aufgrund der einheitlichen Rechtsform zu erzielen und sind deshalb für eine aussagekräftige Verbreitungsstatistik ungeeignet.

6. Statistische Datensammlung

Einen weitergehenden Informationsgewinn hinsichtlich der qualitativen Verbreitung von Kapitalbeteiligungsmodellen erlaubt allerdings erst nachfolgende Tabelle. Hier werden die in den Mitarbeiterbeteiligungsmodellen verwendeten Beteiligungsformen separat aufgegliedert und durch quantitative Angaben über Beteiligungsunternehmen, beteiligte Mitarbeiterzahl und Beteiligungskapital ergänzt. Als Datenbasis dienen die Hochrechnungen der AGP, da aus den Untersuchungen des IAB-Panels, der ifo-Betriebsbefragung und des NRW-Wirtschaftsministeriums keine Daten über die Verteilung der Beteiligungsformen hervorgehen.

Beteiligungsform	Unternehmen	Mitarbeiter	Kapital (Mio. €)
Belegschaftsaktie	500	1.900.000[319]	10.300
Genussrechte	300	100.000	780
Mitarbeiterdarlehen	550	100.000	420
Stille Beteiligung	800	200.000	240
GmbH-Beteiligung	150	5.000	28
Genossenschaftsanteil	300	15.000	25
Indirekte Beteiligung	400	80.000	190
Gesamt	**3.000**	**2.400.000**	**11.983**

Abb. 14: Beteiligungsformen und Umfang der Beteiligungen[320]

In derartigen Tabellen tauchte vor einigen Jahren noch die Arbeitnehmer-Kommanditbeteiligung als Beteiligungsform auf, obwohl die steuerliche Mitunternehmerschaft solche Kapitalbeteiligungsmodelle eigentlich als völlig ungeeignet gebrandmarkt hat. Einige Unternehmen konnten allerdings mit den örtlichen Finanzbehörden so genannte „Gentlemen's Agreements" treffen. Durch diese Einvernehmen, die den Ausschluss der Arbeitnehmer-Kommanditisten an der Teilhabe an den stillen Reserven vorsahen, konnten die negativen steuerlichen Folgen der Mitunternehmerschaft abgewandt werden.[321] Eine Substanzbeteiligung, wie sie eigentlich durch eine Kommanditbeteili-

319 Dabei sind nur ca. 10% aller sozialversicherungspflichtigen Arbeitnehmer in Aktiengesellschaften tätig. Vgl. BMA (Hrsg.), Sozialbericht 2001, S. 213.

320 Vgl. AGP (http://www.agpev.de/ (Stand: 01.09.2005)). Anzumerken sei, dass diese Daten aus drei bundesweiten Erhebungen der Jahre 1977, 1983 u. 1986 z. T. hochgerechnet wurden. Zu den ursprünglichen Erhebungen vgl. Guski, H.-G./ Schneider, H. J., Vermögensbeteiligung (1977); Guski, H.-G./Schneider, H. J., Vermögensbeteiligung (1983); Guski, H.-G./Schneider, H. J., Vermögensbildung (1986).

321 Vgl. Guski, H.-G./Schneider, H. J., Vermögensbildung (1987), S. 26, Rz. 79.

gung üblich ist, musste also vertraglich ausgeschlossen werden. Doch die Übereinkommen mit den örtlichen Finanzämtern scheinen keine nachhaltige Sicherheit zu beinhalten, weswegen zunächst die Zahl der Beteiligungsunternehmen, die Arbeitnehmer-Kommanditbeteiligungen praktizierten, von 2,2 % im Jahre 1977 auf nur mehr 1,2 % im Jahre 1983 zurückgegangen ist.[322] Für das Jahr 2002 sind keine derartigen Beteiligungsmodelle mehr bekannt, so dass davon auszugehen ist, dass die Arbeitnehmer-Kommanditbeteiligung in der Beteiligungspraxis der Bundesrepublik Deutschland keine Bedeutung mehr besitzt.

Aus der obigen Tabelle ist des weiteren zu entnehmen, dass mehr Beteiligungsunternehmen die stille Beteiligung als die Aktienbeteiligung zur Mitarbeiterkapitalbeteiligung nutzen. Daraus lässt sich schließen, dass diese Beteiligungsunternehmen in der Rechtsform der Aktiengesellschaft vornehmlich mittelgroße bis große Unternehmen sein müssen. Die Beteiligungsunternehmen, die Mitarbeiterkapitalbeteiligungsprogramme in Form der stillen Beteiligung praktizieren, werden dagegen eher kleine bis mittlere Personenunternehmen oder GmbHs sein.[323] Zieht man zu dieser Aussage eine Übersicht über die Anzahl der privaten Unternehmen nach Rechtsform untergliedert hinzu, wird die Schieflage bei der Verteilung der Mitarbeiterkapitalbeteiligungsmodelle unter den einzelnen Rechtsformen deutlich.

Rechtsform	**Anzahl der Unternehmen**	
	1970	**2000**
EU	1.738.542	2.037.230
OHG	111.078	23.904
KG		133.972
GmbH	34.466	711.834
KGaA	2.484	184
AG		10.295
Sonstige	17.080	3.841
Gesamt	**1.903.650**	**2.921.260**

Abb. 15: Anzahl privater Unternehmen nach Rechtsformen[324]

322 Vgl. Hebig, M./Zacharias, E., Handbuch (1991), S. 30 f.

323 Laut NRW-Wirtschafts- und Arbeitsministerium haben mehr als 90 % der ca. 6.800 Betriebe, die Mitarbeiterkapitalbeteiligungsmodelle praktizieren, weniger als 250 Beschäftigte haben. Vgl. http://www.einkommen-der-zukunft.nrw.de (Stand: 07.07.05).

324 Zu den Angaben v. 1970 vgl. Küting, K., Unternehmen (1993), S. 62; v. 2000 vgl. DIHT/IHK (2000), wobei sich die Anzahl der Unternehmen nur auf HR-Firmen bezieht.

B. Relevante Rechtsgrundlagen der Mitarbeiterbeteiligung

Nachdem in den einzelnen Phasen der Entwicklungsgeschichte die sozio-kulturellen Hintergründe ausführlich beschrieben, die rechtlichen Rahmenbedingungen jedoch nur angedeutet wurden, sollen im folgenden knapp die bei der Einführung bzw. Durchführung von betrieblichen – und überbetrieblichen – (Erfolgs- und Kapital-) Beteiligungen von Mitarbeitern zu beachtenden Rechtsgrundlagen skizziert werden. Aufgrund einer fehlenden gesetzlichen Gesamtregelung werden dabei mehrere Rechtsbereiche tangiert. Die speziellen Förderkomponenten zur Mitarbeiterbeteiligung sollen dabei vorerst ausgegrenzt werden.

1. Arbeitsrechtliche Geltungsbereiche

In erster Linie gelten die arbeitsrechtlichen Rahmenbedingungen für die Erfolgsbeteiligung der Mitarbeiter. Rechtlich handelt es sich bei einer Erfolgsbeteiligung um eine mit dem Arbeitsverhältnis verbundene oder in engem Zusammenhang stehende Absprache. Speziell die arbeitsrechtlichen Nebenrechte, Verhaltensregeln und insbesondere Arbeitnehmer-Schutzbestimmungen erlangen deshalb bei der Durchführung von Beteiligungsvereinbarungen Geltung.[325] Falls die Mittelaufbringung einer Arbeitnehmerkapitalbeteiligung allerdings an Lohn- bzw. Gehaltsbestandteile gekoppelt ist und/oder aus einer investiven Erfolgsbeteiligung resultiert, müssen auch bei Kapitalbeteiligungen arbeitsrechtliche Normierungen berücksichtigt werden.[326] Die relevanten Bereiche sind in der nachfolgenden Übersicht dargestellt.

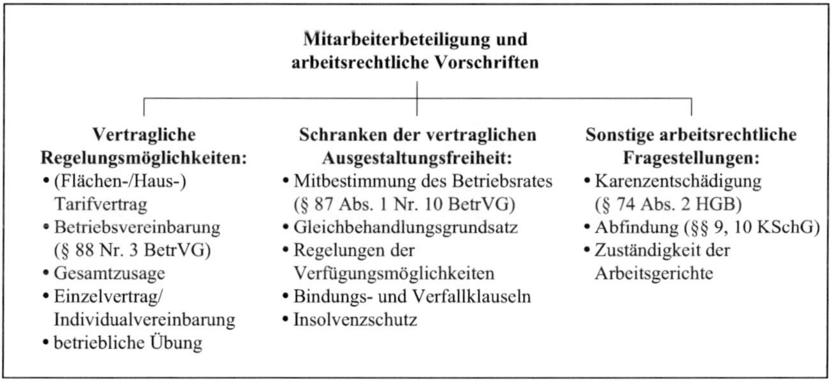

Abb. 16: Arbeitsrechtliche Problemkreise von Mitarbeiterbeteiligungsmodellen

325 Vgl. Esser, K., Arbeitsrechtliche Probleme (1977), S. 201.

326 Die Seite der Mittelverwendung betrifft hingegen das Gesellschaftsrecht und das allgemeine Zivilrecht (Aktien, GmbH-Anteile, stille Beteiligung, Arbeitnehmerdarlehen etc.).

Wie oft schon gefordert, könnte ein Mitarbeiterbeteiligungssystem durch Gesetz erzwungen werden, was in Deutschland bisher noch nicht stattgefunden hat. Vielmehr kommen für freiwillige Erfolgs- und Kapitalbeteiligungsmodelle – einer hierarchischen Rangfolge entsprechend – als erste Stufe nach dem Gesetz der (Flächen- oder Haus-)Tarifvertrag, danach die Betriebsvereinbarung oder die Gesamtzusage und schließlich die individualvertragliche Regelung im Einzelarbeitsvertrag sowie die betriebliche Übung in Frage.[327] Die Eignung der verschiedenen Rechtsquellen hängt von dem begünstigten Arbeitnehmerkreis ab. Tarifverträge eignen sich theoretisch für alle tarifgebundenen Arbeitnehmer, Betriebsvereinbarungen für Arbeitnehmer im Sinne des BetrVG in Betrieben mit Betriebsrat und Gesamtzusagen in solchen ohne Betriebsrat; Einzelvereinbarungen schließlich eignen sich hauptsächlich für Vorstände, Geschäftsführer und leitende Angestellte im Sinne des § 5 Abs. BetrVG, da einerseits für diesen Personenkreis keine Zuständigkeit des Betriebsrates gegeben ist und andererseits die Eignung für „normale" Arbeitnehmer insbesondere aufgrund der erforderlichen Anzahl an Vertragsänderungen ungünstig erscheint.[328]

Das Tarifrecht, das theoretisch Regelungen über die Einführung und inhaltliche Ausgestaltung von Mitarbeiterbeteiligungsmodellen beinhalten könnte, stellt sich derzeit hinsichtlich der Beteiligung von Arbeitnehmern am Erfolg als zu starr und hinsichtlich einer Kapitalbeteiligung als zu problematisch dar. Infolge dessen ist bislang noch keine Beteiligungsregelung in einem Flächentarifvertrag zustande gekommen.[329] Keine besonderen rechtlichen Probleme treten dagegen bei Beteiligungsregelungen über Haustarifverträge auf.[330]

Die in der Praxis wohl gebräuchlichste Regelung zur Erfolgs- und Kapitalbeteiligung von Mitarbeitern ist die Betriebsvereinbarung mit dem Betriebsrat gem. § 88 Nr. 3 BetrVG, wonach Maßnahmen zur Förderung der Vermögensbildung geregelt werden. Die Arbeitnehmer können dabei jedoch nicht zur Teilnahme gezwungen werden und weder der Arbeitgeber noch der Betriebsrat kann durch einseitigen Antrag eine Mitarbeiterbeteiligung herbeiführen. Da sich die betriebsverfassungsrechtliche Mitbestimmung gem. § 87 Abs. 1 Nr. 10 allerdings nur auf die Fragen der betrieblichen Lohngestaltung, der Einführung und der Anwendung neuer Entlohnungsmodelle – bezie-

---

327 Vgl. Esser, K., Arbeitsrechtliche Probleme (1977), S. 202.

328 Vgl. anstatt vieler Baeck, U./Diller, M., Probleme (DB 27-28/98), S. 1406 f.; Legerlotz, C./Laber, J., Grundlagen (DStR 40/99), S. 1658 ff.; Lembke, M., Ausgestaltung (BB 27-28/01), S. 1469; Loritz, K.-G., Vergütungen (AuA 7/97), S. 226 f.

329 Vgl. Legerlotz, C./Laber, J., Grundlagen (DStR 40/99), S. 1658; Wagner, K.-R., Kapitalbeteiligung (1999), S. 145 ff. Zu Grenzen tarifvertraglicher Regelungen vgl. Zöllner, W./Loritz, K.-G., Arbeitsrecht (1998), S. 196 ff. u. 427 ff. Für Lösungsansätze zur tarifvertraglichen Regelung von Erfolgsbeteiligungssystemen vgl. Loritz, K.-G., Koppelung (RdA 5/98), S.265 ff.; Loritz, K-G., Veränderungen (ZfA 3/00), S. 278 ff. m. w. N. Zur Produktivkapitalbeteiligung mittels tarifvertraglichen Regelungen vgl. Loritz, K.-G., Produktivvermögen (ZfA 4/98), S. 561 ff, insb. 565 ff.

330 Zu beachten ist lediglich die gem. § 4 Abs. 5 TVG nach dessen Kündigung geltende Nachwirkung.

hungsweise deren Änderung – erstreckt, darf es sich bei der Erfolgsbeteiligung nicht um „freiwillige additive Zusatzleistung" handeln. Denn diese steht nicht im Zusammenhang mit dem Grundlohn und fällt deshalb nicht in die Regelungskompetenz des Betriebsrates – und auch nicht des Tarifvertrages. Sie muss deshalb ein variabler Entgeltbestandteil im Sinne der Lohnflexibilisierung sein, um betriebliche Mitbestimmung aufleben zu lassen.[331]

Die Gesamtzusage ist vor allem im Bereich der betrieblichen Altersvorsorge entwickelt worden und kann auch bei der Einführung von Mitarbeiterbeteiligungen Verwendung finden.[332] Sie stellt eine einseitige, formfreie Erklärung des Arbeitgebers an die Belegschaft dar, in der über die Einführung betrieblicher Sozialleistungen, also auch von Mitarbeiterbeteiligungen informiert wird.[333] Da die Rechtsprechung Gesamtzusagen nach den Regelungen des Einzelarbeitsvertrags behandelt, ist hierdurch wiederum die oben angesprochene Problematik der additiven und substitutiven Erfolgsbeteiligung hinsichtlich der betriebsverfassungsrechtlichen Mitbestimmung zu berücksichtigen.[334] Bei einzelvertraglichen Regelungen werden mit jedem einzelnen Mitarbeiter Bestimmungen über die Beteiligungsmodalitäten abgeschlossen, die unmittelbarer Bestandteil des Arbeitsvertrages werden. Schließt der Arbeitgeber eine Vielzahl inhaltlich gleicher einzelvertraglicher Zusagen ab, liegt insgesamt eine kollektive Regelung vor, die wiederum Mitbestimmungsrechte des Betriebsrates eröffnen. Bei Individualvereinbarungen ist insbesondere der Geltungsbereich des Kündigungsschutzgesetzes zu berücksichtigen. Werden in der Gesamtzusage oder den einzelvertraglichen Zusagen keine Vereinbarungen über Beteiligungsansprüche in den Folgejahren getroffen, besteht die Gefahr der Entstehung einer betrieblichen Übung.[335]

Neben der betriebsverfassungsrechtlichen Mitbestimmungskompetenz muss der Arbeitgeber vor allem den Gleichbehandlungsgrundsatz bei der Abgrenzung des Berechtigtenkreises berücksichtigen.[336] Wesentlicher Bestandteil bei der Ausarbeitung von Kapitalbeteiligungsmodellen ist die Regelung der Verfügungsbeschränkungen im Sinne von Veräußerungssperrfristen, sowie die Festlegung von Verfall- und Bin-

331 Vgl. Wagner, K.-R., Kapitalbeteiligung (1999), S. 148 f.

332 Vgl. z. B. Baeck, U./Diller, M., Probleme (DB 27-28/98), S. 1405 f.

333 Vgl. Schaub, G./Koch, U./Link. R., Arbeitsrechtshandbuch (2002), S. 366 ff.

334 Vgl. Legerlotz, C./Laber, J., Grundlagen (DStR 40/99), S. 1660.

335 Der Abschluss separater Betriebsvereinbarungen in mehreren aufeinander folgenden Jahren erscheint deshalb sachdienlicher, da der Arbeitgeber durch die Wahl der Rechtsform Betriebsvereinbarung erkennen lässt, dass er sich nur im Rahmen der §§ 76, 77 BetrVG binden will. Vgl. Legerlotz, C./Laber, J., Grundlagen (DStR 40/99), S. 1660.

336 Zum Gleichbehandlungsgrundsatz vgl. statt aller Hanau, P., Grundlagen (1992), S. 967 ff. u. Kreßel, E., Entgelte (1992), S. 1032 ff. m. w. N.; zur Rechtsprechung vgl. BAG v. 17.02.98, 3 AZR 783/96, NZG 14/98, S. 762 ff.

dungsklauseln in Anbetracht des Anstellungsverhältnisses.[337] Vorkehrungen zum Insolvenzschutz sind nur im Falle des Mitarbeiterdarlehens zu treffen.[338] Ansonsten sind Erfolgs- und Kapitalbeteiligungen – anders als Versorgungszusagen im Rahmen einer betrieblichen Altersversorgung gem. § 7 BetrAVG – nicht insolvenzgeschützt.

Zu den weiteren arbeitsrechtlichen Problembereiche, die bisher völlig ungelöst sind und deshalb einen gewissen rechtlichen Unsicherheitsfaktor haben, zählen:[339] (a) die Berechnung der Karenzentschädigung gemäß § 74 Abs. 2 HGB oder einer Abfindung gemäß der §§ 9, 10 KSchG, (b) die Zuständigkeit der (Arbeits-)Gerichte bei (i) Streitigkeiten aus Verkäufen von Mitarbeiterkapitalbeteiligungen, (ii) dem Geltungsbereich des AGB bei Individualvereinbarungen oder Gesamtzusagen sowie (iii) der Gültigkeit der Verrechnung des Kaufpreises von Kapitalbeteiligungen mit zukünftigen Gehaltsansprüchen hinsichtlich der §§ 115, 117 GewO.

2. Handels- und gesellschaftsrechtliche Rechtsgrundlagen

Je nach Maßgröße der Erfolgsbeteiligung kommen den Arbeitnehmern, dem Betriebsrat oder einem zu diesem Zweck gegründetem Ausschuss Einsichtsrechte zu, die ansonsten nur Gesellschaftern zustehen. Hierbei sind je nach Definition der Erfolgsgröße bilanzielle und gesellschaftsrechtliche Fragen zu klären.[340] Ist im Rahmen des Beteiligungsmodells eine Kapitalbeteiligung der Mitarbeiter vorgesehen, stehen ihnen insbesondere bei Beteiligungsformen mit Eigenkapitalcharakter die sich aus den entsprechenden gesellschaftsrechtlichen Vorschriften ergebenden Informations-, Kontroll- und Stimmrechte zu, die jedoch von der konkreten Vertragsausgestaltung abhängen und deshalb in Art und Umfang variieren können.[341] Für die beteiligten Mit-

---

337 Vgl. Baeck, U./Diller, M., Probleme (DB 27-28/98), S. 1407 ff.; Legerlotz, C./Laber, J., Grundlagen (DStR 40/99), S. 1663 ff.

338 Nach dem sog. Werksparkassenverbot gem. § 3 Abs. 1 KWG ist ein Einlagegeschäft mit Betriebsangehörigen verboten. Eine Kompromisslösung mit dem Bundesaufsichtsamt für Kreditwesen ermöglichte die Kapitalbeteiligung von Mitarbeitern in Form von Mitarbeiter-Darlehen, die dann allerdings bankbürgschaftlich abgesichert sein müssen. Als Ausnahme gilt, wenn die Mittel für das Darlehen alleine von Unternehmensseite (z. B. durch Investition der Beträge aus einer freiwilligen additiven Erfolgsbeteiligung) aufgebracht werden.

339 Vgl. Baeck, U./Diller, M., Probleme (DB 27-28/98), S. 1412 m. w. N.

340 Vgl. Loritz, K.-G., Vergütungen (AuA 7/97), S. 226; Loritz, K.-G., Koppelung (RdA 5/98), S. 259 f., 262 f. Generelle Rechtsgrundlage für einen gesetzlichen Informations- und Auskunftsanspruch ist § 82 Abs. 2 BetrVG, der Arbeitnehmern aber lediglich die Erläuterung der Berechnung und Zusammensetzung seines Arbeitsentgelts zusichert, nicht jedoch der Offenlegung der unternehmerischen Daten. Dieser Auskunftsanspruch scheint in bestimmten Fällen aus § 242 BGB grundsätzlich anerkannt. LORITZ fasst das Ergebnis der umfangreichen Diskussion wie folgt zusammen: „Ein Arbeitgeber, der erfolgsabhängige Vergütungen vereinbart, ist verpflichtet, die Grundlagen hierfür offen zulegen, soweit die Arbeitnehmer hieran ein berechtigtes Interesse haben.“; Loritz, K.-G., Koppelung (RdA 5/98), S. 259.

341 Vgl. für die entsprechenden gesellschaftsrechtlichen Vorschriften je Beteiligungsform Punkt II.D.2 und Punkt II.D.3.

arbeiter entsteht infolge der Kapitalbeteiligung zusätzlich zum bisher bestehenden Arbeitsverhältnis ein Gesellschafterverhältnis.

Die gesellschaftsrechtlichen Vorschriften bilden allerdings nicht nur die Rahmenbedingungen für die erwähnten Rechte der Mitarbeiter, sondern enthalten auch wichtige Bestimmungen, die handels- beziehungsweise gesellschaftsrechtliche Grenzen für die Beteiligung der Arbeitnehmer darstellen. Insbesondere sind hierbei die Vorschriften zum Ein- und Austritt in das Gesellschaftsverhältnis sowie zur Haftungsfortdauer nach dem Ausscheiden des Gesellschaftsverhältnisses zu nennen.[342] Die möglichen Beteiligungsformen werden dadurch maßgeblich in ihrer Eigenschaft als Instrument zur Arbeitnehmerkapitalbeteiligung beeinflusst. Bestehende Hürden wurden aber bisher nur durch das Gesetz zur Kontrolle und Transparenz im Unternehmensbereich[343] für die Beteiligung von Führungskräften in Aktiengesellschaften beseitigt. So wurden die Möglichkeit einer bedingten Kapitalerhöhung und der Erwerb eigener Aktien erweitert,[344] die übrigen zivilrechtlichen Rahmenbedingungen blieben jedoch unverändert.

Grundsätzlich stehen der Beteiligung von Mitarbeitern folgende Beteiligungsformen offen.

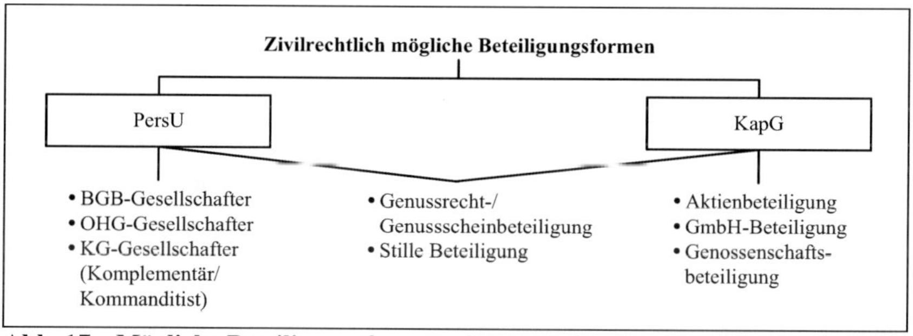

Abb. 17: Mögliche Beteiligungsformen einer Arbeitnehmer-Kapitalbeteiligung in Deutschland

Die optimale Beteiligungsform zur Kapitalbeteiligung von Mitarbeitern hängt nicht ausschließlich von den Interessen der Beteiligten ab, die entsprechend ihrer verfolgten Zielvorstellungen hinsichtlich Haftung, Kontroll- und Mitspracherechte, Gewinn-

---

342 Zu den einzelnen Problembereichen der jeweiligen Beteiligungsform vgl. Kemmerich, E., Beteiligung (1989), S. 30 ff.; Wagner, K.-R., Massenkommanditgesellschaft (1985).

343 KonTraG v. 27.04.98, BGBl. I 1998, S. 786 ff.

344 Die bedingte Kapitalerhöhung ist in den §§ 192 Abs. 2 Nr. 3 u. 193 Abs. 2 Nr. 4 AktG geregelt. Der Erwerb eigener Aktien in den §§ 71 ff. AktG. Vgl. zur Mitarbeiterbeteiligung seit Einführung des KonTraG Feddersen, D./Pohl, M., Mitarbeiterbeteiligung (AG 1/01), S. 26 ff. Zu Einzelheiten über die Beschaffung der notwendigen Aktien eines Beteiligungsprogramms vgl. Egner, T., Vergütungsmodelle (2002), S. 47 ff. u. 60 ff.

(und Verlust-)beteiligung, Beendigung des Beteiligungsverhältnisses und Fungibilität der Beteiligung eine möglichst individuell zugeschnittene Arbeitnehmerbeteiligung auszugestalten versuchen. Das deutsche Handels- und Gesellschaftsrecht bietet dabei zwar eine große Bandbreite an Beteiligungsformen, allerdings werden die zur Auswahl stehenden Beteiligungsformen durch entsprechende Rechtsformvorschriften maßgeblich beschränkt. Von vornherein scheidet eine Beteiligung von Mitarbeitern als Einzelunternehmer generell aus. Bei der weiteren Zweckmäßigkeit einer Beteiligungsform ist zwischen einer Beteiligung von Führungskräften und der gesamten Belegschaft zu unterscheiden.

- Eine Beteiligung als OHG-Gesellschafter oder als Komplementär einer KG ist vornehmlich wegen dem Moment der „unbeschränkten persönlichen Haftung" auf die **Beteiligung von Führungskräften**, insbesondere im Rahmen einer Unternehmensnachfolge, beschränkt.[345] Die Beteiligung als GmbH-Gesellschafter ist wegen der vom Gesetzgeber angenommen dauerhaften Mitgliedschaft hinsichtlich ihrer Fungibilität durch die gesetzlichen Vorschriften stark beeinträchtigt, weshalb sie sich fast ausschließlich für Modelle zur Beteiligung von Führungskräften eignet.[346]

- Für eine **Beteiligung der Belegschaft** lassen die handels- und gesellschaftsrechtlichen Rahmenbedingungen insbesondere die rechtsformabhängigen Beteiligungsformen Aktien-, Genossenschafts- und Kommanditbeteiligung sowie die rechtsformunabhängigen Beteiligungsformen der stillen Beteiligung und einer Beteiligung über Genussrechte beziehungsweise Genussscheine als geeignet erscheinen.[347] In diesem Zusammenhang darf nicht unerwähnt bleiben, dass neben den gesellschaftsrechtlichen auch die schuldrechtlichen Formen des Mitarbeiterdarlehens und der (Mitarbeiter-)Schuldverschreibung zur Verfügung stehen.

---

345 Vgl. Schneider, H. J./ Zander, E., Erfolgs- und Kapitalbeteiligung (2001), S. 149.

346 So ist zum Beispiel eine notarielle Beurkundung der Übertragung erforderlich. Zu näheren Erläuterungen über Problematik der Begründung und Beendigung von GmbH-Beteiligungsverhältnissen im Rahmen von Mitarbeiterbeteiligungsmodellen vgl. Schwetzler, B., Mitarbeiterbeteiligung (1989), S. 141 f.

347 Die Belegschaftsaktie ist keine gesellschaftsrechtlich eigenständige Aktienart, sondern ist der regulären Nennbetrags- oder Stückaktie mit ihren verschiedenen Ausprägungen ebenbürtig, die abschließend im Aktiengesetz geregelt sind. Die dem (Belegschafts-)Aktionär erwachsenden Verwaltungs- und Vermögensrechte sowie seine Pflichten werden ebenfalls im Aktiengesetz geregelt. Rechte und Pflichten des GmbH-Gesellschafters ergeben sich aus dem GmbH-Gesetz und sind im wesentlichen analog zu den Vorschriften des AktG. Darüber hinaus können weitere Rechte und Pflichten in der Satzung geregelt werden. Für eine ausführliche Diskussion der rechtsformbedingten Grenzen einer eigenkapitalmäßigen Mitarbeiterbeteiligung vgl. anstatt vieler Kemmerich, E., Beteiligung (1989), S. 28 ff.

3. Steuer- und Sozialversicherungsrechtliche Rahmenbedingungen

a) Überblick

Die steuer- und sozialversicherungsrechtlichen Aspekte beeinflussen in besonderem Maße die Eignung der unterschiedlichen Beteiligungsmodelle und dementsprechend die Verbreitung derselben. Ausschlaggebend sind hierbei die finanzwirtschaftlichen Auswirkungen durch die so genannten Betriebsausgaben-, Steuerstundungs- und Splitting- bzw. Steuerspareffekte.[348]

Grundsätzlich ist bei der Besteuerung zwischen der steuerlichen Behandlung von Einnahmen aus einer Erfolgs- und aus einer Kapitalbeteiligung zu unterscheiden, auch wenn infolge einer investiven Erfolgsbeteiligung die Erfolgs- mit einer direkten, einer indirekten oder überbetrieblichen Kapitalbeteiligung verknüpft ist.[349]

aa) Arbeitseinkünfte

Die Zuwendungen des Arbeitgebers aus einer Erfolgsbeteiligung stellen gemäß § 2 LStDV steuerlich Arbeitslohn dar, da sie dem Arbeitnehmer aus dem Dienstverhältnis zufließen. Dieser hat die entsprechenden Einnahmen als Einkünfte aus nichtselbständiger Arbeit nach § 2 Abs. 3 Nr. 4 EStG und § 19 EStG zu versteuern. Darüber hinaus sind für den Arbeitslohn Sozialversicherungsbeiträge zu leisten, die je zur Hälfte vom Arbeitgeber und vom Arbeitnehmer getragen werden.[350] Für das Beteiligungsunternehmen sind diese – betrieblich veranlassten – Beträge in der einkommen- oder körperschaftsteuerlichen Gewinnermittlung als Betriebsausgabe abzugsfähig. Das Unternehmen hat für jeden Arbeitnehmer nach dessen persönlichen Verhältnissen die anteilige Lohnsteuer- und Sozialabgabenbelastung zu berechnen und die entsprechenden Beträge an die zuständigen Stellen abzuführen. Unter bestimmten Umständen ist auch eine aufwandsreduzierende Lohnsteuerpauschalierung möglich.[351] Die Erfolgsanteile unterliegen außerdem nicht der Hinzurechnungsvorschrift des § 8 GewStG und erhöhen somit nicht den Gewerbeertrag des Beteiligungsunternehmens. Weniger eindeutig als die steuerliche Zuordnung der Arbeitseinkünfte zu dieser so genannten Über-

---

348 Vgl. hierzu Punkt II.C.1.b) des ersten Teils der Arbeit, S. 35 ff.

349 Diese Trennung erfolgt aufgrund der synthetischen Einkommensermittlung, nach der die Einkünfte je nach Einkunftsart separat ermittelt werden. Zum synthetischen Einkommensbegriff vgl. Lang, J., Einkommensteuer (2002), § 9, Rz. 1 ff. m. w. N.

350 Das Arbeitsentgelt bildet die Bemessungsgrundlage der Beiträge zur Kranken-, Renten- und Arbeitslosenversicherung (vgl. § 14 SGB IV). Da der Erfolgsanteil des Arbeitnehmers Arbeitsentgelt darstellt, ist es in vollem Umfang sozialversicherungspflichtig. Nach § 109 ff. AVG und den §§ 380 ff., 1382 RVO sind die Sozialversicherungsbeiträge grundsätzlich vom Arbeitgeber und dem Versicherten gemeinsam je zur Hälfte aufzubringen.

351 § 40 EStG regelt die Bedingungen, nach denen dem Arbeitgeber eine Lohnsteuerpauschalierung ermöglicht wird. Die Lohnsteuerpauschalierung ändert allerdings nichts an der grundsätzlichen Sozialversicherungspflicht der Erfolgsanteile.

schusseinkunftsart ist die Bestimmung des Besteuerungszeitpunktes, die auf dem Zuflussprinzip basiert,[352] und die von der Verwendung des Erfolgsanteils abhängt.

bb) Kapitaleinkünfte

Bei der Besteuerung von Einnahmen aus Arbeitnehmerkapitalbeteiligungen ist einerseits die steuerliche Qualifikation von Eigen- oder Fremdkapital hinsichtlich der Steuereffekte von Belang. Denn auf Unternehmensseite ist der „Beteiligungsaufwand" einer Fremdkapitalbeteiligung in der Regel als Betriebsausgabe abzugsfähig. Der größere Belastungsunterschied ergibt sich jedoch aus der Zuordnung der Einnahmen aus Eigenkapitalbeteiligungen zu den Gewinn- oder Überschusseinkünften. „Verantwortlich" hierfür ist die rechtsformabhängige Ertragsbesteuerung in Deutschland, die Personenunternehmen nach dem Integrationssystem und Kapitalgesellschaften nach dem Trennsystem besteuert. Der aus der unterschiedlichen Behandlung resultierende Effekt wird erst deutlich, wenn man sowohl die Unternehmens- als auch die Eigentümerebene in die Steuerbetrachtung mit einbezieht, wie es der nachfolgenden Abbildung zu entnehmen ist.

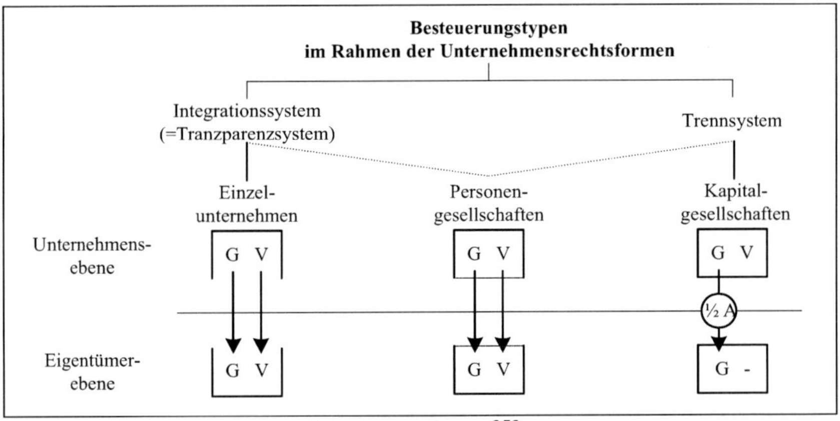

Abb. 18: Besteuerungstypen für Unternehmen[353]

Die Einkommensbesteuerung bei Einzelunternehmen erfolgt aufgrund zivilrechtlich (weitgehend) fehlender rechtlicher Eigenständigkeit nach dem Transparenzprinzip,[354] wonach die auf Unternehmensebene ermittelten Erfolge direkt dem Eigentümer zuge-

352 Zum Zuflussprinzip vgl. anstatt vieler Lang, J., Einkommensteuer (2002), § 9, Rz. 58 ff. m. w. N.

353 In Anlehnung an Sigloch, J., Grundlagen (2001), S. 753.

354 Durch die Unternehmensteuerreform 2008 wird die klassische Besteuerung von Personenunternehmen zwar in mehrfacher Hinsicht geändert, aber Personenunternehmen werden auch künftig im Rahmen des Transparenzprinzips besteuert. Vgl. hierzu Ernst & Young/BDI, Unternehmensteuerreform 2008 (2007), S. 8 f.

rechnet und dort im Rahmen von § 15 EStG als Einkünfte aus Gewerbebetrieb versteuert werden.[355] Infolge einer eigenen Rechtspersönlichkeit findet das Trennprinzip bei der Einkommensbesteuerung von Kapitalgesellschaften Anwendung. Derzeit werden sowohl zu thesaurierende als auch auszuschüttende Gewinne auf Unternehmensebene der 25%-igen Körperschaftsteuer unterworfen.[356] Darüber hinaus sind Gewinnausschüttungen beim Eigentümer – um eine Doppelbesteuerung zu vermeiden – nach dem Halbeinkünfteverfahren[357] als Einkünfte aus Kapitalvermögen gemäß § 20 EStG zu versteuern.[358] Im Rahmen des Trennprinzips werden zivilrechtlich wirksame Verträge zwischen Gesellschaft und Gesellschafter steuerrechtlich ebenfalls anerkannt, was insbesondere bei Mitarbeiterbeteiligungen hohe Bedeutung erlangt.

Dies zeigt sich bei der Besteuerung von Personengesellschaften, denen insoweit eine gewisse Halbrechtsfähigkeit zugestanden wird, als sie mit ihren Gesellschaftern zivilrechtlich wirksame Verträge abschließen können. Sie wird aber trotzdem nach dem Transparenzprinzip besteuert, wonach der erwirtschaftete Gewinn wie bei der Einzelunternehmung nicht auf Unternehmensebene besteuert, sondern direkt anteilig den Gesellschaftern zugerechnet wird.[359] Ausfluss des Transparenzprinzips ist zudem, dass aufgrund zivilrechtlicher Verträge geleistete Vergütungen an den Gesellschafter gemäß § 15 Abs. 1 Nr. 2 EStG ebenfalls als Einkünfte aus Gewerbebetrieb der Besteuerung unterliegen.

Von dieser Differenzierung unberührt ist die Gewerbeertragsbesteuerung. Die Erhebung der Gewerbesteuer erfolgt sowohl bei Personenunternehmen als auch bei Kapitalgesellschaften auf Unternehmensebene.

cc) Veräußerungsgewinne

Neben diesen Unterschieden bei der Gewinnbesteuerung ergeben sich weitere steuerliche Folgen bei der Auflösung der Arbeitnehmerkapitaleinlage und bei der Veräußerung der Mitarbeiterkapitalbeteiligung. Werden dem Mitarbeiter-Gesellschafter Beträge zurückbezahlt, die den Einlagebetrag der Kapitalbeteiligung übersteigen, wer-

---

355 Vgl. Sigloch, J., Finanzierung (2001), S. 420.

356 Gem. § 23 Abs. 1 KStG wird am dem Veranlagungszeitraum der Körperschaftsteuersatz von 25% auf 15% gesenkt. Vgl. hierzu Ernst & Young/BDI, Unternehmensteuerreform 2008 (2007), S. 71.

357 Zum Halbeinkünfteverfahren vgl. anstatt vieler Sigloch, J., Unternehmenssteuerreform (StuW 2/00), S. 164 ff. Vgl. auch die Ausführungen zur Besteuerung von Aktien- und GmbH-Beteiligungen weiter unten, S. 103.

358 Ab dem Veranlagungszeitraum 2009 gilt die so genannte Abgeltungssteuer. Nach § 32d Abs. 6 EStG werden dann Dividenen in vollem Umfang dem 25%-igen Abgeltungssteuersatz zuzüglich Solidaritätszuschlag besteuert. Vgl. hierzu Ernst & Young/BDI, Unternehmensteuerreform 2008 (2007), S. 79 f. Zu weiteren technisch möglichen Durchführungswegen im Rahmen des Trennprinzips vgl. Sigloch, J., Unternehmensbesteuerung (2001), S. 47 f.

359 Vgl. Sigloch, J., Grundlagen (2001), S. 754.

den diese in der Regel als steuerpflichtige Einnahmen behandelt, auf die unter Umständen eine Steuervergünstigung[360] gewährt wird. Im Falle der Veräußerung der Mitarbeiterkapitalbeteiligung ist ein Veräußerungsgewinn generell steuerfrei. Er ist nur dann steuerpflichtig, wenn die Voraussetzungen eines privaten Veräußerungsgeschäftes gemäß § 23 EStG vorliegen oder der beteiligte Mitarbeiter als Mitunternehmer nach § 15 Abs. 1 Nr. 2 EStG anzusehen ist.[361]

Schließlich ist der Vollständigkeit halber noch die Erbschaft- und Schenkungsteuer zu nennen, die aufgrund des relativ hohen Freibetrags[362] von 256.000 € allerdings nur äußerst selten bei Mitarbeiterkapitalbeteiligungen zur Anwendung kommen dürfte.[363]

dd) Zwischenergebnis

Die ertragsteuerliche Problematik der Beteiligungsmodelle beim Begünstigten ist bei Einlage-Rückzahlungen und Veräußerungen an Dritte relativ eindeutig und lässt sich deshalb vereinfacht auf die Fragen

- nach dem steuerlichen Zuflusszeitpunkt bei Erfolgsbeteiligungen sowie die
- nach der steuerlichen Zuordnung der Erträge der Kapitalbeteiligung der Mitarbeiter hinsichtlich ihrer Einkunftsart

reduzieren. Diese Problembereiche sollen nun in den nachfolgenden Abschnitten vertieft werden.

b) Steuerliche Erfassung verschiedener Formen der Erfolgsbeteiligung

aa) Überblick

Die Fälligkeit der Lohnsteuer hängt gemäß § 38 Abs. 2 EStG vom Zuflusszeitpunkt des Arbeitslohns an den Arbeitnehmer ab. In der Rechtsprechung wird dieser Zeitpunkt in Erweiterung dazu beim Übergang der wirtschaftlichen Verfügungsmacht der

360 Entweder ist die Anwendung der „Fünftelungsregel“ gem. § 34 Abs. 1 u. 2 EStG oder der „½-Ø-Steuersatz“ gem. § 34 Abs. 3 EStG möglich.

361 Mit der Einführung der Abgeltungssteuer werden ab Veranlagungszeitraum 2009 Veräußerungsgewinne von Anteilen an Kapitalgesellschaften unabhängig von der Haltedauer steuerpflichtig. Der einheitliche Steuersatz beträgt 25% und gilt für Anteile, die nach dem 31.12.2008 angeschafft wurden. Vgl. hierzu Ernst & Young/BDI, Unternehmensteuerreform 2008 (2007), S. 85 f.

362 Vgl. § 13a Abs. 1 ErbStG.

363 Die Erbschaftsteuer wirft nur im Falle einer Unternehmensnachfolge durch ein MBO oder ein BBO schwerwiegende Probleme auf. Vgl. hierzu Wagner, K.-R., Kapitalbeteiligung (1999), S. 102. Hierauf soll im folgenden nicht weiter eingegangen werden.

Geldmittel vom Unternehmen auf den Arbeitnehmer angenommen.[364] Dieser Übergangszeitpunkt ist anhand von Kriterien, die der BFH zur Festigung der Rechtssicherheit erarbeitet hat,[365] für die – vertraglich festgelegten – Verwendungsalternativen der den Mitarbeitern zustehenden Erfolganteile zu ermitteln. Eine Zusammenfassung dieser Kriterien sollen die nachfolgenden „positiv formulierten“ Leitsätze wiedergeben, wobei jedes einzelne Kriterium zu einem sofortigen Zuflusszeitpunkt führt:[366]

- Entstehung eines gesellschaftsrechtlichen Verhältnisses oder einer Darlehensforderung des Arbeitnehmers.
- Wahlmöglichkeit der Arbeitnehmer über Verwendungsalternativen (bereits bei Verhandlungen über vertragliche Ausgestaltung) gegeben.
- Kapitalverzinsung ist relativ hoch.[367]
- Dem Arbeitnehmer ist eine Beleihbarkeit, Übertragungsmöglichkeit oder Unverfallbarkeit des Anspruchs auf den nicht-ausbezahlten Erfolgsanteil eingeräumt worden.

Ein die Besteuerung auslösender Zufluss wird vom Bundesfinanzhof also nicht erst bei tatsächlichem Zufluss der Erfolgsanteile angenommen. Als auslösendes Merkmal genügt die erstmalige Verfügungsmöglichkeit über die Geldmittel, die zum Zeitpunkt des Übergangs der wirtschaftlichen Verfügungsmacht gegeben ist.[368]

bb) Besteuerungszeitpunkte verschiedener Ausgestaltungsalternativen

Für die verschiedenen Ausgestaltungsalternativen der Mitarbeiterbeteiligungsmodelle hinsichtlich ihrer Verwendung der Erfolgsbeiträge wurde durch das Urteil des Bundesfinanzhofs vom 14.05.82 der Grundsatz für die steuerliche Auslegung der Zuflusszeitpunkte gelegt.[369] Welcher steuerlichen Einordnung die grundsätzlichen Ausgestaltungsalternativen der Erfolgsbeteiligung aufgrund der Leitsätze unterliegen könn(t)en, soll im folgenden dargestellt werden. Dabei gibt nachfolgende Abbildung

---

364 Vgl. hierzu BFH-Urteil v. 21.07.76, I R 147/74, BStBl. II 1977, S. 46 ff.; BFH-Urteil v. 21.10.81, I R 230/78, BStBl. II 1982, S. 139 ff.; ; BFH-Urteil v. 11.12.90, VII R 85/88, BStBl. II 1991, S. 282 ff.; BFH-Urteil v. 17.11.92, VII R 13/92, BStBl. II 1993, S. 471 ff.

365 BFH-Urteil v. 14.05.82, VI R 124/77, BStBl. II 1982, S. 469 ff.; vgl. auch anstatt vieler Schwetzler, B., Mitarbeiterbeteiligung (1989), S. 40 ff.

366 Vgl. Guski, H.-G., Mitarbeiterbeteiligung (2001), S. 4 f.

367 Die im Vergleich zum Kapitalmarktzins relativ hohe Zinszahlungen gelten nicht mehr als „Entgelte für die hinausgeschobene Fälligkeit“, sondern für die „Zurverfügungstellung von Kapital“. Sie spiegeln somit nicht das Interesse der Arbeitgeber, sondern eher der Arbeitnehmer wider.

368 BFH-Urteil v. 14.05.82, VI R 124/77, BStBl. II 1982, S. 472.

369 Das damalige Urteil bezog sich auf ein Beteiligungsmodell, bei dem die Erfolgsanteile ohne Wahlrecht zu einem Mitarbeiterguthaben führte, das nach 10 Jahren entweder bar ausbezahlt oder anteilig in eine stille Beteiligung am arbeitgebenden Unternehmen umgewandelt werden konnte.

lediglich einen Überblick über die steuerliche Einordnung jeweils einer einfachen Ausgestaltungsalternative.

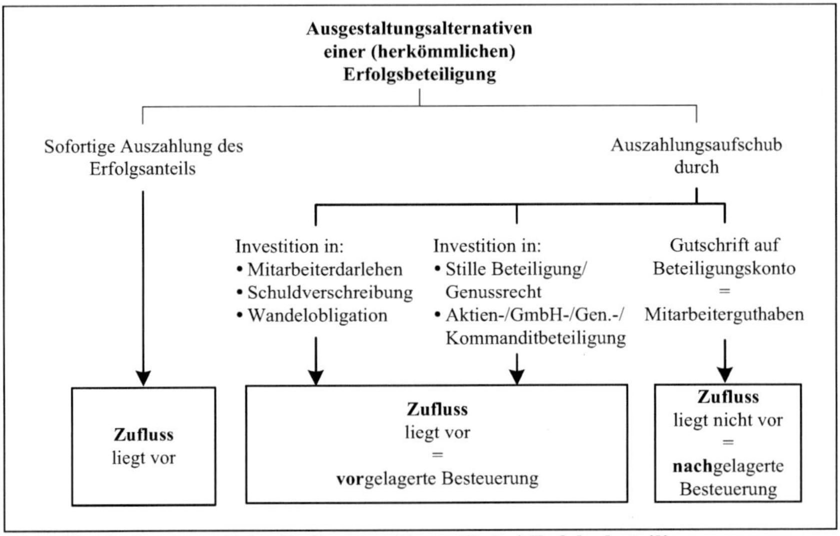

Abb. 19: Lohnsteuerliche Zuflussproblematik bei Erfolgsbeteiligung

Ist ein Erfolgsbeteiligungsmodell so ausgestaltet, dass dem Mitarbeiter sofort nach Ermittlung der Erfolgsgröße[370] die Geldmittel bar ausbezahlt oder auf seinem Gehaltskonto gutgeschrieben werden, wird der Zufluss zu diesem Zeitpunkt angenommen. Bei Erfolgszahlungen aus virtuellen Beteiligungen ist unter bestimmten Ausgestaltungsanforderungen eine Tarifermäßigung nach § 34 EStG möglich.[371]

Werden die – als erste Komponente zu bezeichnenden – Erfolgsanteile nicht sofort ausbezahlt oder überwiesen, sondern wird damit eine zweite Komponente des Beteiligungsmodells „gespeist", indem mit den nicht abgeflossenen Mitteln eine Mitarbeiterkapitalbeteiligung[372] begründet wird, gelten die entsprechenden Beträge ebenfalls

---

[370] Bei Ertrags-, Gewinn- oder Leistungsbeteiligung wird die Erfolgsgröße i. d. R. jährlich oder aber unterjährig ermittelt. Bei virtuellen Beteiligungen kann dies erst nach einem Mehrjahreszeitraum erfolgen.

[371] Vgl. Zinser, T./Schimfpky, P., Stock Options (2000), S. 23 ff. Zur Besteuerung von virtuellen Beteiligungen bei anderen als zur Arbeitnehmergruppe zählenden Begünstigten vgl. Egner, T., Vergütungsmodelle (2002), S. 233 ff. u. S. 235 ff.

[372] Zum Beispiel eine Aktien-, GmbH-, Genossenschafts-, Kommandit- oder stille Beteiligung, eine Beteiligung über Genussrechte oder ein Mitarbeiterdarlehen.

als zugeflossen, obwohl dem Arbeitnehmer direkt bar nichts zufließt.[373] Dabei hat ein vertraglicher Ausschluss der Wahlmöglichkeit über die Mittelverwendung, die Beleihbarkeit, die Übertragungsmöglichkeit oder die Unverfallbarkeit der Kapitalbeteiligung ebenso wie die Zinshöhe bei Mitarbeiterdarlehen keinen Einfluss auf die Annahme des sofortigen Zuflusszeitpunktes.

Einzige Verwendungsalternative der einbehaltenen Geldmittel, bei der kein lohnsteuerlicher Zufluss beim Arbeitnehmer angenommen wird, ist die investive Verwendung als Mitarbeiterguthaben. Dabei müssen allerdings die Kriterien des Bundesfinanzhofs erfüllt sein. Es kommt somit zu keiner gesellschafts- oder schuldrechtlichen Beteiligung des Mitarbeiters. Er darf zu keinem Zeitpunkt eine Wahlmöglichkeit über die Mittelverwendung gehabt haben, das Guthaben wird gar nicht oder nur sehr gering verzinst und der Arbeitnehmer kann diese Beträge nicht beleihen oder an Dritte übertragen und kann keinen Unverfallbarkeitsanspruch geltend machen. Möglich sind auch Kombinationen aus Investivbindung und sofortiger Auszahlung, wobei es unter Beachtung der BFH-Kriterien nur dann zu keinem besteuerungsauslösenden Zufluss kommt, wenn die investive Bindung mittels Mitarbeiterguthaben erfolgt.

Bei einer investiven Erfolgsbeteiligung kommt es also nur dann nicht zum Zufluss, wenn die nicht ausbezahlten Geldmittel als Mitarbeiterguthaben unter den genannten Umständen im Unternehmen verbleiben. Da allerdings die erfolgsabhängige Entlohnungsvariante „Arbeitnehmeroptionsprogramm“ (Stock Options) ebenfalls unter die Begriffsdefinition der investiven Erfolgsbeteiligung subsumiert werden kann, müsste eine steuerliche Einordnung entsprechend der diesbezüglichen BFH-Kriterien möglich sein. Die Vorgehensweise wird in einer gesonderten Betrachtung erläutert.[374]

cc) Stock Options - ein Sonderfall einer Erfolgsbeteiligung?

Generell gilt bei Stock Options – und auch bei Stock Appreciation Rights – dieselbe lohnsteuerliche Zuflussproblematik wie bei den traditionellen investiven Erfolgsbeteiligungsmodellen. So sind bei Arbeitnehmeroptionsplänen die geldwerten Vermögensvorteile ebenfalls als Einkünfte aus nichtselbständiger Tätigkeit gemäß § 19 Abs. 1 EStG zu versteuern, wobei sich der steuerliche Zufluss an die Voraussetzung knüpft, dass es zu einer objektiven Vermögensmehrung des Begünstigten kommt, über die er zudem verfügen kann.[375] Außerdem können diese möglicherweise einer Tarifermäßi-

---

373 Zu Problemen bei der Ermittlung des steuerpflichtigen Vermögensvorteils aufgrund von Kursschwankungen zwischen Beschlusstag und Überlassung der Kapitalbeteiligung vgl. Egner, T., Vergütungsmodelle (2002), S. 231 ff.

374 Zu Einzelheiten der steuerlichen Wirkungen von Aktienoptionen auf Unternehmens- und Gesellschafterebene vgl. Egner, T., Vergütungsmodelle (2002), S. 204 ff.

375 Vgl. Pflügler, H., Kommentierung (2002), Rz. 110 ff.

gung nach § 34 EStG unterworfen werden.[376] Die Besteuerung hängt neben der ausschlaggebenden zeitlichen Besteuerungskomponente noch von der Bewertungskomponente ab.[377]

Der Bundesfinanzhof[378] sieht im Zusammenhang mit Stock Options[379] den Vermögensvorteil dann als steuerlich zugeflossen, wenn auf den Begünstigten die wirtschaftliche Verfügungsmacht übergeht, also wenn er die Mitarbeiteroptionen entweder veräußern oder ausüben kann.[380] Konkret orientiert sich die Rechtssprechung – und die Finanzverwaltung – an der Unterscheidung zwischen

- **handelbaren Optionen**, bei denen ein die Besteuerung auslösender Zufluss durch die Nutzungsmöglichkeit im Zeitpunkt der Einräumung angenommen wird (Anfangsbesteuerung), und
- **nicht handelbaren Optionen**, bei der ein Lohnzufluss erst bei Ausübung steuerlich erfasst wird (Endbesteuerung).

Der Zielsetzung von Mitarbeiter(kapital)beteiligungsprogrammen entsprechend werden in der Praxis bei Arbeitnehmeroptionsprogrammen generell nicht handelbare Optionen verwendet, die somit erst bei Ausübung als Einkünfte aus nichtselbständiger Arbeit zu versteuern sind.[381] Künftige Vermögensvorteile, die der Begünstigte aus der Veräußerung der erhaltenen Aktien erzielt, lösen nur im Falle privater Veräußerungsgeschäfte gemäß § 23 Abs. 2 EStG, also bei Veräußerung innerhalb eines Ka-

---

376 Bzgl. Stock Options als geldwerte Güter vgl. Portner, R., Sachbezug (DB 5/02), S. 236. Eine Qualifizierung der Stock Options als Sonstigen Einkünfte gem. § 22 Nr. § EStG, wie es Portner sah, ist allerdings abzulehnen; vgl. Portner, R., Mitarbeiter-Optionen (DStR 21/97), S. 787 f. Zur Anwendung des § 34 EStG vgl. Egner, T., Vergütungsmodelle (2002), S. 260 ff.

377 Vgl. Zinser, T./Schimfpky, P., Stock Options (2000), S. 26 ff. EGNER unterteilt die Problembereiche der Besteuerung von Stock Options explizit in fünf Teilprobleme (Einkunftsart, Einkommensart, zeitliche Komponente, Bewertungskomponente u. tarifl. Bestimmungen); vgl. Egner, T., Vergütungsmodelle (2002), S. 236. In der vorliegenden Untersuchung ist wegen der Beschränkung des Begünstigtenkreises auf Arbeitnehmer hauptsächlich die zeitliche Komponente von Bedeutung.

378 Bzgl. nicht handelbaren Optionen vgl. BFH-Urteil v. 10.03.72, VI R 278/68, BStBl. II 1972, S. 596 ff.; BFH-Urteil v. 23.07.1999, VI B 116/99, DB 38/99, S. 1932 f.; BFH-Urteil v. 24.01.01, I R 119/98, BFH/NV 2001, S. 968 ff.; BFH-Urteil v. 20.06.01, VI R 105/99, BStBl. II 2001, S. 689 f.; zu handelbaren Optionen ergingen folgende Urteile: BFH/NV 1986, S. 306; offen gelassen im BFH-Urteil v. 23.07.1999, VI B 116/99, DB 38/99, S. 1932 f.

379 Gleiches gilt für Stock Appreciation Rights.

380 EGNER betrachtet dabei ein bloßes Abstellen auf die Handelbarkeit als nicht sachgerecht; vgl. Egner, T., Vergütungsmodelle (2002), S. 272.

381 Egner, T., Vergütungsmodelle (2002), S. 245. Die Ausübungsbesteuerung sichert dem Begünstigten vor Steuernachteilen bei sinkenden Kursen, beschert ihm aber auch keinen besonderen steuerlichen Vorteil, da der gesamte Ausübungsgewinn zu versteuern ist.

lenderjahres, steuerliche Folgewirkungen aus.[382] Auf diese steuerlichen Folgewirkungen aus der Besteuerung privater Veräußerungsgeschäfte wird im nachfolgenden Kapitel unter anderem näher eingegangen.

c) Relevante Möglichkeiten einer Kapitalbeteiligung der Mitarbeiter und deren steuerliche Behandlung

aa) Überblick

In den Erläuterungen über die gesellschafts- und schuldrechtlichen Rahmenbedingungen sind diejenigen Beteiligungsformen aufgezeigt worden, die für eine Kapitalbeteiligung von Mitarbeitern als geeignet erscheinen. Welche steuerrechtlichen Folgen die jeweiligen Arbeitnehmerkapitalbeteiligungen auslösen, soll im folgenden dargestellt werden.

bb) Steuerliche Behandlung von Aktien- und GmbH-Beteiligungen

Mitarbeiter einer Aktiengesellschaft können – abgesehen von den rechtsformunabhängigen Beteiligungsformen – nur als (Belegschafts-)Aktionär der arbeitgebenden AG, die Arbeitnehmer einer Gesellschaft mit beschränkter Haftung nur als GmbH-Gesellschafter beteiligt werden.

Die steuerlichen Aspekte einer Beteiligung von Mitarbeitern in Form einer Aktien- oder GmbH-Beteiligung sind auf zwei Anknüpfungsebenen der Besteuerung zu erläutern: der Unternehmens- und der Gesellschafterebene. So sind auf Unternehmensebene die steuerlichen Konsequenzen bei der Ausgabe von Mitarbeiteranteilen von der Art der Anteilsbeschaffung abhängig. Werden Belegschaftsaktien oder GmbH-Anteile auf Basis einer Kapitalerhöhung ausgegeben, stellen die von den Mitarbeitern erbrachten Einlagen[383] für die Gesellschaft keinen steuerpflichtigen Gewinn im Sinne des Körperschaftsteuergesetzes dar. Werden die Anteile den Mitarbeitern unentgeltlich oder verbilligt überlassen, darf nach geltendem Recht kein Aufwand beziehungsweise keine abzugsfähige Betriebsausgabe verbucht werden.[384] Wird das Beteiligungsmodell aus Anteilen bedient, die zuvor die Möglichkeit des Rückkaufs eigener Anteile nutzte, sind zwei unterschiedliche Handhabungen der Vermögensminderung

382 Leerverkäufe nach § 23 Abs. 1 Nr. 3 EStG oder die Veräußerung von wesentlichen Beteiligungen gem. § 17 EStG lösen steuerliche Sonderregelungen aus, die hier nicht weiter verfolgt werden. Vgl. hierzu Eder, M., Beschäftigungsstabilisierung (1992), S. 266 ff.

383 Das Aktienrecht lässt auch eine Kapitalerhöhung aus dem Jahresüberschuss zu (§ 207 AktG), die identisch zur Kapitalerhöhung gegen Bareinlage (§ 182 AktG) zu behandeln ist. Für die GmbH gilt bei einer Kapitalerhöhung aus Gesellschaftsmitteln, die in den §§ 57c – 57o GmbHG geregelt ist, gem. § 7 Abs. 3 KVStG dies entsprechend.

384 Vgl. Egner, T., Vergütungsmodelle (2002), S. 204 f. Nur im äußerst seltenen Fall einer Befreiung des Arbeitgebers von der Lohnschuld durch die Ausgabe der Mitarbeiteranteile können Personalaufwendungen in der entsprechenden Differenzhöhe geltend gemacht werden.

auf Unternehmensebene bekannt. Einer Argumentation zur Folge soll die Ausgabe der Mitarbeiteranteile bei unentgeltlicher oder verbilligter Gewährung zu entsprechendem Personalaufwand führen.[385] Einer durch das Unternehmenssteuerfortentwicklungsgesetz[386] mehr oder weniger eindeutigen Rechtslage entsprechend sind Verluste aus Erwerb und Weitergabe eigener Anteile gemäß § 8b Abs. 3 KStG körperschaftsteuerlich dagegen nicht berücksichtigungsfähig.[387]

Bei einer Abtretung von Aktien oder GmbH-Anteilen durch Alteigentümer an die Kapitalgesellschaft wird steuerrechtlich eine verdeckte Einlage angenommen, wenn sie im Rahmen eines Mitarbeiterbeteiligungsprogramms zur Ausgabe an die Arbeitnehmer verwendet werden. Übersteigt dabei der Einlagewert die Anschaffungskosten des Anteils beziehungsweise der Aktie, ist diese vom Alteigentümer als Veräußerungsgewinn zu versteuern, wenn seine Beteiligung gemäß § 17 Abs. 1 EStG größer als 1% war – was für Alteigentümer von kleinen und mittleren Kapitalgesellschaften, die einen gewissen Anteil ihrer Beteiligung zur Bedienung von Mitarbeiterbeteiligungsmodellen abtreten, sehr wahrscheinlich ist. Andernfalls liegt ein privates Veräußerungsgeschäft nach § 23 EStG vor. Die Ebene des Altgesellschafters wird des weiteren dann berührt, wenn eine unentgeltliche oder verbilligte Ausgabe von GmbH-Anteilen oder Aktien auf Basis einer Kapitalerhöhung vorgenommen wird. Einen solchen durch eine Kapitalverwässerung hervorgerufenen Vermögensverlust kann der Alteigentümer allerdings in der Regel steuerlich nicht wirksam machen.[388]

Die neuen Arbeitnehmergesellschafter müssen in erster Linie unentgeltliche oder verbilligt erworbene Gesellschaftsanteile als geldwerten Vorteil der Lohnsteuer unterwerfen und Sozialversicherungsbeiträge leisten, obwohl demgegenüber auf Unternehmensebene keine abzugsfähigen Betriebsausgaben geltend gemacht werden können.[389] Dieser geldwerte Vorteil gilt zum Zeitpunkt des Aktienerwerbs beziehungsweise des Erhalts der GmbH-Anteile als zugeflossen, auch wenn der Arbeitnehmer

385 Diese Auffassung stützt sich auf ein BMF-Schreiben v. 02.12.98, Az. IV C 6 – S-2741 – 12/98, BStBl I 1998, S. 1509 ff. und ein BFH-Urteil v. 21.10.99 – IR 43, 44/98, FR 7/00, S. 387 ff. und ist zuletzt von MIKUS vertreten worden; vgl. Mikus, R., Aktienoptionen (BB 4/02), S. 178 ff.

386 Vgl. Unternehmenssteuerfortentwicklungsgesetz v. 20.12.01, BGBl. I 2001, S. 3858 ff.

387 Vgl. hierzu und zu weitergehenden Erläuterungen Egner, T., Vergütungsmodelle (2002), S. 205 ff.

388 Zu Ausnahmen vgl. Egner, T., Vergütungsmodelle (2002), S. 207.

389 Ein Teilbetrag ist durch § 19a EStG steuer- und sozialversicherungsfrei. Vgl. hierzu Punkt II.E.2, S. 115 ff.

aufgrund einer Sperrfrist erst ab einem bestimmten Zeitpunkt über die Aktien oder Anteile frei verfügen kann.[390]

Werden auf die GmbH-Anteile oder Mitarbeiteraktien Gewinnanteile ausgeschüttet, sind diese vom Arbeitnehmergesellschafter als Einkünfte aus Kapitalvermögen gemäß § 20 Abs. 1 EStG zu versteuern.[391] Allerdings ist im Sinne des Halbeinkünfteverfahrens der definitiven Körperschaftsteuerbelastung in Höhe von 25% auf Unternehmensebene dadurch pauschal Rechnung getragen, dass die Gewinnanteile nur zur Hälfte als steuerpflichtige Einnahmen anzusetzen sind. Die andere Hälfte zählt gemäß § 3 Nr. 40 d EStG zu den steuerfreien Einnahmen. Eine Entlastung oder Anrechnung der hebesatzabhängigen Gewerbesteuerbelastung findet nicht statt.

Bei entsprechenden Einkünften aus Kapitalvermögen wird die Einkommensteuer im Rahmen einer Quellenabzugsbesteuerung durch eine Kapitalertragsteuer in Höhe von derzeit 20 % erhoben.[392] Eine Ausnahme, speziell für Einkommen aus Kapitalvermögen, bilden die Steuervergünstigungen des Sparer-Freibetrags[393] nach § 20 Abs. 4 EStG von aktuell 1.370 € und des Werbungskosten-Pauschbetrags nach § 9a S. 1 Nr. 2 EStG in einer gegenwärtigen Höhe von 51 €.[394] Bei einer Zusammenveranlagung mit dem Ehepartner verdoppeln sich die Beträge, so dass maximal ein Betrag in Höhe von 3.202 € steuerfrei vereinnahmt werden kann.[395]

Schließlich greift die Veräußerungsgewinnbesteuerung nach § 23 Abs. 1 Nr. 4 EStG, wenn der Mitarbeiter seine Anteile innerhalb von 12 Monaten nach Erhalt veräußert

---

390 Vgl. zur Zuflussproblematik Punkt II.C.2, S. 99 ff. Vorwegzunehmen sei an dieser Stelle, dass durch Verfügungsbeschränkungen, wie sie z. B. durch die Sperrfrist bei Aktien bestehen, die geltende Ausübungsbesteuerung für nicht handelbare Optionen keine Anwendung findet und ein Zufluss erst nach Ablauf dieser Verfügungsbeschränkungen angenommen wird. Zur Bewertungsproblematik (§ 19 a Abs. 2 EStG) aufgrund einer Zeitverschiebung zwischen Tag der Beschlussfassung und Zeitpunkt des Aktienerhalts bzw. GmbH-Anteilerwerbs vgl. Egner, T., Vergütungsmodelle (2002), S. 231 ff.

391 Ab dem Veranlagungszeitraum 2009 gilt die so genannte Abgeltungssteuer. Nach § 32d Abs. 6 EStG werden dann Dividenen in vollem Umfang dem 25%-igen Abgeltungssteuersatz zuzüglich Solidaritätszuschlag besteuert. Vgl. hierzu Ernst & Young/BDI, Unternehmensteuerreform 2008 (2007), S. 79 f.

392 § 43 Abs. 1 Nr. 1 EStG i. V. m. § 43a Abs. 1 Nr. 1 EStG.

393 Die Höhe des jeweils erwünschten Sparer-Freibetrags (max. 1.550 €) muss der steuerabführenden Gesellschaft oder Institution durch einen Freistellungsauftrag gem. § 44a Abs. 2 EStG mitgeteilt werden, da ansonsten kein Abstand von der Kapitalertragsteuer genommen werden kann.

394 Eine weitere Ausnahme ist gegeben, wenn für den Arbeitnehmer eine Veranlagung zur Einkommensteuer nicht in Betracht kommt (§ 44a Abs. 1 Nr. 2 EStG). Für diese Fälle darf die Summe der einkommensteuerlichen Einkünfte (außer Arbeitslohn) einen Betrag i. H. v. 410 € nicht übersteigen (§ 46 Abs. 2 Nr. 1 EStG).

395 Bei Arbeitnehmerkapitalbeteiligungen wird sich die Höhe der Kapitaleinkünfte in der Regel in diesen Betragsbereichen bewegen, so dass es selten zu einer Kapitalertragsbesteuerung kommen wird.

und der Veräußerungserlös eine Freigrenze von 512 € übersteigt.[396] Hält ein Arbeitnehmer Anteile von mehr als 1%, was jedoch bei Mitarbeiterkapitalbeteiligungen relativ selten der Fall sein dürfte, so sind private Veräußerungsgeschäfte nach § 17 EStG steuerpflichtig, auch wenn die 12-Monatsfrist verstrichen ist.[397]

cc) Steuerliche Behandlung einer Arbeitnehmerkommanditbeteiligung

Eine Beteiligung als Arbeitnehmer-Kommanditist[398] ist nach Abwägung der zivilrechtlichen Rahmenbedingungen mit den Zielvorstellungen der Beteiligungsmodelle in der Regel die einzig sinnvolle Alternative einer rechtsformabhängigen Beteiligungsform für Personenunternehmen, da

- die Einzelunternehmung per definitionem,
- die Beteiligung in Form einer BGB-Gesellschaft oder
- die Beteiligung als OHG-Gesellschafter beziehungsweise als Komplementär

aufgrund der hohen Anzahl der zu beteiligenden Mitarbeiter und der mit diesen Beteiligungsformen einhergehenden Rechte und Pflichten – schon aus zivilrechtlichen Gründen – für Mitarbeiterbeteiligungsmodelle ausscheiden.[399]

Die steuersystematische Unterteilung der rechtsformabhängigen Besteuerung sieht auch für Kommanditisten eine personale Besteuerung im Sinne des Transparenzprinzips vor. Nach § 15 Abs. 1 Nr. 2 EStG zählen zu den Einkünften aus Gewerbebetrieb die Gewinnanteile und die Vergütungen einer Kommanditgesellschaft an deren Gesellschafter, die als (Mit-)Unternehmer anzusehen sind. Rechtsprechung und Finanz-

---

396 Ab Veranlagungszeitraum 2009 sind Veräußerungsgewinne von Anteilen an Kapitalgesellschaften generell im Rahmen der 25%-igen Abgeltungssteuer steuerpflichtig. Vgl. hierzu Ernst & Young/BDI, Unternehmensteuerreform 2008 (2007), S. 85 f.

397 Liegen zudem die Voraussetzungen des §23 I Nr. 2 EStG vor, sind Erfolge aus der Veräußerung von wesentlichen Beteiligungen als private Veräußerungsgeschäfte gem. § 23 EStG zu erfassen.

398 Die sich aus den ursprünglichen Bedürfnissen an die Rechtsform der Kommanditgesellschaft entwickelten gesellschaftsrechtlichen Vorschriften und die Besonderheit der Erfordernisse bei der Verwirklichung von Arbeitnehmer-Kommanditbeteiligungen warfen seit dem Aufkommen der Diskussion um diese Beteiligungsform nicht nur steuerliche Fragen auf. Die Hauptfragenkomplexe befassten sich mit den organisationsrechtlichen, registerrechtlichen und haftungsrechtlichen Problemen, die einer Verwirklichung derartiger Arbeitnehmerkapitalbeteiligungsmodelle entgegenstanden. Vgl. anstatt vieler Wagner, K.-R., Massenkommanditgesellschaft (1985), S. 102 ff. WAGNER zeigte hinsichtlich dieser gesellschaftsrechtlichen und wirtschaftlichen Probleme einen vielfältigen Lösungskatalog auf. Für eine Weiterentwicklung des Rechts der Kommanditgesellschaften plädieren BOETTCHER ET ALII; vgl. Boettcher, E./Börner, D. et alii, Vermögenspolitik (1985), S. 122 f.

399 Vgl. Schneider, H. J., Partnerschaftliche Kapitalbeteiligung (1973), S. 193; Kuchinka, H., Mitarbeiter (1977), S. 160. Hebig, M./Zacharias, E., Handbuch (1991), S. 28 ff. Anderer Auffassung über die Eignung der Kommanditbeteiligung ist KEMMERICH; vgl. Kemmerich, E., Beteiligung (1989), S. 34 ff. insb. S. 46 f.

verwaltung verkehren den zivilrechtlichen Vorteil der Kommanditbeteiligung durch eine verbaljuristische Auslegung dieser steuerlichen Vorschrift ins Gegenteil.

Dieser Besteuerungstatbestand ist aufgrund der steuerlichen Folgen der – aus Sicht der partnerschaftlichen Unternehmensverfassung eigentlich erwünschten[400] – Mitunternehmerschaft gemäß § 15 Abs. 1 Nr. 2 EStG somit als „k.o.-Kriterium" für Arbeitnehmerkapitalbeteiligungen zu bezeichnen. Denn eine mitunternehmerische Beteiligung eines Mitarbeiters würde dazu führen, dass er sowohl seine Kapital-Gewinnanteile[401] als auch seinen Arbeitslohn[402] als Einkünfte aus Gewerbebetrieb zu versteuern hätte. Letzterer ist demnach beim Unternehmen nicht als Betriebsausgaben abzugsfähig und somit gewerbesteuerpflichtig, was jedoch seit der Gewerbesteueranrechnungsmöglichkeit gemäß § 35 Abs. 1 Nr. 2 EStG – unter gewissen hebesatz- und einkommensteuersatzabhängigen Voraussetzung – zu keiner Mehrbelastung durch Gewerbesteuer führt. Schwerwiegender ist der Verlust der steuerlichen Arbeitnehmervergünstigungen, die mit der steuerlichen Arbeitnehmerschaft und demzufolge mit den Einkünften aus nichtselbständiger Arbeit verknüpft sind. Hierzu zählen hauptsächlich:

- der Arbeitnehmer-Werbungskostenpauschbetrag (§ 9a Satz 1Nr. 1 EStG)
- die Vorsorgepauschale beziehungsweise der Sonderausgaben-Pauschbetrag (§ 10c EStG)
- die Steuerbegünstigungen von Zuschlägen (§ 3b EStG)
- die Steuerbefreiungen nach § 4 I Nr. 4 LStDV
- den Versorgungs-Freibetrag (§ 19 II EStG)
- die Arbeitnehmer-Sparzulage[403] (§§ 13 II, 14 5. VermBG)
- die Steuerbefreiung für die Überlassung von Vermögensbeteiligungen (§ 19a EStG)
- die Steuerbefreiung der Ausgaben des Arbeitgebers für die Zukunftssicherung und der damit verbundenen Ausgaben (§ 3 Nr. 62, 63 u. 65, 66 EStG)

---

400 Nach der Konzeption der betrieblichen Partnerschaft soll der Mitarbeiter zum Mitunternehmer werden. Vgl. Punkt I des Ersten Teils der Arbeit, S. 5 ff.

401 Im Vergleich zu Einkünften aus Kapitalvermögen stehen dem Arbeitnehmer hierbei keine der Freibetragsregelung gem. § 20 IV EStG und der Werbungskostenpauschale gem. § 9a Nr. 2 EStG vergleichbare Steuervergünstigungen zu.

402 Die steuerliche Arbeitnehmerschaft der Arbeitnehmer-Kommanditisten wird hierbei negiert, weswegen gem. § 15 I Nr. 2 EStG die Lohnzahlungen als „Vergutungen, die der Gesellschafter von der Gesellschaft für seine Tätigkeit im Dienst der Gesellschaft [...] bezogen hat", und somit als Gewinnvorab den Einkünften aus Gewerbebetrieb unterliegen.

403 Vgl. hierzu Punkt E, S. 115 ff.

Die steuerliche Umqualifizierung wirkt sich auch auf Gewinne, die aus der Veräußerung oder Auflösung der Beteiligung erzielt worden sind, aus. Diese zählen ebenfalls zu den Einkünften aus Gewerbebetrieb, für die allerdings nach § 16 IV EStG ein Freibetrag in Höhe von 51.200 € für Steuerpflichtige, die älter als 55 Jahre sind, gewährt wird. Zudem können die Steuervergünstigungen gemäß §34 III EStG in Anspruch genommen werden.

dd) Steuerliche Behandlung einer typisch und atypisch stillen Beteiligung

Als rechtsformneutrale Beteiligungsform ist die stille Beteiligung[404] eine interessante Alternative zu den rechtsformspezifischen Beteiligungsformen und für die meisten Personenunternehmen die einzige Möglichkeit einer (wirtschaftlichen) Eigenkapitalbeteiligung der Mitarbeiter. Die relativ großen Ausgestaltungsspielräume der vertraglichen Rechte und Pflichten, welche dieser Kapitalüberlassung den Namen „Zwischenkapital", „Mezzanine Kapital" oder „Hybride Finanzierungsinstrumente" zukommen ließ,[405] sind zugleich Stärke und Schwäche dieses Beteiligungs- oder Finanzierungsinstruments. Dies spiegelt sich auch in der Besteuerung wider, wobei sich die Problematik sowohl auf die steuerliche Erfassung der jeweiligen Kapitalvergütung auf Unternehmensebene als auch auf die steuerliche Zuordnung der entsprechenden Kapitalerträge auf die Ebene des stillen Gesellschafters bezieht. Ausschlaggebend ist hierbei die steuerliche Einordnung dieser Mischform zum (steuerlichen) Eigen- oder Fremdkapital, wobei sich die Besteuerung bei der steuerlichen Qualifizierung als Eigenkapital an den Grundtypen der rechtsformspezifischen Unternehmensbesteuerung orientiert.

Bei der stillen Gesellschaft[406] hängt die steuerliche Erfassung der Gewinnausschüttung von der einkommensteuerlichen Differenzierung zwischen typisch und atypisch stiller Beteiligung ab. Hierbei werden die Unternehmerinitiative und das Unternehmerrisiko als Unterscheidungskriterien herangezogen, wobei

- die Kontroll-, Mitsprache- und Stimmrechte (Unternehmerinitiative) sowie die Gewinn- und Verlustbeteiligung (Unternehmerrisiko) – aufgrund ihrer vertraglich unterschiedlich gestaltbaren Ausprägungen – als dynamische Elemente und
- die Beteiligung am Auseinandersetzungsguthaben (Unternehmerrisiko) als statisches Element

---

404 Wie auch die Beteiligung über Genussrechte oder Genussscheine; vgl. hierzu den nachfolgenden Abschnitt.

405 Zur stillen Beteiligung und zum Genussrecht aus finanzwirtschaftlicher Sicht, insb. zu deren Vorteile für nicht emissionsfähige Rechtsformen vgl. Drukarczyk, J., Finanzierung (1993), S. 582 ff.

406 Die stille Gesellschaft ist eine sog. Innengesellschaft und ist in den §§ 230 bis 237 HGB geregelt; zusätzlich finden die §§ 750 ff. BGB Anwendung.

bezeichnet werden können. Unternehmerinitiative und Unternehmerrisiko gehen bei der typisch stillen Beteiligung gerade soweit, dass die vertraglich geregelten Mitsprache- und Kontrollrechte dem handelsrechtlichen Grundtypus der stillen Beteiligung entsprechen und der Gesellschafter entweder nur am Gewinn oder aber auch am Verlust beteiligt ist. Eine atypisch stille Beteiligung ist dann gegeben, wenn für die vertraglichen Vereinbarungen folgendes gilt:[407]

- die dynamischen Elemente der Unternehmerinitiative und des Unternehmerrisikos gehen soweit, dass eine umfassende direkte Weisungsbefugnis (= über die dispositiven Bestimmungen des HGB hinausgehende Kontroll-, Mitsprache- und Stimmrechte) des stillen Gesellschafters gegenüber der beteiligten Gesellschaft und eine (übermäßig hohe) Beteiligung am Gewinn und Verlust der beteiligten Gesellschaft gegeben ist.
- das statische Element des Unternehmerrisikos (Beteiligung an stille Reserven und am Geschäftswert) dem stillen Gesellschafter zukommt.

Die Klassifizierung als typisch stille Beteiligung hat zur Folge, dass sie als steuerliches Fremdkapital behandelt wird, obwohl aufgrund einer Gewinn- und Verlustbeteiligung wirtschaftliches Eigenkapital angenommen werden kann. Auf Unternehmensebene können deshalb die auf das (typisch) stille Gesellschaftskapital entfallenden Gewinnanteile bei der Ermittlung der Einkommen- oder Körperschaftsteuer als Betriebsausgaben geltend gemacht werden. Bei Ermittlung des Gewerbeertrags fallen die entsprechenden Gewinnanteile allerdings unter die Hinzurechnungsvorschrift des § 8 Nr. 3 GewStG, die eine volle Hinzurechnung dieser Gewinnanteile vorschreibt. Sie unterliegen somit der vollen Gewerbesteuerbelastung. Der stille Gesellschafter hat diese Gewinnanteile nach § 20 Abs. 1 Nr. 4 EStG als Einkünfte aus Kapitalvermögen zu versteuern.[408] Besteht nicht nur eine Gewinn-, sondern auch eine Verlustbeteiligung des stillen Gesellschafters, kann er diese als Werbungskosten abziehen.[409] Werden bei der Veräußerung Gewinne erzielt, sind diese in der Regel steuerfrei, wenn sie nicht als privates Veräußerungsgeschäft im Sinne des § 23 EStG anzusehen sind. Wird die (typisch) stille Beteiligung dem Mitarbeiter unentgeltlich oder verbilligt übertragen, muss dieser den unentgeltlichen Vorteil versteuern.[410]

---

407 Vgl. Weilbach, E. A./Weilbach, H., Mitunternehmerschaft (StB 5/00), S. 176. Außer dem Stimmrecht, dem laufenden Gewinnbezugsrecht und dem Kontrollrecht besteht mit dem Auseinandersetzungsanspruch ein essentielles Merkmal für die Einstufung eines stillen Gesellschafters als Mitunternehmer (= atypisch stille Gesellschaft).

408 Der Besteuerungszeitpunkt der Gewinnanteile des typischen stillen Gesellschafters orientiert sich am Zuflussprinzip des § 11 EStG. Auch hier wird die ESt im Rahmen der Quellensteuer KapESt (§ 43 Abs. 1 Nr. 3 EStG) in Höhe von 25% nur dann erhoben, wenn die Steuerfreibeträge überschritten werden. Steuerpflichtig sind nur die Beträge, die die Freibeträge überschreiten. Vgl. hierzu Punkt II.D.2.a) S. 105.

409 Zur Zurechnung und Ausgleich von Verlustanteilen, die die Höhe der Einlage übersteigen und zu einem Minuskapital führen, vgl. Blaurock, U., Handbuch (1998), S. 504 ff.

410 Ein Teilbetrag ist durch § 19a EStG steuer- und sozialversicherungsfrei. Vgl. hierzu Punkt II.E.2, S. 115 ff.

Die atypisch stille Beteiligung zeichnet sich dagegen dadurch aus, dass der (atypisch) still Beteiligte einem Mitunternehmer des Inhabers einer Handelsgesellschaft gleichgestellt wird. Infolge dessen werden die Gewinnanteile direkt dem (atypisch) stillen Gesellschafter zugerechnet, die er gemäß § 15 I Nr. 2 EStG als Einkünfte aus Gewerbebetrieb zu versteuern hat. Dies erfolgt auch dann, wenn der (atypisch) stille Gesellschafter an einer Kapitalgesellschaft beteiligt ist. Für den zu beteiligenden Mitarbeiter resultieren aus der steuerlichen Mitunternehmerschaft die gleichen negativen Folgewirkungen wie bei der oben erläuterten Arbeitnehmer-Kommanditbeteiligung.[411] Die Abgrenzungsproblematik zwischen der typischen und der atypischen stillen Gesellschaft wird deshalb hauptsächlich von den Folgen der steuerlichen Mitunternehmerschaft dominiert, deren Unterschiede in nachfolgender Übersicht zusammengefasst sind.[412]

	typisch stiller Gesellschafter	atypisch stiller Gesellschafter
Betriebsausgabenabzug	ja	nein
Gewerbesteuer	volle Hinzurechnung	volle Hinzurechnung
Einkunftsart	Einkünfte aus Kapitalvermögen (§ 20 I Nr. 4 EStG)	Einkünfte aus Gewerbebetrieb (§ 15 I Nr. 2 EStG)
Besteuerungszeitpunkt	Zuflussprinzip	Gewinnermittlung (§§ 4, 5 EStG)
Kapitalertragsteuer	25% (§ 43 I Nr. 3 EStG)	-

Abb. 20: Steuerliche Abgrenzung zwischen typisch und atypisch stiller Beteiligung

411 Vgl. Punkt II.D.2.b), S. 106 ff. Ergänzend zur atypischen stillen Gesellschaft vgl. Zacharias, E./Hebig, M./Rinnewitz, J., Gesellschaft (1996). Völlig konträrer Auffassung über die Trennung zwischen typischer und atypischer stiller Gesellschaft sowie der beschriebenen steuerlichen Folgen ist WEILBACH, der einen Paradigmenwechsel der Rechtsprechung im Rahmen dreier BFH-Urteile (v. 28.01.82 – IV R 197/79, v. 15.12.92 – VIII R 4290, u. v. 15.10.98 – IV R 18/98) sieht, wonach der BFH in letzterem „sogar expressis verbis keine Unterscheidung mehr zwischen typisch stillem Gesellschafter und atypisch stillem Gesellschafter" macht; Weilbach, E. A./Weilbach, H., Mitunternehmerschaft (StB 5/00), S. 177.

412 Zur Abgrenzungsproblematik im Speziellen vgl. anstatt vieler Troost, J., Abgrenzung (1997). Die steuerliche Unterscheidung wird nicht nur bei stillen Beteiligungen an Personenunternehmen, sondern auch bei stillen Beteiligungen an Kapitalgesellschaften mit den entsprechenden steuerlichen Folgen getroffen. Zusätzlich zur Mitunternehmerproblematik gewinnt bei letzterem die Entscheidung des BGH v. 07.11.88 an Bedeutung, in der eine Gleichstellung von atypischem stillen Ges. und GmbH-Ges. angenommen wurde, die dem atypischen Ges. die strengen Kapitalerhaltungsvorschriften des GmbHG aufbürdet. Vgl. hierzu Wagner, K.-R., Stille Beteiligungen (1989), S. 5.

ee) Steuerliche Behandlung von Genussrechtskapital mit Eigen- oder Fremdkapitalcharakter

Die steuerliche Erfassung der Vergütungen für die Überlassung von Genussrechtskapital[413] unterscheidet sich in einigen Punkten von der Besteuerung stiller Beteiligungen.[414] Dies resultiert daraus, dass unabhängig von ihrer Ausgestaltung Genussrechte grundsätzlich nie ihren schuldrechtlichen Charakter verlieren. Dabei kann das Genusskapital mit Ausnahme der Mitgliedschaftsrechte prinzipiell mit allen Eigentümerrechten angereichert werden. Letztlich ist für die Besteuerung jedoch lediglich der Anspruch auf Beteiligung am Liquidationserlös von Bedeutung.[415]

Solange mit dem Genussrechtskapital kein Recht am Liquidationserlös verbunden ist, wird es als steuerliches Fremdkapital qualifiziert, unabhängig davon, ob das Genussrecht wirtschaftliches Risikokapital darstellt. Die Vergütungen stellen somit Zinsen dar, die auf Unternehmensebene – wie bei den (typischen) stillen Beteiligungen – als Betriebsausgaben einkommen- oder körperschaftsteuerlich geltend gemacht werden können. Bei der Ermittlung des Gewerbeertrags werden sie allerdings – im Gegensatz zu den Gewinnanteilen der typisch stillen Gesellschafter – als Dauerschulden eingestuft und deshalb nur hälftig hinzugerechnet. Der Genussrechtsinhaber hat diese Gewinnanteile gemäß § 20 I Nr. 7 EStG als Einkünfte aus sonstigen Kapitalforderungen zu versteuern, wobei eine Kapitalertragsteuer in Höhe von 30 % in Form einer Quellensteuer erhoben wird.

Beinhaltet das Genussrecht die Beteiligung am Liquidationserlös, hängt die steuerliche Behandlung der Vergütungen für die Überlassung des Genussrechtskapitals davon ab, in welche Rechtsform der Emittent gekleidet ist. Ist die emittierende Unternehmung eine Kapitalgesellschaft, gelten die Vergütungen als herkömmliche Gewinnaus-

---

413 Eine gesetzliche Legaldefinition der Begriffe „Genussrecht" oder „Genussschein" ist nicht existent. Sie finden zwar in verschiedenen Gesetzen Verwendung (§§ 160 Abs. 1 Nr. 6, 221 Abs. 3 AktG; § 20 Abs. 1 Nr. 1 EStG; § 8 Abs. 3 KStG; § 10 Abs.5 KWG; § 2 Abs. 2 5. VermBG u. a.), ohne jedoch eine nähere Definition zu bestimmen, aus welcher der Rechtscharakter abzuleiten wäre. Wissenschaft und Praxis zufolge sind Genussrechte keine Mitgliedsrechte, sondern nur Vermögensrechte, die i. d. R. aufgrund eines schuldrechtlichen Vertrages eine Beteiligung am Erfolg einer Gesellschaft gewähren. Werden derartige Rechte einzeln oder in Kombination ausschließlich oder neben einem Anspruch auf Zahlung eines gewinnunabhängigen Betrags in Schriftform verbrieft, bezeichnet man diese Urkunden als Genussscheine. Vgl. hierzu Clesius, U., Genussschein (1985), S. 3. Sie verbriefen jedoch niemals gesellschafterliche Mitgliedsrechte, sondern stets „nur" Ansprüche; vgl. Drechsler, R., Genußrechte (1993), S. 3. Da die Begriffe Genussrecht und Genussschein inhaltlich identische Ausprägungen annehmen können, soll im weiteren nur noch der Begriff Genussrecht verwendet werden.

414 So ist auch der bilanzielle Ausweis eher problematisch als bei stillen Beteiligungen. Vgl. hierzu HFA 1/1998, S. 269 ff.

415 Vgl. Hanakam, E.-M., Beurteilung (1991), S. 12.

schüttungen[416] und unterliegen somit der definitiven Körperschaftsteuerlast in Höhe von 25 % sowie der vollen Gewerbesteuerbelastung.[417] Die Genussrechtsinhaber haben die Gewinnausschüttung als Einkünfte aus Kapitalvermögen nach § 20 I Nr. 1 EStG im Rahmen des Halbeinkünfteverfahrens nur zur Hälfte zu versteuern. Zudem unterliegen die Einnahmen der Kapitalertragsteuer in Höhe von 20 %, die vom Gläubiger abzuführen sind.[418] Veräußerungsgewinne unterliegen den Regelungen des § 23 EStG.

Werden hingegen Genussrechte, die einen Anspruch auf Beteiligung am Liquidationserlös verbinden, von einer Personenunternehmung emittiert, könnten die Gewinnanteile nach § 15 I Nr. 2 EStG unter die Einkünfte aus Gewerbebetrieb fallen. So kann eine Genussrechtsbeteiligung ebenfalls die steuerliche Mitunternehmerschaft mit all ihren negativen steuerlichen Konsequenzen für den zu beteiligenden Mitarbeiter hervorrufen, ohne dass hierfür überhaupt die Möglichkeit besteht, die Genussrechte mit Stimmrechten anzureichern.

Nachfolgende Abbildung verdeutlicht in einem zusammenfassenden Überblick die unterschiedlichen Auswirkungen der beschriebenen steuerlichen Behandlung von Kapitalentgelten aus Genusschein- oder Genussrechtsbeteiligungen.

	Genussrecht ohne Liquidationserlösbeteiligung	**Genussrecht mit Liquidationserlösbeteiligung**	
		an KapG	**an PersU**
Betriebsausgabenabzug	ja	nein	nein
Gewerbesteuer	hälftig	voll	voll
Einkunftsart	Einkünfte aus Kapitalvermögen (§ 20 I Nr. 7 EStG)	Einkünfte aus Kapitalvermögen (§ 20 I Nr. 7 EStG)	Einkünfte aus Gewerbebetrieb (§ 15 I Nr. 2 EStG)
Besteuerungszeitpunkt	Zuflussprinzip	Zuflussprinzip	Gewinnermittlung
Kapitalertragsteuer	30 % (§ 43 I Nr. 7 EStG)	20 % (§ 43 I Nr. 1 EStG)	-

Abb. 21: Besteuerung unterschiedlicher Genussrechtsausgestaltungen

416 Andererseits sind auch Ausschüttung in Form von verdeckten Gewinnausschüttungen möglich, die gem. § 8 III KStG den Gewinn ebenfalls nicht mindern. Für nähere Erläuterungen vgl. Pakleppa, S., Genussrechte (2002), S. 8.

417 Handelsrechtlich stellt die laufende Bedienung von Genussrechtskapital mit Eigenkapitalcharakter dagegen immer Aufwand der Gesellschaft und nicht Teil der Gewinnverwendung dar. Vgl. HFA 1/1998, S. 273.

418 Die Steuerfreibeträge für Einkünfte aus Kapitalvermögen gelten entsprechend.

Aufgrund der dargestellten steuerlichen Konsequenzen wird im Rahmen eines Mitarbeiterbeteiligungssystems versucht werden, mit der vertraglichen Ausgestaltung gerade bis kurz vor die Grenze zur atypischen stillen Beteiligung beziehungsweise des mitunternehmerischen Genussrechts zu kommen, um so dem Ziel des Mitarbeiter-Gesellschafters so nahe wie möglich, jedoch – bezüglich der nachteiligen steuerlichen Konsequenzen – so fern wie nötig zu sein.

ff) Steuerliche Behandlung anderer Fremdkapitalbeteiligungsformen

Bei Mitarbeiterkapitalbeteiligungsmodellen, die ihre Mitarbeiter in Form von Mitarbeiterdarlehen[419] oder (Mitarbeiter-)Schuldverschreibungen[420] beteiligen, treten diese in ein schuldrechtliches Verhältnis zur Unternehmung. Diese Beteiligungsformen lassen sich nicht, wie bei der stillen Beteiligung oder den Genussrechten möglich, mit gesellschafterähnlichen Rechten anreichern. So ist eine Verlustbeteiligung selbst beim partiarischen Darlehen, bei dem neben eine feste auch eine gewinnabhängige Verzinsung tritt, ebenso wenig möglich wie die Verknüpfung mit Kontroll-, Mitsprache- oder gar Stimmrechten. Steuerlich kommt dementsprechend auch nur die Qualifizierung als Fremdkapital in Frage, was beim Arbeitnehmer eine Besteuerung der Darlehenszinsen beziehungsweise der Erträge aus den Mitarbeiterschuldverschreibungen als Einkünfte aus Kapitalvermögen nach § 20 Abs. 1 Nr. 7 EStG zur Folge hat.[421] Eine Erfassung dieser Beträge im Rahmen der Kapitalertragsteuer ist nicht gegeben.[422] Beim arbeitgebenden Unternehmen sind die (partiarischen) Darlehenszinsen beziehungsweise die Zinsen der Mitarbeiterschuldverschreibung abzugsfähige Betriebsausgaben, die im Rahmen der Ermittlung des Gewerbeertrags – unabhängig von der vertraglichen Ausgestaltung – gemäß § 8 Nr. 1 GewStG grundsätzlich hälftig hinzuzurechnen sind. Die Sparer-Freibetragsregelung und die Vorschrift über den

419 Für Mitarbeiterdarlehen haben die allgemeinen zivilrechtlichen Bestimmungen der §§ 607 ff. BGB sowie die übrigen Formvorschriften des BGB Geltung. Zur Besonderheit des Mitarbeiterdarlehens bzgl. Werkssparkassenverbot vgl. Fn. 338.

420 Relevante Arten dieser forderungsrechtlich als Wertpapiere geltenden Beteiligungsform sind insb. Industrieobligationen und Kommunalschuldverschreibungen, die grundsätzlich festverzinslich sind und durch gewisse Zusatzrechte wie eine gewinnabhängige Verzinsung (Gewinnschuldverschreibung) oder eine Umwandlung in Aktien des begebenden Unternehmens (Wandelschuldverschreibung) modifiziert werden können. Zu Einzelheiten vgl. Strack, H.-C.., Beteiligung (1984), S. 144 ff. Mitarbeiterschuldverschreibungen kommt in der Beteiligungspraxis im Vergleich zum Mitarbeiterdarlehen keine große Bedeutung zu, da sie wegen rel. strenger Emissionsvorschriften und aufgrund der staatlichen Genehmigungspflicht gem. der §§ 795, 808a BGB nur für Großbetriebe in Betracht kommen.

421 Zinsen aus partiarischen Darlehen sind dagegen gem. § 20 Abs. 1 Nr. 4 EStG Einkünfte aus Kapitalvermögen.

422 § 43 I Nr. 7 EStG erfasst nur Kapitalerträge i. S. d. § 20 I Nr. 7 EStG, soweit sie unter die dort abschließend aufgeführten Zinsen fallen – zu denen Zinsen aus herkömmlichen Darlehen nicht zählen. Für Zinsen aus partiarischen Darlehen und Erträge aus Gewinn- und Wandelschuldverschreibungen ist von der begebenden Gesellschaft Kapitalertragsteuer einzubehalten, wenn die Freibeträge überschritten werden; vgl. hierzu Punkt II.D.2.a), S. 105.

Werbungskosten-Pauschbetrag für Einkünfte aus Kapitalvermögen gelten entsprechend.

An dieser Stelle sei noch einmal das Mitarbeiterguthaben zu nennen. Es stellt keine eigene Beteiligungsform dar, weswegen eine Bezeichnung als (Fremd-)Kapitalbeteiligung nicht üblich ist. Wie oben erwähnt ist eine Abgrenzung vom Mitarbeiterdarlehen nur dann gegeben, wenn die vom Bundesfinanzhof aufgestellten Kriterien erfüllt sind.[423] Diese Abgrenzung ist bei der investiven Verwendung von Mitarbeitererfolgsbeteiligungen hinsichtlich des lohnsteuerauslösenden Zuflusses dieser Beträge von Bedeutung.[424] Ein Steuerstundungseffekt kann nur beim Mitarbeiterguthaben, nicht jedoch bei investiver Verwendung der Anteile aus Erfolgsbeteiligungen in die in diesem Kapitel dargestellten Kapitalbeteiligungsformen erzielt werden.

gg) Steuerliche Behandlung indirekter Beteiligungen sowie außer- und überbetrieblicher Beteiligungen

Als bewährtes Beteiligungsmodell werden indirekte Beteiligungen angesehen, bei denen die Arbeitnehmer über eine zwischen Unternehmen und beteiligter Mitarbeiterschaft geschaltete Gesellschaft am Unternehmenskapital beteiligt sind. Häufig werden diese zwischengeschalteten Beteiligungsunternehmen in die Rechtsform der GmbH gekleidet, an der die zu beteiligenden Mitarbeiter als stille Gesellschafter beteiligt sind. Von Vorteil ist dabei, dass die negativen Folgen der Mitunternehmerschaft umgangen werden können, da das arbeitgebende Unternehmen nicht mehr gleich ist mit dem Unternehmen, an dem der Mitarbeiter seine Kapitalbeteiligung hält. Bei Personenunternehmen kann somit also auch eine volle Substanzbeteiligung der Mitarbeiter ohne die Gefahr der steuerlichen Mitunternehmerschaft erreicht werden. Neben der GmbH als Beteiligungsgesellschaft gibt es auch Modelle, bei denen die zwischengeschaltete Gesellschaft die Rechtsform eines eingetragenen Vereins, einer Stiftung oder einer Gesellschaft des bürgerlichen Rechts hat.[425]

Schließlich können Arbeitnehmer im Rahmen eines Mitarbeiterbeteiligungsprogramms über- oder außerbetriebliche Kapitalbeteiligungen an Unternehmen, die nicht das arbeitgebende Unternehmen sind, eingehen.[426] Den Mitarbeitern stehen dabei zwei Alternativen zur Verfügung. Sie beteiligen sich direkt an anderen Unternehmen,

---

423 Vgl. Punkt II.C.1, S. 98 f.

424 Auch bei Mitarbeiterdarlehen und Schuldverschreibungen ist ein Teilbetrag nach § 19a EStG steuer- und sozialversicherungsfrei, wenn er diese unentgeltlich oder verbilligt vom Arbeitgeber zugewendet bekommt. Vgl. hierzu Punkt II.E.2, S. 115 ff.

425 Zur indirekter Beteiligungen vgl. Erster Teil Punkt I.2.b)bb), S. 23. Zur steuerlichen Erfassung indirekter Beteiligungen über eingetragene Vereine oder Stiftungen vgl. Wehrheim, M./Roth, M., Stiftungen (StuW 12/01), S. 635 ff.; Schiffner, K. J./Swoboda, C., Stiftungen (StuB 1/01), S. 1 ff.

426 Zu Einzelheiten über außerbetriebliche Anlageformen im Rahmen von Mitarbeiterbeteiligungsprogrammen vgl. Hebig, M./Zacharias, E., Handbuch (1991), S. 292 ff.

die in der Regel börsennotierte Aktiengesellschaften sind, oder sie beteiligen sich an Kapitalanlagegesellschaften oder Investmentfonds, die wiederum Anteile an anderen Unternehmen halten, und gehen auf diese Art und Weise eine Produktivkapitalbeteiligung ein.[427] Meist werden solche Beteiligungsmodelle über Unternehmenssparpläne[428] abgewickelt, die den Steuerstundungseffekt des Mitarbeiterguthabens ausnützen. Erträge aus überbetrieblichen Beteiligungen sind entsprechend ihrer Beteiligungsform[429] außerhalb der Freibeträge als Einkünfte aus Kapitalvermögen zu versteuern.

C. Spezialnormen Vermögensbildungsgesetz und § 19a EStG

1. Überblick

In der Bundesrepublik Deutschland ist die staatliche Unterstützung der materiellen Mitarbeiterbeteiligung in zwei unterschiedlichen gesetzlichen Förderkomponenten, dem

- § 19a EStG einerseits sowie dem – mittlerweile –
- fünften Vermögensbildungsgesetz (5. VermBG) in der Fassung des 3. Vermögensbeteiligungsgesetzes andererseits

umgesetzt.[430] Diese bilden dabei weder eine eigenständige Rechtsordnung, noch begründen sie ein eigenes Rechtsinstitut „Mitarbeiterbeteiligung“. Vielmehr sind es Spezialnormen, die in verschiedenen Rechtsordnungen eingebettet sind und darüber hinaus unterschiedliche Förderziele verfolgen.

2. Staatliche Förderung über § 19a EStG

a) Fördersystematik

Eingebettet im Einkommensteuergesetz fördert der Staat die Zuwendung von Sachbezügen in Form unentgeltlich oder verbilligter Überlassung von Vermögensbeteiligungen an den Arbeitnehmer durch die Gewährung eines Steuerfreibetrags. Geldleistungen, z. B. aus einer Erfolgsbeteiligung, fallen nicht unter diese Komponente der staat-

427 Kapitalanlagegesellschaften können auch Beteiligungen als stiller Gesellschafter halten und sich somit auch an nicht-börsennotierten mittelständischen Unternehmen beteiligen. Vgl. hierzu Fn. 284.

428 Erfolgsbeteiligungen, die als Mitarbeiterguthaben im Unternehmen solange angespart werden, bis die Beteiligungen erworben werden.

429 Hierbei kommen die stille Beteiligung, die Beteiligung über Aktien oder Investmentanteile in Betracht, deren Gewinnanteile unter die Einkünfte aus Kapitalvermögen gem. § 20 Abs. 1, 4 oder 9 EStG fallen.

430 Zu den einzelnen Entwicklungsphasen dieser Förderkomponenten vgl. Punkt II.A.3, S. 76 ff. und Hebig, M./Zacharias, E., Handbuch (1991), S. 96 ff.

lichen Förderung; sie müssen als „normaler" Arbeitslohn gemäß § 19 EStG versteuert werden.

Die Steuer- und Sozialversicherungsfreiheit des Vermögensvorteils für den Mitarbeiter ist auf den halben Wert der Vermögensbeteiligung begrenzt, wobei insgesamt ein Betrag in Höhe von 154 € im Kalenderjahr nicht überschritten werden darf.[431] Eine Begrenzung auf bestimmte Unternehmen oder Personengruppen, z. B. durch Einkommenshöchstgrenzen, ist nicht gegeben. Einzige Voraussetzung ist, dass die Vermögensbeteiligung im Rahmen eines gegenwärtigen Dienstverhältnisses gewährt wird.

b) Anwendungsbereich

Zu den Arten der Vermögensbeteiligung verweist die Vorschrift des § 19a EStG auf das Vermögensbildungsgesetz. Gefördert werden alle Vermögensbeteiligungen im Sinne des § 2 Abs. 1 Nr. 1 und Abs. 2 Nr. 5 5. VermBG.[432] Es liegt jedoch im Ermessen des Arbeitgebers, welche Art der Vermögensbeteiligung er dem Arbeitnehmer anbietet. Es kann sich dabei um eine direkte oder indirekte Kapitalbeteiligung am arbeitgebenden Unternehmen, einer direkten Beteiligung an einem Drittunternehmen oder aber um eine indirekt, überbetriebliche Beteiligung an einer Unternehmensbeteiligungs- oder Kapitalanlagegesellschaft oder einem Investmentfonds handeln.[433] Für den Arbeitgeber sind alle bei der Zuwendung der – unentgeltlichen oder verbilligten – Vermögensbeteiligungen entstehenden Aufwendungen steuerlich abzugsfähige Betriebsausgaben. Da nur der halbe Wert der Vermögensbeteiligung, und höchstens 154 €, steuer- und sozialversicherungsfrei ist, ist beim Überschreiten eines dieser Grenzbeträge die Differenz für den Arbeitnehmer steuerpflichtig. Der Arbeitgeber muss demnach (zusätzlich) die Lohnsteuer und die Sozialversicherungsbeiträge abführen. Werden die Vermögensbeteiligungen dem Arbeitnehmer „nur" verbilligt angeboten, kann der Arbeitnehmer den Differenzbetrag entweder aus seinem zu versteuernden Arbeitslohn bezahlen oder aber auch durch vermögenswirksame Leistungen[434] begleichen.

---

431 Der steuerfreie Vorteil (SV) wird wie folgt berechnet: SV = Min[Z^{gW}; ½ W^{gW}; 154 €],
mit Z^{gW} = gemeiner steuerlicher Wert der Unternehmenszuwendung (Z),
W^{gW} = gemeiner steuerlicher Wert der gesamten Vermögensbeteiligung
Min = Minimun der entsprechenden Größen.
Vgl. hierzu Drukarczyk, J./Schwetzler, B., Staatliche Förderung (DB 23/91), S. 1183.

432 Fünftes Vermögensbildungsgesetz v. 19.12.00, BGBl. I 2000, S. 1790 ff.

433 In der Regel wird das arbeitgebende Unternehmen allerdings betrieblichen Kapitalbeteiligungen anbieten, da bei außer- oder überbetrieblichen Vermögensbeteiligungen dem Unternehmen der direkte Leistungsanreiz des Mitarbeiter nicht vorhanden ist.

434 Zu vermögenswirksamen Leistungen vgl. den nachfolgenden Abschnitt II.E.3.a).

Eine für die Gewährung der Steuervergünstigung vorgesehene Sperrfrist ist seit dem 01.01.2002 nicht mehr Bestandteil der gesetzlichen Regelung. Bei der Veräußerung der Vermögensbeteiligung ist allerdings die Einjahresfrist des § 23 EStG zu beachten.

3. Fünftes Gesetz zur Förderung der Vermögensbildung der Arbeitnehmer

a) Fördersystematik

Als zweite Komponente zur Förderung der Beteiligung von Arbeitnehmern am Produktivvermögen dient eine Sparprämie, die so genannte Arbeitnehmer-Sparzulage. Diese Sparzulage wird vom Staat auf angelegte vermögenswirksame Leistungen gewährt. Vermögenswirksame Leistungen sind gemäß § 2 Abs. 1 5. VermBG Geldleistungen, die der Arbeitgeber für den Arbeitnehmer erbringt und in einer bestimmten, im Anlagekatalog des § 2 Abs. 1 Nr. 1 bis 5 5. VermBG aufgeführten Anlageform anlegt. Die vermögenswirksamen Leistungen können einerseits vom Arbeitgeber zusätzlich zum Arbeitslohn gewährt werden und stellen dann aber auch steuer- und sozialversicherungspflichtigen Arbeitslohn dar.[435] Andererseits können vermögenswirksame Leistungen Geldbeträge sein,[436] die der Arbeitgeber auf schriftliches Verlangen des Arbeitnehmers von dessen steuer- und sozialversicherungspflichtigem Arbeitsentgelt abzweigt und diese in eine entsprechende Anlageform investiert. Die vom Staat auf die vermögenswirksamen Leistungen gewährte Arbeitnehmer-Sparzulage stellt dagegen weder steuerpflichtige Einnahmen im Sinne des Einkommensteuergesetzes noch Einkommen, Verdienst oder Entgelt im Sinne der Sozialversicherung und des III. Buches Sozialgesetzbuch dar.[437]

Dieser Förderungsweg ist eingebettet in das – derzeit fünfte – Vermögensbildungsgesetz, das durch die Arbeitnehmer-Sparzulage nicht nur Vermögensbeteiligungen, sondern auch das Bausparen fördert und somit generell der Förderung der Vermögensbildung dient.[438] Höhere Sparprämien für Vermögensbeteiligungen zeigen allerdings eine verstärkte Förderung der Beteiligung von Arbeitnehmern am Produktivvermögen.

---

435 Lt. § 10 5. VermBG können diese zusätzlichen (vermögenswirksamen) Leistungen der Arbeitgeber in einzelvertraglichen Vereinbarungen mit dem Arbeitnehmer, in Betriebsvereinbarungen, in Tarifverträgen oder in bindenden Festsetzungen (§ 19 Heimatgesetz) vereinbart werden.

436 Dazu gehören sämtliche Geldbeträge, die dem Arbeitnehmer im Rahmen seines gegenwärtigen Dienstverhältnisses zufließen; vgl. Herkendell, W., Vermögensbildung (1976), S. 57.

437 § 13 Abs. 3 5. VermBG.

438 Anlageformen reinen Geldsparens wie Kontenspar- oder (Kapital-)Lebensversicherungsverträge wurden früher einmal gefördert, sind aber heute im Anlagekatalog nicht mehr enthalten. Zur Begründung der Streichung aus dem Anlagekatalog vgl. BR-Drs. 100/88, S. 430 f.

b) Anwendungsvorschriften

Im Gegensatz zur erstgenannten Komponente (§ 19a EStG) ist die staatliche Förderung in Form der Arbeitnehmer-Sparzulage an bestimmte Einkommenshöchstgrenzen der begünstigten Personen gebunden, die aus haushaltspolitischen Gründen des öfteren Änderungen unterliegen. Gegenwärtig beträgt sie 17.900 € zu versteuerndes Einkommen für Arbeitnehmer, die Einkünfte aus nichtselbständiger Arbeit im Sinne des § 19 Abs. 1 EStG beziehen, und verdoppelt sich auf 35.800 € bei einer Zusammenveranlagung von Ehegatten.

Die Arbeitnehmer-Sparzulage ist kein Fixum, sondern richtet sich nach der Anlageform, was in nachfolgender Tabelle veranschaulicht wird.

Anlageform	Förderungshöchstbetrag pro Kalenderjahr	Prämiensatz (auf vwL)
Wertpapiere;[439] andere Vermögensbeteiligungen[440]	408 €	20 % bzw. 25 %[441]
Bausparvertrag	480 €	10 %
Wohnungsbauprämienvertrag	480 €	10 %

Abb. 22: Verknüpfung von Anlageform und Prämiensatz[442]

Die Anlage der vermögenswirksamen Leistungen muss in einer – oder mehreren, wenn der Arbeitnehmer die Beträge aufteilt – Anlageform(en) des Katalogs in § 2 5. VermBG erfolgen, um durch die Arbeitnehmer-Sparzulage gefördert zu werden.[443]

439 Dazu zählen: Aktien, durch Kreditinstitut verbürgte oder durch Versicherungsunternehmen privatrechtlich gesicherte Wandel-, Gewinn- und Namensschuldverschreibungen, Genussrechte am Arbeitgebenden Unternehmen (sofern nicht von Kreditinstituten ausgegeben).

440 Unter andere Vermögensbeteiligungen fallen betriebliche u. außerbetriebliche Kapitalbeteiligungen wie Genossenschaftsanteile, GmbH-Geschäftsanteile, typische stille Beteiligung (ohne Mitunternehmerschaft!), Mitarbeiterdarlehen, Genussrechte am Arbeitgebenden Unternehmen sowie Anteilsscheine an einem Wertpapier-, Beteiligungs-, Investmentfonds oder Gemischten Wertpapier- und Grundstücks-Sondervermögen nach dem KAGG.

441 Der höhere Prozentsatz wird Arbeitnehmern gewährt, die ihren Hauptwohnsitz in den neuen Bundesländern haben.

442 In Anlehnung an Drukarczyk, J./Schwetzler, B., Staatliche Förderung (DB 23/91), S. 1182.

443 Beträge, die ein Arbeitnehmer aufgrund eines Sparvertrages (§ 8 5. VermBG) oder aufgrund eines Kapitalversicherungsvertrages (§ 9 5.VermBG) anlegt, gelten zwar nach § 2 Abs. 1 Nr. 6 u. 7 auch als vermögenswirksame Leistungen, jedoch ohne Anspruch auf die Arbeitnehmer-Sparzulage gem. § 13 Abs. 2 5.VermBG zu haben.

Die Wahl der Anlageform der vermögenswirksamen Leistungen sowie des Unternehmens bzw. Instituts, bei dem die Anlage erfolgen soll, steht alleine im Ermessen des Arbeitnehmers. Dabei stehen ihm für die Anlage der vermögenswirksamen Leistungen mehrere Vertragstypen zur Auswahl. An diese Vertragstypen knüpft sich eine Sperrfrist, deren Einhaltung die Voraussetzung zur Anerkennung der Arbeitnehmer-Sparzulage ist.[444] In besonderen Fällen ist eine Rückzahlung, Abtretung, Beleihung oder sonstige Verfügung der erworbenen Wertpapiere oder Rechte möglich, ohne dass der Anspruch auf die staatliche Sparprämie verloren geht.[445]

4. Insolvenzschutz für vermögenswirksame Leistungen

Mit den Vorschriften zum Insolvenzschutz soll der Verlust des Mitarbeiterkapitals ausgeschlossen werden, um so dem für den Konkursfall eines Unternehmens bestehenden „doppelten" Risiko des Arbeitnehmers zu begegnen. Grundsätzlich sind danach Mitarbeiterdarlehen und Namensschuldverschreibungen des arbeitgebenden Unternehmens durch ein Versicherungsunternehmen oder über eine Bankbürgschaft zu schützen, die durch Inanspruchnahme der Steuervergünstigungen des § 19a EStG oder den Einsatz vermögenswirksamer Leistungen erworben werden sollen.[446] Im Zuge des dritten Vermögensbeteiligungsgesetzes wurde diese Risikoabsicherung auf andere Formen der betrieblichen(!) Mitarbeiterkapitalbeteiligung ausgedehnt, die im Rahmen der Arbeitnehmer-Sparzulage gefördert werden, nicht jedoch auf außer- und überbetriebliche Kapitalbeteiligungen. Nach § 2 Abs. 5a 5. VermBG hat das Unternehmen zusammen mit den beteiligten Mitarbeitern Vorkehrungen zu treffen, „die der Absicherung der angelegten vermögenswirksamen Leistungen bei einer während der Dauer der Sperrfrist eintretenden Zahlungsunfähigkeit des Unternehmens dienen. Für Mitarbeiterkapitalbeteiligungen, die durch die Inanspruchnahme des § 19a EStG erworben wurden, hat diese Vorschrift keine Geltung.[447] Nachfolgende Abbildung soll einen kurzen Überblick über die Vorkehrungen zum Insolvenzschutz geben.

---

444 Für Anlagen der vermögenswirksamen Leistungen in Form eines Sparvertrages über Wertpapiere oder andere Vermögensbeteiligungen (§ 4 5. VermBG) beträgt die Sperrfrist 7 Jahre. Für die Anlage in Form eines Wertpapier-Kaufvertrages (§ 5 5. VermBG), eines Beteiligungsvertrages (§ 6 5. VermBG), oder eines Beteiligungs-Kaufvertrages (§ 7 5. VermBG) beträgt sie 6 Jahre für den Anlagebetrag eines jeden Jahres. Nach Ablauf der Sperrfrist wird die Arbeitnehmer-Sparzulage in der Gesamtsumme der über die Sperrfrist angesammelten jährlichen Prämien vom Finanzamt erstattet.

445 Vgl. hierzu § 4 Abs. 4 Nr. 1 bis 5 u. § 13 Abs. 5 S. 2 5. VermBG.

446 Vgl. § 2 Abs. 1 Nr. 1 lit. b u. k 5. VermBG. Sind diese Fremdkapitalbeteiligungen nicht wie vorgeschrieben abgesichert, kann die staatliche Förderung nicht in Anspruch genommen werden.

447 Zu Einzelheiten über Möglichkeiten der Insolvenzabsicherung sowie deren rechtlichen Besonderheiten vgl. Bericht des Bundesministeriums für Arbeit und Sozialordnung nach § 7d Viertes Buch Sozialgesetzbuch (SGB IV) über die Vereinbarungen zur Absicherung von Wertguthaben und zu Vorschlägen zur Weiterentwicklung des Insolvenzschutzes, BR-Drs. 1123/01 v. 18.12.2001, S. 14 ff.

	Mittelherkunft (Erwerb der Kapitalbeteiligungen)		
	mit vwL	**Inanspruchnahme § 19a EStG**	**ohne vwL**
Mitarbeiterdarlehen, Namensschuldverschreibungen	Absicherung durch Bankbürgschaft oder durch ein Versicherungsunternehmen		Insolvenzabsicherung
Restliche Formen der betrieblichen Kapitalbeteiligung	Keine best. Art d. Insolvenzsicherung vorgeschrieben	nicht gesetzlich vorgeschrieben	

Abb. 23: Insolvenzsicherungsmaßnahmen bei betrieblichen Mitarbeiterkapitalbeteiligungen[448]

5. Ausmaß der staatlichen Fördermaßnahmen

Die nachfolgende Tabelle zeigt für die Anlagejahre 1983 und 1998 das im Rahmen der vermögenswirksamen Leistungen gebildete Anlagevolumen sowie die in diesen Zeiträumen steuerfreien Anlagebeträge der an die Arbeitnehmer ausgegebenen betrieblichen Kapitalbeteiligungen.

Staatliche Förderung	**Anlagejahre 1983 / 1998**		
	Anlagebetrag (in Mrd. €)		Arbeitnehmer (in Mio.)
	Gesamt	je Anlageform	
vwL (davon mit Sparzulage)	6,4 / 8,2 (k. A. / 3,6)	0,13 / 0,82 in Kapitalbeteiligungen 1,92 / 4,51 in Bausparverträge 4,35 / 2,87 in Lebensvers.	21 / 23 (k. A. / 10[1])
Überlassene Kapitalanteile (nach § 19a EStG steuerfrei)	0,13 / 0,4 (0,04 / 0,1)	Überlassene Kapitalanteile sind überwiegend Anteile am arbeitgebenden Unternehmen	k. A. / 1

Abb. 24: Anlagevolumen der vermögenswirksamen Leistungen[449]

[1] Infolge der ab 1999 angehobenen Einkommensgrenzen erhöht sich die Anzahl der begünstigten Arbeitnehmer auf insg. 13 Mio.

---

448 Vgl. BMA, Insolvenzbericht, BT-Drs. 14/9731, S. 3.

449 Vgl. BMA (Hrsg.), Sozialbericht 2001, S. 211 ff. sowie versch. Subventionsberichte der Bundesregierung; vgl. hierzu Westerheide, P., Vermögenspolitik (1999), S. 173.

Die im 5. Vermögensbildungsgesetz, das mit Wirkung vom 01.01.1999 in Kraft getreten ist, angehobenen Einkommensgrenzen sowie die verbesserte Förderung von Produktivkapitalbeteiligungen legen die Vermutung nahe, dass sich die Anlagebeträge insgesamt weiter erhöht haben und dass sich die Verteilung der vermögenswirksamen Leistungen zugunsten der Anlage in Produktivkapitalbeteiligungen verschoben hat. Als Beleg für letztere Behauptung kann man die Entwicklung der Depots, die vermögenswirksame Leistungen in Aktienfonds anlegen, heranziehen. Die deutschen Kapitalanlagegesellschaften verwalteten im Zeitraum von 1993 bis 1998 eine gleich bleibende Anzahl von rund 2 Mio. dieser Depots. Bis Ende September 2002 erhöhte sich die Anzahl auf rund 5,4 Millionen Depots und hat sich damit fast verdreifacht. Der Gesamtwert der Depots belief sich zum 30.09.2001 auf rund 4,2 Mrd. Euro.[450]

---

450 Vgl. hierzu und zum vorangegangenen BVI, Vermögensaufbau (Pressemitteilung v. 19.11.2001), S. 6.

III. Mitarbeiterbeteiligung in Frankreich

A. Historisches Umfeld des Partizipationsgedankens

Die Entwicklung der Beteiligungsidee in Frankreich lässt ebenfalls verschiedene Phasen erkennen, die allerdings bedeutend weniger als in Deutschland durch die beiden Weltkriege gekennzeichnet sind, sondern vielmehr durch parteipolitische Einflussnahme. Die Frankreich charakterisierende zentrale Staatgewalt ist dabei von ausschlaggebender Bedeutung, da sich ihr Einfluss auf die Mitarbeiterbeteiligung durch alle Entwicklungsabschnitte zieht.[451]

1. Von der französische Revolution bis zum II. Weltkrieg

Es wird behauptet, Frankreich sei das Mutterland des Partizipationsgedankens.[452] Dabei kann es weniger von Bedeutung sein, in welcher Nation die ersten Umsetzungsversuche von Beteiligungsmodellen in praxi stattgefunden haben.[453] Diese Aussage muss sich vielmehr auf die Tatsache beziehen, dass die volkswirtschaftliche Literatur sich diesem Thema schon sehr früh angenommen hat. Mithin tritt folglich auch ein Nachweis von GILMAN in den Hintergrund, wonach sich bereits im Jahre 1775 der französische Staatsmann Turgot mit dem Beteiligungsgedanken befasste.[454] Neben dieser wissenschaftlichen Bedeutung ist die erste offizielle finanzielle staatliche Unterstützung für Mitarbeiterbeteiligungsmodelle maßgeblich, die rund siebzig Jahre später folgte. Bereits 1848 stellte die französische Nationalversammlung einen Betrag in Höhe von insgesamt drei Millionen Francs zur Kreditvergabe an Unternehmen zur Verfügung, die ihre Arbeitnehmer materiell am Unternehmen beteiligten.[455]

Obschon dies für sich genommen die französische Entwicklungsgeschichte bestimmt, darf letztlich in keiner Chronik die als französisches Pendant zu VON THÜNEN'S praktischem Umsetzungsversuch geltende „LECLAIRE'SCHE Lohnreform" von 1842 des Pariser Gebäudemaler- und Dekorateurbetriebs Maison Leclaire (Redouly & Cie.) fehlen. Während allerdings das Beteiligungssystem von Thünens (noch) in der Land-

---

451 Im Vergleich zu Deutschland, das während des 18. u. 19. Jahrhunderts durch eine Vielzahl kleiner Herzog- und Fürstentümer einer Einheit noch weit entfernt war, hatte sich die Macht in Frankreich bereits sehr zeitig im geeinten Staat stark zentralisiert.

452 Vgl. Richter, H., Kapital- und Gewinnbeteiligung (1922), S. 35.

453 Mittlerweile dürfte es kaum mehr nachweisbar sein, ob die ersten schriftlich festgehaltenen Versuche auch gleichzeitig die tatsächlich ersten waren.

454 Vgl. Gilman, N. P., Geschäftsgewinn (1891), S. 48.

455 Vgl. Heidermann, I., Förderung (1965), S. 55; Dolleans, E./Dehove, G., Histoire (1955), S. 242 ff.

wirtschaft stattfand, war das Beteiligungsmodell von Leclaire in einem Handwerksunternehmen umgesetzt worden.

Im Paris der zweiten Hälfte des 19. Jahrhunderts bemühten sich sodann nicht nur staatliche Stellen um die Verbreitung der Mitarbeiterbeteiligung,[456] sondern auch private Verbände, wie der „Société pour l'étude pratique de la participation aux bénéfices".[457] Aus der Vielzahl der verschiedensten Initiativen ist zunächst hervorzuheben, dass der Pariser Verband mit der kontinuierlichen Führung einer Beteiligungsstatistik begonnen hatte. Und nicht weniger von Bedeutung ist, dass sich eben dieser Verein im Jahre 1884 erstmals mit dem in Deutschland aufgeworfenen Vorschlag der gesetzlichen Verpflichtung zur Erfolgsbeteiligung beschäftigt hat, der jedoch kategorisch von allen Mitgliedern abgelehnt wurde.[458] Doch schon ein Jahr später wurde die Idee erneut aufgegriffen. Die Nationalversammlung brachte eine Gesetzesinitiative zur obligatorischen Gewinnbeteiligung der Arbeitnehmer ein, der allerdings nicht zugestimmt wurde.[459]

Vielversprechender war die Einführung der Arbeiter- oder Kleinaktie kurz vor der Jahrhundertwende. Die Senkung des Mindestnennbetrags einer Aktie auf 25 Francs[460] beziehungsweise auf 100 Francs erzielte jedoch ebenfalls nicht den erhofften Erfolg. Ein weiterer nennenswerter Versuch, die Kapitalbeteiligung in Arbeitnehmerhand durch eine Änderung der gesetzlichen Rahmenbedingungen zu fördern, folgte im Jahre 1917. Mit dem so genannten „Gesetz BRIAND"[461] wurde das erste echte Gesetz zur – freiwilligen – (Kapital-)Beteiligung von Arbeitnehmer am arbeitgebenden Unternehmen verabschiedet.[462] Nach diesem Gesetz wurde die Rechtsform der Aktiengesellschaft um eine neue Form, der „société à participation ouvrière", erweitert. Die Besonderheit dieser neuen Rechtsform war, dass sie neben den auf das

---

456 So ließ die französische Regierung u. a. 1883 eine große einschlägige Enquete-Kommission zusammentreten und setzte 1889 eine halbe Million Francs für die Förderung der Partizipationszwecke ein. Vgl. Katscher, L., Teilung (1891), S. IX.

457 Der Société pour l'étude pratique de la participation aux bénéfices wurde im Jahre 1879 in Paris von Praktikern als Verein zum praktischen Studium der Gewinnbeteiligung gegründet. Sein „Bulletin" war eine vierteljährlich erscheinende, über die Grenzen hinaus bekannt gewordene Zeitschrift über Abhandlungen, Nachrichten, Mitteilungen, Reglements etc. zur Mitarbeiterbeteiligung. Vgl. Katscher, L., Teilung (1891), S. VIII u. XIII.

458 Vgl. Beck, H., Arbeitslohn (1902), S. 161.

459 Vgl. Bornard, J., aspects financièes (Journal officiel , Avis et rapports du Conseil économique et social 4/89), S. 3.

460 Für Aktiengesellschaften mit einem gezeichneten Kapital von weniger als 200.000 Francs.

461 Loi du 26 avril 1917 sur les sociétés anonymes à participation ouvrière. Vgl. hierzu auch Wicher, A., Arbeiteraktie (1930); Eichler, G., Gewinnbeteiligung (1970), S. 28 ff.

462 Daneben existieren in den Gesetzen von 1915 und 1919 zwei Regelungen zur obligatorischen Verwendung von Gewinnanteilen, die im ersten Fall aber nur für (relativ selten vorkommende) Produktivgenossenschaften, im zweiten Fall für (staatliche) Bergwerke galten. Vgl. hierzu Leuchtl, H., Gewinnbeteiligung (1927), S. 30 f.

gezeichnete Kapital entfallenden (Kapital-)Aktien auch kapitallose Arbeitsaktien ausgeben musste, die durch eine Arbeitergenossenschaft im Sinne eines Kollektivbesitzes zu verwalten waren.[463]

Durch Steuererleichterungen gefördert, wurde dieses Arbeitnehmerbeteiligungsmodell rasch von 20 – 30 meist wirtschaftlich schwachen Unternehmen angewandt. Da die Arbeitnehmer ihren Rechten allerdings völlig gleichgültig gegenüberstanden, verfehlte das System seine Anreizwirkung und wurde bald nicht nur von der Arbeitgeberseite, sondern auch von der Arbeitnehmerschaft abgelehnt.[464] Der Misserfolg des sehr optimistischen Gesetzes zeichnete sich deshalb schon wenige Jahre danach ab und trotz einer Vielzahl von Verbesserungsvorschlägen trat man mit seinen Bemühungen auf der Stelle.[465]

Die Bemühungen des Staates und der privaten Verbände basierten auf den Begebenheiten, die sich durch die Anfänge der Arbeiterbewegung immer stärker bemerkbar machten. Die französischen Rahmenbedingungen sind aber nicht mit denjenigen in Deutschland oder – wie noch aufzuzeigen ist – mit denen in Großbritannien vergleichbar, da sie in einem gänzlich anderen gesellschaftspolitischen und wirtschaftlichen Zusammenhang standen. Nach Jahrzehnten des strikten Verbotes organisierter Arbeiterverbindungen entwickelten sich im letzten Drittel des 19. Jahrhunderts verschiedene Strukturelemente der französischen Gewerkschaftsbewegung. Sie gipfelte in der 1902 stattgefundenen Verschmelzung der zur „Confédération Générale du Travail“ (CGT) zusammengeschlossenen branchenspezifischen Syndikate mit dem nationalen Verband der „Arbeitsbörsen“, die danach mit ihrer „Charta von Amiens“ den Grundstein für die ideologische Ausrichtung der nachfolgenden Gewerkschaftsbewegung legte.[466] Aufgrund der Organisationsstruktur französischer Unternehmen, war die Arbeiterschaft sehr stark zersplittert, was als Konsequenz eine zu große Heterogenität der Gewerkschaftsbewegung nach sich zog. Diese wiederum schwächte die großen Richtungsgewerkschaften im CGT derart, dass sie – wie auch der politische Arm der Arbeiterbewegung – weder theoretisch noch organisatorische eine große Kraft darstellte(n).[467] Eine weitere Besonderheit in der Auseinandersetzung zwischen Unternehmerverbänden und Arbeiterschaft ist die Tatsache, dass sich der französische Staat im Vergleich zu Deutschland überaus stark am Wirtschaftsprozess beteiligte und

463 Zum Unterschied zwischen Arbeits- und Arbeiteraktien vgl. Punkt II.A.2, S. 73 f.

464 Vgl. Gutsche, K., Gewinnbeteiligung (1932), S. 50 ff.

465 Denn der Versuch, die Arbeitnehmer am Unternehmenskapital zu beteiligen, trat hinter der Verbreitung von Erfolgsbeteiligungen, die auch nur in 200 Unternehmen angewandt wurde. Die Erfolgsbeteiligungen wurden dabei entweder bar ausbezahlt oder, wie in den meisten Fällen dem Beispiel von Leclaire folgend, in eine Kasse einbezahlt, die von den Mitarbeitern verwaltet wurde. Vgl. z. B. Gilman, N. P., Geschäftsgewinn (1891), S. 48 ff.

466 Zu detaillierten Erläuterungen über die Anfänge der Arbeiterbewegung in Frankreich bis zum ersten Weltkrieg vgl. Werner, R., Probleme (1995), S. 6 ff.

467 Vgl. Dupeux, Ch., Société (1972), S. 178 ff.

somit anstatt eine neutrale Vermittlerrolle in diesem Konflikt zu übernehmen, Eigeninteressen verfolgte.[468]

Aus dieser Entwicklungsphase geht nunmehr hervor, dass sich das Engagement der Legislative nicht wie in Deutschland auf die gesetzliche Fixierung der Arbeitnehmermitbestimmung konzentrierte, sondern auf die beschriebenen Bereiche der materiellen Arbeitnehmerbeteiligung, um so den stets zunehmenden Arbeitskämpfen zu begegnen. Die staatliche Vermittlerrolle führte 1936 lediglich zu den von Unternehmerseite heftig kritisierten „Accords Matignon", die den Arbeitnehmern eine Vertretung gegenüber ihrem Arbeitgeber auf gesetzlicher Basis einräumten. Für Frankreich bedeutete dies die erste gesetzliche Institution der betrieblichen Mitbestimmung. Die zweite folgte erst kurz nach dem zweiten Weltkrieg, als mit dem Betriebsausschuss ein weiteres betriebliches Mitbestimmungsorgan normiert wurde.[469] Zu einer Erweiterung der Arbeitnehmerrechte, wie sie bereits in Deutschland bis in die Weimarer Republik stattgefunden hatte, fehlte einerseits die gesellschaftspolitische Bedeutung, andererseits reichte der Machteinfluss der Gewerkschaften nicht aus.

Die Mitarbeiterbeteiligung hatte insofern eine überaus bedeutende Unterstützung erfahren. Trotzdem blieb die zahlenmäßige Verbreitung der verschiedenen Beteiligungsmodelle hinter den Erwartungen zurück. Daraus lässt sich schließen, dass die Mehrzahl der französischen Arbeitgeber und Arbeitnehmer in der Beteiligungsidee nicht das erkannten, was von der politischen Führung, den privaten Verbänden und der Wissenschaft propagiert wurde.

In nachfolgender Tabelle sind für die Jahre 1891 sowie 1921/22 Daten aus internationalen Erhebungen über die Verbreitung der Mitarbeiterbeteiligung zusammengefasst.

Jahr	Beteiligungsform	Beteiligungsunternehmen	Mitarbeiter	Kapital
1891	EB/KB	84	-	-
1921/22	EB/KB	200	-	-

Abb. 25: Entwicklung der Mitarbeiterbeteiligung in Frankreich (I)[470]

468 Der durch die Industrialisierung hervorgerufene Kapitalbedarf wurde in Deutschland durch die vermehrte Gründung von privaten Aktiengesellschaften zu stillen versucht, während in Frankreich der Staat selbst unternehmerisch tätig wurde – und somit durch die Arbeiterbewegung, die sich gegen die unternehmerische Ausbeutung richtete, direkt betroffen war. Vgl. Teuteberg, H.-J., Ursprünge (1981), S. 19.

469 Dieser Betriebsausschuss hat dabei lediglich ein Konsultationsrecht, was einen Vergleich mit dem deutschen Betriebsrat nur bedingt möglich macht. Vgl. Pohl, H., Mitbestimmung (1996), S. 20 m. w. N.

470 Zu den Zahlen von 1891 vgl. Gilman, N. P., Geschäftsgewinn (1891), S. 339 f.; zu 1921/22 vgl. Richter, H., Kapital- und Gewinnbeteiligung (1922), S. 35; Feilchenfeld, W., Gewinnbeteiligung (1922).

2. Im politischen Umfeld der Gaullisten

Die zweite Phase der Mitarbeiterbeteiligung in Frankreich wurde stark von einer Person beeinflusst, deren Name und deren Denken ihren Niederschlag in einer Reihe von Kodifizierungen zur Erfolgsbeteiligung gefunden hat: DE GAULLE und seine „Association du Travail et du Capital". Bisher versuchte man allem Anschein nach in Frankreich über Erfolgsbeteiligungen lediglich den Arbeitnehmern in einer bestimmten Form einen Anteil am Unternehmenserfolg zuzusichern, um somit ihren Widerstand gegen die Herrschaft der Kapitalgeber zu schwächen. DE GAULLE verfolgte jedoch weit mehr. Er wollte den Gegensatz von Arbeit und Kapital endgültig abbauen, was sich in dessen Anspruch nach der „Vereinigung von Arbeit und Kapital" ausdrückt. Und so sah er offenbar die Gewinnbeteiligung als einen, wenn auch wesentlichen, Zwischenschritt zur Verwirklichung dieser Vereinigung.[471]

Obwohl er noch nicht an der Regierungsmacht war, beeinflusste er die (partei)politischen Kräfte derart, dass im Jahre 1955 nach einigen misslungenen Gesetzesinitiativen zwei Dekrete[472] zur Gewinnbeteiligung der Arbeitnehmer auf Grundlage der Produktivität des Unternehmens folgten.[473] Ziel dieser Dekrete war es, den in den Nachkriegsjahren aufkommenden Klassenkampf zu entkräften. Doch wie schon im Zuge der ersten Beteiligungsgesetze, standen auch zu jener Zeit sowohl die Arbeitgeber aus Furcht vor Machtverlust und wirtschaftlichen Problemen aufgrund der Mitbestimmung, als auch die Arbeitnehmer aus Scheu vor höherer Verantwortung und schließlich die Gewerkschaften wegen ihrer Solidaritätsbedenken dieser Ausprägung des Beteiligungsgedankens ablehnend gegenüber. Der Erfolg blieb deshalb wieder auf einige wenige Unternehmen beschränkt.

Wie beherrscht und überzeugt das parteipolitische Umfeld De Gaulle's von der Mitarbeiterbeteiligung war,[474] zeigt sich darin, dass kurz nach Übernahme der Regierungsmacht die staatlichen Bemühungen zur Förderung der Arbeitnehmerbeteiligung

---

471 De Gaulle ist zwar nicht der geistige Vater dieses Gedankens, hatte aber eine nicht unbedeutende Unterstützung in der politischen Bewegung des so genannten „Rassemblement du Peuple Française" geleistet, die sich diesem Gedanken angenommen hat. Zu Einzelheiten über De Gaulle sowie den grundlegenden Gedanken der „Association Capital-Travail" vgl. Föhl, C., Gewinnbeteiligung (1969), S. 7 und insb. Eichler, G., Gewinnbeteiligung (1970), S. 68 ff. m. w. N.

472 Décret no. 55-594 du 20.05.55, J.O. du 21.5.55, S. 5115 ff. und décret no. 55-1223 du 17.09.55, J.O. du 18.9.55, S. 9243 ff. Ziel dieser Dekrete war es, einerseits wirtschaftliche Expansion und Produktivitätswachstum durch Steuererleichterungen für Investitionen und Rechtsformumwandlungen zu fördern und andererseits Unternehmen, welche produktivitätsorientierte Erfolgsbeteiligungsmodelle einführten, Steuerermäßigungen (Befreiung v. Lohnsteuerabgabe u. Soz.Vers.-/Familienbeihilfeabgabe) zu gewähren.

473 Vgl. Schutz, P., Beteiligung (1993), S. 48 m. w. N. Zu Einzelheiten der Gesetzesinitiativen vgl. Eichler, G., Gewinnbeteiligung (1970), S. 38 ff.

474 Die sog. Gaullisten waren von 1958 bis 1981 entweder alleine oder in Koalition ununterbrochen Regierungspartei.

verstärkt wurde. Per Ordonnance vom 7.1.1959[475] wurde das erste institutionelle Beteiligungsmodell in der französischen Rechtsordnung verankert, welches noch heute als so genanntes „Intéressement" einen wichtigen Bestandteil der aktuellen staatlichen Fördersystematik bildet. Die Ordonnance schrieb dabei vier sehr unterschiedliche, genehmigungspflichtige Modellvariationen der Erfolgsbeteiligung von Arbeitnehmern vor, die deutlich die damalige Unklarheit der verfolgten Zielvorstellungen aufzeigen:

- eine Kollektivbeteiligung auf der Grundlage des Unternehmensergebnisses,
- eine kollektive Beteiligung durch Anteilsrechte der Arbeitnehmer am Eigenkapital des Unternehmens oder an einer Maßnahme der Selbstfinanzierung,
- eine produktivitätszuwachsorientierte Beteiligung und letztlich
- jede „andere Maßnahme kollektiver Entlohnung der Arbeitnehmer, die eine wirkliche Assoziierung der Arbeitnehmer erlaubt"[476].

Die neue Vorschrift kam dem Ziel der staatlichen Bemühungen insofern ein Stück näher, als sich nur noch eine der fünf großen Arbeitgeberorganisationen konkret gegen eine derartige Machtbeschneidung aussprach. Zudem unterstützten die Gewerkschaften teilweise sogar die Beteiligungspläne, um wenigsten dadurch gewisse Mitspracherechte wahrnehmen zu können. Da allerdings der Anwendungsbereich unglücklicherweise an ein zuvor erlassenes Kollektivvertragsgesetz gekoppelt wurde, konnten nur Handels- und Industrieunternehmen in den Genuss der Steuervergünstigungen kommen – und von diesen waren wiederum fast 96 % außer Stande, die strengen Anforderungen der Ordonannce zu erfüllen.[477] Bis zum Jahr 1966 wurde deshalb auch nur für 202 Unternehmen mit ca. 104.000 Mitarbeitern ein derartiger Beteiligungsvertrag genehmigt. Etwa die gleiche Anzahl an Unternehmen führten jedoch Beteiligungssysteme ohne die staatliche Förderung ein.[478]

Abgesehen von einigen wissenschaftlichen Arbeiten über die Missstände der gesetzlichen Vorschriften, erlangten im Zusammenhang mit den weniger erfolgreichen staat-

---

475 Ordonnance no. 59-126 du 07.01.59, J.O. du 09.01.59, S. 641 ff. Im Wesentlichen wurde sie durch ein nachfolgendes Dekret gesetzlich fixiert; vlg. décret no. 59-540 du 17.04.59, J.O. du 18.4.59, S. 4312 ff. Die elementarsten Gesichtspunkte der Regelungen sind a) das offizielle Prüfungs- u. Genehmigungsverfahren der Beteiligungsverträge, bei welchen den Gewerkschaften eine Mitwirkungsrolle zugedacht wurde, b) die Bestimmung, derartige finanzielle Zuwendungen an die AN stellen keinen Arbeitslohn dar, und schließlich c) die Steuervergünstigungen für die Beteiligungsunternehmen.

476 Eichler, G., Gewinnbeteiligung (1970), S. 87.

477 Das Gesetz 50-205 v. 11.02.50 war die Grundlage der Ordonnance und schloss somit nicht nur alle landwirtschaftlichen Unternehmen, Handwerksbetriebe u. Dienstleistungsunternehmen, sondern auch die meisten staatlichen Industrieunternehmen aus. Vgl. hierzu und zu den geforderten Voraussetzungen Durand, P., ordonnance (Droit social 1959), S. 78 ff.

478 Zu den Zahlenangaben vgl. Eichler, G., Gewinnbeteiligung (1970), S. 97 f.

lichen Maßnahmen hauptsächlich die Untersuchungen der so genannten Masselin-Kommission Anfang der 60er und der Mathey-Kommission Mitte der 60er-Jahre eine gewisse Bedeutung. Denn die aufgrund der Arbeiten ausgelöste Diskussion setzte den Grundstein für den nächsten Schritt der Gesetzgebung zur Mitarbeiterbeteiligung. So wurde schließlich nur noch eine auf Produktivitätszuwachs basierende Erfolgsbeteiligung als einzig zieladäquate Lösung zur Verwirklichung einer stetig wachsenden Beteiligung der Arbeitnehmer am Produktivkapital sowie an der Leitung der Unternehmen favorisiert. Dabei wurde besonders hervorgehoben, „dass die erwünschte Veränderung der Betriebsverfassung nicht befohlen werden sollte“[479].

Aus welcher politischen Überzeugung heraus die französische Regierung unter De Gaulle und Pompidou ohne weitere Verhandlungen mit den betroffenen Sozialpartnern dennoch einen Umbruch der traditionellen marktwirtschaftlichen Rechtsgrundlage veranlassten, indem sie am 17. August 1967 die Ordonnancen no. 67-693, -694 und -695 zur obligatorischen Gewinnbeteiligung veröffentlichten, ist grundsätzlich vor dem Hintergrund der geschichtlichen Entwicklung nicht nachzuvollziehen.[480] Mit der bisher in den westlichen Industrieländern beispiellosen staatlichen „Förderung“ der Arbeitnehmerbeteiligung werden drei Zielkomplexe per Zwang verfolgt, die durch die bisherige Gesetzgebung nicht erreichbar waren. In erster Linie verfolgt(e) man das Ziel, die Vermögensbildung der Arbeitnehmer durch zwangsweise Einkommensumverteilung zu beeinflussen, hinter dem sich allerdings der ökonomisch-ideologische Gedanke der „association travail-capital“ verbarg. Daneben sollte durch die im Rahmen der so genannten „Participation“ neu geschaffenen Arbeitnehmerrechte die „Mitbestimmung“ indirekt erzwungen werden. Als drittes Ziel wollte man durch die „Beteiligung der Arbeitnehmer an den Früchten des Wachstums“ eine Produktivitätssteigerung der gesamten französischen Wirtschaft herbeiführen.[481] Mit der im selben Jahr eingeführten Förderung von Sparplänen für Arbeitnehmer und durch die in den Jahren 1970 und 1973 eingeführten Steuervergünstigungen zur Aktienbeteiligung wurde die bis heute bestehende Grundstruktur der französischen Fördersystematik vervollständigt.[482] Ganz außen vor blieb auch zu jener Zeit eine abermalige

---

479 Föhl, C., Gewinnbeteiligung (1969), S. 11.

480 War doch die Rechtfertigung einer obligatorischen Arbeitnehmerbeteiligung schon zur Geburtsstunde dieses Gedankens vor – damals – fast 100 Jahren und während späteren Gesetzesinitiativen wohlbegründet von Politikern und Wissenschaftlern widerlegt worden; zuletzt durch die von der einführenden Regierung selbst beauftragten Mathey-Kommission.

481 Vgl. Föhl, C., Gewinnbeteiligung (1969), S. 15.

482 Vgl. Schutz, P., Beteiligung (1993), S. 49. Hier wird die Charakteristik der französischen Fördersystematik besonders deutlich. Zur Einzelheiten der Förderinstrumente vgl. in diesem Teil der Arbeit Punkt III.C., S. 155 ff. u. zur Analyse der Fördersystematik vgl. im dritten Teil Punkt III.D.3, S. 327 ff.

Novellierung des Gesetzes zur „Société anonyme à participation ouvrière“, die seither aufgrund ihrer Sonderstellung als Sondergesellschaft bezeichneten wird.[483]

Inwieweit der Schritt der Regierung zur obligatorischen Gewinnbeteiligung die Haltung der Unternehmer gegenüber der Mitarbeiterbeteiligung beeinflusst haben mag, sei dahingestellt. Dass sie das Verständnis der französischen Arbeitnehmer hinsichtlich ihrer Mitbestimmung nicht getroffen hat, wird allerdings durch die 68er Mai-Unruhen offensichtlich. Als – eilige – Reaktion darauf wurden die betrieblichne Gewerkschaftsvertretungen neben Intéressement und Participation als dritte Institution der französischen „Mitbestimmung“ geschaffen.[484]

Jahr	Beteiligungs-form	Beteiligungs-unternehmen	Mitarbeiter	Kapital
1950	EB/KB	190	-	-
1960	EB/KB	400	-	-
1970/71	EB	7.795	3.500.000	-
	KB	25	400	-

Abb. 26: Entwicklung der Erfolgs- und Kapitalbeteiligung in Frankreich (II)[485]

3. Der Zeitabschnitt zwischen der Gesetzgebung von 1980 bis 1996

Theoretisch war nun jeder Arbeitnehmer (in Unternehmen mit mehr als 100 Beschäftigten) am Gewinn des arbeitgebenden Unternehmens beteiligt. Die Regierungsmaßnahmen hatten dementsprechend partiell ihre Ziele hinsichtlich einer Beteiligung der Mitarbeiter am Unternehmenserfolg erreicht. In Bezug auf eine nachhaltige Beteiligung von Arbeitnehmern am Unternehmenskapital waren die Ergebnisse allerdings weniger erfolgreich. Die Gesetzgebung zwischen 1980 und 1996 konzentrierte sich deshalb auf eine stärkere Förderung der Kapitalbeteiligung, insbesondere in Form von Aktienkapital.

Zunächst wurden bestimmte Unternehmen per Gesetz zur Ausgabe von Gratisaktien verpflichtet, wobei der Staat fast zwei Drittel der Kosten übernahm.[486] Eine Regie-

---

483 Gesetz v. 08.07.77 zur Novellierung des Gesetzes-Briand v. 26.4.1917 – vgl. loi du 08.07.77, J.O. du 09.07.77, S. 7379 ff. An dieser Stelle sei auf die Existenz einer weiteren Gattung der Arbeitsaktie im Lichtensteiner Aktienrecht hingewiesen; vgl. hierzu Batliner, H., Arbeitsaktien (AG 1/70), S. 9 ff.

484 Vgl. Pohl, H., Mitbestimmung (1996), S. 20.

485 Zu den Zahlen von für 1950 vgl. Dolleans, E./Dehove, G., Histoire (1955); für 1960 vgl. Föhl, C., Gewinnbeteiligung (1969), S. 11; für 1970/71 vgl. Uvalic, M., PEPPER-Bericht (1991), S. 68 ff.

rungsperiode später trat sogar ein spezielles Gesetz zur Förderung von Belegschafts- und Management-Buy-Outs in Kraft.[487] Eine größere Veränderung, deren nachhaltige Wirkung statistisch belegt ist, erfolgte 1986 und in den zwei darauf folgenden Jahren. In einer Reihe von neuen Verordnungen wurden die Vorschriften des Intéressement und der Participation mit dem Ziel, der finanziellen Arbeitnehmerbeteiligung neuen Schwung zu geben, aufeinander abgestimmt und die monetären Anreize für alle bestehenden Förderwege erhöht.[488] Eine Zusammenführung der Mittel aus den finanziellen Beteiligungen in einem Unternehmenssparplan[489] sollte schließlich die Bildung von Produktivkapitalanteilen weiter verstärken. Eine ebenfalls positive Wirkung auf die Verbreitung von Arbeitnehmerkapitalbeteiligungen versprach man sich durch die erste große Privatisierungswelle in Frankreich, wobei besondere gesetzliche Maßnahmen zur Förderung der Arbeitnehmer getroffen wurden.

Ab dem Beginn der neunziger Jahre verstärkten die Arbeitgeberverbände in verschiedenen Stellungnahmen ihre positive Haltung hinsichtlich des – additiven – Lohnsparens, die in den verschiedenen politischen Parteien zu diversen Gesetzesinitiativen führte. Bestätigt durch den so genannten PEPPER-Bericht und das daraufhin veranlasste Empfehlungsschreiben des Rats der EU-Kommission, wurden schon 1993/1994 in einer abermaligen Novellierung der gesetzlichen Rahmenbedingungen zur finanziellen Beteiligung die bestehenden Hindernisse beseitigt und die Gesetze vereinfacht. Zudem sind die bisherigen steuerlichen Vergünstigungen, speziell für die zur Investition der Erfolgsbeteiligungsbeiträge geschaffenen Unternehmenssparpläne, deutlich erhöht worden.[490] Die staatlichen Fördermaßnahmen zielten infolgedessen immer deutlicher auf die langfristige Spar- und Investitionsmaßnahmen zur Vermögensbildung der Arbeitnehmer ab. Neben all den Maßnahmen, die der allgemeinen Arbeitnehmerschaft zugute kamen, sollten die staatlichen Förderungmaßnahmen für Aktienoptionen, die insbesondere im Zeitpunkt des Regierungswechsels von der Linken zur

---

486 Darunter fielen bestimmte Aktiengesellschaften u. KGaA. Vgl. Loi no. 80-834 du 24.10.80, J. O. du 25.10.80, S. 10.257 f.; décret no. 80-935 du 26.11.80, J. O. du 27.11.80, S. 2764 ff. Vgl. Frisch, A., Gratisaktien (RdA 2/81), S. 115; Overrath, H.-P., Belegschafts-Gratisaktien (ZGR 3/83), S. 376 ff.; Uvalic, M., PEPPER-Bericht (1991), S. 80 u. 87 mit Hinweisen über die Anzahl der ausgegebenen Gratisaktien.

487 Loi no. 84-578 du 09.07.84, J.O. du 11.07.84, S. 2203 ff.

488 Ordonnance no. 86-1134 du 21.10.86, geändert durch ordonnance no. 87-544 du 17.07.87 und décret no. 88-4 du 29.01.88.

489 Im Folgenden wird hierbei der Begriff „Lohnsparen“ Anwendung finden, der vom französischen „Épargne salariale“ abgeleitet wurde. Zu Einzelheiten des Épargne salariale vgl. in diesem Teil der Arbeit Punkt III.C.4, S. 170 ff.

490 Loi no. 94-640 du 25.07.94, J. O. du 27.07.94, S. 10832 ff. Die oben erwähnten Vorschläge haben zudem zur Verabschiedung des sog. Gesetzes Thomas no. 97-277 vom 25.03.1997 über eine weitere Verbesserung der Sparpläne geführt, das hauptsächlich infolge seines „ungleichen“ Charakters (es nutzte besonders den hohen Gehaltsempfängern) und seiner schwachen Berücksichtigung der Kollektivverhandlung heftig kritisiert wurde. Das Gesetz wurde sodann als Fauxpas gewertet, mit der anstößigen Folge, dass die entsprechenden Anwendungsdekrete nicht eingeführt wurden. Schließlich ist das Gesetz durch das soziale Modernisierungsgesetz vom 17. Januar 2002 aufgehoben worden.

Konservativ-Liberalen zu erkennen sind und die ursprüngliche Förderung durch das Gesetz von 1970 erweiterten, nicht unerwähnt bleiben,.

Am Rande der Initiativen zur finanziellen Mitarbeiterbeteiligung sind einmal mehr die Bemühungen um die immaterielle Arbeitnehmerbeteiligung zu erwähnen. So wurden 1981, dem Zeitpunkt des Machtverlusts der Gaullisten, vom regierungsbildenden sozialistischen Parteienbündnis die als „Lois Auroux"[491] bekannt gewordenen Reformen der Arbeitsbeziehungen in die Wege geleitet. Diese veränderten die Betriebsverfassung in Frankreich mit einer bis dahin unbekannten Tragweite.[492]

Ein letztes Beispiel, wie in Frankreich über die Gesetzgebung zur Mitarbeiterkapitalbeteiligung die Arbeitnehmermitbestimmung gestärkt wurde, ist das Gesetz vom 25.07.1994.[493] Danach mussten Unternehmen, deren Aktienkapital zu fünf Prozent der Belegschaft gehörte, in der Hauptversammlung über ein Angebot eines Aufsichtsratsmandats für die Arbeitnehmer abstimmen lassen.

Neben all den staatlichen Fördermaßnahmen wird dieser Entwicklungsabschnitt der Beteiligungsgeschichte in Frankreich in einem nicht unwesentlichen Maße durch die Gründung einer privaten Institution zur Mitarbeiterbeteiligung mit Namen FONDACT im Jahre 1980 geprägt.[494] Diese Vereinigung übernahm schnell eine wichtige Funktion in der Weiterentwicklung der französischen Mitarbeiterbeteiligung, die mit der hundert Jahre zuvor gegründeten Société pour l'étude pratique de la participation aux bénéfices vergleichbar war. 1996 verschmolz sich FONDACT mit drei anderen privaten Verbänden[495] und bildet seitdem eine der einflussreichsten und schlagkräftigsten privaten Institutionen in Frankreich. Zudem ist auf Initiative von FONDACT kurze Zeit später die „International Association for Financial Participation", kurz IAFP, durch die nationalen Pendants der folgenden zehn Länder gegründet worden: Australien, Belgien, Deutschland, Frankreich, Großbritannien, Irland, Japan, Niederlanden, Norwegen, USA.

---

491 Vgl. zu den vier Gesetzen der „Lois Auroux" im Einzelnen Kissler, L. (Hrsg.), Industrielle Demokratie (1985); Zimmermann, P., droit d'expression (2002), S. 15 ff.

492 Die Reformen bewirkten einerseits eine Stärkung der bisherigen betrieblichen Institutionen und andererseits wurde eine weitere Institution fest im Betrieb verankert, die den Arbeitnehmer ein unmittelbares Mitspracherecht einräumte. Aus dieser „partizipativen" Grundorientierung ergibt sich der entscheidende Unterschied zur deutschen Betriebsverfassung, bei der die Mitspracherechte der Arbeitnehmer „repräsentativ" durch den Betriebsrat wahrgenommen werden. Vgl. Pohl, H., Mitbestimmung (1996), S. 21. Mittelbar wirkt sich dieser Unterschied auch auf die Ausgestaltung von Mitarbeiterbeteiligungsmodellen aus.

493 Loi no. 94-640 du 25.07.94, J. O. du 27.07.94, S. 10832 ff.

494 Die FONDACT bezeichnet sich als "Association pour la gestion participative, l'épargne salariale, l'actionnariat de responsabilité".

495 Die Verbände hießen: "l'Association Française pour la Participation dans l'Entreprise" ("Französische Vereinigung zur betrieblichen Arbeitnehmerbeteiligung"), "l'Association pour l'Actionnariat de Responsabilité des Salariés" ("Verband der Belegschaftsaktionäre") und "Comité Hyacinthe Dubreuil" ("Hyacinthe Dubreuil Komitee").

Die Positionen der großen Gewerkschaftsverbände CGT, FO und CFDT zur Mitarbeitererfolgs- und -kapitalbeteiligung zeichneten sich mittlerweile weitaus positiver ab als noch einige Jahrzehnte zuvor. So kam es sogar zu einer Zusammenarbeit der Arbeitgeberverbände mit der CGT, um eine Verbesserung der Regelungen zur Gewinnbeteiligung zu erreichen.

Jahr	Beteiligungs-form	Beteiligungs-unternehmen	Mitarbeiter (in Tsd.)	Kapital (in Mrd. FF)
1987/88	EB	16.600	5.573	-
	KB	350[1)]	597	1,9
1993	EB	24.874	6.994	23,87
	KB	615[2)] 5.745	- 2.480	- 8,82

Abb. 27: Entwicklung der Erfolgs- und Kapitalbeteiligung in Frankreich (III)[496]

[1)] Anzahl bezieht sich auf Unternehmen, die von der staatlich geförderten Ausgabe von Gratisaktien Gebrauch machten.

[2)] Zahlen beziehen sich auf Unternehmen, die von der Belegschaft im Rahmen eines (geförderten) Belegschafts-Buy-Outs übernommen wurden.

4. L'Épargne Salariale: Vermögensbildung à la française

Die bislang letzte Epoche wurde im Jahr 2000 vom französischen Finanzminister Fabius eingeleitet, der die vergeblichen Modernisierungsversuche seiner direkten Vorgänger in der Jospin-Regierung beendete. Aber auch er erweiterte lediglich mit einem Bündel von Ergänzungen und Modifikationen das existierende System der freiwilligen Arbeitnehmerbeteiligung. Erklärtes Ziel dieser neuen Fördermaßnahmen war, insbesondere Arbeitnehmer in kleinen und mittelgroßen Unternehmen zu erreichen, da bisher die Mehrzahl der am (Eigen-)Kapital des arbeitgebenden Unternehmens beteiligten Mitarbeiter in den großen Aktiengesellschaften beschäftigt war. Die wichtigsten Gesetze hierzu passierten im Jahr 2001 die Nationalversammlung.[497]

Dabei wurden die Reformvorschläge in den Reihen der Sozialpartner wie auch innerhalb der Regierung kontrovers diskutiert. Vor allem die Einführung von Sparfonds – die ein weiteres, auf einen längerfristigen Zeitraum ausgerichtetes Instrument des Lohnsparens darstellen – ist von Seiten der Gewerkschaften scharf kritisiert worden,

---

496 Vgl. Uvalic, M., PEPPER-Bericht (1991), S. 68 ff. und 80 sowie EU-Kommission, KOM (96)697 (1996), S. 21; zur Erfolgsbeteiligung und Épargne salariale 1993 vgl. Url: http://www.ladocumentationfrancaise.fr/dossier_actualite/epargne_salariale/chiffres.html (Stand: 11.06.2003).

497 Dazu gehören loi no. 2001-152 du 19.02.01, J. O. du 20.2.01, S. 1058 ff.

die diese Sparform als „trojanisches Pferd für Pensionsfonds" bezeichneten.[498] Die finanzielle Beteiligung und die Einrichtungen des Lohnsparens sollten ihrer Meinung nach deshalb nur auf der Grundlage einer gesicherten Lohnentwicklung erfolgen, was durch eine Stärkung der Rahmenbedingungen zum Abschluss von Tarifvereinbarungen erreicht werden sollte.

Mittlerweile hat das Konzept des Lohnsparens sowohl auf politischer Ebene als auch bei den Sozialpartnern und Gewerkschaften jenes der ausschließlichen finanziellen Beteiligung ersetzt. Zudem hat auch eine Zielerweitung stattgefunden. So wurde ein Unternehmenssparplan, der eine langfristigere Kapitalbindung vorsah, schon kurz nach der Einführung wieder abgeschafft und mit einem neuen Modell eine Brücke zur betrieblichen Altersvorsorge geschlagen, das unter anderem aus den Erfolgsbeteiligungen Intéressement und Participation finanziert wird.[499]

Im Gegenzug ist allerdings die spezielle staatliche Förderung des Belegschafts- und Management-Buy-Outs ausgelaufen. Auch wenn in der Diskussionsphase über die Aktienoptionsbesteuerung debattiert wurde, sind diese nicht Gegenstand von Bestimmungen der derzeitigen Gesetzgebung über das Lohnsparen geworden. Erstaunlicher Weise versucht aber die französische Regierung noch immer durch stetige Abänderungen und ergänzende Nachträge der anhaltenden Erfolglosigkeit der Société anonyme à participation ouvrière beizukommen.[500]

Hinsichtlich der Arbeitnehmermitbestimmung ist keine (Weiter-)Entwicklung der bestehenden Regelungen zur betrieblichen Mitsprache der Arbeitnehmer zu erkennen. Lediglich in der Diskussion um die Kontrolle der Sparfonds erreichten die Richtungsgewerkschaften mit der allgemeinen Anerkennung von Mitarbeitern als Unterneh-

---

498 Bohne, A., Kapitalbildung (Handelsblatt v. 02.08.00), S. 8. Die Angst der französischen Gewerkschaften basiert einerseits auf dem hohen Einfluss der anglo-amerikanischen Pensionsfonds auf die französischen Konzerne, an denen sie mit 40 % bis sogar 50 % beteiligt sind. Andererseits bestünde aufgrund der Vergünstigungen die Gefahr der Substitution in der Lohnpolitik sowie der Aushöhlung des nationalen Systems zur Alterssicherung. Jedoch sei aufgrund dessen das sog. Gesetz Thomas, das derartige Versorgungsfonds errichten wollte, wieder relativ rasch außer Kraft gesetzt worden. Die Zielsetzung der neuen Sparfonds unterscheidet sich dagegen in der zeitlichen und betraglichen Struktur und durch die Stärkung der Arbeitnehmerrechte in der Verwaltung der Fonds. Vgl. Fabius, L., Discours du 3 octubre 2000 (http://www.finances.gouv.fr, Stand: 19.02.2006)).

499 Der PPESV wurde durch das Gesetz v. 19.02.01 eingeführt und ist per Gesetz v. 21.08.03 wieder abgeschafft worden. Vgl. hierzu loi no. 2001-152 du 19.02.01, J. O. du 20.02.01, S. 2774 ff.; loi no. 2003-775 du 21.08.03, J. O. du 22.08.03, S. 14310 ff. Dafür wurde der sog. PERCO in das Förderprogramm um das Lohnsparen aufgenommen. Die verschiedenen Unternehmenssparpläne werden im Punkt C.4. in diesem Teil der Arbeit, S. 170 ff. ausführlich erläutert.

500 Aktuell ist diese Rechtsform in den Art. L225-258 bis 225-270 des Code de commerce geregelt. In der Anwendung von Mitarbeiterkapitalbeteiligungsmodellen besitzt diese Beteiligungsform dagegen praktisch keine Relevanz; vgl. Gravenstein, V., Gesellschaftsrecht (1988), S. 4; Merle, P., Droit (2001), S. 9 f.; Sonnenberger, H. J., Handels- und Wirtschaftsrecht (1991), S. 131.

menspartner eine mitsprachefähige Arbeitnehmervertretung in den Verwaltungs- und Überwachungsräten dieser Fonds; zum einen um Einfluss auf die Beteiligungspolitik auszuüben, zum anderen im Sinne einer sozialen Interessenvertretung, welche durch die Kapitalkonzentration Einfluss auf die Unternehmenspolitik nehmen könnten.[501]

5. Historische Synopsis der Mitarbeiterbeteiligung in Frankreich

Die der Entwicklungsgeschichte der französischen Mitarbeiterbeteiligung lässt sich in der zahlenmäßigen Verbreitung der Beteiligungsmodelle wiedergeben.

Jahr	**Beteiligungs-form**	**Beteiligungs-unternehmen**	**Mitarbeiter** (in Tsd.)	**Kapital** (in Mrd. FF, 2003 in Mrd. €)
1891	EB/KB	84		
1921/22	EB/KB	200		
1950	EB/KB	190		
1960	EB/KB	400		
1970/71	EB	7.795	3.500	
	KB	25	0,4	
1987/88	EB	16.600	5.573	
	KB	350 1)	597	1,9
1993	EB	24.874	6.994	23,87
	KB	615 2) 5.745	- 2.480	- 8,82
1997	EB	33.580	7.983	33,95
	KB	655 2) 8.702	- 2.853	- 19,35
2003	**EB**	**43.386**	**9.100**	**10,3**
	KB	**125.000**	**-**	**ca. 50**

Abb. 28: Entwicklung der Erfolgs- und Kapitalbeteiligung in Frankreich (IV)[502]

501 Das „Comite Intersyndicale de l'épargne salariale – CFDT, CFE-CGC, CFTC, CGT" übernimmt dabei die Lobbyarbeit für alle großen Richtungsgewerksschaften. Vgl. hierzu Présentation de son premier rapport d'activité, 14.05.2004 (www.cftc.fr/547/602/604/786/ 1094/3477.asp, Stand: 19.02.2006) mit weiteren Quellenangaben.

502 Zu den Zahlen von 1891 vgl. Gilman, N. P., Geschäftsgewinn (1891), S. 339 f.; zu 1921/22 vgl. Richter, H., Kapital- und Gewinnbeteiligung (1922), S. 35; zu 1950 vgl. Dolleans, E./Dehove, G., Histoire (1955); für 1960 vgl. Föhl, C., Gewinnbeteiligung (1969), S. 11; für 1970/71 u. 1987/88: vgl. Uvalic, M., PEPPER-Bericht (1991), S. 68 ff.; zu 1993 u. 1997 vgl. http://www.ladocumentationfrancaise.fr/dossier_actualite/epargne_salariale/ chiffres.html (Stand: 19.02.2006); zu BBO in den Jahren 1987 – 1997 vgl. EU-Kommission, KOM (96)697 (1996), S. 21; zu 2003 vgl. Ministère de l'emploi, de la cohésion et du logement, Participation Financiere (2005).

1) Anzahl bezieht sich auf Unternehmen, die Gratisaktien ausgaben.
2) Zahlen beziehen sich auf (geförderte) Belegschafts-Buy-Outs.

Während der Anfänge der praktischen Umsetzung der Beteiligungsidee, als noch keine Gesetze die Verbreitung der unterschiedlichen Systeme vorantrieben und diese dementsprechend ausschließlich auf private Initiativen – insbesondere der privaten Verbände – beruhte, nahm die Anzahl der Vereinbarungen anfangs in kleinem Maße zu. Ab Mitte der 20er Jahre bis Mitte der 50er Jahre stagnierte die Beteiligungsentwicklung, obwohl es nach dem zweiten Weltkrieg einige politische Bestrebungen zur Förderung einer Erfolgs- und Kapitalbeteiligung von Arbeitnehmern gab. Erst infolge der Gesetze zur freiwilligen Erfolgsbeteiligung Intéressement (1959) war zunächst ein kleiner, dann infolge der Einführung der obligatorischen Participation (1967) und den verschiedenen Formen des Lohnsparens jeweils ein gravierender Anstieg zu verzeichnen.

Bei der Erfassung der einzelnen Modelle lässt sich für die ersten vier Jahresangaben nicht unterscheiden, ob es sich um reine oder investive Erfolgsbeteiligungsmodelle oder um reine Kapitalbeteiligungsmodelle handelt. Die kontinuierlich geführte Statistik des „Société pour l'étude pratique de la participation aux bénéfices", auf die in den damaligen internationalen Veröffentlichung zurückgegriffen wurde, beschreibt die Beteiligungsunternehmen zwar lediglich als Gewinnbeteiligungsfirmen. Es ist jedoch bekannt, dass im Rahmen der Gewinnbeteiligung vereinzelt auch Kapitalanteile, hauptsächlich in Form von Aktien, an die Arbeiter und Angestellten ausgegeben oder die finanziellen Mittel in einer Art Unterstützungskasse gesammelt wurden, welche wiederum dem arbeitgebenden Unternehmen als Finanzierungsquelle diente. Wie in der statistischen Übersicht für Deutschland geben die jeweiligen Zahlen die zu diesem Zeitpunkt bestehenden Modelle beziehungsweise die beteiligten Arbeitnehmer an. Auch in Frankreich wird dabei von einer mehrfach höheren Anzahl von Beteiligungsunternehmen gesprochen, welche diverse Beteiligungsmodelle eingeführt und nach einiger Zeit wieder aufgegeben haben.

Seit Inkrafttreten der Gesetze von 1967 veröffentlicht das Arbeitsministerium alljährlich diverse Informationen zu den genehmigungspflichtigen Modellen Intéressement, Participation und – seit Einführung – den Unternehmenssparplänen im Rahmen des Lohnsparens, unter anderem die zahlenmäßige Verbreitung.[503] In obiger Tabelle sind dabei unter der Rubrik Erfolgsbeteiligung alle Beteiligungsunternehmen zusammengefasst, die entweder das Intéressement oder die Participation praktizieren. Vereinzelt wird in Statistiken zudem die hiermit nicht zu verwechselnde Zahl der einzelnen Vereinbarungen wiedergegeben. Zudem ist zu beachten, dass nicht alle Unternehmen, die eine oder mehrere Beteiligungsvereinbarungen unterzeichnet haben, alljährlich auch Erfolgsanteile erwirtschaftet.

503 Vgl. zum letzten Bericht Ministère de l'emploi, de la cohésion et du logement, Participation Financiere (2005).

Neben dem hohen Verbreitungsgrad von Erfolgsbeteiligungsmodellen für die gesamte Belegschaft hat diese bei der Entlohnung von Führungskräften allem Anschein nach einen noch höheren Stellenwert. So erhielten 1998 ca. 91% der Geschäftsführer international tätiger Unternehmen einen variablen Vergütungsanteil, wohingegen in Deutschland dies gerade einmal bei 37% dieses Personenkreises der Fall ist.[504]

Bezüglich der Informationen über die Verbreitung der Kapitalbeteiligung kann indes auf keine, alle Beteiligungsmodelle umfassende, fortlaufende Statistik zurückgegriffen werden. Vielmehr ist man angehalten, die Anzahl für die jeweiligen Jahresangaben aus diversen Berichten und Veröffentlichungen zusammenzutragen, die in der Regel auf eine Neuerung oder Reform bestimmter Gesetze folgten.[505]

Zusammenfassend kann zweifelsohne festgehalten werden, dass die Verbreitung der Mitarbeiterbeteiligung eindeutig mit den gesetzlichen Fördermaßnahmen korreliert. Über die Qualität der stark verbreiteten Beteiligungsmodelle kann jedoch an dieser Stelle wiederum noch keine Aussage getroffen werden.[506]

B. Allgemeine Rechtsgrundlagen der Mitarbeiterbeteiligung

In den nachfolgenden Erläuterungen der für eine Mitarbeiterbeteiligung generell gültigen Rechtsbereiche soll zunächst auf das Arbeits- sowie auf das Handels- und Gesellschaftsrecht eingegangen werden. Danach werden die steuer- und sozialversicherungsrechtlichen Vorschriften zur Erfassung der Erfolgs- und Kapitalbeteiligungsbeträge erläutert. Die steuerrechtlichen Regelungen dienen wiederum als Referenzbasis

---

504 Vgl. Frey, B. S., Motivation (2000), S. 79. Eine andere Untersuchung weist jedoch für Deutschland mit 53 % eine weitaus höhere Beteiligungsquote aus, die allerdings noch immer deutlich unter dem Niveau von Frankreich liegt; vgl. Pendleton, A./ Poutsma, E./ Ommeren, J. van/ Brewster, C., Employee (2001), S. 34.

505 Abgesehen von den in Fn. 502 angegebenen Quellen, sind vor allem die sog. „rapport au premier ministre sur l'epargne salariale“, durch welche dem Premierminister in unregelmäßigen Abständen, zuletzt im Januar 2005, detailliert über sämtliche staatliche Maßnahmen zur Förderung von Arbeitnehmerbeteiligungen berichtet wird, sehr aufschlussreich. So wird z. B. explizit darauf hingewiesen, dass der Großteil der Arbeitnehmer, die in den Genuss von Gratisaktien kamen oder an sonstigen Belegschaftsaktienmodellen beteiligt sind, sofort nach Ablauf der Sperrfristen ihre Kapitalbeteiligungen wieder veräußern würden. Vgl. hierzu Balligand, J.-P./de Foucauld, J.-B., Rapport (2000), S. 133. Dieser Hinweis wird in einem Ministerialschreiben (circulaire interministerielle du 22 novembre 2001 relative a l'epargne salariale) u. a. als Begründung für die Reform bzw. Erweiterung des bestehenden Lohnsparens sowie deren Kopplung an die betriebliche Altersvorsorge genannt; vgl. Jouyet, J.-P. et alii, Circulaire (2001), S. 5.

506 Aussagen über die qualitative Verbreitung sollen erst nach der detaillierten Beschreibung der einzelnen institutionalisierten Formen vorgenommen werden. Vgl. hierzu Punkt C. in diesem Teil der Arbeit, S. 155 ff.

zu den vergünstigenden Vorschriften der genehmigungspflichtigen Beteiligungsmodelle, die im Rahmen der staatlichen Fördermaßnahmen zum Tragen kommen.[507]

1. Vorschriften des französischen Arbeitsrechts – Code du travail

Dem französischen Arbeitsrecht muss unter den gesetzlichen Rahmenbedingungen zur Mitarbeiterbeteiligung eine Sonderstellung eingeräumt werden. Dies rührt jedoch nicht von einer – aus dem deutschen Arbeitsrecht bekannten – weitgehenden gesetzlichen Arbeitnehmermitbestimmung her, sondern ergibt sich aus der Tatsache, dass die gesetzlichen Vorschriften der institutionalisierten Formen zur Mitarbeiterbeteiligung „Intéressement", „Participation" und „L'Epargne Salariale" in das Arbeitsrecht integriert wurden. An dieser Stelle soll jedoch noch nicht auf die speziellen Vorschriften der institutionalisierten Beteiligungsformen eingegangen werden. Es werden im Folgenden zunächst lediglich diejenigen arbeitsrechtlichen Bestimmungen erläutert, die sich auch auf nicht-genehmigungspflichtige Beteiligungssysteme beziehen.

Allerdings sind im Code du Travail keine allgemein gültigen Regelungen vorhanden, die vergleichbar zu den deutschen Vorschriften hinsichtlich einer Erfolgsbeteiligung – etwa über die vertraglichen Regelungsmöglichkeiten oder der Einflussnahme der Mitbestimmungsorgane – wären. Dennoch werden in den Spezialvorschriften den betrieblichen „Mitbestimmungsorganen" [508] explizit bestimmte Mitspracherechte zugeteilt, so dass die gesetzlich fixierte immaterielle Arbeitnehmerbeteiligung in Frankreich kurz erläutert werden soll. Nachfolgende Abbildung bietet zunächst einen Überblick über die unterschiedlichen Ausprägungen dieser gesetzlichen Mitbestimmungsorgane.

---

507 Obwohl davon auszugehen ist, dass in Frankreich neben den geförderten, genehmigungspflichtigen Beteiligungsmodellen keine anderweitigen Systeme existieren, für welche die speziellen Vorschriften der institutionalisierten Formen der Mitarbeiterbeteiligung keine Gültigkeit besitzen, ist es vor dem Hintergrund des „Mit-Ohne-Vergleichs" notwendig, auch auf generelle Rechtsbereiche einzugehen, um so die Förderwirkung deutlicher herausarbeiten zu können.

508 Die historisch gewachsenen Strukturen der immateriellen Arbeitnehmerbeteiligung in Deutschland und Frankreich unterscheiden sich allerdings schon rein begrifflich. Eine wörtliche Übersetzung von Mitbestimmung heißt „co-détermination", was jedoch weder im Arbeitsrecht noch in der Praxis verstanden noch benutzt wird. Vielmehr ist in Frankreich im Zusammenhang mit der betrieblichen Demokratie die Bezeichnung „Participation" gebräuchlich. Vgl. Lasserre, R., Mitbestimmung (1996), S. 23. Da die obligatorische Gewinnbeteiligung ebenfalls als „Participation" bezeichnet wird, ist dieser Begriff somit doppelt belegt.

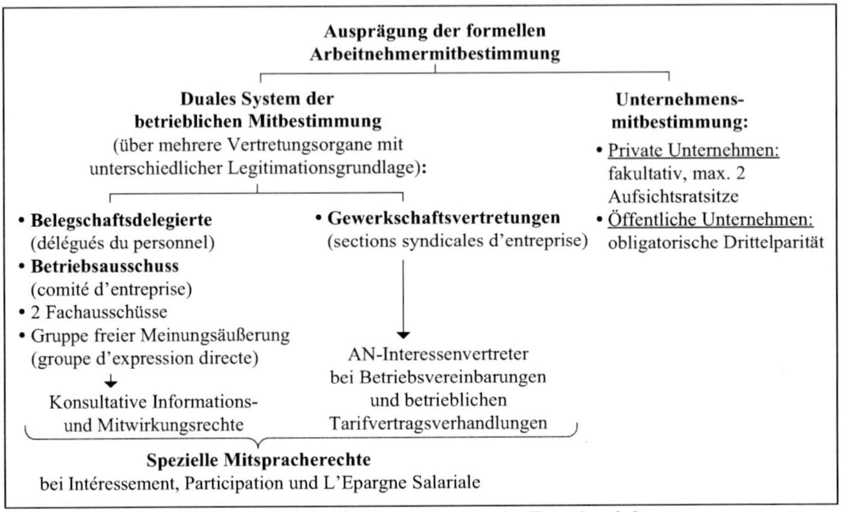

Abb. 29: Gesetzliche Mitbestimmungsstruktur in Frankreich

Das System der betrieblichen Mitbestimmung in Frankreich ist im Gegensatz zur einheitlichen deutschen Vertretung, dem Betriebsrat, durch ein Mit- und Nebeneinander von fünf Vertretungsorganen mit unterschiedlicher Legitimationsgrundlage und unterschiedlichen Funktionen gekennzeichnet.[509] Drei von fünf dieser Vertretungseinrichtungen sind direkt von der gesamten Belegschaft zu wählen. Den Schwerpunkt bilden dabei der oder die Belegschaftsdelegierte(n) und der Betriebsausschuss, die in der Regel eng, aber arbeitsteilig zusammenarbeiten. Zusätzlich ist in Betrieben mit mehr als 50 Arbeitnehmer ein Ausschuss für Gesundheitsschutz, Arbeitssicherheit und Arbeitsbedingungen (comité d'hygiène, de sécurité et des conditions de travail) zu bilden, der um einen Konzernausschuss (comité de groupe) für die Ebene größerer Muttergesellschaften ergänzt werden kann. Schließlich sieht das Gesetz ein direktes Mitspracherecht der Arbeitnehmer vor, das dem Gebot der direkten Partizipation im Betrieb entspricht.[510]

Die gesetzlichen „Mitbestimmungsrechte" gehen jedoch weder bei den gewählten Vertretungsorganen noch bei den Arbeitnehmern in den „Gruppen zur freien Meinungsäußerung" über konsultative Informations- und Mitwirkungsrechte hinaus. Insofern können die Arbeitnehmerinteressen nicht auf Basis einer gleichberechtigten kooperativen Betriebspartnerschaft im Unternehmen vertreten werden, da es an einer effektiven Kontroll- und Mitsprachemöglichkeit fehlt. Hinzu kommt, dass das Zu-

509 Vgl. Lasserre, R., Mitbestimmung (1996), S. 25. Zu einzelnen Aufgaben und Befugnissen der betrieblichen Hauptorgane vgl. Klinkhammer, H./Welslau, D., Mitbestimmung (1995); Wenker, H., Arbeitnehmermitbestimmung (1995).

510 Tillmanns, W., Arbeitsrecht (IWB Nr. 23 v. 11.12.02), S. 171 ff.

sammenspiel dieser Vertretungsorgane aufgrund von Überschneidungen ihrer Aufgabenstellungen in der betrieblichen Praxis oft problematisch ist.[511]

Die zweite in der französischen Betriebsverfassungs- und Mitbestimmungsgesetzgebung verankerte Form der betrieblichen Arbeitnehmervertretung ist die betriebliche Gewerkschaftsvertretung. Durch die gesetzliche Anerkennung der Gewerkschaften als berufene Interessenvertreter der Arbeitnehmer im Betrieb übernehmen diese die Funktion einer betrieblichen Tarifvertragspartei. In der Regel sind allerdings mehrere Gewerkschaften über diese Vertretungen im Betrieb präsent, die gemeinsam über Betriebsvereinbarungen die (Arbeitnehmer-)Interessen durchzusetzen versuchen.

Das bisweilen sehr komplexe Vertretungssystem der betrieblichen Mitbestimmung wird durch eine einfach strukturierte und wenig ausgeprägte Unternehmensmitbestimmung ergänzt. Gesetzlich vorgeschrieben ist eine drittelparitätische Vertretung der Arbeitnehmer ausschließlich in den Verwaltungsräten öffentlicher Unternehmen. In privaten Gesellschaften ist diese Vertretung meist fakultativ und zudem auf zwei Sitze beschränkt.[512]

Diese allgemeinen Vorschriften über die immaterielle Arbeitnehmerbeteiligung werden von speziellen Regelungen ergänzt, die ausschließlich im Zusammenhang mit den institutionalisierten Formen einer materiellen Arbeitnehmerbeteiligung zur Geltung kommen. Ausführungen hierzu folgen in den entsprechenden Abschnitten.[513]

2. Zivilrechtliche Rahmenbedingungen gemäß Code de commerce

Einer Mitarbeiterkapitalbeteiligung in Frankreich stehen im allgemeinen Beteiligungsformen zur Verfügung, die in Struktur und Haftung im wesentlichen den entsprechenden deutschen Kapitalbeteiligungsformen gleichen. Dabei sind schuldrechtliche Kapitalbeteiligungen in Form eines Darlehens oder einer Schuldverschreibung hinsichtlich der gesetzlichen Vorschriften ebenso unproblematisch wie in Deutschland. Vor dem Hintergrund der deutschen handels- und gesellschaftsrechtlichen Beschränkungen einer Mitarbeiterkapitalbeteiligung werden deshalb die in Frankreich zur Verfügung stehenden eigenkapitalmäßigen Beteiligungsformen kurz dargestellt. Nachfolgende Abbildung gibt die verschiedenen Formen mit der jeweiligen deutschen

---

511 Vgl. Klinkhammer, H./Welslau, D., Mitbestimmung (1995), S. 168.

512 Eine volle Stimmberechtigung des Faktors Arbeit an den unternehmerischen Entscheidungen ist in Frankreich nur im Rahmen der Société anonyme à participation ouvrière möglich. Aber bisher haben sich weder die französischen Unternehmer, die eine Beschränkung der freien Verfügungsgewalt des Kapitals hinzunehmen hätten, noch die französischen Richtungsgewerkschaften mit dieser Institution anfreunden können. Begründet durch den grundsätzlichen Interessengegensatz zwischen Arbeit und Kapital lehn(t)en sie bisher sämtliche Beteiligungen von Arbeitnehmervertretungen an der Unternehmensführung ab. Vgl. Pohl, H., Mitbestimmung (1996), S. 19 m. w. N.

513 Vgl. Punkt III.E. in diesem Teil der Arbeit, S. 155 ff.

Bezeichnung in einer Übersicht wieder, wobei aus Gründen der Vergleichbarkeit zwischen einer Beteiligung an einer Personenunternehmung und einer Kapitalgesellschaft unterschieden wird.[514] Eine derartige Abgrenzung, welche die Differenzierung zwischen Gesamthandsgemeinschaft und juristischer Person wiedergeben soll, ist in Frankreich unbekannt, da auch die Personengesellschaften mit einer „personnalité morale“ ausgestattet und somit als juristische Personen anzusehen sind.[515]

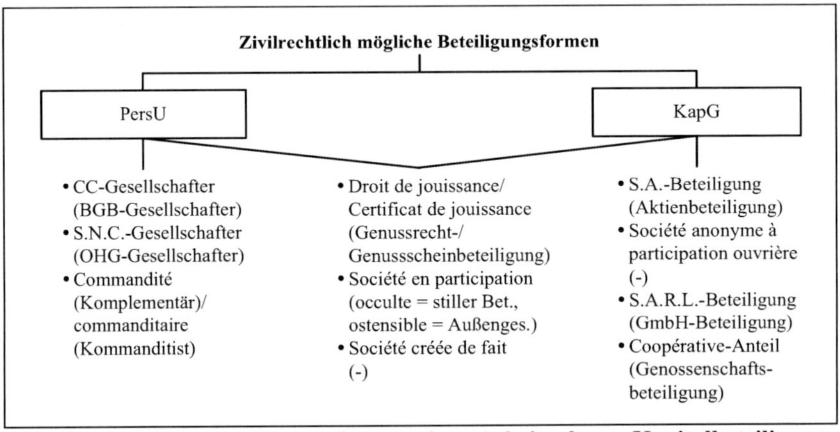

Abb. 30: Mögliche Beteiligungsformen einer Arbeitnehmer-Kapitalbeteiligung in Frankreich

Wie aus der Abbildung hervorgeht, bietet das französische Recht bestimmte rechtsformspezifische, aber auch rechtsformneutrale Beteiligungsformen, die für eine Mitarbeiterkapitalbeteiligung geeignet erscheinen. Die erwähnte Verwandtschaft in Struktur und Haftung kann hierdurch bestätigt werden. Deshalb ist eine Beteiligung von Mitarbeitern als Einzelunternehmer wie in Deutschland nicht möglich. Bei den rechtsformspezifischen Beteiligungen als CC-Gesellschafter, S.N.C.-Gesellschafter oder Commandité steht die personalistische Beziehung mit all ihren Eigenschaften im Vordergrund.[516] Hingegen dominiert bei S.A.-Beteiligungen und bei Beteiligungen als Commanditaire sowie den Coopérative-Anteilen der kapitalistische Charakter der Beteiligungsform.[517] Über die rechtsformneutralen Beteiligungsformen (droit/certificate de jouissance, société en participation und société créée de fait) ist

---

514 Zur Vergleichbarkeit der Gesellschaftsbegriffe vgl. Nitschke, H., Recht (2001), S. 15 ff., insb. 84 ff.

515 Vgl. Hellio, F./ Rädler, A., Anmerkungen (IStR 13/00), S. 404.

516 Unbeschränkte Haftung, Geschäftsführungs- u. Vertretungsbefugnis, beschränkte Übertragbarkeit der Gesellschaftsanteile, besondere Gründungsvorschriften.

517 Hier insbesondere von Bedeutung sind die beschränkte Haftung sowie der vorgesehene Gesellschafterwechsel.

sowohl eine Beteiligung an einer Personenunternehmung als auch an einer Kapitalgesellschaft möglich.

Allerdings stellen sich gerade im Zusammenhang mit den Anforderungen einer – eigenkapitalmäßigen – Mitarbeiterbeteiligung eine Vielzahl sehr bedeutender Besonderheiten heraus, die das französische Recht deutlich vom deutschen abheben.[518] So werden alle nicht im Handelsregister eingetragenen Gesellschaften zu sociétés en participation. Die sociétés en participation können folglich nicht nur eine reine Innengesellschaft, also eine stille Gesellschaft im deutschen Sinne, sondern auch eine Außengesellschaft sein. Da aber die Rechtsfähigkeit einer Gesellschaft, die in Frankreich als personelle morale bezeichnet wird, an die Eintragung gekoppelt ist, kommt aus diesem Grund der société en participation keine Rechtsfähigkeit zu. Eine eigenständige Rechtsfähigkeit wird aber allen anderen Personengesellschaften zugestanden, soweit sie ins Handelsregister eingetragen sind.[519] Obwohl deshalb die société en participation ein außerordentlich hohes Verbreitungsniveau angenommen hat,[520] ist sie im Rahmen der Mitarbeiterbeteiligung nahezu bedeutungslos.

Als ausschlaggebendes Merkmal der KG-ähnlichen Société en commandite simple ist eine bestimmte Spezialvorschrift für commanditaires, die mit den beschränkt haftenden Kommanditisten gleichzustellen sind, zu nennen. Eine vertragliche Anreicherung von Mitsprache- und Stimmrechte, die über die in Deutschland als Regelstatut bezeichnete Kommanditistenstellung hinausgehen, ist im französischen Recht nicht erlaubt. Ein Verstoß gegen dieses Verbot führt automatisch zur unbeschränkten und gesamtschuldnerischen Haftung des commanditaires.[521] Des weiteren hat der kapitalistische Charakter einer Kommanditistenbeteiligung dadurch Berücksichtigung gefunden, dass die Übertragbarkeit der Gesellschafteranteile relativ freizügig möglich ist.[522]

Sinngemäße Bestimmungen sind für die GmbH-ähnliche S.A.R.L. hervorzuheben. Zunächst schreibt das französische Recht im Vergleich zum deutschen GmbH-Gesetz

---

518 An dieser Stelle weniger von Bedeutung, aber dennoch sehr charakteristisch für das französische Gesellschaftsrecht, ist die hohe Anzahl „gesellschaftsrechtlicher Spielarten“ im Privatsektor.

519 Kraft Eintragung ins Handelsregister ist selbst die CC-Gesellschaft, die zudem nach französischem Recht eine juristische Person ist, eigenständig rechtsfähig. Vgl. Sonnenberger, H. J., Handels- und Wirtschaftsrecht (1991), S. 110. Die Rechtsfähigkeit der Personengesellschaften wirkt sich dabei auch auf die steuerliche Anerkennung der vertraglichen Leistungsbeziehungen aus. Vgl. hierzu Punkt III.B.3.a.bb. in diesem Teil der Arbeit, S. 149 f.

520 Vgl. Sonnenberger, H. J., Handels- und Wirtschaftsrecht (1991), S. 110.

521 Vgl. Merle, P., Droit (2001), S. 158 f. Diese Bestimmungen lassen wenig Fragen der steuerlichen Behandlung der Kommanditistenbeteiligung offen. Vgl. hierzu in diesem Teil der Arbeit Punkt III.B.3.a.bb., S. 148.

522 Zu den im Statut festsetzbaren Bestimmungen vgl. Chaussade-Klein, B., Gesellschaftsrecht (1998), S. 46.

eine Aufteilung des Gesellschaftskapitals in gleich große Anteile vor.[523] Eine einfache Übertragbarkeit dieser „part sociale égales" ist grundsätzlich nur dadurch eingeschränkt, dass sie nicht als handelsfähige Wertpapiere verbrieft werden können, um den persönlichen Charakter der S.A.R.L. (dieser Kapitalbeteiligung) zu betonen. Ansonsten können sie an Gesellschafter ebenfalls frei von Beschränkungen übertragen werden. Eine Veräußerung an Dritte ist lediglich an eine qualifizierte Mehrheit der Gesellschafter gebunden. Da ein Rückkauf eigener Anteile durch die Gesellschaft nicht wie bei der S.A. möglich ist, bleibt neben der Übernahme durch andere Gesellschafter nur noch die Kapitalherabsetzung.[524] Eine Änderung des Gesellschaftskapitals ist im Unterschied zu den deutschen Vorschriften wiederum weniger kompliziert. Sie erfordert zwar eine Abwandlung des Gesellschaftsvertrages, der generell jedoch keine notarielle Beurkundung verlangt.[525]

Eine letzte im Rahmen der Arbeitnehmerbeteiligung theoretisch Bedeutung erlangende Besonderheit des französischen Gesellschaftsrechts stellt die société coopérative dar. Die Möglichkeit zur freien Variation des Gesellschaftskapitals zeigt sich als wirtschaftlich wichtige Funktion nicht nur in der Landwirtschaft, sondern auch im Handwerks- und Dienstleistungsbereich.[526] In der Regel basiert eine genossenschaftsähnliche Rechtsform entweder auf einer S.A. oder einer S.A.R.L., wobei die Veränderlichkeit des Kapitals nicht nur auf Genossenschaften beschränkt ist.[527]

Ohne Belang scheint dagegen die als Sondergesellschaft bezeichnete sociéte anonyme à participation ouvrière. Wie im historischen Rückblick erwähnt, gibt es in Frankreich eine bestimmte Form der Aktiengesellschaft, die neben den „normalen" Kapitalaktien auch so genannte Arbeitsaktien (actions de travail), ausgibt, um so die Arbeitnehmer als eigenständige Aktionärsgruppe mit sämtlichen Gesellschafterrechten zu etablieren. In der Praxis ist diese Gesellschaftsform jedoch schon immer eine Ausnahmeerscheinung gewesen.[528]

---

523 Vgl. Art. L223-2 CC. Das relativ niedrige Mindestkapital i. H. v. 7.500 € (bis einschl. 2003) trug dabei im wesentlichen zur hohen Popularität dieser Gesellschaftsform bei. Durch das Gesetz Nr. 2003-721 v. 1. August 2003 zur Wirtschaftsbelebung wurde das Mindestkapital der S.A.R.L auf 1 € gesenkt. Vgl. loi no. 2003-721 du 01.08.2003, J. O., lois et décrets, 05.08.2003, S. 13449 ff.

524 Vgl. Chaussade-Klein, B., Gesellschaftsrecht (1998), S. 46 f.

525 Eine notarielle Beurkundung ist nur zwingend, wenn Sacheinlagen getätigt werden. Ansonsten wird eine notarielle Beglaubigung nur bei Ehegattengesellschaften vom Gesetz empfohlen. Vgl. hierzu Chaussade-Klein, B., Gesellschaftsrecht (1998), S. 15.

526 Kapitalgesellschaften mit veränderlichem Kapital werden dementsprechend häufig auch bei Belegschafts-Buy-Outs favorisiert, die in Frankreich Anfang/Mitte der 80er-Jahre einen hohen Stellenwert hatten. Vgl. hierzu Brüggemann, F.-M., Genossenschaften (1985), S. 35 ff. Sie könnten jedoch auch für einfache Mitarbeiterbeteiligungsprogramme als geeignetes Beteiligungsinstrument in Frage kommen.

527 Zu Genossenschaften vgl. Kamga Wafo, G. L., Finanzverfassung (1999), S. 14 f., 144 ff.

528 Vgl. Merle, P., Droit (2001), S. 12.

Um sich für die qualitative Beurteilung der Mitarbeiterbeteiligung in Frankreich ein Bild zu machen, ist in nachfolgender Tabelle die Verbreitung der unterschiedlichen Unternehmensrechtsformen in Frankreich dargestellt.[529]

Rechtsform	Anzahl der Unternehmen	
	1981	1999
Entrepreneur individuel – (EU)	k. A.	k. A.
Société en nom collectif – SNC (OHG)	17.713	34.056 (2.988)[1)]
Société en commandite simple – SCS (KG)	3.760	1.190 (715)[1)]
Société à responsabilité limitée – SARL (GmbH)	340.811	711.818
Société anonyme – SA (AG)	261.473	176.819
Société coopératives	33.907	k. A.
Sonstige Rechtsformen[2)]	167.909	k. A.
Gesamt	**825.573**	**923.883**

Abb. 31: Anzahl privater Unternehmen nach Rechtsformen[530]

[1)] Die Zahlen in Klammern beziffern die Anzahl der Gesellschaften, welche die Option zur Impot Société (IS) ausübten.

[2)] Unter sonstige Rechtsformen sind folgende Gesellschaften zusammengefasst: société civile, société non immatriculée und groupements d'intérêt économique.

Aus dieser Übersicht wird deutlich, dass sich einerseits im Bereich der Kapitalgesellschaften eine Konzentration auf die der GmbH-ähnlichen Rechtsform société à responsabilité limitée (S.A.R.L.) vollzieht und eine Verringerung von Aktiengesellschaften zu verzeichnen ist. Bei den Personengesellschaften hat eine Verdoppelung der OHG-ähnlichen Unternehmensrechtsform société en nom collectif (SNC) und gleichzeitig eine starke Reduktion von KG-ähnlichen société en commandite simple (SCS) stattgefunden.

529 Das Fehlen von Angaben uber die Verbreitung von Einzelunternehmen ist dabei für die Beurteilung der qualitativen Verbreitung der Mitarbeiterkapitalbeteiligung nicht von Bedeutung.

530 Vgl. für die Angaben im Jahr 1981 Merle, P., Droit (2001), S. 2; für Zahlen aus dem Jahr 1999 Hellio, F./ Rädler, A., Anmerkungen (IStR 13/00), S. 401.

3. Steuer- und sozialversicherungsrechtliche Rahmenbedingungen

a) Überblick

In Frankreich sind im Zusammenhang mit den steuer- und sozialversicherungsrechtlichen Rahmenbedingungen folgende Bereiche zu erfassen:

- **Persönliche Einkommensteuer („impôt sur le revenu"):** Gemäß Art. 1 CGI unterliegen ihr Einkünfte aus insgesamt acht Einkunftsarten.[531] Grundsätzlich ist sie als progressive Steuer ausgestaltet.[532] Auf Veräußerungsgewinne wird jedoch ein proportionaler Einkommensteuersatz angewandt. Die relativ hohe Progression wird dadurch abgemildert, dass ein „Haushalteinkommenssplitting" möglich ist. Dabei wird das zu versteuernde Einkommen des Haushalts nach der so genannten „Quotientenregel" gemildert. Je nach Anzahl der Familienmitglieder kommt ein Koeffizient zur Anwendung, der mit zunehmender Familiengröße zu einer niedrigeren Progression führt.[533]
- **Körperschaftsteuer („impôt sur les sociétés"):** Im Rahmen der Körperschaftsbesteuerung kommen unterschiedlich hohe Steuersätze zum Tragen. Der Standardsteuersatz beträgt 33⅓ %.[534] Steuerpflichtig sind generell alle Gewinne, jedoch unterliegen Veräußerungsgewinne aus langfristigem Anlagevermögen einem verminderten Steuersatz i. H. v. 15 %. Dividenden von französischen oder ausländischen Tochterunternehmen sind zu 95 % steuerfrei. Zusätzlich wird aber das Finanzergebnis einer Kapitalgesellschaft durch eine progressiv gestaffelte Pauschalbesteuerung („imposition annuelle forfaitaire" – IFA) belastet.[535] Bis

---

531 Dazu zählen: (1) gewerbliche Einkünfte (bénéfices industriels et commerciaux); (2) Einkünfte aus selbständiger Arbeit (bénéfices non commerciaux); (3) landwirtschaftliche Einkünfte (bénéfices de l'exploitation agricole); (4) Einkünfte aus Vermietung und Verpachtung (revenus fonciers); (5) Einkünfte aus nichtselbständiger Arbeit und Pensionseinkünfte (Traitements, salaires, indemnités, émoluments, pensions et rentes viagères); (6) Lohneinkünfte eines Mehrheitsgeschäftsführers einer GmbH (rémunérations des gérants majoritaires des S.A.R.L.); (7) Einkünfte aus Kapitalvermögen (revenues mobiliers); (8) Veräußerungsgewinne (plus-values de cession à titre onéreux de biens ou de droits de toute nature).

532 Gem. Art. 197 CGI gilt ein Eingangssteuersatz von 6,83% ab einem zvE i. H. v. 4.412 €; der Spitzensteuersatz beträgt 48,09 % für ein zvE ab 49.624 € (Werte für 2005).

533 Für Paare (Ehepaare oder eheähnliche Partnerschaft) ohne Kinder beträgt der Koeffizient (quotient familial) 2, mit einem Kind 2,5, mit zwei Kindern 3 und mit jedem weiteren Kind erhöht sich der Koeffizient um eins. Zusätzlich existieren für jedes Haushaltsmitglied eigene Steuerfreibeträge. Darüber hinaus wir zusätzlich ein Kindergeld bezahlt.

534 Für KMU (bis € 7,63 Mio Umsatz) ist der Standardsteuersatz für die ersten 38.120 € auf 15 % reduziert. Für öffentliche Unternehmen gilt ein reduzierter Satz i. H. v. 24 %. Vgl. Art. L219 CGI.

535 Für die einzelnen Progressionsstufen vgl. Art. L223 septies CGI.

einschließlich 2005 erhöhte sich die Körperschaftsteuer zudem um einen Sonderaufschlag von zuletzt 1,5 % der Körperschaftsteuer.[536]

- **Lohnsummensteuer:** Unternehmen, deren Umsätze nicht umsatzsteuerpflichtig sind, haben eine progressiv auf individuelle Löhne und Gehälter ausgestaltete Steuer abzuführen.[537] Die Steuer ist von der Bemessungsgrundlage zur Einkommen- und Körperschaftsteuer abzugsfähig.

- **Sozialabgaben:[538]** In Frankreich existiert ein breites und sehr komplexes System von Sozialabgaben, das in vier Gruppen gegliedert ist.[539] An dieser Stelle soll allerdings nicht auf alle Sozialabgaben im Einzelnen eingegangen werden. Es erfolgt vielmehr lediglich eine Unterscheidung zwischen den Sozialversicherungsbeiträgen (Arbeitgeber- und Arbeitnehmeranteil), die im Rahmen der staatlichen Förderung der Mitarbeiterbeteiligung nicht erhoben werden, und denjenigen Sozialabgaben, die von der Befreiung ausgeschlossen sind. Erstere betragen für den Arbeitgeberanteil[540] ca. 37,5 % des Gesamtpersonalaufwands und für den Arbeitnehmeranteil 19 % seines Bruttolohns. Sozialabgaben, die auch bei den institutionalisierten Formen der Mitarbeiterbeteiligung erhoben werden sind die so genannte CSG[541] sowie die so genannten CRDS[542].

---

536 Desweiteren erhöht sich die körperschaftsteuerliche Standardbelastung um einen Sozialbeitrag auf Unternehmensgewinne (CSB – contribution sociale sur les bénéfices) i. H. v. 3,3 % der berechneten Körperschaftsteuer.

537 Zu den Unternehmen, die keine umsatzsteuerpflichtigen Umsätze erziehlen, zählen insb. Banken u. Versicherungen, aber auch Unternehmen aus dem medizinischen Sektor und non-profit Organisationen. Für die einzelnen Progressionsstufen, Ausnahmen und Reduktionen vgl. Art. L1269 bis CGI.

538 Die Sozialabgaben spielen im Rahmen der Untersuchung eine wichtige Rolle, da deren Höhe eine beachtliche Belastung der Löhne- und Gehälter darstellt. Dadurch ergeben sich bei – partiellen – Beitragsbefreiungen starke finanzielle Förderwirkungen.

539 Diese Gruppen sind: (I) URSSAF (beinhaltet Beiträge (Arbeitgeber- und Arbeitnehmeranteil) für Krankenversicherung, Mutterschaft, Invalidität, gesetzliche Rentenversicherung, Witwenschaft, Familienkasse sowie CSG und CRDS), (II) Betriebsrente, (III) Arbeitslosenversicherung und (IV) Sonstige Beiträge. Zu Einzelheiten vgl. anstatt vieler o. V., Cotisations Sociales (La Gazette du Palais, no. 139 v. 19.05.02), S. 6 ff.

540 Bei der Berechnung werden diverse Arbeitnehmer- und Unternehmenskategorien sowie verschiedene Limits unterschieden. Die Zahl 37,5 % stellt einen Durchschnittswert dar.

541 Die 1991 eingeführte Contribution Sociale Genéralisee – CSG (allgmeiner Solidaritätsbeitrag) bildet die Basis des Sozialversicherungssystems. Sie wird nicht nur auf Löhne und Gehälter, sondern auch auf Transfer- und Kapitaleinkommen der einkommensteuerpflichtigen Krankenkassenmitgliedern erhoben, jedoch mit unterschiedlich hohen Steuersätzen. Vgl. Art. L136-1 ff. CSS. Die Abgabenhöhe für Löhne und Gehälter beträgt derzeit 0,24 % von 95 % des Bruttolohns.

542 Die Contribution au Remboursement de la Dette Sociale – CRDS (Abgabe zur Rückzahlung der Sozialversicherungsschulden) fällt auf die gleichen Einkommensarten wie die CSG an. Vgl. Art. L136-2 ff. CSS i. V. Die Abgabenhöhe beträgt 0,5 % von 95 % des Bruttolohns.

Im nachfolgenden soll die steuerliche Erfassung der Erträge, die im Zusammenhang mit Erfolgs- und Kapitalbeteiligungen erzielt werden können, anhand der betreffenden Einkunftsarten erläutert werden.

aa) Arbeitseinkünfte

Die Vergütungen, die ein Arbeitgeber im Rahmen einer Erfolgsbeteiligung einem Arbeitnehmer zukommen lässt, zählen gem. Art. 80 bis CGI steuerlich zu den Löhnen und Gehältern. Sie sind aufgrund Ihrer betrieblichen Veranlassung bei der einkommen- und körperschaftsteuerlichen Gewinnermittlung als Betriebsausgabe abzugsfähig. Der Arbeitgeberanteil der Sozialabgaben i. H. v. ca. 37,5 % wird dabei auf den Gesamtpersonalaufwand berechnet.

In Frankreich wird die Einkommensteuer auf Einkünfte aus nichtselbständiger Arbeit nicht im Rahmen einer Quellenbesteuerung erhoben. Die Lohnsteuer ist in Frankreich unbekannt.[543] Jedoch hat der Arbeitgeber der Finanzverwaltung die an jeden einzelnen Arbeitnehmer im Laufe des Jahres bezahlten betrieblichen Leistungen durch ein so genanntes Lohnbulletin mitzuteilen. Die Arbeitgeber- und Arbeitnehmer-Sozialversicherungsbeiträge (derzeit 19 % des Bruttolohns) sowie die Beiträge CSG und CRDS (zusammen ca. 7,6 %) werden vom Arbeitgeber an die zuständigen Stellen abgeführt.

Die Zuwendungen des Arbeitgebers werden demnach beim Arbeitnehmer steuerlich als Einkünfte aus nichtselbständiger Arbeit erfasst,[544] wobei nach Art. 83 CGI die Löhne und Gehälter im Prinzip lediglich mit 72 % ihres „Bruttobetrages" angesetzt werden.[545] Anstatt des Lohnsteuerabzugs hat der Arbeitnehmer entweder im Jahr nach der Einkommenserzielung seine Einkommensteuerschuld in drei Raten[546] zu begleichen oder er leistet im laufenden Jahr monatliche Zahlungen, die sich an der Vorjahressteuerschuld bemessen. Als Entstehungszeitpunkt der Einkommensteuerschuld wird der Zeitpunkt angenommen, in dem das Einkommen verfügbar ist. Außerordentliche oder zurückgestellte Einkünfte (deferred income) begünstigt der Ge-

---

543 Vgl. Tillmanns, W., Frankreich (2004), S. 48.

544 Unter die Einkünfte aus nichtselbständiger Arbeit fallen neben den Löhnen und Gehältern, Zuschüssen und Vergütungen, die im Zusammenhang mit der Beschäftigung stehen (= z. B. Erfolgsbeteiligungen), auch Pensionen und Rentenzahlungen.

545 Der Bruttobetrag ist der/das um die Sozialversicherungsbeiträge verminderte Bruttolohn bzw. -gehalt. Dieser Betrag kann zunächst um einen pauschalen Werbungskostenabzug i. H. v. 10 % (2005 auf 12.682 € beschränkt, mind. 3.325 €) vermindert werden. Vom verbleibenden Betrag kann ein pauschaler Abzug eines Arbeitnehmerfreibetrags i. H. v. 20 % (2005 auf 23.580 € beschränkt) vorgenommen werden. Aus beiden Pauschalabzügen errechnet sich ein Nettobetrag i. H. v. 72 %, auf den die ESt berechnet wird.

546 Davon sind zwei gleichhohe Steuervorauszahlungen im Februar und Mai zu leisten. In einer dritten Zahlungen, die innerhalb von zwei Monaten nach Erhalt des Einkommensteuerbescheids fällig wird, muss die Reststeuerschuld beglichen werden.

setzgeber dadurch, dass er auf diese separat das Splittingsystem (Quotientenregel) anwendet und somit die Progression mildert.

bb) Kapitaleinkünfte

Die Besteuerung von Erträgen aus Arbeitnehmerkapitalbeteiligungen knüpft auch in Frankreich an eine Unterscheidung in Fremdkapital- und Eigenkapitalbeteiligung an. Auf Unternehmensebene sind die Fremdkapitalzinsen bei der einkommen- und körperschaftsteuerlichen Gewinnermittlung generell als Betriebsausgabe abzugsfähig. Ähnlich wie in Deutschland ergibt sich je nach Zurechnung der Eigenkapitalvergütungen zu den Gewinn- oder Überschusseinkünften ein Besteuerungsunterschied. Basis dieser Zuordnung ist allerdings keine – auf zivilrechtlichen Grundsätzen basierende – rechtsformspezifische Differenzierung der Ertragsbesteuerung.[547] Vielmehr orientiert sich die Ertragsbesteuerung tendenziell eher an den wirtschaftlichen Gegebenheiten der Einkommenserzeugung/Einkommensentstehung.

Allerdings wird diese Unterscheidung in Frankreich durch die Sozialversicherungsbeiträge, die in unterschiedlicher Höhe auf die verschiedenen Kapitalerträge anfallen, stark beeinflusst.[548]

Zunächst soll in nachfolgender Abbildung die Grundsystematik der Ertragsbesteuerung verdeutlicht werden.

547 Die rechtsformspezifische Unternehmensbesteuerung in Deutschland leitet sich aus der zivilrechtlich bedeutsamen Unterscheidung von Personen- und Kapitalgesellschaften ab. Dabei gehen OHG und KG auf die BGB-Gesellschaft, AG und GmbH auf den Verein als Grundform einer juristischen Person zurück. In Frankreich dagegen ist eine solche Abgrenzung unbekannt, da sowohl die sociétés de personnes als auch die sociétés de capitaux auf die société civil als Grundform zurückgehen mit der Folge, dass die Trennlinie zwischen Gesamthandsgemeinschaften und juristischer Person in Frankreich nicht existiert. Vielmehr ist die franz. Personengesellschaft mit einer „personnalité morale" ausgestattet, was einer juristischen Person gleichkommt. Vgl. hierzu Hahn, H., Besteuerung (DStR 20-21/99), S. 836; Hellio, F./ Rädler, A., Anmerkungen (IStR 13/00), S. 404.

548 Vgl. hierzu die Ausführungen weiter unten.

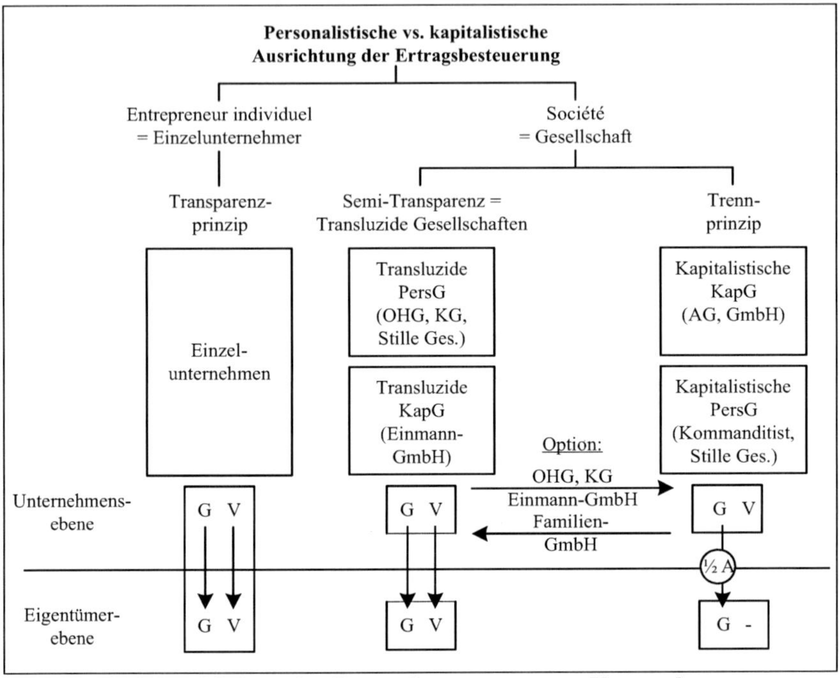

Abb. 32: Systematisierung der Ertragsbesteuerung von Unternehmen

Einzelunternehmen sind aufgrund der fehlenden personnalité morale keine Steuersubjekte im Sinne des Einkommensteuergesetzes. Gewinne und Verluste unterliegen daher direkt beim Einzelunternehmer der Besteuerung.[549] Da Personengesellschaften eine personnalité morale zugesprochen wird, werden sie gemäß Art. 8 CGI als „transluzide“ oder semi-transparente“ Einheiten behandelt. Aus diesem Grund erfolgen die Qualifikation und die Ermittlung der Einkünfte auf Unternehmensebene. Anschließend werden die Gewinne oder Verluste den Gesellschaftern zugerechnet und bei ihnen im Rahmen der gewerblichen Einkünfte (bénéfices industriels et commerciaux) mit dem individuellen Steuersatz der progressiven Einkommensteuer besteuert. Die Transluzität findet aber auch generell für die Besteuerung von Einmann-GmbHs Anwendung, die demnach – trotz eigener Steuersubjektivität – als Kapitalgesellschaft nicht der impôt sur les société, dem französischen Pendant zur deutschen Körperschaftsteuer, unterliegt.

549 Nach Art. 34 CGI hat ein Einzelunternehmer seine Einkünfte im Rahmen der bénéfices industriels et commerciaux zu versteuern, wenn er eine gewerbliche, industrielle oder künstlerische Tätigkeit ausübt.

Als eine weitere Besonderheit der französischen Unternehmensbesteuerung sieht Art. 205 ff. CGI vor, dass nicht nur alle anderen Kapitalgesellschaften, sondern auch

- der Gewinnanteil der stillen Gesellschaften, bei denen der stille Gesellschafter der Finanzverwaltung nicht bekannt ist, sowie
- bei Kommanditgesellschaften der Gewinnanteil des Kommanditisten

der Körperschaftsteuer unterliegen. Bei dieser Art einer stillen Gesellschaft wird folglich das Unternehmen, an dem der stille Gesellschafter beteiligt ist, als Steuersubjekt der Körperschaftsteuer betrachtet. Bei Kommanditbeteiligungen ist die Kommanditgesellschaft Steuerschuldner der Körperschaftsteuer auf den Gewinnanteil des Kommanditisten. Schließlich räumt das französische Steuerrecht gemäß Art. 206-1, -3 CGI einerseits den transluziden Gesellschaften die Möglichkeit ein, für die Besteuerung nach der Körperschaftsteuer zu optieren. Andererseits können sich sogenannte Familien-GmbHs[550] für die Besteuerung als transluzide Kapitalgesellschaft entscheiden.[551]

Bis einschließlich 2004 fand ein gemildertes Doppelbesteuerungssystem Anwendung, das die doppelte Belastung der Gewinne von Körperschaften durch die Körperschaftsteuer auf Unternehmensebene und der Einkommensteuer auf die Dividende des Gesellschafters durch eine Steuergutschrift (avoir fiscale) kompensieren sollte. Seit 2005 gilt ein dem deutschen Steuerrecht entlehntes „Halbeinkünfteverfahren“. Danach sind die im Rahmen der impôt sur les société erfassten Gewinne unabhängig von deren Verwendung einer definitiven Körperschaftsteuer in Höhe von 33⅓ % zu unterwerfen.[552] Analog dazu sind die Gewinnausschüttungen seit dem 01.01.2005 beim Anteilseigner als Einkünfte aus Kapitalvermögen nur noch zur Hälfte steuerpflichtig. Zu dieser Einkunftsart zählen neben den Einkünften aus Wertpapieren (Dividenden aus Aktien und GmbH-Anteilen sowie Zinsen aus begebbaren Schuldverschreibungen) und den Gewinneinkünften aus bestimmten stillen Beteiligungen und Kommanditbeteiligungen Einkünfte aus Forderungen, die nicht durch Wertpapiere verbrieft sind.[553]

Neben der steuerlichen Behandlung der Unternehmensgewinne spielt das Transluzitätsprinzip (Semi-Transparenz), insbesondere bei der steuerlichen Anerkennung von

550 Zu den Voraussetzungen einer société à responsabilité limitée de famille vgl. Art. 239 bis AA CGI i. V. m. decrét no. 81-891 v. 01.10.81 (J.O., lois et décrets, 02.10.81, S. 2687).

551 Bei der jeweiligen Optionsausübung sind jedoch die steuerlichen Folgen, die mit denjenigen einer entsprechenden Umwandlung gleichzusetzen sind, zu berücksichtigen. Für nähere Erläuterungen vgl. Hahn, H., Besteuerung (DStR 20-21/99), S. 837 m. w. N.

552 Für KMU mit einem jährlichen Umsatz von weniger als 7.630.000 € gilt für die ersten 38.120 € steuerpflichtigen Gewinns ein reduzierter Körperschaftsteuersatz i. H. v. 15 %. Die gleichen Steuervergünstigungen gelten für junge Unternehmen (nicht älter als 7 Jahre), die einen bestimmten Anteil an Forschungs- und Entwicklungsaufwand erreichen. Für die Sozialversicherungsbeiträge gelten entprechende Vergünstigungen.

553 Vgl. Tillmanns, W., Frankreich (2004), S. 41 f.

Vertragsbeziehungen zwischen Gesellschaft und Gesellschafter vor dem Hintergrund der umfangreichen deutschen Umqualifizierung derartiger Einkünfte, eine bedeutende Rolle.[554] So werden lediglich Tätigkeitsvergütungen von Gesellschaftern transluzider Gesellschaften steuerlich nicht anerkannt, was zu einer Umqualifizierung der Gehaltszahlungen in gewerbliche Einkünfte führt. Somit sind sie steuerlich nicht als Betriebsausgabe abzugsfähig. Darlehensverträge und Verträge über die Vermietung und Verpachtung sind dagegen steuerlich wirksam. Sie führen auf Unternehmensebene zu entsprechenden Betriebsausgaben und auf Anteilseignerebene zu entsprechenden Einkünften.

In diesen Zusammenhang sind auch die Gehälter von mehreren GmbH-Geschäftsführern einzuordnen.[555] Ausschlaggebend ist hierbei die Differenzierung in Mehrheits- und Minderheitsgeschäftsführung. Eine Mehrheitsgeschäftsführung liegt vor, wenn die als Geschäftsführer tätigen Anteilseigner zusammen mehr als die Hälfte der GmbH-Anteile auf sich vereinigen, selbst wenn ein einzelner Gesellschafter keine Mehrheit besitzt. Als Konsequenz des Transluzitätsprinzips wird den Gehältern der einzelnen Geschäftsführer die Qualifizierung als normale Arbeitseinkünfte[556] verweigert. Dies hat zur Folge, dass die Bezüge ohne die für Arbeitslöhne üblichen Abzüge als Einkünfte bestimmter Unternehmensleiter zusammen mit dem sonstigen steuerpflichtigen Einkommen der progressiven Einkommensteuer unterliegen.[557] Vergütungen von Minderheitsgeschäftsführern, die zusammen nicht mehr als die Hälfte der Gesellschaftsanteile besitzen, gelten steuerlich als normale Arbeitseinkommen. Die sozialversicherungsrechtliche Behandlung orientiert sich an der steuerlichen.

cc) Private Veräußerungsgewinne

Die systematische steuerliche Erfassung privater Veräußerungsgewinne[558] wurde durch das Gesetz 76-660 vom 19.07.1976 eingeführt. Steuerpflichtig sind demnach

- der Gewinn aus der Veräußerung von privaten Grundstücken, grundstücksgleichen Rechten und Anteilen an nicht körperschaftsteuerpflichtigen Gesellschaften mit überwiegendem Immobilienvermögen sowie

---

554 Bei Einzelunternehmern werden wegen fehlender personnalité morale sowohl zivil-, als auch steuerrechtlich keinerlei Vertragsbeziehungen anerkannt. Tätigkeits- und Darlehensvergütungen sowie Miete und Pacht werden steuerlich als Gewinn umqualifiziert.

555 Vgl. zum Folgenden Tillmanns, W., GmbH-Recht (IWB Nr. 15 v. 12.08.98), S. 741.

556 Als normale Arbeitseinkünfte sind Löhne und Gehälter zu verstehen, die als Einkünfte aus nichtselbständiger Arbeit zu versteuern sind.

557 Eine Umqualifizierung in Gewinneinkünfte kann nicht vorgenommen werden, da die GmbH der Körperschaftsteuer unterliegt. Somit musste eine eigenständige Einkunftsart geschaffen werden, um die Umqualifizierung im Rahmen der Einkommensteuer zu ermöglichen.

558 Für betriebliche Veräußerungsgewinne vgl. Art. 39 quindecies und Art. 150-0 D ff. CGI.

- gemäß Art. L150-0 A CGI Gewinne aus der Veräußerung von mobilem Vermögen, zu welchem insbesondere Wertpapiere und andere Gesellschafterrechte zählen.

Der Steuersatz beträgt sowohl für Veräußerungsgewinne aus dem Immobilienverkauf als auch für solche aus dem Verkauf von Wertpapieren 16 %, der durch die verschiedenen Sozialversicherungsbeiträge zu einer Gesamtbelastung in Höhe von 25,6 % ansteigt.[559] Für die Veräußerung von Wertpapieren existiert eine Freibetrag in Höhe von 15.000 € im Jahr. Innerhalb der Familie ist eine Veräußerung generell steuerfrei. Veräußerungsverluste aus Wertpapierverkäufen können nur mit Gewinnen aus der Veräußerung von Wertpapieren verrechnet werden. Ein Verlustvortrag ist auf zehn Jahre beschränkt.

dd) Zwischenergebnis

Die steuerlichen Rahmenbedingungen der Mitarbeiterbeteiligung sind vor allem durch die Vielzahl der Belastungsarten und deren unterschiedliche Belastungshöhen gekennzeichnet. Dabei sind insbesondere

- die hohen Sozialversicherungsbeiträge, die nicht nur auf Arbeitseinkommen erhoben werden, sowie
- die generelle Erfassung von (privaten) Veräußerungsgewinnen

hervorzuheben. Die Unternehmensbesteuerung zeichnet sich durch einige Besonderheiten aus, die für die Arbeitnehmerkapitalbeteiligung entscheidend sein können. Vor allem die steuerliche Erfassung von Kapitalerträgen aus Kommanditbeteiligungen und stillen Beteiligungen, aber auch die steuerlichen Belastungsunterschiede zwischen Eigen- und Fremdkapitalbeteiligungen sind hier von Bedeutung. Die unterschiedlich hohen Sozialbeiträge auf Eigen- und Fremdkapitalerträge unterstreichen zudem diese Auffassung. Daher sollen in den folgenden Abschnitten diese Punkte näher beleuchtet werden. Da sich die Problematik des lohnsteuerauslösenden Zuflusszeitpunktes nicht stellt, kann auf eine Vertiefung der steuerlichen Erfassung von Erfolgsbeteiligungen verzichtet werden.

b) Steuerliche Aspekte im Rahmen von Eigenkapitalbeteiligungen der Mitarbeiter

Zur Erläuterung der steuerlichen Aspekte einer Beteiligung von Mitarbeitern am Eigenkapital des arbeitgebenden Unternehmens ist auch hier eine differenzierte Betrachtung der Unternehmens- und Gesellschafterebene sinnvoll.

559 Vgl. Tillmanns, W., Frankreich (2004), S. 32 ff.; Lefebvre, F. (Hrsg.), Memento Fiscal (2006), S. 547 ff.

Generell in die Betrachtung einzuschließen sind die rechtsformabhängigen Beteiligungsformen Aktien-, GmbH- und Kommanditbeteiligung sowie die rechtsformunabhängige stille Beteiligung. In der Regel unterliegen alle diese Beteiligungsformen der französischen Körperschaftsteuer, was eine einheitliche Erläuterung erlaubt.[560]

aa) Steuerliche Konsequenzen bei Beschaffung und Übertragung der Eigenkapitalanteile

Werden die im Rahmen einer Mitarbeiterbeteiligung erforderlichen Belegschaftsaktien oder GmbH-Anteile, welche von den Mitarbeitern entgeltlich erworben werden, durch eine Kapitalerhöhung neu geschaffen, stellen die finanziellen Mittel der Mitarbeiter gem. Art. L225-38 CC eine erfolgsneutrale Einlage dar. Wird die Kapitalerhöhung aus dem Jahresüberschuss gespeist, ist diese ebenfalls wie eine Kapitalerhöhung gegen Bareinlage zu behandeln.[561] Eine Vermögensminderung tritt erst ein, wenn die neu geschaffenen Kapitalanteile entweder unentgeltlich oder verbilligt an die Mitarbeiter übertragen werden. Die Zuwendung ist dann allerdings als Betriebsausgabe (Personalaufwand) abzugsfähig.[562] Dafür werden die entsprechenden Beträge beim begünstigten Mitarbeiter als Einkünfte aus nichtselbständiger Arbeit steuerlich erfasst und zusätzlich mit Sozialabgaben belastet. Der geldwerte Vorteil müsste zu dem Zeitpunkt besteuert werden, an welchem die Kapitalanteile rechtlich auf die Mitarbeiter übertragen werden, auch wenn eine Sperrfrist besteht. Zur steuerlichen Abmilderung kommen dann aber die Vorschriften zum deferred income zur Anwendung.

Sind die auszugebenden Kapitalanteile zuvor durch die Möglichkeit eines Rückkaufs eigener Aktien beschafft worden, können Vermögensminderungen durch unentgeltliche oder verbilligt überlassene Anteile ebenfalls als Personalaufwand erfolgswirksam verbucht werden.[563]

Eine Besonderheit im französischen Steuerrecht stellt die steuerliche Erfassung der Übertragung von Gesellschaftsanteilen[564] dar. Die Registersteuer beträgt 1 % und ist auf einen Maximalbetrag i. H. v. 4.000 € begrenzt. Eine bis Ende 2006 befristete Ausnahmeregelung befreit die Übertragung von Gesellschaftsanteilen bestimmter Unternehmen und Investmentfonds. Darüber hinaus gewährt sie dem Investor für seine Investition eine Steuergutschrift i. H. v. 25 % des Investitionsbetrages – unab-

560 Andere Beteiligungsformen wie z. B. als BGB-Gesellschafter, als OHG-Gesellschafter oder als Komplementär sind aufgrund ihrer Bedeutungslosigkeit für die Mitarbeiterbeteiligung von der Betrachtung ausgeschlossen.

561 Die Vorschriften zur Kapitalerhöhung bei der S.A. sind auch auf die S.A.R.L. anzuwenden.

562 Vgl. Lefebvre, F., Law Guide (2003), Abschnitt 12-230, S. 10501 ff.

563 Vgl. Lefebvre, F., Law Guide (2003), Abschnitt 14-030, S. 15802 ff.

564 Erfasst werden Übertragungen von Aktien, GmbH-Anteilen, Kommanditanteilen und anderen Anteilen, die ein Gewinnbeteiligungsrecht gewähren.

hängig davon, ob die Übertragung im Rahmen eines Mitarbeiterbeteiligungsprogramms stattfindet oder nicht.[565]

bb) Steuerliche Erfassung von Kapitalerträgen

Werden auf die Mitarbeiteranteile Gewinne ausgeschüttet, die vorher gem. Art. 206 CGI mit 33 ⅓ % Körperschaftsteuer belastet wurden, sind diese zur Hälfte als Einkünfte aus Kapitalvermögen zu versteuern.[566] Hier unterliegen sie dann der individuellen, progressiven Einkommensteuerbelastung. In Frankreich existiert ebenfalls ein Steuerfreibetrag für derartige Kapitalerträge, der im Veranlagungsjahr 2006 1.220 € für unverheiratete Steuerpflichtige (2.440 € für Ehepaare und Zusammenveranlagende) beträgt und auf den hälftigen Dividendenbetrag zu beziehen ist. Darüber hinaus wird eine pauschale Steuergutschrift i. H. v. 50 % der erhaltenen Dividende gewährt, maximal jedoch 115 € beziehungsweise 230 € je nach Familienstatus.[567] Diese Gutschrift kann entweder mit der zu zahlenden Einkommensteuer verrechnet oder direkt an den Steuerpflichtigen ausbezahlt werden.

Analog zu den Dividenden aus „normalen" Kapitalaktien werden die Kapitalerträge aus den Arbeitsaktien der Société anonyme à participation ouvrière als Einkünfte aus Kapitalvermögen im Rahmen des Halbeinkünfteverfahrens erfasst.

Zusätzlich werden die Dividenden der Arbeits-, wie auch der Kapitalaktien durch insgesamt 11 % Sozialbeiträge aus CSG und CRDS belastet.

cc) Steuerliche Erfassung von Veräußerungsgewinnen

Veräußerungsgewinne, die durch den Verkauf von Eigenkapitaltiteln erzielt werden, sind in Frankreich generell steuerpflichtig. Die Gewinne werden im Rahmen einer eigenen Einkunftsart erfasst. Sie unterliegen allerdings nicht dem progressiven Einkommensteuersatz, sondern werden mit einem proportionalen Steuersatz i. H. v. 16 % belastet. Hinzu kommt auch hier die 11 %-ige Belastung der Sozialbeiträge CSG und CRDS. Pro Steuerhaushalt wird ein Freibetrag i. H. v. 15.000 € p.a. gewährt.

Seit 1. Januar 2002 ist die Verrechnung eines Verlustvortrags nur noch mit Veräußerungsgewinnen für maximal 10 Jahre möglich.

---

565 Zu weiteren Einzelheiten vgl. o. V., European tax handbook (2003), S. 221 ff.

566 Das Halbeinkünfteverfahren kommt allerdings auch bei (Teil-)Gewinnausschüttungen zur Anwendung, wenn diese auf Unternehmensebene nur dem reduzierten Körperschaftsteuersatz i. H. v. 15 % unterworfen wurden.

567 Die Steuergutschrift stellt eine Art Werbungskostenpauschale dar.

c) Steuerliche Aspekte im Rahmen von Fremdkapitalbeteiligungen der Mitarbeiter

Die Beteiligung von Mitarbeitern im Rahmen von Fremdkapital hat weniger weitreichende steuerliche Folgen als bei Mitarbeitereigenkapital. Zunächst besteht bei der Begründung des Mitarbeiterkapitals keine Problematik. So können Kapitalbeteiligungen, die den Mitarbeitern verbilligt oder unentgeltlich eingeräumt werden, als Personalaufwand in entsprechender Höhe gewinnmindernd erfasst werden. Es besteht zudem keine steuerliche Erfassung durch die Registersteuer. Folglich sind nur die steuerliche Erfassung der Zinserträge sowie die Besteuerung eventueller Veräußerungsgewinne von Bedeutung. Die Fremdkapitalzinsen sind als Betriebsausgabe abzugsfähig.

aa) Steuerliche Erfassung von Kapitalerträgen

Erträge aus Fremdkapitalbeteiligungen werden auf Arbeitnehmerebene in der Regel als Einkünfte aus Kapitalvermögen erfasst. Sie sind somit normalerweise in das zu versteuernde Einkommen, auf welches der progressive Einkommensteuersatz angewendet wird, einzubeziehen. Jedoch gibt es bei der Erfassung von Zinserträgen gem. Art. L327-14 CGI verschiedene Ausnahmeregelungen.

Den Steuerpflichtigen wird eine Option eingeräumt, nach der die Zinseinkünfte nicht dem progressiven Steuersatz, sondern einem proportionalen Satz i. H. v. 16 % zu unterwerfen sind. Als spätest möglicher Zeitpunkt der Optionsausübung gilt der Zahlungszeitpunkt der Kapitalerträge.

Unabhängig von der Optionsausübung fällt in jedem Fall die – gleichbleibende – Belastung durch die Sozialversicherungsbeiträge CSG und CDRS i. H. v. 11 % auf die Zinserträge an.[568]

bb) Steuerliche Erfassung von Veräußerungsgewinnen

Analog zur Veräußerung von Eigenkapitalanteilen, werden Gewinne, die beim Verkauf von Fremdkapitalanteilen entstehen, bei Überschreitung der Freigrenze von 15.000 € p. a. pro Steuerhaushalt mit dem 16 %-igen proportionalen Steuersatz und den 11 %-igen Sozialbeiträgen belastet. Die Vorschriften zur Verlustverrechnung gelten entsprechend.

d) Zwischenergebnis

Die Besteuerung der Eigen- und Fremdkapitalvergütungen sowie die abzuführenden Sozialabgaben stellen eine beträchtliche Belastung dar. Vor diesem Hintergrund rü-

---

568 Vgl. Art. 150-0 A CGI.

cken die Steuervergünstigungen, die im Rahmen der institutionalisierten Formen der Mitarbeiterbeteiligung gewährt werden, in ein gänzlich anderes Licht.

C. Institutionalisierte Formen der Mitarbeiterbeteiligung und ihre steuerlichen Vergünstigungen

1. Überblick

In Frankreich existiert ein in das Arbeitsrecht integriertes Regelwerk zur Förderung der finanziellen Beteiligung von Mitarbeitern.[569] Durch die institutionalisierten Formen der Mitarbeiterbeteiligung wird ein – manchmal sehr enger – gesetzlicher Rahmen zur finanziellen Beteiligung von Mitarbeitern vorgegeben. Das Épargne Salarial dominiert dabei diese Rahmenbedingungen.[570] Die bis zu diesem Zeitpunkt elementarsten Vorschriften wurden am 21.10.1986[571] zusammengefasst. Ziel war es, dadurch die Förderung der unterschiedlichen Formen der Erfolgsbeteiligung (Intéressement und Participation) in Verbindung mit einem Unternehmenssparplan zu bündeln und auf die Beteiligung von Arbeitnehmern am (betrieblichen oder überbetrieblichen) Produktivkapital zu konzentrieren. Die parallele Förderung von Belegschaftsaktien- und Stock Options-Programmen führt dagegen ausschließlich zu Kapitalbeteiligung am arbeitgebenden Unternehmen. Nachfolgende Abbildung gibt einen Überblick über die aktuell gültigen Rechtsinstitute.

---

569 Hintergrund für diese Integration ist die bis dato fehlende explizite gesetzliche Verankerung der Arbeitnehmermitbestimmung. Im Rahmen des Intéressements sind – sozusagen durch die Hintertür der finanziellen Förderung einer Erfolgsbeteiligung – immaterielle Beteiligungsrechte des Arbeitnehmers gesetzlich fixiert. Vgl. hierzu Schutz, P., Beteiligung (1993), S. 53. In den Reformvorschlägen wird immer wieder die Möglichkeit zur Stärkung der Arbeitnehmerrechte im Rahmen des Épargne Salarial aufgegriffen. Aus Sicht der Regierung wäre eine Arbeitnehmervertretung (ein Drittel der Sitze) in den Verwaltungs- und Überwachungsräten der Fonds wünschenswert, was einer Anerkennung der Lohnempfänger als Partner der Unternehmen mit mehr Mitspracherechten entspräche. Diese Art der Vertretung sei der „démocratie actionnariale“, also der wirtschaftlichen Demokratie, vorzuziehen. Vgl. Projet de loi sur l’épargne salariale (2000), fiche no. 4.

570 Zu ausführlichen Hintergründen des Épargne Salarial vgl. Balligand, J. P./de Foucauld, J. B./Hanotaux, P./Sessin, T., L'Épargne salariale (2000).

571 Vgl. Ordonance no. 86-1134, 21.10.86 art. 33, J. O. du 23.10.86, S. 12771 ff. Grundlage der Verordung bildete das Ermächtigungsgesetz Nr. 86-793 v. 02.07.86. Die Vorschriften erfuhren ständige Reformen, zuletzt geändert durch das loi no. 2005-842, 26.07.05 art 36 I, J. O. du 27.07.05, S. 12160 ff.

Förderformen der Mitarbeiterbeteiligung in Frankreich

Épargne Salarial (Lohnsparen):

- Intéressement (freiwillige Erfolgsbeteiligung)
- Participation (obligatorische Erfolgsbeteiligung)
- Plan d'Épargne (Unternehmenssparplan)

Andere Förderformen:

- Actionnariat Salariale (Belegschaftsaktienprogramm)
- Les Plans d'Options sur Actions (Discretionary Stock Option Plan)

Abb. 33: Institutionalisierte Formen der Mitarbeiterbeteiligung in Frankreich

Zunächst sollen die drei Modelle Intéressement, Participation und Plan d'Épargne aufgrund ihrer engen Verbindung zueinander erläutert und danach auf das Actionariat Salariale und die als investive Erfolgsbeteiligung einzuordnenden „Stock Options" eingegangen werden.

2. Intéressement

a) Einführung

Das „Intéressement des salaries à l'entreprise" war das erste der heute noch geltenden Rechtsinstitute zur Mitarbeiterbeteiligung in Frankreich. Das freiwillige, aber genehmigungspflichtige Modell zur kollektiven Erfolgsbeteiligung der Mitarbeiter wurde seit seiner gesetzlichen Einführung[572] im Jahre 1959 insgesamt fünfmal reformiert, zuletzt durch das Gesetz 2005-842 vom 26.07.05.[573] Neben dem Grundgedanken der Freiwilligkeit hat vor allem die damals vorherrschende Zielsetzung, eine reine Erfolgsbeteiligung zu fördern, bis heute überstanden. Allerdings dominiert mittlerweile die Absicht, die (Produktiv-)Vermögensbildung in Arbeitnehmerhand voranzutreiben.

572 Eingeführt durch die Ordonnance no. 59-126 du 7 janvier 1959, J.O., Lois et décrets, 9.1.1959, S. 641 ff., welche durch ein nachfolgendes Dekret im wesentlichen fixiert wurde; vlg. décret no. 59-540 du 17. avril 1959, J.O., Lois et décrets, 18.4.1959, S. 4312 ff. Elementarste Gesichtspunkte der Regelungen sind: a) Steuervergünstigungen für die Beteiligungsunternehmen; b) das offizielle Prüfungs- u. Genehmigungsverfahren der Beteiligungsverträge, bei welchen den Gewerkschaften eine Mitwirkungsrolle zugedacht wurde; c) die Bestimmung, derartige finanzielle Zuwendungen an die Arbeitnehmer stellen keinen Arbeitslohn im sozialversicherungsrechtlichen Sinne dar.

573 Vgl. loi no. 2005-842 du 26.07.05, J. O. 173 du 27.07.05, S. 12160. Die gesetzlichen Regelungen des Intéressements sind im 4. Buch, 4. Titel, Kapitel 1 in den Art. L441-1 bis L441-7 Code du travail geregelt.

b) Anwendungsbereich

Die staatlichen Fördermaßnahmen sind bezüglich der einführenden Unternehmen eigentlich nicht beschränkt. Gemäß Art. L441-1 Code du travail können alle Unternehmen, unabhängig von ihrem Tätigkeitsbereich und der Rechtsform, das Intéressement einführen. Allerdings ist das Genehmigungsverfahren davon abhängig, ob das Unternehmen seinen Verpflichtungen hinsichtlich der Wahl von Arbeitnehmervertretern nachkommt oder nicht.[574]

Zwei Arten von Unternehmen sind in der entsprechenden Vorschrift explizit herausgestellt worden. Zum einen steht das Intéressement auch öffentlichen Unternehmen zur Verfügung, auch wenn diese keine Gewinnerzielungsabsicht haben. Zum anderen wird der Besonderheit der speziellen Rechtsform der Aktiengesellschaft mit Arbeits- und Kapitalaktien (société anonyme à participation ouvrière) dadurch Rechnung getragen, dass für die Dividenden der Arbeitsaktie die gleichen Vergünstigungen gewährt werden, wie für Erfolgsanteile im Rahmen des Intéressement. Trotzdem bleibt die Rechtsnatur der Dividende unverändert – insbesondere vor dem Hintergrund der immateriellen Arbeitnehmerrechte.

Eine weitere Voraussetzung zur Einführung dieses Erfolgsbeteiligungsmodells bezieht sich auf die zu beteiligenden Arbeitnehmer. Um dem kollektiven Charakter des Intéressements zu entsprechen, müssen grundsätzlich alle Mitarbeiter an dieser Erfolgsbeteiligung teilhaben können. Die einzig gestattete Beschränkung wird gemäß Art. L441-2 Code du travail durch eine Mindestzugehörigkeitsdauer, die 3 Monate nicht überschreiten darf, festgelegt.

c) Vertragliche Vereinbarungen

Unabdingbare Voraussetzung für die Einführung eines Intéressements ist laut Art. L441-1 Code du travail der Abschluss eines kollektiven Beteiligungsvertrags, der folgende Bestandteile beinhalten muss:[575]

- **Teilnehmerkreis:** Nennung der Unternehmensdaten beziehungsweise der betroffenen (Teil-)Betriebe und namentliche Aufführung aller partizipierenden Mitarbeiter.
- **Vertragsdauer:** Gesetzlich sind drei Jahre als Mindestlaufzeit erforderlich.
- **Indikator der Erfolgsbeteiligung:** Das Intéressement kann – je nach Ausgestaltung – auf eine unternehmens- oder (teil-)betriebsbezogene Ergebnis-,

---

574 Zu Einzelheiten über die Wahl von Betriebskomitees (comité d'entreprise) und Personaldelegierten (délégués du personnel) vgl. die Abschnitte unter Punkt B.1. in diesem Teil der Arbeit, S. 138 f., weiter oben.

575 Vgl. Art. L441-2 Code du travail und für weitergehende Erläuterungen o. V., participation financiére (La Revue Fiduciaire No. 833, v. 11/96), S. 96 ff. u. insb. S. 104 ff.

Leistungs- oder Umsatzgröße und sogar auf Verluste beziehungsweise eine Verlustreduktion berechnet werden, die in Zusammenhang mit den zu beteiligenden Mitarbeitern steht.[576] Der Vertrag muss allerdings die exakte Berechnungsmethodik nachvollziehbar beinhalten.

- **Verteilungsmodus:** Es ist entweder die Verteilung der Erfolganteile an alle Mitarbeiter in gleicher Höhe oder proportional zu Einkommen, Betriebszugehörigkeit und/oder Anwesenheit während der Berechnungsperiode möglich.
- **Informations- und Kontrollsystem:** Das Unternehmen muss ein System einrichten, welches die Mitarbeiter über die Bezugsgröße, deren periodische Berechnung sowie über die entsprechenden Verteilungsmodalitäten informiert. Dem beteiligten Mitarbeiter muss des weiteren eine Kontrollmöglichkeit eingeräumt werden.

Der Beteiligungsvertrag kann entweder im Rahmen eines Tarifvertrags, zwischen dem Arbeitgeber und Vertretern der repräsentativen Gewerkschaften oder innerhalb des Betriebskomitees abgeschlossen werden.[577] Zusätzlich besteht die Möglichkeit, dass der Unternehmer den Mitarbeitern die Einführung eines Intéressements vorschlägt. Dieser Vorschlag muss von einer Zwei-Drittel-Mehrheit der zu beteiligenden Mitarbeiter angenommen werden. Die letzte Einführungsalternative ist vor allem deshalb von gesteigertem Interesse, da in der Vereinbarung von 1959 das Intéressement explizit nur als additives Element zum normalen Lohn oder Gehalt vorgesehen war. Der Gesetzgeber erweiterte 1994 den Anwendungsbereich, indem er nach dem derzeit diskutierten Konzept der Weitzman'schen Lohnflexibilisierung das Intéressement auch als substitutiven Lohn- oder Gehaltsbestandteil anerkannte, um insbesondere in konjunkturell schwierigen Phasen die Beschäftigung zu stabilisieren.[578]

Der Beteiligungsvertrag muss nach Unterzeichnung bei der ortsansässigen Außenstelle des Arbeitsministeriums, der „direction departementale du travail et de l'emploi", hinterlegt werden. Hier wird der Vertrag hinsichtlich der arbeitsrechtlichen Vorschriften überprüft.[579] Ist der Vertrag regelkonform, hängt die staatliche Förderung einerseits noch von der Genehmigung des zuständigen Finanzamtes ab. Andererseits können aber auch die für die Einziehung der Sozialversicherungsbeiträge zuständigen

576 Vgl. Vala, C. G., France (2003), S. 42. Bis zur Integration ins Arbeitsgesetz 1986 war die Erfolgsgröße gesetzlich definiert. Seitdem kann sie flexibel auf die Arbeitnehmer- und Unternehmensbedürfnisse zugeschnitten werden.

577 Für nähere Einzelheiten über die Abschlussalternativen vgl. Schutz, P., Beteiligung (1993), S. 56 f.

578 Vgl. Vaughan-Whitehead, D., comprehensive legislation (1995), S. 56; Hebestreit, C., Arbeitnehmer-Aktienbeteiligung (2000), S. 120; Wickert, H., Erfolgsbeteiligungssysteme (2005), S. 35 f. Zur Problematik der sog. „Nicht-Substitutionsregel" vgl. o. V., participation financiére (La Revue Fiduciaire No. 833, v. 11/96), S. 89 ff. u. insb. S. 113 ff.

579 Vgl. Schutz, P., Beteiligung (1993), S. 58; Cellier, R./Ramandraivonona, D., L'Epargne Salariale (2005), S. 3.

Einrichtungen (URSSAF) nicht regelkonforme Vertragsinhalte bemängeln und die Befreiung der Erfolgsbeteiligungsbeträge von der Sozialversicherung verwehren.[580]

d) Fördersystematik

Die steuer- und abgabenrechtlichen Vergünstigungen betreffen sowohl die Unternehmens-, als auch die Arbeitnehmerebene und ist auf beiden Stufen durch bestimmte Höchstbeträge begrenzt. Außerdem fällt der Förderumfang je nach Art der Mittelverwendung unterschiedlich hoch aus.[581]

aa) Steuervergünstigungen

Die Beteiligungserfolge können vom Unternehmen bis zu einem Gesamtbetrag i. H. v. 20 % der gesamten Lohn- und Gehaltsaufwendungen vom steuerpflichtigen Gewinn abgezogen werden. Zusätzlich sind diese Beträge von der gemäß Art. 231 CGI normalerweise zu veranlagenden Lohnsummensteuer sowie den sonstigen lohnbezogenen Steuern und Abgaben[582] ausgenommen, obwohl sie steuerlich mit den „normalen“ Personalaufwendungen gleichgestellt werden. Zuwendungen, die über die 20 %-Begrenzung hinausgehen, sind steuerlich wie Gewinnausschüttungen zu behandeln. Unter bestimmten Voraussetzungen kann das Unternehmen sogar eine Investitionsrückstellung („provision pour investissement“) für zukünftige Intéressements vornehmen.[583]

Für Arbeitnehmer werden die Beträge, die ihnen im Rahmen eines Intéressements zuteil kommen, prinzipiell als Arbeitslohn klassifiziert und sind somit einkommensteuerpflichtig. Es greift die „normale“ Besteuerung für Einkünfte aus nichtselbständiger Arbeit, die mit dem individuellen Einkommensteuersatz zu versteuern sind.

Die Beteiligungserträge sind jedoch dann von der Einkommensteuer befreit, wenn sie

- für mindestens fünf Jahre[584] in einen Unternehmenssparplan investiert werden und gleichzeitig
- den halben Betrag der Beitragsbemessungsgrenze zur Sozialversicherung nicht übersteigen.[585] Für das Jahr 2006 beträgt diese Beitragsbemessungsgrenze

---

580 Vom Finanzamt werden insb. buchungstechnische Prüfungen, von der URSSAF hauptsächlich Kontrollen hinsichtlich der Einzelbeiträge vorgenommen. Vgl. o. V., participation financiére (La Revue Fiduciaire No. 833, v. 11/96), S. 118 ff.

581 Vgl. hierzu und zum Folgenden Art. L441-5, -6 Code du travail.

582 Darunter fallen u. a. die Ausbildungssteuer, die Verkehrsmittelabgabe, die Weiterbildungsabgabe und die Wohnungsbauabgabe. Vgl. Hebestreit, C., Arbeitnehmer Aktienbeteiligung (2000), S. 127; Wickert, H., Erfolgsbeteiligungssysteme (2005), S. 41.

583 Vgl. Lefebvre, F. (Hrsg.), Memento Fiscal (2006), S. 1224.

584 Ausnahmeregelungen ermöglichen eine vorzeitige steuerunschädliche Verfügung. Vgl. hierzu die Ausführungen weiter unten, S. 170.

31.068 €. Die staatliche Förderung ist dementsprechend auf einen Maximalbetrag des Intéressements in Höhe von 15.534 € p. a. beschränkt.

Gemäß Art. L441-5 Code du travail stellen die investierten Beteiligungserträge dann allerdings keinen Arbeitslohn dar – und sind deshalb vom Arbeitnehmer nicht zu versteuern. Die Steuerbefreiung hängt somit formal von der Klassifizierung als Arbeitslohn ab.

Die Betragshöchstgrenzen werden dadurch kontrolliert, dass das Beteiligungsunternehmen laut Art. R441-3 Code du travail für jeden Lohnempfänger einen Zusatz im so genannten Lohnbulletin aufzunehmen hat, der den Gesamtbetrag des Intéressements und den entsprechenden Erfolgsanteil je Arbeitnehmer sowie die Beiträge zur Sozialversicherung (CSG und CRDS) beinhaltet.

bb) Befreiung von Sozialversicherungsbeiträgen

Die Erfolgsanteile, die im Rahmen eines Intéressements an die Arbeitnehmer bezahlt werden, haben nach Art. L242-1 Code de la sécurité sociale keinen Vergütungscharakter und stellen nach Art. L441-4 Code du travail keinen Bestandteil des Arbeitslohnes dar.[586] Folge daraus ist, dass hierfür keine Beiträge für die kompletten Sozialversicherungskomponenten fällig werden – mit Ausnahme der „Contribution Sociale Géneralisée" (CSG), dem allgemeinen Sozialbeitrag, sowie der „Contribution pour le Remboursement de la Dette Sociale" (CRDS), des Beitrags zur Rückführung der Gesellschaftsschulden.

<u>Beispiel:</u>

Im nachfolgenden Belastungsvergleich werden für eine arbeitnehmerbezogene Betriebsausgabe in Höhe von 2.000 € die unterschiedlichen Förderstufen für ein bar ausbezahltes Intéressement sowie für die Investition in einen Unternehmenssparplan beispielhaft durchgerechnet. Ein Vergleich der unterschiedlichen Steuer- und Abgabenbelastung zeigt den hohen Fördercharakter der staatlichen Maßnahme, sowohl gegenüber der normalen Lohnzahlung, wie auch gegenüber der Barauszahlung des Intéressements. Hieraus wird der zusätzliche Anreiz des Staates für eine investive Verwendung des Intéressements offensichtlich.

---

585 Vgl. Art. 81-18° bis CGI.

586 Für nähere Erläuterungen über die Begriffsdefinition vgl. o. V., participation financiére (La Revue Fiduciaire No. 833, v. 11/96), S. 117 f.

	Normal Lohnzahlung	Epargne salariale: Intéressement sofort ausbezahlt	Epargne salariale: Intéressement in PEE investiert
Arbeitnehmerbezogene Betriebsausgabe	2.000,00	2.000,00	2,000,00
./. AG-Beitrag zur Soz.Vers. (ca. 37,5 %)	-750,00	0	0
= Bruttolohn	1.250,00	2.000,00	2.000,00
./. AN-Beitrag zur Soz.Vers. (19 %)	-237,50	0	0
./. CSG und CRDS (7,6 % auf 95 % des Bruttolohns)	-95,00	-152,00	-152,00
= Bruttobetrag	917,50	1.848,00	1.848,00
./. Einkommensteuer (s=25 %)	-229,38	-462,00	0
= Nettolohn nach Steuern und Sozialabgaben	688,12	1.386,00	1.848,00
Steuer- und Abgabenbelastung	**ca. 66 %**	**ca. 31 %**	**ca. 8 %**

Abb. 34: Belastung bei keiner, partieller und vollständiger Förderung[587]

cc) Fördervolumen

In nachfolgender Tabelle ist die Entwicklung des Intéressements dargestellt.

	1983	1986	1994	1998	2003
Gesamtbetrag Intéressement (in Mrd. Euro)	-	-	1,2	3,4	5,0
Durchschnittliche Beteiligung pro Mitarbeiter (in Euro)	-	570	685	951	1.289
Beteiligte Mitarbeiter (in Mio./in % AN)	0,3 2 %	0,6 3 %	2,6 17 %	4,2 28 %	3,9 22 %
Beteiligungsunternehmen	918	2.630	11.166	14.629	18.307

Abb. 35: Statistik über die Verbreitung des Intéressements[588]

587 Belastungsvergleich in Anlehnung an Fondact, Passeport (2004), S. 3.

588 Vgl. Uvalic, M., PEPPER-Bericht (1991), S. 75, 84; Fondact (www.fondact.org/ (Stand: 19.02.2006)); Ministère de l'emploi, de la cohésion et du logement, Participation Financiere (2005), S. 20 u. 36.

3. Participation

a) Einführung

Die „participation des salariés aux résultats de l'entreprise" ist neben den anderen Beteiligungsformen das im Arbeitsgesetz am stärksten reglementierte Erfolgsbeteiligungsmodell – und das einzige mit obligatorischem Charakter.[589] Dadurch bildet sie mittlerweile einen Grundpfeiler der sozialen Marktwirtschaft in Frankreich. Während der vergangenen zwei Jahrzehnte seit der Integration ins Arbeitsgesetzbuch hat sich nichts Grundsätzliches an den essentiellen sozialen Merkmalen dieses Beteiligungssystems verändert.

b) Anwendungsbereich

Die Participation ist eine Erfolgsbeteiligung, die für alle in Frankreich ansässigen privaten Unternehmen mit mehr als 50 Arbeitnehmern gesetzlich vorgeschrieben ist.[590] Diese Verpflichtung besteht unabhängig davon, ob zusätzlich andere Mitarbeiterbeteiligungsmodelle implementiert sind. Die Regelungen gelten für alle Unternehmen unabhängig ihres Tätigkeitsbereichs oder ihrer Rechtsform. Eine Ausnahme von dieser generellen Verpflichtung besteht für neu gründete Unternehmen, die in den ersten drei Jahren nach Gründung von der Einführung einer Participation befreit sind. Bestimmte Erleichterungen gelten für die verpflichteten Unternehmen, wenn sie neben der Participation ein Intéressement eingeführt haben.[591]

Unternehmen mit weniger als 50 Mitarbeiter,[592] die nicht unter das gesetzliche Einführungsgebot fallen, können die Participation freiwillig praktizieren. Um die staatliche Förderung zu erhalten, muss das Beteiligungsmodell dann allerdings allen anderen gesetzlichen Vorschriften entsprechen.

Ebenso wie das Intéressement gilt die Participation für die Arbeitnehmer im kollektiv. Die Arbeitnehmer müssen lediglich in Frankreich mit ihren Arbeitseinkünften steuerpflichtig sein. Ein ausländischer Wohnsitz oder Tätigkeiten für französische Unternehmen im Ausland sind unerheblich. Unklarheit hinsichtlich der Teilnahme an der

---

589 Die Vorschriften zur Participation sind im vierten Buch, Titel 4, Kapitel 2, Sektion 1 (Régime obligatoire dans les entreprises de cinquante salariés et plus) Art. L442-1 bis L442-17 Code du travial, zuletzt geändert durch Gesetz 2004-391 v. 04.05.04, Art. 60, abgefasst. Vgl. loi no. 2004-391 du 04.05.04, J.O. du 05.05.04, S. 7983.

590 Für öffentliche Unternehmen gelten andere Vorschriften, die hier nicht näher erläutert werden sollen. Vgl. hierzu o. V., participation financiére (La Revue Fiduciaire No. 833, v. 11/96), S. 10 f. m. w. N. Für Besonderheiten bei Genossenschaften vgl. Art L442-9 Code du travail u. Art. R442-27 Code du travail.

591 Für Details vgl. Art. L441-1 u. Art. L442-7 ff. Code du travail.

592 Zur Problematik um die Bestimmung der 50-Arbeitnehmer-Grenze vgl. o. V., participation financiére (La Revue Fiduciaire No. 833, v. 11/96), S. 11 ff.

Participation besteht für die Mitglieder des Vertretungsorgans einer juristischen Person (mandataires sociaux). Es ist anzunehmen, dass dessen Mitglieder als zu beteiligende Arbeitnehmer gelten, wenn sie entsprechend den gesetzlichen Vorschriften als „salariés“ einzustufen sind.[593]

c) Vertragliche Vereinbarungen

Obgleich per Gesetz die Einführung einer Participation vorgeschrieben ist, lassen die rechtlichen Rahmenbedingungen noch genügend Gestaltungsspielraum für eine unternehmensspezifische Ausgestaltung der Erfolgsbeteiligung. Dies macht das Verfassen eines Beteiligungsvertrages, den „accord de participation“ erforderlich. Der Vertragsabschluss kann auf dieselbe Weise wie beim Intéressement erreicht werden.[594] Hinsichtlich des Vertragsinhaltes ist zwischen obligatorischen und fakultativen Bestandteilen zu unterscheiden, die im nachfolgenden kurz erläutert werden sollen:

- **Vertragsabschluß und Vertragsdauer:** Die Laufzeit ist gesetzlich nicht vorgeschrieben und kann entweder auf einen befristet Zeitraum lauten oder unbefristet sein.

- **Berechnung und Verteilung der so genannten „réserve spéciale de participation“ (RSP):** Die RSP entspricht dem Umfang des an die Mitarbeiter zu verteilenden Erfolgsbeitrages. Im Gegensatz zum Intéressement gilt nur der Unternehmensgewinn nach Steuern und Abgaben als Ausgangsgröße für die Berechnung der Höhe der Erfolgsbeteiligung. In Art. L442-2 Code du travail sind die einzelnen Rechenschritte zur Ermittlung der Erfolgsgröße genau festgelegt – diese Ermittlungsart wird als „participation à droit commun“ bezeichnet.[595] Danach wird zunächst der Nettogewinn ($G_{nach\ St}$) um eine „politisch als ausreichend erachtete Eigenkapitalrendite in Höhe von 5 %“ vermindert.[596] Der um die Eigenkapitalverzinsung reduzierte Nettogewinn wird mit einem Koeffizienten aus Gesamtlohnsumme (LS) zu Wertschöpfung des Unternehmens (WS) multipliziert, um dem Anteil des Faktors Arbeit an der gesamten Unternehmensleistung

---

593 Dies sei dann der Fall, wenn mit dem Unternehmen ein Arbeitsvertrag besteht und sie steuerpflichtige Arbeitnehmereinkünfte erhalten. Vgl. Schutz, P., Beteiligung (1993), S. 62; Lefebvre, F. (Hrsg.), Memento Fiscal (2006), S. 1222 f.

594 Es gibt die folgenden Möglichkeiten: (I) Beitritt des Unternehmen zu einem kollektiven überbetrieblichen Tarifvertrag, (II) Vertragsabschluss zwischen Unternehmen und Gewerkschaftsvertretern, (III) Betriebsvereinbarung zwischen Unternehmen und Betriebskomitee sowie (IV) Vereinbarung zwischen Unternehmen und der Belegschaft, wobei eine Zwei-Drittel-Mehrheit erforderlich ist.

595 Die gesetzlich vorgegebene Berechnungsformel stellt lediglich einen „Mindestrahmen“ dar. Alternative Berechnungen sind auch erlaubt, solange die Arbeitnehmer nicht schlechter gestellt werden. Von dieser Möglichkeit machen allerdings nur ca. 20 % der Unternehmen Gebrauch, hauptsächlich um in konjunkturell schlechteren Zeiten eine Art Mindestbeteiligung zu sichern, in welchen nach gesetzlichen Berechnung keine Erfolgsbeteiligung möglich wäre. Vgl. Vala, C. G., France (2003), S. 41.

596 Wickert, H., Erfolgsbeteiligungssysteme (2005), S. 36.

Rechnung zu tragen.[597] Formal entspricht die Gesetzesvorgabe folgender Gleichung:

$$RSP = \frac{1}{2}*(G_{nach\ St} - 0{,}05\ EK)*LS/WS$$

Die Verteilung der RSP auf die zu beteiligenden Mitarbeiter muss entweder proportional zum Arbeitslohn, differenziert nach der Betriebszugehörigkeit oder einer Kombination von beidem erfolgen.

- **Höchstbeträge:** Das der Verteilung zugrundeliegende Arbeitseinkommen darf maximal das Vierfache der Beitragsbemessungsgrenze zur Sozialversicherung (4 x 31.068 € = 124.272 €) betragen.[598] Darüber hinaus darf die Erfolgsbeteiligung je Arbeitnehmer 75 % dieser Beitragsbemessungsgrenze, das entspricht für das Jahr 2006 einem Betrag in Höhe von 22.551 €, nicht überschreiten.

- **Sperrfrist:** Grundsätzlich gilt gemäß Art. L442-7 Code du travail eine fünfjährige Sperrfrist für die investierten Erfolgsbeteiligungsbeträge, die jedoch durch bestimmte Ausnahmeregelungen aufgehoben werden kann.[599] Eine früher mögliche kürzere Sperrfrist von drei Jahren wurde abgeschafft, ist aber für Beteiligungsverträge, die vor dem 20.02.01 abgeschlossen wurden, weiterhin gültig.

- **Mittelverwendungsalternativen:** Die Participation kann im Gegensatz zum Intéressement nur investiv verwendet und nicht bar ausgeschüttet werden. In Art. L442-5 Code du travail sind abschließend fünf Anlageformen aufgeführt, die den Unternehmen und den zu beteiligenden Mitarbeitern einen gewissen Entscheidungsspielraum gewähren:[600]

  (1) Belegschaftsaktien: Das Beteiligungsvolumen kann entweder zu einer bedingten Kapitalerhöhung[601] führen oder dem Rückkauf eigener Aktien im Rahmen des Art. L225-208 Code de commerce dienen. Der Arbeitnehmer erhält in

---

597 Für eine ausführliche Darstellung der Steuerungmöglichkeit der Beteiligungshöhe durch den Koeffizienten aus Löhnen und Unternehmensmehrwert bzw. -gesamtleistung vgl. Eichler, G., Gewinnbeteiligung (1970), S. 157 ff.

598 Diese Höchstgrenze greift bei der proportionalen Verteilung der Participation zum Arbeitlohn, so dass alle darüber hinaus gehenden Einkommensanteile nicht zur Berechnung des Beteiligungsanteils herangezogen werden. Damit soll erreicht werden, dass Bezieher höherer Einkommen nicht unbegrenzt begünstigt werden. Dieser Höchstbetrag kann durch die Vertragsparteien beliebig gesenkt werden. Vgl. Schutz, P., Beteiligung (1993), S. 64; Wickert, H., Erfolgsbeteiligungssysteme (2005), S. 37.

599 Der Arbeitnehmer kann gem. Art. R442-17 Code du travail vorher über die investierten Participationserträge verfügen, wenn er entweder heiratet, sein drittes Kind erwartet, bei einer Scheidung das Sorgerecht für ein Kind behält, ein Haus oder eine Wohnung erwirbt, stirbt, erwerbsunfähig wird oder das Unternehmen verlässt.

600 Grundsätzlich ist im Participations-Vertrag eine Investitionsalternative für alle Mitarbeiter zu bestimmen. Fakultativ kann jedem einzelnen Mitarbeiter jedoch ein Wahlrecht eingeräumt werden.

601 Die Beteiligungserträge werden in Eigenkapital umgewandelt. Bei dieser Art der Kapitalerhöhung müssen die Altaktionäre vom Bezugsrecht der neu ausgegebenen Aktien ausgeschlossen werden. Vgl. Art. L225-205 Code de commerce.

beiden Fällen Aktien des arbeitgebenden Unternehmens, die in der Regel als Namensaktien ausgestaltet sind.

(2) Beteiligungsgesellschaft: Mit dem Gesamtbetrag der Participation kann eine Beteiligungsgesellschaft gemäß Art. 11 des Gesetzes vom 24.07.1984 gegründet werden,[602] die ihre Mittel entweder als Eigenkapital oder als Fremdkapital in das arbeitgebende Unternehmen investiert. Die Arbeitnehmer werden an der Beteiligungsgesellschaft im Verhältnis ihres Participations-Anteils beteiligt. Zukünftige Participations-Erträge können ebenfalls in diese Gesellschaft investiert werden.

(3) Betrieblicher Investitionsfonds: Im Rahmen eines betrieblichen Investitionsfonds steht dem Unternehmen der aus der RSP übertragene Betrag frei zur Verfügung. Jeder aus der Übertragung entstandene Anspruch der Mitarbeiter gegen das arbeitgebende Unternehmen muss entweder durch die Ausgabe von Obligationen, Beteiligungsobligationen, Wandelschuldverschreibungen oder durch ein festverzinsliches Mitarbeiterdarlehen/Mitarbeiterguthaben abgegolten werden. Für das Jahr 2006 beträgt die gesetzliche Mindestverzinsung der Darlehen/Guthaben 3,76 %.[603]

(4) Überbetriebliche Investmentfonds: Die RSP kann entweder dazu verwendet werden, Aktien von „Sociétés d'Investissement à Capital Variable“ (SICAV) oder Anteilsscheine von „Fonds Commun de Placement Entreprise“ (FCPE) zu erwerben. Die Investition der Participations-Beträge ist sowohl für SICAV[604]

602 Vgl. loi ordinaire 84-578 du 09.07.84, J. O. 11.07.84, S. 2203 ff.

603 Vgl. J. O. du 12 juillet 2005, S. 11422. Die Zinshöhe wird in gewissen Zeitabständen durch Erlasse des Finanzministers angepasst.

604 Ein SICAV ist eine Aktiengesellschaft, deren Vermögen ausschließlich aus Wertpapieren besteht, wovon mind. 50 % von französichen Unternehmen stammen müssen. Aus Risikogesichtspunkten ist die Anlage der Mittel in nur einem Unternehmen beschränkt. Die zu beteiligenden Mitarbeiter erhalten Aktien dieser SICAV, die nicht an der Börse notiert sind. Ihr Wert errechnet sich anhand der Mittelwerte der im Anlagevermögen gehaltenen Wertpapiere. Vgl. Eichler, G., Gewinnbeteiligung (1970), S. 185 f.; Hebestreit, C., Arbeitnehmer-Aktienbeteiligung (2000), S. 122 f. Für weiterführende Erläuterungen über Participation und SICAV vgl. Marquer, E., L'Épargne Salariale (2005), S. 256 ff.

als auch für FCPE[605] durch strenge gesetzliche Vorschriften geregelt, die zum Zwecke der betrieblichen Vermögensbildung erlassen wurden.[606]

(5) Unternehmenssparplan[607]

Sämtliche Kapitalerträge aus den genannten Beteiligungsformen können entweder sofort bar ausbezahlt oder reinvestiert werden.[608]

- **Informations- und Kontrollsystem:** Der Vertrag regelt die erforderlichen Vorkehrungen zur Information der Mitarbeiter über das Beteiligungssystem und zur Ausgestaltung der Kontrollmöglichkeiten.
- **Fakultative Vertragsinhalte:** Fakultative Vertragsinhalte sind die Beschränkung der zu beteiligenden Mitarbeiter durch Mindestbetriebszugehörigkeit (Maximalbeschränkung auf drei Monate), die Besserstellung der Mitarbeiter durch Abwandlung/Ergänzung der gesetzlichen Berechnungsformel, die Möglichkeit der Arbeitnehmer, ihre Investitionsalternativen frei zu wählen oder die Möglichkeit, die Beteiligungshöhe je Mitarbeiter zusätzlich an die Fehlzeiten im Berechnungszeitraum zu koppeln.

Kommt innerhalb eines Jahres bei dazu verpflichteten Unternehmen kein Vertragsabschluss zustande, sieht Art. L442-12 Code du travail vor, die gesetzlichen Mindestvorschriften zu übernehmen. Danach ist die Participation nach der gesetzlichen Formel zu berechnen und proportional zum Lohn an die Mitarbeiter zu verteilen. Darüber hinaus werden die Erfolgsbeträge zwingend als Mitarbeiterdarlehen für acht anstatt fünf Jahre im Unternehmen investiert, wobei der Mindestzinssatz auf derzeit 10 % erhöht wird.[609]

---

605 Ein FCPE ist ein speziell im Rahmen einer Participation gegründeter FCP, der ein gemeinschaftliches Eigentum an kurz- oder mittelfristigen Wertpapieren darstellt. Im Gegensatz zum SICAV ist ein FCP weder eine eigenständige Gesellschaft noch eine juristische Person, weshalb die Verwaltung auf einen oder mehrere Treuhänder übertragen werden muss. Um die Verwaltungskosten für KMU zu senken, können mehrere Unternehmen einen FCPE multi-entreprises auflegen. Jeder Mitarbeiter erhält einen seinem Participations-Anteil entsprechenden Anteilsschein am FCPE. Dessen Wert ermittelt sich aus dem Mittelwert der vom FCPE gehalteten Anlagevermögen. Für nähere Details zum FCPE vgl. Marquer, E., L'Épargne Salariale (2005), S. 135 ff. Im Jahr 2004 (2003) gab es ca. 4.500 (3.300) FCPE in Frankreich, die ein Aktivvermögen von ungefähr EUR 64 Mrd. (57 Mrd.) halten (hielten) (http://www.epargne-salariale.fr, Stand: 19.02.2006 u. http://www.afg.asso.fr/afg/fr/epargne_alariale/industrie_qq_ chiffre.html, Stand: 19.02.2006).

606 Die genauen Investitionsbestimmungen eines SICAV sind im Kapitel 1 und die eines FCP in Kapitel 3 des Gesetzes 88-1201 v. 23.12.88 geregelt. Vgl. hierzu loi no. 88-2101 du 23.12.88, J. O. du 31.12.88, S. 16736 ff.

607 Der Unternehmenssparplan wird in einem nachfolgenden Abschnitt ausführlich erläutert. Vgl. Punkt C.4., S. 170 ff.

608 Hinsichtlich der steuerlichen Behandlung vgl. die Ausführungen im nachfolgenden Abschnitt.

609 Vgl. J. O. du 12 juillet 2005, S. 11422. Der Zinssatz wird durch Erlasse des Finanzministeriums in gewissen Zeitabständen angepasst.

Diese ungünstigen Konditionen kommen partiell oder vollständig auch dann zur Anwendung, wenn ein Beteiligungsvertrag zustande gekommen ist, dieser aber von der ortsansässigen Außenstelle des Arbeitsministeriums beanstandet wird und die Verbesserungen nicht rechtzeitig vorgenommen werden/werden können. Zudem können das zuständige Finanzamt sowie die für die Einziehung der Sozialversicherungsbeiträge zuständigen Einrichtungen (URSSAF) ihre Einwände gegen Vertragsbestandteile erheben und im Extremfall nachträglich die staatliche Förderung rückgängig machen.

d) Fördersystematik

Die staatliche Förderung umfasst ebenfalls sowohl für die Unternehmen als auch für die beteiligten Mitarbeiter steuer- und sozialversicherungsrechtliche Ausnahmetatbestände und Vergünstigungen. Da bei der Participation lediglich eine investive Verwendung der Erfolgsbeiträge möglich ist, hängt der Förderumfang auf Arbeitnehmerebene ausschließlich von der Sperrfrist und nicht von der Art der Mittelverwendung ab.

aa) Steuervergünstigungen

Das an die Mitarbeiter übertragene Beteiligungsvolumen (RSP) kann gemäß Art. L442-8 I Code du travail in vollem Umfang als Personalaufwand vom steuerpflichtigen Gewinn des Unternehmens abgezogen werden und mindert somit die Einkommen- respektive Körperschaftsteuerschuld. Da sich die RSP aus dem Nettogewinn berechnet, eine gleichzeitige Berücksichtigung im selben Berechnungszeitraum aber als zu aufwendig erscheint, erfolgt der Betriebsausgabenabzug erst in dem Jahr, in dem die Erfolgsbeiträge in die RSP eingestellt werden.[610]

Beispiel:

Der Referenzzeitraum für die Berechnung der Participation ist vom 01.01. bis 31.12.05. In der Regel wird jedoch der steuerpflichtige Gewinn für 2005 in den ersten Monaten des Jahres 2006 ausgewiesen, weshalb sich die Participation für 2005 auch erst danach errechnen lässt. Der Einfachheit halber wird der in die RSP übertragene und an die Mitarbeiter ausgewiesene Gewinnanteil im Wirtschaftsjahr 2006 als Betriebsausgabe berücksichtigt und mindert somit den steuerpflichtigen Gewinn 2006.

Da die vom Unternehmen gewährten Beteiligungserträge die gesetzlich vorgeschriebenen Beteiligungshöhe übersteigen können, wurde für die RSP eine Höchstgrenze eingeführt.[611] Beteiligungserträge, die diese Obergrenze übersteigen, können nicht als Betriebsausgabe abgezogen werden.

---

610 Lefebvre, F. (Hrsg.), Memento Fiscal (2006), S. 1221.

611 Sinn und Zweck dieser Regelung ist die Mißbrauchsverhinderung (Lohnanteile in Form der Participation ausschütten, nur um fällige Sozialabgaben zu sparen). Vgl. Schutz, P., Beteiligung (1993), S. 65.

Eine weitere steuerliche Vergünstigung stellt die Befreiung der an die Mitarbeiter übertragenen Participations-Anteile von der Lohnsummensteuer (Art. 231 bis CGI) und der sonstigen lohnbezogenen Abgaben und Steuern[612] dar.

Schließlich wird zwei Unternehmensgruppen ein dritter steuerlicher „Vorteil" eingeräumt:

- Unternehmen, die freiwillig eine von den gesetzliche Vorschriften zur Ermittlung der RSP abweichende – und somit darüber hinausgehende – Berechnung vertraglich festgelegt haben, können eine Investitionsrückstellung in Höhe von 50 % des Betrages, der die RSP übersteigt, bilden.[613]
- Unternehmen mit weniger als 50 Mitarbeitern, die gesetzlich nicht zur Participation verpflichtet sind, diese aber freiwillig durchführen,[614] können eine Investitionsrückstellung in Höhe von 25 % des Betrages bilden, welcher der gesetzlich berechneten RSP entspricht. Für Unternehmen, die ihren freiwilligen Beteiligungsvertrag noch vor dem 20.02.03 abgeschlossen haben, gilt die alte Rückstellungshöhe von 50 % der RSP, soweit der Vertrag eine fünfjährige Sperrfrist vorsieht. Die Rückstellungshöhe reduziert sich auf 25 % der RSP, wenn die früher alternativ mögliche dreijährige Sperrfrist vereinbart wurde. Unternehmen, die eine von der participation a droit commun abweichende Ermittlungsmethode der Participation durchführen, können für den Differenzbetrag, der sich aus gesetzlicher und vertraglicher Berechnung ergibt, eine Investitionsrückstellung in Höhe von 50 % bilden.

	U > 50 AN (obligatorisch)	**U < 50 AN (freiwillig)**
Berechnung der RSP	**Höhe der Investitionsrückstellung**	
- Mindestanforderungen (à droit commun)	0 %	- 25 % (gesamten RSP) - 50 % (BV vor 20.02.03: 5J.) - 25 % (BV vor 20.02.03: 3J.)
- Eigene Berechnung (Besserstellung der AN)	50 % (Differenzbetrag)	50 % (Differenzbetrag)

Abb. 36: Unterschiedliche steuerliche Begünstigung durch Rückstellungsbildung

612 Darunter fallen u. a. die Ausbildungssteuer, die Verkehrsmittelabgabe, die Weiterbildungsabgabe und die Wohnungsbauabgabe. Vgl. Hebestreit, C., Arbeitnehmer-Aktienbeteiligung (2000), S. 127; Wickert, H., Erfolgsbeteiligungssysteme (2005), S. 41.

613 Vgl. hierzu Lefebvre, F. (Hrsg.), Memento Fiscal (2006), S. 1221.

614 Vgl. hierzu Art. 237 bis A CGI.

Schließlich kommen auch die Arbeitnehmer in den Genuss von Steuervergünstigungen. Die im Rahmen der Participation auf sie übertragenen Erfolgsbeteiligungen sind gemäß Art. L442-8 II Code du travail vollständig von der Einkommensteuer befreit, solange sie einer Sperrfrist von fünf Jahren unterliegen. Für Beteiligungsverträge, die vor dem 21.02.01 abgeschlossen wurden und die damals mögliche dreijährige Sperrfrist vorsehen, gilt nur eine hälftige Befreiung von der Einkommensteuer – vorbehaltlich der Möglichkeit, dass der Mitarbeiter seine Participations-Anteile in einen Unternehmenssparplan investiert und so die Beträge insgesamt 5 Jahre nicht ausbezahlt werden. Dann gilt wiederum die volle Steuerbefreiung. Über die Obergrenze hinausgehende Participations-Beträge sind von der Steuervergünstigung ausgenommen.

Die gesetzlichen Regelungen sehen auch bei der Participation so genannte Vorverfügbarkeitsmöglichkeiten vor, die eine steuerunschädliche Desinvestition der Participations-Beträge vor Ablauf der Sperrfristen erlauben. Art. 442-7 Code du travail verweist in diesem Zusammenhang auf ein Dekret, das insgesamt neun persönliche Gründe aufzählt.[615]

Die Steuervergünstigungen betreffen allerdings nicht nur die direkten Zuwendungen des Unternehmens durch die Participation, sondern auch

- Kapitalerträge, die aus der investiven Verwendung der Participation resultieren sowie
- Veräußerungsgewinne, die bei der Auflösung der Investments entstehen.

Die Kapitalerträge können jeweils entweder sofort ausbezahlt oder aber reinvestiert werden. Lässt sich der Mitarbeiter die Kapitalerträge ausbezahlen, sind sie „normal" als Einkünfte aus Kapitalvermögen zu versteuern. Reinvestiert er sie unter denselben Bedingungen wie seinen Participations-Anteil, sind auch diese von der Einkommensteuer befreit, wenn sie nach der Sperrfrist ausbezahlt werden (bei einer Sperrfrist von drei Jahren nur zur Hälfte).[616] Werden die Kapitalerträge in einen Unternehmenssparplan investiert, gelten die dort anzuwendenden Sperrfristen.[617] Veräußert der Mitarbeiter nach Ende der Sperrfrist seine Kapitalbeteiligungen, so sind die erzielten Veräußerungsgewinne steuerfrei.[618]

bb) Befreiung von Sozialversicherungsbeiträgen

Die Beträge, die den Arbeitnehmern im Rahmen einer Participation zugewiesen werden, haben aus arbeits- und sozialversicherungsrechtlicher Sicht keinen Lohncharak-

---

615 Vgl. Fn. 599.

616 Vgl. Lefebvre, F. (Hrsg.), Memento Fiscal (2006), S. 1222.

617 Zu den Sperrfristen bei Unternehmenssparplänen vgl. die Ausführungen im nächsten Abschnitt unter Punkt C.4.a), S. 170.

618 Vgl. Art. 150-0 A, III CGI.

ter. Es erfolgt daher keine Erhöhung der Bemessungsgrundlage zur Berechnung der gesamten Sozialversicherungsbeiträge – mit Ausnahme der CSG und CRDS. Für Kapitalerträge, wie zum Beispiel Dividenden oder Zinsen aus den investierten Participations-Anteilen, gilt entsprechendes, unabhängig davon, ob sie sofort bar ausbezahlt oder reinvestiert werden.[619]

Als Kontrollinstrument muss der Arbeitgeber für jeden beteiligten Mitarbeiter im so genannten Lohnbulletin die Gesamtsumme des Beteiligungsvolumens (RSP), der individuell zugewiesene Particions-Anteil, die davon abgeführten Sozialabgaben CSG und CRDS, die Verwaltungsinstitution der investierten Mittel, die Sperrfristen sowie, falls eingetroffen, die Ausnahmetatbestände für eine vorzeitige steuerunschädliche Auszahlung der Erfolgsbeteiligung ausweisen.

cc) Fördervolumen

Nachfolgende Tabelle gibt einen Überblick über die Entwicklung der Verbreitung der Participation.

	1983	1986/88	1994	1998	2003/04
Gesamtbetrag Participation (in Mrd. Euro)	k. A.	k. A.	2,3	3,6	5,3
Durchschnittliche Beteiligung pro Mitarbeiter (in Euro)	k. A.	397	484	943	1.207
Beteiligte Mitarbeiter (in Mio./in % AN)	4,8 32 %	4,5 30 %	4,7 32 %	5,0 34 %	5,2 35 %
Beteiligungsunternehmen	11.926	11.797	17.504	18.951	25.079

Abb. 37: Statistik über die Verbreitung der Participation[620]

4. L'Épargne Salariale – Lohnsparen

a) Einführung

Ein „plan d'épargne" ist als ein kollektives innerbetriebliches Sparsystem zu verstehen, das mit Hilfe des arbeitgebenden Unternehmens als Kapitalsammelstelle für

619 Vgl. o. V., participation financiére (La Revue Fiduciaire No. 833, v. 11/96), S. 71 ff.

620 Zu den Zahlenangaben vgl. Uvalic, M., PEPPER-Bericht (1991), S. 86; Fondact (http://www.fondact.org/ (Stand: 19.02.2006)); Ministère de l'emploi, de la cohésion et du logement, Participation Financiere (2005), S. 20 u. 47. Die angegebene Anzahl der beteiligten Mitarbeiter gibt die Arbeitnehmer an, mit denen ein Beteiligungsvertrag zustande gekommen ist, nicht wieviele tatsächlich eine Erfolgsbeteiligung erhalten haben (nicht alle Beteiligungsunternehmen waren im entsprechenden Zeitraum in der Lage, eine Erfolgsbeteiligung zu verteilen.

Arbeitnehmer dem – freiwilligen – Erwerb von Produktivkapital dient.[621] In Kombination mit der Investition der Erfolgsbeteiligungen aus Intéressement und Participation sowie der Möglichkeit, Arbeitslohn in den Sparplan zu investieren wird der Unternehmenssparplan im Allgemeinen als „Épargne Salariale", also als Lohnsparen, bezeichnet. Diese Bezeichnung unterstreicht die politische Zielsetzung „Vermögensbildung in Arbeitnehmerhand".

Die Unternehmenssparpläne können in vier verschiedenen Formen betrieben werden. Davon werden allerdings nur noch die drei folgenden von den staatlichen Fördermaßnahmen anerkannt:

- Plan d'Épargne Entreprise (PEE): Ein Unternehmenssparplan stellt die Grundform dieses kollektiven Sparystems dar. Die Sperrzeit beträgt fünf Jahre.
- Plan d'Épargne Interentreprises (PEI): Kleinen und mittelständischen Unternehmen wird die Möglichkeit eröffnet, gemeinsam einen Unternehmenssparplan für ihre Arbeitnehmer einzurichten, um die Verwaltungskosten zu teilen. Die fünfjährige Sperrfrist gilt entsprechend.
- Plan d'Épargne pour la Retraite Collectif (PERCO): Diese Form eines Sparsystems hat den erst 2001 eingeführten „plan partenarial d'épargne salariale volontaire" (PPESV) ersetzt,[622] da dieser dem Ziel der Altersvorsorge mit seiner 10 jährigen Sperrfrist nicht gerecht wurde. Die in einen PERCO investierten Beträge sind daher bis zur Pensionierung des Arbeitnehmers gesperrt. Ebenso wie beim PEE besteht die Möglichkeit, dass mehrere KMU aus verwaltungstechnischen Gründen einen gemeinsamen PERCO-Interentreprises (PERCO-I) für ihre Mitarbeiter führen.

b) Anwendungsbereich

Ein Unternehmenssparplan kann von jedem Unternehmen eingeführt werden. Bei Unternehmensgruppen ist es unerheblich, ob ein Sparplan auf Konzernebene oder für jede eigene Betriebsstädte geführt wird. Die Möglichkeit, einen PEI einzuführen, ist allerdings auf kleine und mittelständische Unternehmen beschränkt. Zur Einführung

---

621 Vgl. Art. L443-1 Code du travail. Die Vorschriften zum Unternehmenssparplan sind im vierten Buch, Titel 4, Kapitel 3, Art. L443-1 bis L443-9 Code du travail, zuletzt geändert durch Gesetz 2005-882 v. 02.08.05, Art. 16 II abgefasst. Vgl. loi no. 2005-882 du 02.08.05, J.O. 179 du 03.08.05, S. 12639 ff.

622 Der PPESV wurde durch das Gesetz v. 19.02.01 eingeführt und ist per Gesetz v. 21.08.03 wieder abgeschafft worden. Als Übergangsregelung haben Verträge, die vor dem 21.08.03 eingeführt wurden, bis 22.08.06 Geltung. Allerdings wurden Einzahlungen nur bis 31.12.04 gefördert. Vgl. hierzu loi no. 2001-152 du 19.02.01, J. O. du 20.02.01, S. 2774 ff.; loi no. 2003-775 du 21.08.03, J. O. du 22.08.03, S. 14310 ff.

bedarf es entweder einer – freiwilligen – unilateralen Entscheidung oder einer im Rahmen der Participation mit den Mitarbeitern getroffenen Vereinbarung.[623]

Grundsätzlich ist allen Arbeitnehmern eines Unternehmens die Teilnahme an einem Unternehmenssparplans anzubieten, um dem kollektiven Charakter gerecht zu werden. Einzig durch eine Mindestzugehörigkeitsdauer von drei Monaten können Mitarbeiter gemäß Art. L443-2 Code du travail von der Teilnahme ausgeschlossen werden. Jedoch können auch ehemalige Mitarbeiter, die sich im (Vor-)Ruhestand befinden, Zahlungen leisten und somit von der steuerlichen Förderung profitieren. Sieht ein Unternehmenssparplan alternative Investitionen der angesparten Mittel vor, muss jedem teilnehmenden Mitarbeiter diese Wahlmöglichkeit eröffnet sein.

Bei Unternehmen mit weniger als 100 Arbeitnehmern können bei Personenunternehmen der Einzelunternehmer oder die Personengesellschafter und bei Kapitalgesellschaften die geschäftsführenden Gesellschafter oder Vorstände ebenfalls an Unternehmenssparplänen teilnehmen.[624]

c) Finanzierungsquellen eines Unternehmenssparplans

Die Mitarbeiterkonten, die im Rahmen eines Unternehmenssparplans angelegt wurden, können sowohl durch Leistungen des Arbeitnehmers, als auch durch das Unternehmen dotiert werden. Die Dotierungen sind weder für den Arbeitnehmer, noch für das Unternehmen zwingend.

Der Arbeitnehmer kann

- das **Intéressement** anstatt sich bar ausbezahlen zu lassen in den Unternehmenssparplan investieren. Dabei ist auch die Einzahlung von Teilbeträgen möglich.
- die **Participation** anstatt direkt in ein Investment zu lenken zunächst in einen Sparplan investieren, auch wenn im Participations-Vertrag eine andere Anlageform vorgesehen ist. Darüber hinaus kann er auch finanzielle Mittel investieren, die nach Ablauf der Sperrfrist aus einem anderen Investment frei werden.[625]
- Teilbeträge von seinem **Netto-Arbeitslohn** in den betrieblichen Sparplan einbezahlen. Der Arbeitgeber kann dabei aus Verwaltungsgründen einen monatlichen Mindestsparbetrag verlangen. Darüber wird durch Art. L443-2 Code du travail eine Höchstgrenze der Nettolohntransfers in Höhe von einem Viertel des Jahres-

---

623 Die Einführung eines Unternehmenssparplans ist allerdings dann für das Unternehmen verpflichtend, wenn im Beteiligungsvertrag der Participation ausdrücklich vorgesehen ist, dass die RSP in einen Unternehmenssparplan investiert wird. Vgl. Marquer, E., L'Épargne Salariale (2005), S. 189.

624 Vgl. Art. L443-1 Code du travail.

625 Vgl. Jouyet, J.-P. et allii, Circulaire (2001), S. 3.

bruttoentgeltes festgesetzt.[626] Eine betraglich festgelegte Obergrenze existiert nicht.

- Transfers von **Einlagen aus früheren PEE** veranlassen, die bei einem Arbeitsplatzwechsel vom Unternehmenssparplan des alten Arbeitgebers stammen.

Das Unternehmen kann neben den Leistungen des Arbeitnehmers den Unternehmenssparplan durch

- sogenannte „**Abondements**" die Spartätigkeit der Arbeitnehmer freiwillig unterstützen. Diese Zusatzleistungen sind nur dann förderungsfähig, wenn sie an tatsächlich freiwillige Leistungen des Arbeitnehmers, also entweder an das investierte Intéressement oder an Nettolohntransfers, gekoppelt sind. Sollte ein Unternehmenssparplan nur durch Participations-Beträge dotiert werden, zählt dies aufgrund der zwingend vorgeschriebenen investiven Verwendung der Participation nicht als freiwillige Zahlung des Arbeitnehmers und kann deshalb nicht durch das Unternehmen mit Zusatzleistungen unterstützt werden.[627]
- die Übernahme der Verwaltungsgebühren des Unternehmenssparplans, die grundsätzlich den Arbeitnehmern in Rechnung gestellt werden, begünstigen.

Anhand eines Zahlenbeispiels soll die Größenordnung der möglichen Finanzierungsquellen verdeutlicht werden:

Im Rahmen eines Unternehmenssparplans entscheidet sich der Arbeitnehmer M. Durand, seine gesamten Beteiligungserträge sowohl der Participation in Höhe von 250 € als auch des Intéressements in Höhe von 150 € in den Sparplan zu transferieren. Zusätzlich möchte er 600 € seines Nettolohns investieren. Das entsprechende Abondement (Zusatzleistung des Unternehmens) beträgt 25 % der freiwilligen Arbeitnehmerleistung und ergibt somit (150 + 600) x 0,25 = 187,50 €.

Unternehmensseitig ergeben sich folgende finanziellen Auswirkungen: Das Kassen- oder Bankguthaben erhöht sich um die Arbeitnehmerleistung i. H. v. 600 €, durch den nicht ausbezahlten Intéressement-Betrag um 150 € sowie um den aus der Participations-Reserve transferierten Betrag i. H. v. 250 €. Auf der anderen Seite ergibt sich für das Unternehmen eine Verbindlichkeit (Unternehmenssparplan – Guthaben Durand) i. H. v. 1.000 €. Die Zusatzleistung des Unternehmens ist als Personalaufwand (autres charges sociales) abzugsfähig, erhöht das Mitarbeiterguthaben aber nur um den durch die Sozialabgaben des Unternehmens (CSG und CRDS) verminderten Betrag (187,50 x 0,95 x 0,076 = 13,54) i. H. v. 173,96 € auf insgesamt 1.173,96 €.

---

[626] Für (Früh-)Rentner und Pensionäre beträgt die Höchstgrenze ein Viertel der jährlichen Renten oder Pensionen.

[627] Vgl. Schutz, P., Beteiligung (1993), S. 87.

d) Anlagealternativen der finanziellen Mittel eines Unternehmenssparplans

Arbeitnehmer- und Unternehmensleistungen fließen zunächst auf ein Konto, das auf den Namen des Arbeitnehmers lautet. Innerhalb von 15 Tagen müssen diese Beträge dann vom Unternehmen investiert werden. Als Anlagealternativen stehen sowohl betriebliche Kapitalbeteiligungen als auch überbetriebliche Beteiligungsmöglichkeiten zur Auswahl.

Wollen sich die Arbeitnehmer am arbeitgebenden Unternehmen beteiligen, sind grundsätzlich alle schuld- und gesellschaftsrechtlich möglichen Beteiligungsformen zulässig.[628] Dabei ist es unerheblich, ob die Unternehmensbeteiligungen direkt erworben oder über eine Beteiligungsgesellschaft oder einen zwischengeschalteten FCPE, der überwiegend in Kapitalbeteiligungen des arbeitgebenden Unternehmens investiert,[629] gehalten werden. Ebenso gleichgültig ist es, ob die Mittel als Eigen- oder Fremdkapitalbeteiligung wie zum Beispiel einem Mitarbeiterdarlehen, einer Mitarbeiterschuldverschreibung oder einer Unternehmensanleihe angelegt werden.

Favorisieren die Arbeitnehmer überbetriebliche Anlageformen, bietet sich ihnen die Möglichkeit, Anteile an Investmentfonds in Form eines FCPE oder einer SICAV zu erwerben. Aus Vorsorge- und Sicherheitsgründen vergibt eine staatliche Institution mit Namen „Comite Intersyndical de l'epargne salariale" ein an bestimmte Qualitätsstandards gebundenes Prüfsiegel für derartige Investmentfonds.

Nachfolgende Abbildung gibt einen zusammenfassenden Überblick über die unterschiedlichen Finanzierungs- und Anlagemöglichkeiten des Lohnsparens (Épargne salariale) im Rahmen eines Unternehmenssparplans.

---

628 Vgl. hierzu die Ausführungen unter Punkt B.2. in diesem Teil der Arbeit, S. 139 ff.

629 Neben den Kapitalbeteiligungen muss mind. ein Drittel des Vermögens in liquide Mittel investiert sein.

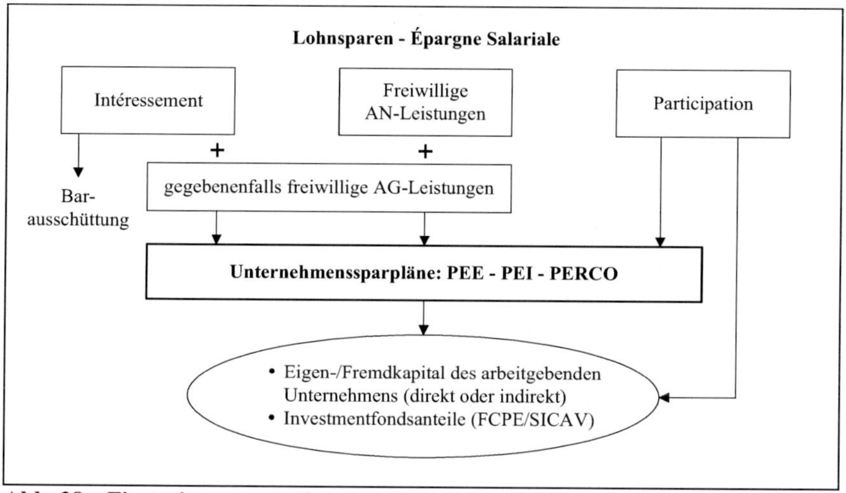

Abb. 38: Finanzierungs- und Anlageformen im Rahmen des Lohnsparens

Im Jahr 2003 ist die Participation von den Arbeitnehmern zu 50,7 % in einen FCPE, zu 19,2 % in ein Mitarbeiterdarlehen am arbeitgebenden Unternehmen, zu 7,1 % in einen Unternehmenssparplan und zu 0,7 % in einen SICAV investiert worden. In 0,1 % der Fälle hat das Unternehmen die Participation mit eigenen Aktien bedient und in 22,3 % der Beteiligungsverträge wurden mehrere Anlageformen gleichzeitig gewählt.[630]

Bei Belegschaftsaktien- und anderen Eigenkapitalbeteiligungen am arbeitgebenden Unternehmen, die im Rahmen des Lohnsparens (Epargne salariale) erworben wurden, gelten bestimmte Mitspracherechte der Arbeitnehmer, da ansonsten die staatliche Zustimmung, die im nachfolgenden Abschnitt erläutert wird, verweigert werden kann.[631]

e) Fördersystematik

Der Förderumfang für die Einzahlungen in den Unternehmenssparplan im Rahmen des Intéressement sowie der Participation wurde in den entsprechenden Abschnitten ausführlich beschrieben. An dieser Stelle ist indes noch die steuer- und sozialversicherungsrechtliche Behandlung der freiwilligen Zusatzleistungen des Unternehmens, welche gegebenenfalls die nicht ausbezahlten Intéressement-Beträge oder die investierten Nettolöhnen ergänzen dürfen, zu erläutern. Hierbei ist zu unterscheiden, ob es

---

630 Vgl. Ministère de l'emploi, de la cohésion et du logement, Participation Financiere (2005), S. 31.

631 Vgl. Art. L443-6 Code du travail.

sich bei dem betreffenden Unternehmenssparplan um einen PEE/PEI mit fünfjähriger Sperrfrist oder einen PERCO[632], dessen Sperrfrist bis zum Renteneintritt gilt, handelt.

- Werden die Abondements im Rahmen eines **PEE** oder eines **PEI** geleistet, sind diese auf Unternehmensebene als Betriebsausgaben abzugsfähig und vermindern somit den einkommen- oder körperschaftsteuerlichen Gewinn. Sie sind von der Lohnsummensteuer sowie von den sonstigen lohnbezogenen Abgaben und Steuern[633] ausgenommen und müssen ebenfalls nicht mit Sozialabgaben, weder mit dem Arbeitgeber- noch mit dem Arbeitnehmeranteil, belastet werden. Sowohl die Abzugsfähigkeit als auch die Vergünstigungen sind allerdings auch hier durch bestimmte Höchstgrenzen beschränkt. Pro Mitarbeiter beträgt diese Obergrenze bei überbetrieblichen Investments jährlich 2.300 € und erhöht sich auf 4.140 €, falls die finanziellen Mittel des Sparplans vom Arbeitnehmer in Beteiligung am arbeitgebenden Unternehmen fliesen – unabhängig davon, ob es sich dabei um Eigen- oder Fremdkapitalbeteiligungen handelt.[634]
- Fliesen die Abondements dagegen in einen **PERCO**, so erhöht sich der steuerfreie Höchstbetrag der Zusatzleistung auf 4.600 €. Allerdings unterliegt der Betrag, der die einfache Höchstgrenze von 2.300 € übersteigt (folglich max. 2.300 €), gemäß Art. L137-5 CSS einer Sondersozialabgabe in Höhe von 8,2 %. Zusätzlich kann ein Unternehmen für seine Abondements, die es im Rahmen eines PERCO erbringt, eine Investitionsrückstellung in Höhe von 25 % des Abondements bilden. Der Rückstellungsbetrag erhöht sich auf 35 % der Zusatzleistungen, wenn die Mittel von den Arbeitnehmern in sogenannte „fonds solidaires“ investiert werden.[635] Unternehmen, die neben einem Unternehmenssparplan in Form eines PEE, PEI oder eines PERCO ein Intéressement anbieten, dessen Beteiligungsvertrag vor dem 20.02.03 abgeschlossen wurde, können eine Investitionsrückstellung in Höhe von 50 % des Intéressements, das in den Unternehmenssparplan investiert wird, bilden.[636]

Die Arbeitnehmer müssen die Abondements der Unternehmen nicht als Einkommen versteuern, solange diese wie die anderen Einzahlungen der fünfjährigen Sperrfrist

---

632 Bis 31.12.04 waren die für PERCOs geltenden Vorschriften auch auf Zahlungen in PPESVs anzuwenden. Seit 01.01.05 werden Zahlungen in diese Form eines Unternehmenssparplans aber nicht mehr gefördert. Vgl. Lefebvre, F. (Hrsg.), Memento Fiscal (2006), S. 1221.

633 Darunter fallen u. a. die Ausbildungssteuer, die Verkehrsmittelabgabe, die Weiterbildungsabgabe und die Wohnungsbauabgabe. Vgl. Hebestreit, C., Arbeitnehmer-Aktienbeteiligung (2000), S. 127; Wickert, H., Erfolgsbeteiligungssysteme (2005), S. 41.

634 Vgl. Lefebvre, F. (Hrsg.), Memento Fiscal (2006), S. 1223.

635 Zur Definition eines FCPE Solidaire vgl. Notice d'information du fonds commun de placement d'entreprise solidaire „developpement et solidarite“, no. Code COB: 07754 (www.ofivalmo.fr/vl/notice/notice_SOLI.pdf, Stand: 19.02.2006).

636 Vgl. Lefebvre, F. (Hrsg.), Memento Fiscal (2006), S. 1221.

unterliegen.[637] Für Kapitalerträge, die aus den über einen Unternehmenssparplan erworbenen Kapitalbeteiligungen resultieren, gilt entsprechendes, wenn sie reinvestiert werden und über den gleichen Zeitraum gesperrt sind, wie die Investments.[638] Dementsprechend sind Kapitalerträge, die vor Ablauf der Sperrfrist ausgeschüttet werden, als Einkommen aus Kapitalvermögen zu versteuern. Keine Steuervergünstigungen erhalten die Arbeitnehmer für investierte Löhne oder Gehälter. Die freiwilligen Zahlungen sind aus dem Nettolohn nach Steuern und Sozialabgaben zu leisten. Der einzige Steuervorteil betrifft die Befreiung von der Veräußerungsgewinnbesteuerung. Gewinne aus der Veräußerung von Kapitalbeteiligungen, die über einen Unternehmenssparplan erworben und erst nach der Nichtverfügbarkeitsperiode verkauft wurden, sind demnach von der Einkommensteuer befreit.

f) Statistische Angaben

Ende 2003 waren mehr als acht Millionen Mitarbeiter vertraglich im Rahmen des Épargne Salariale an ein Mitarbeiterbeteiligungsmodell gebunden. Das entspricht 53,2 % der gewerblichen Arbeitnehmer in der Privatwirtschaft.[639] Nachfolgende Tabelle gibt einen Überblick über die Entwicklung der PEE/PEI sowie der PERCO.

	1999/2000	2003/2004
Gesamtbetrag PEE/PEI (in Mrd.) (Int./Part./Nettolohn/Abondement)	-	8 (2,8/1,8/2,2/1,2)
Durchschnittliche Beteiligung pro Mitarbeiter (in Euro)	2.606 (FF) 397	1.207
Beteiligte Mitarbeiter (in Mio./in % AN)	3,0 / 30 %	3,7 / 32 %
Beteiligungsunternehmen	10.000	125.000
Gesamtbetrag PERCO (in Mio. Euro)	-	220
Durchschnittliche Beteiligung pro Mitarbeiter (in Euro)	-	430
Beteiligte Mitarbeiter	-	700.000

Abb. 39: Statistik über die Verbreitung der Unternehmenssparpläne[640]

---

637 Beim PERCO gibt es, wie bei den anderen Beteiligungsformen auch, Ausnahmetatbestände, die eine steuerunschädliche Vorverfügbarkeit ermöglichen. Vgl. hierzu Loi de Finances 2004 no. 2003-1311 du 30.12.03, J. O. du 31.12.03, S. 22530 ff.; Décret no. 2004-400 du 07.05.04, J. O. du 08.05.04, S. 8231.

638 Die Sperrfrist der Kapitalerträge richtet sich vollständig nach der Kapitalbeteiligung. Folglich müssen im letzten Jahr der Sperrfrist die reinvestierten Kapitalerträge auch nur ein Jahr investiert bleiben.

639 Vgl. Ministère de l'emploi, de la cohésion et du logement, Participation Financiere (2005), S. 15.

640 Vgl. Uvalic, M., PEPPER-Bericht (1991), S. 86; Fondact (http://www.fondact.org/ (Stand: 19.02.2006)); Ministère de l'emploi, de la cohésion et du logement, Participation Financiere (2005), S. 20.

Die bisher in einen FCPE oder SICAV investierten finanziellen Mittel haben eine beachtenswerte Größenordnung erreicht. Insgesamt haben sich die aus einer Participation, einem PEE/PEI und einem PERCO stammenden Kapitalanlagen von € 57 Mrd. Ende 2004 auf € 65 Mrd. am 30.08.2005 erhöht. Die Summe verteilt sich dabei auf Belegschaftsaktien mit € 25 Mrd., davon € 2,5 Mrd. in nicht notierten Gesellschaften, € 2 Mrd. Unternehmensobligationen, € 14,4 Mrd. Investmentfondsanteile, € 8,7 Mrd. in Aktien und sonstigen Anteilen von Drittunternehmen sowie € 6,8 Mrd. in Obligationen von Drittunternehmen.

5. Options sur Actions – Aktienoptionen

Die französischen Aktienoptionspläne („plans d'options sur actions") ermöglichen es Unternehmen, ihren Mitarbeitern unter bestimmten Voraussetzungen Aktien, Gesellschaftsanteile oder Investmentzertifikate zu einem bestimmten (Ausübungs-)Preis zu zeichnen oder zu kaufen.[641] Die für das Aktienoptionsprogramm erforderlichen Aktien können entweder im Rahmen einer bedingten Kapitalerhöhung geschaffen oder durch den Rückkauf von Dritten, der auf maximal 10 % des gezeichneten Kapitals beschränkt ist, erworben werden.[642]

a) Anwendungsbereich

Alle börsennotierten und nicht börsennotierten Kapitalgesellschaften können Optionen an ihre Mitarbeiter oder an Mitarbeiter von (ausländischen) Tochter- oder verbundenen Unternehmen ausgeben. Dabei darf das Gesamtvolumen des Optionsprogramms ein Drittel des Grundkapitals nicht übersteigen.[643]

Für die zu beteiligenden Arbeitnehmer gibt es mittlerweile keine Beschränkungen mehr.[644] Die Aktienoptionen müssen nicht wie beim Intéressement, der Participation oder dem Unternehmenssparplan dem Kollektiv der Belegschaft angeboten werden, sondern können sich auf einzelne Mitarbeiter oder Arbeitnehmergruppen beschränken. Sogar die Mitglieder der Vorstands- und Aufsichtsgremien („mandataires sociaux") gelten nach den gegenwärtigen Förderregelungen als begünstigter Personenkreis, wenn sie in einem Arbeitsverhältnis mit dem begebenden Unternehmen stehen. Allerdings dürfen Mitarbeitern oder mandataires sociaux, die – direkt oder indirekt –

[641] Im folgenden wird der Einfachheit halber anstatt von Aktien, Gesellschaftsanteilen und Investmentzertifikaten nur noch der Begriff Aktien verwendet, falls keine besonderen Vorschriften für die einzelnen Gattungen anwendbar sind.

[642] Vgl. zu den Vorschriften für eine bedingte Kapitalerhöhung bzgl. der Ausgabe von Stock Options Art. L225-129 u. -177 Code de commerce. Zu Regelungen über den Rückkauf eigener Aktien vgl. Art. L225-208 Code de commerce.

[643] Couret, A. Stock-options, (La Gazette du Palais, 82/01), S. 23 f.

[644] In der ersten Fassung des Fördergesetzes von 1970 war der Begünstigtenkreis noch auf die Belegschaft beschränkt, während Führungskräfte explizit von den Förderregelungen ausgenommen waren. Vgl. loi no. 70-1322 du 31.12.70, J. O. du 03.01.71, S. 77 ff.

mehr als 10 % des Unternehmenskapitals besitzen, keine staatlich geförderten Stock Options angeboten werden.

b) Fördersystematik

Grundsätzlich gelten im Rahmen der Besteuerung von Stock Options die steuerrechtlichen Vorschriften der Einkommensbesteuerung. Die Förderregelungen stellen demgegenüber jedoch ein lex specialis dar. Im Gegensatz zu den Förderregelungen der bisher beschriebenen Beteiligungsformen, die im Arbeitsrecht verankert sind und das Steuerrecht umgehen oder allenfalls partiell tangieren, werden die allgemeinen Vorschriften durch die Förderregelungen zur Optionsbesteuerung modifiziert. Hiervon sind vor allem zwei Bereiche betroffen:

- Vorteile, die ein Arbeitnehmer aus der Preisdifferenz zwischen Optionspreis und Marktwert der Aktie am Tag der Optionsbegebung erhält sowie zum Veräußerungszeitpunkt erzielt, sind normalerweise als Arbeitnehmereinkünfte aus nichtselbständiger Arbeit gemäß Art. 80 bis CGI zu versteuern.
- Veräußerungsgewinne, die aus dem Verkauf von Aktien eines Aktienoptionsprogramms stammen, werden im „Normalfall" nach Art. L150-0 A CGI steuerlich als Einkünfte aus der Wertsteigerung von mobilen Werten („plus-value de valeurs mobilières") erfasst.

Die steuerlichen Ausnahmeregelungen zu diesen zwei Besteuerungsbereichen basieren in erster Linie auf der Einhaltung einer bestimmten Sperrfrist. Darüber hinaus greifen die staatlichen Fördermaßnahmen auch in Vorschriften zur Erfassung der Sozialabgaben ein.

aa) Fördermaßnahmen auf Unternehmensebene

Das begebende Unternehmen kann gemäß Art. 217 quinquies CGI sämtliche Betriebsausgaben, die in Zusammenhang mit der Ausgabe von Stock Options stehen, vom steuerpflichtigen Gewinn abziehen.[645] Obwohl der Vorteil des Mitarbeiters, den er aus der Optionsbegebung erhält, eine lohnähnliche Leistung des Unternehmens darstellt, muss der Arbeitgeber keine Lohnsummensteuer und auch keine sonstigen lohnbezogenen Abgaben und Steuern[646] abführen. Voraussetzung für die Steuervergünstigungen auf Unternehmensebene ist die Ausstellung einer individuellen Budgetbescheinigung für jeden Arbeitnehmer, dem Aktienoptionen zugeteilt werden. Diese

645 Explizit sind folgende Aufwendungen aufgezählt: Aufwendungen aus dem Erwerb eigener Aktien, aus einer Kapitalerhöhung, Verwaltungsaufwendungen für Aktien bis Optionsausübung, Aufwendungen bzgl. der Optionsausübung selbst und schließlich Aufwendungen aus der (max. 20 %-ig) verbilligten Ausgabe der zuvor erworbenen Aktien.

646 Darunter fallen u. a. die Ausbildungssteuer, die Verkehrsmittelabgabe, die Weiterbildungsabgabe und die Wohnungsbauabgabe. Vgl. Hebestreit, C., Arbeitnehmer-Aktienbeteiligung (2000), S. 127; Wickert, H., Erfolgsbeteiligungssysteme (2005), S. 41.

Bescheinigung muss vom Unternehmen spätestens bis zum 15. Februar des auf die Optionsbegebung folgenden Jahres ausgestellt werden, da sie der Steuerpflichtige seiner Einkommensteuererklärung beizufügen hat. Übt der Mitarbeiter nach Ablauf der Haltefrist seine Optionen aus oder verkauft er diese, muss ihm das Unternehmen in derselben Frist wiederum eine Bescheinigung zukommen lassen.[647]

bb) Fördermaßnahmen auf Arbeitnehmerebene

Auf Arbeitnehmerebene hängt die Förderung insbesondere von der vorgegebenen Sperrfrist ab.[648] Steuerlich gilt eine Veräußerungssperre von fünf Jahren für Optionspläne, die vor dem 27.04.2000, und eine Haltefrist von vier Jahren für Optionen, die nach diesem Datum zugeteilt wurden.

Darüber hinaus unterscheiden die Fördermaßnahmen die drei im Folgenden zu erläuterten Ansatzpunkte:

- **Vorteil bei Optionsbegebung** (Rabatt beim Optionspreis): Für Vorteile, die aus einer Optionszuteilung vor dem 01.01.1990 stammen, gelten die gleichen Regeln wie für Vorteile aus der Optionsausübung, die im nachfolgenden Abschnitt erläutert werden sollen. Die Steuerpflicht wird dementsprechend auf den Ausübungszeitpunkt verschoben, was einer nachgelagerten Besteuerung entspricht. Zudem sind die Vorteile nicht sozialversicherungspflichtig, wenn die Optionen vor dem 01.01.1995 ausgeübt wurden. Es fallen weder die generellen Sozialangaben, noch die CSG, CRDS oder die Sondersozialabgabe in Höhe von 2 % an. Für alle Optionen, die nach dem 01.01.1995 ausgeübt wurden beziehungsweise noch werden, müssen die allgemeinen Sozialabgaben (sowohl Arbeitgeber- als auch Arbeitnehmeranteil) sowie die CSG und die CRDS abgeführt werden. Die 2 %-ige Sondersozialabgabe wird nicht erhoben.

  Liegt die Zuteilung von Optionen zeitlich nach dem 01.01.90, sind finanzielle Vorteile, die dem Arbeitnehmer durch einen vergünstigten Optionspreis zugerechnet werden können, als Arbeitslohn im Zeitpunkt der Optionsausübung zu versteuern. Die Sozialabgabenpflicht unterscheidet auch hier das Datum 01.01.90 und gilt entsprechend.

- **Vorteil aus der Optionsausübung** (Optionspreis < Marktwert): Im Rahmen der steuer- und sozialversicherungsrechtlichen Behandlung dieser Vorteile werden die Bezeichnungen „Namensform“ (forme nominative) einerseits und „Haltedauer“ (durée de détention) beziehungsweise „Nicht-Verfügbarkeit“ (condition d'indisponibilité) andererseits zur Abgrenzung der Fördermaßnahmen von der

647 Vgl. ann. II Art. 91 bis CGI.

648 Gesellschaftsrechtlich verpflichtend ist, dass auf der Hauptversammlung neben der Ausgestaltung der Optionen auch die Sperrfrist autorisiert werden werden muss. Dabei muss die autorisierte Sperrfrist nicht mit der für die Förderung maßgeblichen Frist übereinstimmen.

allgemein gültigen Besteuerung verwendet.[649] Da eine Vielzahl an unterschiedlichen Regelungen und Steuersätzen gültig ist, erfolgt die Darstellung der besseren Übersicht wegen in Tabellenform.

	Steuer- und sozialversicherungsrechtliche Behandlung der Vorteile bei Optionsplanausgestaltung	
	ohne Namensform/Haltedauer	**mit Namensform/Haltedauer[650]**
Einkommensteuer (Optionszuteilung): - vor 20/09/95	Wie Arbeitseinkünfte im Jahr der Anteilsveräußerung steuerpflichtig (Quotientenregelung anwendbar)	Wie Veräußerungsgewinne (VÄG) steuerpflichtig
- ab 21/09/95 bis 26/04/00		Wahlrecht: a) wie VÄG im Jahr der Veräußerung steuerpflichtig (s = 30 %) oder b) wie Arbeitseinkünfte (ohne Quotientenregelung) im Ausübungszeitpunkt der Option steuerpflichtig
- ab 27/04/00		- 4 Jahre Sperrfrist: a) wie VÄG steuerpflichtig (bis 152.500 €, s = 30 %; darüber s = 40 %) oder b) wie Arbeitseinkünfte (ohne Quotientenregelung) im Ausübungszeitpunkt der Option steuerpflichtig - zusätzlich 2 Jahre Haltefrist der Aktien: a) wie VÄG steuerpflichtig (bis 152.500 €, s = 16 %; darüber s = 30 %) oder b) wie Arbeitseinkünfte (ohne Quotientenregelung) im Ausübungszeitpunkt der Option steuerpflichtig

649 Vgl. Art. 163 bis C, I CGI. Mit der Bezeichnung „Namensform" wird die Bedingung bezeichnet, dass die begünstigten Arbeitnehmer durch die Budgetbescheinigung der Finanzverwaltung bekannt gegeben wurde.

650 Bei Steuerberechnung ist eine ggf. erfasste Steuer aus dem Vorteil der Optionsbegebung zu berücksichtigen.

Sozialabgaben (Optionsausübung)	- vor 01/01/97: nicht abgabenpflichtig - nach 01/01/97: wie Arbeitseinkünfte im Jahr des Anteilsverkaufs abgabenpflichtig	nicht abgabenpflichtig
CSG und CRDS	- vor 01/01/97: wie Vermögenseinkünfte im Jahr des Anteilsverkaufs abgabenpflichtig - nach 01/01/97: wie Arbeitseinkünfte im Jahr des Anteilsverkaufs abgabenpflichtig	wie Vermögenseinkünfte im Jahr des Anteilsverkaufs abgabenpflichtig
2 %-ige soziale Sonderabgabe	- vor 01/01/97: im Veräußerungsjahr der Anteile abgabepflichtig - nach 01/01/97: nicht abgabenpflichtig	im Jahr des Anteilsverkaufs abgabenpflichtig

Abb. 40: Steuer- und sozialversicherungsrechtliche Behandlung[651]

- **Veräußerungsgewinne** (Bezugswert < Verkaufswert): Erzielt der Arbeitnehmer beim Verkauf seiner Anteile einen Gewinn, ist dieser bis zu einem Betrag in Höhe von 15.000 € steuerfrei. Für Beträge, die diese Freigrenze übersteigen, gilt der normalen Steuersatz für Veräußerungsgewinne aus mobilem Vermögen (s = 16 %). Die allgemeinen Sozialabgaben fallen nicht an, jedoch werden die Gewinne mit der CSG und CRDS sowie der 2 %-igen sozialen Sonderabgabe belastet. Es ergibt sich somit eine Gesamtbelastung aus Steuer und Sozialabgaben in Höhe von ca. 25,6 %.

Der Gesetzgeber ermöglicht auch bei der steuerlichen Behandlung von Optionsmodellen mit Sperrfrist eine steuerunschädliche Vorverfügbarkeit, die per Verordnung geregelt ist. Bei Ausscheiden des Arbeitnehmers aus dem Unternehmen, Arbeitsunfähigkeit oder Tod des Arbeitnehmers kann die Sperrfrist umgangen werden. In einem solchen Fall kann die Option vorzeitig ausgeübt und die Anteile steuerunschädlich veräußert werden.[652]

651 In Anlehnung an Lefebvre, F. (Hrsg.), Memento Fiscal (2006), S. 1225 f. Für nähere Angaben zur steuer- und sozialversicherungsrechtlichen Behandlung der unterschiedlichen Ausgestaltungsformen und Zeitabschnitte vgl. Art. 80 bis, 150-0 A, 150 UB, 163 bis C CGI.

652 Vgl. Pichet, E./Coutton, D., Stock-options (2002), S. 286 f.

6. Actionnariat salariale

Mit der Bezeichnung „actionnariat salariale" sind alle Vorgänge unter einem Begriff zusammengefasst, die eine fakultative oder kollektive Offerte des arbeitgebenden Unternehmens zum Erwerb von Unternehmensanteilen darstellt. Das Belegschaftsaktienprogramm ist neben der Participation und dem Unternehmenssparplan eine zusätzliche Möglichkeit, mit Hilfe des Unternehmens eine Kapitalbeteiligung am arbeitgebenden Unternehmen zu beziehen. Erstmalig wurde die Förderung durch das Gesetz 73-1196 vom 27.12.73 geregelt und hat sich über dreißig Jahre hinweg nicht wesentlich verändert.[653] Mit dem Finanzgesetz 2005 wurde allerdings eine nachhaltige Verbesserung für Arbeitgeber und Arbeitnehmer implementiert.[654]

a) Anwendungsbereich

In Übereinstimmung mit den Art. L225-197-1 bis L.225-97-5 Code du commerce können generell alle börsennotierten und nicht börsennotierten Aktiengesellschaften und Kommanditgesellschaften auf Aktien ihren Mitarbeitern Belegschaftsaktienprogramme anbieten.[655] Einzige Voraussetzung ist, dass die Unternehmen in den vorangegangenen drei Jahren mindestens zwei Mal Dividenden ausgeschüttet haben. Hierdurch soll den zukünftigen Arbeitnehmeraktionären wenigstens annähernd eine Sicherheit ihrer Kapitalanlage geboten werden.

Das Belegschaftsaktienprogramm kann sich auf die gesamte Belegschaft oder nur auf bestimmte Arbeitnehmergruppen oder Führungsebenen beziehen. Es ist kein kollektives Modell für die staatliche Unterstützung erforderlich.

b) Finanzierungsalternativen

Bis zur Einführung des Finanzgesetzes 2005 konnten Unternehmen, die ein Belegschaftsaktienmodell einführen wollten, den Arbeitnehmern lediglich entweder

- ein durch spätere Lohnabzüge zu tilgendes Darlehen für den Erwerb der Aktien einräumen oder
- ein vom Unternehmenssparplan unabhängiges und durch regelmäßige Lohnabzüge der Arbeitnehmer gespeistes Sparkonto einrichten.[656]

---

653 Vgl. loi no. 73-1196 du 27.12.73, J. O. du 30.12.73, S. 14148 ff.

654 Vgl. hierzu loi no. 2004-1484 du 30.12.04, J. O. du 31.12.04, S. 22459 ff.

655 Falls die angebotenen Aktien aus einer Kapitalerhöhung stammen, bedarf es der Zustimmung einer außerordentlichen Hauptversammlung, bei Rückkauf von Aktien genügt die Autorisierung einer ordentlichen Hauptversammlung.

656 Vgl. anstatt vieler Schutz, P., Beteiligung (1993), S. 99 ff.; Wickert, H., Erfolgsbeteiligungssysteme (2005), S. 41 ff.

Die Unternehmen konnten die Zahlungen der Arbeitnehmer entweder noch mit Zusatzleistungen ähnlich dem Abondement bezuschussen oder den Mitarbeitern einen verbilligten Aktienpreis anbieten. Dabei bestand die Möglichkeit, dass die Mitarbeiter die Belegschaftsaktien entweder direkt erwarben oder zeichneten oder indirekt über einen FCPE hielten. In beiden Fällen galt eine Sperrfrist von vier Jahren.

Durch das neue Finanzgesetz ist es den Unternehmen möglich, auch Gratisaktien an Arbeitnehmer und mandataires sociaux auszugeben.

c) Fördersystematik

Die staatliche Förderung erlaubt den Unternehmen, alle im Zusammenhang mit dem Belegschaftsprogramm angefallenen Aufwendungen als Betriebsausgabe vom körperschaftsteuerlichen Gewinn abzuziehen. Außerdem sind für die unternehmensseitigen Zusatzleistungen weder die Lohnsummensteuer und die Arbeitgeber- und Arbeitnehmeranteile der allgemeinen Sozialversicherung, noch sonstige lohnbezogene Steuern und Abgaben fällig. Wenn die Aktien durch eine Kapitalerhöhung beschafft werden, ist das Unternehmen zudem von der einprozentigen Registrierungssteuer befreit.

Wird den Arbeitnehmern ein traditionelles Belegschaftsaktienprogramm angeboten, bei dem sie die Aktien entweder durch Lohnabzüge (um maximal 10 % verbilligt) erwerben, sind die regelmäßigen Abzüge vom Lohn oder Gehalt der Arbeitnehmer bis zu einer Höchstgrenze von 1.000 € vom Bruttoarbeitslohn vorzunehmen. Höhere Einzahlungen sind nicht von der Einkommensteuer befreit und müssen dementsprechend vom Nettolohn vorgenommen werden. In der vorgegebenen Höchstgrenze kann der Arbeitnehmer zudem den Arbeitgeberzuschuss steuer- und sozialabgabenfrei vereinnahmen. Darüber hinausgehende Zuschüsse sind voll zu belasten. Voraussetzung für diese Steuervergünstigung ist wiederum das Einhalten einer Sperrfrist von vier Jahren.[657] Ein bei der Veräußerung der Aktie realisierter Kursgewinn bleibt steuerfrei. Dagegen sind jedoch die Dividenden in vollem Umfang steuerpflichtig, auch wenn diese reinvestiert werden.[658]

Bietet das Unternehmen im Rahmen eines Belegschaftsaktienprogramms den Arbeitnehmer Gratisaktien, haben diese nach Ablauf der vierjährigen Sperrfrist zunächst den geldwerten Vorteil mit einem pauschalen Steuersatz in Höhe von 30 % zu versteuern. Zuzüglich einer elfprozentigen Sozialabgabenpauschale ergibt sich insgesamt eine pauschale Gesamtbelastung in Höhe von 41 %.[659] Der geltwerte Vorteil entspricht dabei dem Wert der Aktien am Tag der Zuteilung. Erzielt der Arbeitnehmer bei Veräußerung der Gratisaktien einen Gewinn, der sich aus der Differenz des Verkaufskur-

---

657 Die steuerunschädliche Vorverfügbarkeit ist allerdings ebenfalls im Ausnahmefall (drittes Kind, Heirat, Ruhestand, Berufsunfähigkeit, Tod etc.) möglich.

658 Vgl. Wickert, H., Erfolgsbeteiligungssysteme (2005), S. 42.

659 Vgl. Lefebvre, F. (Hrsg.), Memento Fiscal (2006), S. 1227.

ses abzüglich des Kurswertes am Tag der Zuteilung ergibt, so hat er diesen mit einem Steuersatz in Höhe von 16 % zuzüglich der elfprozentigen Sozialabgabenpauschale zu versteuern.[660] Die staatlichen Vergünstigungen kann nur derjenige Arbeitnehmer erhalten, der den Finanzbehörden und den URSSAF durch eine Mitteilung des Arbeitgebers namentlich bekannt ist.

7. Insolvenzsicherung des investierten Mitarbeiterkapitals

Das so genannte „doppelte Risiko“, dem sich ein Arbeitnehmer aussetzt, der in Kapitalbeteiligungen des arbeitgebenden Unternehmens investiert, ist in Frankreich ebenso bekannt und diskutiert wie in Deutschland.[661] Eine direkte Absicherung der Arbeitnehmervermögen ist dagegen völlig unbekannt.

Die Verlustabsicherung ist weder im Rahmen der gesetzlich erzwungenen Erfolgsbeteiligung Participation, noch bei den freiwilligen Beteiligungsmodellen (Intéressement, Épargne salariale, Actionnariat salariale) in irgendeiner Form gewährleistet. Dadurch, dass die Arbeitnehmer immer eine Wahlmöglichkeit über ihre Kapitalanlage haben, besteht allerdings nie eine gesetzliche Verpflichtung, die finanziellen Mittel im arbeitgebenden Unternehmen anzulegen. In einem Ministerialschreiben wird allerdings diese Wahlmöglichkeit als grundsätzliches Erfordernis für die Inanspruchnahme der staatlichen Förderung bestätigt.[662] In verschiedenen Abschnitten der Fördervorschriften wird darüber hinaus erwähnt, dass bei überbetrieblichen Kapitalanlagen in FCPE und SICAV das Kapitalverlustrisiko durch die hohen gesetzlichen Anforderungen an die Investmentfonds und das Erfordernis des professionellen Managements solcher Fonds minimiert sei. Der staatliche Anreiz zur betrieblichen Kapitalbeteiligung, der durch eine höhere Förderung gegenüber einer überbetrieblichen Anlage gegeben ist, stellt diesen Grundsatz jedoch wenigstens teilweise in Frage.

Demgegenüber vergibt die gewerkschaftliche Institution „Comite Intersyndical de l’epargne salariale“ ein Prüfsiegel für FCPE und SICAV, die den Arbeitnehmern durch bestimmte Mindestqualitätsanforderungen einen gewissen Sicherheitsstandart bieten können.

660 Es besteht gem. Gesetz 2004-1484 die Möglichkeit, Verluste mit dem übrigen zu versteuernden Einkommen zu verrechnen. Vgl. hierzu loi no. 2004 1484 du 30.12.04, J. O. du 31.12.04, S. 22459 ff.

661 So favorisieren die französischen Gewerkschaften vor dem Hintergrund des doppelten Risikos ebenfalls überbetriebliche Kapitalbeteiligungen.

662 Vgl. Circulaire du 14.09.05, J. O. du 01.11.05, S. 17179 ff.

IV. Mitarbeiterbeteiligung in Großbritannien

A. Chronik der Mitarbeiterbeteiligung

Bei der Betrachtung der historischen Entwicklung der Mitarbeiterbeteiligung in Großbritannien kann man drei Phasen unterscheiden, wobei die erste durch wirtschaftliche, die letzten beiden durch gesetzgeberische Veränderungen bestimmt sind.

1. Vom Anti-Gewerkschafts-Faktor zum Produktivitätsfaktor

In Großbritannien datiert die erstmalige Erfolgsbeteiligung von Mitarbeitern aus dem Jahre 1829.[663] Ein gewisser Lord Wallscourd verfügte zu jener Zeit, dass allen Arbeitern eines seiner Landgüter ein bestimmter Anteil am Reinertrag des Gutes zugute kommen solle. Eine Begründung, warum der Lord die Beteiligungsidee nur auf einem seiner Landgüter einführte, ist nicht bekannt. Kurz danach, in den Jahren 1831 und 1832, wurde die Beteiligungsidee allerdings auch schon in Industriebetrieben praktiziert.[664] Die ersten schriftlichen Ausarbeitungen, in denen die Gewinnbeteiligung erläutert und die positiven Auswirkungen hervorgehoben wurde, sind von BAGGAGE 1832 veröffentlich worden.[665] Und gegen Mitte des 19. Jahrhunderts wurden bereits in acht industriellen Unternehmen und einigen landwirtschaftlichen Kooperativgenossenschaften die Arbeitnehmer am Unternehmensgewinn beteiligt.[666]

Im Vergleich zu Deutschland und Frankreich war die Industrialisierung in Großbritannien allerdings schon viel weiter fortgeschritten, so dass zu jener Zeit schon Arbeitgeberverbände und gewerkschaftliche Arbeitnehmervertretungen (trade unions) existierten. Arbeitsverträge wurden nicht mehr auf Unternehmensebene, sondern überbetrieblich im Rahmen von Kollektivverträgen abgeschlossen, wobei regelmäßig die gegensätzlichen Interessen der zwei Machtfaktoren aufeinanderprallten und es häufig zu Arbeitskämpfen kam.[667]

Vor diesem Hintergrund waren die bisherigen Beteiligungsmodelle für die damalige Weiterentwicklung des Beteiligungsgedankens weniger von Bedeutung. Einen ähnlich hohen Bekanntheitsgrad, wie das Leclair'sche Beteiligungsmodell beziehungsweise die Lohnreform von Thünens, hatte „erst" der so genannte Brigg'sche Fall

---

663 Vgl. Goldschmidt, B., Gewinnbeteiligung (1922), S. 31.

664 Vgl. Leuchtl, H., Gewinnbeteiligung (1927), S. 16.

665 Vgl. Siegler, A., Beteiligungsgedanke (DBW 39/79), S. 145.

666 Vgl. Böhmert, V., Gewinnbeteiligung (1902), S. 83 f.

667 Vgl. Gutsche, K., Gewinnbeteiligung (1932), S. 3.

erreicht, der allerdings eine negative Auswirkung auf die weitere Verbreitung der Beteiligungsidee hatte.

Die im Kohlebergbau tätige Aktiengesellschaft Briggs, Son & Co. war 1865 das erste Unternehmen in Großbritannien, das seine Mitarbeiter nicht nur am Gewinn, sondern auch am Aktienkapital beteiligte.[668] Hintergrund der Einführung waren Arbeitskämpfe, die nach insgesamt eineinhalb Jahren Steil innerhalb von zehn Jahren das Unternehmen an den Rand des Ruins trieben. Das Beteiligungssystem basierte dementsprechend weniger auf patriarchalischem Gedankengut als darauf, in der Mitarbeiterbeteiligung ein geeignetes (wenn auch letztes) Mittel gegen die Gewerkschaftsmacht gefunden zu haben. Dem Beispiel von Briggs folgend wurden in einigen Bergbau- und Industrieunternehmen ähnliche Beteiligungsmodelle eingeführt, die zunächst alle sehr vielversprechend verliefen. Um die Mitte der 1870er Jahre verschlechterte sich allerdings die Konjunktur und gipfelte in einer großen Depression, woraufhin fast alle Beteiligungsmodelle wieder abgeschafft wurden und die Beteiligungsidee an Bedeutung verlor. Die Entwicklung kam zum Stillstand, da sich die Unternehmerwelt „lange von einschlägigen Experimenten abschrecken ließ“.[669]

Ab 1885 setzte ein wirtschaftlicher Wandel ein, der eine Gründungswelle von britischen Produktivgenossenschaften anstieß.[670] Obwohl diese Produktivgenossenschaften von den Gewerkschaften favorisiert wurden, dauerte es nicht lange, bis auch hier – zwangsläufig – Beteiligungsmodelle eingeführt wurden, da in vielen Industrieunternehmen die Arbeitnehmer bereits wieder durch ein neu eingeführtes Beteiligungssystem an das Unternehmen gebunden wurden. Bis 1891 sprang die Zahl der Beteiligungsunternehmen, die eine Erfolgs- und/oder Kapitalbeteiligung praktizierten, auf insgesamt 73.[671]

Die zu dieser Zeit eingeführten Beteiligungsmodelle waren häufig in Form einer partiell investiven Erfolgsbeteiligung, bei welcher der Gewinn nur teilweise in bar ausbezahlt wurde. Der andere, meist größere Teil wurde auf einem Unternehmensspar-

---

668 Dieser Fall erlangte in der damaligen Fachliteratur großes Interesse, da es eines der wenigen bekannten Beispiele für die Einführung eines Beteiligungssystems zur Rettung eines gefährdeten Betriebes war. Das Anteilsystem wurde im Jahre 1874 wieder eingestellt. Jedoch war es kein Versagen der Erfolgsbeteiligung an sich, sondern der wirtschafltiche Niedergang nach dem Kohle-Boom von 1872-73, der bei Briggs das Scheitern des Beteiligunsmodells auslöste: in der gesamten Kohlebranche stiegen die Löhne zunächst um 50%, woraufhin Briggs ebenfalls die vom zu verteilenden Gewinn abzuziehende Eigenkapitalverzinsung von 5% auf 15% erhöhte, was in der Rezessionsphase zu Folgeproblemen führte. Vgl. hierzu u.a. Gilman, N. P., Geschäftsgewinn (1891), S. 246 ff. und S. 347.

669 Gilman, N. P., Geschäftsgewinn (1891), S. 244.

670 Von 1880 (17 Genossenschaften) stiegt deren Anzahl auf 108 Genossenschaften im Jahr 1890. Diese Art der Unternehmensform sollte die Arbeitnehmer vor den negativen Folgen der industriellen Ausbeutung schützen. Vgl. Hatton, T. J., Profit Sharing (1987), S. 9 ff.

671 Vgl. Gilman, N. P., Geschäftsgewinn (1891), S. 242 f..

konto einbezahlt oder in Form von Aktien an die Mitarbeiter ausgegeben. Vorteilhaft dabei war, dass das englische Recht keinen Mindestnennbetrag für Aktien kannte.[672] Schon seit Ende der 1870er Jahre gab es die £-Aktie, was im internationalen Wettbewerb vor allem gegenüber deutschen Unternehmen von ausschlaggebender Bedeutung war und so die Konjunktur zusätzlich stärkte.[673]

Als sich um das Jahr 1894 die Problematik der Interessengegensätze zwischen Arbeit und Kapital wieder zuspitzte, wurde die gesetzliche Einführung von Erfolgsbeteiligungen als ein Weg zur Lösung der sozialen Frage erörtert. Insbesondere die Konservativen waren dabei die Vorreiter dieser Idee, da sie die Beteiligungsidee als adäquates Mittel verstanden, den Ausbruch von Streiks in größerem Umfang zu vermeiden. Der Regierung waren die äußeren Umstände allerdings noch nicht ordnungsgefährdend genug, um die Notwendigkeit eines staatlichen Zwangs zu rechtfertigen.[674]

Nach dieser „anti-gewerkschaftlichen" Entwicklungsphase der Mitarbeiterbeteiligung wurde die produktivitätssteigernde Wirkung der Beteiligungsidee stark propagiert. Insbesondere die staatliche Institution „Bord of Trade" legte in jährlich erscheinenden Berichten den Grundstein für die wissenschaftliche Diskussion.[675] Im Zeitraum zwischen 1891 und 1920 wurden alle neu eingeführten Modelle detailliert beschrieben und im Falle einer Abschaffung die genauen Gründe, die dazu geführt haben, analysiert und veröffentlicht.[676] Nicht zuletzt aufgrund dieser Initiative stieg die Verbreitung der Mitarbeiterbeteiligung sprunghaft an. Als Einführungsmotiv wurde von den Unternehmen hauptsächlich die Produktivitätssteigerung und die Verbesserung der Beziehung zu den Arbeitnehmern genannt.[677]

Als weiterer Meilenstein in der Entwicklungsgeschichte der Mitarbeiterbeteiligung in Großbritannien gilt die 1921 eingeführte so genannte Industriegewinnbeteiligung. Sie ist die erste überbetrieblich kollektive Art der Gewinnbeteiligung überhaupt. Dabei konnten die Arbeitnehmer aus 15 Unternehmen in einem gemeinsamen Trust wöchentliche Lohnabzüge bis zu einem Gesamtbetrag in Höhe von 400 Pfund ansparen. Die Einzahlungen stellten die jeweiligen Geschäftsanteile dar, die der Trust vorzugsweise mit 5 % jährlich einkommensteuerfrei verzinste und zudem jedem Geschäftsanteil die gleiche Dividende wie den Aktionären der Unternehmen ausschüttete.[678]

---

672 Vgl. Richter, H., Kapital- und Gewinnbeteiligung (1922), S. 37.

673 Vgl. Leuchtl, H., Gewinnbeteiligung (1927), S. 43.

674 Vgl. o. V., Gewinnbeteiligung (Der Gewerkverein 4/1913), S. 14.

675 Vgl. Hatton, T. J., Profit Sharing (1987), S. 1.

676 Einen Überblick gibt PARK. Vgl. Park, J., Profit-sharing (1987), S. 11 ff.

677 So wird berichtet, dass bis 1912 insg. 299 Betriebe ein Teilhabermodell einführten, wovon zu diesem Datum noch 133 praktiziert wurden. Vgl. Board of Trade, Report (1912), S. 4.

678 Vgl. Richter, H., Kapital- und Gewinnbeteiligung (1922), S. 37.

In Großbritannien ist nicht nur die hohe Konzentration auf Kapitalbeteiligungen hervorzuheben, die ohne Zweifel von den günstigen gesellschaftsrechtlichen Rahmenbedingungen profitiert(e). Das politische Umfeld kann ebenfalls als positiver Einflussfaktor auf die Verbreitung der Mitarbeiterbeteiligung bezeichnet werden. Denn anders als im Nachkriegsdeutschland stand keine der englischen Parteien der Beteiligungsidee direkt ablehnend gegenüber, was sich aus der fortlaufenden Berichtverfassung des Bord of Trade ablesen lässt.[679] Dagegen stellt die generell ablehnende Haltung der Gewerkschaften aber auch in Großbritannien einen gewichtigen Konterpart dar. Allerdings hat deren Machtstellung bis zu diesem Zeitpunkt keine Fortschritte hinsichtlich einer stärkeren gesetzlichen Regelung der immateriellen Arbeitnehmerbeteiligung erreichen können.

An diesen Rahmenbedingungen änderte sich im Grunde genommen bis zu den ersten gesetzlichen Regelungen zur materiellen Mitarbeiterbeteiligung in den 1950er Jahren, die im nachfolgenden Kapitel erläutert werden, nichts. Dafür dominieren infolge der großen Depression andere Geschehnisse das damals vorherrschende wirtschaftliche und wirtschaftspolitische Umfeld, weswegen es trotz der vorteilhaften Rahmenbedingungen um die Mitarbeiterbeteiligung sehr ruhig wurde.

Bevor jedoch die zweite Epoche des Beteiligungsgedankens dargestellt wird, soll abschließend die Ausbreitung der Mitarbeiterbeteiligung während dieser ersten, über einhundert Jahre dauernden Entwicklungsphase in einem tabellarischen Überblick zusammengefasst werden.

<table>
<tr><th>Jahr</th><th>Beteiligungs-form</th><th>Beteiligungs-unternehmen</th><th>Mitarbeiter</th><th>Kapital (in Pfund)</th></tr>
<tr><td>1850</td><td>EB</td><td>8</td><td>-</td><td>-</td></tr>
<tr><td>1883</td><td>EB/KB</td><td>10</td><td>-</td><td>-</td></tr>
<tr><td>1891</td><td>EB/KB</td><td>73</td><td>-</td><td>-</td></tr>
<tr><td>1919</td><td>EB/KB</td><td>182</td><td>250.000</td><td>1.000.000</td></tr>
<tr><td rowspan="2">1929</td><td>EB</td><td rowspan="2">321</td><td>229.200</td><td>-</td></tr>
<tr><td>KB</td><td>499.000</td><td>2.500.000</td></tr>
</table>

Abb. 41: Anfangsphase der Mitarbeiterbeteiligung in Großbritannien[680]

679 Gutsche, K., Gewinnbeteiligung (1932), S. 57.

680 Zur Angabe von 1850 vgl. Vgl. Böhmert, V., Gewinnbeteiligung (1902), S. 83 f.; zu 1883 und 1919 vgl. Feilchenfeld, W., Gewinnbeteiligung (1922), S. 54; zu 1891 Gilman, N. P., Geschäftsgewinn (1891), S. 242 f., Poole, M., Economic Democracy (1989), S. 10; zu 1929 vgl. Board of Trade, Report (The Ministry of Labour Gasette v. 07/1930), S. 238.

2. Entwicklung der Fördergesetzgebung und Institutionalisierung von materiellen Beteiligungsmodellen

Die zweite Entwicklungsphase der Mitarbeiterbeteiligung ist weniger geprägt von Unternehmerpersönlichkeiten und individuellen Befürwortern der Beteiligungsidee, als durch gesetzliche Maßnahmen der jeweiligen Regierungspartei(en), insbesondere steuerlicher Art.

Anfang der 1950er Jahre gab es durch die Entwicklung des damals bekannt gewordenen „ICI-Schemes“[681] zwar wieder einen weiteren, wenn auch nur kleinen Evolutionsschub. Gegen Ende 1954 gab es ungefähr 500 Unternehmen, die ein Mitarbeiterbeteiligungsmodell praktizierten.[682] Zur gleichen Zeit wurde allerdings auch der Grundstein für die ersten steuerlichen „Vergünstigungen“ von Mitarbeiterbeteiligungen gelegt. Diese staatlichen „Fördermaßnahmen“ sind jedoch nicht auf eine Initiative einer politischen Partei zurückzuführen. Sie sind vielmehr die Folge des englischen „Fallrechts“ (case law), das die steuerliche Behandlung von Stock Options zum Gegenstand hatte und Ende 1960 einen steuerlichen Vorteil für bestimmte Stock Option Pläne vorsah.[683] Aufgrund der fehlenden politischen Unterstützung lief die „Förderung“ deshalb 1966 wieder aus. Die parteipolitischen Aktivitäten hinsichtlich staatlicher Lenkungsmaßnahmen zur Mitarbeiterbeteiligung begannen erst 1972.[684] Entscheidend für die Entwicklung der staatlichen Maßnahmen sind dabei die zu diesem Zeitpunkt bereits sehr ausgeprägten, unterschiedlichen Grundhaltungen der jeweiligen Parteien. Während die Konservativen mittlerweile das privatwirtschaftliche Modell und die Labour Party die Verstaatlichung als ihren Weg aus der wirtschaftlichen Rückständigkeit Großbritanniens „erkannten“, sahen die Liberalen die Mitarbeiterbeteiligung als möglichen „dritten Weg“.[685] Da die starke Machtposition der Gewerk-

---

681 Das Mitarbeiterbeteiligungsmodell der Firma Inperial Chemical Industries (ICI) erlangte zur damaligen Zeit aufgrund seines großen Erfolgs hohe Bekanntschaft und wird seither als Meilenstein der Entwicklungsgeschichte von Mitarbeiterbeteiligungen bezeichnet. Für Details vgl. Poole, M., Economic Democracy (1989), S. 13 f.

682 Vgl. Poole, M., Economic Democracy (1989), S. 13.

683 Infolge des Präzedenzfalles Weight v. Salmon wurde eine Welle von Stock Option Plänen entwickelt. Zum case law Weight v. Simon vgl. 19 TC 174. Nach einem weiteren Gerichtsurteilsurteil (Abbot v. Philbin), das sich gegen die Finanzbehörden richtete, ist bei bestimmten Aktienkauf- und Aktienoptionspläne die Einkommensteuerpflicht ausgesetzt worden, was die Attraktivität der entsprechenden Beteiligungsmodelle relativ stark steigerte. Zu Abbot v. Philbin vgl. (1960) 39 TC 82; zu näheren Details um die Entwicklung der Stock Option Pläne vgl. Latta, G. W., Profit Sharing (1979), S. 136 f.; Morse, G./Williams, D., Profit sharing (1979), S. 33 ff. m. w. Verweisen.

684 Die Vermutung liegt nahe, dass dies durch die lange Tradition des Zwei-Parteien-Systems aus Labour und Conservative Party, das bis zu den 1970er Jahren die politische Landschaft bestimmte, hervorgerufen wurde. Erst durch Vorstöße der kleinen Zentrumspartei (die Liberalen) begann eine Welle staatlicher Maßnahmen.

685 Von den politischen Parteien haben sich die Liberalen bisher am längsten und intensivsten für die Mitarbeiterbeteiligung engagiert. Vgl. Uvalic, M., PEPPER-Bericht (1991), S. 157.

schaften inzwischen bröckelte und der Gewerkschaftsdachverband (Trade Union Congress – TUC) Interesse für die Beteiligungsidee zeigte, stand den Parteiaktivitäten auf politischer Ebene weniger Widerstand entgegen.[686]

Mit dem Finanzgesetz von 1972 führte die konservative Regierung die ersten gesetzlichen Vorschriften zur breiten Förderung von Aktienkauf- und Aktienoptionsprogrammen ein. Einerseits wurden Steuererleichterungen für genehmigungspflichtige Modelle (approved schemes), insbesondere zur Führungskräftebeteiligung, geschaffen. Auf der anderen Seite wurden für nicht genehmigte Beteiligungssysteme neue steuerliche Belastungen erlassen.[687] Die Labour-Partei lehnte diese Art der Förderung ab und als sie 1973 die Regierung übernahm, wurden die bestehenden Vergünstigungen schrittweise wieder abgeschafft. Im Gegenzug legte die neue Regierung zwei eigene Gesetzesentwürfe zur Förderung der Mitarbeiterbeteiligung vor. In ihrem „Green-Paper" schlug sie einen nationalen Arbeiterfonds vor, an dem alle Arbeitnehmer in Großbritannien partizipieren sollten. Der Fonds hätte durch Unternehmensbeiträge in Höhe von jährlich einem Prozent des gesamten Eigenkapitals je Unternehmen – in Form von Aktien oder in bar bei nicht notierten Familienunternehmen oder Personengesellschaften – finanziert werden sollen.[688] So gut dieser Vorschlag bei den Gewerkschaften ankam, so heftig waren die Widerstände der Arbeitgeber und der anderen politischen Parteien, weshalb der Vorschlag nicht weiter verfolgt wurde.[689] Der zweite Vorschlag, der die Verbindung eines Optionsrechts mit einem Sparplan vorsah, stieß auf weniger Widerstand, so dass durch das Finanzgesetz von 1973 das so genannte „Save-As-You-Earn"-Modell (SAYE) eingeführt wurde.[690]

---

686 Vgl. Heller, R., Shares (1984), S. 13. Die steigende Arbeitlosigkeit und das anhaltend geringe Wirtschaftswachstum machten ein politisches Handeln jedoch immer unausweichlicher. Hinsichtlich der Mitarbeiterbeteiligung standen demzufolge nicht mehr die Lösung des Antagonismusproblems, sondern die neueren makro-ökonomischen Erkenntnisse über die Beschäftigungswirkung von Erfolgsbeteiligung und die Umverteilung im Rahmen von Kapitalbeteiligungen im Vordergrund. Vgl. hierzu anstatt vieler Latta, G. W., Profit Sharing (1979), S. 126 ff.

687 Vgl. Finance Act 1972, ss. 77-79, Sched. 12. Während Veräußerungsgewinne „normaler" Shareholder mit einem niedrigeren Steuersatz im Rahmen der Capital Gains Tax steuerlich erfasst wurden, mussten Arbeitnehmer-Shareholder ihre Veräußerungsgewinne, die sie im Rahmen der Mitarbeiterkapitalbeteiligung erzielten als Teil der Arbeitnehmervergütung dem höheren Einkommensteuersatz unterwerfen. Genehmigungspflichtige Modelle waren steuerfrei oder mit dem Capital Gains Steuersatz zu versteuern. Vgl. Pett, D., Share Schemes (2005), S. 1/2.

688 Vgl. Heller, R., Shares (1984), S. 18.

689 Vgl. Uvalic, M., PEPPER-Bericht (1991), S. 158.

690 Die Vorschriften erweiterten allerdings lediglich die schon bestehende Förderung des Department of National Savings (es gab schon andere geförderte Sparformen) um die Möglichkeiten des Aktienerwerbs über die vom Arbeitgeber ausgegebenen Aktienoptionen. Bei den zu beteiligenden Arbeitnehmern traf die neue Sparform jedoch auf wenig Zustimmung. Vgl. Morse, G./Williams, D., Profit sharing (1979), S. 43 ff.

Die Verbreitung der allgemeinen Mitarbeiterbeteiligung kam nach Aussage zweier Studien durch diese ersten Fördermaßnahmen allerdings noch nicht voran.[691] Dagegen konnten sich die erfolgsbezogene Vergütungs- oder Aktienoptionsprogramme für Führungskräfte trotz der abgeschafften Steuererleichterungen etablieren. So wurden 1977 über 1.000 Systeme zur Führungskräftebeteiligung registriert, während zur breiten Mitarbeiterbeteiligung gerade einmal 100 neue Modelle erfasst wurden.

Neben der uneinheitlichen Entwicklung der Fördergesetzgebung ist die geringe Verbreitung der verschiedenen Beteiligungsmodelle unter anderem einmal mehr der konträren Haltung der Einzelgewerkschaften zuzuschreiben. Denn diese hatten gegen Ende der 1970er Jahre mit einem Organisationsgrad von über 50 % wieder eine starke Stellung gegenüber den Arbeitgebern erreicht.[692] Die Arbeitnehmervertretung war allerdings nicht in wenigen großen Gewerkschaften gebündelt, sondern verteilte sich auf eine Vielzahl kleiner Gewerkschaften. Diese machten sich vor allem in größeren Unternehmen im Rahmen von dezentralen Lohnverhandlungen wiederum Konkurrenz, was aufgrund der Arbeitsauschreitungen wirtschaftliche Belastungen zur Folge hatte.

Um gegen die Lohnspirale und die hohe Arbeitslosigkeit zu agieren, hatte die Labour-Partei unter dem Druck des liberalen Koalitionspartners 1978 eine neue Gesetzgebung zur Förderung der Mitarbeiterbeteiligung erlassen, die, wie sich später herausstellte, eine nachhaltige Wirkung entfalten sollte.[693] Im Finanzgesetz 1978 wurde die erste institutionalisierte Beteiligungsform unter dem Namen „Approved Profit Sharing Scheme" verankert.[694] Das Besondere an diesem von den Finanzbehörden zu genehmigende Beteiligungsmodell war einerseits die Förderung einer investiven Erfolgsbeteiligung, die zur Kapitalbeteiligung am arbeitgebenden Unternehmen führte. Andererseits galten die Steuervergünstigungen nur für kollektive Beteiligungen, welche die Gesamtbelegschaft begünstigten.[695]

Nach einem Regierungswechsel wurde die gesetzliche Förderung der Mitarbeiterbeteiligung von der konservativen Thatcher-Regierung weiter ausgebaut. Dabei wurde durch das Finanzgesetz 1980 eine stark modifizierte und erweiterte Form der bestehenden SAYE-Option-Schemes, die weiterhin auf einem Unternehmenssparplan basierte, als zweiter institutionalisierter Baustein unter den genehmigungspflichtigen

691 Vgl. hierzu und zu den folgenden Datenangaben Brannen, P., Participation (1983), S. 130.

692 Für viele Arbeitsbereiche gab es sogar eine Pflichtmitgliedschaft in den jeweiligen Gewerkschaften. Vgl. Brannen, P., Participation (1983), S. 130.

693 Vgl. Latta, G. W., Profit Sharing (1979), S. 137.

694 Vgl. Finance Act 1978, ss. 53-61, Sched. 9.

695 Vgl. Heller, R., Shares (1984), S. 71. Die Steuerbegünstigungen stützten sich noch immer auf die ungleiche steuerliche Behandlung von „normalen" und Arbeitnehmer-Shareholdern.

Modellen eingeführt.[696] Schließlich wurde die staatliche Förderung – zum wiederholten Male – um ein System zur Führungskräftebeteiligung erweitert. Durch das Finanzgesetz 1984 wurden die Rahmenbedingungen für das so genannte „Discretionary Share Option Scheme (DSOS)“ gesetzlich fixiert.[697]

Der Thatcher-Regierung ging die staatliche Förderung, die bisher auf eine Kapitalbeteiligung der Arbeitnehmer am arbeitgebenden Unternehmen ausgerichtet war, nicht weit genug. Hauptsächlich aufgrund der hohen Arbeitslosigkeit wurde deshalb auf Basis der Weitzman'schen Argumentation[698] im Finanzgesetz von 1987 die dritte institutionalisierte Form der Mitarbeiterbeteiligung mit der Bezeichnung „Profit Related Pay (PRP)“ erlassen.[699] Unter diesem Gesetz wurden erstmals kollektive Erfolgsbeteiligungssysteme gefördert, die eine sofortige Ausschüttung der Beteiligungserträge erlaubten.

Im selben Jahr wurde ein weiterer Meilenstein in der Entwicklung der Mitarbeiterbeteiligung in Großbritannien gesetzt. Die Gewerkschaften hatten begonnen, die Kapitalbeteiligung von Arbeitnehmern am arbeitgebenden Unternehmen aktiv zu unterstützen. Als 1987 das erste Mitarbeiterkapitalbeteiligungsprogramm in Großbritannien, das Aktien über einen Arbeitnehmer-Trust erwarb (Employee Share Owner Ship Plan – ESOP), aufgesetzt wurde, ermöglichte die für diesen Arbeitsbereich zuständige Gewerkschaft die Finanzierung des Beteiligungsprogramms durch Darlehen der Gewerkschaftsbank an die Arbeitnehmer.[700] Im Zuge dieser Sinnesänderung bemühten sich immer mehr Gewerkschaften, insbesondere bei Privatisierungen von Staatsbeteiligungen, diese Art der Kapitalbeteiligung von Mitarbeitern zu forcieren. Schließlich wurde die aktive Haltung der Einzelgewerkschaften gegenüber dieser Beteiligungsform auch vom Gewerkschaftsdachverband TUC unterstützt, indem er ab 1990 Seminare über ESOPs und andere Kapitalbeteiligungsmodelle veranstaltete.[701]

Diese Phase der gewerkschaftlichen Einstellungsänderung wurde dabei immer wieder von Modifikationen insbesondere der steuerlichen Rahmenbedingungen von Seiten der konservativen Regierung flankiert. Eine fundamentale Änderung stellte die Angleichung der Steuersätze von Einkommensteuer und der Capital Gain Tax durch eine

696 Vgl. Finance Act 1980, ss. 47-50, Sched. 10. Zu detaillierten Erläuterungen vgl. Williams, Share Schemes (1985), S. 133 ff.

697 Vgl. Finance Act 1984, ss. 38-40, Sched. 10.

698 Vgl. hierzu die Ausführungen im ersten Teil der Arbeit unter Punkt II.B.2., S. 32 f.

699 Vgl. Uvalic, M., PEPPER-Bericht (1991), S. 158 f.

700 Der ESOP wurde im britischen Autobahndienstleister Roadchef eingeführt. Vgl. Pendleton, A./McDonald, J./Robinson, A./Wilson, N., Employee Participation (1995), S. 1.

701 Vgl. Uvalic, M., PEPPER-Bericht (1991), S. 160.

rigorose Senkung der Einkommensteuersätze dar.[702] Die negativen Auswirkungen dieser Steuerreform auf die Attraktivität von Mitarbeiterbeteiligungen konnte auch durch eine Erweiterung der Steuervergünstigungen auf Beteiligungsmodelle nicht abgemildert werden.[703]

Vor dem Hintergrund des Umverteilungsgedanken sollte deshalb vor allem die staatliche Förderung von Kapitalbeteiligungen in der breiten Arbeitnehmerhand weiter ausgebaut werden.[704] Zur Erarbeitung von Lösungsvorschlägen hat der britische Arbeitgeberverband (Confederation of British Industry – CBI) 1990 eine Arbeitsgemeinschaft ins Leben gerufen, auf deren Ergebnisse die Regierung später zurückgegriffen und viele der Vorschläge zur Verbesserung der gesetzlichen Rahmenbedingungen zur Förderung der Mitarbeiterbeteiligung übernommen hat.[705]

Das Bemühen der Regierung, die Mitarbeiterbeteiligung weiter voranzutreiben, spiegelt sich auch in einem anderen Bereich wieder. Im Jahre 1992 wurde die Non-Profit-Organisation „ProShare" durch ein Dreiergestirn aus britischem Finanzministerium (HM Treasury), der Londoner Börse und einem Konsortium britischer Großunternehmen gründet. Dass die Gründung von ProShare auf eine Empfehlung der Arbeitsgemeinschaft des CBI zurückzuführen ist, darf nicht unerwähnt bleiben. ProShare soll(te) insbesondere durch Beratung, Forschung und Information die Produktivkapitalbeteiligung, einschließlich Mitarbeiterbeteiligung, in Großbritannien fördern.[706] Die Aufklärung zeigte in weiten Bereichen Erfolge und es etablierten sich mehr und mehr nicht genehmigungspflichtige Beteiligungsmodelle.[707]

---

702 Dadurch ging der wirtschaftliche Vorteil der bisherigen Beteiligungsmodelle, welche die Arbitrage zwischen beiden Steuersätzen nutze, verloren. Vgl. Pett, D., Share Schemes (2005), S. 1/3.

703 Vgl. Finance Act 1989, ss. 34-36, Sched. 10. Neben den bestehenden Modellen (APS, SAYE, DSOS und PRP) war das ESOP die fünfte institutionalisierte Beteiligungsform, die von den Finanzbehörden „genehmigt" und somit als förderungswürdig werden konnte.

704 Nach PERCIVAL bezog sich der Umverteilungsgedanke auf die Tatsache, dass das britische Produktivkapital 1975 zu 38 %, 1981 zu 28 % und 1990 schließlich nur noch zu 20 % in Privatbesitz war. Vgl. Percival, R., United Kingdom (2003), S. 130. Trotz der staatlichen Maßnahmen hat sich dieser Wert weiter reduziert und betrug 2003 nur noch 16 %.

705 So wurden z. B. die strengen gesetzlichen Vorschriften der Beteiligungsmodelle abgemildert, um den Unternehmen mehr Flexibilität zu bieten. Vgl. zu weiteren Einzelheiten Clifford, C., Share Participation (1996), S. 27 ff.

706 Proshare heißt mittlerweile ifsProshare. IfsProshare ist das britische Mitglied der International Association of Financial Participation (IAFP). Zu Einzelheiten über ifsProShare vgl. http://ifsproshare.org (Stand: 19.02.2006).

707 Von Unternehmen wie auch Mitarbeitern war die individualle Ausgestaltung vorteilhafter als die sehr aufwendigen und komplexen genehmigungspflichtigen Modelle, auch wenn sie hierdurch nicht in den Genuss der Steuervergünstigungen kamen. Vgl. Pett, D., Share Schemes (2005), S. 1/4 f.

Genau diese nicht genehmigungspflichtigen Beteiligungssysteme wurden allerdings in der zweiten Hälfte der 1990er Jahre von einer erneuten Regelungswut der neuen Regierung erfasst. Wie schon einige Jahre zuvor wurden eine Reihe von Hindernissen erlassen, welche die Attraktivität der genehmigungsfreien Modelle gegenüber den genehmigungspflichtigen stark beeinträchtigte – oder umgekehrt, die Attraktivität der genehmigungspflichtigen Systeme steigerte, wie es von Seiten der Verantwortlichen verstanden werden sollte.[708] Ihren Höhepunkt erreichten die Einschnitte 1999, infolge dessen die Klagen aus Industrie und Wirtschaft zunahmen und die Mitarbeiterbeteiligung einmal mehr stagnierte. Um dieser zweiten Entwicklungsphase endgültig ein Ende zu setzten, wurde 1996 das zwanzig Jahre zuvor eingeführte Profit-Related Pay (PRP)-Modell aufgrund seiner Zielverfehlung und der immens hohen Kosten für die Staatskasse auf die Streichliste gesetzt und 1999 letztmals steuerlich gefördert.

Welche Auswirkungen die unterschiedlichen Maßnahmen zur Förderung der genehmigungspflichtigen Mitarbeiterbeteiligung während dieser Entwicklungsphase angenommen haben, ist in der nachfolgenden Übersicht deutlich zu erkennen. Über die Verbreitung von genehmigungsfreien Beteiligungssystem liegen seit Einführung der institutionellen, genehmigungspflichtigen („approved“) Beteiligungsmodelle keine Angaben mehr vor. Die statistischen Erhebungen basieren ausschließlich auf die von staatlicher Genehmigung abhängigen Modelle.

---

708 Einerseits wurden die Rechnungslegungsvorschriften für Unternehmen hinsichtlich Rüchstellungsbildung im Rahmen von Optionsmodellen verschärt. Andererseits wurden die genehmigungsfreien Beteiligungssysteme mit den bisher nicht erhobenen Sozialversicherungsbeiträgen belastet. Vgl. Pett, D., Share Schemes (2005), S. 1/5 f.

Jahr	Beteiligungsform	Beteiligungsunternehmen	Mitarbeiter	Kapital (in Mrd. Pfund)
1954	EB/KB	500	-	-
1977	EB/KB	100	-	-
Jahr	**Beteiligungsform**	**Genehmigte Modelle**	**Mitarbeiter[1)]**	**Kapital (in Mrd. Pfund)**
1979/80	APS	117	225.000	0,05
1980-85	PRP	1.175	232.000	-
	APS	343	1.815.000	0,5
	SAYE	1.070	585.000	1,1
	DSOS/CSOP	14.389	440.000	8,2
1985-90	PRP	1.175	232.000	-
	APS	268	3.490.000	1,5
	SAYE	3.560	1.760.000	3,7
	DSOS/CSOP	14.950	390.000	7,4
1990-95	PRP	1.175	232.000	-
	APS	257	3.710.000	1,8
	SAYE	5.850	2.650.000	7,6
	DSOS/CSOP	27.070	385.000	8,5
1995/00	PRP	18.065	5.520.000	-
	APS	405	4.250.000	3,0
	SAYE	6.450	4.570.000	12,6
	DSOS/CSOP	22.190	1.115.000	6,7

Abb. 42: Zweite Beteiligungsphase in Großbritannien[709]

1) Die Zahlen geben nicht die zu den jeweiligen Zeiträumen insgesamt beteiligten Mitarbeiter an, da einige Arbeitnehmer in Folgejahren weitere Anteile erhalten könnten.

Die statistischen Angaben für die Jahre 1954 und 1977 stammen aus privaten Erhebungen und geben zwei Schätzgrößen der Mitarbeiterbeteiligung in den entsprechenden Jahren wieder. Dabei ist nicht die absolute, sondern eher die relative Aussage von Bedeutung, dass sich die Mitarbeiterbeteiligung diesen Studien zur Folge bis Ende der 1970er Jahre auf nur noch ca. ein fünftel im Vergleich zu 1954 reduziert hat.

Mit der Einführung der genehmigungspflichtigen, institutionalisierten Beteiligungsmodelle hat die Häufigkeit von Mitarbeiterbeteiligungsmodellen wieder stark zugenommen. Die statistischen Angaben beruhen auf Daten der Finanzverwaltung, die aufgrund der Genehmigungspflicht der Beteiligungsmodelle auf exaktes Datenmateri-

709 Zu Angaben von 1954 vgl. Poole, M., Economic Democracy (1989), S. 13; zu 1977 vgl. Brannen, P., Participation (1983), S. 130; zu 1979/80 - 1999/00 vgl. HM Revenue & Customs, National Statistics (http://www.hmrc.gov.uk/stats/emp_share_schemes/menue.htm, Stand: 10.08.2006).

al zurückgreifen kann. Aus Vereinfachungsgründen sind die jährlich erscheinenden Datenreihen in fünf Jahresschritten zusammengefasst. Die einzelnen Jahresangaben geben dabei lediglich die im entsprechenden Zeitraum von der Finanzverwaltung genehmigten und von den Beteiligungsunternehmen eingeführten Beteiligungsmodelle wieder. Es ist aufgrund der Modellalternativen nicht möglich, die einzelnen Jahresangaben aufzuaddieren, um die Gesamtzahl der Beteiligungsunternehmen oder der beteiligten Mitarbeiter zu erhalten. Die Zusammenfassung über einen Zeitraum von fünf Jahren gibt aber aufgrund der entsprechenden Mindestlaufzeiten einen annähernden Überblick über die Gesamtverbreitung der verschiedenen Beteiligungsmodelle. Relativ eindeutig sind Tendenzen aus der Tabelle zu entnehmen. So zeigt sich zum Beispiel, dass das PRP sich in den ersten anderthalb Jahrzehnten seiner Einführung relativ gleichmäßig entwickelte. Als die „normalen „steuerlichen Rahmenbedingungen die Attraktivität dieser steuerfreien Entlohnungsart stark steigerte, schoss die Anzahl der Beteiligungsmodelle in die Höhe und nahm im selben Jahr, in dem die Beendigung der Förderung bekannt gegeben wurde (1997/98), mit 14.650 genehmigten Modellen einen absoluten Spitzenwert an.[710]

Die auf eine breite Beteiligung der Belegschaft ausgerichteten Beteiligungsmodelle SAYE und APS entwickelten sich relativ kontinuierlich und erreichten gegen Ende des letzten Jahrtausends eine Beteiligung von jeweils ca. 4,5 Millionen Mitarbeitern. Der Beteiligungswert je Arbeitnehmer liegt dabei im Rahmen des SAYE mit durchschnittlich GBP 3.250 weitaus höher als beim APS mit durchschnittlich GBP 750 pro Jahr.[711] Außer Konkurrenz hierzu stehen die Zahlenangaben zur CSOP-Beteiligung, die in relativ vielen Unternehmen praktiziert wird. Aufgrund ihres Beteiligungscharakters werden hierdurch aber weniger Mitarbeiter beteiligt. Anzumerken ist allerdings, dass sich seit Einführung der Förderungsform die Anzahl der beteiligten Mitarbeiter fast verdreifacht hat. Dies deutet auf eine Abwendung von der bloßen Führungskräfte- hin zur breiteren Mitarbeiterbeteiligung hin.

Eine weitere interessante Information bietet die Angabe über die Kosten der Steuervergünstigungen für den Staat. Das britische Finanzministerium hatte in den Jahren 1995 bis 2000 für APS ca. GBP 150 Millionen, für SAYE ca. GBP 500 Millionen und für CSOPs ca. GBP 115 Millionen Steuermindereinnahmen pro Jahr zu verzeichnen.[712]

---

710 Vgl. HM Revenue & Customs, National Statistics – Profit Related Pay (http://www.hmrc.gov.uk/stats/emp_share_schemes/menue.htm, Stand: 10.08.2006).

711 Vgl. HM Revenue & Customs, National Statistics – Save-as-you-earn Share Option Scheme u. Approved Profit Sharing Schemes (http://www.hmrc.gov.uk/stats/emp_share_schemes/menue.htm, Stand: 10.08.2006).

712 Vgl. HM Revenue & Customs, National Statistics – Save-as-you-earn Share Option Scheme, Approved Profit Sharing Schemes u. Company Share Option Plans & Discretionary Share Option Schemes (http://www.hmrc.gov.uk/stats/emp_share_schemes/menue.htm, Stand: 10.08.2006).

3. Millenium-Reform zur Schaffung einer Wirtschaftsdemokratie

Die bisher letzte Entwicklungsphase der Mitarbeiterbeteiligung in Großbritannien wurde 1998 eingeleitet, als das Finanzministerium ein Konsultationspapier zur Mitarbeiterbeteiligung („Consultation on Employee Share Ownership")[713] veröffentlichte. Das Schreiben war an alle Arbeitgeberverbände[714], alle Gewerkschaften[715], externe Beratergruppen und Beteiligungsspezialisten in Wirtschaft und Wissenschaft und explizit an ProShare gerichtet, um Urteile und Verbesserungsvorschläge über das bestehende Fördersystem der Mitarbeiterbeteiligung abzugeben.

Hintergrund dieses Engagements waren konjunkturelle und strukturelle Schwierigkeiten der britischen Wirtschaft, denen sich die Regierung mit neuen wirtschaftspolitischen Maßnahmen stellen wollte. Als übergeordnete Ziele dieses Vorhabens galt es, die Produktivitätslücke[716], die britische Unternehmen hinter ihren globalen Wettbewerbern zurückwarf, zu schließen sowie die Beteiligung an der britischen Wirtschaft einer breiteren Öffentlichkeit zugänglich zu machen. Letzteres ist als klarer Hinweis der damaligen Regierung verstanden worden, durch Umverteilung eine Art Wirtschaftsdemokratie in Großbritannien schaffen zu wollen.[717] Die Stärkung der Mitarbeiterbeteiligung war zentraler Bestandteil der anvisierten Millenium-Reform, um dadurch beide Ziele, sowohl die Produktivität der britischen Wirtschaft, als auch die breitere Beteiligung der Gesellschaft am Produktivkapital, zu verwirklichen.

Durch die Konsultation wurden insbesondere Probleme im bestehenden Fördersystem aufgeworfen. Die verschiedenen Institutionen bemängelten allerdings ebenfalls die rechtlichen Hindernisse der (flexibleren) nicht genehmigungspflichtigen Beteiligungsmodelle durch steuer- und sozialversicherungsrechtliche Belastungen.

Die Regierung erarbeitete daraufhin in enger Zusammenarbeit mit den Sozialpartnern und Beteiligungsspezialisten zwei neue förderungsfähige Beteiligungsmodelle, die vor allem kleinen und mittelständischen Unternehmen entgegen kommen sollten. Nach einer weiteren Konsultationsphase, in der die Gesetzesentwürfe diskutiert wur-

---

713 Vgl. Brown, G., Consultation (http://www.hm-treasury.gov.uk./media/B3C/54/2.pdf, Stand: 14.06.2006).

714 Der CBI wie auch die anderen kleineren Arbeitgeberverbände waren der Regierungsinitiative gegenüber generell positiv gestellt. Vgl. Percival, R., United Kingdom (2003), S. 131.

715 Insbesondere der Gewerkschaftsdachverband TUC, der wie auch viele der Einzelgewerkschaften mittlerweile einen gewisse Vorteil der finanziellen Beteiligung anerkannten, sah in der Beraterrolle eine Möglichkeit, den fortschreitenden Machtverlust zu kompensieren. Vgl. Pendleton, A., Employee Ownership (2001), S. 54. Zur Stellungnahme des TUC vgl. Trades Union Concress, Response to Consultation (1999).

716 Laut einer staatlichen Untersuchung hat Großbritannien im Vergleich zur USA einen Produktivitätsrückstand von ca. 40% und im Vergleich zu Deutschland und Frankreich von ca. 20%. Vgl. Inland Revenue, Technical Note (1999), S. 2.

717 Vgl. Percival, R., United Kingdom (2003), S. 130.

den, sind ein neues kollektives Beteiligungsmodell mit der Bezeichnung New All-Employee Share Plan (ESOP) und ein speziell für Fach- und Führungskräfte kleiner und mittelständischer Unternehmen bestimmtes Beteiligungsmodell mit der Bezeichnung Enterprise-Management Incentives (EMI) durch den Finance Act 2000 eingeführt worden. Hierdurch wurden zwei wesentlich flexiblere Beteiligungssysteme mit sehr bedeutenden Steuervorteilen, die vom damaligen Finanzminister Gordon Brown als „the most tax-advantaged share plan [...] ever introduced in the UK" bezeichnet wurde, entwickelt.[718] Im Gegenzug dazu wurde das 1978 eingeführte genehmigungspflichtige Beteiligungsmodell APS mit einer Übergangszeit von drei Jahren von der Liste der förderungsfähigen Beteiligungsprogramme gestrichen. Die beiden anderen bestehenden Förderprogramme SAYE und CSOP blieben dagegen unverändert bestehen.

Welche Auswirkungen die Millenium-Reform auf die weitere Verbreitung der Mitarbeiterbeteiligung in Großbritannien hatte, ist nachfolgender Tabelle zu entnehmen.

Jahr	Beteiligungsform	Genehmigte Modelle	Mitarbeiter[1)]	Kapital (in Mrd. Pfund)
2000-05	APS[2)]	33	2.065	1,7
	SAYE	5.620	4.365.000	13,0
	CSOP	20.840	1.230.000	7,3
	SIP	2.240	-[3)]	2,3
	EMI	9.170	95.000	1,4

Abb. 43: Entwicklungsphase seit Millenium-Reform in Großbritannien[719]

1) Die Zahlen geben nicht die zu den jeweiligen Zeiträumen insgesamt beteiligten Mitarbeiter an, da einige Arbeitnehmer in Folgejahren weitere Anteile erhalten könnten.

2) Das APS wurde letztmalig im Veranlagungszeitraum 2000/1 von der Finanzverwaltung genehmigt.

3) Bei SIPs kann keine Gesamtzahl für Mitarbeiter angegeben werden, da ein Mitarbeiter mehr als einen Aktientyp („free share", „partnership share", „matching share") halten kann. [720]

Nach Einführung der zwei neuen genehmigungspflichtigen Beteiligungsformen EMI und AESOP, das seit 2001 offiziell als „Share Incentive Plan – SIP" bezeichnet wird, ist die Beteiligungslandschaft im Jahr 2003 durch eine einschneidende Steuerreform

718 Vgl. Finance Act 2000 s 49 ff, s 81 ff. u. Sch 8, Sch 14.

719 Zu Angaben von 1954 vgl. Poole, M., Economic Democracy (1989), S. 13; zu 1977 vgl. Brannen, P., Participation (1983), S. 130; zu 1979/80 bis 1999/00 vgl. HM Revenue & Customs, http://www.hmrc.gov.uk/stats/emp_share_schemes/menue.htm (Stand: 19.02.2006).

720 Vgl. hierzu die Angaben unter Punkt IV.C.d)ee), S. 260 f.

verändert worden. So sind einmal mehr die steuerlichen Belastungen für nicht-genehmigungspflichtige Mitarbeiterbeteiligungsmodelle erhöht worden.[721]

Abschließend sei noch erwähnt, dass im März 2005 ProShare vom britischen Institute of Financial Services – School of Finance (ifs) erworben wurde, was ausdrücklich von politischer Seite begrüßt wurde.[722] Mit der Akquisition verfolgte man das Ziel, im primären Betätigungsfeld „Beratung zur Mitarbeiterbeteiligung" das zukünftige Wachstum von ProShare zu sichern und das generelle Angebot von ifs zu steigern, worin die Unterstützung der politischen Parteien deutlich wird.

B. Allgemeine gesetzliche Rahmenbedingungen für die Beteiligung von Mitarbeitern

Die nachfolgenden Erläuterungen gehen auf die wichtigsten allgemeinen rechtlichen Rahmenbedingungen ein, die im Zusammenhang mit einer finanziellen Beteiligung von Mitarbeitern am Erfolg und Kapital des arbeitgebenden Unternehmens in Großbritannien von Bedeutung sind. Zunächst erfolgt eine Kurzdarstellung der arbeitsrechtlichen Rahmenbedingungen zur immateriellen Arbeitnehmerbeteiligung – soweit vorhanden. Danach folgt eine Beschreibung des zivilrechtlichen Rahmens, der für eine Beteiligung von Mitarbeitern am Kapital des arbeitgebenden Unternehmens von Bedeutung ist. Abschließend werden die allgemeinen steuerrechtlichen Rahmenbedingungen für Erfolgs- und Kapitalbeteiligungen skizziert, die jedoch nicht auf die institutionalisierten Beteiligungsmodelle im Rahmen der staatlichen Förderung anzuwenden sind.[723]

1. Arbeitsrecht

Das britische Arbeitsrecht enthält keinerlei gesetzliche Vorschriften, die den Arbeitnehmern immaterielle Mitsprache- oder Informationsrechte auf betrieblicher und schon gar nicht auf Unternehmensebene zusichern. Die deutsche Mitbestimmung und Betriebsverfassung sind für die britische Wirtschaft unbekannt, so dass die Arbeitgeber-Arbeitnehmer-Beziehung (bisher) ohne besondere staatliche (Schutz)-Bestimmungen und Regulierungen besteht. Dies zeigt sich unter anderem bei Tarif-

---

721 Die steuerlichen Vorschriften erweiterte die Besteuerungsbasis und dehnten die sog. „anti-avoidance legislation" bezüglich der genehmigungsfreien Mitarbeiterbeteiligungssysteme aus. Vgl. hierzu die Ausführungen unter Punkt B.3.b) u. c), S. 217 ff.

722 Vgl. o. V., ifsProhshare (Financial Times v. 23.03.05), S. 12.

723 Da die staatlichen Fördermaßnahmen ausschließlich im Rahmen von steuerlichen Vergünstigungen erfolgen, sollen zunächst die allgemeinen steuerrechtlichen Rahmenbedingungen ohne staatliche Verzerrungen dargestellt werden. Dieser steuerlichen Vorschriften sind für die nicht staatlich geförderten, so genannten nicht genehmigten Beteiligungsmodelle („non-approved schemes") wirksam. Die Darstellung der steuerlichen Vorschriften bzgl. der geförderten und daher genehmigungspflichtigen institutionalisierten Beteiligungsformen erfolgt im darauffolgenden Kapitel C, S. 231 ff.

verhandlungen, bei denen die (meist) gegensätzlichen Interessen von Koalitionsfreiheit und Freiheit der Unternehmensführung frei aufeinander treffen und regelmäßig zu den im historischen Rückblick bestätigten heftigen Konfrontationen zwischen Arbeitgeber und Arbeitnehmer beziehungsweise Gewerkschaften kam und noch immer wieder kommt.[724]

Bisher haben sich lediglich die folgenden drei Institutionen etablieren können, die den Arbeitnehmern gewisse Rechte zugestehen und somit die Eckpfeiler einer betrieblichen Mitbestimmung bilden:

- **Sicherheitsausschuss:** gesetzlich am weitgehendsten ist der Sicherheitsausschuss definiert, zu dessen Wahl den anerkannten Gewerkschaften explizit ein definitives Recht eingeräumt wurde.[725]
- **Shop-steward:** der shop-steward ist durch seinen dualistischen Charakter aus Interessenvertretung der Belegschaft (Repräsentant der Arbeitnehmerschaft gegenüber dem Arbeitgeber) und Interessenvertreter der Gewerkschaft(en) im Betrieb (betrieblicher Vertrauensmann der jeweiligen Gewerkschaft) gekennzeichnet.[726]
- **Betriebsausschuss**: sie sind in der Vergangenheit lediglich auf freiwilliger Basis von Seiten der Unternehmen gebildet worden, um – häufig unter dem Deckmantel der Verbesserung der Arbeitgeber-Arbeitnehmer-Beziehung – in erster Linie die Machtstellung der gewerkschaftlichen Vertretungsorgane (shop-stewards) im Unternehmen so gering wie möglich zu halten.[727]

Da keine dieser Institutionen hinsichtlich einer materiellen Mitarbeiterbeteiligung dem Arbeitnehmer irgendwelche Rechte zusichert, sind die unterschiedlichen Beteiligungsmodelle völlig frei zwischen den jeweiligen Vertragsparteien inklusive den Gewerkschaften auszuhandeln.[728] Dies ist insbesondere bei (bargeldmäßigen oder investiven) Erfolgsbeteiligungen, die immer in Zusammenhang mit einem Arbeitsverhältnis stehen, von besonderer Bedeutung.

---

724 Vgl. Klinkhammer, H./Welslau, D., Mitbestimmung (1995), S. 188.

725 Zu Einzelheiten vgl. Mielke, S./Rütters, P./Tudyka, K. P., Trade Union Organisation (1994), S. 186 ff.

726 Gesetzlich geregelt ist lediglich die Duldung eines shop-stewards. Dagegen fehlen jegliche Vorschriften über seine Aufgabenbereiche und Befugnisse. Vgl. Klinkhammer, H./Welslau, D., Mitbestimmung (1995), S. 188.

727 Vgl. Klinkhammer, H./Welslau, D., Mitbestimmung (1995), S. 191; Mielke, S./Rütters, P./Tudyka, K. P., Trade Union Organisation (1994), S. 185.

728 Vgl. Poole, M., Economic Democracy (1989), S. 8.

2. Handels- und Gesellschaftsrecht

a) Überblick

Die Erläuterungen der britischen handels- und gesellschaftsrechtlichen Rahmenbedingungen sind nicht wie bei den zwei zuvor betrachteten Rechtsordnungen auf die Beschreibung der möglichen Beteiligungsformen einer Kapitalbeteiligung beschränkt. Vielmehr zeichnet sich die britische Rechtsordnung durch eine weitere Besonderheit aus: für Mitarbeiterkapitalbeteiligungen existieren bemerkenswerte gesellschaftsrechtliche Erleichterungen, die im Companies Act 1985 zusammengefasst wurden.[729]

b) Mögliche Beteiligungsformen nach Handels- und Gesellschaftsrecht

Der Mitarbeiterkapitalbeteiligung stehen, ähnlich wie in Deutschland und Frankreich, rechtlich verschiedene Beteiligungsformen zur Verfügung, die sich hinsichtlich Haftung, Kontroll- und Mitspracherechte, Gewinn- (und Verlust-)beteiligung, Beendigung des Beteiligungsverhältnisses, Fungibilität der Beteiligung etc. unterscheiden. In Großbritannien gibt es ebenfalls schuldrechtliche Kapitalbeteiligungen in Form eines Darlehens oder einer Schuldverschreibung, die hinsichtlich der gesetzlichen Vorschriften ähnlich unproblematisch sind wie in den beiden anderen Rechtsordnungen. Deshalb werden hier nur die zivilrechtlich möglichen Formen einer Eigenkapitalbeteiligung erläutert. Aufgrund der Anforderungen von Mitarbeiterkapitalbeteiligungen kommen dabei aus der Gesamtheit der zivilrechtlich zur Verfügung stehenden Unternehmensrechtsformen lediglich einige wenige in Frage, die in nachfolgender Abbildung mit der jeweiligen deutschen Bezeichnung (falls existent) – nach Personen- und Kapitalgesellschaften unterschieden – dargestellt sind.

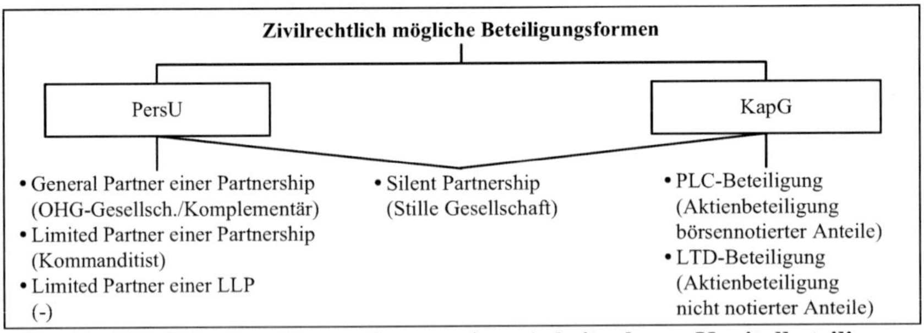

Abb. 44: Mögliche Beteiligungsformen einer Arbeitnehmer-Kapitalbeteiligung in Großbritannien

729 Darüber hinaus gibt es noch weitere Ausnahmeregelungen und Vergünstigungen in den „Public Offers of Securities Regulations 1995“, im „Financial Services and Markets Act 2000“ sowie in den britischen „Listing Rules“, die an dieser Stelle jedoch nicht angesprochen werden. Vgl. hierzu Chamberline, C. E., Tolley's (2001), S. 33 ff.

Neben den rechtsformspezifischen Beteiligungsformen für Personenunternehmen und Kapitalgesellschaften, kennt das britische Zivilrecht ebenfalls die rechtsformneutrale Beteiligungsformen der stillen Gesellschaft, die aufgrund ihrer Flexibilität generell für eine Mitarbeiterbeteiligung in Frage kommen könnte. Bei Personengesellschaften ist eine Beteiligung als general partner – da sie mit einer Beteiligung als OHG-Gesellschafter vergleichbar ist, nur im Rahmen einer Führungskräftebeteiligung denkbar.[730] Die einem Kommanditisten entsprechende Beteiligungsform eines limited partners einer partnership ist für die Anforderungen einer Mitarbeiterbeteiligung dagegen theoretisch sehr gut geeignet. Umso mehr, da im britischen Zivilrecht ebenfalls der kapitalistische Charakter dieser Rechtsform dominiert. Dies spiegelt sich darin widerspiegelt, dass gemäß s 67(1) Limited Partnership Act 1907 eine vertragliche Übertragung von Geschäftsführungsbefugnissen nicht möglich ist.[731] Eine an dieser Stelle unwesentlichere britische Besonderheit stellt die „Limited Liability Partnership – LLP" dar.[732] Bei dieser Personengesellschaft existiert kein Vollhafter, sondern es gibt ausschließlich nur limited partners, was sie prinzipiell für eine Mitarbeiterkapitalbeteiligung geeignet erscheinen lässt. Diese theoretische Eignung der LLP ist jedoch – wie auch die einer limited partnership – auf Belegschaften in kleineren Partnerships beschränkt, da nur eine begrenzte Anzahl an Partnern erlaubt sind.

Das wesentliche Merkmal des britischen Zivilrechts besteht jedoch darin, dass alle Kapitalgesellschaften ausschließlich „companies" sind.[733] Es gibt keine wie im deutschsprachigen Raum existente organisatorische Trennung zwischen GmbH und Aktiengesellschaft. Das britische company law kennt lediglich den Unterschied zwischen „Private Limited Company – LTD" und „Public Limited Company – PLC", was als wirtschaftliche Pendants zur deutschen GmbH und Aktiengesellschaft zu verstehen ist. Aufgrund der rechtlichen Unterschiede ist die LTD jedoch nicht mit der GmbH vergleichbar. Vielmehr entspricht sie der kleinen Aktiengesellschaft, da sie gegenüber der PLC eine Vielzahl von Erleichterungen aufweist, strukturell aber ansonsten identisch ist.[734] Dies ist insbesondere vor dem Hintergrund der Übertragbarkeit der Gesellschaftsanteile von großer Bedeutung für die Mitarbeiterbeteiligung.

---

730 Die Vorschriften zur partnership sind im Partnership Act 1958 geregelt.

731 Sobald einem limited partner Geschäftsführungsbefugnisse eingeräumt werden, verliert er seine Haftungsbeschränkung und wird Vollhafter. Die Rechtsnatur des Vollhafters wird dann als general partner by virtue bezeichnet. Vgl. S. 67(2) Limited Partnership Act 1907.

732 Die relativ junge Rechtsform LLP besteht erst seit dem Jahr 2000. Ihr gesetzlichen Vorschriften sind im Limited Liability Partnership Act 2000 festgehalten.

733 Für die britische „company" lassen sich drei Grundformen unterscheiden: (i) die company limited by shares, welches die gebräuchlichste Rechtsform ist, (ii) die company limited by guarantee sowie die rel. selten vorkommende (iii) unlimited liability company. Vgl. hierzu French, D., Company law (2005/2006), S. 25 ff.

734 So ist z. B. ein Mindestgrundkapital von GBP 1 vorgeschrieben, beträgt aber i. d. R. GBP 1.000, es genügt ein Gründungsmitglied und die Gründungsvorschriften sind stark vereinfacht und rel. informell. Vgl. für weiterführende Erläuterungen Walmsley, K., Company law (2005), S. 95 ff.

Bezüglich der Gesellschaftsanteile unterscheiden sich LTD und PLC darin, dass die Anteile einer PLC börsennotiert sind, wohingegen die Anteile einer LTD an keiner (öffentlichen) Börse gehandelt werden. Die Übertragbarkeit ist jedoch auch bei LTD-Anteilen frei von gesetzlichen Beschränkungen möglich. Aufgrund ihrer strukturellen Gleichheit gilt das gesetzliche Verbot des generellen Rückkaufs eigener Anteile sowohl für die LTD als auch für die PLC.[735]

Welche Bedeutung die unterschiedlichen Unternehmensrechtsformen in der britischen Wirtschaft haben, soll abschließend in der nachfolgenden Übersicht aufgezeigt werden. Daraus sollen wiederum Erkenntnisse für die qualitative Beurteilung der Verbreitung von Mitarbeiterbeteiligungsmodellen in Großbritannien gewonnen werden.[736]

Rechtsform	Anzahl der Unternehmen	
	1998	2005
Sole Proprietor (Einzelunternehmer)	589.145	512.400
Partnerships (Personengesellschaften)	378.180	316.075
Companies (LTD, PLC u. a.) (Kapitalgesellschaften)	577.655	1.091.475
Sonstige Rechtsformen[1)]	28.955	143.735
Gesamt	**1.573.935**	**2.063.685**

Abb. 45: Anzahl britischer Unternehmen nach Rechtsformen[737]

[1)] Unter sonstige Rechtsformen sind folgende Gesellschaften zusammengefasst: General government and non-profit making bodies

Die Übersicht macht deutlich, dass in Großbritannien derzeit die company die am stärksten verbreitete Unternehmensrechtsform ist. Nach Angaben des Department of Trade and Industry (DTI) waren am Ende des Steuerjahrs 2004/05 insgesamt 1.980.100 Companies registriert, davon 1.968.500 private limited companies (LTD)

735 Für Rückkauf eigener Anteile im Rahmen von Mitarbeiterbeteiligunge besteht allerdings eine Ausnahme. Vgl. hierzu die Ausführungen im nachfolgenden Abschnitt c).

736 Die Zahlenangaben beziehen sich auf sog. VAT based Enterprises, also umsatzsteuerzahlende Unternehmen, die im Inter Departmental Business Register (IDBR) des Office for National Statistics (ONS) registriert werden. Da die Datenerhebung im Laufe der Jahre mehrere Male verändert wurden, sind zahlenmäßige Änderungen nicht alleine auf Unternehmensgründungen bzw. -liquidierungen zurückzuführen.

737 Vgl. für die Angaben im Jahr 1998 Office for National Statistics, United Kingdom Businesses (2001), S. 14 ff.; für 2005 vgl. Office for National Statistics, UK Business (2005), S. 88 ff. Die Statistik grenzt dabei Unternehmen, die im entsprechenden Zeitraum Umsätze unter GBP 40.000 getätigt hat, und Unternehmen ohne Mitarbeiter aus.

und 11.600 public limited companies (PLC).[738] Die Angaben unterscheiden sich zwar von den Angaben in der Tabelle, da alle registrierten Unternehmen wiedergegeben werden, auch wenn sie nicht mehr aktiv sind oder nur geringe Umsätze tätigen. Jedoch kann daraus das tendenzielle Verhältnis von LTD und PLC abgelesen werden. Dagegen gab es 1981 lediglich ca. 740.000 companies limited by shares, wovon zwei Drittel als „kleine" companies bezeichnet ausgewiesen sind, was jedoch nicht mit LTDs gleichzusetzen ist.[739]

Sole Proprietors (Einzelunternehmer) stellen die zweit größte Rechtsformgruppe dar. Die Rechtsform Partnership ist dagegen von sehr geringer Bedeutung. Begründen lässt sich dies damit, dass die Anforderungen zur Gründung und Führung einer private limited company derart gering sind, dass partnerships keine Attraktivität besitzen. Die Rechtsform der Partnerships wird – mit Ausnahmen – ausschließlich von Ärzten, Rechtsanwälten, Steuer- und Wirtschaftsberatern gewählt, da für diese (noch) keine Gründung einer company möglich ist.[740]

c) Ausnahmeregelungen nach dem Companies Act 1985

Im britischen Gesellschaftsrecht („company law") werden für Kapitalgesellschaften, die eine Mitarbeiterkapitalbeteiligung einführen beziehungsweise praktizieren, Ausnahmen und Erleichterungen von den generell geltenden gesetzlichen Vorschriften gewährt. Die entsprechenden Regelungen hierzu sind im Companies Act 1985 (englischen Aktiengesetz) geregelt.[741]

Hierzu wird zunächst Art und Umfang der Beteiligung durch eine Legaldefinition bestimmt. Im Sinne des Company Act (CA) 1985, s. 743 gilt als Mitarbeiterbeteiligungen Folgendes:

> „a scheme for encouraging or facilitating the holding of shares or debentures in a company by or for the benefit of:
>
> (a) the bona fide employees or former employees of the company [...], or
>
> (b) the wives, husbands, widows, widowers or children or step-children under the age of 18 of such employees or former employees."

---

738 Vgl. Department of Trade and Industry, Companies (2005), S. 14.

739 Vgl. Zentrale Register von Edinburgh und Cardiff, zitiert nach Bundesstelle für Außenhandelsinformation, Großbritannien (1984), S. 6.

740 Vgl. hierzu Lowry, J. P., Company law (2006), S. 229 f.

741 Auf der anderen Seite gelten für Mitarbeiterbeteiligungen auch erweiterte Informationspflichten, wie z. B. die Offenlegungspflicht bei Managementbeteiligungen (CA 1985, ss. 324 f.) oder die Mitteilungspflicht über wesentliche Beteiligungen (> 3%) von Trustees (CA 1985, s 198).

Diese Definition der Mitarbeiterbeteiligung kann als sehr weitgehend bezeichnet werden, da sie sowohl eine Beteiligung von Mitarbeitern am Eigenkapital als auch am Fremdkapital des arbeitgebenden Unternehmens umfasst.

Ebenso weitrechend wie die Definition sind auch die Bestimmungen an sich, weshalb an dieser Stelle keine detaillierten Ausführungen zu den jeweiligen Ausnahmeregelungen, Erleichterungen oder erweiterten Pflichten für die Beteiligungsunternehmen erfolgt. Nachfolgend werden lediglich die bedeutendsten Ausnahmen kurz angesprochen:[742]

- Gemäß CA 1985, s. 80 ist das Management generell nicht zur Ausgabe „relevanter" Wertpapiere berechtigt, außer wenn es hierfür ausdrücklich durch Beschluss der Hauptversammlung oder durch die Unternehmenssatzung dazu berechtigt ist. Dabei bezieht sich die Bezeichnung Wertpapiere nicht nur auf Aktien, sondern auch auf Aktienoptionen.[743] Für Aktien und Aktienoptionen, die im Rahmen einer entsprechenden Mitarbeiterbeteiligung ausgegeben werden, gelten diese Erfordernisse allerdings nicht, da sie als „nicht relevante" Wertpapiere eingestuft werden.
- Laut CA 1985, s. 89 steht den Aktionären ein Vorkaufsrecht für neue Aktien oder sonstige neu zu emittierende Eigenkapitalrechte zu. Diese Vorschrift wird durch CA 1985, s. 89 (5) aufgehoben, wonach Altaktionäre auf neue Aktien oder sonstige Eigenkapitalrechte, die im Rahmen einer Mitarbeiterbeteiligung ausgegeben werden, keine Bezugsrechte haben.
- Nach allgemeinen gesellschaftsrechtlichen Vorschriften darf ein Unternehmen einem Aktienerwerber weder direkt noch indirekt über Dritte keine finanzielle Unterstützung gewähren, die in Zusammenhang mit dem Aktienerwerb steht.[744] Eine Ausnahme unter anderen stellen gemäß CA 1985, s. 153 (4) (b) finanzielle Unterstützungen an Mitarbeiter dar, die dem Erwerb von Belegschaftsaktien dienen. Diese Ausnahmevorschrift verliert allerdings dann ihre Gültigkeit, wenn die Mitarbeiterbeteiligung als Gegenmaßnahme einer möglichen feindlichen Übernahme angeboten wird.[745]
- Aktien dürfen gemäß CA 1985, s. 100 normalerweise nicht unter ihrem Nominalwert ausgegeben werden. Bei bestimmten Ausgestaltungen eines Stock Option Plans kann es aber dazu kommen, dass Aktien mit einem Abschlag auf den Nominalwert zugeteilt werden. Bei derartigen Mitarbeiterbeteiligungen kann

742 Für ausführliche Erläuterungen der einzelnen Vorschriften vgl. Pett, D., Share Schemes (2005), Abschn. 3 (Company Law Considerations).

743 Vgl. Chamberline, C. E., Tolley's (2001), S. 30.

744 Vgl. CA 1985, ss. 151 ff. Dabei gelten alle Kredite, Garantien, Bürgschaften oder sonstige finanzielle Hilfen als derartige Unterstützungen. Für öffentliche Unternehmen gelten weitergehende Beschränkungen. Vgl. CA 1985, s. 153 (4).

745 Vgl. hierzu das Urteil zu Hogg v. Cramphorn [1967] Ch 254.

dieser Abschlag durch Auflösung der Kapitalreserven finanziert werden, was eine vertragliche Formulierung im Gesellschaftsvertrag der Kapitalgesellschaft erfordert.[746]

3. Steuer- und Sozialversicherungsrechtliche Rahmenbedingungen

a) Überblick

Das anglistische Steuersystem[747] unterscheidet sich grundlegend von den kontinentaleuropäischen Systemen in Deutschland und Frankreich, was eine kurze Erläuterung der Besonderheiten erfordert.

Grundsätzlich basiert die Steuerrechtsordnung nicht auf Einzelsteuergesetzen, sondern auf den so genannten Finanzgesetzen („finance act" – FA) und den Fallentscheidungen der Finanzgerichte („case law"). Alljährlich erfolgende Steuerrechtsänderungen werden in den jeweiligen Finanzgesetzen veröffentlicht.[748] In Sonderfällen, wie zum Beispiel im Rahmen der großen Steuerreformen 1988, 2003 und 2005, wird eine Art Gesetzesrahmen geschaffen.[749] Diese Sondergesetze beinhalten fundamentale Grundlagen, die durch die jährlich erscheinenden Finanzgesetze aktualisiert werden. Ergänzend zu diesen gesetzlichen Rahmenbedingungen haben bestimmte Einzelfallentscheidungen der Finanzgerichte Gesetzescharakter.

Die steuerlichen Rahmenbedingungen zur Mitarbeiterbeteiligung in Großbritannien basieren aber nicht nur auf einer anderen Steuerrechtsordnung, sondern zeichnen sich darüber hinaus durch explizite Vorschriften zur Mitarbeiterbeteiligung aus. Diese Regelungen beinhalten nicht nur Steuervergünstigungen oder staatliche Fördermaßnahmen zur materiellen Beteiligung von Arbeitnehmern. Sie sind generell für alle Arten von Mitarbeiterbeteiligungsmodellen gültig und sind deswegen von den speziellen Fördervorschriften der institutionalisierten, genehmigungspflichtigen Beteili-

---

746 Ohne diese Ausnahmeregelung dürfte die Kapitalreserve nur an vorhandene Anteilsinhaber, nicht jedoch an zukünftige Aktionäre (hier Optionsinhaber) ausbezahlt werden. Vgl. Pettet, B. G., Company law (2005), S. 240.

747 Zur Entwicklungsgeschichte des Steuersystems in Großbritannien vgl. Tiley, J., History (2004).

748 Eine weitere Besonderheit ist das britische Steuerjahr per se, da es am 6. April beginnt und bis zum 5. April des darauffolgenden Jahres dauert.

749 Die Steuerreform von 1988 brachte den „Income and Corporation Tax Act 1988" hervor, der ähnlich einer Art Einzelsteuergesetz Grundlagen zur Einkommens- und Körperschaftsbesteuerung beinhaltet. Mit dem „Income Tax (Earnings and Pensions) Act 2003" und dem „Income Tax (Trading and Other Income) Act 2005" wurden einzelnen Einkunftsarten neu strukturiert.

gungsmodelle abzugrenzen.[750] Nachfolgende Abbildung gibt einen systematischen Überblick der Anwendungsbereiche der Gesetzgebung zur Mitarbeiterbeteiligung:

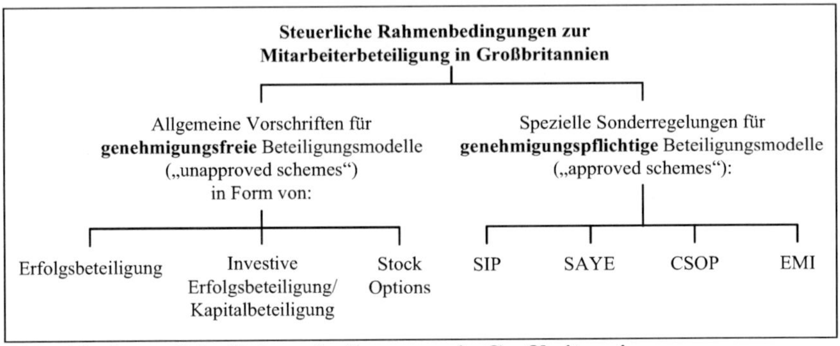

Abb. 46: Steuerliche Rahmenbedingungen in Großbritannien

In den allgemeingültigen, nicht-förderungsspezifischen Vorschriften ist zwischen der steuerlichen Behandlung von reinen Erfolgsbeteiligungen, der Erfassung von investiven Erfolgsbeteiligungen und/oder Kapitalbeteiligungen von Mitarbeitern sowie der Besteuerung von Stock Options-Programmen zu unterschieden. Für die vier institutionalisierten Beteiligungsmodelle SIP, SAYE, CSOP und EMI gelten jeweils spezielle Ausnahmeregelungen, die im Vergleich zur steuerlichen Behandlung im Rahmen der allgemeingültigen Vorschriften zu Steuervergünstigungen führen.

Die relevanten Steuervorschriften zur Erfolgs- und Kapitalbeteiligung von Mitarbeitern sind in den folgenden Besteuerungsbereichen zu finden, die an dieser Stelle kurz beschrieben werden:

- **Persönliche Einkommensteuer („Personal Income Tax"):** Auch hier zeigt sich ein grundlegender Unterschied zu Deutschland und Frankreich. Denn ursprünglich war die persönliche Einkommensteuer in Großbritannien als Schedulensteuer mit Sondertarifen für einzelne Einkunftsarten (Schedulen) aufgebaut, die keinen umfassenden Einkommensteuerbegriff kennt.[751] Seit Ende der 1980er Jahre ist das britische Steuersystem jedoch schrittweise reformiert worden, was zu einer partiellen Abkehr der Schedulenbesteuerung nach früherem Muster geführt hat. Ausfluss dieser Reformbemühungen war der „Income and Corporation

---

750 Um wie in den zuvor untersuchten Rechtsordnungen die Darstellung der steuer- und sozialversicherungsrechtlichen Rahmenbedingungen im Sinne des „Mit-ohne-Vergleichs" zu strukturieren, werden in den nachfolgenden Abschnitten zunächst diejenigen steuer- und sozialversicherungsrechtlichen Vorschriften erläutert, die auf die genehmigungsfreien Beteiligungsformen anzuwenden sind. Die entsprechenden Sonderregelungen, die für die institutionalisierten, genehmigungspflichtigen Beteiligungsmodelle gelten, werden im nachfolgenden Kapitel behandelt.Vgl. Punkt C in diesem Teil der Arbeit, S. 231 ff.

751 Zur Abgrenzung „synthetische Einkommensteuer vs. Schedulensteuer" vgl. Demmler, U., Dual Income Tax (2005), S. 6 ff., Oeffner, M., Duale Einkommensteuer (2005), S. 5 f.

Tax Act (ICTA) 1988", der bis heute die Grundlage der Einkommens- und Körperschaftssteuer bildet.[752] Im Jahre 2002 hat die Regierung das so genannte „Tax Law Rewrite Project" mit dem Ziel, das Einkommensteuersystem vollkommen umzuschreiben, ins Leben gerufen.[753] Es wurden dabei keine steuersystematischen Veränderungen, sondern nur strukturelle Änderungen vorgenommen und neue Bezeichnungen eingeführt. So ist die Einkommenserfassung, die ursprünglich in sechs Schedulen („Schedules" A, B, C, D, E und F) mit jeweils unterschiedlichen Fällen („Cases") unterteilt war, neu gestaltet worden. Das der Einkommensteuer zu unterwerfende Einkommen wird seither durch mehrere namentlich bezeichnete Einkunftsarten erfasst, die sich nach der Quelle des Einkommens im Sinne der Reinertraglehre bestimmen.[754] Veräußerungsgewinne fallen deswegen nicht unter das zu versteuernde Einkommen im Rahmen der persönlichen Einkommensteuer, sondern werden durch eine separate Veräußerungsgewinnbesteuerung („Capital Gains Tax") erfasst.

Das Gesamteinkommen eines Steuerpflichtigen in Großbritannien bemisst sich gemäß s. 1 ICTA 1988 nach der Summe der Einkünfte aus den verschiedenen Einkunftsarten. Unter Berücksichtigung eines Grundfreibetrags[755] („Personal Allowance"), der vom Gesamteinkommen abgezogen wird, errechnet sich das zu versteuernde Einkommen.[756] Dieses zu versteuernde Einkommen unterliegt drei verschiedenen Steuersätzen, die sich nach der Einkommenshöhe unterschei-

---

752 Neben dem „Income and Corporation Taxes Act (ICTA) 1988" erweiterte der „Taxations of Chargable Gains Act (TCGA) 1992" die Besteuerungsgrundlagen.

753 Bisher wurden der „Capital Allowances Act 2001", der „Income Tax (Earnings and Pensions) Act 2003", die „Income Tax (Pay as You Earn) Regulations 2003" sowie der „Income Tax (Trading and Other Income) Act 2005" verabschiedet. Die Umstrukturierung des Einkommensteuersystems ist danach bis auf einen Teil, der noch im Jahr 2006 veröffentlich werden soll, komplett. Für einen detailierten Überblick und zu Einzelheiten über das Steuerreformprojekt vgl. die Online-Präsentation des Finanzministeriums unter folgendem Internetlink: www.hmrc.gov.uk/rewrite/index.htm (Stand: 16.06.2006).

754 So ist im ITEPA 2003 u. a. die Besteuerung der Einkünfte aus nicht selbständiger Arbeit („Employment Income" (Pt. 2-8, ss. 3 ff.)) geregelt; im ITTOIA 2005 u. a. die Einkunftsarten Gewerbliche Einkünfte („Trading Income" (Pt. 2, ss. 3 ff.)), Einkünfte aus Vermietung u. Verpachtung („Property Income" (Pt. 3, ss. 260 ff.)), Einkünfte aus Kapitalvermögen („Savings and Investment Income" (Pt. 4, ss. 365 ff.)), Verschiedene Einkünfte („Miscellaneous Income" (Pt. 5, ss. 575 ff.)), Steuerfreie Einkünfte („Exempt Income" (Pt. 6, ss. 690 ff.)), Einkünfte aus Personengesellschaften („Partnerships" (Pt. 9, ss. 846 ff.)).

755 Für den Veranlagungszeitraum 2006/07 beträgt der Grundfreibetrag (i) für unter 65-jährige Stpfl. GBP 5.035, (ii) für 65-74-jährige Stpfl. GBP 7.280 u. (iii) für über 74-jährige Stpfl. GBP 7.420. Vgl. s. 6 FA 2005.

756 Bei verschiedenen Einkunftsarten können diverse Freibeträge und Ermäßigungen abgezogen werden. Bis April 2000 gab es eine Ehegattenermäßigung („Married Couple's Allowance (MCA)"), die gegenwärtig für vor dem 6. April 1935 geborene Stpfl. in abgeänderter Form noch gültig ist. Vgl. hierzu Adam, S./Shaw, J., UK Tax System (2006), S. 5.

den.[757] Allerdings unterliegen Zinseinkünfte und Kapitalerträge abweichenden Steuersätzen, wobei bei der Berechnung der Einkommenshöhe die Kapitalerträge die höchste Einkommensstufe vor Zinseinkünften und anderen Einkunftsarten darstellt.[758]

Zur Abmilderung der Einkommensteuerbelastung von (Arbeitnehmer-)Familien mit Kindern existieren verschiedene steuerliche Fördermaßnahmen.[759]

- **Körperschaftsteuer („Corporation Tax")**: In Großbritannien ansässige Körperschaften unterliegen mit ihren weltweit erzielten Gewinnen der Körperschaftsteuer. Der Standardsteuersatz für den Veranlagungszeitraum 2005/06 beträgt 30%.[760] Steuerpflichtig ist der Gesamtgewinn der Körperschaft, der gemäß s. 9 ICTA 1988 unter Anwendung der „Income Tax Principles" zu berechnen ist. Veräußerungsgewinne werden mit dem normalen Körperschaftsteuersatz belastet. Ausgeschüttete Dividenden und andere gewinnabhängige Ausschüttungen können im Rahmen der Körperschaftsbesteuerung nicht zum Abzug gebracht werden.
- **Sozialversicherungsabgaben („National Insurance Contributions" – NICs)**: In Großbritannien sind Sozialversicherungsbeiträge[761] nicht nur von Arbeitnehmern zu leisten.[762] Für Arbeitnehmer gilt die so genannte Klasse 1, wobei sowohl der Arbeitgeber als auch der Arbeitnehmer Sozialversicherungsbeiträge auf das Brutto-Arbeitseinkommen zu entrichten haben. Unter das Brutto-Arbeitseinkommen fallen alle Löhne und Gehälter, Kommissionen, Boni und sonstige lohngleiche Leistungen (worunter Erfolgsbeteiligungserträge zu subsumieren sind) sowie geldwerte Vorteile. Die (Arbeitgeber- und Arbeitnehmer-)

---

757 Im Veranlagungszeitraum 2006/07 gelten die Steuersätze (i) „Starting Rate" = 10% für Einkommen bis GBP 2.150, (ii) „Basic Rate" = 22% für Einkommen zwischen GBP 2.151 u. GBP 33.300 u. (iii) „Higher Rate" = 40% für Einkommen über GBP 33.300. Vgl. HM Revenue & Customs, www.hmrc.gov.uk/rates/it.htm (Stand: 16.06.06).

758 Vgl. hierzu die Ausführungen unter Punkt IV.B.3.a)bb), S. 213 f.

759 Zum einen ist dies eine ‚mit dem deutschen Kindergeld vergleichbare Förderung, „Child Tax Credit" genannt, wonach ein bestimmter Betrag von der Steuerschuld abgezogen, ein darüberhinausgehender Betrag ausbezahlt wird. Für Arbeitnehmer gibt es den so genannten „Working Tax Credit", der entsprechend verrechnet wird. Vgl. hierzu Adam, bS./Shaw, J., UK Tax System (2006), S. 8 f.

760 Für Unternehmensgewinne bis zu GBP 300.000 gilt ein reduzierter Steuersatz von 19% und für Gewinne zwischen GBP 300.000 u. GBP 1,5 Mio. ein erhöhter Steuersatz von 32,75%. Vgl. HM Revenue & Customs, www.hmrc.gov.uk/rates/corp.htm (Stand: 16.06.06).

761 Die gesetzlichen Regelungen zur Sozialversicherung sind im „Social Security Contribution and Benefits Act 1992" geregelt.

762 Sozialabgabenpflichtig sind neben Arbeitnehmer auch selbständig Tätige. Die Sozialabgabenpflicht wird in vier Klassen unterschieden. Klasse 1 erfasst die Einkommen von nicht selbständige Arbeitnehmern, Klasse 2 und 4 Einkommen von selbständig Tätigen sowie Klasse 3 das Einkommen von freiwillig sozialversicherten Personen. Vgl. Adam, S./Shaw, J., UK Tax System (2006), S. 10 f.

Sozialversicherungsbeiträge sind vom Arbeitgeber an die zuständige Sammelstelle des National Insurance (NI) Funds abzuführen.

- **Steuer auf Veräußerungsgewinne („Capital Gains Tax)**: Die 1965 eingeführte Veräußerungsgewinnsteuer ist gegenwärtig durch den „Taxation of Chargeable Gains Act (TCGA) 1992" gesetzlich geregelt. Die Capital Gains Tax erfasst alle (Netto-)Gewinne, die aus der Veräußerung von Vermögen stammen. Steuerpflichtig sind natürliche Personen und Treuhänder. Veräußerungsgewinne von Körperschaften werden im Rahmen der Körperschaftsteuer erfasst. Vermögensübertragungen zwischen zusammenlebenden Ehepartnern werden nicht besteuert. Es existiert ein Freibetrag, der darunterliegende Veräußerungsgewinne steuerfrei stellt.[763] Die Höhe des Steuersatzes für Veräußerungsgewinne orientiert sich an der Höhe des zu versteuernden Einkommens. Veräußerungsgewinne werden dabei faktisch als oberster Einkommensteil dem zu versteuernden Einkommen der persönlichen Einkommensteuer hinzuaddiert und mit 10%, 20% oder 40% besteuert, je nachdem in welchem der drei Einkommensbereich des zu versteuernden Einkommens die Veräußerungsgewinne liegen.

- **Stempelsteuer („Stamp Duty")**: Die so genannte Stempelsteuer wird unter anderem bei der Übertragung von Wertpapieren fällig.[764] Die steuerliche Erfassung unterscheidet eine Übertragung in Papierform, bei der die „Stamp Duty" fällig wird, und die heute übliche elektronischen Übertragung. Hier kommt die „Stamp Duty Reserve Tax" zur Anwendung. Beide Steuern betragen 0,5%.[765] Findet eine Übertragung von Wertpapieren statt, bei der diese von einer dritten Partei gehalten werden, so findet ein erhöhter Steuersatz von 1,5% Anwendung.

Erträge aus sofort ausbezahlten oder investierten Erfolgsbeteiligungen stehen steuerlich hauptsächlich im Zusammenhang mit den Einkünften aus nicht selbständiger Arbeit. Erträge aus der Beteiligung in Form von Eigen- oder Fremdkapitalbeteiligungen werden in einer separaten Einkunftsart erfasst. Schließlich löst die Übertragung von Kapitalbeteiligungen verschiedene steuerliche Belastungen aus. Um den Einblick in die steuer- und sozialversicherungsrechtlichen Rahmenbedingungen zu vertiefen, werden diese Bestandteile einer Mitarbeiterbeteiligung in ihrem jeweiligen Umfeld in den nachfolgenden Abschnitten kurz dargestellt.

---

763 Für den Veranlagungszeitraum 2006/06 beträgt der Freibetrag für natürliche Personen u. bestimmte Treuhänder GBP 8.800, für alle anderen Treuhänder GBP 4.400. Vgl. HM Revenue & Customs, www.hmrc.gov.uk/rates/cgt.htm (Stand: 16.06.06).

764 Daneben wird hauptsächlich die Abtretung und Übertragung von Grund und Boden durch die „Stamp Duty Land Tax – SDLT" erfasst. Für einen detailierten Überblick zur Stamp Tax vgl. HM Revenue & Customs, Stamp Taxes (2002). Die wichtigsten gesetzlichen Regelungen finden sich in folgenden Finance Acts: FA 2003, ss. 125 ff.; FA 2005, ss. 94 ff. u. FA 2005 (No. 2), ss. 47 ff.

765 Vgl. HM Revenue & Customs, www.hmrc.gov.uk/so/rates-mar05-06.htm (Stand: 16.06.06).

aa) Arbeitseinkünfte

Alle Vergütungen, die ein Arbeitnehmer vom Arbeitgeber erhält, gelten gemäß s. 2 ITEPA 2003 steuerliche als Arbeitseinkommen, worunter neben Löhnen und Gehältern, Bonizahlungen und geldwerten Leistungen u. a. auch Erfolgsbeteiligungserträge subsumiert werden. Auf Unternehmensebene sind diese aufgrund Ihrer betrieblichen Veranlassung bei der einkommen- und körperschaftsteuerlichen Gewinnermittlung als Betriebsausgaben abzugsfähig.[766] Wenn der Gesamtaufwand aus Normalvergütung und Erfolgsbeteiligung GBP 5.044 im Jahr übersteigt, hat der Arbeitgeber Sozialversicherungsbeiträge i. H. v. 12,8 % abzuführen, die als „Secondary Contributions" bezeichnet werden. Die „Primary Contributions" sind die Sozialabgaben des Arbeitnehmers. Sie betragen bis zu einem Jahreseinkommen i. H. v. GBP 33.540 zusätzlich 11% und für darüberliegende Vergütungen 1%. Arbeitseinkommen unter GBP 5.044 p. a. ist sozialabgabenfrei.[767]

Im Gegensatz zum französischen Steuersystem und übereinstimmend mit dem deutschen Besteuerungsverfahren werden sowohl die Einkommensteuer auf Einkünfte aus nicht selbständiger Arbeit als auch die Sozialversicherungsbeiträge im Rahmen einer Quellenbesteuerung erhoben. Daher behält der Arbeitgeber den Einkommensteueranteil des Arbeitseinkommens und den Arbeitnehmeranteil der Sozialversicherungsbeiträge direkt ein und führt sie an die zuständige Stelle ab. Dieses mit dem Lohnsteuerabzugsverfahren vergleichbare Vorgehen wird als „Pay As You Earn"-System (PAYE) bezeichnet.[768] Die vom Arbeitgeber abgeführten Zahlungen stellen nicht die endgültige Steuerlast dar, sondern werden mit dem Betrag verrechnet, der in einer persönlichen Steuererklärung festzusetzen ist. Die Höhe der endgültigen Einkommensteuer hängt vom Gesamtbetrag des zu versteuernden Einkommens ab, der sich aus den Nettobeträgen aller Einkunftsarten addiert. Der Nettobetrag der Einkünfte aus nicht selbständiger Arbeit ergibt sich laut s. 11 (1) ITEPA 2003 aus dem insgesamt ausbezahlten Jahresarbeitseinkommen abzüglich „Werbungskosten" nach s. 327 (3) ITEPA 2003. Negative Einkünfte können unter bestimmten Voraussetzungen gem. s.

---

[766] Vgl. International Bureau of Fiscal Documentation, European Tax Handbook (2005), S. 720.

[767] Die Höhe der Sozialversicherungsabgaben ist allerdings an den Wochenlohn gekoppelt und ist aus Gründen der Vergleichbarkeit auf ein 52-Wochen-Jahr hochgerechnet. Für Arbeitnehmer betragen sie 11% für Einkünfte zwischen GBP 97 u. GBP 645 pro Woche. Einkünfte unterhalb dieser Grenze sind von den Sozialabgaben befreit, oberhalb dieser Grenze werden die Einknommen mit 1% belastet. Arbeitnehmer, die das staatliche Rentenalter überschritten haben sowie Beschäftigte unter 16 Jahren zahlen keine Sozialabgaben. Der Arbeitgeberbeitragssatz beträgt 12,8% für alle Arbeitnehmereinkünfte über GBP 97 pro Woche. Vgl. HM Revenue & Customs, www.hmrc.gov.uk/rates/nic.htm (Stand: 16.06.06).

[768] Vgl. Göbes, C., Unternehmensbesteuerung (1996), S. 51. Die Durchführungsvorschriften zum PAYE sind in den ss. 682 ff. ITEPA 2003 geregelt.

380 (1) ICTA 1988 („set-off against general income") mit anderen Einkunftsarten verrechnet werden.

Der Besteuerungszeitpunkt ist durch Pt. 11, s. 683 (6) ITEPA 2003 auf das Veranlagungsjahr, in dem die Vergütung ausbezahlt wurde, festgesetzt. In diesem Unterabschnitt heißt es: „it does not matter for the purposes of PAYE regulations that income is wholly or partly income for a tax year other than that in which the payment is made". Korrespondierend dazu darf auf Unternehmensebene die Vergütung als Betriebsausgabe auch erst abgezogen werden, wenn sie als „ausbezahlt" gilt und somit auf Arbeitnehmerebene steuerlich erfasst werden kann.[769]

bb) Kapitalerträge

Bei der steuerlichen Erfassung von Erträgen aus Arbeitnehmerkapitalbeteiligungen ist zu unterscheiden, ob es sich um eine Eigen- oder Fremdkapitalbeteiligung handelt. Denn der „Beteiligungsaufwand" einer Fremdkapitalbeteiligung ist auf Unternehmensebene in der Regel als Betriebsausgabe abzugsfähig.[770] Korrespondierend hierzu wird der Kapitalertrag auf Ebene des Fremdkapitalgebers gemäß s. 369 ff. ITTOIA 2005 als „Savings and Investment Income – Chapter 4: „Interests" steuerlich erfasst. Der persönliche Einkommensteuersatz unterscheidet sich dabei in der mittleren Einkommenstufe („Basic-Rate Band"), da anstatt 22 % lediglich ein gemilderter Steuersatz i. H. v. 20 % zur Anwendung kommt. Für die untere „Starting-Rate Band" und die obere „Higher-Rate Band" gelten dieselben Steuersätze i. H. v. 10 % und 40 %. Allerdings gelten Einkünfte dieser Einkunftsart als höher rangig im Vergleich zu anderen Einkunftsarten – außer Dividendeneinkünften.

Bei einer Eigenkapitalbeteiligung ist das Entgelt für die Kapitalüberlassung dagegen bei der steuerlichen Gewinnermittlung auf Unternehmensebene nicht abzugsfähig. Bei der steuerlichen Erfassung von Unternehmensgewinnen bedient sich das britische Steuersystem ebenfalls einer rechtsformspezifischen Ertragsbesteuerung, die im Ergebnis betrachtet auf Eigentümerebene zu Unterschieden in der steuerlichen Belastung führt. Nachfolgende Abbildung zeigt die differenzierte Erfassung der Unternehmenserfolge in Abhängigkeit der Rechtsform des Unternehmens.

---

769 Pett, D., Share Schemes (2005), S. 7/23.

770 Vgl. s. 123 f. ICTA 1988.

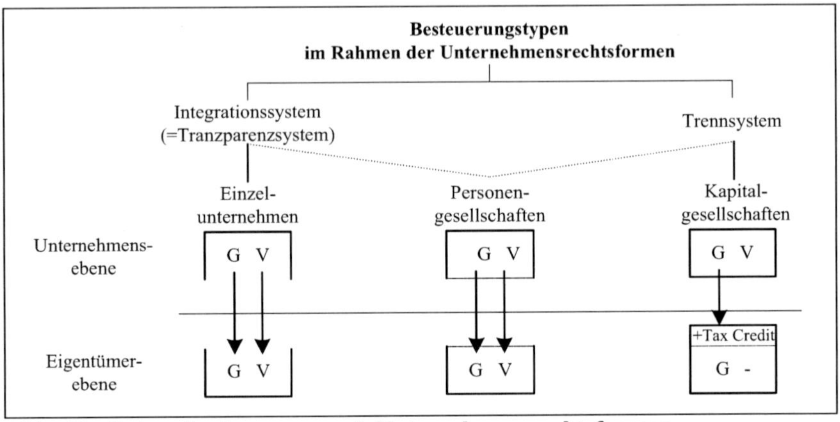

Abb. 47: Ertragsbesteuerung nach Unternehmensrechtsformen in Großbritannien

Die Unternehmenserfolge von Einzelunternehmern werden in Großbritannien dem Eigentümer im Sinne des Transparenzprinzips als „Trading Income" im Rahmen der persönlichen Einkommensteuer direkt zugerechnet.[771] Da auch einer Personengesellschaft keine eigene Rechtspersönlichkeit zugestanden wird, erfolgt eine steuerliche Zurechnung der auf Unternehmensebene ermittelten Unternehmenserträge auf die Eigentümer.[772] Dort sind sie ebenfalls als „Trading Income" der persönlichen Einkommensteuer zu unterwerfen. Dabei unterscheidet das Gesetz nicht zwischen einem vollhaftenden („General Partner") und einem teilhaftenden Gesellschafter („Limited Partner"). Die Gewinne und Verluste werden gemäß s. 850 (1) ITTOIA 2005 den Gesellschaftern so zugerechnet, wie es gesellschaftsvertraglich im „firm's profit arrangement" geregelt ist.

Bei Limited Liability Partnerships, bei der es keine Vollhafter, sondern nur Teilhafter gibt, werden alle Geschäftsvorfälle der Gesellschaft einkommensteuerlich als Unternehmensaktivitäten einer „normalen" Personengesellschaft behandelt.[773] Die Unternehmenserfolge werden dementsprechend den einzelnen teilhaftenden Gesellschaftern direkt als „Trading Income" zugerechnet.[774]

771 Die gesetzlichen Vorschriften zur steuerlichen Erfassung der Einkunftsart „Trading Income" sind dem Pt. 2, ss. 5 ff. ITTOIA 2005 untergeordnet.

772 Das Transparenzprinzip komt in s. 848 ITTOIA 2005 mit den Worten „...a firm is not to be regarded for income tax purposes as an entity separate and distinct from the partners" explizit zum Ausdruck.

773 Handelsrechtlich handelt die Limited Liabilty Partnership dagegen unter eigener Rechtspersönlichkeit auf eigene Rechnung und kann somit klagen und verklagt werden. Vgl. s. 157 Limited Liability Partnership Act 2000.

774 Vgl. s. 863 ITTOIA 2005.

Die Besteuerung von Unternehmenserträgen aus Kapitalgesellschaften basiert auch in Großbritannien auf dem Trennprinzip. Als juristische Person ist die Körperschaft selbst steuerpflichtig, weshalb deren Gewinne der Körperschaftsteuer („Corporation Tax“) unterliegen. Die Gewinne werden auf Unternehmensebene in der Regel mit einem definitiven Steuersatz i. H. v. 30 % abschließend besteuert, egal ob sie ausgeschüttet oder einbehalten werden. Ausgeschüttete Gewinne werden auf Anteilseignerebene als Dividendeneinkünfte gemäß s. 383 ITTOIA 2005 der persönlichen Einkommensteuer unterworfen.[775] Allerdings gelten auch bei dieser Einkunftsart abweichende Steuersätze. So werden Dividendenerträge, die in den Einkommensbereich der „Starting-Rate Band“ fallen, zwar ebenso mit einem Steuersatz i. H. v. 10 % belastet. Für darüber hinausgehende Erträge gilt jedoch ein Steuersatz i. H. v. 32,5 %. Zusammen mit der Körperschaftsteuerbelastung ergäbe dies eine Doppelbelastung der Unternehmensgewinne durch Körperschaft- und Einkommensteuer. Um diese zu vermeiden, wird die Einkommensteuerbelastung auf Dividendenerträge durch eine in s. 397 ITTOIA 2005 bestimmte Steuergutschrift, dem so genannten „Dividend Tax Credit“, reduziert. Dieses Steuerguthaben beträgt ein Neuntel der Dividendenerträge und kann vom Steuerpflichtigen mit der aus dem Gesamteinkommen zu bestimmenden Einkommensteuerschuld verrechnen werden.

cc) Wertpapierübertragung und Veräußerungsgewinne

Die Steuerarten „Stamp Duty Reserve Tax“ (SDRT) und „Capital Gains Tax“ (CGT) spielen im Rahmen einer Beteiligung von Mitarbeitern eine nicht zu vernachlässigende Rolle.[776] Insbesondere bei der Übertragung von Eigenkapitalanteilen fallen die Steuern eventuell zwei- beziehungsweise dreimal an, wenn man die Wiederveräußerung durch den Mitarbeiter einbezieht. Das erste Mal, wenn Alteigentümer ihre Unternehmensanteile abtreten oder das Unternehmen neue Anteile begibt. Die SDRT wird dann i. H. v. 0,5 % auf den Gesamtbetrag der veräußerten, beziehungsweise neu ausgegebenen Unternehmensanteile fällig. Bei Ausgabe von verbrieften Fremdkapitalbeteiligungen fällt die SDRT ebenfalls an. Übersteigen die Veräußerungsgewinne im Falle einer Veräußerung der Unternehmensanteile durch den Alteigentümer einen Freibetrag i. H. v. GBP 8.800 (für 2005/06), muss er diese versteuern. Der Steuersatz hängt dabei vom Einkommensbereich ab, in welchen die Veräußerungsgewinne fallen. Er beträgt entsprechend der drei Bereiche „Starting-“, „Basic-“ oder „Higher-Rate Band“ 10 %, 20 % oder 40 %, wobei die Veräußerungsgewinne der höchsten Einkommensstufe zuzuordnen sind. Ein zweites Mal können die beiden Steuerarten

775 Als steuerpflichtige Dividendenerträge gem. s. 383 ITTOIA 2005 gelten ausgeschüttete Unternehmensgewinne und andere gewinnabhängige Ausschüttungen einer Kapitalgesellschaft.

776 Im allgemeinen Wirtschaftsverkehr wird das Steueraufkommen der Stamp Duty für 2005/06 auf ca. ¼, das der Capital Gains Tax dagegen nur auf ca. 1% des Körperschaftsteueraufkommens geschätzt. Vgl. Adam, S./Shaw, J., UK Tax System (2006), S. 16 u. 18.

einen Treuhänder so genannter „Employee Trusts“ betreffen.[777] Bezieht man die Wiederveräußerung der Arbeitnehmerbeteiligung in die Betrachtung ein, ist in der Regel nur die SDRT i. H. v. 0,5 % auf Eigen- und verbriefte Fremdkapitalanteile zu berücksichtigen. Veräußerungsgewinne sind nur dann steuerpflichtig, wenn sie den Freibetrag übersteigen, der im Veranlagungszeitraum 2005/06 GBP 8.800 beträgt.

dd) Zwischenergebnis

Der Überblick über die allgemeinen steuerlichen Rahmenbedingungen für Arbeitnehmerkapitalbeteiligungen in Großbritannien veranschaulicht hinsichtlich

- der generellen Besteuerung von Wertpapierübertragungen durch die Stamp Duty Reserve Tax (SDRT) sowie
- der grundsätzlichen steuerlichen Erfassung von Veräußerungsgewinnen durch die Capital Gains Tax (CGT)

die relativ eindeutigen Steuerbelastungen. Ebenso sind bei der Besteuerung von Kapitalerträgen aufgrund

- der generell unterschiedlichen Behandlung von Erträgen aus Fremd- oder Eigenkapitalbeteiligungen sowie durch
- die rechtsformspezifische Besteuerung von Unternehmensgewinnen

steuerliche Belastungsunterschieden zu erkennen.

Vor diesem Hintergrund werden in den nachfolgenden Abschnitten nun die speziellen steuerlichen Regelungen, die im Rahmen der Einkünfte aus Mitarbeiterbeteiligung zur Anwendung kommen, näher erläutert. Hier stellt sich insbesondere die Frage

- nach der steuerlichen Behandlung der Leistungen auf Unternehmensebene und
- nach dem Besteuerungszeitpunkt der – eindeutig den Einkünften aus nicht selbständiger Arbeit zuzuweisenden – Leistungen auf Ebene des Arbeitnehmers.

Da die britische Steuerrechtsordnung für die steuerliche Behandlung von Wertpapierkäufen und -verkäufen durch Arbeitnehmer sowie für die Zuweisung und Ausübung von Aktienoptionen unterschiedliche Vorschriften erlassen hat, ist im nachfolgenden eine differenzierte Betrachtung von „normalen“ investiven Erfolgsbeteiligungsmodellen einerseits sowie Stock Options-Programme andererseits erforderlich.

---

777 In den häufigsten Fällen wird bei Beteiligungsmodellen, bei denen Eigenkapitaltitel übertragen werden, ein „Employee Trust“ zwischen das Unternehmen und den zu beteiligenden Mitarbeitern geschaltet. Hauptgrund hierfür ist das Verbot für nicht börsennotierte AGs (= LTD), eigene Aktien (sog. „Treasury Shares“) zu halten. Für börsennotierte AGs (= PLD) ist dieses Verbot seit 01.12.03 aufgehoben. Vgl. hierzu s. 163 ff. CA 1985.

b) Erfassung der Einkünfte aus Mitarbeiterbeteiligung als Arbeitseinkünfte

Im britischen Einkommensteuerrecht werden Leistungen, die ein Arbeitnehmer im Zusammenhang mit einer Mitarbeiterbeteiligung erhält, gemäß „Income Tax (Earnings and Pensions) Act 2003“ als Arbeitseinkünfte erfasst.[778] Zur näheren Spezifizierung finden sich neben den allgemeinen Vorschriften über Arbeitseinkünfte – in einem separaten Teil der gesetzlichen Regelungen – explizite Vorschriften über Einkünfte, die in Zusammenhang mit einer Kapitalbeteiligung von Mitarbeitern stehen. In nachfolgender Abbildung soll das Verhältnis zwischen allgemeiner und zusätzlicher Erfassung der Einkünfte aus Mitarbeiterbeteiligung dargestellt werden.

Einkünfte aus nicht selbständiger Arbeit und Einkünfte aus Mitarbeiterbeteiligung

ITEPA 2003: Teil 2	**ITEPA 2003: Teil 7**
Arbeitseinkünfte:	Arbeitseinkünfte:
„Charge to tax“	„Income and Exemptions relating to Securities“
(ss. 3 - 61)	(ss. 417 - 554)
• Definition	• Definition
• Ausnahmen	• Erwerb einer Kapitalbeteiligung
• Besteuerungszeitpunkt	• Veräußerung einer Kapitalbeteiligung

Abb. 48: Eingliederung der Einkünfte aus Mitarbeiterbeteiligungen im ITEPA

In Teil 2 des „Income Tax (Earnings and Pensions) Act 2003 sind alle grundsätzlichen Regelungen zur einkommensteuerlichen Erfassung von Einkünften aus nicht selbständiger Arbeit zusammengefasst. Darunter fallen unter anderem Regelungen zur begrifflichen Bestimmung der Arbeitseinkünfte, Ausnahmeregelungen sowie Vorschriften über den lohnsteuerauslösenden Besteuerungszeitpunkt. Im siebten Teil des ITEPA 2003 sind dagegen spezielle Vorschriften zur steuerlichen Erfassung von Leistungen aufgeführt, die den Arbeitnehmer im Rahmen von investiven Erfolgsbeteiligungsmodellen und/oder Kapitalbeteiligungssystemen betreffen. In diesem Teil sind allerdings auch die Fördervorschriften für die institutionalisierten und genehmigungspflichtigen Beteiligungsmodelle untergebracht.

c) Steuerliche Erfassung des Erwerbs einer Kapitalbeteiligung im Rahmen eines investiven Erfolgs- oder eines Kapitalbeteiligungsmodells

aa) Erfassung nach den allgemeinen Vorschriften unter Teil 2 ITEPA 2003

Gemäß s. 62 ITEPA 2003 werden Unternehmensleistungen, die im Rahmen einer reinen Erfolgsbeteiligung sofort bargeldmäßig an den Arbeitnehmer ausbezahlt wer-

778 Vgl. s. 63 ITEPA 2003.

den, im Veranlagungszeitraum der Auszahlung durch den Lohnsteuervorwegabzug mittels PAYE steuerlich erfasst und mit Sozialabgaben belastet.[779] Zur steuerlichen Erfassung von Leistungen, die zu einer Kapitalbeteiligung führen, ist zusätzlich die so genannte „rule in Weight v Salmon“[780] in Verbindung mit s. 62 ITEPA 2003 zu beachten. Danach gilt der Marktwert der Kapitalbeteiligung abzüglich eventuell geleisteter Zahlungen des Arbeitnehmers als Arbeitseinkommen im Sinne von s. 62 ITEPA 2003. Einzige Ausnahme zu dieser Generalvorschrift stellen Unternehmensleistungen dar, die in Verbindung mit einem institutionalisierten Beteiligungsmodell (SIP, SAYE, CSOP oder EMI) zu einer Kapitalbeteiligung führen.

Besonderheiten bei der vertraglichen Ausgestaltung von Beteiligungsmodellen wie zum Beispiel Halte- oder Sperrfristen oder Stimmrechtseinschränkungen werden direkt von der Finanzverwaltung bei der Ermittlung des zu versteuernden Arbeitseinkommens berücksichtigt. Restriktive Vertragsbestandteile werden als Wertbeeinträchtigungen der Kapitalanteile verstanden und zum Abzug vom – ohne diese Restriktionen[781] geltenden – Marktwert der Kapitalanteile gebracht.[782] Diese Vorgehensweise ist durch ein weiteres Finanzgerichtsurteil vorgegeben.[783] Die Bestimmung der Höhe des zu versteuernden Arbeitseinkommens ist jedoch gesondert vom Zeitpunkt zu betrachten, ab dem Einkommensteuer auf diese Beträge geschuldet wird.

Der Besteuerungszeitpunkt der auf Arbeitnehmerebene zu versteuernden Unternehmensleistungen wird deshalb durch die PAYE-Vorschriften in ss. 696 ff. ITEPA 2003 bestimmt. Generell werden die entsprechenden Beträge einkommensteuer- und seit 01.09.2003 gleichzeitig auch sozialabgabenpflichtig, sobald die Kapitalbeteiligung ein „readily convertible asset“ (RCA) darstellt. Eine Kapitalbeteiligung gilt als RCA[784], wenn der Arbeitnehmer (wirtschaftlich) darüber verfügen und sie zum Beispiel verkaufen, verpfänden oder tauschen kann.[785]

---

779 Auf Unternehmensebene sind die ausbezahlten erfolgsabhängigen Unternehmensleistungen ebenfalls sofort als Betriebsausgaben abzugsfähig.

780 Vgl. hierzu das Finanzgerichtsurteil Weight v Salmon (1935), 19 T.C. 174.

781 Diese Wertminderung ist jedoch von Restriktionen sog. „restricted securities“, die weiter unten erläutert werden, zu unterscheiden. Vgl. hierzu Punkt IV.B.3.c)cc), S. 219 ff.

782 Der Marktwert (MV = market value) der Kapitalbeteiligung wird hier zusätzlich zu eventuellen Zahlungen des Arbeitnehmers (PT = payment) um die näher zu bestimmende Wertminderung (RD = restriction discount) reduziert und ergibt somit das zu versteuernde Arbeitseinkommen (zvAE = MV – PT – RD).

783 Vgl. Ede v. Wilsond (1945), 26 T.C. 381.

784 In s. 702 ITEPA 2003 wird abschließend aufgeführt, was als RCAs zu verstehen ist.

785 In der Regel werden nicht anerkannte und deshalb steuerpflichtige Mitarbeiterbeteiligungsmodelle so ausgestaltet, dass ein Teil der Kapitalbeteiligungen vor dem Übertragung auf den Mitarbeiter (vom Unternehmen) veräußert wird, um mit dem Veräußerungserlös die Lohnsteuerverbindlichkeit sowie die Sozialbeiträge und nicht unter Abzug vom Bruttoarbeitslohn im Monat der Anteilsübertragung zu begleichen.

Jedoch wird eine Kapitalbeteiligung, die nach der abschließenden Aufzählung des s. 702 ITEPA 2003 nicht als RCA eingestuft wird, ebenfalls als solche betrachtet, wenn die Unternehmensleistungen auf Unternehmensebene als Betriebsausgabe zum Abzug gebracht wurden.[786] Seit dem 01.01.2003 können laut Sch. 23 FA 2003 generell alle Unternehmen diese Unternehmensleistungen als Betriebsausgabe abziehen. Vor diesem Zeitpunkt konnten körperschaftsteuerpflichtige Unternehmen diese Art der Unternehmensleistungen generell nicht als (Personal-)Aufwand verbuchen. Der Besteuerungszeitpunkt auf Arbeitnehmerebene steht dementsprechend in direkter Abhängigkeit zur steuerlichen Berücksichtigung auf Unternehmensebene – und ist unabhängig von einer durch eventuelle Haltefristen eingeschränkten wirtschaftlichen Verfügbarkeit des Arbeitnehmers.

Für alle Besonderheiten in der Ausgestaltung von investiven Erfolgs- und Kapitalbeteiligungsmodellen, die nicht durch die generellen Vorschriften des zweiten Teils des ITEPA 2003 erfasst werden, sind Spezialvorschriften im siebten Teil formuliert worden.

bb) Einkommensteuerliche Definition von Mitarbeiterkapitalbeteiligungen

Zum Zwecke der im siebten Teil des ITEPA 2003 zusammengefassten Vorschriften ist eine Definition der als „employment-related securities“ bezeichneten Mitarbeiterkapitalbeteiligungen vorangestellt. Danach gelten als „securities“ nicht nur Aktien, sondern (i) auch Schuldverschreibungen, Obligationen sowie sonstige Einlagezertifikate oder Fremdkapitalbeteiligungsformen, (ii) Genussscheine, (iii) Futures sowie (iv) Rechte unter bestimmten Versicherungsverträgen.[787] Aktienoptionen sind dagegen nicht unter den Begriff „securities“ zu subsumieren, weswegen für sie spezielle Vorschriften gelten, die ebenfalls in Teil 7 ITEPA 2003 geregelt sind.[788] Die Bezeichnung „employment-related“ (= mit dem Beschäftigungsverhältnis verbunden) macht das Bestehen eines Arbeitsverhältnisses mit dem Beteiligungsunternehmen erforderlich. Da in Großbritannien eine Unterscheidung zwischen dem Arbeitsverhältnis eines „normalen“ Arbeitnehmers („employee“) und dem eines Mitglieds der Geschäftsführung („office holder“) besteht, ist in den steuerlichen Vorschriften explizit immer von beiden die Rede.[789]

cc) Sondervorschriften für „restricted securities“

Sind mit der Kapitalbeteiligung Restriktionen verbunden, welche das Unternehmen dazu berechtigen, die Kapitalbeteiligung zurückzunehmen, so gelten diese Beteili-

---

786 Vgl. Pett, D., Share Schemes (2005), S. 7/41 ff.

787 Vgl. Pett, D., Share Schemes (2005, S. 7/9.

788 Vgl. hierzu die Ausführungen unter Punkt IV.B.3.c), S. 223 ff.

789 Des weiteren gelten die Vorschriften über „employment-related securities“ nur für Arbeitsverhältnisse, deren Einkünfte steuerlich als generelle Vergütungen eines UK-Arbeitnehmers („resident, ordinarily resident and domiciled in the UK“) erfasst werden.

gungen gemäß s. 424 ITEPA 2003 als Kapitalbeteiligungen mit „conditional interests“, was gemeinhin zur Bezeichnung „restricted securities“ geführt hat.[790] Die aktuellen steuerlichen Vorschriften wurden durch den Finance Act 2003 neu eingeführt.

Aufgrund des zukünftigen Verlustrisikos, das der Mitarbeiter zu tragen hat, unterliegt der Erwerb dieser Kapitalbeteiligungen einer zweigeteilten Besteuerung. Ausgangspunkt der Besteuerung ist dabei eine Berücksichtigung der durch die Restriktion(en) hervorgerufene Wertminderung der Kapitalbeteiligung. Die generell zu versteuernde – aus dem Marktwert der Kapitalbeteiligungen abzüglich einer eventuellen Eigenleistung des Arbeitnehmers zu berechnende – Unternehmensleistung wird in ein sofort zu versteuerndes Arbeitseinkommen und ein bei Wegfall der Restriktionen zu versteuerndes Arbeitseinkommen unterteilt. Nachfolgende Abbildung soll diese Aufteilung verdeutlichen.

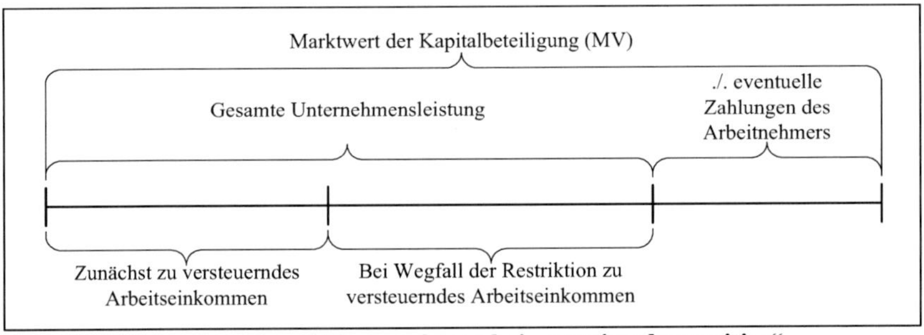

Abb. 49: Einkommensermittlungsschema bei „restricted securities“

Allerdings wird im Zeitpunkt, in dem die Restriktion wegfällt, die Höhe des bis dahin unversteuerten Arbeitseinkommens neu bestimmt. Die Höhe wird also nicht aus dem ursprünglichen Marktwert, sondern aus dem dann bestehenden Marktwert der Kapitalbeteiligung abzüglich des schon versteuerten Anteils und eventuell geleisteter Eigenleistungen des Arbeitnehmers abgeleitet. Deshalb kann sich der Mitarbeiter wahlweise dazu entscheiden, entweder den vollen Wert der Kapitalbeteiligung oder lediglich den eingeschränkten Wert im Voraus zu versteuern. Entscheidet er sich für die Besteuerung der Gesamtunternehmensleistung, kommt es beim Wegfall der Restriktionen zu keiner weiteren Besteuerung. Jedoch kommt es bei einem Verlust der Kapitalbeteiligung aufgrund der Nichterfüllung von Bedingungen oder bei vorzeitigem Ausscheiden aus dem Unternehmen auch zu keiner Steuerrückerstattung. Einziger

790 Vgl. Pett, D., Share Schemes (2005), S. 10/6 ff. Restriktionen sind z. B. bestimmte Bedingungen über zukünftig zu erfüllende Leistungsziele oder Rückgabeverpflichtungen, wenn das Beschäftigungsverhältnis vor Ablauf einer festgesetzten Frist endet. Zu detailierten Erläuterungen vgl. s. 424 ITEPA 2003.

Vorteil besteht dann darin, dass es bei Veräußerung der Kapitalbeteiligung im Zeitpunkt des Wegfalls zu keiner Belastung durch die CGT kommt.[791]

Bei diesem Ermittlungsschema spielt es keine Rolle, ob die Unternehmensleistungen aus einer Erfolgsbeteiligung stammen oder im Rahmen eines reinen Kapitalbeteiligungsmodells, das den Arbeitnehmern kostenlose oder vergünstigte Kapitalbeteiligungen anbietet, gewährt werden. Die Besteuerung von „restricted securities" erfolgt in allen Fällen im Rahmen des PAYE-Verfahrens.

dd) Sondervorschriften über zinsfreie Unternehmensdarlehen

Werden Eigenleistungen des Mitarbeiters für eine Mitarbeiterkapitalbeteiligung vom Unternehmen vorfinanziert, kommt es in der Regel zu einem Unternehmensdarlehen. Im Einkommensteuergesetz ist die generelle steuerliche Behandlung von zinsfreien oder zinsgünstigen Darlehen eines Unternehmens an seine Mitarbeiter in den ss. 173 ff. ITEPA 2003 geregelt. Wird ein Unternehmensdarlehen in Verbindung mit einer Mitarbeiterbeteiligung vergeben, verweist s. 192 f. ITEPA 2003 für Beteiligungsmodelle, die ab dem 16. April 2003 eingeführt worden sind, auf die allgemeinen steuerlichen Vorschriften der ss. 173 ff. ITEPA 2003. Für Unternehmensdarlehen, die im Zuge eines Beteiligungssysteme vor diesem Zeitpunkt vergeben wurden, sind laut s. 193 ITEPA 2003 die vorhergehenden Vorschriften des s. 162 ICTA 1988 nicht außer Kraft, sondern weiterhin gültig. Die steuerliche Erfassung ist allerdings mit den neuen Vorschriften vergleichbar.

Nach den aktuellen Vorschriften der ss. 173 ff. ITEPA 2003 sind diese vorfinanzierten Teilzahlungen der Kapitalbeteiligung nicht als Unternehmensleistung einzuordnen, die steuerlich zu erfassende Arbeitseinkünfte im Sinne des zweiten Teil des ITEPA 2003 darstellen.[792] Die Rückzahlung des Unternehmensdarlehens muss allerdings vertraglich festgelegt sein. Dabei spielt es keine Rolle, ob die Tilgung aus zukünftigen Arbeitslöhnen oder zukünftigen Erfolgsbeteiligungen erfolgt.

Der Besteuerung unterliegen dabei jeweils die geldwerten Vorteile aus dem zinslosen Darlehen. Der den Berechnungen zugrunde gelegte Referenzzins („official rate") wird nach s. 178 FA 1989 festgelegt und von Zeit zu Zeit den Marktgegebenheiten ange-

---

791 Vgl. Pett, D., Share Schemes (2005), S. 10/34.

792 Es können allerdings Beteiligungsmodelle derart ausgestaltet sein, dass eine Besteuerung sowohl nach der Besteuerungsregel „rule in Weight v. Salmon" als auch nach den Sondervorschriften über zinslose Unternehmensdarlehen erfolgt. Angenommen, ein Beteiligungsmodell sieht die Zuweisung von Kapitalbeteiligungen im Wert von 10 GE unter Erbringung von Eigenleistungen i. H. v. 6 GE vor, von denen 3 GE sofort erbracht, die restlichen 3 GE zu einem späteren Zeitpunkt geleistet werden. Der Mitarbeiter hat dementsprechend die Unternehmensleistungen i. H. v. 4 GE, die aus der Vergünstigung resultieren, sofort als Einkommen (unter Teil 2 ITEPA 2003) zu versteuern. Die vorfinanzierten 3 GE werden als Unternehmensdarlehen betrachtet und nach den Sondervorschriften des s. 193 ITEPA 2003 steuerlich erfasst.

passt. Die finanziellen Vorteile für den Mitarbeiter aus diesem Unternehmensdarlehen werden solange erfasst, bis das Darlehen zurückbezahlt ist oder der Mitarbeiter verstirbt.

In s. 197 ITEPA 2003 sind Ausnahmevorschriften zur steuerlichen Erfassung der Vorteile aus Unternehmensdarlehen genannt, die zum einen eine

- Freibetragsgrenze in Höhe von GBP 5.000 an Unternehmensdarlehen als steuerfrei stellt, sowie zum anderen
- Unternehmensdarlehen aus Unternehmen, die von Arbeitnehmern kontrolliert werden, als nicht qualifiziert im Sinne des s. 173 ITEPA 2003 bezeichnet.

ee) Sondervorschriften bei künstlich verändertem Marktwert der Kapitalbeteiligung

Diese Vorschriften fallen unter die so genannten Anti-Steuerhinterziehungsvorschriften („anti-avoidance provision“). Sie erfassen Preismanipulationen beim Erwerb von Mitarbeiterkapitalbeteiligungen. Je nach Ausgestaltung des Beteiligungsmodells sind dabei künstliche Wertreduktionen oder -steigerungen der Kapitalbeteiligungen als geldwerte Vorteile beim Mitarbeiter steuerlich zu erfassen.

- Gemäß s. 446 B ITEPA 2003 sind künstliche Preisreduktionen der im Rahmen einer Mitarbeiterbeteiligung vom Arbeitnehmer zu erwerbenden Kapitalbeteiligung als Arbeitseinkünfte (lt. s. 62 ITEPA 2003) zu versteuern, wenn diese Reduktion in den vergangenen sieben Jahren größer als 10% war und nicht durch/mit originäre(n) Handelszwecke veranlasst/zu rechtfertigen ist. Letzteres wird angenommen, wenn (i) die Preisreduktion im Zusammenhang mit dem Beteiligungsmodell (hauptsächlich) der Steuervermeidung dient und (ii) die Transaktionen zwischen Mehrheitsgesellschaftern stattfinden, die keinem Drittvergleich standhalten („dealing at arm's length conditions“).[793] Das zu versteuernde Einkommen errechnet sich dabei aus der Differenz zwischen dem aktuellen Marktwert der Kapitalbeteiligung (MV) und dem ohne diese Preismanipulationen existierenden höheren Marktwert (FMV).[794]
- Übersteigen in einem Veranlagungszeitraum bei Mitarbeiterkapitalbeteiligungen die Preissteigerungen, die nicht durch originäre Handelszwecke veranlasst sind, einen Betrag i. H. v. 10%, dann ist diese Differenz als steuerliches Arbeitseinkommen zu erfassen. Der Unterschiedsbetrag errechnet sich aus dem Beteiligungswert am Bewertungsstichtag (IMV) abzüglich des (Markt-)Werts der Beteiligung (MW), der ohne die künstliche Erhöhung bestehen würde. Bei „restricted securities“ ist bei der Berechnung des Differenzbetrages ein Multiplikator (1

---

793 Vgl. Pett, D., Share Schemes (2005), S. 7/25.

794 Handelt es sich bei den zu erwerbenden Kapitalbeteiligungen um „restricted securities“, ergeben sich daraus zusätzlich die entsprechenden steuerlichen Auswirkungen. Vgl. hierzu die Ausführungen unter Punkt IV.B.3.c)cc), S. 219 f.

– OP) zu berücksichtigen, der zum Bewertungsstichtag den Wegfall einer Restriktion simuliert.[795]

d) Steuerliche Erfassung der Veräußerung einer Mitarbeiterkapitalbeteiligung

aa) Allgemeine Vorschriften

Gewinne aus der Veräußerung von Mitarbeiterkapitalbeteiligungen sind gemäß s. 254 TCGA 1992 generell steuerpflichtig. Die Bemessungsgrundlage der Veräußerungsgewinnbesteuerung ergibt sich aus dem Differenzbetrag zwischen dem Veräußerungspreis und dem Marktpreis zum Zeitpunkt des Erwerbs der Kapitalbeteiligung abzüglich aller Kosten, die im Zusammenhang mit der Veräußerung stehen.[796]

Die Veräußerungsgewinne sind jedoch erst ab einem Freibetrag, der für den Veranlagungszeitraum 2005/05 GBP 8.800 beträgt, steuerpflichtig. Mit welchem Steuersatz der Veräußerungsgewinn besteuert wird, hängt vom Einkommensbereich ab, in welchen die Veräußerungsgewinne fallen. Er beträgt entsprechend der drei Bereiche „Starting-", „Basic-" oder „Higher-Rate Band" 10 %, 20 % oder 40 %. Dabei ist zu beachten, dass Veräußerungsgewinne immer die höchste Rangigkeit besitzen und deshalb das am höchsten besteuerte Einkommen darstellen muss.

bb) Sondervorschriften zur Erfassung von überhöhten Veräußerungsgewinnen

Werden im Rahmen eines Mitarbeiterbeteiligungsmodells erhöhte Veräußerungsgewinne erzielt, die sich zum Beispiel durch eine überhöhte (über dem Marktpreis liegende) Vergütung vom arbeitgebenden Unternehmen oder einem Treuhänder eines Employee Benefit Trusts ergibt, gelten die Sondervorschriften gemäß s. 446 ff. ITEPA 2003. Diese Vorschriften gelten als lex specialis gegenüber den Vorschriften zur steuerlichen Erfassung von Veräußerungsgewinnen im Rahmen der Capital Gains Tax. Die Besteuerung ist demnach im Rahmen des Lohnsteuerabzugsverfahrens PAYE vorgeschrieben,[797] was dem arbeitgebenden Unternehmen die Verpflichtung zur Abführung dieser Beträge auferlegt.

---

795 Für OP gilt dabei UMV-AMV/UMV mit UMV als „unrestricted market value" und AMV als „actual market value". Zur Verdeutlichung des Sachverhalts sei folgendes Beteiligungsmodell angenommen: Ein Mitarbeiter erwirbt Kapitalbeteiligungen mit einem aktuellen Marktwert (AMV), der durch bestimmte Restriktionen vermindert wurde, von GE 6 und einem „unrestricted market value" von GE 8. Wenn der Wert der Kapitalbeteiligungen künstlich von GE 5 (MV) auf GE 6 (IMV) erhöht wurde, dann ergibt sich ein steuerlich zu erfassender Betrag i. H. v. (6 – 5) x (1 – (8 – 6)/8) = 0,75. Vgl. Pett, D., Share Schemes (2005), S. 7/30.

796 Vgl. hierzu s. 254(2)(a) TCGA 1992.

797 Im Rahmen des PAYE werden die erhöhten Veräußerungsgewinne ebenfalls mit Sozialabgaben belastet.

e) Steuerliche Erfassung des Erwerbs einer Kapitalbeteiligung im Rahmen von Optionsprogrammen

aa) Einführung

Das britische Steuersystem unterscheidet Optionen, die im Rahmen einer Mitarbeiterbeteiligung gewährt werden, und solche, die nicht in Verbindung mit einem Beschäftigungsverhältnis stehen. Deshalb ist ein Unternehmen, das im Rahmen einer Mitarbeiterbeteiligung Optionen zum Erwerb oder zur Zeichnung von Wertpapieren begibt generell dazu verpflichtet, der Finanzverwaltung bestimmte Daten des Beteiligungsprogramms mitzuteilen.[798] Die Mitteilungspflicht ist unabhängig von der Art des Optionsmodells und gilt auch für nicht ein nicht anerkanntes Optionsprogramm.

Im Regelfall werden bei Beteiligungsmodellen, bei welchen dem Mitarbeiter Optionen über den Kauf oder die Zeichnung von Kapitalbeteiligungen gewährt werden, von den Unternehmen nicht übertragbare und deshalb nicht handelbare Optionen verwendet. Ein wichtiger Grund hierfür stellt die steuerliche Behandlung handelbarer Optionen dar, die eine Besteuerung im Zeitpunkt der Optionsgewährung vorsieht.[799] Die Optionen müssen allerdings nicht zwingend zu einer Kapitalbeteiligung am arbeitgebenden Unternehmen führen, sondern können sich auch auf Wertpapiere von Drittunternehmen beziehen. Generell ist aufgrund der unterschiedlichen steuerlichen Behandlung jedoch darauf zu achten, ob die durch die gewährten Mitarbeiteroptionen bezogenen Kapitalbeteiligungen „readily convertible assets" darstellen oder nicht.

Zur Unterstützung britischer Unternehmen bei der Ausgestaltung von Mitarbeiteroptionsprogrammen hat der Verband Britischer Versicherer („Association of British Insurers" – ABI) im Januar 2006 eine Richtlinie veröffentlicht, die Form und Inhalt derartiger Mitarbeiterbeteiligungen sowie deren Hintergründe genau erläutert und entsprechende Musterbeispiele beinhaltet.[800]

Die entsprechenden steuerlichen Vorschriften zur Erfassung von Mitarbeiteroptionen, die im Rahmen von nicht anerkannten Beteiligungsprogrammen gewährt werden, beziehen sich sowohl auf die Besteuerung der options-begebenden Unternehmen und ihre Gesellschafter als auch auf die Arbeitnehmer. In den nachfolgenden Abschnitten wird jeweils auf die entsprechende Besteuerungsebene eingegangen, wobei zwischen der Erfassung durch Einkommensteuer und Sozialabgaben (NIC) zum Zeitpunkt der

---

798 Die Mitteilung muss dabei jeweils vor dem 7. Juli erfolgen, in dem die Mitarbeiteroptionen gewährt werden. Vgl. hierzu Pett, D., Share Schemes (2005), S. 11/10.

799 Einzige Ausnahme der Nichtübertragbarkeitsregel für Mitarbeiteroptionen ist die Veräußerung der Option durch Erben im Todesfalle des optionshaltenden Mitarbeiters. Die verschiedensten Anreizaspekte zur Leistungssteigerung sind als weitere Gründe aufzuführen.

800 In der Richtlinie sind z. B. die Ausübungssperrfrist mit mind. 3 u. max. 5 Jahre oder der max. Ausübungszeitraum auf 10 Jahre nach Optionsgewährung festgelegt. Vgl. zu weiteren Details ABI, employee share ownership (2006).

Optionsgewährung beziehungsweise der Optionsausübung sowie der Erfassung durch die Veräußerungsgewinnsteuer (CGT) im Veräußerungszeitpunkt der erworbenen Kapitalbeteiligung zu unterscheiden ist. Da sich die Vorschriften zur Erfassung der Optionsgewinne durch Einkommensteuer und Sozialabgaben innerhalb weniger Jahre grundlegend verändert haben, sind bei Beteiligungsprogrammen, deren Optionsgewährung in den Zeitraum vor der letzten Steueränderung fällt, aufgrund der Vermeidung einer Doppelbesteuerung nicht nur die aktuellen Vorschriften zu beachten, sondern ebenfalls die früher gültigen steuer- und sozialversicherungsrechtlichen Regelungen einzubeziehen. Für die genehmigungspflichtigen, institutionalisierten Beteiligungsmodelle SAYE, CSOP und EMI kommen besondere Fördervorschriften zur Geltung, die im nächsten Kapitel erläutert werden.[801]

bb) Besteuerung der Begebung von Mitarbeiteroptionen auf Unternehmensebene

In Bezug auf die rechnungslegungstechnische Erfassung von Mitarbeiteroptionen gilt für börsennotierte Unternehmen seit 1. Januar 2005 der internationale Standard IFRS 2. Für alle anderen Unternehmen hat das nationale Pendant FRS 20 seit 1. Januar 2006 Gültigkeit. Eine Ausnahme bilden die vereinfachten Rechnungslegungsvorschriften für kleine und mittelständische Unternehmen („Financial Reporting Standards for Small Enterprises" – FRSSE).[802]

Nach diesen Rechnungslegungsstandards sind alle Eigenkapitalinstrumente, zu denen auch Mitarbeiter-Aktienoptionen gehören, im Gewährungszeitpunkt zu deren „fair value" zu bilanzieren. Da in Mitarbeiterbeteiligungsmodellen in der Regel nicht übertragbare Optionen gewährt werden, ist aufgrund eines fehlenden Marktpreises der „fair value" mittels der Optionspreistheorie zu berechnen.[803]

Darüber hinaus können alle in Zusammenhang mit dem Beteiligungsmodell entstandenen und entstehenden Aufwendungen zum Abzug vom einkommen- oder körperschaftsteuerlichen Gewinn gebracht werden. Darunter fallen zum Beispiel die Aufwendungen für den Erwerb der zur Verfügung zu stellenden Aktien (i. d. R. die Differenz zwischen Ausübungspreis und Beschaffungskosten) sowie einmalige und laufende Gestaltungs- und Verwaltungskosten des Optionsprogramms (Vertragsgestaltung, Buchführung etc.).

cc) Belastung von nicht handelbaren Mitarbeiteroptionen auf Arbeitnehmerebene durch Einkommensteuer und Sozialabgaben

---

801 Vgl. hierzu Punkt IV.C., S. 231 ff.

802 Gem. s. 274 CA 1985 gelten als KMU Kapitalgesellschaften („private companies") wenn wenigstens zwei der folgenden Bedingungen zutreffen: (i) Umsatz ≤ GBP 2,8 Mio.; (ii) Bilanzsumme ≤ GBP 1,4 Mio.; (iii) 50 oder weniger Mitarbeiter.

803 Für detailierte Erläuterungen zu Besonderheiten der Rechnungslegungsstandards IFRS 2 und FRS 20 vgl. Pett, D., Share Schemes (2005), S. 19/6 ff. Zur Optionspreistheorie vgl. anstatt vieler Steiner,M./Bruns, C., Wertpapiermanagement (2002), S. 293 ff.

Werden einem Arbeitnehmer (Call-)Optionen vom arbeitgebenden Unternehmen gewährt, die in Zusammenhang mit dessen Beschäftigung stehen, sind diese gemäß den Bestimmungen der ss. 471 – 484 ITEPA 2003 steuerlich als Arbeitseinkünfte zu erfassen.[804] Da alle Arbeitseinkünfte im Rahmen des Lohnsteuerabzugsverfahrens PAYE nach s. 700 ITEPA 2003 besteuert werden, sind die entsprechende Einkommensteuer und der Arbeitgeber- wie auch der Arbeitnehmeranteil der Sozialversicherungsabgaben für die finanziellen Vorteile der Mitarbeiteroption vom Unternehmen an die zuständige Stelle abzuführen. Dabei ist zwischen der zu versteuernden beziehungsweise dem mit Sozialabgaben zu belastenden Arbeitseinkommenshöhe sowie dem Fälligkeitszeitpunkt der Belastungen zu unterscheiden. Bei Stock Appreciation Rights, bei welchen dem Mitarbeiter im Ausübungszeitpunkt keine Kapitalbeteiligung übertragen, sondern der Differenzbetrag zwischen aktuellem Marktpreis und Ausübungspreis bar ausbezahlt wird, ergeben sich im Ausübungszeitpunkt die gleichen steuerlichen Auswirkungen. Der Differenzbetrag gilt ebenfalls als Arbeitseinkommen und wird durch das PAYE-Verfahren mit Einkommensteuer und Sozialabgaben belastet.

Die aktuellen Vorschriften zur Besteuerung des Mitarbeiters sind durch den Finance Act 2003 eingeführt worden und haben die bis zu diesem Zeitpunkt gültigen Regelungen des s. 135 ICTA 1988 abgelöst.[805] Jedoch sind für die heute noch ausstehenden Mitarbeiteroptionen aufgrund einer Vielzahl von Änderungen in den vergangenen Jahren nicht nur die aktuellen Vorschriften anzuwenden. Vielmehr sind Regelungen aus früheren Zeiträumen zu berücksichtigen. Einerseits betrifft dies den Zeitraum von 27/11/96 (beziehungsweise 05/12/96 für Sozialabgaben) bis 06/04/99, sowie den darauf folgenden Zeitraum bis 01/09/03, ab dem die aktuellen Regelungen des ITEPA 2003 Gültigkeit haben.

Generell gilt seit 1996 die Besteuerung der Mitarbeiteroption zum Zeitpunkt der Optionsausübung. Besteuerungspflichtig ist dabei nicht der realisierte Gewinn im Ausübungszeitpunkt, was eine sofortige Veräußerung der Kapitalbeteiligung voraussetzen würde. Steuerpflichtig ist vielmehr der Differenzbetrag aus Marktwert im Ausübungszeitraum abzüglich

- Ausübungspreis,
- eventuell geleisteten Zahlungen für die Mitarbeiteroption,

---

804 Die Vorschriften kommen nicht zur Anwendung, wenn der Mitarbeiter zum Zeitpunkt der Optionsgewährung seinen Hauptwohnsitz nicht in Großbritannien hatte. Vgl. hierzu s. 421E(2) ITEPA 2003.

805 S. 135 ICTA 1988 wurde erlassen, um die bis dahin geltende Entscheidung des „House of Lords“ bzgl. Abbot v. Philbin (1961), A. C. 352 abzulösen und gesetzlich zu fixieren. Nach dieser Entscheidung wurden Optionen im Gewährungszeitpunkt besteuert und ein sich ergebender Gewinn bei Optionsausübung blieb steuerfrei. Veräußerungsgewinne wurden allerdings durch die CGT erfasst und bezogen sich auf die Differenz zwischen Veräußerungspreis und Marktwert im Ausübungszeitpunkt.

- sämtlichen Kosten, die im Zusammenhang mit der Optionsausübung stehen,
- im Gewährungszeitpunkt eventuell schon steuerlich erfasste Beträge sowie
- der Arbeitgeberanteile der Sozialversicherung, die in Zusammenhang mit der Mitarbeiteroption angefallen sind und dem Arbeitnehmer vom Arbeitgeber entweder schon (vom Lohn) abgezogen wurden oder in Rechnung gestellt sind. Hierfür muss allerdings vorher eine Vereinbarung mit dem Mitarbeiter getroffen worden sein.[806] In jedem Fall muss das Unternehmen jedoch eine Rückstellung in Höhe des zu erwartenden Arbeitgeberanteils an der Sozialversicherung bilden. Gemäß paras. 56 ff. FRS 12 muss die Erstattung der Arbeitgebersozialversicherungsbeiträge durch den Arbeitnehmer hierbei berücksichtig werden.[807]

Als Ausnahme zur generellen Besteuerung im Gewährungszeitpunkt gelten folgende Ausgestaltungen der Mitarbeiteroptionen:

- Optionen, die für Mitarbeiter im Ausübungszeitpunkt keine „readily convertible assets" vorsehen. Die Besteuerung greift dabei erst dann, wenn die Kapitalbeteiligung als RCA eingestuft wird.[808]
- Optionen, die dem Mitarbeiter eine Ausübungsfrist von mehr als 10 Jahren nach Optionsgewährung einräumen. Die Besteuerung greift dann zunächst im Gewährungszeitpunkt. Zum Ausübungszeitpunkt wird eine eventuelle Kurssteigerung erfasst, wobei der im Gewährungszeitpunkt steuerlich erfasste Betrag (ab Veranlagungszeitraum 2002/03) beziehungsweise die bezahlte Einkommensteuer (für Veranlagungszeiträume vor 2002/03) berücksichtigt wird.

Des weiteren können je nach Ausgestaltung der Mitarbeiteroptionen und je nach Gewährungszeitpunkt bei Optionsgewährung Sozialabgaben anfallen. Um die jeweiligen Sachverhalte anschaulicher darzustellen, sind sie in nachfolgender Tabelle in einer Übersicht zusammengefasst.

---

806 Die steuerliche Abzugsmöglichkeit im Ausübungszeiptunkt stellt eine Reduzierung i. H. v. max. (0,4 x 0,128 =) 5,12 % der Gesamtbelastung (max. 40 % Est – 12,8 % Arbeitgeberanteil SozVers. = 52,8 %) von nicht anerkannten Mitarbeiteroptionsmodellen auf max. 47,68 % dar.

807 Zur Problematik der Entstehung einer zukünftigen Zahlungsverpflichtung des Arbeitgebers (Arbeitgeberanteil der Sozialversicherung) und deren Übertragung auf den Arbeitnehmer sowie zu detaillierten Auswirkungen der diversen Rechnungslegungs- und Sozialversicherungsvorschriften vgl. Pett, D., Share Schemes (2005), S. 11/75 ff.

808 Zur steuerlichen Erfassung von RCAs vgl. die Ausführungen unter Punkt IV.B.3.c)aa), S. 217 f.

Optionsgewährung (G); -ausübung (A)		Optionsgewährung vor 06/04/99		Optionsgewährung 06/04/99 – 01/09/03		Optionsgewährung ab 01/09/03	
		G	A	G	A	G	A
- Ausübungsfrist ≤ 10 Jahre - Optionen über RCAs - Ausübungspreis ≥ Marktwert	PAYE	–	+	–	+	–	+
	NIC	–	–	–	+	–	+
- Ausübungsfrist > 10 Jahre - Optionen über RCAs - Ausübungspreis ≥ Marktwert	PAYE	–	+	–	+	–	+
	NIC	–	–	–	+	–	+
- Ausübungsfrist ≤ 10 Jahre - Optionen über RCAs - Ausübungspreis < Marktwert	PAYE	–	+	–	+	–	+
	NIC	+	–	–	+	–	+
- Ausübungsfrist > 10 Jahre - Optionen über RCAs - Ausübungspreis < Marktwert	PAYE	+	+	+	+	–	+
	NIC	+	–	+	+	–	+
Optionen über Wertpapiere, die keine RCAs sind	PAYE	–	–	–	–	–	–
	NIC	–	–	–	–	–	–

Abb. 50: Zeitliche und inhaltliche Belastungsunterschiede bei der Erfassung von nicht handelbaren Mitarbeiteroptionen in Großbritannien[809]

Seit September 2003 fallen Sozialabgaben für nicht anerkannte Mitarbeiteroptionen nicht schon im Gewährungszeitpunkt, sondern erst bei Optionsausübung an, wenn die erworbenen Kapitalbeteiligungen als RCAs gelten – egal wie lange die Ausübungsfrist ist und ob der Ausübungspreis unter dem Marktwert bei Optionsgewährung liegt. Der Betrag, auf den die Sozialabgaben zu berechnen sind, wird im Sozialversicherungsgesetz mit den Worten „the best estimate which can reasonably be made of the amount of general earnings in respect of the provisions *of the securities* [Erg. d. Verf.]“[810] beschrieben. In der Regel ist er identisch mit der Bemessungsgrundlage der steuerlichen Erfassung im Ausübungszeitpunkt (vor Abzug des Arbeitgeberanteils zur Sozialversicherung).

Mitarbeiteroptionen, die vor dem 5. Dezember 1996 gewährt wurden, vielen unter die Ausnahmeregelung des reg. 19(1)(d) SI 1979/591 SS(C) Regs. 1979, wonach bestimmte Vergütungsanteile wie Belegschaftsaktien und Mitarbeiteroptionen die Bemessungsgrundlage zur Sozialversicherung nicht erhöhten. Diese Sondervorschrift wurde mit Wirkung ab 5. Dezember 1996 dahingehend modifiziert, dass Mitarbeiteroptionen nunmehr in die Bemessungsgrundlage einzubeziehen sind. Infolge dessen

809 Abbildung in Anlehnung an Pett, D., Share Schemes (2005), S. 11/76.

810 Para. 5, Sch. 2 SS(C) Regs. 2001.

waren Sozialabgaben auf derartige Beteiligungsmodelle im Zeitpunkt der Optionsgewährung fällig.[811] Diese Regelung hatte bis 6. April 1999 Gültigkeit. Danach wurde die Sozialversicherungspflicht teilweise auf den Ausübungszeitpunkt verlagert. Nur noch für Mitarbeiteroptionen, deren Ausübungsfrist mehr als 10 Jahre betrug, wurde gleichzeitig eine Belastung mit Sozialabgaben im Zeitpunkt der Optionsgewährung vorgeschrieben. Diese Ausnahme ist seit September 2003 ebenfalls aufgehoben.

dd) Besteuerung von Gewinnen aus der Veräußerung einer durch eine Mitarbeiteroption erworbene Kapitalbeteiligung

Die aktuelle Veräußerungsgewinnbesteuerung von Kapitalbeteiligungen, die aus nicht anerkannten Mitarbeiteroptionen stammen, ist vor dem Hintergrund derjenigen Regelungen einzuordnen, die vor dem 8. Januar 2003 Gültigkeit hatten. Danach war im Veräußerungszeitpunkt der Vermögenszuwachs, der sich aus den Wertsteigerungen seit Optionsausübung ergaben, steuerpflichtig. Zur Berechnung der Bemessungsgrundlage war laut s. 120(2), (4) TCGA 1992 der Betrag, der schon im Ausübungszeitpunkt der Einkommensteuer gemäß s. 135 ICTA 1988 unterlag, hinzuzuaddieren.

Der Sachverhalt soll an nachfolgendem Beispiel verdeutlicht werden:[812]

Einem Mitarbeiter wurde (im Rahmen eines nicht anerkannten Beteiligungsmodells) eine Option gewährt, durch die er 10.000 Aktien zum Preis von GE 1 pro Aktie erwerben konnte, was dem Marktwert der Aktie zum Gewährungszeitpunkt entsprach. Durch Optionsausübung in einem Zeitpunkt, zu dem die Aktien einen Marktwert von GE 2 je Aktie hatten, ist dem Mitarbeiter gemäß s. 135 ICTA 1988 Arbeitseinkommen in Höhe von GE 1 je Aktie „zugeflossen“, welches er im selben Veranlagungszeitraum mit folgender Wirkung zu versteuern hatte:

- Als Arbeitseinkommen waren demnach GE 20.000 (Marktwert) – GE 10.000 (Ausübungspreis) = GE 10.000 nach dem individuellen Einkommensteuersatz zu versteuern.
- Hätte der Mitarbeiter die Aktien sofort zu einem Preis von GE 2 je Aktien verkauft, hätte er keinen Veräußerungsgewinn erzielt.

Als im Dezember 2002 das Finanzgerichtsurteil „Mansworth (Inspector of Taxes) v. Jelley (2003) STC 53“ erlassen wurde, hat sich die Finanzverwaltung einer sonderba-

---

811 Die Höhe der Vergütung im Rahmen von Mitarbeiteroptionen richtete sich gem. reg. 18(2) SI 1979/591 SS(C) 1979 nach dem Marktwert der zu erwerbenden Kapitalbeteiligung abzüglich des Ausübungspreises.

812 Beispiel in Anlehnung an Pett, D., Share Schemes (2005), S. 11/93.

ren Regelung angenommen.[813] Mit Gültigkeit ab 8. Januar 2003 wurde für Zwecke der Veräußerungsgewinnbesteuerung bei Mitarbeiteroptionen, die mit bestehenden Aktien bedient wurden, der Erwerb der Aktien zum dem Preis, der dem Marktpreis im Ausübungszeitpunkt entspricht, festgesetzt. Diese Festsetzung ist mit dem Synonym ‚„market value“ rule', die bisher die allgemeine Veräußerungsgewinnbesteuerung bei Aktienveräußerungen gemäß s. 17(1) TCGA 1992 regelte, versehen worden. Dadurch, dass nun nicht der tatsächlich bezahlte Ausübungspreis als Ausgangspunkt der Veräußerungsgewinnbesteuerung, sondern ein in der Regel höherer Marktpreis im Ausübungszeitpunkt (was dem Sinn von Optionen entspricht), herangezogen wurde, hat sich die Finanzverwaltung eine eigenartige Interpretation angeeignet.

Zur ihrer Veranschaulichung soll das obige Beispiel herangezogen werden:

- Nach dieser Interpretation hätte der Mitarbeiter, der die Aktien sofort zum Preis von GE 2 je Aktie verkauft hätte, im Rahmen der Veräußerungsgewinnbesteuerung einen Verlust in Höhe von (20.000 Veräußerungserlös – [20.000 Marktwert bei Optionsausübung + 10.000 zu versteuerndes Arbeitseinkommen nach s. 135 ICTA 1988] = 20.000 – 30.000 =) 10.000 GE „erlitten“.[814]
- Hätte der Mitarbeiter die Aktien bis zu einem späteren Zeitpunkt, zu dem die Aktien einen Preis von GE 4 je Aktie Wert wären, gehalten und dann erst veräußert, hätte er einen Veräußerungsgewinn in Höhe von (40.000 Veräußerungserlös – [20.000 Marktwert bei Optionsausübung + 10.000 zu versteuerndes Arbeitseinkommen nach s. 135 ICTA 1988] =) 10.000 GE zu versteuern.
- Nach der ursprünglichen Veräußerungsgewinnbesteuerung (vor 8. Januar 2003), wäre der Ausübungspreis (GE 10.000) als Basis für die Berechnung des Veräußerungsgewinns herangezogen worden. Das im Ausübungszeitpunkt im Rahmen der Einkommensteuer erfasste Arbeitseinkommen in Höhe von GE 10.000 wäre hierzu addiert worden, woraus sich ein steuerpflichtiger Veräußerungsgewinn in Höhe von GE 40.000 – (GE 10.000 + GE 10.000) = GE 20.000 ergeben hätte.

Die aktuelle, für aus Mitarbeiteroptionen geborene Kapitalbeteiligungen gültige Veräußerungsgewinnbesteuerung, ist zur ursprünglichen Besteuerungssystematik zurückgekehrt. Es wurde eine Spezialvorschrift für Mitarbeiteroptionen erlassen, die in s. 144ZA TCGA 1992 gesetzlich fixiert wurde und seit 10. April 2003 in Kraft ist. Infolge dessen findet im Rahmen von Mitarbeiteroptionen die „market value rule“ gem. s. 17(1) TCGA 1992 keine Anwendung mehr.

---

813 Hintergrund des Urteils „Mansworth (Inspector of Taxes) v. Jelley (2003) STC 53 war, dass der Mitarbeiter, dem die Optionen gewährt wurden, im Gewährungszeitpunkt außerhalb Großbritanniens arbeitete und den Veräußerungsgewinn aufgrund der Regelung nach s. 120(4) TCGA 1992 steuerfrei vereinnahmen konnte. Diese Regelung hatte die ohnehin gewährte pauschale Einkommensteuer berücksichtigt, die vom Mitarbeiter aufgrund seines Wohnsitzes nicht bezahlt wurde.

814 Dieser Verlust hätte im selben Veranlagungszeitraum mit anderen Veräußerungsgewinnen verrechnet oder auf unbestimmte Zeit als Verlustvortrag vorgetragen werden können.

f) Zwischenergebnis

Die steuerlichen Rahmenbedingungen in Großbritannien weisen hinsichtlich der Mitarbeiterbeteiligung eine Besonderheit auf. Die Besteuerung von Arbeitnehmerbeteiligungen ist explizit in den einkommensteuerlichen Vorschriften sowie in den Vorschriften zur steuerlichen Erfassung von Veräußerungsgewinnen aufgeführt. Sie heben sich dadurch von der allgemeinen Besteuerung von Kapitalbeteiligungen oder Aktienoptionen ab.

Die Besteuerung von Mitarbeiterkapitalbeteiligungen orientiert sich an der jeweiligen Phase des Beteiligungsmodells. Der Arbeitnehmer wird dabei mit Einkommensteuer und Sozialabgaben in der Mittelherkunftsphase beziehungsweise in der Mittelverwendungsphase sowie mit der so genannten Stempelsteuer und im Falle von Gewinnen bei der Auflösung von Mitarbeiterkapitalbeteiligungen in der Mittelauflösungsphase mit der Veräußerungsgewinnsteuer belastet.

Inwieweit die institutionalisierten, genehmigungspflichtigen Beteiligungsmodelle von diesen Abgabenpflichten befreit sind, wird im Folgenden Ziel der Erläuterungen sein.

C. Institutionalisierte Formen der Mitarbeiterbeteiligung und ihre steuerlichen Vergünstigungen

1. Überblick

In Großbritannien ist die Fördergesetzgebung zur Mitarbeiterbeteiligung parallel zu den allgemeinen Vorschriften über nicht anerkannte Mitarbeiterbeteiligungsmodelle in die einkommensteuerrechtlichen Rahmenbedingungen zur Erfassung von Arbeitseinkünften und Pensionen, dem ITEPA 2003, integriert. Die staatliche Förderung ist auf präzise vorgeschriebene Beteiligungsmodelle beschränkt, die in entsprechenden Rechtsinstituten „kodiert" sind. Nachfolgende Abbildung gibt einen Überblick über die im Rahmen der staatlichen Förderung entwickelten Rechtsinstituten zur Mitarbeiterbeteiligung.

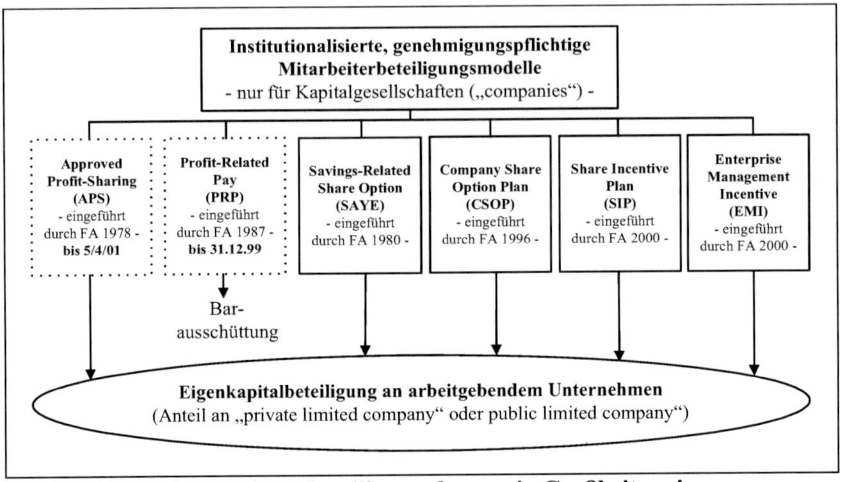

Abb. 51: Institutionalisierte Beteiligungsformen in Großbritannien

Die staatlich geförderten Mitarbeiterbeteiligungsmodelle werden im allgemeinen mit „employee financial participation schemes approved or registered by the Inland Revenue" bezeichnet. Charakterisierend für die staatliche Förderung ist dabei die Anerkennung beziehungsweise Registrierung durch die Finanzverwaltung („Inland Revenue"). Für zwei dieser Beteiligungsmodelle (APS und PRP) ist die staatliche Unterstützung mittlerweile eingestellt worden.[815] Der „profit related pay" wurde bis einschließlich 1999 und das „approved profit-sharing"-Modell letztmals im Veranlagungszeitraum 2000/01 genehmigt. Die verbleibenden zwei Mitarbeiteroptionsmodelle SAYE und CSOP wurden um das so genannte Kapitalbeteiligungsmodell SIP sowie um das Optionsmodell für Führungskräfte EMI ergänzt.

Nachdem die Förderung des rechtsformunabhängigen Beteiligungsmodells PRP eingestellt wurde, bezieht sich die staatliche Förderung aufgrund der rechtsformspezifischen Ausgestaltung der geförderten Beteiligungssysteme ausschließlich auf eine Mitarbeiterbeteiligung in Kapitalgesellschaften („companies"). Die im folgenden dargestellten institutionalisierten Beteiligungsmodelle schließen eine Förderung in Personenunternehmen kategorisch aus.

815 Das APS war ein investives Erfolgsbeteiligungsmodell, das die Aktienbeteiligung am arbeitgebenden Unternehmen förderte. Das PRP war ein reines Erfolgsbeteiligungsmodell. Vgl. hierzu Uvalic, M., PEPPER-Bericht (1991), S. 161 ff.; Schutz, P., Beteiligung (1993), S. 110 ff.; Chamberline, C. E., Tolley's (2001), S. 295 ff.

2. Savings-related Share Option Schemes (SAYE)

Das durch den Finance Act 1980 mit Wirkung ab 1. Juli 1981 eingeführte Beteiligungsmodell „Savings-related Share Option Scheme“ wird im allgemeinen aufgrund des Lohnsparcharakters („**S**afe-**A**s-**Y**ou-**E**arn“) als SAYE-Optionsmodell bezeichnet. Es basiert in großem Maße auf einem kraft Finance Act 1972 eingeführten sparorientierten Aktienoptionsplan und ist aktuell in den Vorschriften des so genannten „SAYE codes“ geregelt. Hierzu zählen die ss. 516 ff. ITEPA 2003, Schedule 3 ITEPA 2003 sowie der zweite Teil des Schedule D TCGA 1992. Folglich hat sich mittlerweile diese Art der Mitarbeiterbeteiligung in über drei Jahrzehnte bewähren können.

a) Systematik

Das SAYE-Optionsmodell muss generell allen Mitarbeitern angeboten werden. Es darf sich nicht auf bestimmte Arbeitnehmergruppen beziehen. Das Grundmodell des SAYE-Optionsmodells besteht aus zwei miteinander verbundenen Komponenten. Zum einen werden dem Mitarbeiter einer „company“ Optionen über die Zeichnung oder den Kauf von Anteilen des arbeitgebenden Unternehmens angeboten. Zum anderen besteht es aus einem Unternehmenssparplan, dessen Laufzeit drei, fünf oder sieben Jahre betragen kann. Der Sparplan kann allerdings nicht direkt mit dem Unternehmen selbst, sondern nur mit einer Bank oder einer Bausparkasse („Building Society“)[816] abgeschlossen werden. Der Ausübungspreis der Optionen wird somit vom Mitarbeiter durch Abzug vom Nettolohn angespart, wobei das Unternehmen die Sparbeiträge direkt an die betreffende Institution überweist.[817] Die Optionen können im Regelfall nur innerhalb eines Zeitraums von bis zu sechs Monaten nach Ablauf der Ansparzeit ausgeübt werden.

Durch das SAYE-Optionsmodell wird demnach ausschließlich eine direkte Eigenkapitalbeteiligung am arbeitgebenden Unternehmen staatlich gefördert.

b) Anwendungsbereich

Die gesetzlichen Förderregelungen des s. 517 (1) (b) ITEPA 2003 beschränken den Anwendungsbereich des SAYE-Optionsmodells auf Mitarbeiter in Kapitalgesellschaften („companies“). Dabei ist es unerheblich, ob es sich bei der arbeitgebenden Gesellschaft um eine an einer Börse gelistete Kapitalgesellschaft oder um eine nicht börsennotierte „private company“ handelt. Ebenso irrelevant ist, ob sich der Sitz der arbeitgebenden Gesellschaft im In- oder Ausland befindet. Ausschlaggebend ist viel-

---

816 Die Building Society ist mit deutschen Bausparkassen vergleichbar, da sie ebenso Bauspardarlehen anbietet. Die gesetzlichen Vorschriften sind im Buildings Society Act 1986 geregelt.

817 Der Ausübungspreis darf dabei nicht über der vertraglich vereinbarten Sparsumme liegen, wobei diese im Normalfall eine unternehmensunabhängige Bonunszahlung der Bank oder Bausparkasse beinhaltet. Vgl. hierzu die Ausführungen unter Punkt c).

mehr der steuerliche Status der Arbeitnehmer, die mit ihrem Arbeitseinkommen gemäß s. 15 oder s. 21 ITEPA 2003 im Inland steuerpflichtig sein müssen.

Darüber hinaus muss die Teilnahme an einem SAYE-Optionsprogramm allen – voll- als auch teilzeitbeschäftigten – Mitarbeitern des Beteiligungsunternehmens oder der Unternehmensgruppe des Beteiligungsunternehmens, auf welche sich die Optionen beziehen, angeboten werden. Es darf sich nicht auf eine spezielle Arbeitnehmergruppe (z. B. Führungskräfte, Beschäftigte Unternehmensbereich X) beschränken. Die einzig mögliche Einschränkung ist hinsichtlich der Mindestzugehörigkeit zum Unternehmen möglich, welche einen Zeitraum von fünf Jahren nicht überschreiten darf.[818] Gesetzlich ausgeschlossen sind dagegen Arbeitnehmer, die in zwölf der Optionsgewährung vorangegangenen Monaten eine wesentliche Beteiligung an einer „close company" besaßen oder noch besitzen.[819]

c) Vertragliche Ausgestaltung

Gemäß para. 1 Schedule 3 ITEPA 2003 sind die Rahmenbedingungen des einzuführenden SAYE-Optionsmodells in einem kollektiven Beteiligungsvertrag zu verfassen. Inhaltlich muss der SAYE-Beteiligungsvertrag den näher bestimmten Teilnehmerkreis, Angaben über die jeweilige Vertragsdauer, die Sparvertragspartei(en), die Optionsbedingungen (Ausübungspreis, Ausübungsfrist etc.) sowie über die zugrunde gelegten Aktien enthalten, was von der Finanzverwaltung vor Einführung des Beteiligungsmodells geprüft wird. Gesetzeswidrige oder fehlende Bestandteile haben die Nichtigkeit des gesamten Betrags und damit die Verwehrung der staatlichen Förderung zur Folge.[820]

Als Grundsatz des Beteiligungsvertrages gilt, dass die Teilnahme allen am Beteiligungsprogramm zu beteiligenden Mitarbeitern zu gleichen Konditionen angeboten werden muss. Alle Optionen eines SAYE-Optionsprogramms sind dementsprechend identisch auszugestalten. Unabhängig davon können die Sparbeiträge, die Höchstzahl der Aktien, welche mit der Option verbunden werden, die Optionslaufzeit oder die Einbeziehung des steuerfreien Sparbonus unter den Mitarbeitern entweder nach Unternehmenszugehörigkeit oder nach Einkommenshöhe variiert werden.[821] Im nachfolgenden sollen die entsprechenden Ausgestaltungsmöglichkeiten näher erläutert werden.

---

818 Aus diesem Grund veröffentlicht die Finanzverwaltung entsprechende Musterverträge, die insb. kleineren Unternehmen als Vertragsgrundlage dienen.

819 Im Rahmen eines SAYE-Optionsprogramms gilt eine Beteiligung als wesentlich, wenn sie größer als 25 % ist. Vgl. hierzu sowie zu näheren Erläuterungen über „close company" Pett, D., Share Schemes (2005), S. 13/12 m. w. N.

820 Vgl. Pett, D., Share Schemes (2005), S. 13/16.

821 Vgl. Pett, D., Share Schemes (2005), S. 13/16.

aa) Sparvertrag als Finanzierungsquelle der Kapitalbeteiligung

Ein Sparvertrag ist unabdingbarer Bestandteil des SAYE-Optionsmodells. Um von der Finanzverwaltung genehmigt zu werden, muss das Beteiligungsprogramm unter anderem vorsehen, dass die dem Mitarbeiter angebotenen Aktien mit speziell dafür angesparten finanziellen Mitteln bezahlt werden. Jeder Mitarbeiter, der das Angebot des arbeitgebenden Unternehmens akzeptiert, Optionen zum (verbilligten) Erwerb von Belegschaftsaktien anzunehmen, entscheidet sich deshalb gleichzeitig für den Abschluss eines zertifizierten (Unternehmens-)Sparvertrags. Die Zertifizierung des Sparvertrags wird durch die Finanzverwaltung erteilt, wenn der Sparvertrag den Anforderungen des s. 326 ICTA 1988 entspricht.

In der Regel wird das Beteiligungsunternehmen mit einer Bank, einer Bausparkasse oder einer vergleichbaren europäischen Institution einen nach s. 326 ICTA 1988 zertifizierten Rahmenvertrag abschließen, dem die zu beteiligenden Mitarbeiter beitreten. Rein rechtlich könnte jeder Arbeitnehmer mit einer Bank oder Bausparkasse seiner Wahl einen individuellen SAYE-Vertrag abschließen, solange er den gesetzlichen Anforderungen entspricht. Aufgrund des erhöhten Verwaltungsaufwands für die Unternehmen kommt dies in der Praxis jedoch so gut wie nicht vor.[822]

Der zeitliche Rahmen des Sparvertrags orientiert sich nach der Ausgestaltung der Optionen. Dabei kann die Ansparphase entweder

- drei Jahre betragen, wenn die SAYE-Optionen eine Laufzeit von drei Jahren haben oder
- fünf Jahre betragen, wenn die Optionen entweder eine Laufzeit von fünf oder von sieben Jahren besitzen. Für letzteres endet die Ansparphase nach dem fünften Jahr und ruht danach für weitere zwei Jahre, bis die Option ausgeübt werden kann.

Die zertifizierten Sparverträge sehen vor, dass die Ansparsumme in monatlichen Raten angespart wird. Für 3-Jahresverträge sind dementsprechend insgesamt 36 und für 5-Jahresverträge insgesamt 60 Monatraten vorgeschrieben, die jeweils von dem mit Lohnsteuer und Sozialabgaben belasteten Nettolohn des Arbeitnehmers abgezogen und direkt auf sein SAYE-Sparkonto überwiesen werden. Die monatliche Mindestsparrate beträgt derzeit GBP 5, die maximale Sparrate GBP 250.

Wenig Gestaltungsspielraum sehen die gesetzlichen Vorschriften bei der Festlegung der Verzinsungshöhe der angesparten Monatsraten vor. Seit Oktober 1980 wird in unregelmäßigen Abständen per Erlass des Finanzministeriums ein Festzinssatz den Marktgegebenheiten angepasst – die letzte Anpassung erfolgte mit Gültigkeit vom 1.

[822] Vgl. hierzu Pett, D., Share Schemes (2005), S. 13/50 ff.

September 2005. Dieser Festzins wird in Form eines Sparbonus bezahlt, der zusammen mit den zurückzuzahlenden Spareinlagen eines SAYE-Sparvertrags nach Laufzeitende vergütet wird. Je länger dabei die Vertragslaufzeit, desto höher ist der Sparbonus. Wird die Rückzahlung vor Fristende nach mehr als einem Jahr veranlasst, entfällt der Sparbonus und die Verzinsung reduziert sich auf eine Mindestverzinsung in Form eines fixen Vorverfügungszinses von nominal eineinhalb Prozent. Bei vorzeitiger Verfügung innerhalb eines Jahres nach Abschluß des Sparvertrags werden die Einlagen zinslos zurückerstattet. In nachfolgender Übersicht sind die aktuell gültigen Konditionen dargestellt:[823]

Vertrags-dauer	Anzahl der Monatsraten	Höhe der Bonuszahlung	Äquivalente Verzinsung	Steuerfreier Vorverfügungszins
3 Jahre	36	1,4 x Monatsrate	2,49 % p.a.	1,5 %
5 Jahre	60	4,4 x Monatsrate	2,79 % p.a.	1,5 %
7 Jahre	60	8,4 x Monatsrate	2,91 %p.a.	1,5 %

Abb. 52: Konditionen eines SAYE-Sparvertrags für Laufzeiten ab 01.09.2005[824]

Dadurch, dass sowohl die monatlichen Sparraten als auch die Verzinsung im Rahmen des Sparbonus festgelegt sind, können maximal folgende Höchstbeträge für die Finanzierung des Aktienerwerbs angespart werden:

- 3-Jahresvertrag: (36 x GBP 250) + (1,4 x GBP 250) = GBP 9.350
- 5-Jahresvertrag in Verbindung mit 5-jährigen Aktienoptionen: (60 x GBP 250) + (4,4 x GBP 250) = GBP 16.100
- 5-Jahresvertrag in Verbindung mit 7-jährigen Aktienoptionen: (60 x GBP 250) + (8,4 x GBP 250) = GBP 17.100

Für den Fall der vorzeitigen Kündigung des Sparvertrages verfallen die SAYE-Optionen automatisch. Zum Ausschluss aus dem SAYE-Beteiligungsvertrag kommt es zudem, wenn der Mitarbeiter als so genannter „bad leaver“ das Unternehmen verlässt. Scheidet er dagegen als „good leaver“ aus, so können die SAYE-Optionen zeit-

823 Für SAYE-Sparverträge, die vor dem 1. September 2005 abgeschlossen wurden, gelten z. T. höhere, aber auch niedrigere Sparboni, Höchstgrenzen und Mindestzinsen. Vgl. für einen zusammenfassenden Überblick Pett, D., Share Schemes (2005), S. 13/51 ff.

824 Vgl. Finanzverwaltung, SAYE-Sparvertragskonditionen 2005/06 (http://www.hm-treasury.gov.uk/newsroom_and_speeches/press/2005/press_76_05.cfm).

anteilig ausgeübt und durch unschädliche Kündigung des SAYE-Sparvertrags finanziert werden.[825]

bb) Unternehmensleistungen als Finanzierungsquelle der Kapitalbeteiligung

Das Unternehmen erbringt im Rahmen der SAYE-Sparverträge außer der technischen Abwicklung keine zusätzliche Leistung zugunsten des Mitarbeiters. Der Anreiz zur Teilnahme am SAYE-Beteiligungsprogramm seitens des Unternehmens wird alleine durch die Option per se gegeben. Dabei sind zwei von drei Anreizfaktoren vom Unternehmen steuerbar:

- Je niedriger der Optionspreis, desto höher der Anreiz für den Mitarbeiter, am SAYE-Beteiligungsmodell teilzunehmen. In der Regel gewährt das Unternehmen die SAYE-Optionen unentgeltlich, was allerdings nicht erfolgswirksam ist und somit keine tatsächlich zu erbringende Leistung des Unternehmens ($LK_1 = 0$) darstellt.
- Je geringer der Ausübungspreis der Option, desto wahrscheinlicher ist die Ausübung der Option mit Gewinn durch den Mitarbeiter. Der zu Beginn des SAYE-Optionsprogramms zu bestimmende Ausübungspreis der SAYE-Optionen darf auf minimal 80 % des zum Zeitpunkt der Optionsgewährung gültigen Marktpreises der Aktie reduziert werden ($AO = \text{min. } 80\ \%\ MW_G$).[826] Bei einem monatlichen Sparbeitrag und einer Optionslaufzeit von sieben Jahren (Ansparsumme inklusive Sparbonus = GBP 17.100) können je Mitarbeiter durch die Vergünstigung des Ausübungspreises von maximal 20% Aktien zu einem Marktwert von GBP 21.375 im Optionsgewährungszeitpunkt mit der Option verbunden werden. Diese zweite Komponente der Unternehmensleistung (LK_2) kann sich demzufolge auf höchsten GBP 4.275 je Mitarbeiter belaufen.
- Zusätzlich zu dieser künstlichen Aktienpreisverbilligung von höchstens GBP 4.275 kann sich die Unternehmensleistung um die tatsächliche Steigerung des Aktienkurses erhöhen. Werden die Optionen durch alte Aktien bedient, die das Unternehmen von Dritten erwerben muss, hat es den aktuellen Marktwert zum Zeitpunkt der Optionsausübung zu bezahlen. Die Differenz zwischen dem Marktwert bei Optionsausübung (MW_A) und dem Marktwert im Optionsgewährungszeitpunkt (MW_G) kann die dritte Leistungskomponente des Unternehmens ($LK_3 = MW_A - MW_G$) darstellen.

---

825 Als „good leaver“ gilt, wer z. B. aus gesundheitlichen Gründen, aufgrund einer betriebsbedingten Kündigung oder seiner Pensionierung aus dem Unternehmen ausscheidet. Für nähere Details vgl. Pett, D., Share Schemes (2005), S. 13/60 ff.

826 Vgl. paragraph 13 (7) Schedule 3 ITEPA 2003. Dies stellt eine Ausnahmeregelung i. Vgl. zu „normalen“ Optionen dar, bei welchen der Ausübungspreis nicht unter dem aktuellen Marktwert der Option liegen darf. Vgl. hierzu die Ausführungen zu Stock Option Programmen unter Punkt IV.B.3.e) in diesem Teil der Arbeit, S. 224 ff.

Um die bei einer Bedienung der Optionen mit alten Aktien anfallenden tatsächlichen Belastungen aus LK_2 und LK_3 zu vermeiden, werden die Optionen im Ausübungszeitpunkt meist mit neuen Aktien bedient.

cc) Bestimmung der im SAYE-Optionsprogramm hinterlegten Aktienanzahl

Grundprinzip des SAYE-Optionsprogramms ist die freiwillige Teilnahme des Mitarbeiters am Beteiligungsprogramm sowie die eigene Festsetzung der Höhe der monatlichen Sparraten. Während der Einführungsphase ist es für das Unternehmen deshalb nicht möglich, eine bestimmte Anzahl der Aktien festzulegen, die im Rahmen des Beteiligungsmodells an die Mitarbeiter ausgegeben werden sollen. Die Vertragsunterlagen für den Arbeitnehmer beinhalten deshalb für gewöhnlich eine tabellarische Übersicht des Ansparplans, die Gesamtsparsumme, den bei Fälligkeit zu erwartenden Sparbonus sowie den vom Unternehmen gegenüber dem Marktpreis bei Optionsgewährung verbilligten Ausübungspreis der Option. Welche Anzahl an Aktien der Arbeitnehmer im Zuge des Beteiligungsprogramms erwirbt, ist dagegen meist nicht Gegenstand des Beteiligungsvertrages.[827]

Wie bei der Einführung des kollektiv angebotenen SAYE-Beteiligungsprogramms für die Mitarbeiter keine Verpflichtung zur Teilnahme besteht, steht ihm zum Fälligkeitszeitpunkt der Option, die in der Regel eine Zeitspanne von sechs Monaten nach Laufzeitende des Sparvertrages beträgt, ebenso die Ausübung der Option offen. Per Gesetz steht ihm während dieses Ausübungszeitraumes ein Wahlrecht zu, die Auszahlungssumme des Sparvertrages (Spareinlage plus Sparbonus)

- ausschließlich für private Zwecke zu nutzen,
- die Gesamtsumme zur Finanzierung der Optionsausübung zu verwenden oder
- die Mittel nur teilweise in Aktien des arbeitgebenden Unternehmens bei gleichzeitiger Auszahlung des Differenzbetrages zu investieren.[828]

d) Fördersystematik

Die staatliche Förderung im Rahmen eines SAYE-Optionsmodells erstreckt sich auf Unternehmen und Arbeitnehmer in unterschiedlichem Maße.

aa) Steuerabzugsfähigkeit auf Unternehmensebene

Zunächst sind auf Unternehmensebene – seit 1. April 1991 – alle Aufwendungen, die im Zusammenhang mit der Einführung und Durchführung des SAYE-Optionsmodells stehen, generell als Betriebsausgaben vom körperschaftsteuerlichen Gewinn abzugs-

---

827 Der Arbeitnehmer kann sich diese Information allerdings aus dem aktuellen Marktpreis der Aktien ableiten. Vgl. Chamberline, C. E., Tolley's (2001), S. 261 f.

828 Vgl. paras. 4 ff., Schedule 4 ICTA 2003.

fähig. Während der Ansparphase gewährt das Unternehmen dem Arbeitnehmer zwar keine direkten finanziellen Vorteile. Jedoch fallen im Vorfeld nicht zu vernachlässigende Aufwendungen für die vertragliche Ausgestaltung des Beteiligungsvertrages, für die Vorbereitung auf das Genehmigungsverfahren der Finanzverwaltung sowie für die technische Abwicklung mit den Banken und Bausparkassen an. Zeitlich ist die Abzugsfähigkeit auf den Optionsgewährungszeitpunkt festgelegt, der von der Genehmigung des SAYE-Beteiligungsmodells und Anerkennung des Beteiligungsvertrages durch die Finanzverwaltung abhängig ist.[829]

Werden die Optionen, die durch den Mitarbeiter ausgeübt werden, mit alten, zuvor vom Unternehmen erworbenen Aktien bedient, ist die Unternehmensbelastung (LK_2 und LK_3)[830] ebenfalls als Betriebsausgabe vom körperschaftsteuerlichen Gewinn abzugsfähig. Bei der Ausgabe von neuen Aktien entstehen dem Unternehmen außer den Aufwendungen, die im Zusammenhang mit der Kapitalerhöhung stehen, keine direkten Aufwendungen. Steuerlich unberücksichtigt bleibt dagegen die durch die Kapitalerhöhung hervorgerufene Vermögensminderung bei den bisherigen Altaktionären.

bb) Steuervergünstigungen auf Arbeitnehmerebene

Die staatlichen Fördermaßnahmen auf Arbeitnehmerebene werden durch Steuervergünstigungen umgesetzt, die in drei unterschiedlichen Einkommensbereichen fallen. In nachfolgender Abbildung ist dabei die jeweilige Einkunftsart in Verbindung mit dem entsprechend begünstigten Einkommen dargestellt.

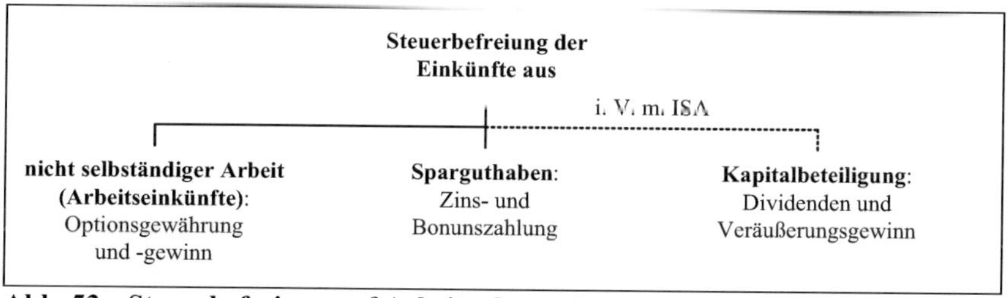

Abb. 53: Steuerbefreiung auf Arbeitnehmerebene

Wird einem Mitarbeiter im Rahmen eines SAYE-Optionsmodells eine Aktienoption kostenlos oder verbilligt gewährt, ist der geldwerte Vorteil der Option, der normalerweise unter den Arbeitseinkünften zu vereinnahmen wäre, gemäß s. 518 ITEPA 2003

829 Werden die Optionen vor Erteilung der Genehmigung gewährt, können die Aufwendungen nicht abgezogen werden. Erfolgt die Genehmigung der Finanzverwaltung später als neun Monate nach Ende des Wirtschaftsjahres, in welchem die Aufwendungen entstanden sind, sind sie gem. S. 84A ICTA 1988 erst in der entsprechenden Abrechnungsperiode abzugsfähig. Eine Rückstellungsbildung ist jedoch möglich.

830 Vgl. Punkt IV.C.2.c)bb), S. 237 ff.

weder steuer- noch sozialabgabenpflichtig. Die Befreiung von der Sozialversicherungspflicht erstreckt sich dabei sowohl auf die Arbeitsnehmer-, als auch auf die Arbeitgeberanteile zur Sozialversicherung.

Steuerfrei gestellt sind des weiteren alle Zahlungen, die der Arbeitnehmer zum Laufzeitende seines Sparvertrages erhält. Darunter fallen der zu zahlende Sparbonus wie auch die Mindestzinszahlungen, die bei vorzeitiger Verfügung steuerunschädlich vereinnahmt werden können.[831] Dabei hängt die Steuerbefreiung nicht mit der Optionsausübung zusammen. Sie ist unabhängig davon, ob es zur Aktienbeteiligung des Mitarbeiters kommt oder nicht.

Entscheidet sich der Mitarbeiter, die Option auszuüben, sind nach s. 519 ITEPA 2003 im Ausübungszeitpunkt weder der Vermögensvorteil aus verbilligtem Erwerb der Aktie noch der Optionsgewinn aus der Kurssteigerung zwischen Marktwert bei Optionsgewährung und Marktwert im Ausübungszeitpunkt steuerpflichtig. Dieser Vermögensvorteil wird allerdings dann als Arbeitseinkommen steuerlich erfasst, wenn dem Mitarbeiter eine – gegebenenfalls mit gleichzeitiger Auflösung seines Sparvertrags verbundene – vorzeitige Optionsausübung gestattet wird. Die einkommensteuer- und sozialversicherungsrechtlichen Folgen sind dabei dieselben wie bei der Ausübung eines nicht staatlich anerkannten Aktienoptionsprogramms.[832] Einkommensteuer und Sozialabgaben werden dann aber nicht durch den Arbeitgeber über das PAYE-Verfahren abgeführt, sondern müssen durch den Mitarbeiter auf dem Weg der Selbstveranlagung bezahlt werden.[833]

Hält der Mitarbeiter die Kapitalbeteiligung am arbeitgebenden Unternehmen und erhält daraus Dividendenzahlungen, sind diese als „normale“ Dividendenerträge gemäß s. 383 ff. ITTOIA 2005 („dividends etc. from UK resident companies etc.“) steuerpflichtig.[834] Verkauft er die Aktien wird zunächst die SDRT in Höhe von 0,5 % fällig. Erzielt der Arbeitnehmer durch den Verkauf der Aktien einen Veräußerungsgewinn, ist dieser der Veräußerungsgewinnsteuer zu unterwerfen, falls ein Freibetrag von derzeit GBP 8.800 (2005/06) überschritten wird.[835] Der steuerpflichtige Gewinn errechnet sich dabei aus dem erzielten Verkaufserlös abzüglich Marktpreis bei Optionsgewährung, vermindert um alle Kosten, die im Zusammenhang mit der Veräußerung stehen. Der verbilligte Erwerb der Aktien, der maximal 20 % betragen darf, bleibt auch hier steuerfrei. Steuerfrei sind die Dividendenerträge und Veräußerungsgewinne, wenn der Mitarbeiter die Kapitalanteile auf ein so genanntes „individual savings account – ISA“ überträgt. Die Steuervergünstigung ist allerdings auch hier

---

831 Da die Sparbeiträge aus dem mit Lohnsteuer und Sozialabgaben belasteten Nettolohn auf das Sparkonto überwiesen werden, wird hierbei keine Steuervergünstigung gewährt.

832 Vgl. hierzu Punkt IV.B.3.e) in diesem Teil der Arbeit, S. 224 ff.

833 Vgl. Pett, D., Share Schemes (2005), S. 13/4a f.

834 Vgl. hierzu die Ausführungen unter Punkt IV.B.3.a)bb), S. 215 f.

835 Vgl. hierzu die Ausführungen unter Punkt IV.B.3.a)cc) u. 3.d), S. 215 u. 223 f.

auf einen Maximalbetrag beschränkt. Nach den ISA-Vorschriften ist der Wert der in ein ISA übertragbaren Aktien, wenn es sich um einen „mini-ISA" handelt, auf GBP 3.000, für „maxi-ISA" auf GBP 5.000 begrenzt.[836] Solange die Kapitalbeteiligungen im ISA bleiben, sind Dividenden von der Einkommensteuer befreit. Bei der Veräußerung von Anteilen aus einem ISA wird keine CGT erhoben.

cc) Fördervolumen

Das SAYE-Optionsmodell ist ein häufig genutztes Beteiligungsmodell, das regelmäßig in den Beteiligungsunternehmen fortgeführt wird. Nachfolgende Tabelle zeigt die in den jeweiligen Veranlagungszeiträumen von der Finanzverwaltung genehmigten Beteiligungssysteme. Es lässt sich dabei keine Unterscheidung treffen, ob es sich um neu eingeführte oder erneuerte SAYE-Optionsmodelle von Unternehmen, die schon ein oder mehrere SAYE-Optionen begeben haben, handelt.

Jahr	Neu genehmigte Modelle	Mitarbeiter (AN)	Aktienwert (gesamt) (in GBP Mrd.)	Aktienwert (pro AN) (in GBP)	Steuer-vergünstigung (in GBP Mio.)
2000/01	1.320	1.030.000	3,5	3.400	365
2001/02	1.300	1.300.000	2,8	2.100	295
2002/03	1.060	865.000	2,9	3.400	145
2003/04	1.010	600.000	1,9	3.100	100
2004/05	920	570.000	1,9	3.300	100

Abb. 54: Neu abgeschlossene und genehmigte SAYE-Optionsmodelle[837]

Für den erfassten Zeitraum seit dem Jahr 2000 wurden Aktien in einem Gesamtwert von ca. GBP 13 Milliarden im Rahmen eines SAYE-Beteiligungsmodells an Mitarbeiter gewährt. Wie viele davon noch im Besitz der Arbeitnehmer sind, ist nicht nachzuvollziehen.

Insgesamt hat der britische Staat seit Einführung der SAYE Pläne mehr als 3,58 Milliarden Pfund an Steuerermäßigungen gewährt.[838]

836 Vgl. s. 397 ITEPA 2003.

837 Vgl. HM Revenue & Customs, National Statistics – Save-as-you-earn Share Option Scheme (http://www.hmrc.gov.uk/stats/emp_share_schemes/menue.htm, Stand: 10.08.2006).

838 Vgl. HM Revenue & Customs, National Statistics – Save-as-you-earn Share Option Scheme (http://www.hmrc.gov.uk/stats/emp_share_schemes/menu.htm, Stand: 10.08.2006).

3. Company Share Option Plan – CSOP

Das seit 1995 als „Company Share Option Plan – CSOP" bezeichnete Beteiligungssystem wurde durch den Finance Act 1984 unter dem Namen „Discretionary Share Option Schemes – DSOP" eingeführt. Der aktuelle „CSPO code" wird durch die ss. 521 ff. und Schedule 4 ITEPA 2003 sowie durch den dritten Teil von Schedule 7D TCGA 1992 („approved CSOP schemes: amount of consideration on exercise of option") gebildet.

a) Systematik

Dieses institutionalisierte, genehmigungspflichtige Aktienoptionsmodell steht im Kontrast zu allen von der Finanzverwaltung nicht anerkannten Stock Options-Programmen und ist auch von den SAYE-Optionsmodellen abzugrenzen. Von der Finanzverwaltung anerkannte CSOP-Optionen beschränken die Zuteilung auf einen Maximalbetrag in Höhe von GBP 30.000. Dieser Höchstbetrag bezieht sich auf den im Begebungszeitpunkt geltenden Marktwert der mit den Optionen verbunden Aktien. Es ist dabei unerheblich, ob die Optionen aus einem oder mehreren CSOPs stammen. Es zählt vielmehr der Wert aller Optionen, die ein Mitarbeiter im jeweiligen Veranlagungszeitraum hält. Im Gegensatz zum SAYE-Optionsprogramm können die zur Ausübung der Option benötigten finanziellen Mittel nicht im Rahmen eines Unternehmenssparplanes angespart werden. Wie bei „normalen", von der Finanzverwaltung nicht anerkannten und deshalb staatlich nicht geförderten Aktienoptionsplänen, muss der Mitarbeiter den Ausübungspreis in einer Summe aufbringen.

b) Anwendungsbereich

Wie auch das SAYE-Optionsmodell ist das CSOP auf Kapitalgesellschaften („companies") beschränkt. Dementsprechend können nur Arbeitnehmer, die in Kapitalgesellschaften beschäftigt sind, in den Genuss der staatlichen Förderung kommen. Darüber hinaus sehen die gesetzlichen Vorschriften nach s. 512(2) ITEPA 2003 vor, dass die CSOP-Optionen nur an vollzeitbeschäftigte Führungskräfte („full-time directors")[839] oder bestimmte Arbeitnehmer („qualifying employees")[840] des Unternehmens oder einer Gruppe von Unternehmen gewährt werden können. Bis 1. May 1995 galt für die „qualifying employees" noch eine vertragliche Mindestarbeitszeit von wenigstens 20 Stunden pro Woche. Seitdem diese Beschränkung aufgehoben wurde, kann ein Unternehmen auch teilzeitbeschäftigten Arbeitnehmern CSOP-Optionen

---

839 In Zusammenhang mit CSOP ist die Bezeichnung „director" nicht explizit definiert, weshalb in der Regel angenommen wird, dass auf die gesellschaftsrechtliche Definition des s. 741 CA 1985 abzustellen ist.

840 Ein „qualifying employee" ist gem. para. 8 ITEPA 2003 ein Arbeitnehmer, der nicht gleichzeitig leitender Angestellter ist.

gewähren.[841] Für zu begünstigende Führungskräfte gilt allerdings weiterhin die Anforderung einer vertraglichen Mindestarbeitszeit von netto 25 Stunden pro Woche. Generell von der Förderung ausgeschlossen sind Führungskräfte oder Arbeitnehmer von so genannten „close companies",[842] die während der vorangegangenen zwölf Monate vor Optionsgewährung eine wesentliche Beteiligung (seit 10. Juli 2003 mehr als 25 %) am options-gewährenden Unternehmen besaßen.

c) Vertragliche Ausgestaltung

Um als CSOP von der Finanzverwaltung anerkannt zu werden, muss das Aktienoptionsprogramm im Vergleich zu normalen Stock Options-Programmen einige Besonderheiten vertraglich fixieren.

aa) Nichtübertragbarkeit der Optionen

Aktienoptionen, die Mitarbeitern im Rahmen eines CSOP gewährt werden, müssen personenbezogen ausgestaltet sein. Im Beteiligungsvertrag muss explizit erwähnt sein, dass die Optionen nicht übertragbar sind und dass sie im Falle einer Übertragung, Überschreibung, Verpfändung oder hypothekarischer Belastung oder einer anderen Verwendung durch den Optionsinhaber erlöschen.[843] Verstirbt der Optionsinhaber geht die Option rechtlich auf seine Erben über, was nicht als Übertragung im Sinne des para. 23 Sched. 4 ITEPA 2003 gilt.

bb) Sperrfristen und Ausübungszeitraum

Die gesetzlichen Vorschriften nach s. 524(2)(a)(i) u. (ii) ITEPA 2003 sehen eine Mindestsperrfrist der Option von drei Jahren und eine maximale Optionslaufzeit von zehn Jahren vor. Die Sperrfrist kann auf unter drei Jahre festgelegt werden, wenn der Rentenzeitpunkt des Arbeitnehmers vor Optionsgewährung bereits feststeht. Unfreiwillige Umstände wie Krankheit, Behinderung, betriebsbedingte Kündigung, Vorruhestand können die 3-Jahressperrfrist durchbrechen und eine vorzeitige Optionsausübung rechtfertigen.

cc) Ausübungspreis

Der Preis, der vom Mitarbeiter im Ausübungszeitpunkt für die Aktien zu bezahlen ist, darf nicht oder nur geringfügig unter dem Marktpreis von Aktien zum Zeitpunkt der Optionsgewährung liegen. Der Marktpreis ist in Übereinstimmung mit den Vorschrif-

---

841 Vgl. hierzu das Urteil des House of Lords zu R. vs. Secretary of State of Employment Ex p Equal Opportunieites Commission (1995) 1 A.C.1, HL.

842 Zur Definition einer „close company" im Sinne des Einkommensteuergesetzes vgl. Sch. 4, para. 9 ITEPA 2003.

843 Vgl. Sch. 4, para. 23 ITEPA 2003.

ten des achten Teils TCGA 1992 zu bestimmen, um den für die Veräußerungsgewinnbesteuerung notwendigen Basiswert festzulegen.[844] Im Falle von nicht börsennotierten Gesellschaften ist ein vom Unternehmen ermittelter Marktwert von der Abteilung für Aktienbewertung („Share Valuation Division") der örtlichen Finanzverwaltung separat genehmigen zu lassen.

Vertraglich kann eine Staffelung des Ausübungspreises festgelegt werden, die in Abhängigkeit zum Zeitpunkt der Optionsausübung steht. Der Mindestpreis darf allerdings nicht unter dem zum Gewährungszeitpunkt der Option gültigen Marktwert der Aktien liegen. Beträgt der Aktienkurs bei Optionsgewährung zum Beispiel GBP 1, kann der Ausübungspreis wie folgt gestaffelt sein:[845]

- GBP 1,50 bei Optionsausübung drei Jahre nach Optionsgewährung,
- GBP 1,25 bei Optionsausübung nach vier Jahren und
- GBP 1,00 bei Optionsausübung nach fünf Jahren.

dd) Leistungsorientierte Ausübungsbedingungen

Die Ausübung einer CSOP-Option kann mit bestimmten Bedingungen verknüpft werden, die unternehmensbezogene und/oder individuelle Leistungsziele widerspiegeln. Um den Anforderungen der Finanzverwaltung zu entsprechen, müssen diese Bedingungen im Beteiligungsvertrag klar definiert und objektiv nachvollziehbar sein. Nichtig sind Zielvereinbarungen, die im Ermessen einer Person stehen.[846]

ee) CSOP-Betragsbegrenzung

Die Gewährung von CSOP-Optionen ist pro Mitarbeiter auf Aktien mit einem Gesamtmarktwert im Zeitpunkt der Optionsgewährung von höchstens GBP 30.000 begrenzt. Diese Höchstsumme bezieht sich generell auf alle CSOP-Optionen, die ein Mitarbeiter hält. Es müssen dementsprechend zu einem früheren Zeitpunkt gewährte und noch nicht ausgeübte CSOP-Optionen berücksichtigt werden.[847] Nicht in diese Höchstwertberechnung einbezogen werden SAYE- oder EMI-Optionen. Im Beteiligungsvertrag muss explizit ein Passus enthalten sein, der eine Optionsgewährung an Mitarbeiter ausschließt, die diese Höchstgrenze überschreiten würde. Werden einem

844 Für nähere Details vgl. Pett, D., Share Schemes (2005), S. 12/22 ff.

845 Vgl. Pett, D., Share Schemes (2005), S. 12/20.

846 Ist das Unternehmen an der Londoner Börse notiert, entfällt diese Einschränkung.

847 Wurde einem Mitarbeiter z. B. am 01.01.03 Optionen über Aktien mit einem Marktwert i. H. v. GBP 10.000, am 01.07.05 Optionen für weitere GBP 10.000 und am 01.01.06 Optionen über Aktien für GBP 5.000 gewährt und hat der Mitarbeiter zum 01.02.06 die erste Tranche (v. 01.01.03) voll ausgeübt, können ihm in einer weiteren Tranche Optionen über Aktien für maximal (30.000 – 15.000 =) GBP 15.000 gewährt werden. Vgl. Pett, D., Share Schemes (2005), S. 12/27.

Arbeitnehmer CSOP-Optionen gewährt, durch die er über die Höchstgrenze überschreitet, verlieren nicht nur die Optionen, die den Höchstbetrag übersteigen den CSOP-Status, sondern alle zu diesem Zeitpunkt gewährten Optionen. Um dieses Risiko zu vermeiden, kann zusätzlich zum erwähnten Passus eine so genannte „blue pencil rule" in den Vertrag aufgenommen werden. Danach werden die Optionen automatisch ungültig, welche die Höchstgrenze des Mitarbeiters überschreiten.[848]

Will das Unternehmen einem Mitarbeiter Optionen gewähren, welche die Höchstgrenze von GBP 30.000 übersteigt, kann dies nur über ein „normales" Stock Options-Programm erfolgen, das getrennt und unabhängig vom CSOP zusätzlich eingeführt werden muss.[849]

d) Fördersystematik

aa) Steuervergünstigungen auf Unternehmensebene

Unternehmen, die ein CSOP einführen, können seit 1. April 1991 sämtliche Ausgaben, die im Zusammenhang mit der Einführung und Durchführung des genehmigungspflichtigen Beteiligungsmodells stehen, als Betriebsausgabe vom körperschaftsteuerlichen Gewinn abziehen. Die Abzugsfähigkeit erfordert die vorherige Genehmigung des CSOP durch die Finanzverwaltung. Erfolgt diese später als neun Monate nach Ende des Wirtschaftsjahres, in welchem die Ausgaben entstanden sind, werden diese gemäß s. 84A ICTA 1988 erst im Veranlagungszeitraum der Genehmigungserteilung abzugsfähig.

Eine weitere Vergünstigung erstreckt sich auf die Veräußerungsgewinnbesteuerung. Denn grundsätzlich entspricht die Optionsgewährung gemäß s. 144(1) TCGA 1992 einer Vermögensveräußerung im Sinne des Capital Gains Tax (CGT). Bei kostenlosen verbilligten oder nominalen CSOP-Optionen, die den Optionsinhaber zur Zeichnung neuer Aktien berechtigen, liegt aus Sicht der Finanzverwaltung keine steuerauslösende Veräußerung beim Unternehmen vor.[850]

bb) Steuervergünstigungen auf Arbeitnehmerebene

Für den Mitarbeiter ist die Option im Gewährungszeitpunkt zunächst von der Einkommensteuer und den Sozialabgaben befreit. Voraussetzung für diese Steuerbefreiung ist, dass der Betrag, der vom Mitarbeiter für die Option bezahlt wurde, zuzüglich zum zahlenden Ausübungspreis nicht geringer ist als der Marktpreis der Aktien im

---

848 Zur „blue pencil rule" vgl. Pett, D., Share Schemes (2005), S. 12/29 ff.

849 Für Optionen, die im Rahmen eines „normalen" Aktienoptionsprogramms gewährt werden, entfällt jedoch die staatliche Förderung. Zur Besteuerung von Aktienoptionen vgl. Punkt IV.B.3.e), S. 224 ff.

850 Vgl. Pett, D., Share Schemes (2005), S. 12/6 f.

Gewährungszeitpunkt. Eine geringfügige Unterschreitung wird von der Finanzverwaltung zwar gestattet, bleibt allerdings nicht steuerfrei. Der Differenzbetrag zählt als Arbeitseinkommen und wird im Rahmen des PAYE mit Lohnsteuer sowie mit Arbeitgeber- und Arbeitnehmerbeiträgen der Sozialversicherung belastet.[851]

Findet die Optionsausübung nach mehr als drei Jahren und nicht später als zehn Jahre nach Optionsgewährung statt, fallen gemäß s. 524 ITEPA 2003 auf den Ausübungsgewinn weder Einkommensteuer noch Sozialabgaben an. Wird die Option vom Mitarbeiter vor Ablauf von drei Jahren nach Optionsgewährung ausgeübt, ist der Ausübungsgewinn als Arbeitseinkommen zu versteuern. Eine steuerfreie Vorverfügbarkeit der Optionen ist unter bestimmten Umständen, unter denen der Mitarbeiter das Unternehmen als so genannter „good leaver" verlässt, möglich, solange sie innerhalb von sechs Monaten nach dem Ausscheiden aus dem Unternehmen stattfindet.[852]

Besondere Ereignisse wie der Verkauf des arbeitgebenden Unternehmens außerhalb der Konzerngruppe oder die Übernahme des Mutterunternehmens qualifizieren an Aktienoptionsplänen beteiligte Mitarbeiter normalerweise nicht als „good leaver". Ausnahmen hierbei sind Unternehmensverkäufe, die durch die „Transfer of Undertakings (Protection of Employments)-Regulations" geschützt sind und außerdem Entlassungen zur Folge haben, welche unter das so genannte „Chapman vs. CPS Computers"-Prinzip fallen.[853]

Das Halten der im Rahmen eines CSOP erworbenen Aktien sowie die Veräußerung derselben wird steuerlich nicht begünstigt. Dividenden sind demgemäß als Kapitaleinkünfte nach s. 383 ff. ITTOIA 2005 zu versteuern. Erzielt der Mitarbeiter einen Veräußerungsgewinn, unterliegt dieser wie jeder andere Gewinn aus der Veräußerung aus Wertpapieren, der den Freibetrag von GBP 8.800 übersteigt, der Capital Gains Tax. Zudem wird die Veräußerung mit SDRT in Höhe von 0,5 % belastet.[854]

cc) Voraussetzung für die Steuervergünstigungen

Eine vor Einführung des CSOP einzuholende Genehmigung der Finanzverwaltung ist unabdingbare Voraussetzung für die Steuervergünstigungen des Beteiligungsmodells. Zu diesem Zweck muss das Unternehmen der Finanzverwaltung den vorläufigen Beteiligungsvertrag zukommen lassen.

Die Anerkennung des Vertrages hängt von mehreren Faktoren ab. So muss das Beteiligungsprogramm in erster Linie sämtliche Voraussetzungen, die in den vertraglichen

---

851 Wird die Vergünstigung der Aktien nicht mehr als geringfügig eingestuft, verlieren die CSOP-Optionen ihren steuerfreien Sonderstatus.

852 Vgl. hierzu die Ausführungen unter Punkt IV.C.3.c)bb), S. 243.

853 Vgl. hierzu Chamberline, C. E., Tolley's (2001), S. 97 f.

854 Vgl. hierzu die Ausführungen unter Punkt IV.B.3.a)cc), S. 215.

Ausgestaltungen beschrieben wurden, erfüllen. Darüber hinaus darf es weder zwingende noch fakultative Bestandteile enthalten, die dem Arbeitnehmer über die CSOP-Regelungen hinausgehende Vorteile gewährt. Schädlich sind zum Beispiel

- eine Vereinbarung zwischen Unternehmen und Mitarbeiter, den Ausübungspreis in mehreren Raten zahlen zu können.
- ein Finanzierungsdarlehen des Unternehmens an den Arbeitnehmer.
- die Möglichkeit des Unternehmens, anstelle der Ausgabe oder Übertragung von Aktien bei Optionsausübung, eine Ausgleichszahlung vorzunehmen, was einer Wandlung der der Stock Options in Stock Appreciations Rights entspräche.[855]

Hat das Unternehmen den CSOP eingeführt und seinen Mitarbeitern die Optionen gewährt, muss der Finanzverwaltung innerhalb von 92 Tagen ab Optionsgewährung ein besonderes Formular („Form 35") mit detaillierten Angaben über die begünstigten Mitarbeiter, den festgelegten Ausübungspreis sowie über die Optionshöhe vorliegen.[856]

dd) Fördervolumen

Eine zunehmende Anzahl von Unternehmen stellt inzwischen einem bedeutenden Teil ihrer Mitarbeiter dieses Beteiligungsangebot, welches ursprünglich für das gehobene Management gedacht war, zur Verfügung.

Jahr	**Neu genehmigte Modelle**	**Mitarbeiter (AN)**	**Aktienwert (gesamt) (in GBP Mrd.)**	**Aktienwert (pro AN) (in GBP)**	**Steuer-vergünstigung (in GBP Mio.)**
2000/01	5.170	415.000	2,2	5.000	80
2001/02	4.730	280.000	1,9	7.000	155
2002/03	4.420	185.000	1,4	8.000	95
2003/04	3.570	220.000	1,0	4.500	95
2004/05	2.950	130.000	0,8	5.900	145

Abb. 55: Neu abgeschlossene und genehmigte CSOPs[857]

855 Vgl. hierzu Inland Revenue, Share Appreciations Rights (Tax Bulletin 05/1992), S. 23 ff.

856 Vgl. Pett, D., Share Schemes (2005), S. 12/5.

857 Vgl. HM Revenue & Customs, National Statistics – Company Share Option Plans & Discretionary Share Option Schemes (http://www.hmrc.gov.uk/stats/emp_share_schemes/menue.htm, Stand: 10.08.2006).

Das staatliche Fördervolumen, das seit Einführung des Beteiligungsmodells im Jahre 1984 durch die steuerfreie Gewährung von CSOP-Optionen vergeben wurde, beläuft sich auf einen Gesamtbetrag von über GBP 3 Milliarden.[858]

4. Share Incentive Plans (SIPs)

In seiner Haushaltsrede für das Jahr 2000 kündigte Kanzler Gordon Brown die Einführung eines neuen Systems der Mitarbeiterbeteiligung an. Mit diesem neuen System sollte das Ziel verfolgt werden, die damals bestehende Produktivitätslücke zu schließen und eine neue Unternehmenskultur einzuführen.[859] Die Bezeichnung des durch Sched. 8 des Finance Act 2000 eingeführten „All Employee Share Ownership Plan – AESOP" sollte dabei deutlich hervorheben, dass dieses Ziel nur durch eine breite Beteiligung der Arbeitnehmer in Großbritannien erreicht werden könnte. Mittlerweile wurde das Beteiligungsmodell in „Share Incentive Plan – SIP" umbenannt und ist aktuell in den ss. 488 ff. und Sched. 2 ITEPA 2003 geregelt, die den so genannten „SIP Code" bilden.

a) Systematik

Das SIP ist eine besondere Form von Belegschaftsaktienmodell. Es verknüpft nicht nur den steuerbegünstigen Erwerb mit der kostenlosen Ausgabe von Aktien des arbeitgebende Unternehmens, sondern begünstigt auch das Halten der Aktien über den Zeitraum einer Sperrfrist hinaus durch die steuerfreie Reinvestition der Dividenden. Ein besonderer Anreiz stellt dabei die Möglichkeit dar, dieses Kapitalbeteiligungsmodell durch eine – vorherige – Erfolgsbeteiligung zu finanzieren. Insgesamt ergeben sich dadurch vier Teilelemente des Beteiligungsmodells, die wie folgt betitelt werden:

- Als **„free shares"** werden Aktien bezeichnet, die dem Mitarbeiter kostenlos übertragen werden.
- **„Partnership shares"** sind Aktien, die der Mitarbeiter steuerbegünstigt erwerben kann.
- Als Anreiz zum steuerbegünstigten Erwerb der Aktien durch den Mitarbeiter kann das Unternehmen so genannte **„matching shares"** ausgeben, die für den Mitarbeiter ebenfalls kostenlos sind.

---

858 Vgl. HM Revenue & Customs, National Statistics – Company Share Option Plans & Discretionary Share Option Schemes (http://www.hmrc.gov.uk/stats/emp_share_schemes/menue.htm, Stand: 10.08.2006).

859 Die britische Regierung ging damals von Kosten i. H. v. 400 Millionen Pfund für die Einführung des neuen Beteiligungsmodells, das im ersten Jahr über 500.000 Mitarbeiter 450 Unternehmen erstmalig beteiligen sollte. Bis zum Jahr 2005 wurde die Anzahl der über SIPs beteiligten Mitarbeiter auf ungefähr 2,5 Millionen geschätzt. Vgl. hierzu die Ausführungen unter Punkt IV.C.4.d)cc), S. 260 f. weiter unten.

- **„Dividend shares"** können durch die steuerfreie Reinvestition von Dividenden der „free shares", der „partnership shares" oder der „matching shares" erworben werden.

Grundsätzlich ist das Beteiligungssystem nicht für eine einmalige Beteiligungsmaßnahme, sondern eher auf regelmäßig wiederholte Beteiligungsvorgänge konzipiert. Dies wird besonders darin deutlich, dass ein Share Incentive Plan mit der Notwendigkeit verbunden ist, einen – oder mehrere – britische Treuhandfonds für die zu beteiligenden Mitarbeiter einzurichten.[860]

Wie bei den zwei vorhergehend beschriebenen Beteiligungsmodellen (SAYE und CSPO) muss auch beim SIP die Finanzverwaltung vor Einführung des Modells die Genehmigung erteilt haben, um von den Steuervergünstigungen profitieren zu können.

b) Anwendungsbereich

Der Share Incentive Plan kann von allen unabhängigen britischen Kapitalgesellschaften (companies) eingeführt werden, die ihre eigenen Aktien für die Beteiligung der Mitarbeiter verwenden können. Gleichgestellt hierzu sind alle britischen Holdingunternehmen einer Unternehmensgruppe oder britische Töchterunternehmen, auch von ausländischen Mutterunternehmen. Einzig so genannte „close companies" dürfen keine SIPs einführen.[861] Personenunternehmen können sie per definitionem nicht praktizieren.

Da der SIP ein kollektives Beteiligungsmodell ist, muss allen Arbeitnehmern des Beteiligungsunternehmens, die in Großbritannien unbeschränkt steuerpflichtig sind, die Teilnahme am Belegschaftsaktienprogramm angeboten werden. Das Beteiligungsunternehmen kann eine Mindestzugehörigkeit zum Unternehmen voraussetzen. Diese muss grundsätzlich für alle Mitarbeiter gleich sein, kann sich allerdings hinsichtlich der Beteiligungselemente „free share" und „partnership share" unterscheiden. Gesetzlich ist einen Mindestzugehörigkeitsdauer von nicht mehr als

- 18 Monaten für „free shares" und von nicht mehr als
- 6 Monaten für „partnership shares" und „matching shares", wenn das Beteiligungsunternehmen eine Akkumulation von Zeitarbeitsvertragen, erlaubt. Ansonsten ist die Mindestzugehörigkeitsvoraussetzung durchgängig auf 18 Monate beschränkt.

---

860 Ebenso wie ein SAYE untrennbar mit der Einrichtung eines Unternehmenssparplans einhergeht, bedarf der SIP eines Treuhänders, der die Belegschaftsaktien während der Laufzeit des Mitarbeiterbeteiligungsmodells in einem Treuhandfonds hält.

861 Für Details einer „close company" sowie für weiterführende Erläuterungen über Beteiligungsunternehmen vgl. Pett, D., Share Schemes (2005), S. 7A/8 ff.

Generell von der Förderung ausgeschlossen sind jedoch auch hier Mitarbeiter, die in zwölf vor Einführung der Beteiligung vorangegangenen Monaten eine wesentliche Beteiligung am Beteiligungsunternehmen besaßen oder noch immer besitzen, wenn es sich hierbei um eine „close company" handelt.[862]

Abschließend sei noch erwähnt, dass für Arbeitnehmer die Möglichkeit besteht, pro Steuerjahr an zwei unterschiedlichen SIPs von Unternehmen innerhalb derselben Firmengruppe teilzunehmen, wodurch ein Wechsel zu einem anderen Konzernunternehmen keinen Einfluss auf die Teilnahme an einem SIP hat.

c) Vertragliche Ausgestaltung

Für das Beteiligungsunternehmen steht es offen, auf welche Art und Weise es seinen Mitarbeitern im Rahmen des SIP an das Unternehmen bindet. Es muss allerdings immer einen so genannten SIP-Treuhandfonds aufsetzen, egal für welche(s) Beteiligungselement(e) sich das Unternehmen entscheidet. Zunächst soll die Notwendigkeit des Treuhandfonds erläutert werden. Im Anschluss daran werden die Möglichkeiten, welche die als „free shares" bezeichneten Gratisaktien bieten, aufgezeigt. Abschließend werden die „partnership shares" und die „matching shares" erläutert, welche die „partnership shares" ergänzen können.

aa) Treuhandfonds

Die Gründung eines speziellen SIP-Treuhandfonds („SIP-trust") ist Voraussetzung für die Durchführung eines Share Incentive Plans. Aufgrund der besonderen Anforderungen, die ein SIP-Treuhandfonds gemäß Sched. 2 ITEPA 2003 erfüllen muss, kann ein bestehender Mitarbeiter-Treuhandfonds („employee benefit trust")[863] nicht in das Beteiligungsmodell eines SIPs einbezogen werden. Die Aufsetzung bedarf der schriftlichen Beurkundung, wobei der SIP-Beteiligungsvertrag und die Treuhandurkunde in einem Dokument zusammengefasst und zur Prüfung bei der Finanzverwaltung eingereicht werden können. Vor der ersten Dotierung des Treuhandvermögens muss die Genehmigung der Finanzverwaltung über das Beteiligungsmodell und über den SIP-Treuhandfonds vorliegen, da sonst der SIP-Treuhänder nicht den steuerlichen Sonderregelungen unterliegt.

Liegt die Genehmigung vor, kommen auf den Treuhänder je nach Ausgestaltung des SIP-Beteiligungsmodells folgende Aufgaben zu:

---

[862] Vgl. hierzu Pett, D., Share Schemes (2005), S. 7A/24 f.

[863] Ein „employee benefit trust" gem. s. 550 ITEPA 2003 ist ein Treuhandfonds, der allen Mitarbeitern zugänglich sein muss und der unabhängig von einem Mitarbeiterbeteiligungsmodell von einem Unternehmen für seine Mitarbeiter aufgesetzt wurde. Für weiterführende Erläuterungen vgl. Pett, D., Share Schemes (2005), S. 22/1 ff.

- Sieht der SIP „free shares“ oder „matching shares“ vor, muss der Treuhänder eine entsprechende Dotierung seitens des Unternehmens entgegennehmen, um damit die notwendigen Aktien[864] zu erwerben. Die erworbenen Aktien bilden das SIP-Treuhandvermögen, das sich auch durch die Zuteilung der Aktien an die Mitarbeiter nicht verändert. Der Treuhänder behält sie zugunsten des Mitarbeiters solange im Treuhandvermögen, bis sie entweder steuerunschädlich aus dem Treuhandfonds entnommen werden können oder vom Mitarbeiter vorzeitig steuerauslösend veräußert werden.
- Bei „partnership shares“ erhält der Treuhänder die direkt vom Arbeitgeber überwiesenen Vorsteuerlohnanteile des Arbeitnehmers und erwirbt die Belegschaftsaktien zugunsten des Mitarbeiters. Der Treuhänder hält diese dann in Übereinstimmung mit den vertraglichen Vereinbarungen des SIP in seinem Treuhandvermögen.
- Sieht der Beteiligungsvertrag die Reinvestition der Dividenden aus den zugunsten des Mitarbeiters im Treuhandvermögen gehaltenen Aktien („free shares“, „partnership shares oder „matching shares“) vor, erwirbt der Treuhänder mit den an ihn bezahlten Dividendenbeträgen so genannte „dividend shares“. Diese erhöhen den im Treuhandvermögen zugunsten des Mitarbeiters gehaltenen Aktienbestand.

Der Treuhänder hat alle beteiligten Mitarbeiter in regelmäßigen Abständen über die zu seinen Gunsten im Treuhandfond gehaltenen Aktienwerte sowie über weitere Details wie Marktwert zum Übertragungszeitpunkt, Dividendentermine, Ende der Sperrfrist etc. in schriftlicher Form zu informieren.

bb) „Free shares“ – kostenlose Belegschaftsaktien

Die kostenlosen Belegschaftsaktien sind das erste Beteiligungselement eines SIP. In gewisser Weise bieten sie ähnliche Beteiligungsmechanismen, wie das durch das SIP „verdrängte“ und zum 21. Januar 2003 ausgelaufene, genehmigungspflichtige Beteiligungsmodell der „approved profit sharing schemes – APS“.[865]

So können Gratisaktien ebenfalls nicht in unbeschränkter Höhe an die Mitarbeiter ausgegeben werden. Pro Veranlagungszeitraum ist die Förderung auf kostenlose Be-

---

864 Dies können alte Aktien von Alteigentümern, von in vorhergehenden Beteiligungsprogrammen beteiligte Mitarbeitern oder von externen Dritten oder neue Aktien sein, die das Unternehmen neu ausgibt und nur vom Treuhänder gezeichnet werden können.

865 Das APS war ein investives Erfolgsbeteiligungsmodell, durch das der gesamten Belegschaft Aktien am arbeitgebenden Unternehmen angeboten wurden. Zu Details über die Beteiligungsmechanismen eines APS vgl. anstatt vieler Schutz, P., Beteiligung (1993), S. 110 ff.; zu prinzipiellen Unterschieden zwischen APS u. SIP vgl. Chamberline, C. E., Tolley's (2001), S. 295 ff.

legschaftsaktien mit einem Marktwert von GBP 3.000 beschränkt.[866] Sie können entweder einmalig oder regelmäßig, etwa jährlich oder monatlich an die Mitarbeiter übertragen werden.

Das Unternehmen kann die Zuteilung von Gratisaktien auf eine Mindestzugehörigkeitsdauer zum Unternehmen von höchstens achtzehn Monaten beschränken. Darüber hinaus sind grundsätzlich alle beschäftigten Mitarbeiter zu beteiligen. Die Beteiligungshöhe je Arbeitnehmer darf allerdings in Relation

- zum Lohn und Gehalt,
- zur Unternehmenszugehörigkeit sowie
- zur Arbeitszeit

gesetzt werden. Im Gegensatz zu APS-Beteiligungsmodellen kann die Beteiligung des weiteren an unternehmensbezogene, beschäftigungsgruppenorientierte („performance unit") oder gar individuelle Leistungsziele der zu beteiligenden Mitarbeiter gekoppelt werden. Diese müssen auf dem Betriebs- oder Unternehmenserfolg oder auf anderen objektiven Kriterien basieren und eine faire und objektive Beurteilung der zu erbringenden Leistung ermöglichen.

Die gesetzlichen Rahmenbedingungen bieten dem Unternehmen zur leistungsbasierten Zuteilung der Gratisaktien zwei verschiedene Methoden zur Auswahl:[867]

- Methode 1 koppelt 80 % aller gewährten Gratisaktien an entsprechende Leistungsziele. Die restlichen 20 % sind ohne Leistungsorientierung an alle Mitarbeiter zu gewähren. Maximal kann ein Arbeitnehmer die vierfache Anzahl an Gratisaktien gegenüber der nicht leistungsorientierten Gewährung von Gratisaktien für alle Mitarbeiter erhalten, um so die Leistungsunterschiede zu limitieren.

  Hat ein Unternehmen mit 100 Arbeitnehmern zum Beispiel vor, insgesamt 100.000 Gratisaktien zu gewähren, bekommt jeder Arbeitnehmer 200 Gratisaktien. Der Hauptteil der Gratisaktien (80.000 Stück) wird je nach Zielerreichung der Beschäftigten(gruppen) an die Mitarbeiter übertragen, jedoch maximal (4 x 200 =) 800 Stück.

- Methode 2 sieht keine derartige Beschränkung vor. Es können alle Gratisaktien in Abhängigkeit der Mitarbeiterleistung vergeben werden. Beziehen sich die Leistungsziele auf Gruppen von Beschäftigten („performance units"), muss jeder Arbeitnehmer einer Gruppe zu vergleichbaren Konditionen in Relation zum

---

866 Im Vgl. zur Höchstbetragsgrenze beim APS-Modell, bei dem die Förderung auf 10 % des Bruttolohns, zuletzt jedoch max. GBP 8.000, beschränkt war, hat sich die staatliche Unterstützung wesentlich reduziert.

867 Vgl. Sched. 2 fünfter Teil ITEPA 2003.

Lohn- und Gehalt, zur Unternehmenszugehörigkeit sowie zur geleisteten Arbeitszeit[868] beteiligt werden.

Die dem Mitarbeiter als Gratisaktien zugeteilten Belegschaftsaktien werden vom SIP-Treuhänder zu dessen Gunsten für die gesamte Laufzeit des Beteiligungsprogramms im Treuhandvermögen gehalten. Die vertraglich vereinbarte Haltedauer, von der die steuerlichen Vergünstigungen abhängen,[869] kann zwischen drei und fünf Jahre betragen. Verlässt ein Mitarbeiter während der vertraglichen Mindestdauer von drei Jahren das Unternehmen, kann im Beteiligungsvertag bestimmt werden, dass er das Anrecht auf die Gratisaktien verliert.[870]

cc) Partnership Shares

Das zweite Beteiligungselement sind die so genannten „partnership shares", für die keine adäquate deutsche Übersetzung existiert. Die gesetzlichen Vorschriften hierzu finden sich im sechsten Teil des Schedule 2 ITEPA 2003.

Demnach kann ein Arbeitnehmer für einen Höchstbetrag von GBP 1.500 je Veranlagungszeitraum, maximal jedoch 10 % seines aktuellen Bruttojahresgehalts,[871] Belegschaftsaktien erwerben.[872] Die Bezahlung der „partnership shares" kann entweder im Rahmen der laufenden – wöchentlichen oder monatlichen – Lohn- und Gehaltszahlung unter Abzug vom Bruttolohn erfolgen. Sie kann jedoch auch an eine einmalige Bonuszahlung oder Erfolgsbeteiligung gekoppelt werden. Die hierüber zwischen Arbeitgeber und Arbeitnehmer getroffene Vereinbarung muss im so genannten Partnerschaftsvertrag geregelt sein, welcher der Finanzverwaltung vor dem ersten Lohnabzug vorgelegt und genehmigt werden muss.

Da der Erwerb der Aktien nicht direkt vorgenommen wird, sondern über den SIP-Treuhandfonds stattfindet, muss der Treuhänder die an ihn überwiesenen Beträge solange auf einem Konto einer Bank, einer Sparkasse oder einer vergleichbaren europäischen Institution verwahrt haben, bis die Aktien des arbeitgebenden Unternehmens

868 Hintergrund ist die Reduzierung der Krankheitstage.

869 Zur steuerlichen Behandlung von Gratisaktien vgl. Punkt IV.C.4.d), S. 256 ff.

870 Diese Möglichkeit war bei APS-Modellen ebenfalls nicht gegeben. Ausgenommen sind hierbei Fälle, bei denen der Mitarbeiter als sog. "good leaver das Unternehmen verlässt: Krankheit; Arbeitslosigkeit; Arbeitsplatzwechsel, der unter die Vorschriften der Transfer of Undertakings (Protection of Employment) Regulations 1981 fallen; Ruhestand; Tod des Arbeitnehmers.

871 Die 10 %-Höchstbetragsbegrenzung soll die Interessen der Niedriglohnempfänger schützen. Vgl. hierzu Pett, D., Share Schemes (2005), S. 7A/33.

872 Jedoch sollen dadurch nicht die Beitragszahlungen eines Arbeitnehmers zu persönlichen Pensionsplänen („retirement benefit schemes" oder „retirement annuity schemes") eingeschränkt werden. Um die Arbeitnehmerrechte zu schützen, soll deshalb das Einbehalten von Bruttolohnteilen zum Erwerb von „partnership shares" nicht die Fähigkeit eines Arbeitnehmers einschränken, Beiträge für seine Altersvorsorge zu leisten.

erworben werden können.[873] Im sechsten Teil von Schedule 2 ITEPA 2003 sind hierfür zwei Erwerbsmethoden zur Auswahl gestellt:

- Einerseits können über einen Zeitraum von maximal 12 Monaten jeden Monat bis zu GBP 125 des Brutto-Monatslohns vom Arbeitgeber einbehalten und an den SIP-Treuhandfonds abgeführt werden. Die Belegschaftsaktien müssen dann innerhalb von 30 Tagen nach Ende dieses Ansparzeitraums vom Treuhänder erworben werden. Dabei wird für die Mitarbeiter als Kaufpreis der Aktien der niedrigere Wert des Marktwerts der Aktien zu Beginn oder am Ende des Ansparzeitraums berechnet. Steigt der Wert der Aktien über den Ansparzeitraum und hat der Treuhänder nicht genügend finanzielle Mittel, um die notwendige Anzahl an Aktien, die den Mitarbeitern aufgrund ihres Lohnabzugs zustehen, zu erwerben, muss das Beteiligungsunternehmen für Ausgleich sorgen. Dies kann entweder durch die Emission von neuen Aktien mit entsprechendem Disagio oder durch Bezuschussung des Treuhandvermögens mit finanziellen Mittel stattfinden.
- Andererseits können die Aktien auch monatlich innerhalb einer Frist von 30 Tagen nach Zahlungseingang beim Treuhänder gekauft werden. Der mit den Mitarbeitern verrechnete Kaufpreis der Belegschaftsaktien ist dabei gleich dem aktuellen Marktwert der Aktien im Erwerbszeitpunkt. Bei dieser Erwerbsmethode besteht dementsprechend kein zusätzliches finanzielles Risiko für das Beteiligungsunternehmen.

Während der SIP-Laufzeit hat der Arbeitnehmer jederzeit das Recht, die Vereinbarung über den Erwerb von „partnership shares“ zu kündigen. Die einbehaltenen Gehaltsteile müssen in diesem Fall an den Arbeitnehmer ausbezahlt werden. Erworbene Aktien werden ohne gesetzliche Mindesthaltefrist im Treuhandvermögen gehalten und können vom Arbeitnehmer jederzeit entnommen werden, wobei jedoch die steuerlichen Auswirkungen zu beachten sind.[874]

dd) Matching Shares

Die dritte Beteiligungskomponente sind die so genannten „matching shares“, die im siebten Teil des Schedule 2 ITEPA 2003 geregelt sind. Diese Beteiligungskomponente ist als besonderer Anreiz des Unternehmens für den Erwerb von „partnership shares“ der Mitarbeiter zu verstehen. Die „matching shares“ werden nur in Verbindung mit den „partnership shares“ ausgegeben und kommen einer Reduktion des Kaufpreises gleich. Das Unternehmen kann jedem Mitarbeiter für den Erwerb je einer „partnership share“ maximal jeweils zwei „matching shares“ kostenlos übertragen. Einzige

---

873 Eine Verzinsung dieser Mitarbeitergelder ist gesetzlich nicht zwingend vorgeschrieben. Werden dem Mitarbeiter Zinsen gutgeschrieben, hat er diese als Zinserträge gem. s. 369 ITTOIA 2005 normal zu versteuern.

874 Zu den steuerlichen Vorschriften, die bei “partnership shares” Anwendung finden vgl. Punkt IV.C.4.d), S. 256 ff.

Bedingungen ist, dass die „matching shares“ die gleichen Rechte verkörpern wie die „partnerhips shares“, dass beide das gleiche Ausgabedatum aufweisen, und dass sie allen Mitarbeitern zukommen, die auf der gleichen Basis an dem Programm teilnehmen. Das „matching“-Verhältnis kann zudem dergestalt mit einem Erfolgsbeteiligungsmodell verknüpft werden, dass das Volumen der insgesamt ausgegebenen „matching shares“ an den Erfolg des Unternehmens gekoppelt wird.

Zum Vorteil für das Unternehmen ist eine gesetzliche Mindesthaltefrist für die „matching shares“ zu vereinbaren, die nicht kürzer als drei, aber auch nicht länger als fünf Jahre betragen darf. Endet während diesem Zeitraum das Beschäftigungsverhältnis aus anderen Gründen als aus den „good-leaver“-Gründen, kann im Beteiligungsvertrag festgehalten werden, dass dem Arbeitnehmer die „matching shares“ wieder entzogen werden.

Da sich die gesetzliche Mindesthaltefrist allerdings auf die „matching shares“ und nicht auf die „partnership shares“ bezieht, lässt das Gesetz eine besondere Konstruktion des SIP-Beteiligungsmodells zu.[875] Dem Mitarbeiter können zusätzlich zu den regulären Gratisaktien („free shares“) mit einem Marktwert der Belegschaftsaktien von GBP 3.000 unter der Voraussetzung des Erwerbs von „partnership shares“ zu GBP 1.500 „matching shares“ von noch einmal GBP 3.000 gewährt werden. Gesetzlich ist für „partnership shares“ keine Mindesthaltefrist zwingend vorgeschrieben, weshalb sie der Mitarbeiter sofort wieder – zum Beispiel an den Treuhänder – veräußern kann.[876] Über diese Beteiligungskonstruktion kann das Unternehmen Gratisaktien in Höhe von GBP 6.000 pro Mitarbeiter übertragen.

cc) Dividend Shares

Das vierte und letzte Beteiligungselement sind die so genannten „dividend shares“.[877] Dabei wird im Beteiligungsvertrag festgelegt, dass Bardividenden, die dem Mitarbeiter von „free shares“, „partnership shares“ und/oder „matching shares“ zustehen, reinvestiert werden und dadurch weitere Aktien am arbeitgebenden Unternehmen erworben werden. Diese Aktien erhöhen den bisherigen Aktienbestand des Mitarbeiters, der im Treuhandfonds gehalten wird und können vom Unternehmen nicht mehr entzogen werden – auch wenn der Mitarbeiter als so genannter „bad leaver“ das Unternehmen verlässt.

875 Vgl. zum folgenden Beteiligungskonstrukt Pett, D., Share Schemes (2005), S. 7A/40 f.

876 Dabei sind jedoch die steuerlichen Auswirkungen zu berücksichtigen. Da die „partnership shares“ aus unversteuertem Bruttolohn erworben wurden, muss dieser Betrag bei Veräußerung während der steuerlichen Sperrfrist (mit Einkommensteuer und Sozialabgaben) nachversteuert werden.

877 Vgl. Teil 7 Schedule 2 ITEPA 2003.

Für „dividend shares“ existiert ebenfalls eine Höchstbetragsgrenze von GBP 1.500. Werden die Dividenden nicht reinvestiert, müssen sie an den Mitarbeiter ausbezahlt werden.

d) Fördersystematik

Die staatlichen Maßnahmen zur Förderung der Mitarbeiterbeteiligung im Rahmen von SIPs erstrecken sich nicht nur auf begünstigende Steuervorschriften für die Beteiligungsunternehmen und die zu beteiligenden Mitarbeiter. Sie beziehen sich auch auf Alteigentümer von Aktien des Beteiligungsunternehmens, soweit sie diese für die Zwecke des Beteiligungsprogramms verkaufen, sowie auf den oder die Treuhänder des/der SIP-Treuhandfonds.

aa) Steuervergünstigungen für das Beteiligungsunternehmen

Für Arbeitgeber gibt es mehrere steuerliche Anreize SIPs zu implementieren. So können gemäß s. 354 ICTA 1988 generell alle Aufwendungen, die für die Einrichtung und Verwaltung des Share Incentive Plans anfallen, vom körperschaftsteuerpflichtigen Gewinn als Betriebsausgaben abgezogen werden.

Bezogen auf die Ausgabe von „partnership shares“ kann das Unternehmen die Bruttoarbeitslöhne, die der Mitarbeiter zum Erwerb der Belegschaftsaktien verwenden will, als normale Personalaufwendungen verbuchen. Hat das Unternehmen den Mitarbeitern die monatliche Ansparung der Kaufsumme im Treuhandfonds angeboten und erwachsen ihm aufgrund gestiegener Marktpreise Kosten in Höhe der erforderlichen Ausgleichzahlung, sind diese als Betriebsausgaben abzugsfähig. Die Sozialversicherungsbeiträge des Arbeitgebers werden auf diese Beträge nicht fällig.

Beinhaltet das SIP die Ausgabe von Gratisaktien an die Mitarbeiter, sowohl in Form der „free shares“ als auch der „matching shares“, kann das Unternehmen „lediglich“ einen Betrag in Höhe des Marktwertes der Aktien zum Zeitpunkt des Erwerbs durch den Treuhänder als Betriebsausgabe ansetzen.[878] Dabei können diese Aufwendungen erst in dem Steuerjahr zum Abzug gebracht werden, in dem die Anteile den Mitarbeitern übereignet werden.[879] Wie bei den „partnership shares“ fallen auch für diese Aufwendungen des Unternehmens keine Sozialversicherungsbeiträge an.

---

878 Das Unternehmen kann auch dann den Marktwert im Erwerbszeitpunkt ansetzen, wenn der tatsächlich durch den Treuhänder bezahlten Preis für die Aktien des Beteiligungsunternehmen niedriger ist. Vgl. s. 359 ICTA 1988.

879 Diese steuerliche Behandlung entspricht den auf den Erwerb der Aktien durch den SIP-Treuhänder anzuwendenden handelsrechtlichen Rechnungslegungsvorschriften. Danach wird in der Regel der historische Preis der Aktien im Erwerbszeitpunkt als Betriebsausgabe in der GuV verbucht.

Diese steuerlichen Vergünstigungsvorschriften gelten nur für Gratisaktien, die an in Großbritannien unbeschränkt steuerpflichtige Arbeitnehmer ausgegeben werden. Wird aus gegebenem Grund dem Unternehmen beziehungsweise dem Beteiligungsmodell die Anerkennung als SIP durch die Finanzverwaltung entzogen, ist die Finanzverwaltung dazu berechtigt, die entgangene Körperschaftsteuer nachzufordern. Werden Arbeitnehmern ihre Gratisaktien aufgrund des Ausscheidens als „bad-leaver" entzogen verbleiben sie im Treuhandvermögen des SIP-Treuhandfonds. Teilt das Unternehmen diese zuvor zurückgeforderten Gratisaktien anderen Mitarbeitern erneut zu, kann der Marktwert im Übertragungszeitpunkt nicht nochmals als Betriebsausgabe zum Abzug gebracht werden.

Seit 6. April 2003 kann das Unternehmen auch ohne direkten Zusammenhang mit einer Aktienzuteilung an Mitarbeiter alle Beträge, die es an den SIP-Treuhandfonds zum Erwerb von Aktien des Beteiligungsunternehmens bezahlt, vom körperschaftsteuerlichen Gewinn abziehen, wenn der SIP-Treuhänder 10 % – oder mehr – der dividenden- und stimmberechtigten Aktien hält.

Der Beteiligungsvertrag kann dem Treuhänder die Möglichkeit einräumen, Darlehen zur Finanzierung der Aktien des Beteiligungsunternehmens aufzunehmen, die dann den zu beteiligenden Mitarbeitern gutgeschrieben werden. Das Unternehmen kann für derartige Darlehen des Treuhänders die Zinsaufwendungen übernehmen und in der Gewinn- und Verlustrechnung als Betriebsausgabe verbuchen.[880]

bb) Steuervergünstigungen für den Mitarbeiter

Für Gratisaktien, die ein Mitarbeiter im Rahmen eines SIP auf einem Treuhandfonds gutgeschrieben bekommt, fallen nach s. 490 ITEPA 2003 im Zeitpunkt der Übertragung der wirtschaftlichen Verfügungsmacht auf den Arbeitnehmer weder Einkommensteuer noch Sozialversicherungsbeiträge an.

Werden die Gratisaktien über einen Zeitraum von mindestens fünf Jahren im Treuhandfonds belassen, ist die Steuerbefreiung von der Einkommensteuer und den Sozialabgaben endgültig. Darüber hinaus bleibt jede Wertsteigerung der Aktien steuerfrei. Auf einen Veräußerungsgewinn, der nach einer Haltefrist von mehr als fünf Jahren erzielt wird, wird keine Capital Gains Tax erhoben.

Bei einer Entnahme aus dem SIP-Treuhandfonds nach dem Ablauf von drei Jahren und vor dem Ablauf von fünf Jahren, werden Einkommensteuer und Sozialversicherungsabgaben auf den kleineren der beiden Beträge, entweder des Marktwerts der Gratisaktien bei ihrer Gewährung oder ihres Marktwerts bei der Entnahme oder Ver-

880 Auch hier fallen keine Sozialversicherungsbeiträge des Arbeitgebers an. Vgl. s. 21 Finance Act 2003.

äußerung aus dem SIP-Treuhandfonds, fällig.[881] Im Falle einer Entnahme aus dem SIP-Treuhandfonds oder einer Veräußerung vor Ablauf der Dreijahresfrist wird der Marktwert bei Entnahme/Veräußerung als zu versteuerndes Arbeitseinkommen dem individuellen Steuersatz unterworfen. Die Entnahme oder Veräußerung der Gratisaktien kann allerdings vom Mitarbeiter nicht aktiv veranlasst werden. Sie wird automatisch vollzogen, sobald das Beschäftigungsverhältnis mit dem Beteiligungsunternehmen endet. In Fällen, in denen der Mitarbeiter als „good leaver" aus dem Unternehmen ausscheidet, bleibt die Entnahme oder Veräußerung steuer- und sozialabgabenfrei.

Die gleichen steuerlichen Mindesthaltefristen gelten für die „partnership shares". Die vom unversteuerten Bruttolohn erworbenen Belegschaftsaktien bleiben steuer- und sozialabgabenfrei, wenn sie mindestens fünf Jahre im Fonds gehalten werden. Werden sie nach mehr als drei aber weniger als fünf Jahren aus dem SIP-Treuhandfonds entnommen, werden Einkommensteuer und Sozialabgaben im Rahmen des PAYE fällig. Steuerpflichtig ist dann der niedrigere der beiden Beträge: entweder der Kaufpreis im Erwerbszeitpunkt oder der Marktwert bei Entnahme. Dadurch wird die Wertsteigerung der Belegschaftsaktien während der Zeit, die sie im SIP-Treuhandfonds gehalten wurden, von der Einkommensteuer und den Sozialversicherungsabgaben befreit. Eine sofortige Veräußerung der vorzeitig entnommenen Belegschaftsaktien führt zu keinem steuerpflichtigen Veräußerungsgewinn, da für Zwecke der Capital Gains Tax der Marktwert bei Entnahme aus dem SIP-Treuhandfonds als Basiswert angenommen wird.[882]

Erfolgte eine Entnahme der Anteile aus dem Fonds innerhalb der ersten drei Jahre, muss der Arbeitnehmer Einkommensteuer und Sozialversicherungsbeiträge auf den Marktwert der Aktien bei der Entnahme zahlen. Eine steuerliche Erfassung von Veräußerungsgewinnen erfolgt analog zu den obigen Ausführungen.

Schließlich sind Dividenden aus Belegschaftsaktien aus SIP-Treuhandfonds steuerfrei, wenn sie innerhalb von 30 Tagen nach Gutschrift für den Erwerb von weiteren Aktien des Beteiligungsunternehmens verwendet werden. Für „dividend shares" besteht eine Haltefrist von drei Jahren, nach deren Ablauf die Aktien einkommensteuerfrei aus dem SIP-Treuhandfonds entnommen werden können. Werden die Aktien danach sofort verkauft, muss der Veräußerungsgewinn nicht besteuert werden. Alternativ besteht die Option, die Belegschaftsaktien bis zum Ausscheiden des Arbeitnehmers aus dem Unternehmen im SIP-Treuhandfonds zu belassen. Verlässt ein Mitar-

---

881 Zu bezahlende Einkommensteuer und Sozialabgaben werden mit Hilfe des PAYE Verfahrens durch den Arbeitgeber abgeführt. Zu Details über die lohnsteuerliche Erfassung der vorzeitig aus dem SIP-Treuhandfonds entnommenen Gratisaktien vgl. Pett, D., Share Schemes (2005), S. 7A/73 ff.

882 Erzielt der Mitarbeiter im Entnahmezeitpunkt einen Veräußerungspreis, der über dem Marktpreis liegt, ist die Differenz als Veräußerungsgewinn der CGT zu unterwerfen, wenn der Steuerpflichtige den Freibetrag von GBP 8.800 überschritten hat.

beiter das Unternehmen während der Haltefrist als „bad leaver“, wird im Steuerjahr des Austritts Einkommensteuer auf den ursprünglichen Betrag der Dividende fällig. Werden die Dividenden nicht in den Treuhandfonds reinvestiert, so findet die „normale“ Dividendenbesteuerung Anwendung.[883]

Nachfolgende Abbildung gibt einen zusammenfassenden Überblick über die Haltedauer und die betragsmäßige Höchstgrenze der Aktien, die ein Mitarbeiter steuerbegünstigt erhalten kann:

	„free shares“	**„partnership shares“**	**„matching shares“**	**„dividend shares“**
Haltedauer	- ab 5 Jahre steuerfrei - unter 5 Jahre steuerpflichtig			- ab 3 Jahre steuerfrei - unter 3 Jahre steuerpflichtig
Höchstbetragsregelung	max. GBP 3.000 pro Steuerjahr	max. GBP 1.500 bzw. 10% des Bruttojahresgehalts und max. GBP 125 pro Monat	max. zwei „matching shares“ pro „partnership share“	Reinvestition in den SIP bis zu einem Betrag von GBP 1.500 pro Steuerjahr möglich.

Abb. 56: Übersicht über die Voraussetzungen zur Steuerfreiheit von SIPs

Nach Ablauf der steuerinduzierten Sperrfrist endet die Steuervergünstigung für SIP-Belegschaftsaktien. Überträgt der Mitarbeiter seine Aktien in einen ISA oder in so genannte „stakeholder pensions“, dann verlängert er den Steuerschatten auf unbestimmte Zeit.[884]

cc) Steuervergünstigungen für Treuhänder des SIP-Beteiligungsvermögens

Erhält ein Treuhänder Dividenden auf Aktien, die im Treuhandvermögen gehalten werden und noch keinem Mitarbeiter übertragen sind, so sind diese von der Einkommensteuer befreit, falls die Anteile – in Übereinstimmung mit dem SIP – innerhalb einer Zweijahresfrist (gemessen ab dem Erwerb durch den Treuhänder) an Mitarbeiter des Beteiligungsunternehmens ausgegeben werden. Diese Frist erhöht sich auf fünf Jahre, falls die Anteile nicht leicht in liquide Mittel umgetauscht werden können. Wenn dies früher der Fall ist, verkürzt sie sich auf zwei Jahre ab dem Zeitpunkt, ab

883 Vgl. Teil 8, Sched. 2 ITEPA 2003.

884 Vgl. hierzu Pett, D., Share Schemes (2005), S. 7A/81.

dem ein Umtausch möglich ist. Verstreichen diese Fristen hat der Treuhänder die Dividenden nach dem so genannten „dividend trust rate“, einem speziellen Steuersatz in Höhe von 25 % versteuern.

Erzielt der Treuhänder einen faktischen Veräußerungsgewinn bei Übertragung von Aktien des Beteiligungsunternehmen auf ein Arbeitnehmer, ist dieser gemäß Schedule 7 ITEPA 2003 von der Capital Gains Tax befreit.[885] Diese Steuerfreiheit gilt wiederum nur während der erwähnten Zwei- beziehungsweise Fünfjahresfrist.

Übernimmt der Treuhänder Aktien eines „bad leavers“, wird für steuerliche Zwecke angenommen, dass der Treuhandfonds die Anteile erneut erwirbt – und zwar am Austrittstag des Arbeitnehmers. Die Übertragungsfristen beginnen entsprechend erneut zu laufen.

dd) Steuervergünstigungen für Altaktionäre

Seit dem 28. Juli 2000 muss ein Altaktionär, der seine Aktien des Beteiligungsunternehmens an einen SIP-Treuhandfonds veräußert, nach s. 236A i. V. m. Schedule 7C TCGA 1992 seinen Veräußerungsgewinn nicht versteuern, wenn er die frei gewordenen finanziellen Mittel wieder in Vermögenswerte investiert, die im Veräußerungsfalle der Capital Gains Tax unterliegen.

Steuertechnisch wird der steuerpflichtige Sachverhalt so dargestellt, als ob der Altaktionär seine Aktien zu einem Preis verkauft hat, durch den er weder einen Veräußerungsgewinn, noch einen -verlust erzielt.[886] Dieser Steuervorteil ist allerdings nicht endgültig, sondern nur temporär, da der Erwerbspreis des neuen Vermögenswertes um den Differenzwert aus tatsächlichem und steuerlich angenommenem Veräußerungspreis der Aktie des Beteiligungsunternehmens reduziert wird. Der realisierte Veräußerungsgewinn wird dementsprechend unversteuert auf den neuen Vermögenswert übertragen. Die stillen Reserven der Aktie des Beteiligungsunternehmens werden auf den neuen Vermögenswert übertragen. Im Falle einer Veräußerung des neuen Vermögenswertes endet die Steuerpause und der entsprechende Veräußerungsgewinne unterliegt dann erst der Capital Gains Tax.

ee) Fördervolumen

Seit Einführung des SIP hat sich die Häufigkeit dieses Beteiligungsmodells jährlich um ein Mehrfaches erhöht. In nachfolgender Tabelle sind die wichtigsten statistischen Daten in einem Überblick zusammengefasst.

---

885 Ein Veräußerungsgewinn entsteht für den Treuhänder dann, wenn der Kaufpreis der Aktien im Erwerbszeitpunkt niedriger ist als der Wert der Aktien bei Übertragung auf die Mitarbeiter.

886 Die ursprünglichen Erwerbskosten werden noch um sämtliche Kosten, die im Zusammenhang mit dem Wertpapier und seiner Veräußerung stehen, erhöht.

Aktien-typus	Modelle (insgesamt)	Modelle, die Aktien ausgaben[1)]	Mitarbeitern, denen Aktien gewährt wurden[2)]	Aktienwert (gesamt) (in GBP Mio.)	Aktienwert (pro AN)[2)] (in GBP)	Steuer-vergünstigung (in GBP Mio.)[3)]
2000/01						
Free		30	70.000	20	290	
Partnership		20	60.000	5	80	
Matching		20	60.000	5	80	
Dividend		-	-	-	-	
Total	**90**	**50**		**30**		**10**
2001/02						
Free		100	140.000	60	450	
Partnership		140	830.000	80	100	
Matching		90	570.000	50	80	
Dividend		20	80.000	-	10	
Total	**310**	**210**		**190**		**80**
2002/03						
Free		140	335.000	180	520	
Partnership		270	2.060.000	260	130	
Matching		160	1.210.000	130	100	
Dividend		80	185.000	-	20	
Total	**500**	**340**		**570**		**250**
2003/04						
Free		180	670.000	305	450	
Partnership		330	2.930.000	250	90	
Matching		200	1.790.000	170	100	
Dividend		120	375.000	15	30	
Total	**580**	**430**		**740**		**340**
2004/05						
Free		210	660.000	350	530	
Partnership		380	3.090.000	250	80	
Matching		250	2.090.000	160	75	
Dividend		150	630.000	20	35	
Total	**760**	**490**		**780**		**350**

Abb. 57: Neu abgeschlossene und genehmigte SIPs[887]

1) Die Zahlen der einzelnen Komponenten können nicht addiert werden, da durch ein Beteiligungsmodell mehrere Aktientypen ausgegeben werden können.
2) Die einzelnen Mitarbeiterzahlen je Aktientyp kann zu keiner Gesamtsumme aufaddiert werden, da einige Mitarbeiter mehr als einen Aktientyp halten können.
3) Die Angaben zu den Steuervergünstigungen beziehen sich auf die entgangenen Einkommensteuern und Sozialabgaben je Veranlagungszeitraum.

---

887 Vgl. HM Revenue & Customs, National Statistics – Share Incentive Plan (http://www.hmrc.gov.uk/stats/emp_share_schemes/menue.htm, Stand: 10.08.2006).

Die Zahl der genehmigten Modelle hat sich bis zum Veranlagungszeitraum 2004/05 auf insgesamt 760 erhöht. Den Mitarbeitern wurden dadurch Belegschaftsaktien mit einem Gesamtwert von fast GBP 800 Millionen übertragen. Während in der Einführungsphase noch die Ausgabe von „free shares“ dominierte, ist seit dem 2. Jahr die Anzahl der ausgegebenen „partnership shares“ höher. Wie viele Mitarbeiter in den jeweiligen Veranlagungszeiträumen ihre Belegschaftsaktien (noch) besitzen, ist aus dem statistischen Datenmaterial nicht ersichtlich.

Die Förderung der SIPs hat den Staat in den fünf Jahren seit Einführung insgesamt GBP 620 Millionen an entgangenen Steuereinnahmen gekostet. Der Ausfall für die Sozialversicherung beträgt insgesamt GBP 410 Millionen. Die SIP wurden demnach mit über einer Milliarde Pfund gefördert.

5. Enterprise Management Incentives – EMI

Die „Enterprise Management Incentives – EMI“ sind eine völlig neue Art der Förderung von Mitarbeiterbeteiligungen. Diese „new-style share options“[888] sind durch Sched. 14 Finance Act 2000 eingeführt worden und stellen neben den genehmigungspflichtigen SAYE- und CSOP-Optionen das dritte institutionalisierte Aktienoptionsprogramm in Großbritannien dar. Die durch die EMI verfolgte Zielsetzung unterscheidet sich jedoch von diesen Beteiligungsmodellen dadurch, dass keine breite Förderung der Mitarbeiterbeteiligung, sondern eine gezielte Beteiligung von Führungskräften in bestimmten kleinen und mittelständischen Unternehmen erreicht werden soll. Damit will die Regierung die internationale Wettbewerbsfähigkeit der KMUs erhöhen, die gegenüber großen, international agierenden Konzernen für hochqualifizierte Führungskräfte als Arbeitgeber weniger attraktiv sind.[889]

Die Vorschriften zur steuerlichen Behandlung dieses Optionsprogramms („EMI code“) sind in den ss. 527 ff. und Sched. 5 ITEPA 2003 sowie im vierten Teil des Schedule 7D TCGA 1992 („enterprise management incentives: capital gains tax consequences of exercise of qualifying options“) zusammengefasst worden.

a) Systematik

Mit den Enterprise Management Incentives bietet der staatliche Förderrahmen den Beteiligungsunternehmen – im Vergleich zu den drei anderen institutionellen Mitarbeiterbeteiligungsformen – ein überaus flexibles und generöses System zur Beteiligung von Führungskräften. Die Ausgestaltungsmöglichkeiten der EMI-Optionen sind derart offen, dass sie den spezifischen Gegebenheiten der kleinen und mittelständi-

---

[888] Pett, D., Share Schemes (2005), S. 18/1.

[889] Durch die EMIs sollten KMUs ein Entlohnungsinstrument erhalten, um qualitfizierte Führungskräfte anzuwerben und zu halten. Vgl. hierzu Brown, G., Consultation (http://www.hm-treasury.gov.uk./media/B3C/54/2.pdf, Stand: 14.06.2006).

schen Unternehmen angepasst werden können. Die Flexibilität wird darüber hinaus dadurch beeinflusst, dass die EMI-Optionsprogramme nicht – wie die anderen institutionalisierten Beteiligungsmodelle – im Vorfeld von der Finanzverwaltung genehmigt werden müssen.[890] Dies ist insbesondere dann von ausschlaggebender Bedeutung, wenn das Beteiligungsunternehmen bereits ein – nicht anerkanntes – Aktienoptionsmodell unterhält. Denn wenn diese Optionen den EMI-Anforderungen entsprechen, können sie im Beantragungsjahr als EMI-Optionen eingestuft werden. Als formale Voraussetzung genügt ein bilateraler Vertrag zwischen Optionsgeber und -nehmer, der alle Details über die Optionsbedingungen, eventuelle Angaben über Restriktionen und/oder Anforderungen bezüglich der auszugebenden Aktien des Beteiligungsunternehmens beinhaltet. Allerdings darf der alleinige Zweck dieser Umwandlung nicht die Steuervermeidung per se sein. Denn als grundlegende Voraussetzung für die EMIs stellt die Finanzverwaltung die Personalgewinnung oder das „Halten" von Führungskräften in den Vordergrund, was mit dem so genannten Zweckmäßigkeitstest („purpose test") überprüft wird.[891]

Praxisorientierter ist das Beteiligungsmodell ebenfalls hinsichtlich der Förderbegrenzung. Die EMI-Optionen können genauso wenig in unbeschränkter Höhe gewährt werden. Mit GBP 100.000 fällt der Förderhöchstbetrag im Vergleich zu den anderen institutionalisierten Beteiligungsmodellen, insbesondere zu dem vormals auf Führungskräfte zugeschnittenen Beteiligungsmodell CSOP, allerdings relativ hoch aus.

b) Anwendungsbereich

Der Anwendungsbereich für Unternehmen ist dahingehend beschränkt, dass nur bestimmte Unternehmen („qualifying companies")[892] EMI-Optionen gewähren können. Diese Unternehmen müssen folgende Anforderungen erfüllen:

- Beim Beteiligungsunternehmen muss es sich um ein unabhängiges Unternehmen handeln. Es darf nicht zu mehr als fünfzig Prozent im Besitz eines anderen Unternehmens sein oder unter wirtschaftlicher Kontrolle gemäß s. 840 ICTA 1988

---

890 Es genügt, eine bestimmte schriftliche Mitteilung („form of notice") innerhalb von 92 Tagen nach Optionsgewährung an die Finanzverwaltung zu schicken. Der Inhalt dieser Mitteilung muss lediglich (i) eine Erklärung des Geschäftsführers oder seines Stellvertreters enthalten, dass die Voraussetzungen für EMI-Optionen gem. Sched. 5 ITEPA 2003 erfüllt wurden und (ii) eine Erklärung des Optionshalters.

891 Eine Option wird nur dann steuerlich als EMI-Option eingestuft, wenn sie „for commercial reasons in order to recruit an employee in a company, and not as part of a scheme or arrangement the main purpose, or one of the main purposes, of which is the avoidance of tax" gewährt wird. Para. 11(2), Sched. 5 ITEPA 2003.

892 Per definitionem sind auch bei EMIs Personenunternehmen von der staatlichen Förderung ausgeschlossen.

stehen, die auch mit einer Beteiligung von weniger als fünfzig Prozent möglich ist.[893]

- Das EMI-Unternehmen oder die Beteiligungsgruppe von Unternehmen darf höchstens eine Bilanzsumme in Höhe von GBP 30 Millionen aufweisen.[894]
- Der Unternehmenszweck des Beteiligungsunternehmens muss die Ausübung eines „qualifizierten Handels“ sein. Dieser wird als Handel auf gewerblicher Grundlage mit Gewinnerzielungsabsicht definiert, der hauptsächlich in Großbritannien stattfinden muss.[895]

Das Beteiligungsunternehmen ist des weiteren bei der Auswahl der zu begünstigenden Mitarbeiter partiell beschränkt. Die EMI-Optionen dürfen nur Mitarbeitern angeboten werden, die als Vollzeitbeschäftigte beim Beteiligungsunternehmen angestellt sind.[896] Ferner dürfen zu begünstigende Mitarbeiter keine wesentliche Beteiligung am Beteiligungsunternehmen halten. In Verbindung mit EMI-Optionen gilt eine Beteiligung nach den Bestimmungen des s. 840 ICTA 1988 erst ab einer Beteiligungshöhe von 30% als wesentliche Beteiligung.

Schließlich können EMI-Optionen nur an Arbeitnehmer gewährt werden, die zum Verbleiben im Unternehmen angeregt oder neu für das Unternehmen gewonnen werden können. Sind rein steuerliche Überlegungen der offensichtliche Grund für die Optionsgewährung, verliert der Mitarbeiter seinen Qualifikationsstatus.[897]

c) Vertragliche Ausgestaltung

Die vertragliche Ausgestaltung von Enterprise Management Incentives entspricht nicht den Anforderungen eines Beteiligungsvertrages, der von der Finanzverwaltung genehmigt werden muss. Es besteht lediglich die Notwendigkeit, in einem schriftlichen bilateralen Vertrag insbesondere den Zeitpunkt der Optionsgewährung, die (maximale) Anzahl der Aktien die gewährt werden, den Marktwert der Anteile, den Aus-

---

893 Für nähere Details hinsichtlich der wirtschaftlichen Kontrolle gem. s. 840 ICTA 1988 vgl. Pett, D., Share Schemes (2005), S. 18/26 ff.

894 Werden die EMI-Optionen von einer Unternehmensgruppe gewährt, bezieht sich die Größenbegrenzung auf das Bruttovermögen der Gruppe, das nach einer Empfehlung der Finanzverwaltung zu berechnen ist. Vgl. hierzu Inland Revenue, Statement of Practice SP2/00.

895 Als nicht qualifizierter Handel gelten beispielsweise die Entwicklung von und der Handel mit Bauland, Agrarwirtschaft, Leasing oder das Bankenwesen. Ebensowenig gelten vermögensverwaltende Gesellschaften als für EMI-Optionen qualifizierte Handelsunternehmen. Vgl. hierzu para. 4, Sched. 5 ITEPA 2003.

896 Die gesetzlichen Vorschriften halten dabei eine vertraglich vereinbarte Mindestarbeitszeit von 25 Stunden pro Woche oder falls weniger 75 % der Gesamtarbeitszeit als Maßstab fest. Vgl. hierzu s. 535 i. V. m. para. 9, Sched. 5 ITEPA 2003.

897 Hierbei dürfte der Nachweis seitens des Unternehmens bzw. die Kontrolle durch das Finanzministerium jedoch schwierig sein.

übungspreis sowie Details über leistungsabhängige Konditionen des EMI festzuhalten.

Im Folgenden werden die wichtigsten gesetzlichen Beschränkungen kurz erläutert, die das Beteiligungsunternehmen bei der vertraglichen Ausgestaltung binden.

aa) Limitierung des Optionsvolumens

Die Optionsgewährung ist gemäß s. 536(1)(e) ITEPA 2003 auf einen Höchstbetrag von GBP 100.000 beschränkt. Dieser Wert bezieht sich auf den Marktwert der zu erwerbenden Aktien zum Gewährungszeitpunkt der Option. Allerdings reduziert sich dieser Betrag um den Marktwert der Aktien, über die der Mitarbeiter noch nicht ausgeübte CSOP-Optionen hält. Keine Auswirkungen auf die Höchstbetragsgrenze haben indes vom Arbeitnehmer gehaltene und noch nicht ausgeübte SAYE-Optionen. Das individuelle Limit bezieht sich demnach auf die Marktwerte der Aktien, berechnet zu den jeweiligen Gewährungszeitpunkten der noch ausstehenden CSOP-Optionen, und auf den Marktwert der Aktien zum Zeitpunkt der neu zu gewährenden EMI-Optionen. Für die Berechnung ist es dabei unerheblich, welchen Ausübungspreise der Mitarbeiter für die jeweilige Option zu bezahlen hat.

Des weiteren hat diese individuelle Höchstbetragsbeschränkung eine Gültigkeitsdauer von drei Jahren. Unabhängig von der Ausübung der bereits gewährten EMI-Optionen durch den Mitarbeiter dürfen alle EMI-Optionen in diesem Zeitraum GBP 100.000 nicht überschreiten. Wird dennoch dieses Limit überschritten, verlieren die darüber hinaus gewährten EMI-Optionen ihren steuerlichen Sonderstatus.[898]

Neben der individuellen Beschränkung auf EMI-Optionen je Mitarbeiter darf das Unternehmen EMI-Optionen nur bis zu einem kumulierten Marktwert zum Zeitpunkt der jeweiligen Optionsgewährung von maximal GBP 3 Millionen ausstehen haben.

bb) Optionsbestimmungen

Dem Unternehmen steht es vollkommen frei, den Ausübungspreis der EMI-Option festzusetzen. Der Ausübungspreis kann demnach nicht nur einen Aufschlag auf den Marktwert der Aktie im Optionsgewährungszeitpunkt enthalten, sondern kann mit einem Disagio von bis zu 100 % versehen werden, was dann einer so genannten „nil-cost"-Option entspricht.

Die Bestimmung der Ausübungsfristen liegt ebenfalls fast vollständig im Ermessen des Unternehmens. Es muss sich bei EMI-Optionen an keinen gesetzlich vorgegebenen Mindestzeitraum im Sinne einer Sperrfrist halten. Allerdings muss nach s. 529(2)

---

[898] Zu den steuerlichen Auswirkungen vgl. die Ausführungen unter Punkt IV.C.5.d)bb), S. 266 ff.

ITEPA 2003 die Option innerhalb von zehn Jahren ausgeübt werden, weshalb die Ausübungssperre diesen Zeitraum nicht überschreiten kann.

cc) Ausgestaltungsmöglichkeiten der auszugebenden Aktien

Zur Bedienung von EMI-Optionen können sowohl alte als auch neue Aktien ausgegeben werden. Im Gegensatz zu den Aktien, die den zu beteiligenden Mitarbeitern im Rahmen der anderen drei institutionalisierten Beteiligungsmodelle SAYE, CSOP und SIP übertragen werden, können bei Enterprise Management Incentives allerdings auch Aktien ausgegeben werden,[899] die sich von den „normalen" Aktien durch Verfügungs- oder Stimmrechtsbeschränkungen unterscheiden.[900] Darüber hinaus können die Aktien mit bestimmten Bedingungen bis hin zur Rückgabeverpflichtung bei bestimmten Ereignissen verknüpft werden. Sie können auch als wandelbare Aktien im Sinne der ss. 435 ff. ITEPA 2003 ausgestaltet werden, die nach einer bestimmten Frist in „normale" Aktien ohne jegliche Restriktionen umgetauscht werden können.

d) Fördersystematik

aa) Steuervergünstigungen für das Beteiligungsunternehmen

Der finanzielle Betrag, den der Optionsinhaber bei Ausübung der Option als Optionsgewinn vereinnahmt und vom Beteiligungsunternehmen zu tragen ist, kann in Übereinstimmung mit Sched. 23 Finance Act 2003 vom körperschaftsteuerpflichtigen Gewinn abgezogen werden.

Nicht gesetzlich geregelt ist dagegen die steuerliche Abzugsfähigkeit von Aufwendungen, die dem Unternehmen im Zusammenhang mit der Einführung und der Durchführung des EMI-Optionsprogramms entstehen. Sie stützt sich lediglich auf eine Annahme der Finanzverwaltung, dass die Beteiligungsgesellschaften die so genannten „set-up"-Kosten der EMI-Optionen steuerlich geltend machen können.[901]

Außerdem entfällt der Arbeitgeberanteil der Sozialversicherungsabgaben auf die entsprechenden Beträge.

---

899 Für diesbezügl. Voraussetzungen an die Aktienklasse vgl. Schedules 3 u. 4 ITEPA 2003.

900 Dadurch erhält dieses Beteiligungsinstrument für das Beteiligungsunternehmen hinsichtlich der Unternehmensführung eine nicht zu vernachlässigende Flexibiltätskomponente. Vgl. Pett, D., Share Schemes (2005), S. 18/3.

901 Vgl. Inland Revenue, RIA – Enterprise Management Incentives (2000), Appendix 1. Unterscheiden sich in einer Unternehmensgruppe das Beschäftigungs- und das EMI-Beteiligungsunternehmen, das die EMI Optionen begibt und auf dessen Aktien sie sich beziehen, ist zu beachten, dass diesbezügliche Aufwendungen vom Beschäftigungsunternehmen geltend gemacht werden. Grund hierfür ist der zwingend erforderliche Anforderung der betrieblichen Veranlassung der Aufwendungen. Vgl. hierzu Vgl. Pett, D., Share Schemes (2005), S. 18/63.

bb) Steuervergünstigungen für Mitarbeiter

Grundsätzlich sind die EMI-Optionen gemäß s. 528 ITEPA 2003 im Zeitpunkt der Optionsgewährung von der Einkommensteuer und der Sozialversicherungspflicht befreit. Diese Steuerbefreiung ist unabhängig davon, ob

- der vertraglich mögliche Ausübungszeitraum zehn Jahre überschreitet und/oder
- der Ausübungspreis niedriger als der Marktwert der Aktien im Optionsgewährungszeitpunkt ist.

Im Ausübungszeitpunkt ist ein Optionsgewinn je nach vertraglicher Ausgestaltung der EMI-Optionen nur partiell von der Einkommensteuer und den Sozialabgaben befreit. Ausgangspunkt für die Steuerbefreiung bildet folgender Gestaltungsrahmen:

- Die Steuervergünstigung ist in erster Linie auf einen Zeitraum von zehn Jahren ab dem Zeitpunkt der Optionsgewährung beschränkt.[902] Optionsgewinne, die nach mehr als 10 Jahren seit Optionsgewährung erzielt werden, sind als Arbeitseinkünfte im Sinne von s. 476 ITEPA 2003 zu versteuern.
- Betragsmäßig ist die Steuerfreiheit der Optionsgewinne auf die Differenz zwischen dem Marktwert der Aktien zum Zeitpunkt der Optionsgewährung und ihrem Marktwert im Zeitpunkt der Optionsausübung beschränkt.[903] In s. 530(2) ITEPA 2003 wird explizit erwähnt, dass auf diesen Betrag im Sinne des s. 476 ITEPA 2003 („charge on exercise etc. of option by employee") keine Einkommensteuer erhoben wird.

  Die Steuerbefreiung für Optionsgewinne, die diese steuerfreie Bandbreite überschreiten, ist aufgehoben. Dies gilt zum Beispiel für Optionsgewinn, wenn der Ausübungspreis unter dem Marktwert der Aktien im Zeitpunkt der Optionsgewährung. Allerdings ist nicht der volle Betrag, sondern lediglich die Differenz zwischen dem Marktwert der Aktien im Gewährungszeitpunkt und dem Betrag, der für die Aktien und eventuell für die Option bezahlt wurden, im Sinne des s. 476 ITEPA 2003 zu versteuern.[904] Gewinne, die sich aus einem höheren Marktwert im Ausübungszeitpunkt ergeben, sind steuerfrei.

  Ist der Marktwert der Aktien im Ausübungszeitpunkt niedriger als im Zeitpunkt der Optionsgewährung und ist er aber dennoch höher als der Ausübungspreis, muss der so erzielte Optionsgewinn als Arbeitseinkommen nach s. 476 ITEPA

902 Vgl. s. 529(2)(a) ITEPA 2003. Handelt es sich um eine so genannte Ersatzoption („replacement option") bezieht sich gem. s. 529(2)(b) die 10-Jahresfrist auf die Ursprungsoption.

903 Vgl. s. 530(1)(a) ITEPA 2003. Bei „replacement options" bezieht sich gem. s. 530(1)(b) ITEPA 2003 die Steuerfreiheit auf den Marktwert der Aktien zum Zeitpunkt, zu welchem die Ursprungsoption gewährt wurde.

904 Vgl. s. 531(1)(a) u. (2) ITEPA 2003.

2003 versteuert werden. Steuerbar ist hierbei der Differenzbetrag aus Marktwert im Ausübungszeitpunkt abzüglich Ausübungs- und Optionspreis.[905]

- Voll steuer- und sozialversicherungspflichtig sind Optionsgewinne in den Sonderfällen, in denen während der Optionslaufzeit das Beteiligungsunternehmen und/oder der beteiligte Mitarbeiter die „EMI-Qualifikation" verlieren und die Option später als 40 Tage nach dem so genannten disqualifizierenden Ereignis („disqualifying event") ausgeübt wird.[906] Der Optionsgewinn ist demnach noch 40 Tage nach Verlust des Sonderstatus „EMI-Optionen" steuerfrei. Nach s. 533 ITEPA 2003 gelten als disqualifizierende, steuerauslösende Ereignisse: (i) der Unabhängigkeitsverlust des Beteiligungsunternehmens, (ii) die Beendigung der für die EMI-Einstufung erforderlichen Handelsaktivitäten des Beteiligungsunternehmens, (iii) die Beendigung des Beschäftigungsverhältnisses oder die Unterschreitung der vertraglich festgelegten Mindestarbeitszeit des begünstigten Mitarbeiters oder (iv) die Gewährung von CSOP-Optionen, wenn die Summe der Marktwerte zum jeweiligen Gewährungszeitpunkt insgesamt die Höchstbetragsgrenze von GBP 100.000 überschreitet.[907]

Während die Optionsgewährung völlig steuerfrei gestellt und bei Optionsausübung ein erzielter Optionsgewinn nur unter bestimmten Bedingungen von der Einkommensteuer und den Sozialabgaben befreit ist, ist ein Veräußerungsgewinn, den der Mitarbeiter im Zeitpunkt der Veräußerung der Aktien erzielt, generell immer steuerpflichtig. Allerdings existiert hier eine Steuervergünstigung in Form eines besonders niedrigen Steuersatzes für diese Veräußerungsgewinne. Voraussetzung für diese Steuervergünstigung ist, dass der Mitarbeiter im Veräußerungszeitpunkt noch immer im Beteiligungsunternehmen beschäftigt ist und er die Aktien mindestens zwei Jahren gehalten hat, bevor er sie verkauft. In diesem Fall wird der Veräußerungsgewinn der im Rahmen eines EMI-Optionsprogramms erworbenen Aktien mit einem Steuersatz in Höhe von 10 % besteuert. Die Steuerbemessungsgrundlage errechnet sich dabei allerdings aus dem Veräußerungswert abzüglich des Marktwerts im Zeitpunkt der Optionsgewährung(!) und nicht wie bei der „normalen" Veräußerungsgewinnbesteuerung üblich abzüglich des Marktwertes im Zeitpunkt der Optionsausübung.

cc) Steuervergünstigung für Alteigentümer von Aktien des Beteiligungsunternehmens

Veräußert ein Alteigentümer seine Aktien am Beteiligungsunternehmen an einen Mitarbeiter im Rahmen eines EMI-Optionsprogramms, erhält der Alteigentümer für seinen Veräußerungsgewinn dieselbe tarifliche Steuervergünstigung wie der Mitarbei-

905 Vgl. s. 531(3)(b) ITEPA 2003.

906 Vgl. s. 532(1)(a) i. V. m. (b) ITEPA 2003.

907 Zu detaillierten Ausführungen über disqualifizierende Ereignisse vgl. Pett, D., Share Schemes (2005), S. 18/58c ff.

ter. Der Veräußerungsgewinn unterliegt nur einer Capital Gains Tax in Höhe von 10 %.[908]

dd) Fördervolumen

In welchem Ausmaß die Enterprise Management Incentives von den Unternehmen und ihren Mitarbeiter angenommen wurde, ist in nachfolgender Übersicht dargestellt.

Veranlagungs-zeitraum	EMI-Unternehmen	Arbeitnehmer, denen EMI gewährt wurden	Marktwert der Aktien (in GBP Mio.)	Durchschnittlicher Marktwert der Aktien pro Arbeitnehmer (in GBP)
2000/01	870	4.500	160	34.000
2001/02	1.20	20.000	300	15.000
2002/03	1.960	22.500	270	12.000
2003/04	2.040	22.000	290	13.000
2004/05	2.380	26.000	420	16.000
2005/06[1)]	2.470	26.000	410	16.000
Gesamt[2)]	**7.250**	**94.000**	**1.850**	**20.000**

Abb. 58: Statistische Daten über EMI-Optionsmodelle (I)[909]

1) Die Angaben für den Veranlagungszeitraum 2005/06 sind vorläufige Zahlen.

2) Die Gesamtsumme ist keine Addition der einzelnen Werte, da EMIs über einen Zeitraum von mehr als 12 Monaten laufen kann.

Bis zum Steuerjahr 2005/06 wurden ungefähr 94.000 Mitarbeiter in 7.250 Unternehmen über Enterprise Management Incentives beteiligt. Dabei liegt die durchschnittliche Beteiligungshöhe je Mitarbeiter gerade einmal bei einem Fünftel der Förderhöchstgrenze für EMI (GBP 100.000).

Wie viele Mitarbeiter ihre Optionen mittlerweile schon wieder verkauft haben und welche Vergünstigungen sie bei Einkommensteuer und Sozialversicherung erhalten haben, gibt nachfolgende Tabelle wieder.

---

908 Vgl. para. 13(2) Sched. 7D TCGA 1992.

909 Vgl. Vgl. HM Revenue & Customs, National Statistics – Enterprise Management Incentives (http://www.hmrc.gov.uk/stats/emp_share_schemes/menue.htm, Stand: 10.08.2006).

Veranlagungs-zeitraum	Arbeitnehmer, die Optionen ausgeübt haben	Einkommensteuer-ermäßigung[1)] (in GBP Mio.)	Sozialabgaben-ermäßigung[1)] (in GBP)
2001/02	400	k. A.	k. A.
2002/03	1.200	10	k. A.
2003/04	2.100	40	10
2004/05	4.500	90	20
Gesamt[2)]	**8.100**	**140**	**40**

Abb. 59: Statistische Daten über EMI-Optionsmodelle (II)[910]

1) Die Angaben über Einkommensteuer- und Sozialabgabenermäßigung beziehen sich auf den Optionsausübungszeitpunkt im entsprechenden Veranlagungszeitraum.

2) Die Gesamtsumme ist keine Addition der einzelnen Werte, da EMIs über einen Zeitraum von mehr als 12 Monaten laufen kann.

Seit Einführung im Jahr 2000 hat der Staat die EMI-Programme mit fast GBP 200 Millionen gefördert.

D. Insolvenzsicherung

Die Beträge, die Mitarbeiter in Rahmen der institutionalisierten Beteiligungsmodelle in Eigenkapitalbeteiligungen am arbeitgebenden Unternehmen investieren, sind weder von staatlicher Seite noch von sonstigen Institutionen gegen die Insolvenz des Beteiligungsunternehmens gesichert. Weder die britische Regierung, noch die Non-Profit-Organisationen, die sich für die Verbreitung der Beteiligungsidee einsetzen, noch die Arbeitnehmervertreter sehen eine Insolvenzsicherung der investierten Mittel als gerechtfertigt an. Der Grund für diese Einstellung ist im Charakter der Eigenkapitalbeteiligung zu sehen.

IV. Zwischenergebnis

Eingangs der Arbeit ist darauf hingewiesen worden, dass Frankreich und Großbritannien im europäischen Vergleich die „günstigsten“ Rahmenbedingungen für die Beteiligung von Mitarbeitern hätten. Diese Aussage wird auf die hohe quantitative Verbreitung von Mitarbeiterbeteiligungsmodellen gestützt und diente unter anderem der EU-Kommission als Grundlage für ein Empfehlungsschreiben an die Regierungen der Mitgliedsländer, sich um eine Verbesserung der Rahmenbedingungen für die Beteili-

910 Vgl. Vgl. HM Revenue & Customs, National Statistics – Enterprise Management Incentives (http://www.hmrc.gov.uk/stats/emp_share_schemes/menue.htm, Stand: 10.08.2006).

gung von Mitarbeitern zu bemühen.[911] Wie aus der gegenwärtigen Bestandsaufnahme ersichtlich, ist die Mitarbeiterbeteiligung in Frankreich und Großbritannien immer noch auf einem quantitativ höheren Niveau als Deutschland.

Aus den Statistiken lässt sich darüber hinaus allerdings ebenfalls erkennen, dass sich nicht nur die Verbreitung der Mitarbeiterbeteiligung in quantitativer Hinsicht unterscheidet, sondern dass sie auch stark qualitative Differenzen aufweist.

Im folgenden Dritten Teil der Arbeit sollen diese qualitativen Unterschiede anhand der Darstellung und Analyse der jeweiligen nationalen Rahmenbedingungen herausgearbeitet werden.

911 Vgl. Rat, Empfehlung (92/443/EWG v. 27.06.92). Das Empfehlungsschreiben basiert auf den Erkenntnissen des PEPPER I-Berichts.

Dritter Teil: Auswirkungen der länderspezifischen Rahmenbedingungen auf die Verbreitung der Mitarbeiterbeteiligung

I. Überblick

Die nachfolgende Analyse der für die Beteiligung von Arbeitnehmern bestehenden (nationalen) Rahmenbedingungen ist in zweifacher Hinsicht Mittel zur Informationsgewinnung. Es soll festgestellt werden, inwiefern sich die Anreize einer Einführung von (Erfolgs- oder Kapital-)Beteiligungsmodellen für die Beteiligten in Deutschland, Frankreich und Großbritannien unterscheiden und mit welchen Problemen sie nach der Einführungsentscheidung konfrontiert werden.[912] Die folgenden Ausführungen sollen demzufolge

- Behinderungen und Erschwernisse einer Beteiligung der Mitarbeiter am Erfolg oder Kapital – insbesondere der arbeitgebenden Unternehmen – aufdecken sowie
- länderspezifische Ausprägungen bestimmter Rahmenbedingungen aufzeigen, die für das hohe Verbreitungsniveau der Mitarbeiterbeteiligung in Frankreich und Großbritannien ursächlich sein könnten.

Diese Informationen dienen als Grundlage für die Erarbeitung von Handlungsalternativen, die einem von Politik und Wissenschaft erwünschten Zuwachs an Beteiligungsmodellen in der deutschen Wirtschaft den Weg ebnen.

Die in Teil 2 – in Hinsicht auf die Analyse – gewählte Darstellungsstruktur führt zu einer separaten Betrachtung der soziokulturellen Hintergründe und der für die Mitarbeiterbeteiligung relevanten gesetzlichen Regelungsbereiche. Der Schwerpunkt liegt dabei aufgrund des gewichtigen finanzwirtschaftlichen Einflusses in der Untersuchung der steuer- und sozialversicherungsrechtlichen Rahmenbedingungen. Die steuerlichen (und sozialversicherungsrechtlichen) Folgen sind hierbei im Sinne eines Mit-

---

912 Als maßgeblichen Anreiz zur Einführung eines Beteiligungsmodells sind vor allem die finanzwirtschaftlichen Aspekte, die Erhöhung der Liquidität sowie die Verbesserung der Kapitalstruktur zu verstehen. Vgl. anstatt vieler Drukarczyk, J./Schwetzler, B., Unternehmensfinanzierung (DB 36/90), S. 1777 ff., Dautel, R., Möglichkeiten (INF 22/99), S. 685. Da diese finanziellen Wirkungen von der Besteuerung abhängen, setzt die steuerliche Behandlung der jeweiligen Beteiligungssysteme die Anreizmaßstäbe. Nicht gänzlich außen vor lassen sollte man allerdings die übrigen Zielvorstellungen der Unternehmer und Mitarbeiter; vgl. hierzu Punkt II.A.1 und II.A.2, S. 29 ff.

ohne-Vergleichs[913] anhand der allgemein gültigen Regelungen einerseits und der Sondernormen zur Mitarbeiterbeteiligung andererseits zu differenzieren, um die Wirkung der – durch Steuereffekte hervorgerufenen – staatlichen Unterstützung auf das Verbreitungsniveau abschätzen zu können.

II. Soziokultureller Hintergrund

A. Arbeitnehmer & Arbeitgeber

Der Rückblick auf die geschichtliche Entwicklung des Beteiligungsumfeldes macht deutlich, wie stark die jeweiligen Haltungen der Arbeitnehmer und Arbeitgeber in den einzelnen Ländern verankert sind und welch unterschiedliche Wirtschaftsauffassung sich dadurch herausgebildet hat.

Die verschiedenartigen Ausgangssituationen Kontinentaleuropas einerseits und der anglistische Wirtschaftsraum andererseits haben Arbeitnehmertypen ganz entgegen gesetzter Auffassung und Prägung heranwachsen lassen.[914] Insbesondere in Deutschland wurde das Bild durch eine kollektivistische Wirtschaftsanschauung geprägt, die quer durch sämtliche Wirtschaftszweige gleiche oder ähnliche Bedingungen schuf. Die „Arbeiterklasse" sah sich grundsätzlich von den Unternehmen und deren Eignern ausgebeutet. Diese Einstellung zum Unternehmer, aber auch zur Wirtschaft an sich, wurde zu einem Klassenkampf, der in nicht unerheblichem Maße durch Arbeiterorganisationen und Gewerkschaften geführt wurde. In Großbritannien „kämpfte" man ebenfalls um die soziale Frage, jedoch vor einer überwiegend individualistischen Wirtschaftsauffassung. Hier gab es keine ausgedehnte Sozialgesetzgebung und die Bedingungen waren nicht so vereinheitlicht wie in Deutschland – oder Frankreich – so dass sich die Konflikte mehr auf den einzelnen Betrieb konzentrierten, was ebenfalls durch das Fehlen der politischen und parteipolitischen Gedankeneinmischung lange so blieb. Während die deutschen Arbeitnehmer allzu gerne auf die Hilfe des Kollektivs, der französische auf die Hilfe von Staats wegen blickt(e), muss(te) der britische auf betrieblicher Ebene wirtschaftlich orientierter denken und handeln. Letzteres wurde allerdings stark von der streng individualistischen Einstellung des Unternehmers indirekt unterstützt, der sich für die Lage des Arbeiters rein aus Rentabilitätsüberlegungen heraus sorgt(e).

In Deutschland spiegelt dagegen die Gesellschaft mittlerweile einen gänzlich anderen Unternehmertypus wieder, dem im allgemeinen ein „risikoaverser Unternehmer-

---

913 Durch diesen Vergleich soll die jeweils „normale" Steuerwirkung der Mitarbeiterbeteiligung, d. h. ohne jegliche Fördermaßnahmen (Steuervergünstigungen) mit den entsprechenden Wirkungen inklusive der Fördermaßnahmen gegenübergestellt werden, so dass die Förderwirkung isoliert wird.

914 Vgl. Grimmer, J., Arbeitergewinnbeteiligung (1929), S. 110.

geist“[915] nachgesagt wird und der – insbesondere in Klein- und mittelständischen Unternehmen – häufig mit einer patriarchalischen Führungsphilosophie sowie einem ausgeprägten Alleinbesitzdenken gepaart ist. Führt man diese Betrachtungen auf Unternehmensebene fort, stößt man auf eine – vor diesem Hintergrund folgerichtige – Form der risikolosen Mitbestimmung von Arbeitnehmern. Im weniger sicherheitsdenkenden anglo-amerikanischen Raum wird dagegen Mitbestimmung größtenteils über die wahrgenommenen Kapitalstimmrechte verwirklicht, was auch für die Arbeitnehmer zutrifft, die hierbei keine Sonderstellung erfahren.[916]

Diese Einstellungen haben des Weiteren ihren Niederschlag in der betrieblichen Altersversorgung gefunden. Im Allgemeinen sind die Ziele und Hintergründe dieser Form der Altersvorsorge in den hoch technologisierten Nationen weitgehend identisch.[917] Eine bedeutsame Ausnahme bildet die Tatsache, dass in (den USA und) Großbritannien die Altersversorgungsleistungen in Beziehung mit einer betrieblichen Erfolgsgröße gesetzt werden.[918] In Kontinentaleuropa ist dies dagegen lange Zeit weitgehend unbekannt gewesen und bisher (noch) unterentwickelt. Darüber hinaus zeigt sich die anders „gepolte“ Wirtschaftsauffassung darin, dass diese Profit-Sharing-Programme die Altersversorgungsleistungen über Pensionsfonds am Kapitalmarkt investier(t)en. In Deutschland hat sich dagegen eine betriebliche Altersversorgung etabliert, bei der die begebenden Unternehmen insbesondere über Pensionsrückstellungen die notwendigen Altersversorgungsleistungen ansparen.[919] Im Gegensatz zu den erfolgsabhängigen anglo-amerikanischen Altersversorgungsmodellen werden jedoch generell bei der betrieblichen Altersversorgung die deutschen Unternehmen unabhängig von deren Ertragssituation durch die als Aufwand zu verbuchenden betrieblichen Vorsorgebeiträge belastet.[920]

---

915 Schefceyk, M, Finanzieren (2000), S. 92.

916 Allerdings erkennt man zunehmend die Vorteile der „deutschen” Mitbestimmung und untersucht die Integrationsmöglichkeiten – jedenfalls der positiven Mitbestimmungskomponenten – in das bestehende amerikanische System. Vgl. Blasi, Joseph Raphael, Participation (1999), S. 4.

917 Stark unterscheiden sich dagegen die „Säulen“ der Altersversorung, die sich in Deutschland (noch) auf die gesetzliche Rente stützt, wegen systemimmanenter Probleme aber bald (nach amerikanischem Vorbild) teilweise auf die private Vorsorge verlagert werden muss. Die private Altersvorsorge hat im anglo-amerikanischen Raum deshalb einen solch hohen Stellenwert, weil es keine gesetzliche Rente im deutschen Stil gibt.

918 Vgl. Latta, G.W., Profit Sharing (1979), S. 3.

919 So beträgt z. B. das Volumen der betrieblichen Altersvorsorge für das Jahr 2001 insgesamt 341,6 Mrd. €, davon 202,3 Mrd. € über Pensionsrückstellungen. Unternehmen, die betriebliche Alterssicherungspläne praktizieren, sind allerdings dazu verpflichtet, ihre Leistungen über den Pensionssicherungsverein abzusichern. Vgl. Die Internetpräsentation unter http://www.aba-online.de/seiten/deckungs.html (Stand: 16.06.2006).

920 An dieser Stelle sei (nochmals) darauf hingewiesen, dass hier keine Wertung über die unterschiedlichen Arbeitnehmer-Mitbestimmungsstrukturen sowie die betriebliche Altersversorgungssysteme abgegeben werden soll, sondern nur das Umfeld der Mitarbeiterbeteiligung näher beleuchtet wird.

Es unterscheidet sich also sowohl die Aufbringungsformen der betrieblichen Altersversorgungsleistungen, als auch die Durchführungswege. Bei Pensionsrückstellungen dienen die Mittel zwar auch dem Unternehmen als Finanzierungsinstrument, jedoch bleibt die Kapitalmarktorientierung auf der Strecke. Wird die betriebliche Altersversorgung über alternative Durchführungswege[921] praktiziert, stehen die finanziellen Mittel zwar nicht direkt dem begebenden Unternehmen zur Verfügung, allerdings werden dadurch aber die finanziellen Mittel – zum Teil – auch wieder am Kapitalmarkt investiert, wobei der Aktienanteil bei den einzelnen Alternativen unterschiedlich hoch ist – bei Pensionsfonds ist er zulässigerweise am höchsten.

B. Gewerkschaften

Die institutionelle Ausgestaltung der Lohnfindung hat wesentliche Auswirkungen auf die Einstellung der Kontraktparteien gegenüber der finanziellen Mitarbeiterbeteiligung – in erster Linie der Erfolgsbeteiligung. Waren die jeweiligen Positionen von Arbeitgebern und Arbeitnehmer zu Beginn der Beteiligungspraxis im vorletzten Jahrhundert in den einzelnen Ländern wiederum weitgehend identisch,[922] haben sich die Verhältnisse bis heute zum Teil sehr unterschiedlich entwickelt.

In Ländern mit einem eher starren Lohnsystem, wie dies in Deutschland der Fall ist,[923] hat sich die negative Haltung der – zum Teil (noch) sehr einflussreichen – Gewerkschaften gegenüber einer allgemeinen Mitarbeiterbeteiligung entfalten können. Unter anderem hat dies in gewisser Weise zum heutigen System der Flächentarifverträge beigetragen.[924] das heutzutage unter dem Einfluss der konjunkturellen Lage in Deutschland zunehmend unter Druck gerät.[925] Hinzu kommt, dass nach dem deutschen Tarifrecht Erfolgsbeteiligungen nur dann an Stelle von fixen Lohn- oder

---

921 Zu den weiteren Durchführungswegen der betr. Altersversorgung zählen neben den Pensionsrückstellungen die Unterstützungskasse, Direktversicherung, Pensionskasse und seit kurzem auch Pensionsfonds.

922 Das Ziel, dem Antagonismus zwischen Arbeit und Kapital durch eine Gewinnbeteiligung der Arbeitnehmer entgegen zu wirken, wurde gleichsam in Deutschland, Frankreich und Großbritannien nachgegangen.

923 Anderer Meinung ist der DGB. Vgl. DGB, Spielräume (2002).

924 Es wurde empirisch nachgewiesen, dass vor allem in Ländern mit Flächentarifverträgen die Einstellung der Gewerkschaften gegenüber einer Mitarbeiterbeteiligung im allgemeinen negativ ist. Vgl. Del Boca, A./Kruse, D./Pendleton, A., Decentralisation (Lavoro e ralazioni industrial 1/99), S. 54 f.

925 In Spanien und Italien, wo (einflussreiche) Gewerkschaften der Mitarbeiterbeteiligung gleichermaßen ablehnend gegenüberstehen, existieren in manchen Branchen ebenfalls Flächentarifverträge. Doch nicht nur Gewerkschaften, sondern auch Arbeitgeberverbände zeigen allem Anschein nach kein Interesse, sich z. B. im Bündnis für Arbeit nach neuen Ideen für die Mitarbeiterbeteiligung umzusehen, da eine optimale Mitarbeiterbeteiligung (ob Investivlohnmodell, Erfolgsbeteiligung oder Kapitalbeteiligung) dezentral verhandelt werden müsste und so den Flächentarif attackieren würde. Forderungen nach gesetzlichen Öffnungsklauseln treten immer häufiger zutage. Vgl. z. B. Berthold, N., Mitarbeiterbeteiligung (Handelsblatt v. 14./15.04.05), S. 43.

Gehaltsbestandteilen treten können, wenn diese Vergütungsbestandteile über dem tariflich vereinbarten Entgelt liegen.[926] Das System der Flächentarifverträge, das sich bei der Tariflohnfindung per se nicht an der betrieblichen Leistungsfähigkeit einzelner Betriebe, sondern der ganzen Branche orientiert, impliziert automatisch eine Behinderung. Denn für viele Unternehmen, insbesondere kleine und mittelgroße, die – wenn überhaupt – gerade mal die tariflichen Entgelte bezahlen können, ist eine Erfolgsbeteiligung kaum finanzierbar.

In Frankreich und Großbritannien standen die Gewerkschaften auf nationaler Ebene seit den Anfängen der Beteiligungsidee einer Erfolgsbeteiligung ebenfalls ablehnend gegenüber. Aufgrund des geringeren Organisationsgrades in Frankreich und durch die Entmachtung der Gewerkschaften in Großbritannien während der Thatcher-Ära sowie dem britischen Gewerkschaftssystem[927] an sich wurden aber Lohnverhandlungen in den letzten Jahrzehnten vermehrt auf Firmenebene verlagert.[928] Entsprechend blieb auf nationaler Ebene der negative Einfluss der Gewerkschaften gegenüber Erfolgsbeteiligungen weitgehend wirkungslos, und es ist zu beobachten, dass die Gewerkschaften in Frankreich und Großbritannien bei Privatisierungen,[929] deren Zahl in den neunziger Jahren stark angestiegen ist, eine aktive Rolle in der Ausgestaltung von Belegschaftsaktienmodellen übernommen und durch diese Erfahrung positivere Einstellungen gegenüber der finanziellen Beteiligung von Mitarbeitern entwickelt haben.[930] Einzelne zögernde Äußerungen sind kürzlich auch (wieder)[931] von Seiten deutscher Gewerkschaften zu vernehmen, die allerdings durch ihre restriktiven Forde-

---

926 Vgl. Hofmann, H./Munz, S., Verbreitung (2002), S. 25. Backes-Gellner, U./Kay, R./Schröer, S./Wolff, K., Mitarbeiterbeteiligung (2002), S. 23 ff.

927 Es ist üblich, dass mehrere Gewerkschaften die selbe Berufsgruppe vertreten und dass die Arbeitnehmer eines Betriebes in verschiedenen Gewerkschaften organisiert sind, wodurch eine vergleichsweise geringe Vereinheitlichung der Interessen besteht.

928 Vgl. Bispinck, R., Tarifpolitik (1993); Del Boca, A./Kruse, D./Pendleton, A., Decentralisation (Lavoro e ralazioni industrial 1/99). Zur Stellung der einzelnen Gewerkschaften in den untersuchten Ländern vgl. Däubler, W., Gewerkschaften (1991).

929 Nach dem Regierungswechsel 1986 wurden die meisten staatlichen Gesellschaften, die zuvor durch zwei Verstaatlichungswellen (1946 Energieversorgung, Kreditinstitute u. Kohle; 1981 39 Banken, 5 Industriegesellschaften u. 2 Finanzgesellschaften) reorganisiert wurden, wieder reprivatisiert. Zu den betroffenen Gesellschaften vgl. Merle, P., Droit (2001), S. 12 f. Ähnliche aber im Umfang kleinere Erfahrungen konnten in Italien und Spanien gemacht werden und zum Teil auch in Deutschland (Telekom-Teilprivatisierung). Vgl. hierzu Punkt II.A.4, S. 82 ff.

930 Del Boca, A./Kruse, D./Pendleton, A., Decentralisation (Lavoro e ralazioni industrial 1/99); Poutsma, E./ Huijgen, F., Financial Participation (1999). In Finnland und Irland stehen die Gewerkschaften einer Erfolgsbeteiligung generell zustimmend gegenüber, was sich positiv auf die Gesetzgebung und deren Umsetzung in den Firmen auswirkt. Auch in den Niederlanden konnte ein Anstieg von finanziellen Mitarbeiterbeteiligungen beobachtet werden, nachdem die Gewerkschaften ihre Position änderten, um den großzügigen Erfolgsbeteiligungsprogrammen im Topmanagement einen Riegel vorzuschieben. Vgl. hierzu Poutsma, E., Recent Developements (2000), S. 49 f.

931 Ein Umdenken versuchte die DAG schon 1952 mit ihren Leitsätzen, wie z. B. „Miteigentum statt Lohnerhöhungen" einzuleiten. Vgl. Brenk-Keller, S., Beteiligung (1997), S. 123.

rungen hinsichtlich einer Beteiligung von Mitarbeitern als (noch) zu praxisfern zu bezeichnen sind oder sich im bestehenden gewerkschaftlichen Umfeld nicht durchsetzen können.[932]

Insgesamt betrachtet lassen sich dabei gewisse Parallelen erkennen. Was die Art und Weise der Lohn- und Gehaltsfindung für die Einstellung zur und den Umgang mit der Erfolgsbeteiligung der Mitarbeiter verdeutlicht, zeigt sich ebenso anschaulich im Verhältnis von gesetzlicher Mitbestimmung und der Einstellung der Gewerkschaften zur und den Umgang mit einer (betrieblichen) Kapitalbeteiligung der Mitarbeiter. In einer gewerkschaftlichen Positionsbeschreibung muss die aktuelle Mitbestimmungsstruktur in Deutschland als große Errungenschaft der Gewerkschaften hervorgehoben werden. Britischen Gewerkschaften ist diesbezüglich wenig bis überhaupt kein Erfolg zu konstatieren. Infolge dessen ist dem Beteiligungsgedanken in Großbritannien somit weniger gewerkschaftliche Antipathie, als in Deutschland aufgrund des Dualismus[933] von (gesetzlicher) Mitbestimmung einerseits und (stimmberechtigter) Kapitalbeteiligung andererseits, entgegengestanden.

Die im Gesamtzusammenhang als „Industrial Relation System“ bezeichnete Arbeitnehmer(-Vertreter)–Arbeitgeber(-Vertreter)–Beziehung hat somit direkt oder indirekt Einfluss auf das Vorhandensein von Mitarbeiter(kapital)beteiligungsmodellen. Aus den verschiedenen Systemstrukturen lässt sich demnach für Großbritannien ein neutrales oder gar beteiligungsfreundliches Klima ableiten. In Deutschland sind die Gewerkschaftspositionen (noch) verhärtet und der Mitarbeiterbeteiligung wenig zugeneigt. Das französische Industrial Relation System ist aufgrund der geringen Gewerkschaftsmacht im allgemeinen offener für Beteiligungsmodelle.

C. Politische Parteien

Führt man sich die buchstäbliche Nähe der politischen Parteien zu den gesetzlichen Rahmenbedingungen vor Augen, wird das hohe Einflusspotential dieser Instanzen auf den Status Quo der Mitarbeiterbeteiligung offensichtlich. Im historischen Rückblick zeigt sich in allen drei Untersuchungsländern nicht nur einmal, dass mit dem Engagement der politischen Gruppierungen, insbesondere der Regierungsparteien, die quantitative und qualitative Ausdehnung von Beteiligungsmodelle maßgeblich beeinflusst wird.

Gegenwärtig halten sich die Regierungsparteien in Deutschland weitgehend zurück und überlassen es den Sozialpartnern, die weiteren Rahmenbedingungen der Mitarbeiterbeteiligung für zukünftige Bedürfnisse anzupassen, soweit es sich nicht um staatliche Fördermittel für die Produktivkapitalbeteiligung im Sinne des Vermögensbil-

932 Zu detaillierten Einzelheiten vgl. DAG, Beteiligungen (1999); DGB, Anreize (2000).

933 Vgl. Pulte, P., Vermögensbeteiligung (1985), S. 117.

dungsgesetzes handelt.[934] Lediglich einige Länderregierungen haben diverse Initiativen für eine Ausbreitung der Beteiligungsidee gestartet.[935] Im Vergleich dazu zeigen die Regierungen insbesondere in Frankreich und Großbritannien eine deutlich höhere Entschlossenheit, der finanziellen Mitarbeiterbeteiligung im jeweiligen Land durch gesetzliche Regelungen immer neue Impulse zu geben und dabei die Kodifizierungen „praxisfreundlicher" zu gestalten.[936] In Frankreich sticht allerdings hervor, dass die staatlichen Bemühungen zur Mitarbeiterbeteiligung eng mit dem Streben nach mehr Mitbestimmung korrelieren.

D. Sonstige Institutionen

Seit Ende des neunzehnten Jahrhunderts haben sich in Deutschland und Frankreich die unterschiedlichsten privaten Vereinigungen für die Verbreitung/Durchsetzung des Beteiligungsgedankens stark gemacht.[937] Was in Deutschland der „Verein für Socialpolitik", war in Frankreich der „Société pour l'étude pratique de la participation aux bénéfices". Im Vergleich zum Verein für Socialpolitik zeichnete sich allerdings die französische Vereinigung durch ihre spezielle Ausrichtung auf die Beteiligungsidee, deren große Mitgliederzahl sowie nicht zuletzt durch die engen Verbindung zur „beteiligungsfreundlichen" Regierung aus. So herrschte ein reger Gedankenaustausch, der über die jeweiligen Landesgrenzen hinaus manche politische Barrieren überwunden hatte. Dagegen wurde die Beteiligungsidee in Großbritannien anfangs nicht von einer bestimmten privaten Vereinigung, sondern vielmehr durch viele, eher unabhängige Personen beeinflusst.

Wie schon während dieser „Ursprungszeit" fördern heute private Vereinigungen Gleichgesinnter die Mitarbeiterbeteiligung und versuchen die Ausdehnung des Beteiligungsgedankens aktiv zu unterstützen. In Deutschland hat sich dabei die Arbeitsgemeinschaft Partnerschaft in der Wirtschaft e. V. (AGP) seit den 50er-Jahren als Vorreiter etabliert, der in Frankreich die Vereinigung FONDACT und in Großbritannien „ifsProShare" mittlerweile in nichts nachsteht. Alle drei Organisationen operieren auf Regierungsebene, arbeiten eng mit Arbeitgebern und Gewerkschaften zusammen und sind außerdem international – insbesondere in Europa – engagiert.

Im jeweiligen länderspezifischen Beteiligungsumfeld spielen diese Organisationen allem Anschein nach eine bedeutende Rolle bei der Beeinflussung der genannten „Akteure". Der Einfluss auf die Verbreitung der Mitarbeiterbeteiligung ist damit auch

---

934 Vgl. hierzu Punkt III.D.2 diesen Teils der Arbeit, S. 321 ff.

935 Vgl. hierzu Abbildung 82 im Anhang, S. 398 ff.

936 Besonders deutlich wird dies durch die staatlichen Fördermaßnahmen. Vgl. hierzu Punkt IV.D weiter unten.

937 Im weiteren soll nur auf Vereinigungen, die sich speziell der Mitarbeiterbeteiligung widmen, eingegangen werden, obwohl das Engagement z. B. der religiösen Gruppierungen nicht zu vernachlässigen ist.

unverkennbar. Allerdings kann grundsätzlich und auch aufgrund der stetig enger werdenden Beziehung zwischen den Vereinigungen keine herausragende Stellung einer dieser Gruppierungen festgestellt werden. Der Einflussfaktor „sonstige Institutionen“ unter dem sämtliche privaten Organisationen zusammengefasst werden, die sich der Mitarbeiterbeteiligung widmen, weist infolge dessen keine bedeutenden nationalen Unterschiede auf, die die bestehenden Verbreitungsdiskrepanzen erklären könnten.

E. Zwischenergebnis

Aus dem Vergleich der unter dem Sammelbegriff sozio-kultureller Hintergrund zusammengefassten und als „soft facts“ bezeichneten potentiellen Einflussfaktoren geht anschaulich hervor, dass die national unterschiedlichen Ausprägungen

- der Einstellung von Arbeitgebern und Arbeitnehmern,
- der gewerkschaftlichen Haltung gegenüber einer materiellen Beteiligung von Mitarbeitern einerseits und der hierzu – fälschlicherweise[938] – diametral verlaufenden immateriellen Arbeitnehmerbeteiligung mittels Mitbestimmung andererseits, der gewerkschaftlichen Lohnfindungssystematik sowie
- des Engagements der politischen Parteien

ein unterschiedliches Verbreitungsniveau hervorrufen und (theoretisch) somit als wichtige Ursache für die festgestellten Differenzen hinsichtlich der Etablierung verschiedener Beteiligungsmodelle gelten könnten. Die nationalen Vereinigungen zur Unterstützung der Mitarbeiterbeteiligung weisen dagegen eine weitaus homogenere Struktur auf, weswegen hieraus keine Ursache für die nationalen Verbreitungsdifferenzen angenommen werden kann.

III. Kodifizierungen im Vergleich

A. Überblick

Im Anschluss an die Erläuterungen des Zusammenhangs zwischen sozio-kulturellem Hindergrund und der Verbreitung von Mitarbeiterbeteiligungssystemen werden nachfolgend jene gesetzlichen Normierungen, die sowohl unmittelbar als auch indirekt den Rahmen für die unterschiedlichen Beteiligungsprogramme bilden, gegenübergestellt.

---

938 In der Beteiligungspraxis wird das Zusammenspiel der drei Elemente Erfolgs-, Kapital- und immaterielle Beteiligung als Voraussetzung für ein vielversprechendes Beteiligungsmodell betrachtet. Von manch einflussreichen Gewerkschaften wird die materielle Mitarbeiterbeteiligung jedoch als unvereinbar mit der betrieblichen und unternehmerischen Mitbestimmung betrachtet – was auf eine starre Machtphilosophie zurückzuführen ist.

Weil in den meisten Industrienationen die verschiedensten Gesetzesgrundlagen und Förderprogramme zur Mitarbeiterbeteiligung existieren – so auch in den untersuchten Ländern Deutschland, Frankreich und Großbritannien – ist es nachvollziehbar, dass diese Heterogenität ursächlich für die unterschiedliche Verbreitung von Mitarbeiterbeteiligungsmodellen sein kann. Ob sie jedoch als die Hauptursache für die Verbreitungsdifferenzen zu bezeichnen ist, kann vor dem Hintergrund der vollzogenen Gegenüberstellung sämtlicher Faktoren des sozio-kulturellen Hintergrunds lediglich vermutet werden.[939]

Im anstehenden Vergleich der gesetzlichen Rahmenbedingungen zur Mitarbeiterbeteiligung werden schwerpunktmäßig die steuer- und sozialversicherungsrechtlichen Rahmenbedingungen und die hierzu in engem Zusammenhang stehenden staatlichen Kodifizierungen zur Förderung der Mitarbeiterbeteiligung durchleuchtet. Die zivilrechtlichen Gesetzesgrundlagen werden dagegen einer vergleichsweise oberflächlichen Gegenüberstellung unterzogen, wobei konkret

- die gesetzlichen Regelungen zur Mitbestimmung,
- das Spannungsverhältnis zwischen Arbeits- und Gesellschaftsrecht und
- die handels- und gesellschaftsrechtlichen Grenzen hinsichtlich einer Kapitalbeteiligung von Mitarbeitern am arbeitgebenden Unternehmen

betrachtet werden. Hierbei soll nicht nur der (theoretische) Einfluss auf die quantitative Verbreitung der Beteiligungssysteme, sondern auch auf die qualitative Ausgestaltung der Modelle Berücksichtigung finden.

B. Zivilrecht

1. Gesetzliche Mitbestimmungsstrukturen

Die gesetzliche Mitbestimmung in Deutschland ist in zwei gänzlich unterschiedlichen Instrumenten verankert. Dennoch folgen sie – gegenseitig ergänzend – dem Ziel, den Arbeitnehmer institutionell an den Entscheidungen des Arbeitgebers durch gewählte Repräsentanten zu beteiligen und dadurch dessen Bestimmungen in besonderer Weise

939 Allzu oft werden die „weichen" Faktoren (hier: sozio-kultureller Hintergrund) in diesbezüglichen Untersuchungen nicht berücksichtigt, was sich durch deren schwer zu erfassendem und nachzuweisendem Einflusspotential begründen lässt. Etwas leichtfertig werden deshalb die hard facts (Gesetzesgrundlage u. staatliche Förderung) als Hauptursache der unterschiedlichen Verbreitungsdifferenz bezeichnet. So z. B. auch von Hofmann, H./Holzner, C., Mitarbeiterkapitalbeteiligung (ifo 12/2002).

zu legitimieren.[940] Einerseits werden Arbeitnehmer durch die im Mitbestimmungsgesetz geregelte unternehmerische Mitbestimmung über eine Beteiligung im Aufsichtsrat indirekt an der Führung von – bestimmten – Kapitalgesellschaften beteiligt.[941]

Dagegen ist die zweite – im Betriebsverfassungsgesetz geregelte – betriebliche Mitbestimmungskomponente durch eine Informations- und Kontrollverpflichtung nicht, jedenfalls nicht direkt, an den obersten Sachentscheidungen angeknüpft. Jedoch kann dies durch die paritätische Beteiligung des Betriebsrats bei entsprechenden Folgewirkungen aus unternehmerischen Planungs-, Leitungs- und Organisationsentscheidungen wiederum eine direkte Einwirkung auf den Inhalt von unternehmerischen Entscheidungen entfalten. Im Zusammenhang mit der Einführung von Mitarbeiterbeteiligungsmodellen ist das Unterrichtungs- und Beratungsrecht des Betriebsrates, das bei konkreten Strukturänderungen schnell zu ausgedehnten Mitbestimmungsrechten anschwellen kann, eine nicht zu vernachlässigende Einflussgröße.

Im Vergleich zur detailreichen deutschen Mitbestimmung ist das weitgehende Fehlen von gesetzlichen Regelungen charakterisierend für die Mitbestimmung der Arbeitnehmer in Großbritannien.[942] Ein gesetzlich verankertes Beteiligungsrecht existiert lediglich auf betrieblicher Ebene und dies ausschließlich in Form eines institutionalisierten Sicherheitsausschusses. Die betrieblichen Einrichtungen des shop-steward und des Betriebsausschusses verkörpern dagegen eine von Vereinbarungen zwischen Arbeitgeber und Arbeitnehmer(-organisationen) abhängige und somit eingeschränkte Beteiligung der Arbeitnehmer. Am bedeutendsten im Zusammenhang mit der Betrachtung der Rahmenbedingungen von (materiellen) Mitarbeiterbeteiligungen ist jedoch die Tatsache, dass im Unterschied zur deutschen Mitbestimmung auf Unternehmensebene keine – rein aus dem Faktor Arbeit abzuleitende – Arbeitnehmerbeteiligung in den Leitungsorganen einer Kapitalgesellschaft möglich ist.[943] Derartige, die britische Wirtschaftsordnung kennzeichnende Rechte auf eine Beteiligung an den zentralen unternehmerischen Planungs-, Leitungs- und Organisationsentscheidungen können Mitarbeiter nur im Zuge der wirtschaftlichen Demokratie, also über Kapital-

---

940 Die Bezeichnung „Mitbestimmung" kann insoweit irreführend sein, als dass nicht alle gesetzlichen Regelungen eine echte Einflussnahme der Arbeitnehmer(vertreter) gewähren, sondern in vielen Fällen „lediglich" Informations- und Kontrollrechte vorsehen. Vgl. hierzu und zum folgenden anstatt aller Klinkhammer, H./Welslau, D., Mitbestimmung (1995), S. 36 ff.

941 Die Organisations- und Entscheidungsstruktur deutscher – und französischer – Kapitalgesellschaften ist gesellschaftsrechtlich durch eine strikte organisatorische Trennung von eigentlichem Leitungsorgan (Vorstand bzw. Geschäftsführung) und einem kontrollierenden und kritisch begleitenden Organ (Aufsichtsrat) geprägt. Im Gegensatz hierzu findet in Großbritannien das so genannte monistische System Anwendung, das auf Leitungsebene (board) keine organisatorische Trennung kennt.

942 Vgl. Klinkhammer, H./Welslau, D., Mitbestimmung (1995), S. 188.

943 Vor dem Hintergrund der Rechtsformstruktur der britischen Unternehmen gewinnt dieser Sachverhalt zusätzlich an Bedeutung.

beteiligungsrechte erhalten. Dem Faktor Arbeit, auf welchem die betriebliche Demokratie basiert, werden diese Rechte dementsprechend vorenthalten.

Versteht man die deutsche Institutionalisierung der Mitbestimmung als das eine Ende eines die Mitbestimmungsstruktur begründenden Kontinuums, entspricht die britische Konstitution der gesetzlichen Regelung zur Mitbestimmung dem anderen Ende. Das französische System zur betrieblichen Mitbestimmung ist – aus Sicht des deutschen Rechtsanwenders – zwar weitreichender als das britische, aber bei weitem nicht so detailliert wie die deutschen Regelungen. Zudem erscheinen die bestehenden fünf Vertretungseinheiten auf betrieblicher Ebene nicht klar voneinander abgegrenzt.[944] Neueste Gesetzesänderungen bleiben dieser Linie treu.[945] Deutlich tritt aus den jeweiligen – besonders den Betriebsräten und Gewerkschaftsdelegierten eingeräumten – Befugnissen eine im Vergleich zu Deutschland deutlich betriebsbezogenere Lohn- und Tariffindung hervor.[946] Im Zusammenhang mit der Verwirklichung von Erfolgsbeteiligungsplänen kann aufgrund dieser Betriebsbezogenheit von einer günstigeren Ausgangssituation gesprochen werden, obwohl auch hier Verpflichtungen der Unternehmen, die Arbeitnehmervertreter im Zusammenhang mit den französischen Vorschriften über das Intéressement und die Participation zu konsultieren, hinderlich sein kann. Die unternehmerische Mitbestimmung ist darüber hinaus – trotz der organisatorischen Trennung von Leitungs- und Kontrollorgan entsprechend dem dualistischen System – weniger stark ausgebildet. Die im Verwaltungs- oder Aufsichtsrat sitzenden Mitglieder des Betriebsrates haben lediglich Informations- aber keine Kontroll- oder gar Stimmrechte. Für den Faktor Arbeit konnte vor dem Hintergrund der starken Bestrebungen des französischen Gesetzgebers zur Demokratisierung der französischen Wirtschaft bisher nur ein – zu Deutschland – vergleichsweise geringes Beteiligungsrecht in der Praxis erzielt werden. Dies wiederum vermag die französische Situation eher in die Richtung des oben bestimmten britischen Endpunktes als in die der Mitbestimmungsfähigkeit deutscher Arbeitnehmer einzuordnen.

Wie wenig Anerkennung überdies dem sehr stark ausgeprägten Mitbestimmungsrecht in Deutschland von den anderen Mitgliedstaaten der Europäischen Union entgegengebracht wird, ist bei einem Blick auf die Mitbestimmungsvorstellungen auf supranationaler EU-Ebene zu beobachten. So sind frühere Harmonisierungsbestrebungen aufgrund beharrlicher Ablehnung der restlichen Mitgliedstaaten inzwischen vollständig aufgegeben worden. Stattdessen verfolgen Kommission und Parlament nun eine

---

944 Vgl. Klinkhammer, H./Welslau, D., Mitbestimmung (1995), S. 168; Werner, R., Probleme (1995), S. 63 ff. u. S. 121.

945 Vgl. Zimmermann, P., droit d'expression (2002), S. 87 ff. u. 177 ff.

946 Auf der anderen Seite hängt die mangelnde Durchsetzbarkeit der möglichen Kollektivverhandlungen vom stark zerklüfteten Verhältnis der Sozialpartner ab, weswegen für die Lohnfindung die betriebliche Ebene mehr Gewicht erhält. Vgl. hierzu Werner, R., Probleme (1995), S. 35 f.

wesentlich flexiblere, aus Sichtweise des deutschen Systems stark nach „unten“ abweichende Mitbestimmungsstruktur.[947]

2. Spannungsfeld Arbeitsrecht – Gesellschaftsrecht

Die in Deutschland gegen Mitte bis Ende der Achtziger Jahre des vergangenen Jahrhunderts aufgekommene Diskussion um das Spannungsfeld zwischen Arbeits- und Gesellschaftsrecht wurde ausschließlich infolge des durch immer tiefer greifende Schutzmechanismen gestärkten Arbeitsrechts geführt.[948] Da die Debatte keine eindeutige, praxistaugliche Lösung hervorgebracht hat,[949] sind seitherige Bestrebungen – wie auch daraus resultierende Modelle – zur Beteiligung von Mitarbeitern oft im Unklaren über deren mögliche Rechtsfolgen, die je nach Standpunkt vom Arbeits- oder Gesellschaftsrecht dominiert werden.[950] KRAUSE sieht jedoch zudem die verstärkte Empfindsamkeit für das Schutzbedürfnis von Minderheitsgeschäftsführern in GmbHs und eine stetig ansteigende Anzahl von (reinen) Arbeitsverträgen, die durch gesellschaftsrechtliche Bestandteile ergänzt werden, als Notwendigkeit für die Bearbeitung dieser Fragestellung.[951] Vor dem Hintergrund dieser Arbeit ist allerdings lediglich ein „normales“ Beschäftigungsverhältnis eines Arbeitnehmers zu berücksichtigen, der im Rahmen eines Mitarbeiterbeteiligungsmodells am arbeitgebenden Unternehmen beteiligt wird (oder wurde). Speziell hinsichtlich der Problematik von mitarbeitenden Unternehmensbeteiligten ist dem Ergebnis der Untersuchung von KRAUSE zu folgen, der für den erwähnten Fall als Ausgangspunkt der jeweiligen Rechtsfindung an die Statusbeurteilung[952] als Arbeitnehmer anknüpft. Diese Statusbeurteilung erlangt für ihn selbst unter einer weit gefassten Auslegung von partnerschaftlichen Unternehmen gleich welcher Rechtsform Geltung, „solange er [der Ar-

---

947 Vgl. Rat, Richtlinie (14732/00 SOC503 SE10 v. 01.02.01).

948 Während diese Schutzmechanismen für den Beschäftigten eine gewisse Anziehungskraft entfaltet, schafft es für den Empfänger der Dienste den Anreiz, sich den damit verbundenen Belastungen zu entziehen. Vgl. Krause, R., Mitarbeit (2002), S. 698.

949 Deshalb auch die unlängst geäußerte Forderung von WAGNER, dass diese Diskussion endlich wieder aufgegriffen und einem Ergebnis zugeführt werden solle. Vgl. Wagner, K.-R., Kapitalbeteiligung (1999), S. 159 f.

950 Vgl. Beuthien, V., Arbeitnehmer (1987); Loritz, K.-G., Mitarbeit (1984); Wagner, K.-R., Massenkommanditgesellschaft (1985) jeweils m. w. N.

951 So forderte WAGNER längst, dass diese Diskussion endlich wieder aufgegriffen und einem Ergebnis zugeführt werden solle. Vgl. Wagner, K.-R., Kapitalbeteiligung (1999), S. 159 f. KRAUSE sah außerdem die verstärkte Empfindsamkeit für das Schutzbedürfnis von Minderheitsgeschäftsführer in GmbHs einerseits und eine stetig ansteigende Anzahl von (reinen) Arbeitsverträgen, die durch gesellschaftsrechtliche Bestandteile ergänzt werden, auf der anderen Seite als Notwendigkeit für die Bearbeitung dieser Fragestellung. Vgl. Krause, R., Mitarbeit (2002), S. 3 ff.

952 Im Rahmen der Problematik von mitarbeitenden Unternehmensbeteiligten kann der Betroffene entweder als Gesellschafter, freier Dienstnehmer oder Arbeitnehmer eingestuft werden.

beitnehmer: Hinw. d. Verf.] selbst nicht in der Lage ist, sein Beschäftigungsverhältnis durch die Stimmrechtsausübung zu steuern".[953]

Findet diese Auslegung in der Rechtspraxis Anwendung, wäre die Problematik um die Schnittstellen von Arbeit-, Dienstvertrags- und Gesellschaftsrecht jedenfalls für die hier zu untersuchende Aufgabenstellung (weitgehend) gelöst.

In Großbritannien scheint dagegen dieses Spannungsverhältnis (bisher) nahezu unbekannt gewesen zu sein. Begründen lässt sich dies mit der kaum vorhandenen gesetzlichen Mitbestimmungsstruktur und den vergleichsweise geringen Arbeitnehmerschutzbestimmungen. So gelten *employees*, die gleichzeitig *stockholder* sind, generell immer als Arbeitnehmer. Nur werden unter bestimmten Umständen für beteiligte Mitarbeitern die arbeitsrechtlichen Regelungen modifiziert angewandt.[954]

Die Gewichtung dieser Rechtsproblematik auf die Verbreitung von Beteiligungsmodellen in Frankreich verhält sich wie schon im Zuge der Beurteilung der Arbeitnehmermitbestimmung. Auch hier kann – ohne auf Einzelheiten[955] näher einzugehen – der Einfluss der französischen Rahmenbedingungen als Zwischenposition zwischen der Situation in Deutschland und der Großbritanniens beschrieben werden.[956]

3. Handels- und gesellschaftsrechtliche Grenzen für betriebliche Mitarbeiterkapitalbeteiligungen

Grundsätzlich werden für eine eigenkapitalmäßige Beteiligung von Arbeitnehmern an ihren arbeitgebenden Unternehmen folgende Prämissen gestellt:[957]

- (zivil- und steuerrechtlicher) Arbeitnehmerstatus soll bei Kapitalbeteiligung erhalten bleiben
- Unternehmerrisiko soll für Arbeitnehmer in beschränktem Umfang gelten

---

953 Krause, R., Mitarbeit (2002), S. 357.

954 Vgl. hierzu Krause, R., Mitarbeit (2002), S. 359. Die Problemstellung weist im angloamerikanischen Raum jedoch gegenwärtig aufgrund möglicher Spannungen bei Beschäftigungsverhältnisses von *partner* und *employee* in professionellen Vereinigungen wie z. B. großen Rechtsanwalts- oder Steuerberatungskanzleien zunehmendes Diskussionspotential auf. Vgl. Krause, R., Mitarbeit (2002), S. 10, 358 ff.

955 Da der Einfluss des Spannungsverhältnisses zwischen Arbeits- und Gesellschaftsrecht auf die Verbreitung von Beteiligungsmodellen aber auch in Deutschland als relativ gering zu bezeichnen ist, soll hier aus Gründen der Übersichtlichkeit auf eine detailreiche Ausführung verzichtet werden.

956 In anderen Fallgestaltungen trifft diese Aussage allerdings nicht zu, da das französische Rechtsdenken eine hier nicht einzuordnende Haltung annimmt. Vgl. für näheres Krause, R., Mitarbeit (2002), S. 352.

957 Vgl. zum folgenden Börner, D., Problematik (1985), S. 100 ff.; Kemmerich, E., Beteiligung (1989), S. 31 ff.

- Beendigung der Kapitalbeteiligung nach Austreten aus dem arbeitgebendem Unternehmen muss möglich sein

Mitunter eignen sich daher nicht alle in den untersuchten Ländern zur Auswahl stehenden handels- und gesellschaftsrechtlichen Beteiligungsformen gleichermaßen, um Mitarbeitern eine adäquate (Eigen-)Kapitalbeteiligung am arbeitgebenden Unternehmen zu gewährleisten.

Für eine (betriebliche) Kapitalbeteiligung der Arbeitnehmer in Deutschland ergibt sich aus dem Zusammenwirken der oben erläuterten arbeitsrechtlichen und der im Handels- und Gesellschaftsrecht festgelegten unternehmensrechtlichen Normen folgendes Bild:

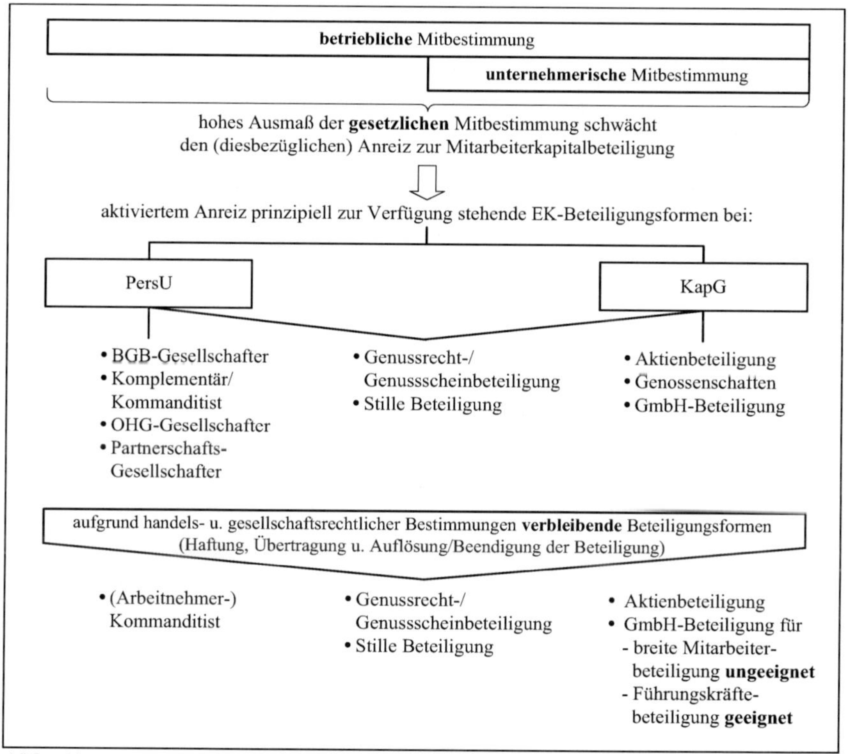

Abb. 60: Auswirkungen handels- und gesellschaftsrechtlicher Rahmenbedingungen

Die im vorigen Abschnitt verfassten Erläuterungen zur gesetzlichen Mitbestimmung in Deutschland heben die weitreichenden Informations-, Kontroll- und Mitwirkungsrechte der Arbeitnehmer in Deutschland hervor. Die Bestrebungen, den Arbeitnehmern unmittelbar zu derartigen Rechten durch die mit Kapitalbeteiligungen verbundenen gesellschafterlichen Rechte (und Pflichten) zu verhelfen, dürften dementsprechend gering sein.[958] Die unternehmerische Mitbestimmung gilt allerdings generell nur für Kapitalgesellschaften, nicht für Personenunternehmen. Mitarbeiter von Personenunternehmen könnten in der Regel deshalb nur über eine Kapitalbeteiligung zu direkt vergleichbaren Rechten gelangen. Hierfür stehen die in der Abbildung aufgeführten rechtsformspezifischen und rechtsformunabhängigen Kapitalbeteiligungsmöglichkeiten zur Verfügung.[959] Doch auch das Betriebsverfassungsgesetz ist gerade bei kleinen und mittelgroßen Unternehmen zu einem engmaschigen Kontroll- und Mitbestimmungsgeflecht geworden, weswegen viele Arbeitgeber vor zusätzlichen Rechten in Verbindung mit einer Mitarbeiterkapitalbeteiligung zurückschrecken.[960]

Der rechtsformspezifische Beteiligungskatalog für beteiligungswillige Personenunternehmen wird allerdings – hinsichtlich der oben angeführten Prämissen einer Mitarbeiterkapitalbeteiligung – durch handels- und gesellschaftsrechtliche Bestimmungen über die Begründung, die Haftung sowie die Auflösung oder Übertragung der einzugehenden Arbeitnehmerkapitalbeteiligung bis auf die Möglichkeit der Kommanditbeteiligung stark dezimiert.[961] Zivilrechtliche Bestimmungen über die gegebenen rechtsformunabhängigen Beteiligungsformen – stille Beteiligung und Beteiligung über Genussrechte – schränken die Eignung zur Mitarbeiterbeteiligung dagegen nicht ein, so dass den Personenunternehmen mit insgesamt drei vollwertigen Beteiligungsformen zur Mitarbeiterkapitalbeteiligung (noch) genügend Gestaltungsspielraum zur Verfügung steht.

Unter den gleichen Gesichtspunkten ist eine Kapitalbeteiligung von Mitarbeitern in Unternehmen der Rechtsform GmbH oder AG zu betrachten. Hauptsächlich aufgrund der lähmenden Regelungen zum Gesellschafterwechsel beziehungsweise des Gesellschafteraustritts eignet sich die Beteiligung über GmbH-Anteile nur für Beteiligungs-

---

958 Demnach überwiegen die Neigungen über Kapitalbeteiligungen anderweitige Zielvorstellungen (Produktivitätswirkung, Beschäftigungswirkung, Liquiditäts- und Vermögenswirkungen etc.) verwirklichen zu versuchen.

959 Als alternative Beteiligungsform an einer PersU mag auf den ersten Blick die Rechtsform des Einzelunternehmers fehlen. Eine Beteiligung als Einzelunternehmer an einem Einzelunternehmen führt jedoch automatisch zur Entstehung einer OHG.

960 Kritikpunkt ist dabei auch die hohe finanzielle Belastung der KMU durch das BetrVG, die oftmals ein Vielfaches der für Großunternehmen ermittelten durchschnittlichen Belastung i. H. v. 1.000 DM (≈ 511 €) pro Arbeitnehmer beträgt. Vgl. Schutz, P., Beteiligung (1993), S. 79.

961 Vgl. zu früheren konträren Meinungen über die Eignung der Arbeitnehmerkommanditbeteiligung anstatt vieler Boettcher, E./Börner, D. et alii, Vermögenspolitik (1985), S. 99 ff., insb. S. 108; Vgl. zu Einzelheiten über die Begründung der Eignung, der hier gefolgt wird, Wagner, K.-R., Massenkommanditgesellschaft (1985), S. 95 ff., insb. S. 104 f.

systeme zur Führungskräftebeteiligung.[962] Für eine breite Kapitalbeteiligung von Arbeitnehmern in Gesellschaften mit beschränkter Haftung verbleibt – sozusagen als „Second-best-Lösung“ – (bisher) nur die Möglichkeit der stillen Beteiligung oder der Genussrechtsbeteiligung.[963] Eine Beteiligung von Arbeitnehmern in Aktiengesellschaften über Belegschaftsaktien ist aus qualitativen Gesichtspunkten schließlich die am besten geeignete Form der Arbeitnehmerkapitalbeteiligung, da hier so gut wie keine Beschränkungen zu verzeichnen sind.

Es stellt sich nun die Frage, wie sich das entsprechende Abbild der Beteiligungssituation der Unternehmen in Frankreich und Großbritannien abzeichnet. Zunächst soll in der nachfolgenden Übersicht eine Zusammenführung der französischen Rahmenbedingungen erfolgt.

---

962 Dieser Problematik ist der Arbeitskreis GmbH-Refom schon im Jahre 1972 nachgegangen und hat sich für die Schaffung eines einheitlichen gemeinschaftlichen Arbeitnehmergeschäftsanteils an einer GmbH ausgesprochen. Zu Einzelheiten vgl. Arbeitskreis GmbH-Reform, Thesen (1972), S. 71 ff. Bisher fehlt jedoch jegliche Umsetzung. Zudem zwingen die handelsrechtlichen Bestimmungen beim Rückkauf von Anteilen durch die Gesellschaft zur Kapitalherabsetzung. Eine Möglichkeit zum begrenzten Rückkauf wie sie bei der AG gegeben ist, besteht hier nicht.

963 Wobei die stille Beteiligungen der GmbH-Mitarbeiter meist in einer indirekten Beteiligung über eine Beteiligungsgesellschaft durchgeführt wird.

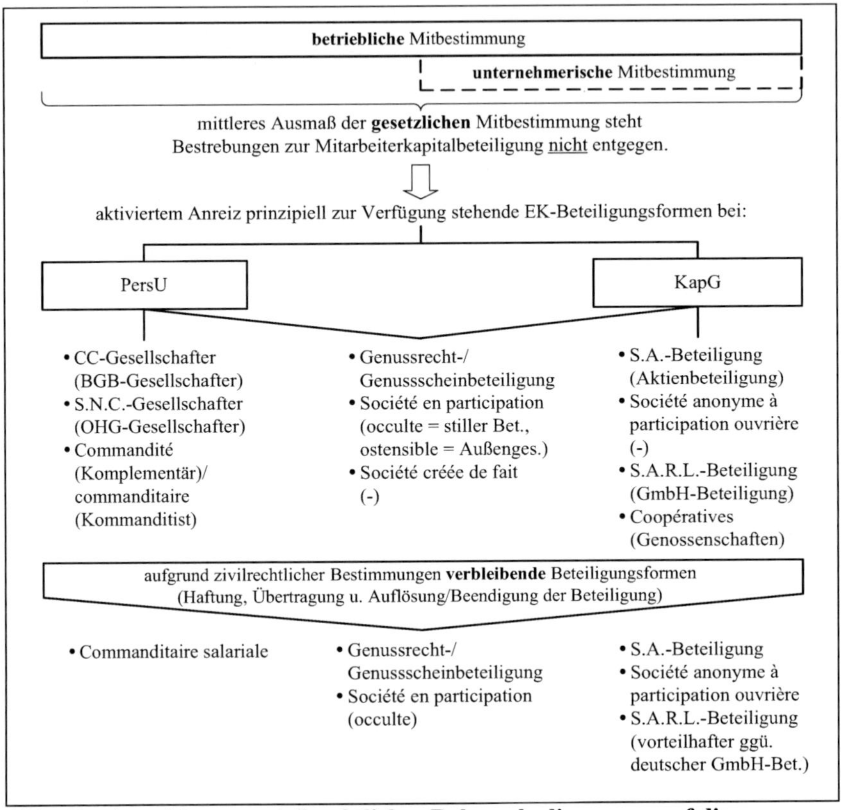

Abb. 61: Auswirkungen zivilrechtlicher Rahmenbedingungen auf die Mitarbeiterkapitalbeteiligung in Frankreich

Von der relativ schwachen Ausgestaltung der unternehmerischen Mitbestimmung und der hinter den deutschen Normierungen (weit) zurückbleibenden betrieblichen Mitbestimmung gehen in Frankreich kaum beeinträchtigende Einflüsse auf die Verbreitung von Mitarbeiterkapitalbeteiligungsmodellen aus.

Für derartige Beteiligungssysteme wartet das französische Gesellschaftsrecht mit einem auf den ersten Blick verwirrenden und komplizierten „System“ von Unternehmensrechtsformen auf, was in obiger Darstellung zur vereinfachten und unvollkommenen Klassifizierung zwingt.[964] Aufgrund der kontinentaleuropäischen Verwandtschaftsbeziehungen lassen sich gewissen Parallelen hinsichtlich der in Deutschland bekannten Gesellschaftsformen erkennen. Neben den hier eher bedeutungslosen – und

964 Zu dieser in der Praxis gängigen Unterteilung der Unternehmensrechtsformen vgl. Lefebvre, F., Sociétés (2001); Chaussade-Klein, B., Gesellschaftsrecht (1998), S. 9 ff.

deshalb nicht erwähnten – Sonderformen ist allerdings die speziell zur Mitarbeiterbeteiligung entwickelte société anonyme à participation ouvrière, mit einem Hinweis über deren spärliche Verbreitung,[965] hervorzuheben. Ähnlich wie das deutsche Handels- und Gesellschaftsrecht begrenzen die französischen Normierungen die Eignung der Personengesellschaften als Beteiligungsform zur Mitarbeiterkapitalbeteiligung. Die Ansprüche bei der Begründung und Auflösung oder Übertragung von GmbH-Anteilen sind allerdings weniger spezifisch und für eine begrenzte Gesellschafterfluktuation daher bedingt geeignet.[966] In direktem Vergleich der zivilrechtlichen Rahmenbedingungen für eine Mitarbeiterkapitalbeteiligung in Deutschland und Frankreich ist demzufolge eine für französische Arbeitnehmer und Beteiligungsunternehmen unwesentlich größere Bandbreite zur Mitarbeiterkapitalbeteiligung festzustellen.

Schließlich folgt aus der Analyse der Beteiligungssituation für Unternehmen in Großbritannien, dass sich wiederum – wie bei der Betrachtung der gesetzlichen Mitbestimmungsregelungen[967] – eine Sonderstellung ergibt. Ursache hierfür ist das isoliert von kontinentaleuropäischen Einflüssen entwickelte britische Gesellschaftsrecht. Neben der elementarsten Form des Einzelunternehmers erlangt in Großbritannien hauptsächlich die OHG-ähnliche „General Partnership“ aufgrund eines standesrechtlichen Verbotes über die Gründung einer (private oder public) company limited by shares für Angehörige der freien Berufe Bedeutung.[968] Da lediglich für diese Berufsgruppe der Vorteil der geringen gesetzlichen Anforderungen, die an eine Gründung einer Kapitalgesellschaft gestellt wird, (noch) verwahrt bleibt, hat die KG-ähnliche „Limited Partnership“ in Großbritannien so gut wie keine praktische Relevanz.[969] Die sehr flexiblen Grundelemente der Rechtsform der private limited company lässt einerseits im allgemeinen Geschäftsverkehr und andererseits für die Mitarbeiterkapitalbeteiligung im speziellen kein Bedarf nach anderen Rechtsformen aufkommen.[970] Darüber hinaus sind gesetzlichen Bestimmungen insbesondere für private companies, wie sich zum Beispiel im für Deutschland und Frankreich festgestellten Problembereich

---

965 Vgl. Werner, R., Probleme (1995), S. 59.

966 So sind z. B. bei der Übertragung „lediglich“ die Formvorschriften der im Code civil für die Abtretung vorgesehene Regelung (L.48 u. L.20 i. V. m. Art. 1690 CC) zu beachten. Vgl. Chaussade-Klein, B., Gesellschaftsrecht (1998), S. 55. Problematisch ist jedoch ebenfalls der Fall des Rückkaufs eigener Anteile durch die Gesellschaft und die daraus resultierende Kapitalherabsetzung.

967 Die Besonderheit des fast vollständigen Fehlens einer normierten betrieblichen Demokratie legt dabei die Vermutung nahe, dass hierdurch der Weg einer Stärkung der Arbeitnehmerrechte über die Mitarbeiterkapitalbeteiligung eröffnet wurde.

968 In den vergangenen Jahrzehnten steigerte sich die Kritik gegen diese standesrechtliche Einschränkung zunehmend, was eine Öffnung der Kapitalgesellschaft mit beschränkter Haftung für die freien Berufe (Wirtschaftsprüfer, Solicitors, Ärzte etc.) absehbar werden lässt. Vgl. Milman, D./Flanagan, T., Partnership (1983), S. 148 f., Güthoff, J., Gesellschaftsrecht (1998), S. 3.

969 Vgl. hierzu die Statistik unter Punkt IV.B.2.b) im zweiten Teil der Arbeit, S. 204.

970 Vgl. Güthoff, J., Gesellschaftsrecht (1998), S. 1.

des Rückkaufs eigener Anteile, weitaus praktikabler weil weniger restriktiv – für eine Mitarbeiterbeteiligung.[971]

Des weiteren ergeben sich durch die zweite Besonderheit des britischen Gesellschaftsrechts weitere positive Effekte auf die Verbreitung von Mitarbeiterbeteiligungen – und zwar von Arbeitnehmerbeteiligung am Eigenkapital des arbeitgebenden Unternehmens. Art und Umfang der im Companies Act 1985 geregelten Ausnahmen und Vergünstigungen für Unternehmen, die eine Mitarbeiterkapitalbeteiligung einführen wollen, scheinen für die Beteiligungsunternehmen einen nicht zu vernachlässigenden „Anreiz“ darzustellen.[972]

4. Zwischenergebnis

Die Gegenüberstellung der länderspezifischen (gesetzlichen) Mitbestimmungsstrukturen hat die Notwendigkeit aufgezeigt, diesen Rechtsbereich mit in die gesetzlichen Rahmenbedingungen zur Mitarbeiterbeteiligung aufzunehmen. Der Grund hierfür zeigt sich in der diametralen Abhängigkeit von

- gesetzlich festgelegter Mitbestimmung und
- Anreiz beziehungsweise Bedürfnis von Kapitalbeteiligungsmodellen.[973]

Diesbezüglich kann konstatiert werden, dass die hohe gesetzliche Regelungsdichte und vor allem die bestehenden Bestrebungen, die gesetzliche Mitbestimmung in Deutschland weiter auszudehnen,[974] einer Verbreitung von Mitarbeiterkapitalbeteiligungsmodellen wenig förderlich, wenn nicht sogar hinderlich ist. In Großbritannien hat die Mitarbeiterkapitalbeteiligung dagegen durch das Fehlen eines gesetzlichen Regelwerks zur Arbeitnehmer-Mitbestimmung eine für Deutschland und auch für Frankreich bislang unbekannte Instrumentalisierung erfahren, was sich positiv in der Beteiligungssituation Großbritanniens niederschlägt.

Die partielle Ausdehnung der Untersuchung auf diesen Rechtsbereich konnte somit ebenfalls einen Beitrag für das zur Beurteilung der Länderstrukturen erforderliche

---

971 Im Rahmen von Mitarbeiterbeteiligungsmodellen gelten weniger restriktive Bestimmungen bezüglich eines Rückkaufs eigener Anteile durch die Gesellschaft. Ist dennoch eine Kapitalherabsetzung geboten, so ist auch diese (formal) anspruchsloser. Vgl. zweiter Teil Punkt III.B.2, S. 142.

972 Chamberline, C. E., Tolley's (2001), S. 29.

973 Eine Gewichtung zu anderen Zielvorstellungen, die im Zusammenhang mit der Einführung von Kapitalbeteiligungsmodellen in unterschiedlicher Art und Umfang genannt werden, kann allerdings nicht vorgenommen werden.

974 Vgl. DGB, Spielräume (2002). DAG-Vorschlag für neues „zeitgemäßes“ Betriebsverfassungsgesetz, wodurch Arbeitgeber und Betriebsrat gleichberechtigt werden sollen; vgl. DAG, Reformen (2001).

Gesamtverständnis leisten. Die Schwerpunktlegung der Untersuchung erlaubt es indessen nicht, weitere Überlegungen zu diesem Randbereich auszuführen.[975]

Der Vergleich der arbeits- und gesellschaftsrechtlichen Spannungsfelder sowie der handels- und gesellschaftsrechtlichen Rahmenbedingungen verfestigt die Würdigung der Beteiligungsbedingungen der untersuchten Länder. So sind die für eine Umsetzung der Mitarbeiterkapitalbeteiligung in Deutschland erforderlichen Typusmerkmale der Arbeitnehmerkapitalbeteiligung am stärksten von den zivilrechtlichen Bestimmungen beschnitten. Für Frankreich wirken sich lediglich die weniger restriktiven Normen zur GmbH-Beteiligung positiv gegenüber den ansonsten ähnlichen deutschen Rahmenbedingungen aus. Dem Ideal einer Mitarbeiterkapitalbeteiligung am nächsten sind allein – abgesehen vom Fall der börsennotierten Aktiengesellschaft – die Bestimmungen zur private company limited by shares, die sich deutlich von den Regelungen zur wirtschaftlich „gleichwertigen" GmbH in Deutschland und Frankreich abheben. Zusätzlich zu diesen vorteilhafteren Rechtsformvorschriften wirken sich die gesellschaftsrechtlichen Vereinfachungen für Mitarbeiterkapitalbeteiligungen nach dem Companies Act 1985 sehr positiv auf die Verbreitung von Mitarbeiterkapitalbeteiligungsmodellen aus.

Es hat sich indessen bis hierher abgezeichnet, dass sich die gegebenen Rahmenbedingungen durch steuer- und sozialversicherungsrechtliche Vorschriften nochmals maßgeblich verändern. Zwingend erforderlich ist bei der Analyse der steuer- und sozialversicherungsrechtlichen Rahmenbedingungen eine Unterscheidung der allgemein gültigen steuerrechtlichen Vorschriften einerseits und der im Rahmen der staatlichen Förderung beeinflussten Ausgangssituation andererseits, die im genannten Mit-Ohne-Vergleich umgesetzt wird. Zunächst folgt die Untersuchung der steuer- und sozialversicherungsrechtlichen Rahmenbedingungen ohne Einbeziehung der speziellen Vorschriften zur Mitarbeiterbeteiligung.

C. Steuerrechtliche Rahmenbedingungen im Vergleich

1. Überblick

In diesem Abschnitt werden die durch steuerrechtliche[976] Vorschriften innerhalb der jeweiligen Einkommensteuersysteme hinsichtlich einer Beteiligung von Arbeitnehmern am Erfolg und Kapital auftretenden steuerlichen Verzerrungen detailliert analy-

---

[975] An dieser Stelle sei deshalb ein Vorschlag zur Novellierung des BetrVG lediglich erwähnt, der sich stark von der bisherigen Entwicklungstendenz desselben abhebt und in die oben erwähnte Instrumentalisierung der Mitarbeiterkapitalbeteiligung einreihen lässt. LEZIUS regt in seinem Vorschlag an, die (bisher „risikolosen") Informations-, Kontroll- u. Mitspracherechte des Betriebsrats an Mitarbeiterkapitalbeteiligungen zu koppeln. Vgl. Lezius, M., Mitbestimmung (Unternehmer-Magazin 1-2/00), S. 18 f.

[976] Im Zusammenhang mit den Steuerwirkungen im Rahmen der Arbeitseinkünfte stehen nachfolgend auch immer sozialversicherungsrechtliche Vorschriften.

siert. Als Referenzbasis zur objektiven Beurteilung dieser steuersystematischen Verzerrungen dienen die im Grundlagenteil erläuterten Besteuerungsprinzipien Steuergerechtigkeit und Steuerneutralität.[977] Im französischen und britischen Analyseabschnitt werden neben etwaigen Steuerverzerrungen zudem die entsprechenden steuerrechtlichen Vorschriften der für die Mitarbeiterbeteiligung in Deutschland erläuterten Problembereiche aufgezeigt, um daraus mögliche Lösungsansätze zu erarbeiten.

2. Systembedingte Hindernisse im deutschen Ertragsteuerrecht

a) Vorüberlegungen

Das deutsche Steuerrecht beeinflusst die quantitative Verbreitung der verschiedenen Formen von Erfolgs- und Kapitalbeteiligungsmodellen sowie die qualitativen Ausprägungen der Kapitalbeteiligungssysteme insbesondere durch systemimmanente Verzerrungen. Die zu bemängelnden steuersystematischen Verzerrungen treten dabei einmal innerhalb der unterschiedlichen Erfolgsbeteiligungsalternativen und zum anderen zwischen den verschiedenen Arten der Kapitalbeteiligung auf, wie der nachfolgenden Übersicht zu entnehmen ist.

Abb. 62: Einkommensteuerliche Hürden für die Mitarbeiterbeteiligung in Deutschland

977 Vgl. hierzu Fn. 193, S. 59.

b) Steuerliche Hürden investiver Erfolgsbeteiligungsformen

Für alle Erfolgsbeteiligungsformen wird auf Unternehmensebene eine betriebliche Veranlassung angenommen, die eine steuerliche Abzugsfähigkeit der entsprechenden Erfolgsanteile als Betriebsausgaben ermöglicht.[978] Im Rahmen der Besteuerung von Leistungen aus Erfolgsbeteiligungen auf Arbeitnehmerebene sind diese nach den unterschiedlichen Ausprägungen des lohnsteuerlichen Zuflussprinzips zu verschiedenen Zeitpunkten den Einkünften aus nichtselbständiger Arbeit zuzurechnen. Die aufgrund der möglichen Steuerpause entstehenden Zinseffekte sind dabei umso höher, je später der Zuflusszeitpunkt dieser Leistungen angenommen wird.

Aus Gerechtigkeits- und Neutralitätsgründen sollten wirtschaftlich gleiche Sachverhalte steuerlich auch gleich behandelt werden. Für die lohnsteuerliche Behandlung alternativer Formen einer Erfolgsbeteiligung verlangt dieser Anspruch, dass für wirtschaftlich übereinstimmende Sachverhalte übereinstimmende Zuflusszeitpunkte gelten müssten. Falls dies nicht der Fall ist, liegt eine Ungleichbehandlung des betroffenen Sachverhalts vor, der höchstwahrscheinlich die zahlenmäßige Verbreitung der jeweiligen Erfolgsbeteiligungsform beeinflusst. Welche differenzierten Zuflusszeitpunkte nach aktueller Gesetzeslage und vor allem nach der geltenden Rechtsprechung anzunehmen sind, soll nachfolgende Abbildung verdeutlichen.

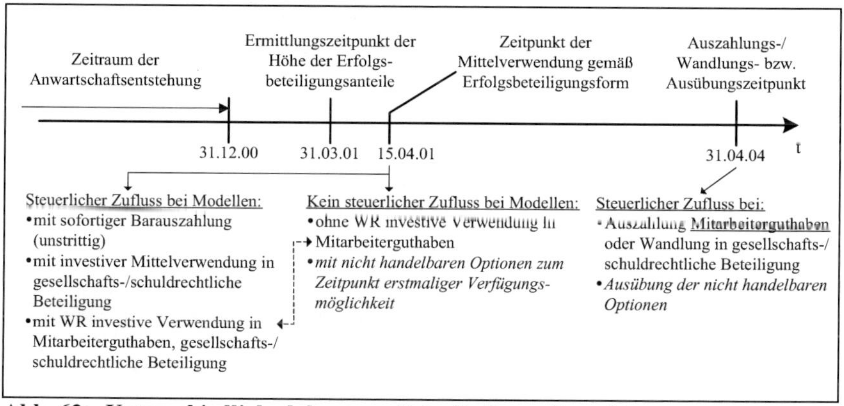

Abb. 63: Unterschiedliche lohnsteuerliche Zuflusszeitpunkte

Der erste Abschnitt auf der Zeitachse (t) stellt den Zeitraum dar, über welchen die Anwartschaft auf einen durch das jeweilige Erfolgsbeteiligungsmodell festgelegten

978 Es ist nicht anzunehmen, dass sich hieraus unterschiedliche Einflüsse auf die Verbreitung der einzelnen Erfolgsbeteiligungsformen ergeben. Isoliert betrachtet ist demnach die steuerliche Behandlung auf Unternehmensebene unstrittig.

Erfolgsanteil entsteht.[979] Die Ermittlung der Gesamthöhe der Erfolgsbeteiligung sowie der jeweiligen Erfolgsanteile der Arbeitnehmer erfolgt wie auch die entsprechende Mittelverwendung naturgemäß etwas zeitversetzt.

Die Bestimmung des lohnsteuerlichen Zuflusszeitpunktes ist bei einer sofortigen Auszahlung der Erfolgsanteile an die Mitarbeiter relativ eindeutig. Es handelt sich hierbei um einen tatsächlichen Mittelzufluss im Sinne des § 11 i. V. m. 38a EStG. Problematisch hinsichtlich des lohnsteuerlichen Zuflusses sind jedoch Fälle,

- die sich durch eine – auf einer Gratwanderung beruhenden – Differenzierung der investiven Erfolgsbeteiligungsformen in das so genannte Mitarbeiterguthaben einerseits und die gesellschafts- oder schuldrechtlichen Kapitalbeteiligungen andererseits unterscheiden oder
- die eine Verkennung der wirtschaftlich gleichen Ausgangsbasis der eher als konventionell zu bezeichnenden investiven Erfolgsbeteiligungen auf der einen und der modernen – investiven Erfolgsbeteiligungsform – „Stock Options"[980] auf der anderen Seite darstellen.

Werden die Erfolgsanteile nicht bar ausbezahlt, sondern investiv verwendet, richtet sich die Bestimmung des lohnsteuerauslösenden Zuflusses nach der Kapitalbeteiligungsform, die sich an den Kriterien der Entscheidung des Bundesfinanzhofes vom 14.05.1982 orientiert.[981] Danach wird ein sofortiger steuerlicher, wenn auch nur „fiktiver" Zufluss – mit der Begründung des Übergangs der wirtschaftlichen Verfügungsmacht – angenommen, wenn die investive Mittelverwendung zu einer gesellschafts-[982] oder schuldrechtlichen[983] Kapitalbeteiligung führt.

Es ist jedoch möglich, den lohnsteuerlichen Zufluss bei investiven Erfolgsbeteiligungsmodellen unter Beachtung der vom Bundesverfassungsgericht aufgestellten

---

979 Bei den herkömmlichen Erfolgsbeteiligungsmodellen ist dies meist der Zeitraum eines Wirtschaftsjahres, bei Stock Option Programmen kann diese Zeitspanne mehrere Jahre dauern. Die Lohnsteuer wird dabei nicht zum Zeitpunkt der Anspruchsentstehung fällig, sondern nach § 11 I S. 1 u. 3 i. V. m. § 38a I S. 3 EStG erst dann, wenn tatsächliche Einnahmen vorliegen, also nicht lediglich der Anspruch entstanden ist. Dieser systematische Steuereffekt ist aber keine staatliche Förderung der Mitarbeiterbeteiligung, sondern geht aus dem Dualismus der deutschen Einkünfteermittlung hervor. Vgl. Sigloch, J., Mitarbeiterbeteiligungen (1998), S. 586.

980 In der Praxis handelt es sich bei den Aktienoptionsprogrammen überwiegend um Modelle mit nicht handelbaren Optionen, um die Zielsetzung der Unternehmensbindung zu gewährleisten. Vgl. Egner, T., Vergütungsmodelle (2002), S. 245. Bei Modellen mit handelbaren Optionen wird der steuerliche Zufluss im Zeitpunkt der Optionseinräumung angenommen. Vgl. hierzu die in Fn. 989 angeführte Rechtsprechung. Dieser Zeitpunkt soll hier jedoch nicht zur Diskussion stehen.

981 BFH-Urteil v. 14.05.82, VI R 124/77, BStBl. II 1982, S. 472.

982 Also z. B. zu einer Beteiligung über Genussrechte, einer stillen Beteiligung, einer GmbH- oder Aktienbeteiligung.

983 Typischerweise zu einem Mitarbeiterdarlehen.

Bedingungen zeitlich in die Zukunft zu verlagern.[984] Dieses Stehenlassen der Erfolgsanteile führt zu der als Mitarbeiterguthaben bezeichneten „Kapitalbeteiligung" des Mitarbeiters und ist erst lohnsteuerlich zu erfassen, wenn diese aufgelöst und anderweitigen Verwendungen zugeführt wird. An dieser Stelle ist das Kriterium der „Wahlmöglichkeit über die Mittelverwendung" von Bedeutung. Hat der Arbeitnehmer im Rahmen des investiven Erfolgsbeteiligungsmodells ein Wahlrecht, ob die investiven Erfolgsanteile als Mitarbeiterguthaben „stehengelassen" oder in eine gesellschafts- oder schuldrechtliche Kapitalbeteiligung gewandelt werden oder aber sofort bar zur Auszahlung kommen sollen, sind die BFH-Bedingungen nicht erfüllt und es wird ein sofortiger Zufluss aufgrund der faktischen Verfügungsgewalt der Mittel angenommen.

Eine weitere, jedoch weitaus elegantere Lösung der Zuflussverschiebung ist eine investive im Rahmen einer Entgelt-Umwidmung[985] verwendete Erfolgsbeteiligung. Denn laut Verwaltungserlass handelt es sich hierbei um keine Lohnabrede, da nicht direkt über die Erfolgsbeteiligung verfügt wird, sondern um eine Modifizierung der so genannten Vergütungsabrede selbst.[986]

Die der bisherigen Praxis zugrunde liegende Annahme des Bundesfinanzhofs, dass ein die Besteuerung auslösender Zufluss schon durch den Übergang der wirtschaftlichen Verfügungsmacht gegeben ist, wird allerdings als Gegensatz zum Gesetzeswortlaut[987] und den verfassungsrechtlichen Grundsätzen des Vorrangs und Vorbehalts des Gesetzes[988] angesehen. Dieser Gegensatz kann als ein relevantes steuerliches Hindernis für die als konventionell bezeichneten investiven Mitarbeiterbeteiligungsmodelle bezeichnet werden. In welcher Art und Weise sich zudem der Übergang der wirtschaftlichen Verfügungsmacht und somit der lohnsteuerliche Zufluss auslegen lässt,

---

984 Vgl. BFH-Urteil v. 14.05.82, VI R 124/77, BStBl. II 1982, S. 472.

985 Die Entgelt-Umwidmung ist eine arbeitnehmerfinanzierte Form der Altersversorgung. Anstatt feststehender Bezüge gewährt der Erlass des Finanzministeriums Nordrhein-Westfahlen auch eine Umwidmung variabler Leistungen, wie z. B. Erfolgsbeteiligungen. Vgl. FinMin. NRW – Erlass v. 15.05.95, Az. S 2332 – 75 – VB3, in: DB, 23/95, S. 1150 f.; sowie OFD Hannover – Erlass v. 05.10.95, Az. S217 – 109 – StH222/S2176 – 74 – StO221, in: BB, 4/96, S. 211.

986 Vgl. Schneider, H. J./Mehl, W., Mitarbeiterbeteiligung (Personal 5/97), S. 234 ff. Dieser Beurteilung steht die Rechtssprechung des Bundesfinanzhofs vom 14.05.1982 zur so genannten „Lohnverwendungsabrede" nicht entgegen, weil bei der Umwandlung von Bezügen für eine aktive Tätigkeit in Versorgungslohn nicht über die Auszahlungsbedingungen eines Anspruchs mit unveränderter Rechtsnatur (Aktivbezug) disponiert wird, sondern Aktivlohn durch eine Versorgungszusage ersetzt wird. Vgl. zu Einzelheiten des sog. „deferred compensation" Schmahl, D. W./Neubauer, F., "Win-Win" (Personalführung 4/94), S. 198 ff.; Schanz, T., Fallstricke (BB 12/97), S. 602 ff.; Grawert, A., Compensation (1998).

987 Nach WAGNER beschreibt das Gesetz in den §§ 2 Abs. 1 Nr. 4, 11 Abs. 1 Satz 1 u. 3 i. V. m. 38a Abs. 1 Satz 2 u. 3 EStG als steuerauslösend nicht die wirtschaftliche Verfügungsmacht, sondern den tatsächlichen Zahlungszufluss. Vgl. Wagner, K.-R., Kapitalbeteiligung (1999), S. 135.

988 Diese Grundsätze sind in Art. 20 Abs. 3 GG festgehalten.

wird an den Interpretationsspielräumen zum Mitarbeiterguthaben – und zur Entgelt-Umwidmung – deutlich, welche die Ausgangslage noch weiter verzerren.

Die Verzerrungen, die sich durch die unterschiedlichen lohnsteuerlichen Zuflusszeitpunkte ergeben, sind aber nicht nur durch das eben erläuterte Missverhältnis von Gesetzeswortlaut und Zuflussinterpretation des Bundesfinanzhofes geprägt. Sie sind zudem durch zwei sich widersprechende Auffassungen des Bundesfinanzhofes zum Übergang der wirtschaftlichen Verfügungsmacht gekennzeichnet.

Neben der auf die Entscheidung des Bundesfinanzhofes vom 14.05.1982 basierenden Rechtsprechung zur Festsetzung des fiktiven Zuflusses treten die Entscheidungen des Bundesfinanzhofes zur Bestimmung des Zuflusszeitpunktes bei Aktienoptionsprogrammen.[989] Ausschlaggebend ist dabei die derzeit geltende Endbesteuerung für Modelle mit nicht handelbaren Optionen, wonach der steuerliche Zufluss erst bei Ausübung der Aktienoptionen angenommen wird. Dem steht nicht nur die grundlegende Literaturmeinung zur Besteuerung von Stock Options gegenüber,[990] die einen steuerauslösenden Zufluss im Zeitpunkt der erstmaligen Ausübungsmöglichkeit der Aktienoptionen für richtig hält, sondern eben auch die Rechtsprechung des Bundesfinanzhofes vom 14.05.1982, die unter anderem das Kriterium der Wahlmöglichkeit der Mittelverwendung als Zufluss entscheidendes Merkmal bestimmt hat. Diesem Kriterium entsprechend müssten die Aktienoptionen, da eine Wahlmöglichkeit über die Verfügung besteht, zum Zeitpunkt der erstmaligen Verfügungsmöglichkeit besteuert werden, und nicht erst zum Zeitpunkt der Ausübung.[991] Die von der Beteiligungspraxis vertretene Meinung über den „richtigen" Besteuerungszeitpunkt weicht allerdings insoweit von der steuersystematischen Betrachtung ab, als bei Stock Options in der Regel eine Anfangsbesteuerung erwünscht ist, wohingegen man bei den herkömmlichen Erfolgsbeteiligungsmodellen die nachgelagerte Besteuerung anstrebt.

In jedem Fall ist eine steuerliche Ungleichbehandlung einzelner Erfolgsbeteiligungsformen und somit eine steuerliche Verzerrung nicht zu verkennen. Als Ursache dieser steuerlichen Verzerrung stehen die unterschiedlichen Einkommensermittlungskonzep-

989 Vgl. zu nicht handelbaren Optionen BFH-Urteil v. 10.03.72, VI R 278/68, BStBl. II 1972, S. 596 ff.; BFH-Urteil v. 23.07.1999, VI B 116/99, DB 38/99, S. 1932 f.; BFH-Urteil v. 24.01.01, I R 119/98, BFH/NV 2001, S. 968 ff.; BFH-Urteil v. 20.06.01, VI R 105/99, BStBl. II 2001, S. 689 f.; vgl. zu handelbaren Optionen BFH/NV 1986, S. 306; offen gelassen im BFH-Urteil v. 23.07.1999, VI B 116/99, DB 38/99, S. 1932 f.

990 Vgl. Egner, T./Wildner, S., Stock Options (BF/M-Spiegel 1/99), S. 2 ff.; Schubert, T., Überlassung (FR 11/99), S. 639 ff.; Kroschel, J., Zeitpunkt (BB 4/00), S. 176 ff.; Wildner, S., Stock Options (2000), S. 87 ff.; Egner, T./Wildner, S., Besteuerung (FR 2/01), S. 62 ff.

991 Diese Diskrepanz erweitert sich sogar noch, wenn für die nicht-handelbaren Optionen weitere Verfügungsbeschränkungen wie z. B. eine Haltefrist für die durch die Optionen erworbenen Aktien gelten. Denn dann wird ein Lohnsteuer auslösender Zufluss nicht im Ausübungszeitpunkt der Option, sondern erst nach Verfall der Verfügungshindernisse – hier nach Ablauf der Haltefrist für die erworbenen Aktien – angenommen. Vgl. Egner, T., Vergütungsmodelle (2002), S. 251.

tionen in Deutschland fest, aus deren zeitlichen Diskrepanzen sich entscheidende Zinseffekte ergeben. Die unterschiedlichen Steuerpausen haben schließlich einen gewissen Einfluss auf die Verbreitung der alternativen Beteiligungsformen, insbesondere im Zusammenhang mit der Begründung der angestrebten Mitarbeiterkapitalbeteiligung im Sinne von gesellschaftsrechtlichen Beteiligungsformen.

Dieser ersten Stufe von steuerlichen Verzerrungen im Rahmen der investiven Erfolgsbeteiligung, welche aufgrund der Finanzierungsfunktion einer Mitarbeiterkapitalbeteiligung einen hohen Stellenwert einnimmt, folgt eine zweite Stufe, die eine Beeinflussung der Modellverbreitung aufgrund von steuerlichen Verzerrungen bei den alternativ zur Verfügung stehenden Kapitalbeteiligungsformen hervorruft.

c) Behinderung der Mitarbeiterkapitalbeteiligung durch rechtsformspezifische Ertragsbesteuerung

Verschiedene Elemente der rechtsformtypischen Unternehmensbesteuerung wirken wie eine Barriere für die Ausdehnung betrieblicher Mitarbeiterkapitalbeteiligungssysteme, sofern diese in der wünschenswerten Form einer (echten) Eigenkapitalbeteiligung der Mitarbeiter erfolgen sollen. Für Arbeitnehmerbeteiligungen an Kapitalgesellschaften ist die größte Hürde – die Doppelbesteuerung der Gewinne durch die Einführung des körperschaftsteuerlichen Anrechnungsverfahrens – im Jahre 1977 genommen, aber durch den erneuten Systemwechsel zum Halbeinkünfteverfahren zum 01.01.2001 partiell wieder errichtet worden.[992] Unberührt bleibt dagegen weiterhin die Problematik der steuerlichen Ungleichbehandlung von Eigen- und Fremdkapital durch die Gewerbeertragsteuer.[993]

Der folgenschwerste Widerstand gegenüber einer „flächendeckenden" eigenkapitalmäßigen Beteiligung der Mitarbeiter wird jedoch – nach wie vor –[994] durch die scheinbar unbezwingbare Bastion der steuerlichen Mitunternehmerschaft aufrecht erhalten. LORITZ bringt diese Problematik auf den Punkt:

> „...jede Vereinbarung, die Arbeitnehmern zusätzlich neben dem Lohn oder Gehalt eine Vergütung als Personengesellschafter (und damit steuerlich als Mitun-

---

[992] Denn unabhängig vom individuellen Einkommensteuersatz des Mitarbeiters bleibt eine Definitivbelastung des Unternehmensgewinns in Höhe des Körperschaftsteuersatzes von 25 % bestehen.

[993] Auf diese Problematik wird in Punkt C.2.e) dieses Abschnitts, S. 306 ff. weiter unten separat eingegangen.

[994] Der Diskussionsstand hat sich demnach seit der ersten Erhebung von GUSKI/SCHNEIDER im Jahre 1977 hinsichtlich Arbeitnehmer-Kommanditbeteiligung allem Anschein nach nicht verändert. Vgl. anstatt vieler zur unveränderten Haltung ggü. der ertragsteuerlichen Behandlung der atypischen stillen Gesellschaft OFD Frankfurt v. 14.03.2001, S 2241 A – 37 – St II 21.

ternehmer i. S. d. § 15 Abs. 1 Satz 1 Ziff. 2 EStG) bringt, wäre bereits aus steuerlichen Gründen ruinös.“[995]

In der Tat würde es für einen Arbeitnehmer eine unverhältnismäßige Veränderung der Steuerbelastung bedeuten, wenn es

- zur Umqualifizierung des Arbeitseinkommens in gewerbliche Einkünfte[996] und somit
- zum Verlust der Steuervergünstigungen, die mit Einkünften aus nichtsselbständiger Arbeit verbunden sind,[997]

kommt.

Die Diskussion um diesen Missstand und die Versuche, diesen zu beheben, dauern nun schon über drei Jahrzehnte. Bisher veröffentlichte Reformvorschläge zur Lösung der Mitunternehmerschaftsproblematik bezüglich einer Kapitalbeteiligung der Mitarbeiter lassen sich wie folgt zusammenfassen:[998]

- An erster Stelle sei die so genannte Mitunternehmerschafts-Dispensklausel erwähnt, nach der in einer Ergänzung der Ausführungen von § 15 I Nr. 2 EStG das Modell des Arbeitnehmer-Kommanditisten explizit von der steuerlichen Mitunternehmerschaft ausgenommen wird.[999]
- Zweitens die generelle Festlegung, dass Kommanditisten nicht per se als Mitunternehmer im Sinne des § 15 I Nr. 2 EStG gelten.
- Und drittens das in einigen anderen Staaten praktizierte Optionsmodell, wonach die Besteuerung von Personengesellschaften als Körperschaftsteuersubjekt möglich ist.

Dem ersten Vorschlag ist entgegenzuhalten, dass er zu speziell auf die Mitunternehmerproblematik im Rahmen der Mitarbeiterkapitalbeteiligung abzielt. Die Komplexität der steuerlichen Mitunternehmerschaft wird bei einer derartig isolierten Betrachtung völlig außer Acht gelassen und Ausstrahlungseffekte, die über den Kreis der unmittelbar regelungsbedürftigen Angelegenheit hinausgehen, schlicht negiert. Zudem verschärft diese praxisbezogene, aber unsystematische Lösung die Kritik, da sie

995 Loritz, K.-G., Koppelung (RdA 5/98), S. 260.

996 Die pauschale Gewerbesteueranrechnung gem. § 35 EStG entschärft diesen Sachverhalt teilweise. Als scheinbar von Vorteil könnte der Wegfall der Sozialversicherungspflicht (Arbeitgeber- und Arbeitnehmerbeiträge zur Sozialversicherung – Arbeitslosen-, Kranken- und Rentenversicherung) sein, da diese Beiträge dem Arbeitnehmer nach Steuern voll zur Verfügung stünden. Nicht zu vernachlässigen sind aber die damit verbundenen und meist nicht erwähnten Nachteile; vgl. oben S. 107.

997 Vgl. oben S. 107.

998 Boettcher, E./Börner, D. et alii, Vermögenspolitik (1985), S. 123.

999 Vgl. BR-Drs. 239/82 v. 11.06.1982, S. 2 ff.

mit den Grundsätzen der Steuergerechtigkeit und der Gleichmäßigkeit der Besteuerung kollidiert.[1000] Dem hier verfolgten Reformvorhaben, im Rahmen dessen eine ganzheitliche Lösung angestrebt wird, ist dieser Vorschlag deshalb nicht dienlich.

Der zweite Lösungsansatz geht die Mitunternehmerschaftsproblematik „eine Stufe höher" an, indem die allgemein gültige Normierung des § 15 I Nr. 2 EStG nicht durch eine spezielle Ausnahmeregelung für Mitarbeiterkapitalbeteiligungsmodelle – eventuell im Rahmen der staatlichen Förderbestrebungen[1001] – ausgehebelt wird. Statt dessen möchte man die Rechtsentwicklung zur Mitunternehmerbesteuerung generell dahingehend korrigieren, dass der „Quasi-Automatismus", nach welchem der Grundtypus[1002] eines Kommanditisten prinzipiell als Mitunternehmer eingestuft wird, durchbrochen wird. Nachfolgende Übersicht soll den Ansatzpunkt dieser Lösungsalternative anhand der gegenwärtigen Besteuerungspraxis von Mitunternehmern verdeutlichen:

[1000] Zu diesen kritischen Anmerkungen vgl. Boettcher, E./Börner, D. et alii, Vermögenspolitik (1985), S. 123.

[1001] Wie aus der Bestandsaufnahme ersichtlich, werden an die zu fördernden Beteiligungssysteme in der Regel bestimmte Bedingungen geknüpft, die zudem– willkürliche und nicht immer vertretbare – Lenkungswirkungen nach sich ziehen.

[1002] Abgestellt wird hierbei auf den gesetzlichen Normalfall eines Kommanditisten, der auch als „Regelstatut" bezeichnet wird. Vgl. Luttermann, C., Mitunternehmerschaft (NZG 14/99), S. 636 f.; Söffing, G., Besteuerung (1994), S. 55 f. Diesem Typus entspricht ein Kommanditist, wenn er „nach dem Gesellschaftsvertrag und der tatsächlichen Durchführung zumindest die Stellung [hat], die nicht wesentlich hinter derjenigen zurückbleibt, die handelsrechtlich das Bild eines Kommanditisten bestimmt". BFH (GrS), BStBl. II 1984, S. 769; ständige Rspr. z. B. BFH-Urteil v. 28.10.99, VIII R 66-70/97; BStBl. II 2000, S. 183 ff. Schmidt, EStG (2002), § 15 Rz. 341. Anderer Ansicht bereits Döllerer, G., Handelsrecht (StuW 3/88), S. 205 f.

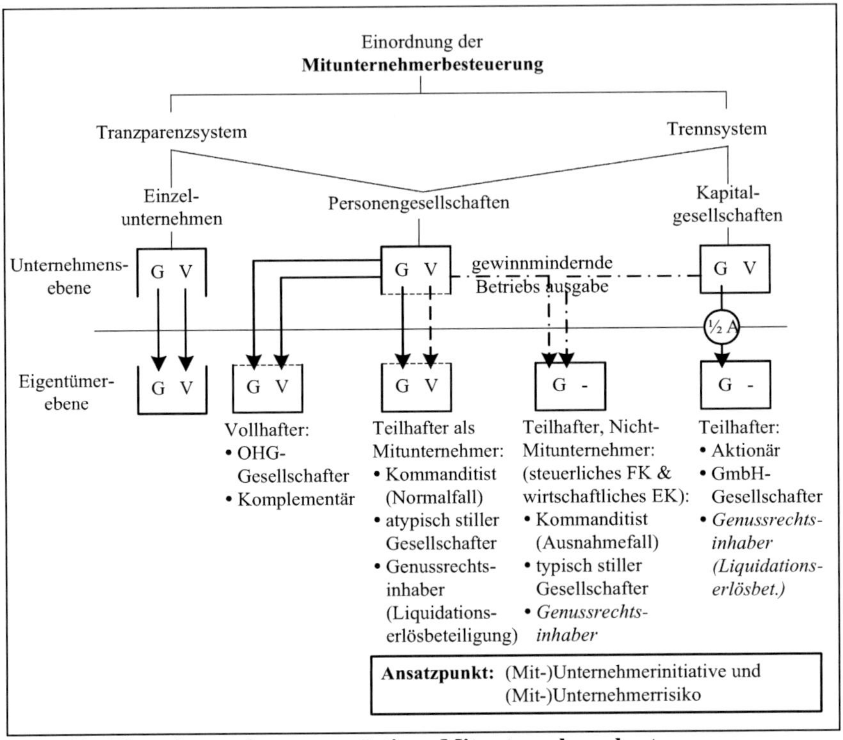

Abb. 64: Einordnung der gegenwärtigen Mitunternehmerbesteuerung

Die Tragweite dieser Durchbrechung reicht soweit, dass die bisherige – vom Steuerrecht geschaffene – Trennung von typisch und atypischer stiller Beteiligung obsolet wird. Denn die ursprüngliche Intention war es, die steuerliche Behandlung der atypischen stillen Beteiligung an die der Kommanditgesellschaft anzupassen.[1003] Die hinter dieser Lösungsalternative stehenden Überlegungen gehen davon aus, dass der Kommanditist sowie die anderen auf privatrechtlicher Grundlage beschränkt haftenden Mitglieder einer Personengesellschaft ohne Einfluss auf das Geschäftsgebaren mit einem Anteilseigner einer Gesellschaft mit beschränkter Haftung vergleichbar sind, nicht dagegen mit einem Einzelunternehmer beziehungsweise einem unbeschränkt haftenden Mitglied einer Personengesellschaft.[1004] Das Steuerrecht soll sich demnach (wieder mehr) an den handelsrechtlichen Vorschriften zur Kommanditbeteiligung[1005] orientieren, die ein rechtliches und wirtschaftliches Bild des Kommanditisten mit rein kapitalistischer – und nicht, wie beim Mitunternehmer anzunehmender, personenbe-

---

[1003] Vgl. Knobbe-Keuk, , B., Unternehmenssteuerrecht (1993), S. 401 ff.

[1004] Vgl. Bippus, B. E., Mitunternehmerschaft (DStR 20-21/98), S. 758.

[1005] Vgl. §§ 164 ff. HGB

zogener – Grundkonzeption skizzieren. Als Konsequenz für die steuerliche Einordnung als Mitunternehmer, die bisher schon bei einer Beteiligung am Liquidationserlös angenommen wird,[1006] erfährt das dynamische Tatbestandsmerkmal der Unternehmerinitiative eine absolute Höherbewertung, weil überwiegend die Kontroll-, Mitwirkungs- und Stimmrechte als maßgeblich gelten sollen; das statische Tatbestandsmerkmal „Teilhabe am Auseinandersetzungsguthaben“ muss dagegen einen völligen Bedeutungsverlust hinnehmen.[1007]

An dieser Stelle sei erwähnt, dass die österreichische Steuerrechtsordnung ebenfalls das steuerliche Rechtsinstitut der Mitunternehmerschaft kennt. Doch dort wird ein ausschließlich wirtschaftlicher Charakter einer Kommanditbeteiligung insofern berücksichtigt, indem eine so genannte „kapitalistische Mitunternehmerschaft durch den VwGH anerkannt wird.[1008] Danach kommt eine Kommanditbeteiligung, bei welcher der Kommanditist lediglich die Stellung eines Gesellschafters annimmt, die dem Regelstatut der betreffenden Bestimmungen des HGB entsprechen,[1009] wirtschaftlich ganz dem Beziehen von Kapitaleinkünften gleich.[1010]

Die Annahme einer solchen kapitalistischen Beteiligung wird im deutschen Steuerrecht allerdings schon dadurch ausgeschlossen, wenn der Gesellschafter im Dienste der Gesellschaft tätig ist. Im Rahmen von Mitarbeiterkapitalbeteiligungen trifft dieses Ausschlusskriterium aber immer zu, weswegen auch hier die steuerliche Mitunternehmerschaft (noch) ein Problem darstellt.

Nach einschlägiger Rechtsprechung des Bundesfinanzhofes erscheint allerdings die diskutierte Problematik, die gegenwärtige verbaljuristische Auslegung des § 15 I Nr. 2 EStG blockiert eine Mitarbeiterkapitalbeteiligung im Rahmen einer Arbeitnehmer-

---

1006 Das kumulative Vorliegen von Unternehmerinitiative und Unternehmerrisiko sagt dagegen noch nichts über Annahme einer steuerlichen Mitunternehmerschaft aus, da bei einem typisch still Beteiligten Unternehmerinitiative (dispositive Mitsprache- und Kontrollrechte) und Unternehmerrisiko (Gewinn- und Verlustbeteiligung) zwar begrenzt, aber dennoch kumulativ vorliegen.

1007 Zu den dynamischen und dem statischen Tatbestandsmerkmalen vgl. Punkt II.D.3.a) des zweiten Teils der Arbeit, S. 109. Der Bedeutungsverlust von einer Beteiligung am Auseinandersetzungsguthaben wird dadurch begründet, dass einerseits beim Zusammenbruch von Unternehmen in den seltensten Fällen stille Reserven vorhanden sind. Vgl. Weilbach, E. A./Weilbach, H., Mitunternehmerschaft (StB 5/00), S. 178. Schwerer wiegt jedoch das Argument, dass eine Beteiligung an den stillen Reserven, die bei Gründung der stillen Gesellschaft (noch) nicht vorhanden sind, unschädlich ist. Vgl. Schmidt, EStG (2002), § 15 Rz. 345.

1008 Im Erkenntnis vom 09.03.82, wie in Österreich die Urteile bezeichnet werden, entschied der Verwaltungsgerichtshof darüber, ob Veräußerungsgewinne aus Mitunternehmerschaften deren Funktion auf Kapitalhingabe beschränkt war, gemäß § 37 V öEStG halbsatzbegünstigt sind. Vgl. VwGH v. 09.03.82, 82/14/0044, 0045.

1009 Vgl. hierzu z. B. Kastner, W./Doralt, P./Nowotny, C., Grundriß (1990), S. 146 ff.

1010 Zur „kapitalistischen Mitunternehmerschaft“ in Österreich vgl. Schrottmeyer, N., Begünstigungsfähigkeit (SWK 29/99), S. S665 ff.

kommandit- oder einer atypisch stillen Beteiligung, in einem gänzlich anderen Licht. Im BFH-Urteil vom 15.10.1998,[1011] in welchem eine steuerliche Mitunternehmerschaft entgegen der vorgebrachten Argumentation als gegeben betrachtet wurde, zeichnet sich ein klarer Widerspruch zur bisher angenommenen – „alten“ – Rechtsauffassung ab, die sich ausschließlich am Kriterium der Beteiligung am Auseinandersetzungsguthaben orientiert. Dabei war besagtes Urteil des Bundesfinanzhofes nicht etwa ein Einzelfall, sondern es finden sich zwei weitere Urteile, die von der Voraussetzung der (statischen) Beteiligung an den stillen Reserven sowie dem Geschäftswert abrückten und die Einräumung von Mitsprache- und Stimmrechten für den stillen Gesellschafter bei der Beurteilung zur Mitunternehmerschaft in den Vordergrund stellten.[1012]

Aus den genannten BFH-Urteilen lässt sich nun folgender Umkehrschluss ableiten:

> Wenn eine Mitunternehmerschaft vorliegt, die sich ausschließlich auf Beteiligungsrechte stützt, die über den handelsrechtlichen Regelstatuts für Kommanditisten hinausgehen, liegt folglich keine Mitunternehmerschaft vor, wenn die Mitunternehmerinitiative auf die Kontroll- und Informationsrechte nach dem Regelstatut im Sinne des Handelsgesetzbuches beschränkt ist, egal ob eine Beteiligung an den stillen Reserven gegeben ist oder nicht.[1013]

Da die positive Beurteilung der Mitunternehmerschaft ausschließlich von den Mitsprache- und Stimmrechten abhängt und die Beteiligung an den stillen Reserven und/oder dem Geschäftswert dabei unerheblich ist, muss also die negative Beurteilung auch unabhängig von letzterem sein. Danach ist eine Beteiligung an den stillen Reserven und/oder dem Geschäftswert bei der Beurteilung nicht mehr ausschlaggebend. Partiell ist dieser Gedanke im Rahmen einer Genussrechtsbeteiligung auch schon umgesetzt. So wird eine Genussrechtsbeteiligung, die mit dem Recht am Gewinn- und Liquidationserlös einer Kapitalgesellschaft verbunden ist, gemäß § 20 I Nr. 1 EStG besteuert. Eine analoge vertragliche Ausgestaltung im Rahmen einer stillen Beteiligung würde hierbei allerdings schon eine Mitunternehmerschaft auslösen. Jedoch führt eine Genussbeteiligung mit Beteiligung an den stillen Reserven und/oder dem Geschäftswert einer Personenunternehmung wiederum zu einer Mitunternehmerschaft.

Läuten die erwähnten Auslegungen des Bundesfinanzhofes in der Tat einen Paradigmenwechsel bei der Mitunternehmerbesteuerung ein, ist der Weg für eine breite Be-

---

[1011] BFH-Urteil v. 15.10.98 – IV R 18/98. Entschieden wurde über zwei stille Gesellschafter, die zwar eine stark ausgeprägte U-initiative wahrnehmen konnten (direkte und unbeschränkte Weisungsbefugnisse), aber die bisher für die Qualifizierung als atypische stille Gesellschaft erforderliche Beteiligung an den stillen Reserven und dem Geschäftswert nicht erfüllten.

[1012] BFH-Urteil v. 28.01.82 – IV R 197/79, sowie v. 15.12.92 – VIII R 4290.

[1013] Vgl. Weilbach, E. A./Weilbach, H., Mitunternehmerschaft (StB 5/00), S. 178.

teiligung der Mitarbeiter am Eigenkapital „ihrer“ Klein- und mittelständischen Unternehmen frei. Der Umstand, dass die Finanzverwaltung dieser „neuen“ Rechtsprechung des Bundesfinanzhofes allem Anschein nach nicht folgt, würde der Annahme über einen Paradigmenwechsel bei der Besteuerung von Mitunternehmerschaften nicht entgegentreten. Dass diese Interpretation durch andere einschlägige Urteile des Bundesfinanzhofes,[1014] in denen eine Orientierung an der „alten“ Rechtsauffassung zur Mitunternehmerschaftsproblematik bezüglich einer Beteiligung als stiller Gesellschafter festzustellen ist, in ihrer Nachhaltigkeit beeinträchtig wird, stellt dem gegenüber die Notwendigkeit dar, diese Problematik im Rahmen dieser Arbeit als (noch) ungelöst zu behandeln.[1015] Zudem steht bislang noch eine konkrete Entscheidung des Bundesfinanzhofes über die – neue oder alte – Rechtsauffassung zur Mitunternehmerschaft für Kommanditisten aus, weshalb einerseits diesbezüglich (noch) Veränderungsbedarf in der steuerlichen Behandlung von Mitunternehmerschaften besteht und andererseits auch hier (noch) keine ganzheitliche Lösung für die in dieser Arbeit gestellte Problematik zu erkennen ist.

Als letztes gilt es deshalb den dritten Lösungsvorschlag, das Optionsmodell, zu interpretieren. In den in der Vergangenheit geführten Diskussionen haben sich zwei auf einem Optionsmodell basierende Lösungsalternativen behauptet:

- die Schaffung eines spezifischen Optionsrechts der „Arbeitnehmer-KG“ für die Besteuerung nach dem Körperschaftsteuergesetz und
- die grundsätzliche Optionsmöglichkeit für Publikums-Kommanditgesellschaften sich einer Besteuerung nach dem Körperschaftsteuergesetz zu unterziehen.[1016]

Die erste Variante veranlasst – in zweifacher Hinsicht – zu einer kritischen Stellungnahme. In erster Linie wird durch die Spezifikation auf die Arbeitnehmer-KG eine steuerliche Ungleichbehandlung zu anderen, Nicht-Arbeitnehmer-Kommanditgesellschaften vorgenommen, die aufgrund der angeführten Prämissen der Steuergerechtigkeit und der Gleichmäßigkeit der Besteuerung nicht vertretbar ist. Zudem lässt sie die Mitunternehmerproblematik bei Beteiligungsmodellen in Form von atypisch stillen Gesellschaften außen vor.

Die Vorschläge zum zweiten Optionsmodell sind zwar genereller ausgerichtet als Variante eins, begrenzen aber die Optionsmöglichkeit auf Publikums-Kommanditgesellschaften. So wären einerseits Beteiligungsmodelle in kleinen Kom-

[1014] Vgl. BFH-Urteil v. 09.10.01 – VIII R 77/98, Deutsches Steuerrecht (DStR) SS/2001, S. 2108 ff. oder Urteil v. 06.03.02 – XI R 9/01, BStBl. II 2002, S. 737 ff.

[1015] So wird in Teilen der Literatur diese (neue) Rechtsauffassung lediglich als Ausnahmefall – und nicht als Grundsatzwandel – aufgefasst. Vgl. z. B. Schmidt, EStG (2002), § 15 Rz. 344.

[1016] Anfänglich sahen die Diskussionsbeiträge keine Optionsmöglichkeit, sondern eine generelle Überführung der Publikums-KGs in die Körperschaftsteuer vor, was jedoch letztlich abgelehnt wurde. Vgl. Boettcher, E./Börner, D. et alii, Vermögenspolitik (1985), S. 123.

manditgesellschaften, die nicht (mehr) unter den Begriff der Publikums-KG fallen, von dieser – vorsichtig formuliert – „Vergünstigung“ ebenso wie andere Personengesellschaften ausgeschlossen. Die Thematik der atypisch stillen Beteiligung bleibt auch unter dieser Lösungsvariante offen.

Letzter Lösungsvorschlag hat, obwohl die abgeklärten Varianten keine befriedigende Ergebnisse zeigen, dennoch zu weitergehenden Überlegungen über das in anderen Staaten praktizierte und in Deutschland im Entwurf zum Steuersenkungsgesetz[1017] zur Neukonzeption der Steuersubjektivität von Personenunternehmen vorgesehenen Optionsmodell angeregt. Wurde beziehungsweise wird das Optionsmodell zur Anerkennung von Personenunternehmen als körperschaftsteuerliche Subjekte als eine Möglichkeit zur Entspannung der rechtsformspezifischen Besteuerung und der damit verbundenen Probleme angesehen, muss dies natürlich auch für die Mitarbeiterkapitalbeteiligung aufgrund der geschilderten Beziehungswirkungen gelten. Da Frankreich einerseits eben dieses Optionsmodell praktiziert und andererseits in dieser Arbeit die steuerlichen Rahmenbedingungen zur Mitarbeiterbeteiligung analysiert werden, soll die Untersuchung dieses Themenkomplexes im französischen Teil erfolgen.[1018]

Aufgrund der soeben erzielten Beurteilung der Vorschläge zur Lösung der durch die Mitunternehmerproblematik hervorgerufene Behinderung von Mitarbeiterkapitalbeteiligungsmodellen durch die rechtsformtypische Unternehmensbesteuerung in Deutschland wird der erste aus den genannten Gründen nicht weiterverfolgt. Die beiden anderen stellen zwar je einen Lösungsweg für sich dar, dem Erfordernis eines ganzheitlichen Reformansatzes kommen aber auch diese nicht vollständig nach. Für den anstehenden eigenen Reformvorschlag sollen deshalb unter anderem auch weitergehende Lösungen innerhalb der bestehenden Modelle der Körperschaftsteuersubjektivität von Kapitalgesellschaften und der eingeschränkten einkommensteuerlichen Subjektivität von Personengesellschaften in Betracht gezogen werden. Kernstück bleiben dabei jedoch die grundsätzlichen Probleme der steuerrechtlichen Rahmenbedingungen zur Mitarbeiterkapitalbeteiligung, welche durch steuerliche Ungleichbehandlung der Unternehmensrechtsformen hervorgerufen sind, um somit automatisch die spezifischen Hindernisse der Arbeitnehmerbeteiligung zu beseitigen.

d) Benachteiligung von Eigenkapital- gegenüber Fremdkapitalbeteiligung durch Kapitalertragbesteuerung

Der Quellenabzug im Rahmen der Kapitalertragsteuer ermöglicht eine grundsätzlich einheitliche Besteuerung der Kapitalerträge im Sinne des § 20 EStG. Eine steuerliche

---

1017 Gesetzentwurf zur Senkung der Steuersätze und zur Reform der Unternehmensbesteuerung – Steuersenkungsgesetz (StSenkG), BT-Drs. 14/2683 v. 15.02.00. Letztlich ist das Optionsmodell aufgrund einer Vielzahl von kritischen Stimmen nicht Gesetz geworden.

1018 Vgl. hierzu Punkt C.3 weiter unten, S. 310 ff.

Diskriminierung ergibt sich allerdings durch die unvollständige Erfassung dieser Kapitalerträge.

Bei Gewinnausschüttungen einer Kapitalgesellschaft wird anders als bei Personengesellschaften grundsätzlich eine anrechenbare Kapitalertragsteuer in Höhe von 20 % der zu versteuernden Ausschüttung erhoben. Ebenso unterliegen Kapitalerträge gemäß § 20 I Nr. 4 EStG der Kapitalertragsteuer, egal, ob es sich um eine Kapitalbeteiligung an einer Personenunternehmung oder einer Kapitalgesellschaft handelt.

Vom Quellenabzug durch die Kapitalertragsteuer nicht erfasst werden allerdings Zinsen aus (herkömmlichen) Mitarbeiterdarlehen, da diese nicht unter die in § 43 I Nr. 7 EStG genannten Zinsen fallen. Das Ausmaß der steuerlichen Diskriminierung der übrigen Kapitalbeteiligungsformen zum Vorteil von festverzinslichen Mitarbeiterdarlehen enthält dabei zwei Facetten:

- Der Mitarbeiter hat die Möglichkeit, die an das Finanzamt abgeführte Kapitalertragsteuer im Rahmen seiner Einkommensteuererklärung beziehungsweise seines Lohnsteuerjahresausgleichs geltend zu machen und somit zeitlich verzögert eventuell zuviel bezahlte Steuern rückerstattet zu bekommen. Während dieser Zeit ergibt sich für ihn ein negativer Zinseffekt aus der überhöhten Einkommensteuerlast. Indessen ist der Mitarbeiter, der eine Darlehensforderung im Rahmen eines Mitarbeiterdarlehens gegen seinen Arbeitgeber hat, dazu verpflichtet, seine Kapitalerträge erst in seiner Einkommensteuererklärung als Einkünfte aus Kapitalerträgen anzugeben. Im Gegensatz zum Quellenabzug ergibt sich durch die Steuerpause ein positiver Zinseffekt.
- Weitaus gravierender ist jedoch die Gefahr der fast risikolosen Steuerhinterziehungsmöglichkeit von Zinserträgen aus Mitarbeiterdarlehen, da es für den betreffenden Mitarbeiter ein leichtes ist, die ihm zugeflossenen Zinsen in seiner Einkommensteuererklärung nicht anzugeben.[1019]

Unter Berücksichtigung dieser Aspekte ist es nahe liegend, wenn sich eine Kapitalbeteiligung eher in Form eines risikolosen Mitarbeiterdarlehens als in Form der erwünschten Risikokapitalbeteiligung etabliert. Die steuerlichen Verzerrungen führen insofern zu einer eher qualitativen[1020] Beeinträchtigung der praktizierten und noch einzuführenden Mitarbeiterbeteiligungsmodelle.

1019 So schon SCHNEIDER im Jahre 1985; vgl. Schneider, D., Vermögensbeteiligungsgesetz (1985), S. 165.

1020 Die Qualität der Kapitalbeteiligung nimmt dabei von der reinen Eigenkapitalbeteiligung über das Mezzaninekapital zur Fremdkapitalbeteiligung ab. Hintergrund dazu bildet die Überlegung, dass sich Eigenkapital- oder eigenkapitalmäßige Beteiligungen aus Sicht eines partnerschaftlichen Unternehmens und/oder aus leistungstechnischen Gesichtspunkten am ehesten eignet. Die qualitative Beeinträchtigung könnte aber auch Auswirkungen auf die quantitative Verbreitung haben, wenn z. B. aufgrund der Bürgschaftsverpflichtungen oder der Absicherung im Insolvenzfall bei Fremdkapitalbeteiligungen keine Mitarbeiterkapitalbeteiligung zustande kommt.

e) Ungleichbelastung von Eigen- und Fremdkapital durch GewESt

Letztlich stellt die steuerrechtliche Diskriminierung des Risikokapitals zum Vorteil von Anlagen in Fremdkapitalbeteiligungen mit Dauerschuldcharakter eine weitere – in erster Linie ebenfalls qualitative – Beeinträchtigung der Mitarbeiterkapitalbeteiligung dar.

Die Hypothese, dass es sich um eine Benachteiligung von Eigenkapital und eigenkapital(ähnlichen) Beteiligungs- oder Finanzierungsformen handelt, stützt sich auf die generell unterschiedliche Erfassung von Eigen- und Fremdkapitalzinsen in der Bemessungsgrundlage „Gewerbeertrag" zur Gewerbeertragsteuer – kurz[1021] Gewerbesteuer. Da sich der Gewerbeertrag aus dem einkommen- beziehungsweise körperschaftsteuerlichen Gewinn ableitet, sind die Eigenkapitalzinsen darin vollständig enthalten. Fremdkapitalzinsen sind dagegen aufgrund ihrer Abzugsfähigkeit als Betriebsausgabe im einkommen- oder körperschaftsteuerlichen Gewinn nicht mehr enthalten und werden, sofern es sich um Zinszahlungen aus Dauerschuldverhältnissen handelt, lediglich zur Hälfte dem Gewerbeertrag wieder hinzugerechnet.[1022]

Seit dem Steuersenkungsgesetz 2000[1023] ist indes eine pauschale Aussage über eine Vorteilhaftigkeit der Fremdfinanzierung mit Dauerschuldcharakter wegen folgender Besonderheiten des Sachverhalts schlichtweg falsch:

- Für Personenunternehmen ist die Gewerbesteuer gemäß § 35 EStG pauschal mit dem 1,8-fachen des Gewerbesteuermessbetrags[1024] auf die Einkommensteuer anrechenbar. Diese pauschale Anrechnungsmöglichkeit gilt indessen nicht für Kapitalgesellschaften, wodurch dort die Gewerbesteuer- und die Körperschaftsteuerbelastung die Gesamtsteuerbelastung auf Unternehmensebene festlegt.
- Bei Kapitalgesellschaften kann die Gewerbesteuerlast jedoch durch die Möglichkeit von Vertragsausschüttungen beeinflusst werden, wonach die Gewinnausschüttung zugunsten von Zinszahlungen an die Gesellschafter in gewissem Umfang[1025] variiert werden kann. Dadurch entsteht eine Dynamik der Diskriminierung von Eigenkapital gegenüber Fremdkapital, die bei Personengesellschaften weniger stark ausgeprägt ist als bei Kapitalgesellschaften, da bei ersterer die zivilrechtlich anerkannten Vertragsbeziehungen steuerrechtlich nicht gebilligt

[1021] Seit dem Wegfall der Gewerbekapitalsteuer (01.01.1998) wird lediglich (noch) die Gewerbeertragsteuer erhoben, weswegen eine Bezeichnung derselben als Gewerbesteuer zu keiner Verwechslung mehr führt.

[1022] Vgl. die Hinzurechnungsvorschriften gem. § 8 Nr. 1 GewStG. Fremdkapitalbeteiligungen, die nicht als Dauerschuldverhältnis anzusehen sind, werden dagegen überhaupt nicht im Gewerbeertrag erfasst und unterliegen somit auch keiner Gewerbesteuerbelastung.

[1023] Steuersenkungsgesetz v. 23.10.00, BGBl. I 2000, S. 1433 ff.

[1024] Formal: Anrechnungsbetrag = $1{,}8 \cdot m \cdot GewE$

[1025] Bei übermäßiger Zinshöhe greift das steuerliche Rechtsinstitut der verdeckten Gewinnausschüttung (vGA) mit dem sog. Drittvergleich.

werden.[1026] Dies ermöglicht gleichzeitig eine generell stärkere Nutzung der relativen steuerlichen Fremdkapitalvorteile bei Kapitalgesellschaften, die allerdings auch von der Höhe des individuellen Einkommensteuersatzes abhängig sind.

Je nach Hebesatz der Gemeinde kommt es durch die pauschalierte Gewerbesteueranrechnung zu einer Überkompensation, einer Unterkompensation oder einer exakten Anrechnung der berechneten Gewerbesteuerbelastung.[1027] Es könnten sich folglich trotz der Gewerbesteueranrechnungsregelung Höherbelastungen durch die Gewerbesteuer ergeben. Da durch die oben dargestellte Mitunternehmerproblematik allerdings eigenkapitalmäßige Mitarbeiterkapitalbeteiligungsmodelle an Personenunternehmen in der Praxis so gut wie nicht vorkommen, kann dieser Teilbereich für die Betrachtung einer Ungleichbehandlung der Finanzierungsformen ausgeklammert werden. Ebenfalls nicht in die Untersuchung einzubeziehen ist des weiteren die Problematik, die sich aufgrund der eben erwähnten Dynamik ergibt, da bei Mitarbeiterkapitalbeteiligungen in Kapitalgesellschaften im Normalfall Gestaltungsmöglichkeiten über zu variierende Vertragsausschüttungen nicht vorhanden sind.

Im Rahmen der hier zu untersuchenden Problemstellung konkretisiert sich deshalb die Frage auf die Diskriminierung von steuerlichem Eigenkapital gegenüber einer steuerlichen Fremdkapitalbeteiligung mit Dauerschuldcharakter auf den beschränkten Fall einer Kapitalbeteiligung von Mitarbeitern einer Kapitalgesellschaft.

Zur Veranschaulichung empfiehlt sich hier ein kleines Zahlenbeispiel, das die Besteuerungsdifferenzen greifbarer erscheinen lässt – Ausgangsgröße soll dabei ein Unternehmensgewinn vor Zinszahlung und vor Steuern in Höhe von € 1.000 sein:

1026 Vgl. Sigloch, J., Finanzierung (2001), S. 435. Diese Ungleichbehandlung in der Anerkennung von zivilrechtlich wirksamen Leistungsbeziehungen war Ursache für die Einführung der §35 EStG-Regelung.

1027 Zu Folgeproblemen im Zusammenhang mit der Gewerbesteueranrechnung (unvollständige Anrechnung aufgrund eines zu geringen Einkommensteuerbetrages oder Verzerrungen bei Anwendung des Aufteilungsschlüssels), vgl. Sigloch, J., Unternehmenssteuerreform (StuW 2/00), S.169.

		Kapitalbeteiligungsform	
		Stl. EK	Stl. FK
Unternehmens-Ebene	Gewinn $_{\text{vor Zins;GewSt, KSt}}$	1.000	1.000
	- FK-Zins[1)]	-	909
	= Gewinn $_{\text{vor GewSt, KSt}}$	1.000	91
	=> (GewSt-BMG)	(1.000)	(545)[3)]
	- GewSt (16,67 %)	***167***	***91***
	= Gewinn $_{\text{vor KSt}}$	833	-
	- KSt (25 %)	***208***	
	= Ausschüttungsbetrag	625	
Anteilseigner-Ebene	zvE	313[2)]	909
	- s = 30 %	***94***	***273***
	=	219	636
	+ steuerfreie Einnahme	313	-
	= Nach-Steuer-Betrag	**532 (Dividende)**	**636 (FK-Zins)**

Tabelle 65: Steuerrechtliche Diskriminierung von Risikokapital- gegenüber Fremdkapitalfinanzierung

[1)] Der max. FK-Zins (z) ergibt sich dabei aus der Formel:
$(1.000 - z) = 16{,}67\ \%(1000 - z + \frac{1}{2} z) \Rightarrow z = 909{,}09$

[2)] zvE = 625/2 ≈ 313

[3)] GewSt-BMG = 90,9 + 454,55 (hälftige FK-Zins) ≈ 545

Besteht im Rahmen der Mitarbeiterkapitalbeteiligung eine als steuerliches Eigenkapital qualifizierte Kapitalbeteiligung bleibt dem Mitarbeiter von dem an ihn auszuschüttenden Ausgangsgewinn in Höhe von € 1.000 nach Berücksichtigung der Steuern auf Unternehmensebene – Gewerbesteuer (€ 167) sowie definitiver Körperschaftsteuer (€ 208) – und seiner individuellen Einkommensteuer (bei s = 30% € 94) – ein Betrag in Höhe von € 532. Insgesamt fällt eine Steuerbelastung in Höhe von € 469 an. Im Vergleich dazu bleibt dem Mitarbeiter bei einer Kapitalbeteiligung in Form eines Mitarbeiterdarlehens ein Restbetrag in Höhe von € 636. Die Differenz wird zum einen durch die höhere Gewerbesteuerbelastung (Δ € 76) sowie die höhere kombinierte Körperschaft- und Einkommensteuersumme (Δ € 29)[1028] verursacht. Dem Mitarbeiter verbleiben bei Fremdfinanzierung € 104 mehr.[1029]

1028 Die Differenz ergibt sich wie folgt: € 208 KSt + € 94 $ESt_{Dividende}$ – € 273 $ESt_{FK\text{-}Zins}$ = € 29

1029 Die Abweichung zwischen der Steuerdifferenz (€ 105) und der Differenz der Nach-Steuer-Beträge (€ 104) beruht auf Rundungsdifferenzen.

Der gleiche Sachverhalt lässt sich zum besseren Verständnis auch rückwärts aufzeigen. Demnach muss die Kapitalgesellschaft bei einem Gewerbesteuerhebesatz von 400 % ca. 1,88 € verdienen, damit beim Arbeitnehmer-Gesellschafter mit einem individuellen Einkommensteuersatz von 30 % (s = 30 %) 1 € Nach-Steuer-Dividende übrig bleibt; um dem selben Arbeitnehmer als Darlehensgeber 1 € Nach-Steuer-Zinsen auf sein Mitarbeiterdarlehen zahlen zu können, müssen dagegen nur noch etwa 1,57 € von der arbeitgebenden Kapitalgesellschaft erwirtschaftet werden.[1030]

Diese Steuersatzdifferenz wird – wie oben erwähnt – durch einen positiven Zinseffekt aufgrund der zeitlich versetzten steuerlichen Erfassung von Dividendeneinkünften und Zinseinkünften nicht unwesentlich verstärkt. Wenn der Mitarbeiter die Zinseinkünfte aus dem Mitarbeiterdarlehen in seiner Steuererklärung nicht angibt, „gewinnt" er einen zusätzlichen Betrag in Höhe von 273 €.

Wenngleich hier die Steuerwirkungen nur für einen ausgewählten Teilbereich als vorteilhaft für Fremdkapitalbeteiligung mit Dauerschuldcharakter dargestellt werden konnte, ist doch die generelle Ungleichbehandlung Unternehmensfinanzierung beziehungsweise der -beteiligungsformen offensichtlich geworden.[1031] Aus der steuerlichen Höherbelastung von Eigenkapitalbeteiligungen lässt sich schließlich die qualitative Beeinträchtigung der Mitarbeiterkapitalbeteiligungen ableiten.

f) Zwischenergebnis

Wie aus anderen Unternehmenssituationen bekannt, spielen die Steuerwirkungen auch im Rahmen einer Mitarbeiterkapitalbeteiligung eine bedeutende Rolle. In manchen Fällen wird durch die steuerliche Ungleichbehandlung sogar eine – ansonsten – paradoxe Handlung der am Beteiligungsmodel Mitwirkenden in Kauf genommen. Denn die Suche nach der steueroptimalen Gestaltung, welche die Finanzierungswirkungen möglichst groß ausfallen lassen, wird oft schwerer gewichtet als andere grundsätzliche Ziele, die mit einer Beteiligung von Mitarbeitern verbunden sind.

[1030] Zahlenbeispiel in Anlehnung an Schneider, D., Vermögensbeteiligungsgesetz (1985), S. 166. Zur Berechnung vgl. Abbildung 83 im Anhang, S. 402.

[1031] Je nach Ausprägung der oben genannten Parameter ist eine Vorteilhaftigkeit der Fremdfinanzierung mit Dauerschuldcharakter gegeben oder nicht. Rein rechnerisch gibt es jedoch einen Punkt, bei dem sich eine Indifferenz zwischen der Eigen- oder Fremdfinanzierung ergibt. Beim Halbeinkünfteverfahren ohne Berücksichtigung der Gewerbesteuerbelastung ergibt sich eine Indifferenz beim individuellen Einkommensteuersatz i. H. v. s = 40 %; darüber ist eine Eigenkapitalfinanzierung „günstiger". Unter Berücksichtigung der Gewerbesteuer kommt es zusätzlich auf die Höhe des Hebesatzes der Gewerbesteuer erhebenden Gemeinde an, ob eine Eigen- oder Fremdkapitalfinanzierung „günstiger" ist. Zudem ist vor dem Hintergrund des ab 2005 geltenden Einkommensteuerspitzensatzes i. H. v. 42 % der Spielraum nach „oben" zusätzlich beschränkt, weshalb eine Fremdfinanzierung im allgemeinen als die „günstigere" Finanzierungsform bezeichnet werden kann. Außerdem kann angenommen werden, dass der Durchschnittsverdiener unter den im Rahmen einer Mitarbeiterbeteiligung zu betrachtenden Arbeitnehmern i. d. R. einen individuellen Steuersatz von weniger als 40 % hat.

Eine solche, den Sachverhalt verzerrende und deshalb eigentlich nicht wünschenswerte Steuergestaltung liegt unternehmensseitig dann vor, wenn die Mitarbeiterbeteiligung für die steuerliche Betrachtungsweise als Fremdkapital qualifiziert wird, um den Betriebsausgabenabzug zu ermöglichen und somit einen steuerlichen Vorteil bei der Gewerbeertragsteuer – und möglicherweise auch bei der Quellenbesteuerung durch Nichtabzug der Kapitalertragsteuer – zu erzielen. Wirtschaftlich sollte die Mitarbeiterbeteiligung hingegen als Eigenkapital interpretiert werden können, um so die Kapitalstruktur positiv zu verändern.[1032] Dieser Spagat der vertraglichen Ausgestaltungsanforderungen der Mitarbeiterbeteiligung drückt wohl am deutlichsten die steuerliche Verzerrung von wirtschaftlich gleichen Sachverhalten aus und birgt genügend Anlass zur Kritik.

3. Steuersystematische Probleme in Frankreich

Zur Untersuchung des französischen Steuerrechts werden im Folgenden zunächst die in Deutschland bestehenden Problembereiche beleuchtet und darüber hinaus etwaige spezifische Probleme erläutert, die Einfluss auf die quantitative und/oder qualitative Verbreitung der verschiedenen Formen der Mitarbeiterbeteiligung haben könnten.

a) Lohnsteuerauslösende Zuflussproblematik

In Frankreich ist das im Zusammenhang mit der Besteuerung von investiven Erfolgsbeteiligungen in Deutschland erläuterte Problem des lohnsteuerauslösenden Zuflusszeitpunktes nicht bekannt. Dies hat zwei Gründe:

- Grundsätzlich kann die lohnsteuerauslösende Zuflussproblematik in Frankreich deshalb nicht existieren, weil in Frankreich die Arbeitnehmereinkünfte nicht im Rahmen einer Quellenbesteuerung erhoben werden. Die Arbeitnehmer haben ein Wahlrecht bei der Besteuerung ihrer Arbeitseinkünfte. Sie können entweder nachträglich durch drei Ratenzahlungen im Jahr nach dem relevanten Veranlagungszeitraum versteuert werden. Die Einkommensteuer auf Arbeitnehmereinkünfte kann aber auch durch monatliche Vorauszahlungen während des Veranlagungszeitraums vorausbezahlt werden.[1033]

  Dennoch stellt sich die Frage nach dem Erfassungszeitpunkt der Arbeitnehmereinkünfte. Hier stellt das französische Steuergesetz ebenfalls auf die wirtschaftliche Verfügbarkeit der Einkünfte ab. Hat der steuerpflichtige Arbeitnehmer ein Wahlrecht über die Verwendung der Einkünfte, liegt eine steuerpflichtige Verfügbarkeit vor. Dabei geht die französische Auslegung der (wirtschaftlichen) Verfügbarkeit weiter als in Deutschland. Denn es wird zum Beispiel bei „deferred compensation"-Vereinbarungen eine Steuerpflicht der Arbeitseinkünfte in dem Veranlagungszeitraum gesehen, in welchem die Arbeitslöhne vom Arbeit-

---

[1032] Vgl. Dautel, R., Mitarbeiterbeteiligung (BB 35/2000), S. 1757.

[1033] Vgl. hierzu die Ausführungen unter Punkt B.III.3.a)aa) des zweiten Kapitels, S. 146 ff.

nehmer erwirtschaftet werden. Allerdings sind die zeitlich aufgeschobenen Einkünfte durch das Splittingsystem (Quotientenregel) steuerbegünstigt.

- Der zweite Grund dafür, dass in Frankreich das lohnsteuerauslösende Problem im Zusammenhang mit investiven Erfolgsbeteiligungen nicht existiert, ist durch die Tatsache gegeben, dass außer den institutionalisierten Erfolgsbeteiligungsformen (Intéressement und Participation) keine anderen investiven Erfolgsbeteiligungen existieren. Die steuerauslösenden Verfügungszeitpunkte werden beim Intéressement und bei der Participation durch gesetzlich fixierte Haltefristen definiert. Allerdings erfolgt die Steuerbefreiung auf unterschiedlicher Basis. So zählen Einkünfte aus Intéressements grundsätzlich als Arbeitseinkünfte, die bei Barauszahlung auch sofort versteuert werden müssen. Werden die Intéressements investiv im Unternehmen angelegt, gelten sie unter bestimmten, gesetzlich geregelten Voraussetzungen nicht als Arbeitseinkünfte und sind somit de facto von der Einkommensteuer befreit. Dagegen zählt die Participation aufgrund der gesetzlichen Regelung in Art. L441-5 Code du travail grundsätzlich nicht als Arbeitseinkommen, weswegen sie auch nicht steuerpflichtig ist.

Aufgrund dieser Tatsachen kann keine systemimmanente Steuerverzerrung für investive Erfolgsbeteiligungen in Frankreich festgestellt werden. Vielmehr liegt durch die steuerliche Sonderbehandlung der institutionalisierten Erfolgsbeteiligungsmodelle eine Durchbrechung der Besteuerungsprinzipien vor. Die staatlichen Fördermaßnahmen sind eine gezielte Ungleichbehandlung wirtschaftlich gleicher Sachverhalte, um somit dem Förderziel nachzukommen.

b) Rechtsformspezifische Ertragsbesteuerung

In Frankreich erfolgt die Ertragsbesteuerung ebenfalls anhand einer rechtsformspezifischen Unterscheidung der Unternehmenserträge. Aufgrund der konzeptionellen Unterschiede zwischen der Besteuerung von Personenunternehmen und Kapitalgesellschaften kommt es in Frankreich ebenfalls zu Steuerverzerrungen bei der Ertragsbesteuerung.

Im Zusammenhang mit der Besteuerung von Mitarbeiterkapitalbeteiligung sind zwei Besonderheiten der französischen Ertragsbesteuerung hervorzuheben:

- die Regelung der Leistungsbeziehungen zwischen Gesellschaftern und Personengesellschaft
- die Besteuerung von Kommanditanteilen

Das so genannte Transluzitätsprinzip basiert auf der juristischen Auslegung, dass Personengesellschaften eine eigenständige Rechtspersönlichkeit („personnalité morale“) haben. Steuerlich folgt daraus, dass die Personengesellschaft als Steuersubjekt betrachtet wird – und nicht wie in Deutschland, die Gesellschafter. Dies ist insbesondere bei der (steuerlichen) Anerkennung von Vertragsbeziehungen zwischen der Personengesellschaft und den Gesellschaftern von Bedeutung. Allerdings werden nicht alle Verträge gleichermaßen anerkannt. Darlehensverträge und Verträge über Vermietung und Verpachtung sind steuerlich wirksam und haben keine Umqualifizierung zur Folge. Dagegen werden Verträge über Tätigkeitsvergütungen wie in Deutschland nicht anerkannt, wenn der Gesellschafter in der Geschäftsführung tätig ist. Die aufgrund des Vertrages bezahlten Tätigkeitsvergütungen werden ebenfalls in gewerbliche Einkünfte umqualifiziert. Arbeitsverträge mit nicht an der Geschäftsführung beteiligten Gesellschaftern (Kommanditisten oder stille Gesellschafter) werden jedoch anerkannt.

Diese Anerkennung hängt mit der Besteuerung von Erträgen aus Kommanditbeteiligungen zusammen. So wird eine Kommanditbeteiligung generell im Rahmen der Körperschaftsteuer erfasst. Eine zur steuerlichen Mitunternehmerschaft vergleichbare Problematik ist dort nicht gegeben, da der kapitalistische Charakter einer Kommanditbeteiligung in der Besteuerung berücksichtigt wird. Die Orientierung der Ertragsbesteuerung an wirtschaftlichen Gegebenheiten führt deshalb dazu, dass Arbeitsverträge von Kommanditisten steuerlich wie Arbeitsverträge von Geschäftsführern in Kapitalgesellschaften eingestuft werden. Eine Umqualifizierung bleibt aus. Dadurch, dass die Eigenschaft der Kommanditbeteiligung nicht mit geschäftsführerähnlichen Mitspracherechten angereichert werden kann, können diesbezüglich auch keine steuerlichen Gestaltungen entwickelt werden. Sobald einem Kommanditisten über seine Kontroll- und Informationsrechte hinausgehende Mitspracherechte vertraglich eingeräumt werden, wird er automatisch zum vollhaftenden Komplementär.[1034]

Für die Arbeitnehmerkapitalbeteiligung haben insofern die steuersystematischen Verzerrungen der französischen Ertragsbesteuerung keine Bedeutung. In der Regel werden demnach alle Mitarbeiterkapitalbeteiligungen im Rahmen der Körperschaftsteuer erfasst. Zwischen den verschieden rechtsformspezifischen Beteiligungsformen kommt es zu keiner quantitativen oder qualitativen steuerlichen Verzerrung.

Aus diesem Grund spielt auch das französisches Optionsmodell, nach welchem transluzide Gesellschaften sich für eine Besteuerung nach dem Körperschaftsteuergesetz und Familien-GmbHs sich im Rahmen der Einkommensteuer als transluzide Kapitalgesellschaft besteuern lassen können, keine Rolle. Die steuerlichen Vor- und Nachteile des Optionsmodells sind deshalb im Rahmen der Mitarbeiterbeteiligung nicht von Bedeutung.[1035]

1034 Vgl. hierzu Ausführungen zur Besteuerung von Kommanditisten in Frankreich unter Punkt III.B.3. des zweiten Kapitels, S. 153 ff.

1035 Zu ausführlichen Erläuterungen über die Vor- und Nachteile der Optionsmöglichkeit vgl. Hahn, H., Besteuerung (DStR 20-21/99), S. 837 ff.; Hellio, F./ Rädler, A., Anmerkungen (IStR 13/00), S. 403 f.

c) Besteuerungsunterschiede zwischen Eigen- und Fremdkapitalbeteiligungen

Bei der Besteuerung von Eigen- und Fremdkapitalbeteiligungen gibt es in Frankreich ausschließlich Steuersatzunterschiede einer Steuerart, da die entsprechenden Kapitalerträge durch unterschiedlichen Einkunftsarten mit unterschiedlich hohen Steuertarifen der Einkommensteuer unterliegen.[1036] Eine zusätzliche Steuerbelastung, wie sie in Deutschland durch die Gewerbeertragsteuer gegeben ist, existiert nicht.

In Frankreich ist der Steuersatz für Zinseinkünfte mit 16 % deutlich geringer als die steuerliche Belastung von Dividenden durch die Definitivbelastung der Körperschaftsteuer (33 1/3 %), auch wenn im Rahmen des Halbeinkünfteverfahrens nur 50 % der Dividenden der individuellen Einkommensteuer unterliegen.

Neben den Steuerbelastungen spielt in Frankreich die Belastung durch Sozialabgaben generell eine wichtige Rolle. Da die Belastung durch die Sozialbeiträge CSG und DRDS aber sowohl Zinseinkünfte als auch Dividenden und Veräußerungsgewinne mit einer Gesamthöhe von 11 % belastet, ergeben sich durch die Mehrbelastungen keine Belastungsunterschiede. Insgesamt kann die Spitzenbelastung bei Dividenden auf fast 58 %[1037] anwachsen.

Solange keine weiteren Faktoren in die Betrachtung einbezogen werden, unterliegen Kapitalerträge aus Eigenkapitaltiteln einer deutlich höheren Belastung als Kapitalerträge aus Fremdkapitalanteilen, was zu einer Durchbrechung des Gleichmäßigkeitsgrundsatzes der Besteuerung führt. Vor diesem Hintergrund wäre es nachvollziehbar, wenn Mitarbeiterbeteiligungen fast ausschließlich als Fremdkapitalbeteiligungen ausgestaltet würden, auch wenn betriebswirtschaftlich eine andere Form der Kapitalbeteiligung angestrebt werden würde. Die bestehenden hohen Steuervergünstigungen entschärfen diese Steuerverzerrungen, so dass die qualitative Verbreitung der Mitarbeiterkapitalbeteiligung infolge dessen stark von der Förderung abhängig ist.

4. Steuersystematische Barrieren in Großbritannien

Die Charakterzüge des bestehenden Steuersystems in Großbritannien sind auf die ursprünglich geltende Schedulenbesteuerung zurückzuführen. Da die Schedulensteuer grundsätzlich Unterschiede bei der Besteuerung verschiedener Einkunftsquellen macht, werden im Folgenden explizit die bei der Besteuerung von Mitarbeiterbeteiligungen in Deutschland aufgetretenen Problembereiche untersucht. Darüber hinaus sind die steuerspezifischen Hindernisse des britischen Steuersystems zu erläutern.

1036 Vgl. Leibfritz, W./O'Brien, P., French Tax System (2005), S. 24 f.

1037 Die max. Steuerbelastung ergibt sich durch: 33,3 % Körperschaftsteuer + 48,06 % Spitzeneinkommensteuersatz auf 50 % der Dividenden nach dem Halbeinkünfteverfahren + 11 % Sozialversicherungsbeiträge CDS und CRDS.

a) Besteuerungszeitpunkt bei investiven Erfolgsbeteiligungen

Die Einkommensbesteuerung von Mitarbeiterbeteiligungen ist durch das ITEPA 2003 eindeutig geregelt.[1038] Es existieren spezielle Vorschriften für die Besteuerung der Mitarbeiterbeteiligung, die wenig Interpretationsspielraum lassen.[1039]

Bar ausbezahlte Erfolgsbeteiligungserträge werden im Rahmen des lohnsteuerähnlichen Abzugsverfahrens PAYE im Auszahlungszeitpunkt mit Steuern und Sozialabgaben belastet. Bei investiven Erfolgsbeteiligungsmodellen oder bei reinen Kapitalbeteiligungsmodellen hängt der Besteuerungszeitpunkt prinzipiell davon ab, wann die Kapitalbeteiligung ein „readily convertible asset" (RCA), also einen veräußer-, tausch- oder pfändbaren Vermögensgegenstand darstellt.[1040] Hierdurch kommt die wirtschaftliche Verfügungsmacht über den Vermögensgegenstand zum Ausdruck.

Bis 01.01.2003 war die steuerliche Erfassung der investierten Erfolgsbeteiligungserträge nur von der tatsächlichen Verfügungsmacht abhängig. Bis zu diesem Zeitpunkt konnten aber die Beteiligungsunternehmen ihre Unternehmensleistungen nicht als Betriebsausgabe vom einkommen- oder körperschaftsteuerlichen Gewinn abziehen. Seit diesem Datum sind diese Unternehmensleistungen abzugsfähig. Die Abzugsfähigkeit geht dabei in der Regel mit der Einstufung der Kapitalbeteiligung als RCA einher, die in s. 702 ITEPA 2003 in einer abschließenden Aufzählung definiert wird. Allerdings In Ausnahmefällen ist jedoch die Unternehmensleistung auch dann als Personalaufwand bei Kapitalgesellschaften vom körperschaftsteuerlichen Gewinn abzugsfähig, wenn die Kapitalbeteiligung des Arbeitnehmers eigentlich kein RCA ist.[1041] Im Sinne einer umgekehrten Maßgeblichkeit wird dabei jedoch die Kapitalbeteiligung als RCA eingestuft, obwohl der Vermögensgegenstand laut s. 702 ITEPA 2003 per definitionem nicht als RCA gilt. Die Besteuerung der investiven Erfolgs- oder der reinen Kapitalbeteiligung beim Arbeitnehmer korrespondiert dementsprechend mit der Abzugsfähigkeit der Unternehmensleistungen auf Unternehmensebene.

Analog zu dieser steuerlichen Behandlung werden Aktienoptionen erfasst. Handelbare Optionen, die in der Regel bei Mitarbeiterbeteiligungsprogrammen so gut wie nicht Verwendung finden, werden im Zeitpunkt der Optionsgewährung in Höhe des nach der Optionspreistheorie zu bestimmenden Optionspreises als Arbeitseinkünfte besteuert. Hintergrund ist die Einstufung der Option als RCA gemäß den PAYE-Vorschriften.[1042] Dagegen werden nicht handelbare Optionen generell nicht als RCA eingestuft und erst bei Optionsausübung besteuert, sofern die mit der Option erworbenen Kapitalbeteiligungen RCAs darstellen. Sind die Kapitalbeteiligungen zum

---

[1038] Vgl. Teil 2 ITEPA 2003.

[1039] Vgl. Pett, D., Share Schemes (2005), S. 7/5.

[1040] Vgl. s. 699 i. V. m. s. 702 ITEPA 2003.

[1041] Vgl. Pett, D., Share Schemes (2005), S. 7/41 f.

[1042] Vgl. s. 729 ITEPA 2003.

Beispiel durch vertragliche Ausgestaltungen keine RCAs, erfolgt die Besteuerung erst in dem Zeitpunkt, in welchem die Kapitalbeteiligungen als RCA eingestuft werden.

Diese Vorgehensweise ist dementsprechend systemkonform mit der „normalen" investiven Erfolgsbeteiligung, insofern es sich hierbei nicht um die oben beschriebenen Ausnahmefälle handelt. Eine steuerliche Verzerrung, die eine steuerliche Ungleichbehandlung der verschiedenen investiven Erfolgsbeteiligungsformen hervorrufen würde, ist demnach prinzipiell nicht gegeben.

b) Steuerbelastungsunterschiede bei der Kapitalertragsbesteuerung

Die britische Unternehmensbesteuerung ist ebenfalls rechtsformspezifisch ausgestaltet. Als Folge davon werden Erträge aus einer Kapitalbeteiligung an Kapitalgesellschaften als Dividendeneinkünfte besteuert. Da diese Unternehmensgewinne vorher auf Unternehmensebene schon mit einem definitiven Körperschaftsteuersatz belastet wurden, wird dem steuerpflichtigen Dividendenempfänger eine Steuergutschrift gewährt, um die Doppelbesteuerung von Körperschaft- und Einkommensteuer auszugleichen. Unternehmensgewinne von Personengesellschaften werden als gewerbliche Einkünfte („Trading Income") besteuert und unterliegen den individuellen Einkommensteuersätzen des Steuerpflichtigen.

Des weiteren werden in Großbritannien Kapitalerträge aus Fremdkapitalbeteiligungen gesondert behandelt. Es besteht dementsprechend prinzipiell eine steuerliche Verzerrung hinsichtlich der Investitionsalternativen einer Mitarbeiterkapitalbeteiligung. Welche Größenordnung diese Steuerverzerrung einnimmt, soll nachfolgende Tabelle aufzeigen. Dabei werden die steuerliche Behandlung von Kapitalerträgen aus einer Fremdkapitalbeteiligung, die Besteuerung von Unternehmensgewinnen einer Personenunternehmung („Trading Income") sowie die Besteuerung von Unternehmensgewinnen einer Kapitalgesellschaft gegenübergestellt.

Kapitalbeteiligung	Einkommensstufe		
	Starting-Rate Band	Basic-Rate Band	Higher-Rate Band
FK-Erträge (vor St.):	100	100	100
Unternehmensebene	0 %: 0	0 %: 0	0 %: 0
Arbeitnehmerebene	10 %: 10	20 %: 20	40 %: 40
Ertrag (nach St.)	90	80	60
→ **Gesamtbelastung**	**10 %**	**20 %**	**40 %**
EK-Erträge (vor St.) (Personenunternehmen):	100	100	100
Unternehmensebene	0 %: 0	0 %: 0	0 %: 0
Arbeitnehmerebene	10 %: 10	22 %: 22	40 %: 40
Ertrag (nach St.)	90	78	60
→ **Gesamtbelastung**	**10 %**	**22 %**	**40 %**
EK-Erträge (vor St.) (Kapitalgesellschaften):	100	100	
Unternehmensebene	30 %: 30	30 %: 30	
Arbeitnehmerebene	10 %-(11,1%):0	32,5 %-11,1 %: 15	
Ertrag (nach St.)	70	55	
→ **Gesamtbelastung**	**30 %**	**45 %**	

Abb. 66: Vergleich der Gesamtsteuerbelastung von EK- und FK-Erträgen

Die Gegenüberstellung macht deutlich, dass für Geringverdiener Kapitalerträge aus einer Fremdkapitalbeteiligung und Erträge aus Personenunternehmen gleich und Dividenden 20 % höher besteuert werden. Für die mittlere Einkommensklasse erhöht sich die Differenz sogar auf 25 % beziehungsweise 23 % und nähert sich erst in der höchsten Einkommensklasse auf 5 % an.

Diese Verletzung der Besteuerungsprinzipien kann die qualitative Verbreitung der Mitarbeiterkapitalbeteiligung in erheblichem Maße beeinflussen.

Im Zusammenhang mit der Mitarbeiterbeteiligung sind die zwei Problembereiche der deutschen Unternehmensbesteuerung, die Mitunternehmerschaft und die Anerkennung von Leistungsbeziehungen bei Personengesellschaften eher irrelevant.[1043]

[1043] Bei Ärzten, Rechtsanwälten etc., die nicht die Rechtsform einer company annehmen können und qua Gesetz die Rechtsform einer partnership wählen müssen, werden steuerliche Leistungsbeziehungen anerkannt. Vgl. Weisflog, W. E., Mitunternehmerschaft (StuW 2/98), S. 167 ff.

Erträge aus einer kommanditbeteiligungsähnlichen Beteiligung als „limited partner“ werden zwar als gewerbliche Einkünfte („Trading Income“) versteuert. Die Gegenüberstellung hat jedoch verdeutlicht, dass sich gegenüber der Besteuerung von Kapitalerträgen aus Fremdkapitalbeteiligungen keine wesentlichen Steuerbelastungsunterschiede ergeben. Theoretisch besteht deswegen hinsichtlich einer Mitarbeiterkapitalbeteiligung eine steuersystematische Benachteiligung der Mitarbeiterkapitalbeteiligungen in Kapitalgesellschaften. Vor dem Hintergrund, dass die company mit Abstand die am weitesten verbreitete Rechtsform ist, spielt diese Steuerverzerrung jedenfalls hinsichtlich einer Beurteilung zur Beeinflussung der Verbreitung von Mitarbeiterbeteiligungsmodellen kaum eine Rolle.

c) Stamp Duty und Veräußerungsgewinnbesteuerung bei der Übertragung von Kapitalbeteiligungen

Die Stamp Duty oder Stempelsteuer wird im Zusammenhang mit der Mitarbeiterbeteiligung nur bei der Übertragung von Wertpapieren fällig. Dies führt zu einer Ungleichbehandlung von Kapitalbeteiligungen, die in Wertpapieren verbrieft sind, und solchen, die nicht verbrieft sind. In der Regel fällt dementsprechend bei den meisten Fremdkapitalbeteiligungsformen bei deren Übertragung keine Stempelsteuer an – außer bei der Übertragung von verbrieften Unternehmensanleihen. Da in der Regel Fremdkapitalbeteiligungen im Rahmen einer Mitarbeiterbeteiligung nicht übertragen werden, sondern es ausschließlich zu einer Rückzahlung derselben kommt, ist diese Steuerverzerrung lediglich von theoretischer Natur.

Als besonders hervorzuheben ist allerdings auch in Großbritannien, die steuerliche Erfassung von Veräußerungsgewinnen. Gewinne aus der Veräußerung von Kapitalbeteiligungen fallen zwar unter keine Einkunftsart und wären dementsprechend einkommensteuerfrei. Sie werden jedoch im Rahmen der Capital Gains Tax mit den entsprechenden Einkommensteuersätzen besteuert und kann de facto deshalb nicht als einkommensteuerfrei bezeichnet werden. Die konsequent umgesetzte Veräußerungsgewinnbesteuerung entspricht demnach dem Realwertprinzip und erfüllt somit die Anforderungen der dieser Arbeit zugrundeliegenden Besteuerungsprinzipien.

5. Zwischenergebnis

Die Gegenüberstellung der steuerlichen Rahmenbedingungen hat gezeigt, dass in Deutschland die unterschiedlichen Besteuerungsvorschriften hinsichtlich des Besteuerungszeitpunktes von investiven Erfolgsbeteiligungsmodellen die Verbreitung der unterschiedlichen Beteiligungsmodelle beeinflussen kann. In Frankreich dagegen orientiert sich die steuerliche Erfassung von investiven Erfolgsbeteiligungen in Richtung Reinvermögenszugangslehre. Dies zeigt sich vor allem bei der Besteuerung von „deferred payments“. Dies steht zwar nicht im Einklang mit der in Deutschland vertretenen Auffassung von der Besteuerung im Zeitpunkt des Übergangs der wirtschaftlichen Verfügungsmacht. Dies aber lediglich deshalb nicht, da die Entscheidung für ein „deferred payment“ aufgrund der Tatsache, dass der Lohn noch nicht entstanden ist, nicht als Lohnverwendung und somit als Ausübung der wirtschaftlichen Verfügungsmacht angesehen wird.

Die in Großbritannien bestehende Verknüpfung zwischen „readily convertible asset“ und Besteuerungszeitpunkt basiert ebenfalls auf der Besteuerung im Zeitpunkt der wirtschaftlichen Verfügungsmacht. Die zugrundeliegenden Besteuerungsprinzipien werden nur in einem Ausnahmefall verletzt. Die steuerliche Erfassung richtet sich demnach prinzipiell nach den Besteuerungsgrundsätzen. Diese Einheitlichkeit bietet für den eigenen Reformvorschlag einen konkreten Lösungsvorschlag.

Ebenso verhält es sich bei der Mitunternehmerproblematik. Allerdings ist orientieren sich die eigenen Überlegungen für eine Reform der Mitunternehmerbesteuerung an den steuerlichen Vorschriften in Frankreich. Dort ist die steuerliche Erfassung an den wirtschaftlichen Gegebenheiten ausgerichtet und bietet dementsprechend eine geeignete Basis für die eigenen Überlegungen.

Die Problematik der gewerbesteuerlichen Zusatzbelastung unternehmerischer Gewinne und die durch die rechtsformspezifische Unternehmensbesteuerung verstärkte Steuerverzerrung bleibt eine Besonderheit der deutschen Steuerrechtsordnung. Lösungsvorschläge können aus diesem Grund nichts von den untersuchten ausländischen Rechtsordnungen übernehmen. Ebenfalls keine Anhaltspunkte bieten die untersuchten Steuersysteme hinsichtlich der Probleme der rechtsformspezifischen Unternehmensbesteuerung. Allerdings ist abschließend hervorzuheben, dass Veräußerungsgewinne sowohl in Frankreich als auch in Großbritannien grundsätzlich steuerpflichtig sind. Aus steuersystematischer Sicht ist dies positiv zu beurteilen. Aus Sicht einer Mitarbeiterbeteiligung hat dies gegenüber Deutschland allerdings einen negativen Steuerverzerrungseffekt, da in Veräußerungsgewinne in Deutschland ab dem Überschreiten einer bestimmten Frist steuerfrei sind.

Die Verbreitung der Mitarbeiterbeteiligung wird allem Anschein nach in Deutschland am stärksten beeinflusst – und hierbei insbesondere von der Mitunternehmerschaftsproblematik. Welche weiteren Auswirkungen die staatlichen Fördersysteme haben, wird im folgenden Abschnitt aufgezeigt.

D. Staatliche Fördersystematik – Sondernormen/Ausnahmeregelungen

Dieser Analyseabschnitt soll Klarheit darüber verschaffen, inwieweit die jeweiligen staatlichen Fördersysteme der untersuchten Länder Einfluss auf den Verbreitungsgrad der verschiedenartigen Mitarbeiterbeteiligungsmodelle nehmen und wie sie ihre Ziele zu erreichen versuchen.

1. Ausgangsüberlegungen

Es gibt vielfältige Eingriffs- oder Lenkungsmaßnahmen, derer sich ein Staat zur Verfolgung eines ihm vorschwebenden Zieles bedienen kann.[1044] Dabei liegt es in der Natur der Dinge, dass sich diese im Wirkungsgrad der Zielerreichung unterscheiden können. Nachvollziehbar ist diese Annahme, wenn man sich vor Augen führt, dass dabei nicht nur auf Anreizinstrumente zurückgegriffen wird, die auf einer freiwilligen Akzeptanz des Betroffenen beruhen, sondern auch auf zwangsweise Verordnungen.[1045] Letzte Variante des staatlichen Eingreifens ist zwar in die theoretische Analyse – wenn auch nur am Rande – mit einzubeziehen, da eines der untersuchten Länder unter anderem diesen Weg eingeschlagen hat, um die Arbeitnehmerbeteiligung einem möglichst hohen Verbreitungsniveau zuzuführen. Für die Ausarbeitung von Vorschlägen zur Weiterentwicklung der Situation in Deutschland wird jedoch von einer obligatorischen Durchsetzung des Beteiligungsgedankens Abstand genommen. Vielmehr sollte sie sich, wenn überhaupt eine staatliche Förderung zu befürworten ist,[1046] auf einer ausschließlich freiwilligen Basis bewegen, um die Eigeninitiative der Bevölkerung zu nutzen und die Eigenverantwortlichkeit wieder stärker in der Gesellschaft zu implementieren.

Nachfolgende Übersicht zeigt eine Systematisierung der möglichen Förderwege sowie deren jeweilige Rahmenbedingungen:

[1044] Im allgemeinen unterliegen der staatlichen Gemeinschaft wirtschaft-, sozial- und verteilungspolitische Aufgaben; vgl. Fischer, F., Ertragsteuerrecht (2001), S. 11.

[1045] Ausweichhandlungen der betroffenen Parteien könnten aber auch bei Zwangsverordnungen die beabsichtigte Lenkungswirkung beeinflussen.

[1046] An dieser Stelle soll weniger der Frage nachgegangen werden, ob eine Rechtfertigung von derartigen staatlichen Eingriffen begründet ist. Zur Rechtfertigung von Sozialzwecknormen vgl. Lang, J., Grundlagen (2002), § 4, Rz. 124 ff. Zum Für und Wider von direkten oder indirekten staatlichen Eingriffen vgl. Fischer, F., Ertragsteuerrecht (2001), S. 11.

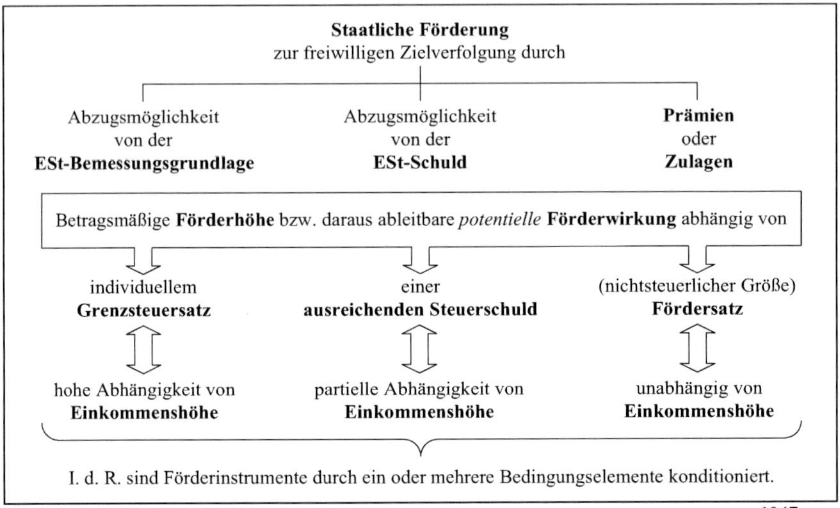

Abb. 67: Grundsätzliche Differenzierung staatlicher Förderinstrumente[1047]

Generell stehen staatlicherseits diese drei Arten der Förderung zur Auswahl; somit lassen sich hierunter auch die theoretisch möglichen staatlichen Fördersysteme zur Verbesserung der Mitarbeiterbeteiligung einordnen. Die jeweiligen Instrumente können jedoch unter bestimmten Voraussetzungen aufgrund ihrer unterschiedlichen Wesensart unterschiedliche Förderhöhen aufweisen. Ungleiche Förderbeträge implizieren einen ungleichen Einfluss auf die Zielverfolgung und somit eine unter Umständen vom beabsichtigten Ziel abweichende Förderwirkung.

In Hinsicht auf die steuerliche Förderung der Mitarbeiterbeteiligung durch Abzug von der Bemessungsgrundlage zur Einkommensteuer werden verteilungspolitische Bedenken dahingehend geäußert, dass einerseits – bei progressiv ausgestaltetem Einkommensteuertarif – „besserverdienende" Steuerpflichtige mit ansteigendem individuellem Grenzeinkommensteuersatz eine zunehmend höhere Begünstigung genießen, andererseits – bei Vorhandensein eines steuerfreien Existenzminimums – Steuerpflichtige unterhalb eines bestimmten Einkommens sogar von der vollen Förderung ausgeschlossen sind.[1048] Allerdings scheint es nur konsequent zu sein, dass durch die Progressionswirkung bei höherem Einkommen eine höhere steuerliche Entlastung als bei niedrigerem eintritt. So kann der Steuerpflichtige über die aufgewendeten Mittel zunächst nicht mehr verfügen, weshalb dieser Einkommensbetrag nicht, auch nicht

[1047] Abbildung in Anlehnung an Westerheide, P., Vermögenspolitik (1999), S. 47.

[1048] Verteilungspolitisch sind somit die unteren Einkommensbereiche von dieser Maßnahme abgeschnitten oder profitieren kaum von der staatlichen Förderung, was eigentlich dem Ziel der Umverteilung widerspricht. Vgl. Schrinner, A., Steuerliche Probleme (1999), S. 44 f.

progressiv, besteuert werden kann.[1049] Weniger abhängig von der Einkommenshöhe sind dagegen Steuervergünstigungen, die einen prozentualen oder betragsmäßigen Abzug von der anfallenden Einkommensteuerschuld erlauben, wobei hier die Höhe der staatlichen Beihilfe (nur) noch vom Anfallen einer ausreichenden Steuerschuld abhängig ist.

Wird indessen das Wirtschaftssubjekt durch staatliche Prämien oder Zulagen beziehungsweise Zuschüsse gefördert, die in der Regel unabhängig von steuerlichen Kriterien sind, ist die Förderwirkung betreffend der Betragshöhe unabhängig von der jeweiligen Einkommenshöhe und somit prädestiniert zur Unterstützung der Zielgruppe der „Geringverdienenden“.

Zur genaueren Beeinflussung der Förderwirkung werden des weiteren bestimmte Bedingungselemente eingesetzt, die eine exaktere „Dosierung“ der Förderleistung ermöglichen soll. In der Regel sind das Kriterien wie Förderhöchstgrenzen, Festlegungs- oder Haltefristen und Kumulierungsverbote, aber auch eine Einschränkung der Förderung auf bestimmte Einkommensbereiche oder familienstandsbezogene Kriterien finden Anwendung.[1050]

Als nächsten Schritt gilt es nun zu analysieren, wie die zu untersuchenden Länder diese Förderinstrumente in die jeweilige staatliche Fördersystematik haben einfließen lassen. Allerdings kann vorweggenommen werden, dass nur die erste und die letzte Komponente beziehungsweise eine Kombination von beiden in der Praxis vorkommen. In Deutschland praktiziert man eine Kombination aus Steuervergünstigung durch Abzug von der Einkommensteuerbemessungsgrundlage und die Förderung über die so genannte Arbeitnehmer-Sparzulage. Die staatliche Fördersystematik in Frankreich basiert indes ausschließlich auf dem ersten Instrumentarium, das sowohl bei der obligatorischen, als auch bei den freiwilligen Beteiligungsmodellen die Begünstigung erwirkt. Großbritannien beschränkt sich ebenfalls auf die Abzugsmöglichkeit von der Bemessungsgrundlage zur Einkommensteuer.

Inwiefern die jeweiligen Detailregelungen ausschlaggebend für die Verbreitungsdifferenzen sein könnten, soll für die jeweiligen Länder im Einzelnen untersucht werden.

2. Duales Fördersystem in Deutschland

Die Besonderheit an der staatlichen Förderung der Mitarbeiterbeteiligung in Deutschland ist nicht nur das aus dem Nebeneinander der Förderkomponenten § 19a EStG und 5. Vermögensbildungsgesetz bestehende duale System an sich, sondern die im

---

1049 Dies könnte in Analogie dazu gelten, dass bei Verzicht auf einen möglichen Einkommenszuwachs oder bei der Tätigung eines betrieblichen Aufwands die fehlende oder verringerte Bemessungsgrundlage nicht besteuert wird. Vgl. hierzu Kirchhof, P., Karlsruher Entwurf (StuW 1/02), S. 15.

1050 Vgl. Westerheide, P., Vermögenspolitik (1999), S. 47 f.

Vermögensbildungsgesetz neben der Bausparförderung eingebetteten Förderung von Produktivkapitalbeteiligungen. Es besteht folglich keine spezielle Konzentration staatlicher Aktivitäten zugunsten einer Mitarbeiterbeteiligung am arbeitgebenden Unternehmen, sondern lediglich eine Integration unter dem Deckmantel der Vermögensbildung – wenngleich die Fördersätze in der letzten Änderung des Vermögensbildungsgesetzes zugunsten der Produktivkapitalbeteiligungen geändert wurden.[1051]

a) Vermögensbildungsgesetz und dessen Effizienz zur Verbreitung der Mitarbeiterbeteiligung

aa) Zieldivergenz des Vermögensbildungsgesetzes

Aus der Entwicklung des Vermögensbildungsgesetzes, das als Sparförderung für Nichtselbständige bezeichnet wird,[1052] kommt die vorrangig gesellschaftspolitische Zielverfolgung zum Ausdruck. Die Mitarbeiterbeteiligung, insbesondere die Beteiligung am arbeitgebenden Unternehmen, fand dabei erst sehr spät Einzug in den Förderkatalog, wobei der Gesetzgeber zwischen den einzelnen Sparformen[1053] und der betrieblichen Arbeitnehmerbeteiligung keinen Unterschied zu machen scheint. Zudem werden die im Rahmen einer betrieblichen Arbeitnehmerkapitalbeteiligung aufgrund ihres „starken“ Eigenkapitalcharakters wünschenswerten gesellschaftsrechtlichen Beteiligungsformen der Arbeitnehmer-Kommanditbeteiligung, der atypischen stillen Beteiligung sowie der (mitunternehmerischen) Genussbeteiligung wegen den damit verbundenen – kontraproduktiven – steuerlichen Folgen des § 15 Abs. 1 Nr. 2 EStG nicht gefördert. Es ist damit nicht von der Hand zu weisen, dass die von den Unternehmen zur Einführung von Mitarbeiterbeteiligungsmodellen verfolgten Zielvorstellungen nicht zwingend mit den von der Legislative verfolgten vermögenspolitischen, gesamtwirtschaftlichen Zielen der Förderung der Produktivkapitalbeteiligung, in welche die betriebliche Mitarbeiterbeteiligung integriert wurde, übereinstimmen.[1054]

Aus Sicht des Arbeitnehmers kann aufgrund dieser mangelnden Zieldifferenzierung ein gesteigertes Interesse an Produktivkapitalbeteiligungen im allgemeinen und an betrieblichen Beteiligungsprogrammen im besonderen kaum hervorgerufen werden. Zwar werden inzwischen die Formen des Produktivkapitalsparens mit einer prozentual höheren Sparzulage als das Bausparen gefördert, die unterschiedliche Bedeutung

---

1051 Im Rahmen der Förderung durch § 19a EStG kann dieses Argument vernachlässigt werden, da davon auszugehen ist, dass Arbeitgeber in der Regel kein Interesse daran haben, ihren Mitarbeitern Kapitalbeteiligungen an fremden Unternehmen verbilligt oder unentgeltlich einzuräumen.

1052 Vgl. Loritz, K.-G./Wagner, K.-R., Zukunftsperspektiven (1992), S. 39.

1053 Darunter ist das Prämien-, das Versicherungs-, das Bau- und das Produktivkapitalsparen zu verstehen, wobei auf die ersten beiden Formen mittlerweile keine Sparzulage mehr geleistet wird.

1054 So auch von VAN DEN BULCKE in ähnlichem Zusammenhang festgestellt. Vgl. van den Bulcke, F., Finanzielle Beteiligung (2000), S. 33.

von betrieblicher und über- beziehungsweise außerbetrieblicher Beteiligung bleiben für ihn jedoch verborgen. Ein Blick auf die Statistik[1055] zeigt indes immerhin eine verstärkte Inanspruchnahme der Förderung von Anlagen in Produktivkapitalbeteiligungen. Die Konzentration der angelegten Kapitalbeträge in Beteiligungen an Aktienfonds weist aber gleichzeitig auf die geringe Neigung der Arbeitnehmer zur Kapitalanlage im arbeitgebenden Unternehmen hin.[1056]

Theoretische Kalküle, die den Einfluss der staatlichen Förderung im Rahmen des Vermögensbildungsgesetzes auf die finanziellen Auswirkungen von betrieblichen Beteiligungsmodellen sowohl bei den Alteigentümern als auch bei den Arbeitnehmern untersuchten, kamen überdies zu dem Ergebnis, dass die gegebene Fördersystematik nur unter bestimmten Voraussetzungen zu beiderseitig positiven Wirkungen führt.[1057] Als Aussage dieser Berechnungen ist festzuhalten, dass für Arbeitnehmer als rational handelnde Wirtschaftssubjekte die Anreizwirkung durch das Vermögensbildungsgesetz eher zu außer- beziehungsweise überbetrieblichen Beteiligungen führt als zur Beteiligung von Mitarbeitern am arbeitgebenden Unternehmen. Dieses Ergebnis bestätigt – wohl bemerkt aus rein finanziellen Gesichtspunkten – die genannte Zielverfehlung der Fördersystematik hinsichtlich betrieblicher Beteiligungsmodelle, da außerbetriebliche Beteiligungen bei den Arbeitnehmern eindeutig den Vorzug finden.

bb) Konditionierung der Arbeitnehmer-Sparzulage und der Förderwirkung

Die Beschränkung des Anspruchs auf Arbeitnehmer-Sparzulage auf eine (immer noch) relativ niedrige Einkommenshöchstgrenze von € 17.900 für Ledige und € 35.800 für zusammenveranlagende Verheiratete grenzt die „besserverdienenden" Arbeitnehmer, die mitunter einen Großteil der Gesamtarbeitnehmerzahl darstellen und

---

1055 Vgl. Punkt II.F. des zweiten Teils, S. 120 f.

1056 Für 1996 wurde noch folgendes Verhältnis festgestellt: 50 % der vwL auf Bausparverträge, 35 % auf nicht geförderte Anlagen wie Kontensparen oder Kapitallebensversicherungen, 10 % auf Beteiligungssparen (überwiegend auf Aktien-Investmentfonds) und 5 % auf vor 1989 abgeschlossene und damit nicht geförderte Kontensparverträge und Kapitallebensversicherungen; Vgl. Schrinner, A., Steuerliche Probleme (1999), S. 16. Eine deutliche Erhöhung zugunsten der Anlage in Produktivkapitalbeteiligung kann gegenwärtig nicht verzeichnet werden.

1057 Nur wenn die vermögenswirksamen Leistungen vom Eigentümer als Substitut zu sonstigen Gehaltszahlungen oder -erhöhungen bezahlt werden und die Verzinsung des Mitarbeiterkapitals (hier: Mitarbeiterdarlehen) unter dem marktüblichen Zinssatz für Unternehmenskredite liegt, können Beteiligungsmodelle sowohl beim Eigentümer, als auch bei den Mitarbeitern zu finanziellen Vorteilen führen (der Zinssatz des Darlehens wird in der Regel höher als bei einer normalen Spareinlage wie z. B. Sparbuch sein). Kann bei der Festlegung der Zinshöhe dem Eigentümer ein bedeutender Ermessensspielraum zugestanden werden, kommt es wegen festgefahrener Fixlohnansprüche der Arbeitenhmer in der Regel (noch) selten zu substitutiven Zahlungen (i. S. v. vermögenswirksamen Leistungen) des Eigentümers. Dies führt dann zwangsläufig zu einer, wenn auch nur begrenzten Schlechterstellung des Eigentümers, der hierdurch die positiven Vermögenswirkungen seiner Mitarbeiter fördert. Vgl. Drukarczyk, J./Schwetzler, B., Staatliche Förderung (DB 23/91), S. 1184 ff.; Schwetzler, B., Vermögensbildungsgesetz (ZfbF 12/90), S. 1064 ff.; Sigloch, J., Mitarbeiterbeteiligungen (1998), S. 593 ff.

für die eine Mitarbeiterbeteiligung ebenso wichtig sein könnte wie für die förderungsfähigen Nichtselbständigen, von den staatlichen Maßnahmen zur Ausdehnung von Beteiligungsmodellen aus.[1058] Vor dem Hintergrund einer Umverteilungspolitik mögen diese Überlegungen gerechtfertigt erscheinen. Im Rahmen der betrieblichen Mitarbeiterbeteiligung kann eine derartige staatliche Förderung jedoch keine große Wirkung erzielen.

Zusätzliche Kritik erfährt die Begrenzung der Arbeitnehmer-Sparzulage auf eine willkürliche Einkommenshöchstgrenze dadurch, dass die Ungerechtigkeit durch eine „vermeintlich sozial gerechte Gesetzestechnik“[1059] gefördert wird. Denn wer die Einkommensgrenzen nur geringfügig überschreitet, hat zum Teil erhebliche Nachteile gegenüber den Steuerpflichtigen, die gerade noch innerhalb dieser Grenzen bleiben.[1060] Und so kann sich der vordergründige Vorteil, die Sparzulagenförderung ist vom Gesichtspunkt der Berücksichtigung von geringerer Leistungsfähigkeit gerechter als die Steuervergünstigungen durch Abzug von der Einkommensteuerbemessungsgrundlage, wenigstens partiell in einen gravierenden Nachteil verkehren.

Schließlich sind die vergleichsweise hohen Verwaltungsaufwendungen – sowohl auf Unternehmensebene wie auch für die zuständigen Behörden – zu nennen. So ist für viele – insbesondere kleine und mittelständische – Unternehmen der administrative Aufwand im Zusammenhang mit der Inanspruchnahme der Arbeitnehmer-Sparzulagen nach dem Vermögensbildungsgesetz zu hoch. Mit Bezug auf diverse Untersuchungen über die Förderwirkung des Vermögensbildungsgesetzes wurde darüber hinaus des öfteren darauf hingewiesen, dass für eine Mark gewährte Sparzulage zweieinhalb Mark Administrationskosten entstehen.[1061] Tendenziell führen deshalb immer mehr Unternehmen Beteiligungsmodelle unabhängig von dieser staatlichen Förderung ein.[1062] Vor dem Hintergrund des gesellschaftspolitischen Umverteilungsgedankens erscheint eine derartig ineffiziente Fördersystematik in einem überaus ungünstigen Licht.

1058 Vgl. Loritz, K.-G./Wagner, K.-R., Zukunftsperspektiven (1992), S. 39 f.

1059 Schneider, D., Vermögensbeteiligungsgesetz (1985), S. 167.

1060 SCHNEIDER nennt den Extem-Fall, dass Personen aufgrund dieser Einkommensgrenzen des VermBG (und anderer staatlicher Transferleistungen, die an Einkommensgrenzen geknüpft sind) über die Arbeitnehmer-Sparzulage, das Wohngeld bis hin zur BaföG-Leistung im verfügbaren Einkommen Steuerpflichtige mit anderthalbmal so hohem Markteinkommen übertreffen, weil jene die den Transferleistungen entsprechenden Beträge aus versteuertem Einkommen aufbringen müssen. Vgl. Schneider, D., Vermögensbeteiligungsgesetz (1985), S. 167.

1061 Vgl. Prognos AG, Wirkungsanalyse (1998), S. 117. Hierbei sind die Kosten bei Arbeitnehmer, Arbeitgeber, Finanzinstitut, Finanzverwaltung und der Zentralstelle der Länder bei der Oberfinanzdirektion Berlin berücksichtigt und sehr vorsichtig, also eher optimistisch geschätzt. Allein die lfd. Kosten eines „VL-Kontos“ betrugen 1996 aufgrund der separaten AN-Sparzulage ca. 60 DM. „Kosten für Steuerzahler und Lobbyverbände des (beinahe turnusmäßigen) Gesetzgebungsverfahrens blieben außer acht.“ Schrinner, A., Steuerliche Probleme (1999), S. 30.

1062 Harrer, H., Mitarbeiterbeteiligung (2000), S. 10.

cc) Rechtsvorschriften und Anwendungsvoraussetzungen des Vermögensbildungsgesetzes

An der staatlichen Förderung zur betrieblichen Mitarbeiterbeteiligung lässt sich weitere Kritik üben, wenn sich diese auf Beteiligungen an klein und mittelgroßen Unternehmen beziehen soll. Denn gerade in diesen Unternehmen sind meist nur juristische und steuerrechtliche Grundkenntnisse vorhanden, so dass viele Arbeitgeber die komplizierten gesetzlichen Regelungen nicht verstehen. Nun könnte man dem entgegenhalten, dass durch geeignete Beratung dieses Problem relativ einfach zu lösen ist.

Wie soll aber eine breite Beteiligung von Mitarbeitern am arbeitgebenden Unternehmen erzielt werden, wenn selbst Steuerberater und Rechtsanwälte vielfach als überfordert bezeichnet werden und nur wenigen Spezialisten die Kompetenz zugesprochen wird, ein alle Rechtsfragen berücksichtigendes (betriebliches) Beteiligungsmodell zu erstellen.[1063]

Hier ist deshalb nur die Frage in den Raum zu stellen, ob Besteuerungsprinzipien wie die Transparenz oder die Einfachheit von Steuersystemen nicht auch, oder gerade für das staatliche System zur Förderung der Vermögensbildung und der Mitarbeiterbeteiligung Geltung haben sollte.[1064]

dd) Gebot zur Insolvenzsicherung des Mitarbeiterkapitals

Nach § 2 Abs. 5a 5. VermBG ist eine Insolvenzabsicherung für die Anlage der vermögenswirksamen Leistungen im arbeitgebenden Unternehmen zwar erforderlich, es wird jedoch keine bestimmte Art von Vorkehrung vorgeschrieben. Auch sind weder Maßnahmen zur Durchführungskontrolle der Absicherungsvorkehrungen, noch Sanktionen für die Nichteinhaltung dieses Gebots zur Absicherung der Mitarbeiterkapitalbeteiligungen vorgesehen. Schließlich besteht weder für die Anlage vermögenswirksamer Leistungen in betriebliche Kapitalbeteiligungsformen nach den § 2 Abs. 1 Nr. 1 bis 3, Abs. 2 bis 4 und den §§ 4 bis 8 VermBG, noch in § 13 Abs. 1 VermBG als der Grundsatzvorschrift über den Zulagenanspruch ein unmittelbarer oder durch Verweisung auf die entsprechende Vorschrift indirekter Zusammenhang zum Absicherungsgebot, so dass diese nicht als Voraussetzung der Arbeitnehmer-Sparzulage gelten kann. Wenig verwunderlich ist deshalb, dass in der betrieblichen Beteiligungspraxis die Insolvenzabsicherung bisher eine sehr schwache Resonanz gefunden hat. Diese Vorschrift des Vermögensbildungsgesetzes macht zudem eine Einbindung vermögenswirksamer Leistungen in betriebliche Mitarbeiterkapitalbeteiligungsmodelle noch unvorteilhafter, was die Beteiligungsparteien noch weiter von

1063 Vgl. Loritz, K.-G./Wagner, K.-R., Zukunftsperspektiven (1992), S. 23.

1064 Zur Einfachheit und Transparenz als Besteuerungsgrundsätze vgl. anstatt aller Lang, J., Steuerrechtsverhältnis (2002), § 8, Rz. 3, 12, 14 m. w. N.

der staatlichen Förderung entfernt als durch die unpassende Zielsetzung ohnehin schon der Fall ist.

b) Würdigung der Begünstigung von Mitarbeiterbeteiligungen über § 19a EStG

Die soeben bezüglich der Verständlichkeit der vermögenspolitischen Normierungen geäußerte Kritik galt auch für den „alten“ § 19a EStG – in der Fassung bis 31.12.01 –, denn es wurde rein zur formalen Ausgestaltung eindeutige Kritik geäußert:

> „Der § 19a EStG stellt eine besonders aufwendige, für die Begünstigten fast wirkungslose Lenkungsmaßnahme dar: Rund 2.000 Wörter werden benötigt, um einen Einkommensteil von 300 DM im Jahr von der Steuer freizustellen.“[1065]

Die Beanstandungen scheinen hier zumindest partiell gefruchtet zu haben, denn seit dem Steueränderungsgesetz 2001 umfasst § 19a EStG nur noch knapp 300 Wörter.[1066]

An der Förderungsstruktur selbst hat sich allerdings nichts geändert. Der vom individuellen Grenzsteuersatz abhängige Steuervorteil bleibt durch den relativ geringen Steuerfreibetrag in Höhe von € 154 auf einem seit Jahren mäßigen Niveau zwischen € 30 und € 75. Ob nun ein Förderbetrag in dieser Höhe als völlig wirkungslos zu bezeichnen ist, sei dahingestellt.

Aus Wirkungsanalysen lässt sich jedoch ableiten, dass diese Förderkomponente im Vergleich zur Sparförderung nach dem fünften Vermögensbildungsgesetz in der Praxis sehr häufig in betriebliche Beteiligungsprogramme integriert wird.[1067] Dies wird auf die Haltung der Arbeitgeber zurückgeführt, die ihren Mitarbeitern in den seltensten Fällen verbilligt oder unentgeltlich Kapitalbeteiligungen an Drittunternehmen überlassen werden, da sie sich nur aus betrieblichen Beteiligungen Motivations- und Leistungsanreize versprechen. Demzufolge ist wenigstens diese Komponente in ihrer Förderwirkung hinsichtlich der Verbreitung betrieblicher Mitarbeitermodelle effektiver als die Zulagen-Komponente.

[1065] Bareis, P., Steuersätze (Gewerkschaftliche Monatshefte 2/97), S. 95.

[1066] § 19a EStG neu gefasst durch StÄndG v. 20.12.01, BGB. I 2001, S. 3794 ff.

[1067] Vgl. Prognos AG, Wirkungsanalyse (1998), S. 95 f.

3. Obligatorisches und freiwillige Elemente der französischen Förderung

Die französische Förderung der Mitarbeiterbeteiligung erfolgt mittels drei gesetzlich definierter Rechtsinstitute[1068] sowie über die kollektive Förderung von Belegschaftsaktien und der Förderung von Aktienoptionsprogrammen. Dabei kann die Fördersystematik als Vermögensbildung mittels Produktivkapital bezeichnet werden, wobei die Vermögensbildung als Teil der Mitarbeiterbeteiligung anzusehen ist – und nicht wie in Deutschland, die Mitarbeiterbeteiligung als Teil der Vermögensbildung.[1069]

Die französische Besonderheit besteht darin, dass Erfolgsbeteiligungen im Rahmen der Unternehmenssparpläne in die Fördersystematik eingebettet werden. Des weiteren erfolgt sogar eine partielle Förderung einer reinen Erfolgsbeteiligung. Die Förderung erstreckt sich schließlich auch Dividenden und sonstige Kapitalerträge, solange sie reinvestiert werden sowie Gewinne, die aus der Veräußerung der geförderten Mitarbeiterkapitalbeteiligung erzielt werden. Es handelt sich dementsprechend um eine alle Phasen der Mitarbeiterbeteiligung umfassende Förderung.

Prinzipiell wird durch die staatlichen Fördermaßnahmen die Förderung von Arbeitnehmerkapitalbeteiligungen verfolgt. Als Fördermethodik hat sich die französische Regierung dabei der Förderung durch Abzug von der Bemessungsgrundlage der Einkommensteuer und der Sozialabgaben verschrieben – faktisch jedenfalls. Denn theoretisch wird die Steuerbefreiung bei den zwei Erfolgsbeteiligungsmodellen dadurch „hergestellt“, dass das in einen Unternehmenssparplan investierte Intéressement und die Participation per definitionem keinem Vergütungsbestandteil entspricht. Dies hat die beabsichtigte Folge, dass diese Beträge dann auch keine steuerpflichtigen Arbeitseinkünfte darstellen. Faktisch kommt dies jedoch einem Abzug von der Bemessungsgrundlage gleich.

a) Effizienz zur Verbreitung der Mitarbeiterbeteiligung durch staatliche Fördermaßnahmen

Außer der Förderung von Aktienoptionen bezieht sich die staatliche Förderung ausschließlich auf kollektive Beteiligungssysteme und sind deshalb grundsätzlich geeignet, einen hohen Verbreitungsgrad der jeweiligen Beteiligungsmodelle zu erreichen. Dies zeigt sich darin, dass über 50 % der Arbeitnehmer über einen Unternehmenssparplan an irgendeiner Form der Mitarbeiterbeteiligung partizipieren.[1070]

[1068] Die angesprochenen Rechtsinstitute sind das Intéressement, die Participation und die Unternehmenssparpläne PEE/PEI/PERCO.

[1069] Dies zeigt sich daran, dass steuerunschädliche Vorverfügbarkeitsvoraussetzungen durch den Kauf einer Wohnung, eines Hauses oder eines Autos oder sogar durch die Finanzierung des Studiums seines Kindes gegeben ist.

[1070] Vgl. Punkt III.C.4.f) des zweiten Kapitels, S. 177.

Dem Ziel, eine möglichst hohe Verbreitung an Mitarbeiterkapitalbeteiligungen im arbeitgebenden Unternehmen zu erzielen, kommen die unterschiedlichen Fördermodelle jedoch unterschiedlich nach. Nicht Zielkonform ist das bargeldmäßige Intéressement, das zu keiner Kapitalbeteiligung führt. Alle anderen Formen führen zu einer Kapitalbeteiligung, wenn auch nicht alle am arbeitgebenden Unternehmen. Durch die Kombination mit dem Unternehmenssparplan können Intéressement und Participation mit Eigenleistungen aus versteuerten Löhnen gepoolt und in betriebliche und überbetriebliche Kapitalbeteiligungen in Form von Eigen- oder Fremdkapital investiert werden. Der obligatorische Charakter der Participation kommt sogar einer zwangsweisen Beteiligung der Arbeitnehmer am Produktivkapital gleich – wenn auch nur für Arbeitnehmer in Unternehmen, die genügend Gewinne erzielen, und wegen der begrenzten Haltefristen auch nur auf Zeit.

Hierin ist das „Nebenziel“ zu erkennen, das die französische Regierung mit der obligatorischen Gewinnbeteiligung verfolgt. Vor dem Hintergrund der zu Deutschland vergleichsweise schwachen betrieblichen Demokratie lässt sich ableiten, dass der französische Gesetzgeber anstelle einer kollektiven Mitbestimmung einer gesellschaftsrechtlichen Beteiligung von Mitarbeitern den Vorrang eingeräumt hat – auch wenn diese Beteiligungsmöglichkeit auf Arbeitnehmer beschränkt bleibt, die in Unternehmen der Rechtsform S.A. beschäftigt sind. Schließlich findet die unternehmerische Mitbestimmung in Deutschland auch nur in Aktiengesellschaften statt.[1071]

Darüber hinaus kann die Participation aus verfassungsrechtlichen Gründen anders als bei Betriebsvereinbarungen oder Tarifvereinbarungen allerdings keine Verpflichtung zur Anlage der Mittel im arbeitgebenden Unternehmen sein.[1072] Die Investition der in einem Unternehmenssparplan angesammelten Mittel in betriebliche Kapitalbeteiligungen wird allerdings durch höhere Betragsbegrenzungen gefördert. Laut Statistik hat dies zu einem Anstieg der Beteiligung in betriebliche Eigenkapitaltitel geführt.[1073] Über ein Drittel der investierten Beträge sind in Belegschaftsaktien investiert, davon 10 % in nicht börsennotierten Aktiengesellschaften. Die Investition in Fremdkapitalbeteiligung am arbeitgebenden Unternehmen ist mit weniger als einem Prozent verschwindend gering. Die restlichen Investitionen haben zu überbetrieblichen Kapitalbeteiligungen geführt – fast ausschließlich in Fondsanteile und Aktien von Drittunternehmen.

Der zweite erfolgversprechende Weg einer höheren Eigenkapitalbeteiligung von Mitarbeitern ist die Förderung von reinen Belegschaftsaktienmodellen, was eine Vernachlässigung von Unternehmen mit anderen Rechtsformen bedeutet. Zuvorderst ist hier die Beteiligung von Mitarbeitern in GmbHs zu nennen, da die Personengesell-

---

1071 So auch SONNENBERGER; vgl. Sonnenberger, H. J., Handels- und Wirtschaftsrecht (1991), S. 133 f.

1072 Vgl. Schröder, J., Finanzierung (1977), S. 96 f.

1073 Vgl. hierzu die Ausführungen unter Punkt III.C.4.f) des zweiten Kapitels, S. 177 f.

schaften in Frankreich weit weniger verbreitet sind als in Deutschland. Stock Options-Programme sind hierbei weniger von Bedeutung.

Prinzipiell wird demnach über die Förderung der Mitarbeiterbeteiligung hauptsächlich die Aktienkultur in Frankreich gefördert. Allerdings gibt es neuere Entwicklungen, wie zum Beispiel den Unternehmenssparplan PEI. Hierdurch soll eine verstärkte Investition in Kapitalbeteiligungen von kleinen und mittelständischen erreicht werden.

Welches der beiden Erfolgsbeteiligungsmodelle, Intéressement oder Participation, nun zu einer höheren Verbreitung der Mitarbeiterkapitalbeteiligung führt, ist jedoch nicht ersichtlich – für den Reformvorschlag allerdings auch nicht von Bedeutung, da eine obligatorische Beteiligungsform von vornherein ausgeschlossen ist.[1074] Festzuhalten bleibt jedoch, dass der Zusammenschluss der einzelnen Förderinstrumente in der Kapitalsammelstelle das ausschlaggebende Merkmal für die Zielerreichung darstellt.

Abschließend muss vor dem Hintergrund der Effizienz erwähnt werden, dass die Verwaltungsaufwendungen mit in die Betrachtung einzubeziehen sind. Da die staatliche Förderung für das Intéressement, die Participation sowie für die unterschiedlichen Unternehmenssparpläne nicht nur von einer behördlichen Genehmigung abhängig ist, kann von einem erhöhten öffentlichen Verwaltungsaufwand ausgegangen werden.[1075] Die sehr komplexen arbeits- und steuerrechtlichen Vorschriften sowie der hohe Verwaltungsaufwand für die Unterhaltung eines Unternehmenssparplans beeinträchtigen die Effizienz auf Seiten der Unternehmen.

b) Betragsbegrenzung und Förderhöhe der staatlichen Förderung

Die Förderung in Frankreich wird nicht wie in Deutschland auf Bezieher einer bestimmten Einkommenshöchstgrenze begrenzt, sondern ist generell für alle Arbeitnehmer offen. Dafür sind die Förderhöchstbeträge gedeckelt, entweder durch Fixbeträge oder durch prozentuale Beschränkungen in Relation zum Bruttoarbeitslohn.

Beim Intéressement ist der Förderbetrag auf die halbe Beitragsbemessungsgrenze beschränkt, was im Veranlagungszeitraum 2006 einem Betrag in Höhe von 15.534 Euro entspricht. Für die Participation liegt diese Grenze mit 22.551 Euro deutlich höher. Für Unternehmensleistungen, die im Rahmen eines Unternehmenssparplans an die Eigenleistungen der Mitarbeiter gekoppelt sind, gibt es keine betragliche Höchst-

---

1074 Für eine Analyse der Auswirkungen (finanzielle Auswirkungen für U, für AN u. für Staat; wirtschaftliche Auswirkungen; soziale Auswirkungen) der obligatorischen Beteiligung Participation vgl. Eichler, G., Gewinnbeteiligung (1970), S. 202 ff.

1075 Die Beteiligungsverträge werden von der zuständigen Außenstelle des Arbeitsministeriums, dem zuständigen Finanzamt sowie der zuständigen lokalen Einrichtung zur Einziehung der Sozialversicherungsbeiträge geprüft.

begrenzung. Die Unternehmenszuwendungen sind lediglich dadurch begrenzt, dass maximal 25 % des Nettojahresentgeldes als Eigenleistungen in einen Unternehmenssparplan investiert werden können. Es besteht also lediglich eine indirekte Beschränkung für die Unternehmensleistungen. Der maximal steuerfrei gestellten Beträge aus Interéssement und Participation in Höhe von zusammen 38.085 Euro können dementsprechend noch weitaus erhöht werden.

Zieht man zu dieser Betrachtung die Belastungsunterschiede zwischen normal zu versteuerndem und steuerfrei gestelltem – in einen Unternehmenssparplan investierten – Arbeitseinkommen hinzu, wird die Förderdimension ersichtlich. Bezogen auf den vom Unternehmen zu tragenden Personalaufwand werden beim normalen Arbeitslohn ca. 66 % Steuern und Sozialabgaben, bei Investitionen in einen Unternehmenssparplan (abgesehen von den versteuerten Eigenleistungen der Arbeitnehmer) dagegen nur 8 % Sozialabgaben erhoben.[1076]

Die Förderungsdimension erhöht sich darüber hinaus bei der Veräußerung der Mitarbeiterkapitalbeteiligung. So sind Gewinne aus der Veräußerung von Mitarbeiterkapitalbeteiligungen, die über einen Unternehmenssparplan erworben wurden von der Veräußerungsgewinnbesteuerung befreit.

Im Vergleich zur dem Förderhöchstbetrag nach § 19a EStG (154 Euro) und den 160 Euro Zulagenförderung des Vermögensbildungsgesetzes in Deutschland übersteigt die staatliche Förderung in Frankreich die deutsche Förderung um ein Vielfaches.

c) Insolvenzsicherung des Mitarbeiterkapitals

Die französischen Fördervorschriften beschränken sich auf die finanzielle Förderung der entsprechenden Mitarbeiterbeteiligungsmodelle. Einen direkten staatlichen Schutzmechanismus gegen den Verlust des investierten Mitarbeiterkapitals gibt es nicht. Das Finanzministerium hat lediglich zur Qualitätssicherung von Investitionsfond, über die überbetriebliche Kapitalbeteiligungen investiert werden, ein qualitätssicherndes Prüfsiegel vergeben. Damit soll das Verlustrisiko des Mitarbeiterkapitals minimiert werden.

4. „Approved schemes“ zur Beteiligung einer breiten Arbeitnehmerschaft

Das britische System zur Förderung von Mitarbeiterbeteiligungen zielt prinzipiell auf eine Beteiligung am Eigenkapital des arbeitgebenden Unternehmens ab. Somit entspricht das allgemeine Förderziel der britischen Regierung dem Optimum einer Mitarbeiterbeteiligung. Auf welcher Art und Weise und vor allem inwieweit die staatlichen Fördermaßnahmen diesem Ziel nahe kommen, wird im Folgenden aufgezeigt.

[1076] Zur Berechnung vgl. Abbildung 34, S. 161.

a) Effizienz der „approved schemes“

Die drei genehmigungspflichtigen Beteiligungsmodelle SAYE, CSOP und SIP verfolgen die gleiche Zielstellung: eine möglichst breite Beteiligung von Arbeitnehmern am Eigenkapital der arbeitgebenden Unternehmen. Die Beteiligungssysteme beschränken sich zwar ausschließlich auf Kapitalgesellschaften („companies“). Es ist jedoch davon auszugehen, dass der Großteil der Arbeitnehmer in diesen Unternehmen beschäftigt ist, da Personengesellschaften wenig verbreitet sind und nur von Ärzten, Rechtsanwälten oder Steuerberatern als Unternehmensform gewählt werden. Dementsprechend groß ist die „Abdeckung“ der potentiellen Förderung unter allen Arbeitnehmern in Großbritannien.

Das vierte Beteiligungsmodell EMI stellt eine Besonderheit unter den geförderten Beteiligungsformen dar. Weder in Deutschland, noch in Frankreich existieren auch nur Überlegungen, die in die Richtung einer derartigen Förderung von kleinen und mittelständischen Unternehmen geht. Ziel ist hier weniger die Förderung eines oder mehrerer Arbeitnehmers, als vielmehr die strukturelle Stärkung dieser Unternehmen. Aus diesem Grund kann dieses Fördermodell kaum zu einer weiten Verbreitung der Beteiligung von Arbeitnehmer führen.

Neben der Zielverfolgung einer zahlenmäßig möglichst hohen Verbreitung ist die Qualität der einzelnen Kapitalbeteiligungen von besonderer Bedeutung. Als einziges der drei untersuchten Systeme ist das britische Fördersystem das einzige System, das Aktienoptionen in den Förderkatalog integriert hat. Oder besser gesagt, besteht der Förderkatalog von vier Beteiligungsformen aus drei Optionsmodellen (SAYE, CSOP und EMI). Dies zeigt den hohen Stellenwert, den Aktienoptionen im Bereich der Mitarbeiterbeteiligung haben.

Für Unternehmen zählen Mitarbeiteroptionsprogramme aufgrund ihres hohen Leistungsanreiz- und Motivationspotentials zu den optimalen Beteiligungsinstrumenten. Das staatliche Förderziel stimmt vor diesem Hintergrund mit den Zielvorstellungen der (Beteiligungs-)Unternehmen überein.[1077]

Des weiteren stellt für die Mehrheit der breiten Arbeitnehmerschaft die Verknüpfung der Aktienoptionen mit einem Unternehmenssparplan eine finanzielle Brücke zur Teilnahme an Aktienoptionsprogrammen dar, an der sie aufgrund ihres niedrigen Einkommens ansonsten nicht teilnehmen könnten.

Nicht weniger effizient im Erreichen der Zielvorstellungen ist das Beteiligungsmodell SIP. Durch die Kombination von investivem Erfolgsbeteiligungs- und reinem Kapitalbeteiligungsmodell durch die Verknüpfung der drei Aktientypen („free share“,

---

1077 Vgl. hierzu die Ausführungen unter Punkt II.C.1. im ersten Kapital der Arbeit, S. 35 ff., insb. S. 43.

„partnership share" und „matching share") wird den Beteiligungsunternehmen ein sehr flexibles Instrument zur Beteiligung seiner Mitarbeiter am Eigenkapital angeboten. Die Attraktivität für die Arbeitnehmer wird darüber hinaus sowohl durch die Einbeziehung der Kapitalerträge (im Falle von „dividend shares") als auch der Veräußerungsgewinne in die Fördermaßnahmen erhöht.

Hinsichtlich der Verwaltungsaufwendungen stellt die britische Fördersystematik aus Effizienzgesichtspunkte die wohl effektivste Förderung dar. Zwar erfordern drei der vier geförderten Beteiligungsmodelle eine staatliche Genehmigung, die im voraus von der Finanzverwaltung einzuholen ist. Im Vergleich zum Verwaltungsaufwand des französischen Fördersystem und der komplexen Struktur des Vermögensbildungsgesetzes in Deutschland haben die britischen Fördermaßnahmen das beste Aufwands-Zielerreichungs-Verhältnis. Als positiv ist ebenfalls die Zwischenschaltung eines Treuhänders anzumerken. Durch diese Institution ist die Einhaltung der Sperrfristen relativ problemlos und unter geringem Aufwand zu erreichen.

b) Betragsbegrenzung und Höhe der staatlichen Förderung

Das britische Fördersystem beschränkt sich nicht auf eine bestimmte Einkommensgruppe von Arbeitnehmern, sondern fördert alle Arbeitnehmer gleichermaßen. Um die Interessen der Niedriglohnempfänger zu schützen, ist die Förderung nicht nur durch Höchstbeträge, sondern durch eine prozentuale Begrenzung in Relation zum Jahresbruttolohn gedeckelt.[1078]

Die Höchstbetragsbegrenzungen sind im Vergleich zu Deutschland, aber auch im Vergleich zu Frankreich überaus großzügig bemessen. So sind beim SAYE Unternehmensleistungen in Höhe von maximal GBP 4.250 steuerfrei. Hinzu kommt die Steuerbefreiung der Zinsen und Boni während der Ansparphase, des Optionsgewinns sowie der Dividenden und des Veräußerungsgewinns (nur bei Investition in einen ISA). Im Rahmen des CSOP können Optionen über Aktien im Wert von GBP 30.000 gewährt werden, woraus der Optionsgewinn steuerfrei gestellt wird. Beim SIP können dem Arbeitnehmer kostenlose Belegschaftsaktien im Gesamtwert von GBP 3.000 zugeteilt werden. Zudem kann der Arbeitnehmer aus unversteuertem Bruttolohn für GBP 1.500 Belegschaftsaktien erwerben, was das Unternehmen mit weiteren Aktien im Wert von noch einmal GBP 3.000 steuerfrei unterstützen kann. Die Betragsbegrenzung eines EMI ist auf GBP 100.000 festgelegt.

Vor dem Hintergrund, dass die „normale" Belastung von nicht anerkannten Erfolgs- und Kapitalbeteiligungen durch Steuern (Einkommen- und Veräußerungsgewinnsteuer) und Sozialabgaben relativ hoch ist, kann der Förderanreiz durch die hohen Fördersummen als sehr hoch eingestuft werden. Die Steuerersparnis und damit der in Zahlen ausgedrückte Anreiz für die beteiligten Mitarbeiter lässt sich durch die entgangenen

---

1078 Vgl. Vgl. hierzu Pett, D., Share Schemes (2005), S. 7A/33.

Steuern und Sozialabgaben des britischen Staates beziffern. Für den Zeitraum ab der Neueinführung der Modelle SIP und EMI im Jahre 2000 bis 2006 belaufen sie sich auf fast GBP 3 Milliarden, was derzeit einem Betrag von fast 4,5 Mrd. Euro entspricht.[1079]

c) Insolvenzabsicherung der Mitarbeiterkapitalbeteiligung

In Großbritannien werden nur echten Eigenkapitalbeteiligungen am arbeitgebenden Unternehmen gefördert. Die Fördersystematik sieht dabei keine Absicherung der investierten Mitarbeiterkapitalien vor. Als Grund liegt die Vermutung nahe, dass eine Risikoabsicherung gegen die Natur der Eigenkapitalbeteiligung verstößt. Diese Einstellung kann als Grundtenor der beteiligten Mitarbeiter, der Beteiligungsunternehmen, der Non-Profit Organisationen (ifsProShare etc.) sowie der Regierung verstanden werden.

5. Zwischenergebnis

Das Vermögensbildungsgesetz und die Förderung des § 19a EStG schneiden mit Abstand am schlechtesten von den drei untersuchten Fördersystemen ab. Dabei sind insbesondere sowohl

- die bestehende Zieldivergenz der staatlichen Förderung und der Zielvorstellungen der Beteiligungsunternehmen,
- der eingeschränkte Förderkatalog, der hauptsächlich durch die Mitunternehmerschaftsproblematik bestimmt wird, als auch
- die betragsmäßig im Vergleich zu Frankreich und Großbritannien geringe Förderhöhe

für die schlechte Beurteilung der staatlichen Fördersystematik in Deutschland ursächlich.

Die obligatorische Gewinnbeteiligung in Frankreich, die als investives Erfolgsbeteiligungsmodell ausgestaltet ist, trägt zwar einen Großteil zu der hohen Verbreitung der Arbeitnehmerbeteiligung am Produktivkapital bei. Jedoch werden in der Erarbeitung des Reformvorschlags ausschließlich freiwillige Beteiligungsmodelle berücksichtigt. Dagegen ist das Förderinstrument des Unternehmenssparplans hervorzuheben, das in seiner Ausprägung als PEI insbesondere auf kleine und mittelständische Unternehmen zugeschnitten ist. Neben der reinen Kapitalbeteiligungsform des Belegschaftsaktienmodells führt die Verbindung von Intéressement und Eigenleistungen im Unternehmenssparplan zu einer bedeutenden Förderung der Produktivkapitalbeteiligung der

1079 Davon entfallen auf das SAYE-Optionsprogramm GBP 1,1 Mrd., auf das CSOP GBP 590 Mio., auf die SIP GBP 1 Mrd. und auf die EMI GBP 200 Mio.

Arbeitnehmer in Frankreich. Die Förderhöhen bieten dabei einen relativ hohen Förderanreiz.

In Großbritannien ist der Zielerreichungsgrad der staatlichen Fördermaßnahmen am höchsten. Zum einen basiert diese Beurteilung auf der ausschließlichen Förderung von Eigenkapitalbeteiligungen am arbeitgebenden Unternehmen. Andererseits ist der im Vergleich zu den beiden anderen untersuchten Ländern sehr hohe Förderanreiz aus der Kombination von hoher normaler Steuer- und Abgabenbelastung und hoher Förderbeträge in Großbritannien hierfür verantwortlich. Es ist sogar eher verwunderlich, warum diese derart hohe Förderung gemessen an der Verbreitung der jeweiligen Beteiligungsmodelle bisher nicht zu einer höheren Verbreitung geführt hat.

IV. Statistische Auswertung

A. Allgemeine Verteilung der Unternehmensrechtformen

Ein Vergleich der Rechtsformverteilung zeigt, dass Personenhandelsgesellschaften in Frankreich eine untergeordnete Rolle spielen. Ihr Anteil an der Gesamtzahl der französischen Gesellschaften liegt im Jahr 1999 bei deutlich unter 5 %. Dagegen dominiert die GmbH-ähnliche Gesellschaftsform der S.A.R.L., die mit ca. 90 % der in Gesellschaftsform betriebenen Unternehmen als Rechtsform dient. Die mit der deutschen Aktiengesellschaft vergleichbare S.A. wird in ca. 3 % der Fälle als Rechtsform gewählt und damit fast so häufig wie die OHG-/KG-ähnlichen S.N.C./S.N.S. zusammen. Im Vergleich zu Deutschland fällt die über doppelt so hohe Anzahl an Aktiengesellschaften auf. Begründen lässt sich dies einerseits dadurch, dass in Frankreich Familienunternehmen traditionell in der Rechtsform einer S.A. organisiert sind. Andererseits spielen steuerliche Gründe eine maßgebliche Rolle. Die vergleichsweise geringe Verbreitung von Personenhandelsgesellschaften sowie die extrem hohe Anzahl von S.A.R.L., die überwiegend Kleinstunternehmen sind, hängen teils auch von der steuerlichen Behandlung der Gesellschaften, teils von der Tatsache ab, dass die gesellschaftsrechtlichen Unterschiede zwischen Personen- und Kapitalgesellschaften schwinden: So ist in Frankreich ein eindeutiger Trend zur kapitalistischen Ausgestaltung von Personengesellschaften erkennbar, so dass eine Gründung einer S.A.R.L. nahe liegt.[1080]

In Großbritannien ist die Rechtsformverteilung eindeutig von Kapitalgesellschaften in Form der „private limited company“ und der „public limited company“ dominierend. Am zweithäufigsten kommt das Einzelunternehmen mit annähernd halb so hoher

[1080] Die gesellschaftsrechtliche Haftungsbeschränkung bei Kapitalgesellschaften werden dabei von Kreditgebern in der Regel durch außergesellschaftliche Haftungserklärungen kompensiert. Vgl. Sonnenberger, H. J., Handels- und Wirtschaftsrecht (1991), S. 110.

Unternehmensanzahl vor. Die britischen „partnerships“ bilden im Rahmen der Rechtsformverteilung die abgeschlagene dritte Unternehmensgruppe.

B. Verteilung der Rechtsformen im Rahmen der Mitarbeiterkapitalbeteiligungen

In allen drei untersuchten Ländern ist die Aktienbeteiligung die am weitesten verbreitete Produktivkapitalbeteiligung. Hervorzuheben ist dabei, dass die Aktiengesellschaft in Deutschland mit lediglich ca. 10.000 Aktiengesellschaften im Vergleich zu den anderen Unternehmensrechtsformen relativ gering verbreitet ist. Dies spricht für die Aktie als Beteiligungsinstrument einerseits, kann aber andererseits auch für die MAB als soziales Instrument größerer Unternehmen, die meist in die Rechtsform einer Aktiengesellschaft „gekleidet“ sind, betrachtet werden. Andere Kapitalbeteiligungen sind in Deutschland allem Anschein nach nachrangig. Dass die Aktienbeteiligung nicht nur bei Großunternehmen eingeführt wird, zeigt sich in Großbritannien – und mit Einschränkung auch in Frankreich.

Die Aktienbeteiligung ist deshalb allem Anschein aufgrund ihrer Charaktereigenschaften das bisher beste Beteiligungsinstrument. Die für eine Beteiligung an Personenunternehmen und an GmbHs ebenfalls gut geeignete Beteiligungsform der stille Beteiligung ist in Deutschland ebenso wie die Kommanditbeteiligung prinzipiell vergleichbar geeignet, aber aufgrund der steuerlichen Mitunternehmerschaftsproblematik nicht praktikabel. Vor allem dieser Punkt stützt die Reformüberlegungen.

C. Verteilung der Beteiligungsformen in den einzelnen Ländern

In Deutschland gehen die statistischen Daten über die Verbreitung der Mitarbeiterbeteiligung weit auseinander. Laut ifo-Institut sind es ca. 60.000 Unternehmen und nach IAB-Angaben sogar 100.000 Beteiligungsunternehmen, die entweder eine Erfolgsbeteiligung oder eine Kapitalbeteiligung oder beides durchführen. Die Zahlenangaben der AGP-Statistik sind mit 3.000 Kapitalbeteiligungsunternehmen dagegen eher dürftig. Allerdings sind diese Beteiligungen ausschließlich betriebliche Kapitalbeteiligungen. Verglichen mit der höheren Anzahl der Mitarbeiterbeteiligung in Frankreich mag diese gering erscheinen. Da die Zahlen in Frankreich jedoch durch die obligatorische, investiv verwendete Erfolgsbeteiligung verzerrt werden, schneidet Deutschland was die qualitative Verbreitung der Mitarbeiterbeteiligung angeht, nicht wesentlich schlechter ab – wenn überhaupt.

Im Vergleich zur qualitativen Verbreitung der Mitarbeiterbeteiligung in Großbritannien, zeichnen sich zwei britische Vorteile ab: die gezielte Förderung von Eigenkapitalbeteiligungen am arbeitgebenden Unternehmen sowie die dominante Verbreitung der Kapitalgesellschaft unter den Unternehmensrechtsformen.

V. Kernaussagen der Länderanalyse

Aus der in diesem Teil der Arbeit durchgeführten Analyse der sozio-kulturellen und gesetzlichen Rahmenbedingungen der Mitarbeiterbeteiligung können einige für die Begründung der Verbreitungsdifferenzen zwischen den untersuchten Ländern sehr wichtige Einsichten abgeleitet werden.

(1) Die Einstellung von Arbeitgebern und Arbeitnehmern, die sich in zwei Gruppen einteilen lässt, ist als ausschlaggebender Unterschied im sozio-kulturellen Bereich zu nennen. Die typisch anglistische Mentalität der hinsichtlich einer Kapitalbeteiligung offeneren britischen Unternehmer mit risikofreudigeren Mitarbeitern, die zudem zugänglicher gegenüber einer flexibleren Lohnstruktur sind, hebt sich deutlich von der französisch-deutschen Gruppe ab.[1081] In engem Zusammenhang mit der Grundhaltung der Arbeitnehmer sind die Positionen der Gewerkschaften nicht verwunderlich, die in Deutschland grundsätzlich die ablehnendste Haltung hinsichtlich einer betrieblichen Mitarbeiterbeteiligung bewahrt hat. Ferner ist die zentralistische Führung des politischen Frankreichs, die noch immer an der obligatorischen Gewinnbeteiligung festhält, ebenso markant wie der kirchlich-soziale Einfluss in Deutschland.

(2) Das Spannungsverhältnis zwischen Arbeits- und Gesellschaftsrecht, die gesetzliche Mitbestimmungsstruktur sowie die gesellschaftsrechtlichen Vorschriften zur betrieblichen Kapitalbeteiligung zeichnen sich im Kern der nicht-steuerlichen Rahmenbedingungen als Unterschiedsbereiche aus. Vor allem in Deutschland scheint die theoretische Diskussion um das Spannungsverhältnis zwischen Arbeits- und Gesellschaftsrecht Einfluss auf die Umsetzung von Beteiligungsmodellen zu haben. In Frankreich steht diese jedoch kaum, in Großbritannien so gut wie nicht zur Diskussion. Die sehr ausgeprägte gesetzliche Arbeitnehmermitbestimmung in Deutschland hemmt des weiteren viele Unternehmer an der Einführung von echten Eigenkapitalbeteiligungen der Mitarbeiter am arbeitgebenden Unternehmen, da diese einen zu hohen Einfluss der Belegschaft befürchten.[1082] Im Gegensatz zur Situation in Deutschland sieht man in Großbritannien aufgrund der (fast) fehlenden gesetzlichen Mitbestimmung in der Kapitalbeteiligung der Belegschaft einen Weg zu mehr Einflussnahme der Arbeitnehmer.[1083] Die gesetzliche Arbeitnehmermitbestimmung ist in Frankreich zwar ausgeprägter als in Großbritannien. Ein Hemmnis zur materiellen Mitarbeiterbe-

---

1081 Eine gewisse, nicht unwesentliche Wechselbeziehung kann hierbei zur Entwicklung der jeweiligen gesetzlichen, aber auch der informellen Mitbestimmungsstrukturen abgeleitet werden.

1082 Die deutschen Gewerkschaften fürchten dagegen die Beeinträchtigung der Arbeitnehmermitbestimmung durch kapitalbeteiligte Arbeitnehmer.

1083 Die Arbeitnehmermitbestimmung wird also mit einer bestimmten Risikoteilhabe verbunden, während sie in Deutschland (und Frankreich) ohne jegliche Risikoübernahme ausgestaltet ist.

teiligung stellt sie jedoch nicht dar. Vielmehr versucht der Gesetzgeber über die Kapitalbeteiligung der Mitarbeiter die Arbeitnehmermitbestimmung zu verwirklichen. Letztlich schafft das britische Gesellschaftsrecht hinsichtlich der rechtsformtechnischen Anforderungen optimale Voraussetzungen für eine eigenkapitalmäßige Beteiligung der Mitarbeiter. In Deutschland muss aufgrund der wesentlich restriktiveren gesellschaftsrechtlichen Normierung zur GmbH auf die stille Beteiligung oder die Beteiligung über Genussrechte als „Second-Best-Lösung" zurückgegriffen werden, die dann allerdings durch ihre weitreichende Ausgestaltungsfreiheit diesen Nachteil für die Arbeitnehmerkapitalbeteiligung ausgleicht. Die gesellschaftsrechtlichen Bedingungen in Frankreich sind wiederum leicht vorteilhafter gegenüber den deutschen Rahmenbedingungen. Beteiligungen der Arbeitnehmer als stille Gesellschafter oder Genussrechtsinhaber sind aber im Gegensatz zur Situation in Deutschland unbekannt.[1084]

(3) Die generell bei Erfolgs- und Kapitalbeteiligungen greifenden Normierungen, die als grundsätzlich steuerrechtliche Rahmenbedingungen ohne Berücksichtigung der Sonderregelungen zur Förderung der Mitarbeiterbeteiligung dargestellt und untersucht wurden, beeinflussen oder behindern die Verbreitung der unterschiedlichen Beteiligungsmodelle zum Teil erheblich. Für eine Erfolgsbeteiligung in Deutschland ist die mehrdeutige Auffassung über die Bestimmung des Lohnsteuer auslösenden Zuflusszeitpunktes als steuerliches Problem zu nennen. Das Rechtsinstitut der steuerlichen Mitunternehmerschaft behindert dagegen in gravierendem Ausmaß die Kapitalbeteiligung von Arbeitnehmern am arbeitgebenden Unternehmen, sofern es sich um eine eigenkapitalmäßige Beteiligung an Personenunternehmen oder einer GmbH handelt. Der bereits aufgrund von einschlägigen handels- und gesellschaftsrechtlichen Bestimmungen eingeschränkte Katalog der für eine Mitarbeiterkapitalbeteiligung zur Verfügung stehenden Beteiligungsformen wird somit auf ein unvollkommenes Ausmaß reduziert. Denn nur noch die Aktienbeteiligung und die GmbH-Beteiligung, die allerdings durch ihre eingeschränkte Fungibilität zur breiten Belegschaftsbeteiligung nicht geeignet ist, bietet die Möglichkeit einer voll-gesellschafterlichen Beteiligungsform. Die Beteiligung von Mitarbeitern als typisch stille Gesellschafter oder nicht-mitunternehmerische Genussrechtsinhaber ist hingegen in ihren Gesellschafterrechten zum Teil stark beschnitten.

Nachfolgende Abbildung fasst diesen „Selektionsprozess" noch einmal zusammen.

1084 Dies kann in erster Linie auf das Fehlen der steuerlichen Mitunternehmerschaftsproblematik sowie die Besteuerung von Kommanditisten zurückgeführt werden.

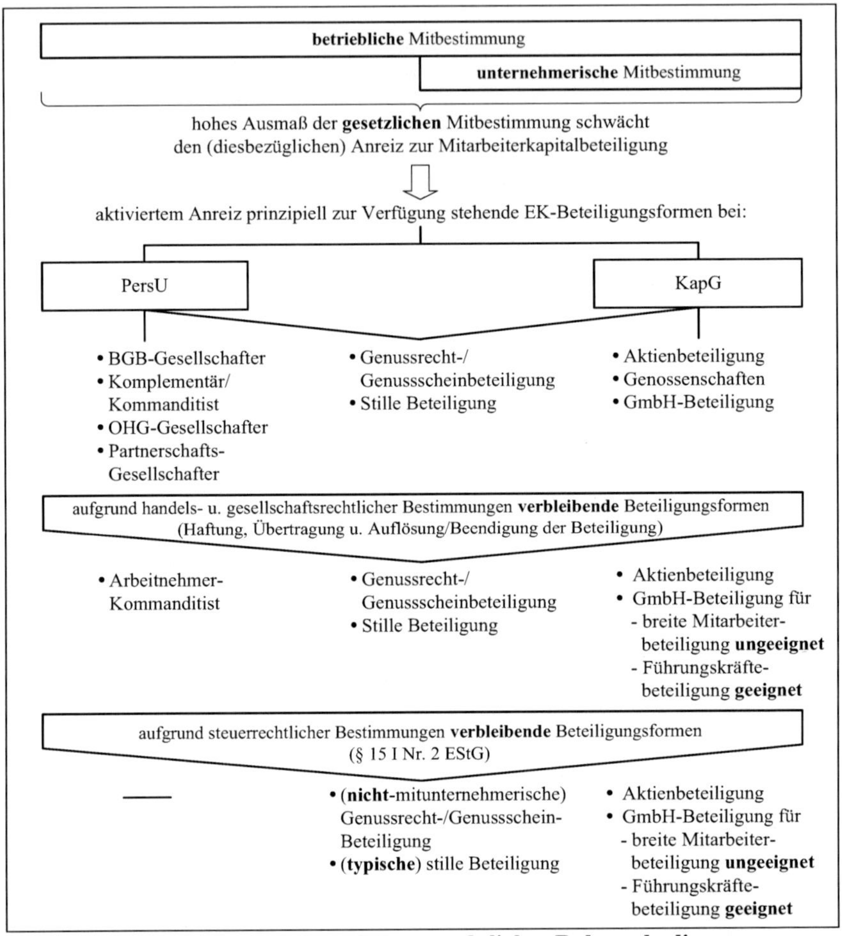

Abb. 68: Auswirkungen zivil- und steuerrechtlicher Rahmenbedingungen

Zudem wird die Mitarbeiterkapitalbeteiligung an Kapitalgesellschaften einerseits durch eine gewerbesteuerliche Diskriminierung von Risikokapital zu Gunsten von Mitarbeiterdarlehen sowie andererseits durch die Nichterfassung von Zinszahlungen für schuldrechtliche Verpflichtungen des Arbeitgebers gegenüber seinen Arbeitnehmern durch die Kapitalertragsteuer beeinträchtigt.

Die Zuflussproblematik tritt in Frankreich und Großbritannien im Zusammenhang mit der steuerlichen Erfassung von Erfolgsbeteiligungen nicht auf. Obwohl Frankreich ebenfalls eine rechtsformspezifische Besteuerung kennt, gibt es keine Mitunternehmerschaftsproblematik. Dies liegt daran, dass die Kommanditbeteiligung der Körperschaftsteuer unterliegt und steuerlich weitgehend die Vertragsbeziehungen zwischen Gesellschaft und Gesellschafter anerkannt werden. Außerdem besteht für französische

Personenunternehmen das Optionsrecht zur Besteuerung als Körperschaft. Ebenfalls als nicht existent ist diese Problematik für Mitarbeiterkapitalbeteiligungen in Großbritannien zu bezeichnen, da es fast ausschließlich Gesellschaften des Rechtsformtypus der „companies", also der Kapitalgesellschaften gibt.

Demgegenüber bieten demzufolge die zivil- und steuerrechtlichen Rahmenbedingungen einer „echten" Eigenkapitalbeteiligung der Mitarbeiter am arbeitgebenden Unternehmen

- in Frankreich eine im Vergleich zu Deutschland beteiligungsfreundlichere Ausgangsposition.
- in Großbritannien eine unvergleichbar problemlose Grundlage, da weder zivil- noch steuerrechtlich eine Behinderung gegeben ist.

Nachfolgende Abbildung soll lediglich die für Frankreich zutreffenden Auswirkungen der gesetzlichen Rahmenbedingungen zur Kapitalbeteiligung wiedergeben.

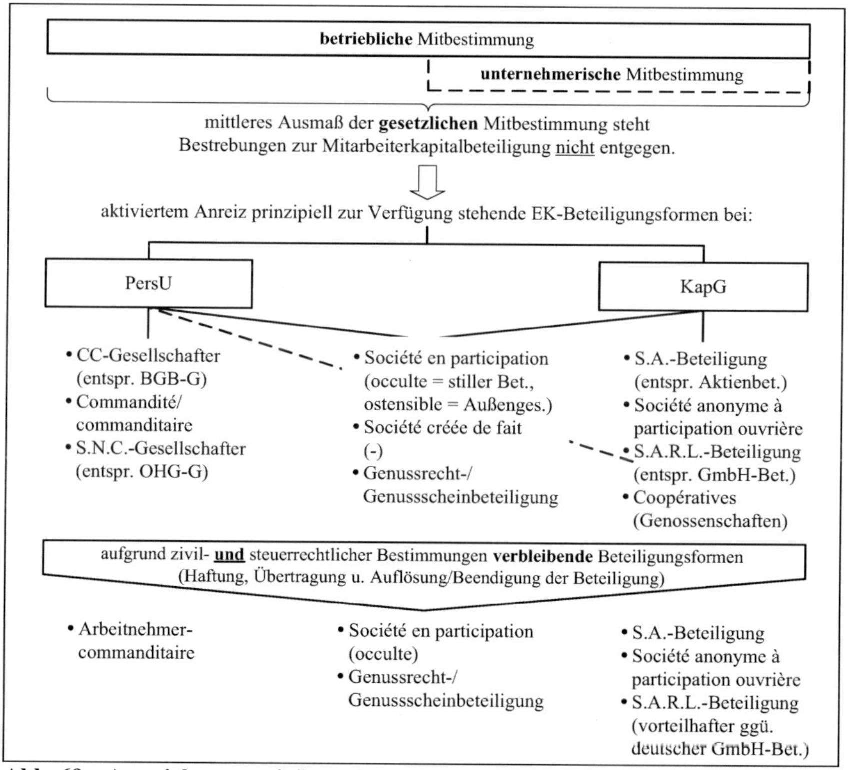

Abb. 69: Auswirkungen zivil- und steuerrechtlicher Rahmenbedingungen auf die Mitarbeiterkapitalbeteiligung in Frankreich

Neben den aufgezeigten steuerlichen Hindernissen einer Mitarbeiterkapitalbeteiligung kann gegenüber der Besteuerungssituation in Frankreich und Großbritannien lediglich ein einziger Steuervorteil genannt werden: die auf die Quellentheorie basierende private Veräußerungsgewinnfreiheit von privaten Kapitalbeteiligungen in Deutschland. Denn in Frankreich und Großbritannien werden Veräußerungsgewinne grundsätzlich steuerlich erfasst.

(4) Die Sondernormen und -gesetze zur staatlichen Förderung der Mitarbeiterbeteiligung stellen den letzten Einflussbereich der gesetzlichen Rahmenbedingungen dar. Die Untersuchung kann auch hier wiederum mögliche Ursachen für die quantitative und qualitative Verbreitungsdifferenzen der Mitarbeiterbeteiligungsmodelle in den untersuchten Ländern feststellen. So ist die duale Fördersystematik in Deutschland nur teilweise – weil nur durch § 19a EStG – als Instrumentarium zur Förderung betrieblicher Arbeitnehmerkapitalbeteiligungen geeignet. Die Förderwirkung fällt dabei im Vergleich mit Frankreich und Großbritannien aufgrund der geringen Betragshöhe mehr als bescheiden aus. Das im Blickpunkt der politischen Entscheidungsträger stehende Vermögensbildungsgesetz bietet entgegen der Absicht des Gesetzgebers weder für die Unternehmer, noch für die Arbeitnehmer genügend Anreiz zur betrieblichen Mitarbeiterkapitalbeteiligung. Die Sparförderung führt vielmehr lediglich zur Kapitalbildung in Aktienfonds oder bei Bausparkassen.

In Frankreich wird der investiven Erfolgsbeteiligung eine hohe Bedeutung beigemessen. So kann die obligatorische Gewinnbeteiligung nur „investiv" verwendet werden. Dabei spielen allerdings betriebliche (Eigen)-Kapitalbeteiligungsmodelle nur bedingt eine Rolle. Denn die Mittel fließen hauptsächlich in außerbetriebliche Aktienfonds oder bleiben über Mitarbeiterkonten als Fremdkapital im arbeitgebenden Unternehmen. Erhöhte Förderanreize sollen diesen Trend jedoch umkehren. Außerdem sollen über Branchenfonds, die sich hauptsächlich an kleinen und mittleren Unternehmen beteiligen sollen, indirekte Beteiligungen entstehen. Neben dem „geförderten", weil obligatorischen Erfolgsbeteiligungsmodell gibt es noch Steuervergünstigungen für Belegschaftsaktienmodelle. Eine überdies gewährte Steuervergünstigung wird im Rahmen von Mitarbeiterkapitalbeteiligungsmodellen bei der Veräußerung der Anteile gewährt, die unter Einhaltung bestimmter Voraussetzungen nicht der grundsätzlich greifenden Veräußerungsgewinnbesteuerung unterworfen werden.[1085]

Der britische Gesetzgeber fördert indes nur noch Beteiligungsprogramme, infolge deren dem Arbeitgeber aufgrund von Erfolgsbeteiligungen Eigenkapitalbeteiligungen am arbeitgebenden Unternehmen zugute kommen, die er zusätzlich durch Eigenleistungen aufstocken kann. Im Vergleich zu den Fördersystemen in Deutschland und Frankreich erfolgt hierdurch eine gezielte Förderung von Eigenkapitalbeteiligungen am arbeitgebenden Unternehmen. Das anglistische System zeichnet sich zusätzlich

[1085] In Deutschland gilt dagegen – abgesehen von den Fällen der §§ 17 u. 23 EStG – grds. eine steuerfreie Veräußerung von im Privatvermögen gehaltenen Beteiligungen.

durch dessen relativ hohe Förderanreize aus. Doch nicht nur das zugeflossene Kapital bleibt bei den geförderten Modellen steuerfrei, sondern die Veräußerungsgewinne sind wie in Frankreich unter Beibehaltung bestimmten Voraussetzungen von der Besteuerung freigestellt.

Die unter dem ersten Punkt zusammengefassten, als soft facts bezeichneten „weichen" Einflussfaktoren haben sich, wie der historische Verlauf der Beteiligungsidee zeigt, über nun fast zwei Jahrhunderte zum heutigen Status Quo entwickelt. Der Grundgedanke der Mitarbeiterbeteiligung flammte dabei immer wieder mehr oder weniger heftig auf,[1086] unterstützt von überzeugten Verfechtern dieser Idee – und verlor danach oft auch wieder an Bedeutung. An Organisationen und Institutionen wie zum Beispiel der AGP, die seit über fünfzig Jahren ein starker Förderer des Beteiligungsgedankens ist, und natürlich auch an den übrigen Fürsprechern liegt es nun, auch weiterhin Aufklärungsarbeit im Bereich dieser Einflussfaktoren zu leisten, denn auf einen breiten Konsens aller Beteiligungsgruppen ist die Beteiligungsidee in Deutschland (noch) nicht gestoßen.

Das Gesamtverständnis der Problematik um die Beteiligung von Mitarbeitern ist auch durch die zivilrechtlichen Rahmenbedingungen „lediglich" ergänzt worden. Konkrete Lösungsvorschläge zur Beseitigung der dargelegten Problembereiche können und sollen in dieser Arbeit nicht erarbeitet werden.[1087] Im letzten Teil dieser Untersuchung werden ausschließlich Überlegungen zur Lösung der steuerrechtlichen und fördersystematischen Schwierigkeiten, die einer breiteren Ausdehnung der Mitarbeiterbeteiligung entgegenstehen, angestellt. Nachfolgende Abbildung zeigt einen Überblick der betreffenden Problembereiche.

1086 Dabei änderten sich sowohl die Zielvorstellungen als auch die Beteiligungsformen in erheblichem Maße.

1087 Zu primär arbeitsrechtlichen sowie handelsrechtlichen Lösungsansätzen vgl. Boettcher, E./Börner, D. et alii, Vermögenspolitik (1985), S. 122 f.; Krause, R., Mitarbeit (2002); Loritz, K.-G., Mitarbeit (1984); Loritz, K.-G., Produktivvermögen (ZfA 4/98), S. 543 ff; Loritz, K.-G., Koppelung (RdA 5/98), S. 257 ff.; Wagner, K.-R., Massenkommanditgesellschaft (1985); Wagner, K.-R., Sicherungsbedürftigkeit (1990); Wagner, K.-R., Arbeitsplätze (ZIP 34/01), S. 1483 ff.

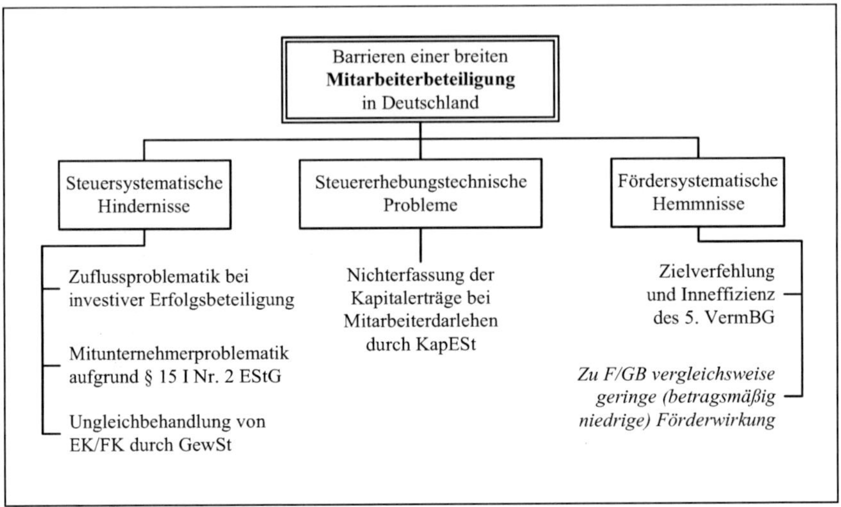

Abb. 70: Überblick über bestehende Barrieren einer breiten Mitarbeiterbeteiligung

Als weiteres Untersuchungsergebnis ist zu erwähnen, dass im Rahmen der Diskussion um die Mitarbeiterbeteiligung in Europa

- einerseits die Beteiligungssituation in Deutschland besser ist als ihr Ruf und
- andererseits die Beteiligungssituation insbesondere in Frankreich meist besser dargestellt wird, als sie in Wirklichkeit ist.

Der Mit-Ohne-Vergleich hat dabei die oftmals angeführte Vorreiterstellung Frankreichs und Großbritanniens dahingehend relativiert, dass die hohe Anzahl der Beteiligungsmodelle überwiegend auf die – nur in Frankreich praktizierte – obligatorische Gewinnbeteiligung sowie die extrem hohen Steuervergünstigungen in beiden Ländern zurückzuführen sind. Zudem ist die einfache Zahlenangabe einzelner Modelle lediglich „die halbe Wahrheit“, denn bei näherer Betrachtung der französischen Systeme sind nur ca. ein Drittel Eigenkapitalbeteiligungen am arbeitgebenden Unternehmen. In Großbritannien gibt es dagegen ausschließlich eigenkapitalmäßige Beteiligungsmodelle.

Unter dem Gesamtfokus der Rahmenbedingungen zur Mitarbeiterbeteiligung betrachtet, ist die Situation in Deutschland im Vergleich zu Frankreich und Großbritannien demnach gar nicht so schlecht, wie allzu oft behauptet wird. Trotz der massiven steuerlichen Hürden und trotz der marginalen staatlichen Förderung betrieblicher Beteiligungsmodelle existieren mehrere tausend, wenn nicht gar zehntausende Mitarbeiter(kapital-)beteiligungssysteme.[1088] Um die Verbreitung der betrieblichen Mitarbeiterbeteiligung zu „fördern", würde in erster Linie eine Beseitigung der steuerlichen Hemmnisse hilfreich sein. Allerdings ist dabei zu berücksichtigen, dass dabei keine das bestehende Steuersystem zusätzlich verkomplizierende Ausnahmeregelungen, wie sie in manchen Vorschlägen geäußert wurden, in Betracht zu ziehen sind. Es darf lediglich eine ganzheitliche Lösung in Frage kommen. Die Notwendigkeit zu einer Reform des deutschen Steuersystems kann demzufolge als gegeben anerkannt werden. Ob die Mitarbeiterbeteiligung zusätzlich einer staatlichen Förderung bedarf bleibt eine strittige Frage, die im Anschluss an den Steuerreformvorschlag Erörterung findet.

1088 Vgl. hierzu die statistischen Daten unter Punkt II.A.6 im zweiten Teil der Arbeit, S. 87 ff.

Vierter Teil: Reformvorschläge für das deutsche Steuersystem und die staatliche Förderung der Mitarbeiterbeteiligung

Im vierten und letzten Teil der Untersuchung werden unterschiedlich weitgehende Empfehlungen zur Beseitigung der aufgezeigten steuersystematischen Hindernisse entwickelt, die einen nachhaltigen Anstieg betrieblicher Mitarbeiterkapitalbeteiligungen bewirken könnten.[1089] Die Reformvorschläge sollen dabei den allgemein anerkannten Besteuerungsgrundsätzen Gleichmäßigkeit und Neutralität entsprechen und infolgedessen auf keinen besonderen Ausnahmeregelungen für eine Beteiligung von Arbeitnehmern basieren.[1090] Abschließend wird ein Vorschlag zur Reform der staatlichen Förderung der Mitarbeiterbeteiligung unterbreitet.

I. Überblick

In zahllosen Fällen und in nicht enden wollender Kritik wird dem deutschen Einkommensteuersystem ein sich unaufhaltsam fortschreitender Verfall konstatiert.[1091] Nun mangelt es nicht an grundlegenden Reformkonzepten zur Neugestaltung der Einkommensbesteuerung. Und trotz aller Anerkennung ist allen Entwürfen gemeinsam, dass bisher der große Durchbruch ausgeblieben ist. Auch der bislang letzte größere Reformvorschlag, der unter dem Namen „Karlsruher Entwurf zur Reform des Einkommensteuergesetzes" bekannt wurde,[1092] vermochte auf Anhieb nicht sämtliche Probleme des bestehenden Einkommensteuersystems zu beheben.[1093]

1089 Durch die Unternehmensteuerreform 2008 ist die generelle Steuerpflicht für Veräußerungsgewinne eingeführt und damit ein Teil des Reformvorschlages dieser Arbeit umgesetzt worden. Sie gilt jedoch erst ab dem Veranlagungszeitraum 2009 und erfasst die Veräußerungsgewinne im Rahmen der Abgeltungssteuer auf Kapitalerträge. Zudem werden zukünftig ab 2009 Kapitalerträge im Rahmen einer Abgeltungssteuer erfasst, wodurch aber die im Reformvorschlag angesprochene Angleichung der Kapitalertragsbesteuerung nur zum Teil umgesetzt wurde. Vgl. hierzu Ernst & Young/BDI, Unternehmensteuerreform 2008 (2007), S. 85 f.

1090 Die steuerliche Behandlung darf demzufolge nicht vor dem Hintergrund der als einzel- und gesamtwirtschaftlich erwünschten Beschäftigungs- und Produktivitätswirkungen der investiven Erfolgsbeteiligung beurteilt werden, sondern ausschließlich anhand der erwähnten Besteuerungsprinzipien. Diese Argumente sollen dagegen bei einer Begründung zur staatlichen Förderung Beachtung finden; vgl. hierzu Punkt III dieses Kapitels, S. 378 ff.

1091 Weite Teile der Literatur sprechen im Zusammenhang mit der Einkommensbesteuerung in Deutschland nicht mehr von „System" sondern stattdessen von Steuerchaos oder Steuerdschungel. Vgl. anstatt vieler Sigloch, J., Steuervereinfachung (1998), S. 89 m. w. N.

1092 Vgl. Kirchhof, P., Karlsruher Entwurf (StuW 1/02), S. 3 ff.

1093 Die Kritik am Karlsruher Entwurfs kommt nicht selten von Seiten der Konsumsteuerverfechter; vgl. z. B. Wagner, F. W., Karlsruher Entwurf (StuW 4/01), S. 354 ff.

Ohne deshalb auf den fundamentalen Neuaufbau des deutschen Einkommensteuersystems warten zu müssen, können die steuerlichen Hürden der Mitarbeiterbeteiligung allerdings auch in einzelnen Stufen beseitigt werden:

- Herstellung der Gleichmäßigkeit der Besteuerungszeitpunkte bei investiven Erfolgsbeteiligungen.
- Abrücken vom üblichen „form over substance"-Denken hinsichtlich der Mitunternehmerschaftsproblematik.[1094]
- Reduzierung steuerlicher Diskriminierung durch Abschaffung der Gewerbesteuer.
- Vereinheitlichung der Quellenbesteuerung für alle Kapitalerträge.

Die Grundkonzeption der jeweiligen Reformstufen kann nachfolgender Abbildung entnommen werden:

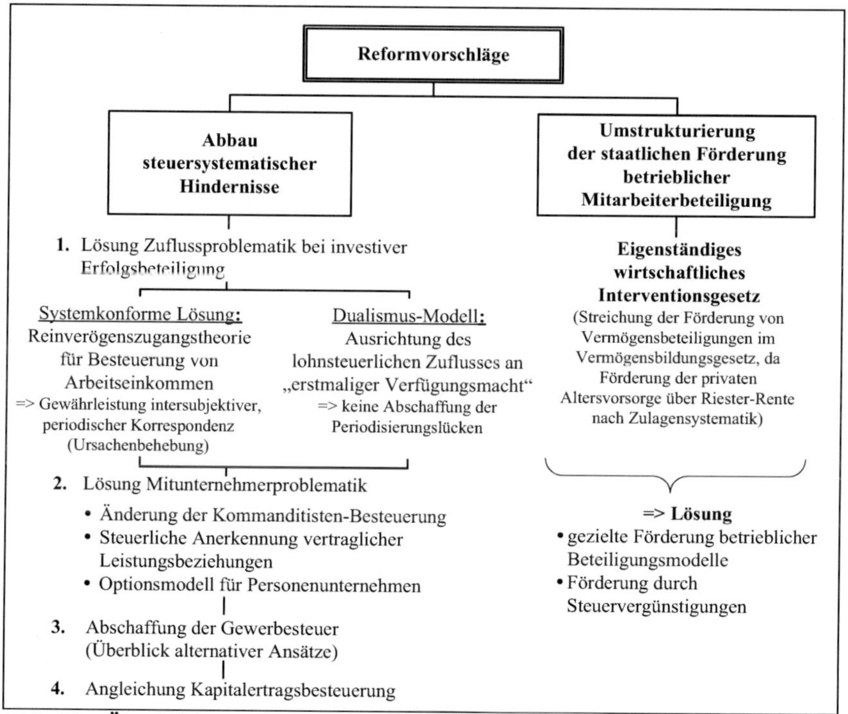

Abb. 71: Überblick zu einzelnen Reformelementen

1094 Vgl. Sigloch, J., Mitarbeiterbeteiligungen (1998), S. 605.

In der nachstehend erörterten Konzeption zur Beseitigung steuerlicher Hindernisse der Mitarbeiterbeteiligung werden einschneidende Veränderungen im gegenwärtigen Einkommensteuersystem vorgeschlagen, deren Schwerpunkt eindeutig auf den ersten beiden Punkten liegt. Im Rahmen einer systematisch konsistenten Lösung der Zuflussproblematik wird zuerst ein theoretisch überzeugender Lösungsweg vorgeschlagen, der allerdings in seiner Umsetzbarkeit stark beschränkt ist, weswegen im Rahmen der „Dualismus-Lösung“ eine weitere Lösungsalternative unter Beibehaltung der bestehenden Steuersystematik vorgeschlagen wird. Dabei steht die Beibehaltung der unterschiedlichen Einkommensermittlungsmethoden sowohl in Einklang mit der Haltung des Gesetzgebers,[1095] als auch mit der Auffassung der politischen Entscheidungsträger.[1096]

II. Neuausrichtung des Einkommensteuersystems

A. Lösung der Zuflussproblematik bei investiver Erfolgsbeteiligung

1. Ausgangsüberlegungen

Im vorangegangenen dritten Teil der Arbeit sind die zeitlich voneinander abweichenden Besteuerungszeitpunkte der alternativen Formen von investiven Erfolgsbeteiligungsmodellen festgestellt worden. Aus dieser systematischen Ungleichmäßigkeit der Besteuerung des Einkommens ergeben sich die erläuterten steuerlichen Verzerrungen. Nachfolgende Abbildung stellt die verzerrende Steuerwirkung als Zinseffekt aus den unterschiedlich lange aufgeschobenen Zuflusszeitpunkten der jeweiligen Erfolgsbeteiligung dar.

1095 Bereits in den frühen Jahren des Einkommensteuersystems sprach sich der Gesetzgeber im Rahmen des Entwurfs des (Reichs-)Einkommensteuergesetzes 1920 für das Festhalten an der unterschiedlichen Einkommensermittlung aus. Begründet wurde die Ablehnung der grundsätzlichen Vereinheitlichung der Einkommensermittlung damals mit der Gefährdung der Rechtssicherheit und Praktikabilität des bestehenden Dualismus der Einkünfteermittlung. Heinz, C., Vermögensübergange (2003), S. 294. Gegenwärtig gehen die Auslegungen der Jurisdiktion dagegen noch eine Schritt weiter, denn der Dualismus der Einkünfteermittlung wird vom BVerfG nicht als systeminkonform, sondern als Subsystem der Einkommensbesteuerung verstanden. Vgl. BVerfGE 26, S. 302, insb. 310 ff., 27, S. 111 ff. u. 28, S. 227 ff. Ebenso sprechen sich die Finanzgerichte für den Erhalt der unterschiedlichen Einkünfteermittlungsmethoden aus.

1096 Vgl. StEntlG 99/00/02, BT-Drs. 14/265, S. 4 f.

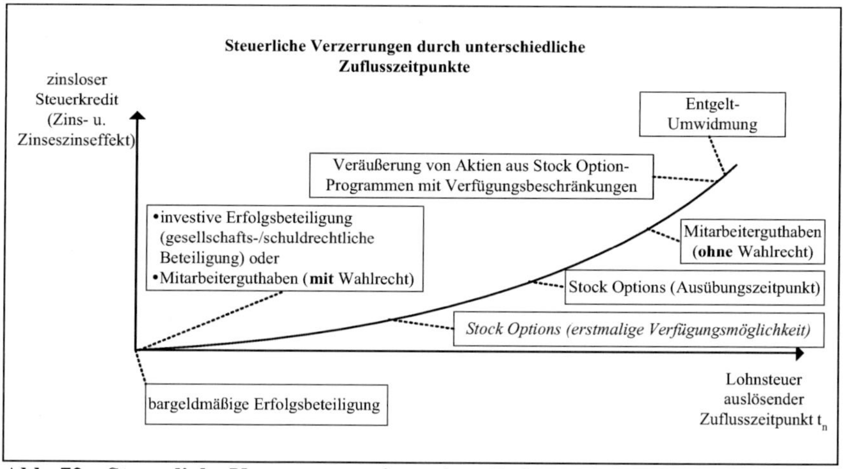

Abb. 72: Steuerliche Verzerrungen investiver Erfolgsbeteiligungen

Bei der bargeldmäßigen Erfolgsbeteiligung ist aufgrund des zeitlichen Zusammenfallens von Übergang der wirtschaftlichen Verfügungsmacht und tatsächlichem Zuflusszeitpunkt der Erfolgsbeteiligungsbeträge der Besteuerungszeitpunkt eindeutig. Diese Konstellation stellt dabei den Ausgangspunkt dar, von welchem aus sich durch die zeitliche Verschiebung des Lohnsteuer auslösenden Zuflusses beim Mitarbeiter ein entsprechender Zins- und Zinseszinseffekt infolge der zu verzeichnenden Steuerpause ergibt.[1097]

Eine auf dem bestehenden System der klassischen Einkommensbesteuerung basierende Lösung des aufgezeigten Problems erfordert die Beseitigung der diese Ungleichbelastung auslösende Ursache. Eine Symptombekämpfung[1098] der steuerlichen Folgen würde sich dagegen zwar nahtlos in die Gesetzgebungspraxis einreihen, dem an diese Arbeit gestellten Anspruch jedoch nicht gerecht werden.

Angesprochen ist hier der sich aus den – zwei – unterschiedlichen Einkommensermittlungsmethoden ergebende Periodisierungsunterschied. Basierend auf dem Leitbild der Reinvermögenszugangtheorie[1099] werden (Vermögens-)Einkünfte ermittelt. Dagegen werden bei der Bemessung des Einkommens im Rahmen der Quellentheo-

[1097] Durch den linear progressiv ausgestalteten Steuertarif in Deutschland kann sich zusätzlich eine absolute Steuerlaständerung ergeben, wenn der Steuerpflichtige im aufgeschobenen Besteuerungszeitpunkt in einer anderen – meist niedrigeren – Progressionsstufe befindet.

[1098] Als solche kann z. B. das BFH-Urteil v. 14.05.82 VI R 124/77 zur nachgelagerten Besteuerung von Mitarbeiterguthaben im Vergleich zur vorgelagerten Besteuerung von anderen investiven Erfolgsbeteiligungen bezeichnet werden. Vgl. hierzu Fn. 981.

[1099] Zur Reinvermögenszugangstheorie vgl. Schanz, G. v., Einkommensbegriff (Finanzarchiv 1896), S. 1 ff.; Schneider, D., Steuerbilanzen (1978), S. 49 ff.

rie[1100] lediglich laufende Zahlungen berücksichtigt, die unter anderem bei der Ermittlung der Arbeitseinkünfte zum Tragen kommt. Das Nebeneinander zweier solch unterschiedlicher Meßmethoden im deutschen Einkommensteuersystem führt zu beachtlichen Differenzen in Bezug auf die Erfolgsperiodisierung und den Totalerfolg.[1101] In nachfolgender Abbildung sind die Auswirkungen dieses so genannten Dualismus der Einkünfteermittlung dargestellt.

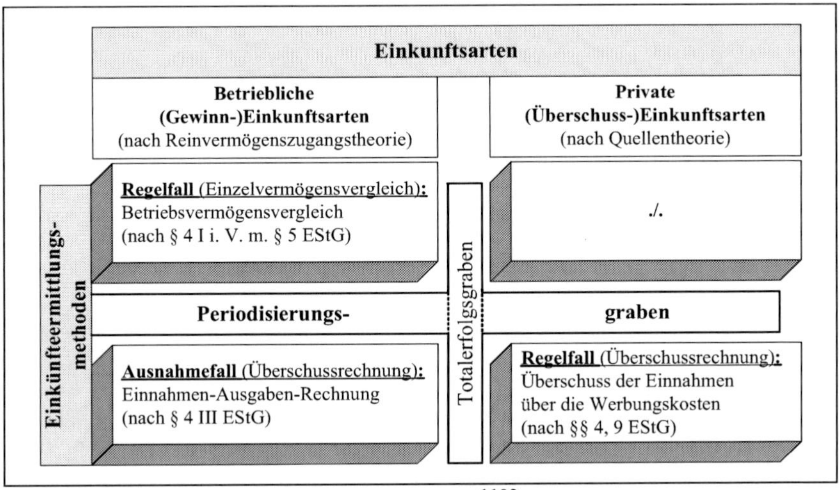

Abb. 73: Dualismus der Einkünfteermittlung[1102]

Investive Erfolgsbeteiligungen im Rahmen eines Mitarbeiterguthabens „lohnen" sich – aus finanzwirtschaftlicher Sicht – nur, wenn auf Unternehmensebene ein steuermindernder betrieblicher Aufwand verbucht werden kann und gleichzeitig beim Mitarbeiter der Lohnsteuer auslösende Zufluss bis zur endgültigen Auszahlung der finanziellen Mittel aufgeschoben werden kann.[1103] Der auf Unternehmensebene im Regelfall anzuwendende (Einzel-)Vermögensvergleich ermöglicht diese betriebliche Aufwandsverrechnung, wohingegen die Einkommensermittlung auf Mitarbeiterebene

1100 Zur Quellentheorie vgl. Fuisting, B., Steuern (1902), S. 110 Schneider, D., Steuerbilanzen (1978), S. 46 ff.

1101 Sigloch, J., Steuervereinfachung (1998), S. 108.

1102 Abbildung in Anlehnung an Sigloch, J., Bauelemente (1996), S. 226.

1103 Neben dem Steuereffekt bietet das Mitarbeiterguthaben jedoch zusätzlich die Möglichkeit bestehende Kredite des Unternehmens zu substituieren, die meist einer höheren Verzinsung unterliegen, weshalb sich hieraus ein weiterer finanzwirtschaftlicher Effekt ergibt. Das Deferred Compensation und vier der fünf Durchführungswege einer betrieblichen Altersvorsorge (Beiträge zur Direktversicherung werden vorgelagert besteuert) zielen ebenfalls auf diese Finanzierungswirkungen ab. Zu Einzelheiten über die betriebliche Altersvorsorge vgl. Abbildung 84, S. 403 im Anhang sowie anstatt vieler Ross, H., Überblick (DStR 24/01), S. VI ff.

durch eine Überschussrechnung vorgenommen wird, bei der sich die Problematik der Bestimmung des Zuflusszeitpunktes ergibt. Allerdings soll sich die steuerliche Behandlung einer Einkommensübertragung am so genannten Korrespondenzprinzip orientieren, von dem es verschiedene Ausprägungen gibt.[1104]

Nach finanzwissenschaftlicher Auffassung[1105] muss bei Einkommensübertragungen zwischen verschiedenen Steuersubjekten innerhalb der gleichen Periode die Besteuerung aus Gründen der Gleichmäßigkeit am interpersonalen Korrespondenzprinzip ausgerichtet sein. Danach soll beim Geber nur eine Abzugsfähigkeit von dessen steuerlicher Bemessungsgrundlage gestattet sein, wenn die Einkommensmehrung – in derselben Periode – bei der steuerlichen Bemessungsgrundlage des Nehmers berücksichtigt und somit besteuert wird. Bei den untersuchten Erfolgsbeteiligungsmodellen ist das interpersonale Korrespondenzprinzip jeweils dann durchbrochen, wenn es im Rahmen der Steuergestaltungen[1106] zu einer Zuflussverschiebung kommt.

Aus (verfassungs)rechtlicher Sicht wird die interpersonale Korrespondenz allerdings nicht als eigenes Besteuerungsprinzip angesehen, da sie gegen den Grundsatz der Besteuerung nach der individuellen Leistungsfähigkeit verstößt.[1107] Eine Anwendung wird demzufolge im Allgemeinen abgelehnt. In weiten Teilen der Literatur konzentriert sich deshalb die Diskussion auf die Problematik der intertemporalen Korrespondenz. Das Korrespondenzprinzip ist demnach nur auf solche Vorgänge anzuwenden, bei denen es in einer bestimmten Periode zu einer Minderung der Steuerbemessungsgrundlage des Leistenden kommt und in derselben oder einer späteren Periode die Bemessungsgrundlage des Leistungsempfängers erhöht, was die so genannte Einmalbesteuerung sicherstellen soll. Umgekehrt ist die Einkommensmehrung beim Empfänger nicht zu versteuern, wenn der Leistende seine Aufwendungen in der Veranlagungsperiode nicht steuermindernd berücksichtigen konnte.[1108]

Vor dem Hintergrund der Besteuerung nach dem Leistungsfähigkeitsprinzip „kann indessen nicht ‚irgendeine' korrespondierende Behandlung reichen, sondern nur eine Besteuerung, die den Leistenden im Veranlagungszeitraum der Verausgabung und

1104 Vgl. zu den drei Arten des Korrespondenzprinzips Egner, T., Vergütungsmodelle (2002), S. 52 f.

1105 Vgl. anstatt aller Littmann, K., Besteuerung (1980), S. 3 f.

1106 Im allgemeinen lassen sich Steuergestaltungen, welche die Periodisierungsdifferenzen nutzen, als Gestaltungen zur zeitlich verzögerten Entgeltzahlung an Mitarbeiter einerseits und als Kapitalüberlassungsvereinbarungen mit aufgeschobener (endfälliger) Zinszahlung andererseits systematisieren. Ausführlich hierzu Sigloch, J., Steuervereinfachung (1998), S. 109 ff.

1107 Zu ausführlichen Erläuterungen vgl. Tipke, K., Bezüge (StuW 1/80), S. 8; Söhn, H., Sonderausgaben (StuW 4/85), S. 405 ff.

1108 Unerheblich ist dabei, ob Leistender und Leistungsempfänger in einer Person vereint sind oder nicht. Zum Korrespondenzprinzip vgl. des weiteren Söhn, H., Sonderausgaben (StuW 4/85), S. 406; Gramlich, L./Treisch, C., Korrespondenzprinzip (DB 47/97), S. 2349 ff.; Schwinger, R., Steuersysteme (1992), S. 110 ff.

dem Empfänger im Veranlagungszeitraum des Zuflusses ‚nach Maßgabe der jeweiligen individuellen wirtschaftlichen Leistungsfähigkeit' erfaßt"[1109]. Die Begriffe der vorgelagerten und der nachgelagerten Korrespondenz treten in diesem Zusammenhang in den Vordergrund – insbesondere bei der Diskussion um die Besteuerung von gesetzlichen und privaten Altersvorsorgeaufwendungen.

Bisher wird im allgemeinen im Rahmen der Deferred Compensation Pläne und im speziellen „nur" bei einem Modell der investiven Erfolgsbeteiligung, dem Mitarbeiterguthaben, der Lohn erst bei tatsächlichem finanziellen Zufluss besteuert, was dem nachgelagerten Korrespondenzprinzip entspricht. Es ist jedoch seit geraumer Zeit eine eindeutige Tendenz festzustellen, die auf eine Ausdehnung der nachgelagerten Besteuerung auf weitere Bereiche der „Vorsorgeaufwendungen" hinweist.[1110] Für die in dieser Untersuchung aufgezeigten Probleme der steuerlichen Ungleichbehandlung der praktizierten investiven Erfolgsbeteiligungsformen wäre die nachgelagerte Besteuerung eine akzeptable Lösung, da dadurch die zeitlich auseinanderfallenden Lohnsteuer auslösenden Zuflusszeitpunkte normiert wären. Infolgedessen ist im folgenden Abschnitt näher auf diese Thematik einzugehen.

2. Nachgelagerte Besteuerung von Einkommen

Der Anspruch zur nachgelagerten Besteuerung von Einkommen resultiert aus der Abkehr von der klassischen Gleichmäßigkeitsvorstellung, die das Periodeneinkommen als Leistungsfähigkeitsindikator zugrunde legt. Ist traditionell ein Steuersystem als gerecht empfunden worden, wenn gleiche Leistungsfähigkeit während eines Veranlagungszeitraums gleich besteuert wurde, sieht die neoklassische Gleichmäßigkeitsvorstellung die horizontale Steuergerechtigkeit als gegeben an, wenn zwei Steuersubjekte mit identischem (Lebens-)Einkommen unabhängig von ihren Präferenzen für sofortigen oder aufgeschobenen Konsum die gleichen Steuerlasten tragen. Die Differenzen dieser unterschiedlichen Betrachtungsweisen werden in der Regel durch eine Fokussierung auf das Einzelproblem eines Lebenszyklussparers veranschaulicht, wobei wie im folgenden dreiperiodigen Beispiel[1111] argumentiert wird:

> Ein Arbeitnehmer bezieht während seiner Erwerbsphase, die hier der Einfachheit halber auf zwei Perioden reduziert wurde, jeweils 50.000 €. Um für die erwerbslose Rentenphase vorzusorgen, muss er einen bestimmten Kapitalbestand aufbauen, aus dem er seinen Lebensabend finanziert. Vereinfachend sei angenommen, dass er pro Periode einen Betrag in Höhe von 10.000 € spart, die mit 10 % jährlich verzinst werden. Der proportionale Steuertarif betrage s = 30 %.

[1109] Söhn, H., Sonderausgaben (StuW 4/85), S. 406.

[1110] So z. B. Färber, G., Besteuerung (1997), S. 203 ff.

[1111] Beispiel in Anlehnung an Wiegard, W., Besteuerung (ifo-Schnelldienst 21/00), S. 9.

	Vorgelagerte Besteuerung mit	Vorgelagerte Besteuerung *ohne* Ertragsanteilsbesteuerung	Nachgelagerte Besteuerung
Periode 1			
Erwerbseinkommen	50.000	*50.000*	50.000
Sparbetrag	10.000	*10.000*	10.000
Einkommensteuer (s=30 %)	**15.000**	***15.000***	**12.000**
Konsumausgaben	25.000	*25.000*	28.000
Periode 2			
Erwerbseinkommen	50.000	*50.000*	50.000
Sparbetrag	10.000	*10.000*	10.000
Einkommensteuer (s=30 %)	**15.000**	***15.000***	**12.000**
Konsumausgaben	25.000	*25.000*	28.000
Periode 3			
Renteneinkünfte	23.100	*23.100*	23.100
Kapitalrückfluss	20.000	*20.000*	20.000
Ertragsanteil	3.100	*3.100*	3.100
Einkommensteuer (s=30 %)	**930**	–	**6.930**
Konsumausgaben	22.170	*23.100*	16.170
Barwerte ($C_0^{10\,\%}$)			
Einkommensteuer	**29.404,96**	***28.636,36***	**28.636,36**
Konsumausgaben	66.049,59	*66.818,18*	66.818,18

Abb. 74: Gegenüberstellung von vor- und nachgelagerter Besteuerung

Die wie im geltenden Steuerrecht bei Ersparnissen greifende vorgelagerte Besteuerung führt im Vergleich zur nachgelagerten Besteuerung in der Ansparphase zu einer Minderung des Konsumpotentials, da die Sparbeträge nicht von der Steuerbemessungsgrundlage abziehbar sind. In der Rentenphase bleibt konsequenterweise der – den versteuerten Sparbeträgen entsprechende – Kapitalrückfluss steuerfrei. Nur der Ertragsanteil in Höhe von 3.100 € ist der Einkommensteuer zu unterwerfen. Im Gegensatz hierzu ist bei der nachgelagerten Besteuerung der Gesamtbetrag der Renteneinkünfte zu versteuern. In der Summe gleichen sich zwar die Steuerlasten, jedoch schöpft die vorgelagerte Besteuerung in den ersten zwei Perioden mit 6.000 € den Großteil davon ab, wohingegen bei der nachgelagerten Besteuerung die volle Steuerlast des Sparens erst in der letzten Periode zu tragen ist. Die Barwerte der Einkommensteuerzahlungen von vor- und nachgelagerter Besteuerung unterscheiden sich deshalb „nur“ in Höhe der Periodisierungsarbitrage der Steuerzahlungen.

Bei den Berechnungen der mittleren Spalte handelt es sich um eine nicht praktizierte Form der vorgelagerten Besteuerung, weshalb sie die nur der Veranschaulichung des Problems dient. Bei der vorgelagerten Besteuerung ohne Ertragsanteilsbesteuerung mindern die gesparten Einkommensteile nicht die Steuerbemessungsgrundlage. Allerdings bleiben die Kapitalerträge komplett steuerfrei, was im Rahmen einer Lebenseinkommensbesteuerung einer völligen Freistellung von Zinseinkünften entspricht.[1112] Der Barwert der Einkommensteuerzahlungen hiervon stimmt – im Idealfall – schließlich mit dem Barwert der Steuerlasten der sparbereinigten[1113] Einkommensteuer überein.[1114] Die Barwertäquivalenz der nachgelagerten Besteuerung zur zinsbereinigten Einkommensteuer macht die steuersystematische Einordnung einer nachgelagerten Besteuerung der Altersvorsorge in ein Konsumsteuersystem offensichtlich.[1115]

Somit lässt sich die Kontroverse zwischen periodischer[1116] und überperiodischer[1117] Gleichmäßigkeitvorstellung gegebenermaßen auf die Frage der Besteuerung von – respektive der Steuerfreiheit für – Kapitaleinkünfte(n) reduzieren, wobei erstere die reinvermögenszugangstheoretische Einkommensbesteuerung, letztere ein Konsumsteuersystem charakterisiert. Beiden Systemkonzeptionen ist wiederum gemeinsam, dass sie als in sich schlüssig gelten.[1118] Einen weiteren Beitrag pro oder contra einer gewissen Gleichmäßigkeitsvorstellung würde die Intention dieser Arbeit verfehlen. Es ist jedoch anzuzeigen, dass eine Vielzahl von Reformvorschlägen zur nachgelagerten Besteuerung der Altersvorsorge am Einkommensbegriff formell festhalten, ihn materiell allerdings durch Konsumbesteuerungsbestandteile durchlöchern, wodurch sie sich immer weiter in Richtung Konsumbesteuerung bewegen.[1119] Würde auch hier

1112 Dies entspricht der zinsbereinigten Einkommensteuer. Vgl. Wiegard, W., Besteuerung (ifo-Schnelldienst 21/00), S. 10. Zur zinsbereinigten Einkommensteuer vgl. Kiesewetter, D., Zinsbereinigte (1999); Lammersen, L., Gewinnsteuer (1999); Wenger, E., Gleichmäßigkeit (Finanzarchiv 41/83), S. 207 ff. Kritisch hierzu SCHNEIDER in Schneider, D., Mängel (StuW 4/00), S. 421, insb. S. 430.

1113 Zur sparbereinigten Einkommensteuer vgl. anstatt vieler Dorenkamp, C., Unternehmenssteuerreform (StuW 2/00), S. 121 ff.; Rose, M., Reform (BB-Beil. 5/92); Wagner, F. W., Erfassung (1989), S. 270 ff.

1114 Jedoch bewirkt ein progressiver Einkommenssteuertarif mit Berücksichtigung eines Existenzminimums auch im Ruhestand, dass die Sparbereinigung i. Vgl. z. Zinsbereinigung zu einer niedrigeren Lebenssteuerlast führt. Vgl. Rose, M., Gleichbelastung (1997), S. 29 ff.

1115 Vgl. Wiegard, W., Besteuerung (ifo-Schnelldienst 21/00), S. 10 f.

1116 Für Argumente gegen eine überperiodische Gleichmäßigkeit vgl. Schneider, D., Einkommensteuer (Finanzarchiv 91/92), S. 534 ff. m. w. N.; Schneider, D., Mängel (StuW 4/00), S. 421 ff. SCHNEIDER widerlegt dabei die Eignung der Bezugsgröße „steuerliche Leistungsfähigkeit" im Rahmen einer lebenszeitbezogenen Gleichmäßigkeit der Besteuerung.

1117 Zu Begründungen über die Eignung der überperiodischen Gleichmäßigkeit vgl. anstatt vieler Bradford, D. F., Income Tax (1986); Zadrow, G. R., Choice (Finanzarchiv 91/92), S. 85 ff; Gropl, C., Vorgaben (FR 12/01), S. 620 ff. Zu Einzelheiten hinsichtlich einer – einzelproblemorientierten – Gleichmäßigkeitsanalyse vgl. Wenger, E., Gleichmäßigkeit (Finanzarchiv 41/83, S. 207 ff., insb. 220 ff.; zu im Ergebnis übereinstimmenden Analyseergebnissen vgl. anstatt vieler Lang, J., Grundlagen (2002), § 4 Rz. 119 m. w. N. Die überperiodische Ungleichbelastung sei eine gravierende Verletzungen des Leistungsfähigkeitsprinzips durch die traditionelle Periodenbesteuerung, welche auf eine ungleichmäßige Belastung von Arbeits- und Kapitaleinkommen hindeutet, weswegen Kapitaleinkommen zu entlasten sei.

1118 Dorenkamp, C., Unternehmenssteuerreform (StuW 2/00), S. 127.

1119 Vgl. Henselmann, K., Erfolgsmessung (1994), S. 3.

dem Ruf einer nachgelagerten Besteuerung gefolgt, um so die aktuelle Problematik der (einkommen-)steuerlich unsystematischen Behandlung investiver Erfolgsbeteiligungsformen zu lösen, würde dadurch nur ein Fehler im System durch einen anderen ersetzt.[1120]

Ein weiterer Grund, sich an dieser Stelle nicht in die Diskussion um die „richtige" Steuerbemessungsgrundlage einzureihen, ist die in der Kontroverse vernachlässigte, aber fundamentale Frage nach der konkreten quantitativen Änderung der Steuerbelastungen infolge eines vollständigen[1121] Systemwechsels. Noch verwunderlicher ist, dass dieser Fragestellung von HENSELMANN bereits nachgegangen wurde, seine Aussage, die Tendenzen zur Belastungsminderung und -verschärfung könnten sich teilweise kompensieren, weswegen man von einer annähernden Belastungsgleichheit beider Besteuerungskonzepte sprechen könnte, allerdings zu keiner Änderung der Diskussionsinhalte im großen Streit der Bemessungsgrundlage zwischen Einkommen oder Konsum geführt hat.[1122]

Vor diesem Hintergrund erscheint die Auffassung des Bundesverfassungsgerichts, dem Gesetzgeber sei bei der Besteuerung zwar kein bestimmter Steuergegenstand diktiert, sondern „lediglich" dazu angehalten, „die einmal getroffene Belastungsentscheidung folgerichtig im Sinne *einer* [Herv. d. Verf.] Belastungsentscheidung" umzusetzen, in neuem Licht.[1123]

Will man dennoch – trotz der Erkenntnis, dass aus Effizienz- und Vereinfachungsgründen eine Totalreform zu einer Cash-Flow- oder Konsumbesteuerung eventuell vorteilhafter wäre – an der Besteuerung des Einkommens festhalten, kann der Lösungsweg nur „auf den verwirklichten Reinvermögenszugang zurückgreifen, was dazu nötigt, Gleichmäßigkeit der Besteuerung nur einperiodig zu messen, jedoch erlaubt, den Zugang von Informationen von Periode zu Periode einzubeziehen."[1124] Diese Entscheidung wird unter anderem dadurch bekräftigt, dass bei einem Systemwechsel in weiten Bereichen eine Vielzahl flankierender Maßnahmen unentbehrlich ist.[1125] Zudem sind die im bisherigen System gewachsenen Strukturen des privaten

1120 Ähnlich kritisch WAGNER; vgl. Wagner, F. W., Karlsruher Entwurf (StuW 4/01), S. 360 ff.

1121 Fast ausnahmslos finden sich in der Literatur lediglich vereinfachte Beispiel zu Einzelproblemen, wie auch hier im Beispiel zur nachgelagerten Besteuerung der Altersvorsorge.

1122 Vgl. Henselmann, K., Erfolgsmessung (1994), S. 174.

1123 Zuletzt BVerfG v. 30.09.1998 – 2 BvR 1818/91. Zitat entnommen aus Dorenkamp, C., Unternehmenssteuerreform (StuW 2/00), S. 126.

1124 Schneider, D., Mängel (StuW 4/00), S. 430.

1125 Vgl. Sigloch, J., Steuervereinfachung (1998), S. 114. Zu notwendigen Schritten in der Zinsbesteuerung vgl. Gulder, M., Disagiovereinbarungen (2000), S. 297 ff. Die Kehrseite der Medaille sollte jedoch nicht unerwähnt bleiben, denn nach wie vor sind infolgedessen sämtliche Problembereiche im Rahmen der geltenden Bilanzierungs- und Bewertungskonvention weiterhin klärungsbedürftig.

Eigentums und der Wirtschaftsorganisationen gefährdet, wenn am Lebensende die konzentrierten Steuerlasten das Vermögen des Steuerpflichtigen treffen.[1126]

3. Systematisch konsistentes Lösungsmodell: Realisierter Reinvermögenszugang als einheitliche Bemessungsgrundlage

Unter den gegebenen Umständen soll die Vereinheitlichung der Steuerbemessungsgrundlage durch eine vollkommene Angleichung der Einkommensermittlung an die Reinvermögenszugangskonzeption erfolgen.[1127] Somit werden – nicht nur im Rahmen investiver Erfolgsbeteiligungen – für wirtschaftlich gleiche Sachverhalte infolge einer einheitlichen Einkommensermittlung auch einheitliche Periodisierungsvorschriften Anwendung finden, die keinen Platz für die bemängelten Periodisierungslücken lassen. Die Abkehr vom quellentheoretischen Einkommenskonzept macht zudem Steuergestaltungen, welche die Unterschiede im Totalerfolg nutzen, ebenfalls gegenstandslos.

Konkretisiert man diese Überlegungen auf die Einkommensermittlung im Rahmen einer investiven Erfolgsbeteiligung, haben beide Parteien, Beteiligungsunternehmen und Mitarbeiter, unter Berücksichtigung des Realisationsprinzips einen bilanziellen Einzelvermögensvergleich zu erstellen. Für die Einkommensermittlung des arbeitgebenden Beteiligungsunternehmens ergeben sich keine Veränderungen. Dem am Beteiligungsprogramm partizipierenden Mitarbeiter, den man nach einem erweiterten Verständnis des Unternehmensbegriffs als (Einzel-)Unternehmer seiner Arbeitskraft bezeichnen kann, obliegen dagegen nun die gleichen Aktivierungs- und Passivierungsvorschriften zur Erstellung einer Jahresbilanz. Nachfolgende Abbildung veranschaulicht die hierbei bestehende – interpersonale – Korrespondenz der steuersenkenden Reinvermögensminderung auf Unternehmens- und der steuererhöhenden Reinvermögensmehrung auf Mitarbeiterebene.

[1126] Vgl. Kirchhof, P., Karlsruher Entwurf (StuW 1/02), S. 8.

[1127] Nachdem die Möglichkeit der Vereinheitlichung der Steuerbemessungsgrundlage im Rahmen einer generellen Hinwendung zur zahlungsorientierten Überschussrechnung verworfen wurde, bleibt der bilanzielle Vermögensvergleich als andere Alternative übrig.

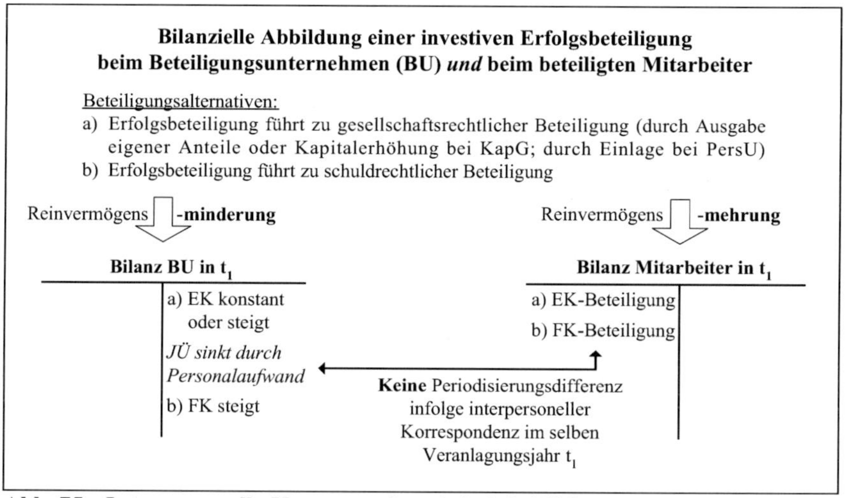

Abb. 75: Interpersonelle Korrespondenz bei einheitlicher Einkommensermittlung

Eine investive Erfolgsbeteiligung kann alternativ zu einer gesellschafts- oder einer schuldrechtlichen Beteiligung des Arbeitnehmers am arbeitgebenden Unternehmen, oder eines Drittunternehmens, führen. Dabei wirkt sich unternehmensseitig nur die bilanzielle Abzugsfähigkeit des Personalaufwands als Betriebsausgabe auf die gewinnabhängige Zahlungsbemessungsgrundlage aus. Die Kapitalbeteiligung des Mitarbeiters dagegen ist steuerneutral.[1128] In Höhe der als betrieblichen Personalaufwand verbuchten Erfolgsbeteiligungsbeträge führt die bilanzielle Gewinnermittlung beim Mitarbeiter in der selben Veranlagungsperiode zu einer Reinvermögenserhöhung, die durch die Aktivierung der Mitarbeiterkapitalbeteiligung ihren Niederschlag findet. Periodisierungsdifferenzen sind somit infolge dieser interpersonalen, periodischen Korrespondenz der Steuerbemessungsgrundlagenänderungen nicht mehr möglich.

Die mit der Aufstellung einer jährlichen Bilanz verbundenen – technischen – Schwierigkeiten, die für bilanzierungspflichtige Unternehmen im Sinne des aktuellen § 4 I EStG eine regelmäßig Belastung darstellen, bedeuten für Zensiten mit geringem Umfang des Reinvermögens, wie dies zum Beispiel für den Großteil der beteiligten Mitarbeiter der Fall sein würde,[1129] untragbare Anforderungen. Wie im geltenden Steuerrecht Vereinfachungsregeln für nicht bilanzierungspflichtige Unternehmen existie-

1128 Hinsichtlich des Reinvermögens verhält es sich unterschiedslos, ob es sich um eine gesellschaftsrechtliche Beteiligung (EK konstant), die aus eigenen Anteilen bedient wird, oder um eine Kapitalerhöhung bzw. Einlage bei PersU (EK steigt) handelt. Eine schuldrechtliche Kapitalbeteiligung (FK steigt) belässt das Reinvermögen ebenfalls konstant.

1129 Als Ausnahme können z. B. hoch dotierte Führungskräfte in Frage kommen.

ren,[1130] müsste bei der Einkommensermittlung bei Einkünften aus nichtselbständiger Arbeit wie auch bei Unternehmen unterhalb einer gewissen Größenordnung durch vereinfachte Rechnungen wie der Einnahmen-Ausgabenrechnung Abstand vom bilanziellen Vermögensvergleich genommen werden.[1131]

Neben den aus Effizienzgesichtspunkten erwähnten Erhebungsproblemen sprechen zusätzliche Einwände gegen die bilanzielle Gewinnermittlung für Arbeitnehmer: Da Periodenerfolge zunächst nur buchtechnische Umperiodisierungen von Zahlungen sind, kommt es beim Vermögensvergleich tendenziell zu einem früheren Einkommensausweis als bei einer Überschussrechnung.[1132] So erfordern gewinnabhängige Entnahmen und Zwangsabgaben, insbesondere Steuerzahlungen, eine Vorfinanzierung, die infolge der Zinseffekte umso bedeutender ins Gewicht fällt, je früher der Erfolgsausweis eintritt.[1133] Hat im gegenwärtigen Steuersystem der Staat die durch die Periodisierungsarbitrage anfallenden Zinsnachteile zu tragen, würde diese „Last" im Rahmen eines generellen bilanziellen Vermögensvergleichs die Steuersubjekte treffen. Gewichtiger erscheinen allerdings die Bedenken, dass es einer Sollertragsbesteuerung gleichkommt, wenn unrealisierte Gewinne durch spätere Verluste überkompensiert werden.[1134]

Nun entschärft die Ausbreitung des reinvermögenszugangsbasierten Einkommensbegriffs auf alle Einkunftsarten unter Beibehaltung eines Dualismus der Einkünfteermittlungsmethoden lediglich die bisher bestehenden Unterschiede im Totalerfolg. Somit wären unter anderem Veräußerungsgewinne aus dem Verkauf von Mitarbeiterkapitalanteilen der Besteuerung zu unterwerfen. Eine generelle Anwendung der Einnahmenüberschussrechnung im Rahmen der Einkunftsermittlung von Arbeitnehmern impliziert allerdings die bekannten Periodisierungsunterschiede durch die Möglichkeit der so genannten Aufwandsvorverlagerung auf Unternehmensebene. Nachfolgende Übersicht soll die jeweiligen Auswirkungen alternativer Abgrenzungsfälle auf die Leistungsfähigkeit des Unternehmens und des Arbeitnehmers sowie die jeweilige Einkommensteuerbemessungsgrundlage gegenüberstellen. Anzumerken ist, dass auf

---

1130 Nach § 4 III EStG können nicht bilanzierungspflichtigen Unternehmen als Gewinn den Überschuss der Betriebseinnahmen über die Betriebsausgaben im Rahmen der so genannten Einnahmen-Ausgaben-Rechnung ansetzen.

1131 Vgl. Sigloch, J., Steuervereinfachung (1998), S. 115. Die Vorschriften (über Abschreibung, Anlageverzeichnisse etc.) des § 4 III EStG wären zu übernehmen.

1132 Vgl. Sigloch, J., Einkommensbesteuerung (1995), S. 685 f., Henselmann, K., Erfolgsmessung (1994), S. 48 ff. u. S. 153 ff.

1133 Vgl. Schneider, D., Einkommensbegriff (Finanzarchiv 32/84), S. 418. SHAKOW sieht diese Liquiditätsbelastung dagegen als vernachlässigbar; vgl. Shakow, D., Taxation (University of Pennsylvania Law Review 134/86), S. 1167. HACKMANN erkennt in dem potentiellen steuerlichen Verkaufszwang sogar gesamtwirtschaftliche Effizienzvorteile; vgl. Hackmann, J., Konsequenzen (Finanzarchiv 45/85), S. 428 f.

1134 Nur durch Rückerstattung der überhöhten Steuervorauszahlungen mit Zins und Zinseszins kann dieser unerwünschte Effekt vermieden werden. Vgl. Schneider, D., Betriebswirtschaftslehre (1994), S. 84 ff.

Unternehmensebene die Leistungsfähigkeit in der Regel über einen periodisierten Einzelvermögensvergleich gemessen wird, wohingegen die Leistungsfähigkeit des Arbeitnehmers über eine zahlungsbasierte Überschussrechnung erfasst.

Unternehmensebene (Arbeitgeber)			Arbeitnehmerebene		
	Leistungsfähigkeit U-Ebene	Steuerliche BMG (Gewinn)	Steuerliche BMG (Überschuß)	Leistungsfähigkeit AN-Ebene	
Aufwand **und** Auszahlung (z. B. an AN)	–	–	+	+	Lohnzufluss
Aufwand **und** Auszahlung infolge					wirtschaftliche Verfügungsmacht
• GRV	–	–	–	–	–
• betr. AV (extern)	–	–	– / + [1)]	–	– [1)]
• überbetr. investive Erfolgsbeteiligung	–	–	+	(–)	+
Aufwand jetzt **und** Auszahlung später:					wirtschaftliche Verfügungsmacht
• Pensionsrückst.	+ / – [2)]	–	–	–	–
• Zerobond	+ / – [2)]	–	–	–	–
• Mitarbeiterguthaben	+ / – [2)]	–	–	–	–
• investive betriebliche Erfolgsbeteiligung (EK-/FK-Beteiligung)	+ / – [2)]	–	+	(–)	+
Aufwand später **und** Auszahlung jetzt (Lohnvorauszahlung)	– /+	0	+	+	Lohnzufluss

Abb. 76: Steuerbezogene Aufwandsverrechnungswirkungen

1) Beiträge zu Direktversicherungen werden im Vergleich zu den übrigen betrieblichen Altersvorsorgebeiträgen beim Mitarbeiter vorgelagert besteuert; diese Beiträge erhöhen demnach die steuerliche Bemessungsgrundlage, obwohl der Arbeitnehmer wirtschaftlich nicht über sie verfügen kann, was einer Minderung (-) der subjektiven Leistungsfähigkeit entspricht.

2) Aus Sicht des Vermögensvergleichs hat sich die Leistungsfähigkeit des Unternehmens verschlechtert, aus Sicht einer Zahlungsrechnung durch die bilanzielle Aufwandsvorverrechnung jedoch verbessert.

Bei den in der Übersicht hervorgehobenen betrieblichen Vorfällen, denen aufgrund des Imparitätsprinzips eine Aufwands(vor)verrechnung zugrunde liegt, obwohl es erst später zu Zahlungen kommt, wird es demnach immer Periodisierungsunterschiede geben, wenn der Zahlungsempfänger sein Einkommen durch eine Einnahmenüberschussrechnung ermittelt.

Hält man an den unterschiedlichen Einkommensermittlungsmethoden fest, können die Periodisierungsdifferenzen lediglich durch eine Verletzung maßgeblicher Prinzipien dieser Ermittlungsmethoden verhindert werden. Um die notwendige Korrespondenz innerhalb des gleichen Veranlagungszeitraums sicherzustellen, bieten sich zwei Alternativen:

- Durchbrechung des Realisations- beziehungsweise des Imparitätsprinzips bei der bilanziellen Gewinnermittlung auf Unternehmensebene, indem eine Aufwandsvorverlagerung steuerlich nicht mehr zulässig ist. Erst zum Zeitpunkt der Zahlung, zu welchem beim Empfänger der entsprechende Betrag versteuert wird, darf die Betriebsausgabe auch tatsächlich erst entsteuert werden. Der bilanzielle Einzelvermögensvergleich wird insofern an die Einnahmenüberschussrechnung angepasst.
- Modifikation der auf Arbeitnehmerebene – für die Ermittlung der Einkünfte aus nichtselbständiger Arbeit – zur Anwendung kommenden Überschussrechnung, wodurch die zahlungsbasierte Steuerbemessungsgrundlage an die bilanzielle Gewinnermittlung der Arbeitgeberseite angeglichen wird. Analog zum steuerlichen Abzug des Beteiligungsbetrages auf Unternehmensebene wäre dem zukünftigen Zahlungsempfänger entgegen der bisherigen Auslegung des Leistungsfähigkeitsprinzips (zum Übergang der wirtschaftlichen Verfügungsmacht) der entsprechende Betrag auf die Steuerbemessungsgrundlage im selbem Veranlagungszeitraum hinzuzurechnen. Dafür muss im Zeitpunkt des Zahlungszuflusses die Bemessungsgrundlage – ganz im Sinne des temporalen Korrespondenzprinzips – korrigiert werden. Diese steuerliche Erfassung der Erfolgsbeiträge zwingt den Mitarbeiter zur Vorleistung der Einkommensteuer.[1135]

Beide Ansätze lassen einen Betriebsausgabenabzug auf Unternehmensebene nur dann zu, wenn die entsprechenden (Erfolgs-)Beiträge korrespondierend beim Leistungsempfänger versteuert werden.[1136] Dieser Systematik sollte wenigstens für zeitlich umfassendere Periodisierungsunterschiede, wie dies zum Beispiel bei Zero-Bonds, Pensionsrückstellungen, Mitarbeiterguthaben oder schließlich bei aufgeschobenen Gehaltszahlungen der Fall ist, gefolgt werden. Es bietet sich aufgrund nachfolgender Begründung an, dem zweiten Ansatz zu folgen:

1135 Zu dieser Vorfinanzierungsproblematik siehe S. 356 weiter oben sowie Fn. 1133.

1136 Zur Grundidee vgl. Rädler, A., Steuerfragen (DStR 38/96), S. 1474; Sigloch, J., Steuervereinfachung (1998), S. 114. Ähnlich wird im US-amerikanischen Steuerrecht verfahren, wie z. B. die Vorschriften des sec. 267 sowie des § 707 (a) u. (b) des Internal Revenue Code (1999) zeigen, wonach die steuerliche Abzugsfähigkeit von Leistungen an verwandte Personen oder zwischen Gesellschaft und Gesellschafter an die zeitlich korrespondierende steuerliche Erfassung beim Empfänger gebunden ist. Vgl. Heinz, C., Vermögensübergänge (2003), S. 294.

Erstens stellt die reinvermögenszugangstheoretische Einkommensermittlung in der Ausprägung des bilanziellen Einzelvermögensvergleichs den Regelfall dar, die Einnahmenüberschussrechnung „lediglich" den vereinfachten Grundsatz.

Zweitens würde sich bei der bilanziellen Gewinnermittlung in diesem Fall nichts ändern; und da sich die Einkommensermittlung auf Ebene des Arbeitnehmers sowieso einer umfangreichen Veränderung unterzieht, ist die zweite Alternative mit weniger änderungsbedingten und erhebungstechnischen Komplikationen verbunden.

Drittens würde aufgrund der aus den gegebenen Rahmenbedingungen des deutschen Arbeitsmarktes resultierenden „Machtposition" der Unternehmen eine – wenn beabsichtigt – gezielte staatliche Förderung der Altersvorsorge, von der eigentlich ausschließlich der Arbeitnehmer profitieren sollte, im ersten Ansatz nicht möglich sein.[1137] Die erwähnte Vorfinanzierungsproblematik auf Mitarbeiterebene könnte überdies durch einen zu verzinsenden staatlichen Steuerkredit entschärft werden, der im Auszahlungszeitpunkt samt Zins und Zinseszins, ohne Liquiditätsprobleme zu verursachen, zu „tilgen" ist.

Nachfolgendes Beispiel zeigt, dass diese Besteuerungssystematik prinzipiell keine Sparformen begünstigt, sondern neutral wirkt; das heißt, dass durch die Besteuerung keine Verzerrungen durch steuerliche Vorteile irgendeiner Sparform, wie zum Beispiel bei Zero-Bonds, Pensionsrückstellungen, Mitarbeiterguthaben oder aufgeschobener Vergütung, vorkommt.

1137 Die Aufteilung der staatlichen Förderung durch steuerliche Eingriffe hängt von den Elastizitäten der Arbeitsangebots- und Arbeitsnachfragefunktion ab. Bei völlig elastischem Arbeitsangebot wird die Verteilung zugunsten des Arbeitgebers ausfallen und vice versa. Es ist aber gegenwärtig davon auszugehen, dass tendenziell ein eher elastisches Arbeitsangebot vorherrscht, weswegen der Arbeitgeber auch von den steuerlichen Anreizen zur Vermögensbildung partizipiert. Vgl. hierzu Schwinger, R., Steuersysteme (1992), S. 132 ff., insb. S. 147 f., der den Einfluss der Besteuerung auf die Vorteilhaftigkeit von direkten Pensionszusagen untersuchte. Bei der hier unterstellten steuerlichen Erfassung lässt sich die gestellte Annahme aus den Erkenntnissen von SCHWINGER ableiten.

	t_0	t_1	t_2
a) Investive Erfolgsbeteiligung s = 50 %; (zinsloser Steuerkredit mit i_s = 5 % Nachsteuerzinssatz)	100 (50)	 (52,5)	 - 55,125
Anlage im Unternehmen i = 10 %; wird nach Steuer reinvestiert s = 50 %	- 100	(100) +10 - 5	105 + 10,5 - 5,25
Vermögensendwert a)	-		**55,125**
b) Erfolgsbeteiligung s = 50 %	100 - 50		
Alternative Sparform i = 10 %; wird nach Steuer reinvestiert s = 50 %	-50	(50) + 5 - 2,5	52,5 + 5,25 - 2,625
Vermögensendwert b)			**55,125**

Abb. 77: Vermögensendwertvergleich alternativer Sparformen

Bei Sparform a), einer investiven Erfolgsbeteiligung, erhält der Mitarbeiter einen Betrag in Höhe von 100 €, die er sofort zu versteuern hätte. Aus rechentechnischen Vereinfachungsgründen wird ein Steuersatz von s = 50 % und ein Vorsteuerzinssatz i = 10 % angenommen. Um der Vorfinanzierungsproblematik entgegenzutreten, gewährt der Staat einen Steuerkredit in Höhe der geschuldeten Lohnsteuer, der mit dem Nachsteuerzinssatz bis zur Auszahlung der – im arbeitgebenden(!) Unternehmen als EK oder FK – angelegten Erfolgsbeteiligung zu verzinsen ist. In t_2 hätte der Mitarbeiter somit eine Steuerschuld in Höhe von 55,125 € zu entrichten. Die aus seiner Kapitalanlage erwachsenden Erträge sind sofort zu versteuern; der Nachsteuerertrag wird sofort reinvestiert. Nach Begleichung der Einkommensteuerschuld verbleibt ein Vermögensendwert in Höhe von 55,125 €.

Würde die Erfolgsbeteiligung nicht im arbeitgebenden Unternehmen angelegt – und zu diesem Zweck deshalb bar ausbezahlt –, sondern am externen Kapitalmarkt, hätte der Mitarbeiter sofort seine Lohnsteuer in Höhe von 50 € zu begleichen. Die alternative Sparform erwirtschaftet ebenfalls eine Rendite von 10 %, die jährlich zu versteuern ist, und danach ebenfalls wieder angelegt wird. Auch hier beträgt der Vermögensendwert, wie im Falle der investiven Erfolgsbeteiligung infolge des zu verzinsenden staatlichen Steuerkredits 55,125 €. Folglich wird einerseits die interpersonale periodische Korrespondenz hergestellt, andererseits ist die Vorfinanzierungsproblematik entkräftet und die Neutralität der Besteuerung durch den verzinsten Steuerkredit gewahrt. Die Prämisse einer gleichmäßig belastenden Besteuerung ist somit erfüllt.

Nun stellt die vom Grundsatz her ungeteilte, vollständig auf die Reinvermögenszugangstheorie basierende Einkommensermittlung einen tief greifenden Einschnitt in die gegenwärtige Besteuerungssystematik dar. Sicher liegt man aus diesem Grunde nicht falsch, wenn einem solchen Reformvorhaben zur Angleichung der Totalerfolgserfassung, die eine generelle Besteuerung von Veräußerungsgewinnen nach sich zieht, und zur – vorangehend näher erläuterten – Abstimmung der Erfolgsperiodisierung heftiger Widerstand prophezeit wird. Dabei könnte sich weniger die „schmerzhafte" steuerliche Erfassung der Vermögensstammänderung als die steuer- beziehungsweise erhebungstechnisch anspruchsvollere – aus gegenwärtiger Sicht aber kaum geringer belastende – Beseitigung der Periodisierungsunterschiede als Umsetzungshindernis erweisen.

Abschließend sei zu erwähnen, dass bei beiden Überlegungen keine Notwendigkeit für eine Modifikation der Einkunftsartengliederung gesehen wird.[1138]

4. Dualismuslösung: Reform der gegenwärtigen Auslegung des Zuflusszeitpunktes

Entgegen der Überlegung im Rahmen des systematisch konsistenten Lösungsmodells, das in den genannten Fällen eine Herstellung der interpersonalen periodischen Korrespondenz verfolgt, soll durch diese Lösungsalternative lediglich die bestehende Ungleichheit der geltenden Bestimmungen zum Lohnsteuer auslösenden Zuflusszeitpunkt unter Beibehaltung der gegenwärtigen Systematik ausgeräumt, zusätzlich der Einkommensbegriff aber ebenfalls erweitert werden. Unterschiede im Totalerfolg werden dadurch beseitigt,[1139] Periodisierungsunterschiede als systembedingt aber hingenommen.

Als erstes erfordert dieses Konzept eine Änderung der derzeit geltenden gesetzlichen Normierung des § 11 Abs. 1 Satz 1 EStG i. V. m. § 38a Abs. 1 Satz 2 u. 3 EStG. Diese Vorschriften, die den Besteuerungszeitpunkt näher definieren, begründen den Ursprung aller Missverständnisse. Denn die Kodifizierung stellt auf einen tatsächlichen Zufluss der Zahlungsmittel ab.[1140] Da aber nach Auslegung des Bundesfinanzhofes, der hier generell gefolgt wird, nicht der tatsächliche Zufluss, sondern der Übergang der wirtschaftlichen Verfügungsmacht für die Besteuerung ausschlaggebend ist, muss eine Korrektur der entsprechenden Vorschriften dahingehend erfolgen.

Nicht im Einklang mit der hier vertretenen Auffassung steht jedoch die BFH-Entscheidung vom 14.05.1982 zur besonderen steuerlichen Behandlung von Mitarbeiterguthaben[1141] sowie die BFH-Urteile zur Besteuerung von nicht-handelbaren Akti-

---

1138 Vgl. Sigloch, J., Steuervereinfachung (1998), S. 115.

1139 Zu im Zusammenhang mit der steuerlichen Erfassung privater Veräußerungsgewinne auftretenden Problemen sowie zu deren Lösung vgl. Gulder, M., Disagiovereinbarungen (2000), S. 184 ff., 272 ff. u. insb. S. 298 ff. sowie S. 304.

1140 WAGNER deutet ebenfalls die gesetzliche Formulierung als auf den tatsächlichen Zufluss abgestellt; vgl. Wagner, K.-R., Kapitalbeteiligung (1999), S. 136 f. Er schlägt im Gegensatz zur hier befürworteten Lösungsalternative eine ausnahmslose Orientierung an dieser Gesetzesauslegung vor.

1141 BFH-Urteil v. 14.05.82, VI R 124/77, BStBl. II 1982, S. 469 ff.

enoptionen,[1142] die im Konflikt zueinander stehen und zu den hier aufgezeigten Ungleichmäßigkeiten führen.

Eine konsistente Ausrichtung der Besteuerung – im allgemeinen und speziell – von Einkünften aus nichtselbständiger Tätigkeit an der subjektiven Leistungsfähigkeit darf sich ausschließlich an der „erstmaligen Verfügbarkeit" als Lohnsteuer auslösender Zuflusszeitpunkt orientieren. Zweifelsohne sind danach die Zwangsabgaben zur gesetzlichen Rentenversicherung erst in den ab Renteneintritt folgenden Veranlagungszeiträumen erstmalig verfügbar und somit als leistungsfähigkeitsmindernd in den Veranlagungszeiträumen der Ansparphase anzuerkennen.[1143] Unbestreitbar ist ansonsten nur, dass sofort ausbezahlte Barbezüge oder sonstige geldwerte Vorteile im selben Veranlagungszeitraum zu versteuern sind, in denen sie vereinnahmt werden. Alle anderen „Zwischenfälle" müssen wie folgt geregelt werden:

Im Gegensatz zur aktuell geltenden Ausübungsbesteuerung bei – nicht handelbaren – Aktienoptionen fordert das Primat der Gleichmäßigkeit eine Besteuerung im Zeitpunkt der erstmaligen Verfügungsmöglichkeit, welche sich anhand des „Stock Options-Standartfalls (Veräußerbarkeit während der gesamten Laufzeit ausgeschlossen und anfängliche Ausübungssperre)"[1144] aufzeigen lässt. Der Begünstigte hat im Einräumungszeitpunkt der nicht handelbaren Aktienoptionen keinerlei Verfügungsmöglichkeit über den entsprechend eingeräumten Lohnteil, folglich auch keine erhöhte Leistungsfähigkeit, die eine Besteuerung rechtfertigen würde.[1145] Nach Ablauf der anfänglichen Ausübungssperre erwächst ihm allerdings eine Nutzungsmöglichkeit der eingeräumten Optionen, die zu diesem Zeitpunkt seine Leistungsfähigkeit erhöht. Dabei spielt es keine Rolle, ob er die Option tatsächlich ausübt oder nicht. Es zählt alleine die Möglichkeit zur Ausübung, die nach Wegfall der Verfügbarkeitssperre entsteht.

Dieses Schema sollte aber auch auf die herkömmlichen Formen der investiven Erfolgsbeteiligung zu übertragen sein. Danach lässt sich der Einräumungszeitpunkt mit der Unterbreitung des Angebots eines Erfolgsbeteiligungsmodells von Seiten des Arbeitgebers vergleichen, zu dem sinngemäß eine Besteuerung zukünftiger Erfolgsanteile als nicht zweckmäßig zu erachten ist, da ein Arbeitnehmer darüber keine konkrete Verfügungsmöglichkeit inne hat. Da dieser Zeitpunkt in der Regel vor den Anwartschaftszeitraum fällt, können außerdem Entscheidungen der zu beteiligenden Mitar-

---

1142 BFH-Urteil v. 10.03.72, VI R 278/68, BStBl. II 1972, S. 596 ff.; BFH-Urteil v. 23.07.1999, VI B 116/99, DB 38/99, S. 1932 f.; BFH-Urteil v. 24.01.01, I R 119/98, BFH/NV 2001, S. 968 ff.; BFH-Urteil v. 20.06.01, VI R 105/99, BStBl. II 2001, S. 689 f. Vgl. im Einzelnen Punkt II.B.3.b)cc) des zweiten Teils, S. 101 ff.

1143 Eine Ausführung zur entgegen gesetzten Meinung gibt WIEGARD; vgl. Wiegard, W., Besteuerung (ifo-Schnelldienst 21/00), S. 11.

1144 Egner, T., Vergütungsmodelle (2002), S. 249.

1145 Vor dem Hintergrund einer generellen Veräußerungsgewinnbesteuerung mag die Einräumungsbesteuerung zudem weniger attraktiv erscheinen.

beiter über die spezielle Form des Erfolgsbeteiligungsprogramms nichts am Verfügungsstatus über die zukünftigen Erfolgsanteile ändern, da diese noch nicht entstanden sind.[1146] Denn vor Beginn der Anwartschaftsphase ist wirtschaftlich noch nichts entstanden, worüber die Arbeitnehmer Verfügungsmacht erlangen könnten. Diese Auslegung fußt auf der Analogie zu den Deferred Compensation Plänen, bei welchen über die Verwendung zukünftiger Lohnanteile entschieden wird, ohne dass es im Vorfeld zu einem Übergang wirtschaftlicher Verfügungsmacht kommen kann.

Trifft der oder treffen die Arbeitnehmer individualvertraglich oder im Rahmen einer Betriebsvereinbarung beziehungsweise eines Tarifvertrags zum Zeitpunkt des Vertragsabschlusses die Entscheidung, dass die Erfolgsanteile bei Erfolgsermittlung bar auszubezahlen sind, erlangt er zu diesem späteren Zeitpunkt der Erfolgsermittlung und -auszahlung erstmalig Verfügungsmacht. Lautet die Entscheidung, dass die Erfolgsanteile als Kapitalanteile „ausbezahlt" werden, über die der beteiligte Mitarbeiter sofort verfügen könne, ist ein Zufluss ebenfalls unabdingbar. Wird allerdings bei Vertragsabschluss entschieden, dass die Erfolgsanteile nicht bar ausbezahlt, sondern in (Eigen- oder Fremd-)Kapitalanteile umgewandelt werden, deren Nutzungsmöglichkeit für den beteiligten Arbeitnehmer aber durch eine Sperrfrist ausgeschlossen ist, kann ein Lohnsteuer auslösender Zuflusszeitpunkt auch erst dann angenommen werden, wenn diese Nutzungssperre wegfällt und der beteiligte Mitarbeiter erstmalig über den entsprechenden Betrag Verfügungsmacht erlangt.[1147]

Sieht das Beteiligungsmodell allerdings zum Zeitpunkt der Erfolgsanteilsermittlung eine Wahlmöglichkeit zwischen Barauszahlung oder „Auszahlung" in Vermögensanteilen – egal ob mit oder ohne Sperrfrist – vor, kommt es darauf an, ob die Wahlmöglichkeit jedem Mitarbeiter persönlich offeriert wird oder ob die Entscheidung nur im Kollektiv getroffen werden kann.[1148] Bei der Alternative mit persönlicher Wahlmöglichkeit entfaltet der Begünstigte durch seine Entscheidung wirtschaftliche Verfügungsmacht, die eine Besteuerung auslösen muss. Als Vergleich kann hier eine Auszahlung der Erfolgsanteile mit anschließender anderweitiger Kapitalanlage herangezogen werden, die in Übereinstimmung zu ersterem besteuert wird. Kann die Entscheidung aber nur im Kollektiv getroffen werden, spricht dies gegen eine erstmalige Verfügungsmacht des beteiligten Mitarbeiters, da die persönliche Entscheidung keinen Einfluss auf Verwendung der Erfolgsanteile hat, solange sie nicht der Mehrheit der Beteiligten entspricht. Beschließt die Gesamtheit eine Barauszahlung oder die

1146 Demgegenüber wird vom BFH ein steuerlicher Zufluss angenommen, wenn der Mitarbeiter bei Vertragsabschluss (hier: einer Betriebsvereinbarung) „eine Wahlmöglichkeit gehabt hätte". BFH-Urteil v. 14.05.82 – VI R 124/77, BStBl. II 1982, S. 472 f.

1147 Eine gleiche steuerliche Behandlung ist bei Investivlohnmodellen ohne und mit Barlohnumwandlung anzuwenden.

1148 Die in der Praxis relativ selten existierende Alternative der durch das Mitarbeiterkollektiv begrenzten Wahlmöglichkeit wird an dieser Stelle nur deshalb in den Sachverhalt aufgenommen, um eine Abgrenzung zur Verfügungsmacht des Mitarbeiters noch deutlicher zu machen.

Umwandlung in Kapitalanteile, über die sofort verfügt werden kann, erwächst dem Begünstigten hierdurch die Verfügungsmacht über den entsprechenden Lohnbestandteil, nicht jedoch durch die Wahlmöglichkeit selbst. Nur im Falle von Kapitalbeteiligungen mit Sperrfrist kann der Mitarbeiter erst nach Ablauf der Frist persönlich über den entsprechenden Erfolgsanteil verfügen, was dann zur augenblicklichen Besteuerung führt – wiederum unabhängig davon, ob die dann bestehende Veräußerungsmöglichkeit genutzt wird oder nicht.

Bei Investivlohnvereinbarungen mit oder ohne Barlohnumwandlung ist entsprechend vorzugehen. Nachfolgende Abbildung soll anhand einer Graphik die generelle steuerliche Behandlung der erläuterten Fallkonstellationen verdeutlichen.

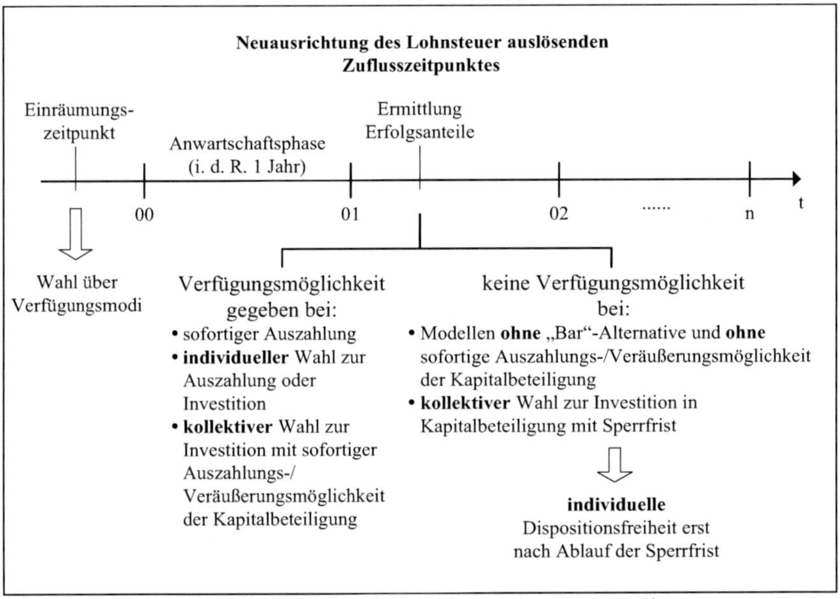

Abb. 78: Neuordnung des Zuflusszeitpunktes anhand erstmaliger Verfügungsmöglichkeit

Die vorangehend beschriebene steuerliche Behandlung macht das vom Bundesfinanzhof durch das Urteil vom 14.05.82 geschaffene Rechtsinstitut des Mitarbeiterguthabens gegenstandslos. Denn solange der Begünstigte keinen Einfluss auf die zu investierenden Erfolgsanteile hat, muss er diese auch nicht versteuern. Das Mitarbeiterguthaben stellt also nichts anderes als eine – „gesperrte" – Verbindlichkeit des Unternehmens gegenüber einem Arbeitnehmer dar; dabei beinhaltet die Sperrfrist die Nicht-Beleihbarkeit beziehungsweise Nicht-Übertragbarkeit der Beteiligung. Die anderen vom Bundesfinanzhof zur Beurteilung eines Lohnsteuer auslösenden Zuflusses aufgestellten Kriterien wie Zinshöhe oder Änderung der Rechtsnatur beeinflussen dagegen den Verfügbarkeitsstatus wiederum nicht.

Abschließend sei noch erwähnt, dass unter diesen Voraussetzungen im Gegensatz zum systematisch konsistenten Lösungsmodell die steuerliche Behandlung von Pensionsrückstellungen oder Nullkuponanleihen nicht berührt werden, sondern sich lediglich auf die Neuordnung der steuerlichen Erfassung der verschiedenen Erfolgsbeteiligungsformen beschränkt. Ebenso außen vor blieben erneut eventuell wünschenswerte Förderabsichten, da diese in einem separaten wirtschaftlichen Interventionsgesetz, das die Grundsystematik des Einkommensteuergesetz nicht verzerren sollte, Berücksichtigung finden.

Dieser ersten Reformstufe, die aufgrund der Katalysatorwirkung von investiven Erfolgsbeteiligungen für eine Kapitalbeteiligung von Mitarbeitern am arbeitgebenden Unternehmen eine äußerst elementare Stellung einnimmt, folgen im nächsten Abschnitt Überlegungen zur Beseitigung der bestehenden steuerlichen Hindernisse, die der Zielverwirklichung einer eigenkapitalmäßigen Beteiligung entgegenstehen.

B. Lösung der Mitunternehmerproblematik

1. Vorüberlegung

Die Mitunternehmerschaft gilt als zentrales Institut des Einkommensteuerrechts und es lässt sich nicht von der Hand weisen, dass die steuerliche Behandlung der Personengesellschaft noch immer einen der bedeutendsten Problemkreise der Unternehmensbesteuerung darstellt.[1149] Im Rahmen dieser Arbeit sollen und können sich die Ausführungen „lediglich" auf einen Teilbereich der komplizierten Thematik beziehen: der Besteuerung von Kommanditisten.[1150] In diesem Zusammenhang muss aber auch über Fragen zur steuerlichen Anerkennung von Leistungsbeziehungen zwischen Gesellschaft und Gesellschafter sowie zum Optionsmodell nachgedacht werden, um dem Ziel einer ganzheitlichen Lösung gerecht zu werden. Nicht behandelt wird stattdessen die im Rahmen der Mitunternehmerproblematik häufig diskutierte Problematik der steuerlichen Behandlung gesellschaftsrechtlicher Übertragungsvorgänge zwischen Gesellschaft und Gesellschafter.

1149 Zu Hintergründen und inhaltlichen Details vgl. Boettcher, E., Mitunternehmerschaft (1965), S. 37 ff.; Kurth, H., Bilanzbündeltheorie (StuW 1/78), S. 1 ff.; Kurth, H., Mitunternehmer (StuW 3/78), S. 207 f.; Reiß, W., Revitalisierung (BB 39/00), S. 1965 ff.; Reiß, W., Fortentwicklung (BB 21/01), S. 1225 ff.

1150 Die folgenden Reformüberlegungen zur Besteuerung von Kommanditisten und anderer beschränkt haftender Gesellschafter sind aus den Erkenntnissen der Grundvorstellung des französischen droit fiscal zur steuerlichen Erfassung des commanditaire einer société en commandite simple abgeleitet.

2. Besteuerung von Kommanditisten und anderer beschränkt haftender Gesellschafter

Die Unternehmensbesteuerung in Deutschland knüpft ausschließlich an der formalen Ausgestaltung der Unternehmen, deren Rechtsform, an. Wie bei vielen steuerrechtlichen Problembereichen ist auch hier eine ursprünglich der Privatrechtsordnung entstammende Ausgangsposition zu erkennen, die Sinn und Zweck der rechtsformabhängigen Ertragsbesteuerung bestimmten.[1151] Diese „form over substance"-Doktrin kann aber der heutigen wirtschaftlichen Realität nur in ungenügender Art und Weise Rechnung tragen. Die steuerliche Gleichstellung von Gesellschaftern einer offenen Handelsgesellschaft oder von Komplementären mit einem Einzelunternehmer mag noch überzeugen. Doch ist schon die generelle Verknüpfung von Alleinunternehmer und Kommanditist, der dadurch automatisch einem Mitunternehmer gleichgesetzt wird, wirtschaftlich nicht begründbar.[1152] In Analogie zur wirtschaftlichen Stellung eines Kommanditisten mit der eines Gesellschafters einer Kapitalgesellschaft, und dabei insbesondere dem Anteilseigner einer GmbH,[1153] müsste sich die steuerliche Behandlung beider grundsätzlich ebenfalls entsprechen. So beschreibt doch das Regelstatut des Handelsgesetzbuches in den §§ 169 und 171 I HGB explizit jene Voraussetzungen,[1154] die für eine kapitalistische Beteiligung bezeichnend sind und somit aus wirtschaftlicher Sicht ganz dem Beziehen von Kapitaleinkünften gleichkommt.

Eine nähere Anlehnung der Besteuerung an wirtschaftliche Gegebenheiten erfordert daher ein Abrücken vom seither vorherrschenden Dogma hin zu einer flexibleren „substance over form"-Orientierung der Unternehmensbesteuerung.[1155] Von der Grundorientierung, nach welcher Kommanditisten wie Gesellschafter von Kapitalgesellschaften besteuert werden, muss allerdings dann abgewichen werden, wenn vor dem Hintergrund der weitgehenden Dispositionsfreiheit dem Kommanditisten vertraglich stärkere Rechte eingeräumt werden, die ihn dann wiederum einem Mitunternehmer gleichstellen. Folge hiervon ist die steuerliche Eingliederung in die Mitunternehmerbesteuerung, der dementsprechend eine fallweise Überprüfung vorauszugehen

---

1151 Einheitliche Grundsätze im Privat- und Steuerrecht mögen einerseits hinsichtlich einer „gegenseitig beeinflussenden und demzufolge auch vorhersehbaren Rechtsentwicklung in Fragen des konzeptionellen Verständnisses von Personengemeinschaften sicherlich förderlich" sein, führen aber andererseits bei einseitiger Einflussnahme zu unerwünschten Ergebnissen. Ein ähnliches Spannungs- bzw. Beeinflussungsverhältnis ist für das französische Steuerrecht zu konstatieren. Bippus, B. E., Mitunternehmerschaft (DStR 20-21/98), S. 754.

1152 Ebenso wenig veranlasst der Vergleich zwischen steuerlicher Behandlung eines Einzelunternehmers und der einer Ein-Mann-Gesellschaft, einer starren Ausrichtung der Besteuerung an Rechtsformen vorbehaltlos zu folgen.

1153 Vgl. Bippus, B. E., Mitunternehmerschaft (DStR 20-21/98), S. 753.

1154 Gem. dem sog. handelsrechtlichen Regelstatut ist der Kommanditist von der Geschäftsführung ausgeschlossen (§ 164 HGB) und lediglich beschränkt haftend (§ 171 I HGB).

1155 In Österreich ist diese Überlegung im Begriff der „kapitalistischen Mitunternehmerschaften" umgesetzt. Vgl. hierzu die Ausführungen unter Punkt III.C.2.c), S. 301.

hat. In dem von der Judikatur bezüglich der Interpretation von Unternehmerinitiative und Unternehmerrisiko bereits erkennbaren Paradigmenwechsel ist schon eine positive Ausgangsposition zu erkennen,[1156] die der Umsetzung des Reformvorschlags den Weg ebnet. Bei der steuerlich zu beurteilenden (Arbeitnehmer-)Kommanditbeteiligung lässt sich zudem durch eine Anknüpfung an die oben erörterte Erkenntnis aus dem Spannungsverhältnis zwischen Arbeits- und Gesellschaftsrecht trotz erhobener Einwände ein weiterer Maßstab zur Beurteilung der tatsächlichen Gegebenheiten ableiten.[1157]

Die Neuregelung dieses Teilbereichs der Mitunternehmerbesteuerung lässt sich auf die Besteuerung von stillen Gesellschaftern sowie Genussrechtsinhaber ausweiten. Ausschlaggebendes Kriterium zur steuerlichen Erfassung soll auch hier die Ausprägung der Unternehmerinitiative sein. Eine mitunternehmerische stille Beteiligung erfordert dabei entsprechend weitreichende Mitsprache- und Stimmrechte. Allerdings ist es rein rechtlich nicht möglich, Genussrechte mit diesen Mitgliedschaftsrechten anzureichern, weswegen der Genussrechtsinhaber keiner steuerlichen Mitunternehmerschaft unterliegen kann. Unternehmerrisiko kann übernommen werden, muss aber nicht. Nachfolgende Abbildung soll die Grenzposition der Teilhafter von Personengesellschaften sowie die vorgeschlagene Separierung nach der Mitunternehmereigenschaft verdeutlichen.

1156 Vgl. hierzu Fn. 1011, S. 301.

1157 Im Zivilrecht wird die Orientierung am „substance-over-form"-Gedanken dadurch verwirklich, indem die Vermögens- und Verwaltungsrechte der mitarbeitenden Unternehmensbeteiligten gewichtet werden. Ein Arbeitnehmer verliert demnach nur dann seinen Arbeitnehmerstatus, wenn er sein Beschäftigungsverhältnis durch Stimmrechtsausübung selbst steuern kann – weswegen er dann auch steuerlich als Mitunternehmer angesehen werden sollte. Vgl. hierzu Punkt III.B.2 des dritten Teils der Arbeit, S. 283 ff.

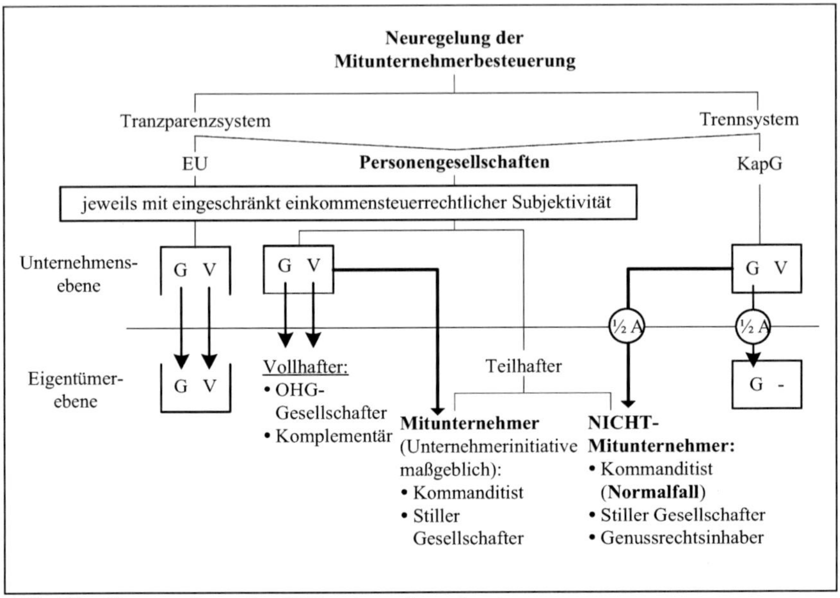

Abb. 79: Neuregelung der Mitunternehmerbesteuerung

Der Abbildung ist zu entnehmen, dass beschränkt haftende, nicht mitunternehmerische Kommanditisten, stille Gesellschafter und Genussrechtsinhaber, deren – gesellschaftsrechtliche – Beteiligung wirtschaftliches Eigenkapital darstellt, im Rahmen des Trennprinzips besteuert werden. Konkret heißt das für die steuerliche Gewinnerfassung, dass die jeweiligen Gewinnanteile auf Unternehmensebene zuerst der Körperschaftsteuer unterliegen, und nicht wie bisher im Rahmen der persönlichen Einkommenserfassung ausschließlich der Einkommensteuer.

Demzufolge wird bei Kommanditgesellschaften der Gewinn auf Unternehmensebene wie bisher einheitlich ermittelt und den Komplementären gesondert zugerechnet. Die Gewinnanteile des Kommanditisten werden dagegen auf Ebene der Gesellschaft der definitiven Körperschaftsteuer unterworfen.[1158] Steuerschuldner ist daher nicht der

---

1158 Vor vollständiger Erbringung und nach Rückerstattung seiner Haftungseinlage (§§ 171 f. u. 172 Abs. 4 HGB) ist der Kommanditist wie der Komplementär einer persönlichen Haftung für Verbindlichkeiten der Gesellschaft ausgesetzt, weswegen für diese Fälle ein Vorbehalt erforderlich ist. Vgl. Bippus, B. E., Mitunternehmerschaft (DStR 20-21/98), S. 758.

Gesellschafter, sondern die Gesellschaft selbst.[1159] Ausgeschüttete Gewinne stellen danach beim Anteilseigner Einkünfte aus Kapitalvermögen dar, die ebenso wie Dividenden nach dem Halbeinkünfteverfahren zu besteuern sind.[1160] Thesaurierte Gewinne erhöhen dagegen das Kapitalkonto des Gesellschafters und sind bis zur Ausschüttung „nur“ mit Körperschaftsteuer belastet.

Die steuerliche Erfassung von Gewinnzahlungen an beschränkt haftende – normale – stille Gesellschafter oder Genussrechtsinhaber, die sich an einer Kapitalgesellschaft beteiligt haben, passt sich an die Erfolgsbesteuerung der restlichen Gewinne an. Haben sie sich an einer Personenunternehmung beteiligt, verhält es sich analog zur Kommanditbeteiligung, so dass auch hier die Gewinnanteile separat auf Unternehmensebene der Körperschaftsteuer zu unterwerfen sind, während die Gewinnanteile der Personengesellschafter oder des Einzelunternehmers direkt zugerechnet werden und als Einkünfte aus Gewerbebetrieb zu erfassen sind. Die steuerliche Erfassung von Vergütungen aus Genussrechten mit einer Beteiligung am Liquidationserlös wird nun gleich behandelt, egal ob das emittierende Unternehmen eine Kapitalgesellschaft oder ein Personenunternehmen ist.[1161]

Eine Besonderheit ergibt sich in der Behandlung von gemeinschaftlich erwirtschafteten Verlusten. Während diese wie gehabt dem Einzel- und Mitunternehmer zur Verrechnung mit Gewinnen aus anderen Einkünften zur Verfügung stehen, können die anteiligen Verluste der Teilhafter nicht auf die Eigentümerebene herabgeschleust werden. Sie sind ganz im Sinne des Trennprinzips per se nicht zur Verrechnung mit positiven Einkünften anderer Einkunftsarten disponibel. Demzufolge ist die Verlustzuweisungsbeschränkung gemäß § 15a EStG für diese Teilhaber obsolet.[1162] Die

---

[1159] Die Gesellschaft ist zwar schon für die Gewerbesteuer Steuerschuldner, jedoch ist der Objektsteuercharakter nicht mit der Subjektsteuer Körperschaftsteuer zu verwechseln. Die Kommanditbeteiligung stellt in juristischem Sinne außerdem selbst keine Gesellschaft dar, weswegen nur der Gesellschafter Steuersubjekt sein kann. Die Zuweisung der in einer Personengesellschaft erwirtschafteten Gewinnanteile der Kommanditisten zur Körperschaftsteuer wird jedoch durch die Konsequenz der besonderen ökonomischen Betrachtungsweise im Steuerrecht, die ihren Ausdruck in den §§ 39 ff. AO gefunden hat, prinzipiell gerechtfertigt. Vgl. Bippus, B. E., Mitunternehmerschaft (DStR 20-21/98), S. 753.

[1160] Ab 2009 werden Dividenden nicht mehr im Rahmen des Halbeinkünfteverfahrens steuerlich erfasst, sondern durch eine 25%-ige Kapitalertragsteuer mit Abgeltungswirkung. Zur Einführung der Abgeltungsteuer vgl. Ernst & Young/BDI, Unternehmensteuerreform 2008 (2007), S. 216 ff.

[1161] Bisher führt eine Beteiligung über Genussrechte, mit denen das Recht am Gewinn und Liquidationserlös einer PersU verbunden ist, zur steuerlichen Mitunternehmerschaft. Dem gegenüber werden Genussrechte, die mit dem Recht am Auseinandersetzungsguthaben einer KapG angereichert sind, im Rahmen des § 20 I Nr. 1 EStG als Einkünfte aus Kapitalvermögen erfasst.

[1162] Zur Verlustzuweisungsbeschränkung durch § 15 a EStG vgl. Knobbe-Keuk, B., Unternehmenssteuerrecht (1993), S. 482 ff., insb. S. 488 f. m. w. V. zur gängigen Kommentarliteratur; Birk, D., Steuerrecht (2002), S. 309 ff.; Zimmermann, R. et alii, Personengesellschaft (2003), S. 539 ff.

Neuregelung storniert sozusagen die im Hinblick auf die steuerliche Berücksichtigung gemeinschaftlich erwirtschafteter Verluste in Kauf genommene Durchbrechung des Grundsatzes der einkommensteuerlichen Gleichbehandlung von Einzel- und Mitunternehmer.

Diese steuerliche Erfassung gewährleistet, dass Kapitalbeteiligungen, die wirtschaftlich als Eigenkapital gelten, steuerlich auch als solche erfasst werden. Da bei stillen Beteiligungen und Genussrechten eine vertragliche Ausgestaltung als Fremdkapital möglich ist, ist es nur konsequent, dass die steuerliche Qualifizierung sich an der wirtschaftlichen Ausgestaltung orientiert. Die jeweiligen Kapitalerträge sind dementsprechend auf Unternehmensebene als Betriebsausgaben abzugsfähig. Beim schuldrechtlich Beteiligten zählen die Vergütungen dementsprechend zu den Einkünften aus Kapitalvermögen i. S. d. § 20 I Nr. 7 EStG. Die steuerliche Erfassung muss dabei aus Gründen der Steuerhinterziehungsgefahr durch die Kapitalertragbesteuerung gesichert sein.

Lässt schließlich die vertragliche Ausgestaltung beim Kommanditisten oder dem stillen Gesellschafter auf eine dem Mitunternehmer vergleichbare Gesellschafterstellung schließen, werden die anteiligen Gewinne – respektive Verluste – wie bislang direkt den Einkünften aus Gewerbebetrieb zugerechnet. Genussrechtsinhaber können dagegen aus erwähnten Argumenten keine Mitunternehmerschaft begründen.

Zur vollständigen Konzeption einer gleichmäßigen „Teilhafter-“Besteuerung sind jedoch noch weitere Schritte zu unternehmen, die im nächsten Abschnitt erläutert werden.

3. Steuerliche Anerkennung von Vertragsbeziehungen und Optionsmodell für Personenunternehmen

Wurde der dominante Einfluss des Zivilrechts auf die Steuerrechtsordnung im Hinblick auf die Neukonzeption der Besteuerung von Kommanditisten und anderen beschränkt haftenden Gesellschaftern aus einer wirtschaftlichen Betrachtungsweise heraus als Desorientierung gedeutet, wäre an dieser Stelle eine gegenseitige Beeinflussung zur (Steuer-)Rechtsentwicklung hilfreich. Zivilrechtlich werden den Personenhandelsgesellschaften und zwischenzeitlich sogar der BGB-Gesellschaft eine eigene, aber eingeschränkte (Teil-)Rechtsfähigkeit zugestanden. Steuerrechtlich wird diese Anerkennung bisher allerdings strikt abgelehnt, was zu der häufig kritisierten Ungleichmäßigkeit zwischen der Besteuerung von Personengesellschaftern und Kapitalgesellschaftern führt.

Um den Problembereich der (noch) beizubehaltenden grundsätzlich rechtsformabhängigen Unternehmensbesteuerung zu lösen, sollte eine eigene Rechtspersönlichkeit der

Personengesellschaften auch im Steuerrecht akzeptiert werden.[1163] Denn Verträge über Vergütungen, die der Personengesellschafter von der Gesellschaft

- für seine Tätigkeit im Dienst der Gesellschaft,
- für die Hingabe von Darlehen oder
- für die Überlassung von Wirtschaftsgütern

erhält, müssen aus Neutralitätsgründen in Übereinstimmung mit dem Zivilrecht steuerrechtlich berücksichtig werden, um somit eine einheitliche Bemessungsgrundlagen sowohl für die Einkommen- als auch für die Körperschaftsteuer zu erhalten. Daraus kann eine Annäherung der durch die rechtsformabhängige Unternehmensbesteuerung hervorgerufenen ungleichmäßigen Besteuerungspositionen der Personengesellschafter einerseits und der Gesellschafter von Kapitalgesellschaften[1164] andererseits erreicht werden.[1165]

Beiläufig wird die Forderung nach der steuerlichen Anerkennung zivilrechtlicher Leistungsbeziehungen durch einen Blick auf die historische Entwicklung der Zurechnungsvorschrift des §15 Abs. 1 Nr. 2 EStG gleichwohl verstärkt. Offenbart sich doch, dass Sinn und Zweck dieser Regelung in der Verbindung zum Gewerbesteuergesetz begründet ist. Nur weil die Bemessungsgrundlage des gewerblichen Ertrags den vollständigen Ertrag beinhalten sollte, den ein (Mit-)Unternehmer im Rahmen seines Betriebes erzielt, wurden die Leistungsvergütungen als Gewinnanteil in anderer Form begriffen.[1166] Im übrigen ist davon auszugehen, dass zu jener Zeit das Steuergestaltungsprivileg für Gesellschafter von Kapitalgesellschaften aufgrund deren Konzeption als echte Kapitalsammelstelle noch nicht existierte oder jedenfalls nicht die Dimensionen kannte, die sie gegenwärtig einnimmt. Wenn aber mittlerweile in vielfacher Hinsicht die diskriminierende Sonderbelastung der Gewerbesteuer erkannt wurde,[1167] greift das auch die steuerliche Legitimation dieser Zurechnungsvorschrift an.

Ferner sind erst durch diese Zurechnungsvorschrift die von KNOBBE-KEUK als „querelles allemandes“ [1168] bezeichneten Problemkreise der Sonderbetriebsvermögen und Ergänzungsbilanzen entstanden. Durch die steuerliche Anerkennung der Vertragsbe-

---

1163 Die Akzeptanz ist dabei unabhängig von einer möglichen Option zur Körperschaftsteuer zu sehen!

1164 Ausdrücklich seien auch hier wieder die Anteilseigner von Gesellschaften mit beschränkter Haftung genannt.

1165 Zudem kann das Konfliktpotential der bisherigen Mitunternehmerschaftsproblematik drastisch gesenkt werden, weil hierdurch die negativen steuerlichen Auswirkungen der Mitunternehmerschaft in nicht unerheblichem Umfange reduziert werden.

1166 Zur ausführlichen Darstellung der historischen Beziehung zwischen einkommensteuerlicher Gewinnerfassung und Gewerbesteuer vgl. Kurth, H., Leistungsbeziehungen (DStZ 8/78), S. 141 ff.

1167 Vgl. anstatt vieler Sigloch, J., Steuervereinfachung (1998), S. 103 ff.

1168 Knobbe-Keuk, B., Qualifikationskonflikte (RIW 4/91), S. 306.

ziehungen würden folglich auch die Übertragungsprobleme zwischen Gesellschaft und Gesellschafter, die aus der steuerlichen Erfassung von Sondervermögen der Gesellschafter resultieren, obsolet.

Die durch die Vertragsanerkennung – im Sinne einer Vereinheitlichung der Steuerbemessungsgrundlagen – erzielte Gleichstellung von Personen- und Kapitalgesellschaftern darf aber nicht vor der Einbeziehung von Einzelunternehmern und selbständig Tätigen oder Freiberuflern halt machen. Problematisch ist dabei jedoch, dass diese zivilrechtlich schon keine Verträge mit ihrem „Betrieb“ (im steuerrechtlichen Sinne) schließen können, da der notwendige Kontraktpartner, der zum Vertragsabschluss erforderlich ist, fehlt.[1169] Das Steuerrecht muss sich deshalb mit einem juristischen Kunstgriff helfen, mit Hilfe dessen die zivilrechtlich fehlende Rechtssubjektivität des Betriebs oder Unternehmens durch die Möglichkeit zur Begründung eines (steuer-)rechtlich selbständigen Sondervermögens kompensiert werden kann.[1170] Seine Wirkung entfaltet das fiktive Konstrukt deshalb auch nur im Steuerrecht, indem Verträge über Leistungsbeziehungen zur steuerlichen Anerkennung auch nur fingiert werden.

Eine rechtsformunabhängige steuerliche Anerkennung von Leistungsbeziehungen gleicht allerdings die fehlende Rechtsformneutralität der Unternehmensbesteuerung nur zum Teil aus. Erst durch eine – seit den Empfehlungen der Brühler Kommission zur Reform der Unternehmensbesteuerung[1171] auch in Deutschland bekannt gewordenen – Optionsmöglichkeit[1172] kann eine rechtsformneutrale Unternehmensbesteuerung, wenn auch nur über Umwege, vollständig hergestellt werden.[1173] Die im Zuge des Steuersenkungsgesetz-Entwurfs geäußerten Kritikpunkte,[1174] die letztlich zur Streichung aus dem Reformkatalog führten, sind hierbei nicht unbeachtet geblieben. Jedoch werden die steuerlichen Rahmenbedingungen durch die unabhängig von der Optionsausübung vorgeschlagene steuerliche Anerkennung von Vertragsbeziehungen und vor allem durch die im vorangegangenen Abschnitt aufgeworfene steuerliche Einbeziehung privater Veräußerungsgewinne sowie durch die nachfolgend geforderte

---

1169 Vgl. § 151 BGB; Weimar, R./Delp, U. A., Leistungsbeziehungen (INF 8/00), S. 227.

1170 Vgl. Schön, W., Unternehmenssteuerreform (Stbg 1/00), S. 14; Weimar, R./Delp, U. A., Leistungsbeziehungen (INF 8/00), S. 225 ff.

1171 Zu den Empfehlungen des geplanten Steuersenkungsgesetz (StSenkG) vgl. Brühler Kommission, Empfehlungen (BB 23/99), S. 1188 ff.

1172 Durch die Optionsausübung wird der Betrieb oder das Personenunternehmen in Einvernehmen mit den einschlägigen Regelungen des Umwandlungssteuerrecht zur Einbringung oder zum Formwechsel fiktiv in eine Kapitalgesellschaft umgewandelt, ohne dass gesellschaftsrechtliche Veränderungen hervorgerufen werden.

1173 Dient die Optionsmöglichkeit hier der Kompensation zur fehlenden Rechtsformneutralität der Unternehmensbesteuerung in Deutschland, wurde das Optionsmodell offenbar „nur“ zur Ausweitung der gesellschaftsrechtlichen Rechtsformalternativen ins französische Steuerrecht eingeführt. Vgl. Hellio, F./ Rädler, A., Anmerkungen (IStR 13/00), S. 405.

1174 Zu einer Zusammenfassung von Vor- und Nachteilen einer Optionsmöglichkeit im deutschen Steuerrecht vgl. anstatt aller Hellio, F./ Rädler, A., Anmerkungen (IStR 13/00), S. 403 f.

Abschaffung der Sondersteuer auf den Gewerbeertrag derart abgewandelt, dass eine Vielzahl dieser Kriterien ihre Berechtigung verlieren.

C. Abschaffung der Gewerbeertragsteuer

Die Gewerbeertragsteuer verletzt als ökonomisch diskriminierende Gewinnsteuer die Finanzierungsneutralität.[1175] Wirtschaftlich beeinträchtigt diese steuerliche Schlechterstellung unter anderem die angestrebte Beteiligung der Mitarbeiter am Eigenkapital des arbeitgebenden Unternehmens.[1176] So wird bei Kapitalbeteiligungsprogrammen oftmals der „günstigeren" Fremdkapitalbeteiligung der Vorzug gegeben, was einer – wenn auch ungewollten – steuerlichen Lenkung beziehungsweise Verzerrung gleichkommt.

Dabei ist die Gewerbesteuer an sich nicht erst seit kurzem Gegenstand von Reformdiskussionen, die allerdings nicht alle vor dem Hintergrund betriebswirtschaftlicher Überlegungen geführt wurden oder werden. Im Allgemeinen lässt sich feststellen, dass sich die Diskussion in zwei konträre Lager einteilen lässt:

- Die einen schlagen eine Beibehaltung der Gewerbesteuer in modifizierter Form vor, um somit die aus ihrer Sicht dringlichen Probleme zu lösen.[1177]
- Eine zweite Gruppe fordert die ersatzlose Abschaffung der Gewerbeertragsteuer und schlägt dabei als Gegenfinanzierungsmaßnahme einen – begrenzten – Zu-

---

1175 Neben der Verletzung der Finanzierungsneutralität sind noch weitere Ungleichmäßigkeiten dieser Sondersteuer für gewerbliche Unternehmen zu bemängeln, die eine Abschaffung der Gewerbesteuer rechtfertigen. Ein Katalog steuerlicher Diskriminierungen der Gewerbesteuer ist bei SIGLOCH zu finden; vgl. Sigloch, J., Steuervereinfachung (1998), S. 103 f.

1176 Im Gewerbeertrag als BMG der Gewerbesteuer wird die EK-Verzinsung zu 100 %, die Verzinsung von Dauerschulden lediglich zu 50 % und Zinsen aus nicht-Dauerschuldverhältnissen überhaupt nicht erfasst. Vgl. hierzu Punkt III.C.2.e) des dritten Teils der Arbeit, S. 306 ff.

1177 Zu dieser Gruppe zählen vor allem öffentliche Gremien (Städte, Gemeinden, Kommunen, Länder), die aufgrund des sinkenden Gewerbesteueraufkommens – und damit einhergehender angeschlagener kommunalen Finanzlage – über eine sicherere und gleichmäßiger fließendere Steuerquelle nachdenken. Unter dem Oberbegriff „Wertschöpfungsmodelle" lassen sich Vorschläge zusammenfassen, die eine Erweiterung der GewSt-Bemessungsgrundlage um ertragsunabhängige Bestandteile vorsehen – je nach Ausgestaltung alle vom Unternehmen gezahlte Zinsen, alle Mieten, Pachten und/oder Leasingraten. Auch der Gesetzgeber versucht immer von Neuem, wie mit der im Zuge des Steuergesetzes 1999/2000/2002 eingeführten pauschalierten Anrechnungsmöglichkeit der Gewerbesteuer bei der Einkommensteuer, „mit völlig untauglichen und höchst komplizierten Mitteln außerhalb des eigentlichen Problemfelds" die Abschaffung dieser Sondersteuer zu vermeiden. Zitat aus Sigloch, J., Steuervereinfachung (1998), S. 105. Ein immer wiederkehrender Kompromissvorschlag zur kurzfristigen Sanierung der kommunalen Finanzen beinhaltet die Ausweitung der Gewerbesteuer auf Freiberufler bzw. Selbständige sowie auf die Landwirtschaft. POß geht sogar soweit, die Gewerbesteuer in der Verfassung zu verankern; vgl. Poß, J., Grundsätze (1996), S. 175 ff.

schlag auf die Einkommen- und Körperschaftsteuer vor, in den das Hebesatzrecht der Gemeinden integriert werden könnte.[1178]

Sämtliche Vorschläge, die an einer Sonderbelastung mit Substanzsteuercharakter festhalten, sind nicht mit den anerkannten Steuerprinzipien vereinbar und stellen zudem ein Rückschritt im Reformprozess dar.[1179] Da zudem die meisten Modifizierungsempfehlungen der Gewerbesteuer eine Orientierung an den Steuerprinzipien – wie auch eine Ausrichtung am Leistungsfähigkeitsprinzip – vermissen lassen, soll auch hier nichts anderes als eine ersatzlose Abschaffung dieser Sondersteuer befürwortet werden, um die Neutralität zwischen Eigen- und Fremdfinanzierung sicherzustellen.

Diesen steuersystematischen Maßnahmen zur Verbesserung der steuerlichen Rahmenbedingungen für die Beteiligung von Mitarbeitern am arbeitgebenden Unternehmen folgt als abschließender vierter Schritt des Steuerreformvorschlags ein lediglich steuertechnischer Eingriff in das bestehende Einkommensteuersystem.

D. Angleichung der Kapitalertragsbesteuerung

Die steuerliche „Begünstigung" von (Mitarbeiter-)Fremdkapitalbeteiligungen, die durch die Erfassungslücke im Rahmen der Kapitalertragsbesteuerung verursacht wird, lässt sich relativ einfach beheben.[1180] So müssten auf Unternehmensebene neben der Lohnsteuer, die ebenfalls nach dem Muster der Quellenbesteuerung an der „Quelle" erfasst wird, die im Rahmen von Fremdkapitalbeteiligungen der Mitarbeiter bezahlten Zinsen durch den Steuerabzug vom Kapitalertrag im Sinne des § 43 EStG erfasst und somit – zusammen mit der Lohnsteuer – vom Unternehmen direkt an das zuständige Finanzamt weitergeleitet werden.[1181] Der hierfür zusätzliche Verwaltungsaufwand dürfte sich in einer vertretbar geringen Größenordnung bewegen, da im Rahmen eines Beteiligungsmodells im Regelfall für alle beteiligten Mitarbeiter identische Rahmenbedingungen gelten und zudem eine EDV-gestützte Datenerfassung mittlerweile üblich sein dürfte.

1178 Dabei würden neben allen bisherigen gewerbesteuerpflichtigen Unternehmen auch Freiberufler und Landwirte, aber vor allem auch Privatpersonen von diesem Zuschlag betroffen werden. Vgl. zu Einzelheiten dieser Finanzierungsalternative anstatt vieler Knobbe-Keuk, , B., Unternehmenssteuerrecht (1993), S. 758 ff.; Schneider, D., Unternehmensbesteuerung (1994), S. 195; Courage, C., Gewerbesteuerreform (1995), S. 98 ff.

1179 So wurde unlängst durch die Abschaffung der Gewerbekapitalsteuer zum 01.01.1997 eine elementare ertragsunanhängige Komponente der Gewerbesteuer eliminiert.

1180 Der Gesetzgeber hat in der Unternehmensteuerreform 2008 eine andere Lösungsmöglichkeit der steuerlichen Ungleichbehandlung von Kapitalerträgen gefunden. Ab 2009 werden private Einkünften aus Kapitalvermögen (Dividenden, Zinsen etc.) im Rahmen der Abgeltungssteuer steuerlich erfasst. Eine Beurteilung der Abgeltungssteuer soll an dieser Stelle nicht gegeben werden.

1181 Dies bedarf lediglich einer Unterbringung der zu erlassenden Vorschrift in oben genanntem § 43 EStG.

Der steuerpflichtige Mitarbeiter muss dann in seiner Einkommensteuererklärung gegenüber dem Finanzamt diese Einnahmen angeben, um wiederum ihm eventuell zustehende Ansprüche geltend machen zu können. Somit ist eine lückenlose Erfassung dieser Kapitalerträge gesichert.[1182]

Aufgrund der relativ unproblematischen Begebenheit dieses steuertechnischen Sachverhalts kann festgehalten werden, dass diesem Reformschritt am wenigsten Widerstand entgegensteht. Zum Abschluss des steuerlichen Reformvorschlags sollen die theoretisch denkbaren Auswirkungen auf die Verbreitung der verschiedenen Mitarbeiterbeteiligungsmodelle im einzelnen knapp dargestellt werden, bevor der zweite Teil des Reformvorschlags folgt, in welchem über Änderungsmöglichkeiten und diesbezüglich auch über die Notwendigkeit der staatlichen Förderung von Mitarbeiterbeteiligungen nachgedacht werden soll.

E. Auswirkungen der Reformüberlegungen auf die Verbreitung von Mitarbeitererfolgs- und -kapitalbeteiligungen

Grundsätzlich sollte zwischen den Wirkungen der Reformüberlegungen auf die investive Erfolgsbeteiligung einerseits und generell auf Mitarbeiterkapitalbeteiligungen andererseits unterschieden werden, wobei den Auswirkungen im Rahmen der investiven Erfolgsbeteiligung eine ungleich höhere Bedeutung zukommen sollte, da sie als Katalysator zur Mitarbeiterkapitalbeteiligung verstanden werden muss.

1. Beeinflussung investiver Erfolgsbeteiligungen durch Lösungsalternativen der Zuflussproblematik

Im Grunde genommen ist bei den Auswirkungen auf investive Erfolgsbeteiligungen nach folgenden zwei Kategorien zu differenzieren, die nicht nur begünstigend, sondern auch neutral oder sogar hemmend auf die weitere Verbreitung von Beteiligungsmodellen wirken könnten:

- die Modifikation der lohnsteuerlichen Erfassung von Erfolgsbeteiligungen, die zu einer Kapitalbeteiligung der Mitarbeiter am arbeitgebenden Unternehmen führen, sowie
- die Beseitigung der bisher steuerfreien Veräußerungsmöglichkeit dieser Kapitalbeteiligungen.

Im ersten Augenblick mag die beabsichtigte Veräußerungsgewinnbesteuerung der Einführung neuer Mitarbeiterkapitalbeteiligungen eine deutliche Erschwernis auferlegen, da bei manchen Beteiligungsformen die Partizipation der beteiligten Mitarbeiter

---

1182 Die in § 44a EStG geregelten Abstandnahme vom Steuerabzug bei Kapitalerträgen gilt dabei allerdings entsprechend.

an Wertsteigerungen ihres Unternehmens eine hohes Gewicht in der Ausgestaltung der Beteiligungsmodelle einnimmt. Die Veräußerungsgewinnbesteuerung sollte jedoch generell für alle privaten Gewinne aus der Veräußerung von Immobilien- und Kapitalvermögen eingeführt werden. Infolge dessen nimmt die Besteuerung von Erlösen aus dem Verkauf von Mitarbeiterkapitalbeteiligungen somit keine Sonderstellung ein, die eine besondere Beeinflussung auf die weitere Verbreitung vermuten ließe. Anfänglich mag es stellenweise zu verärgerter Zurückhaltung kommen, die sich vor dem Hintergrund der generellen Veräußerungsgewinnbesteuerung vermutlich schon sehr schnell wieder legt.[1183]

Stärker ins Gewicht fällt dagegen die Neuordnung der bisher vielschichtigen und konfliktreichen Bestimmungen zum Lohnsteuer auslösenden Zuflusszeitpunkt der Erfolgsbeteiligung und anderer Lohnbestandteile. So wird bei beiden Lösungsalternativen die Unsicherheit reduziert, die sich zum Beispiel aus der bisher erforderlichen Anerkennung von Beteiligungsmodellen als Mitarbeiterguthaben ergibt, die wiederum von den jeweiligen Finanzverwaltungen abhängt. Für Arbeitgeber und beteiligte Mitarbeiter wird durch die Neuregelungen mehr Planungssicherheit geschaffen, was sich theoretisch positiv auf die Ausdehnung von Beteiligungsmodellen auswirken müsste.

Generell verfolgt man mit der Abschaffung von Steuergestaltungen das Ziel, einer weiteren Verbreitung der entsprechenden Modelle entgegenzutreten. Dieser Effekt trifft aber dementsprechend auch bei Mitarbeiterbeteiligungen zu, die sich Steuergestaltungen zu Nutze machen. So verlieren Beteiligungsmodelle, die ihre Finanzierungswirkungen hauptsächlich durch die bestehenden Steuereffekte erzielen, ihren finanziellen Anreizmechanismus. Da die Beseitigung der steuerlichen Vorteile durch Periodisierungsunterschiede vollständig nur im Rahmen der systematisch konsistenten Lösung gelungen ist, die Dualismuslösung aber trotz allem noch Platz für Steuergestaltungen bietet,[1184] werden die direkt daraus resultierenden Auswirkungen bei ersterer vermutlich deutlich verbreitungshemmender sein.

Jedoch verlieren Pensionsrückstellungen im Rahmen des systematisch widerspruchsfreien Lösungsmodells ebenfalls ihren Anreiz. Als betriebliches Altersvorsorgeinstrument könnte sich dementsprechend die Mitarbeiterbeteiligung neu etablieren. Aber auch vor dem Hintergrund des Dualismusmodells könnte die investive Mitarbeitererfolgsbeteiligung gegenüber der betrieblichen Altersvorsorge im Rahmen von Pensionsrückstellungen stark an Bedeutung gewinnen. Da die „Beiträge“ zur betrieb-

---

[1183] In den meisten industrialisierten Nation werden private Veräußerungsgewinne generell mit z. T. ermäßigten Tarifen steuerlich erfasst. So auch in den untersuchten Ländern Frankreich und Großbritannien, die allerdings wiederum gewisse Ausnahmeregelungen für bestimmte Mitarbeiterbeteiligungsmodelle eingeführt haben, weshalb sich hierdurch die Vergleichsposition der Arbeitnehmerbeteiligung in Deutschland verschlechtert. Dazu mehr unter Punkt III dieses Kapitels, S. 378 ff.

[1184] Das Dualismusmodell kann deshalb nur als Zwischenschritt zur vollständigen Abschaffung von Periodisierungsdifferenzen, wie sie in der systematisch konsistenten Lösung vorgeschlagen wurde, verstanden werden.

lichen Altersvorsorge durch ihre Erfolgsunabhängigkeit mittlerweile sehr problematisch und sogar Existenz gefährdend sein können, muss hier ein Umdenken in einer Art stattfinden, wie sie etwa auch schon im Rahmen der Diskussion um die Gehaltsflexibilisierung erfolgt. So passt eine erfolgsunabhängige betriebliche Altersvorsorge nicht ins Bild eines modernen erfolgsorientierten Entlohnungssystems. Stattdessen müssen die betrieblichen Mittel zur Altersvorsorge erfolgsabhängig gewährt werden, wie es durch die investive Erfolgsbeteiligung der Fall ist. Vergleichbar der gegenwärtigen Sicherheitsmaßnahmen der herkömmlichen betrieblichen Altersvorsorge kann eine Absicherung über den Pensionssicherungsverein möglich sein.[1185]

2. Beeinflussung der veränderten Rahmenbedingungen auf die Verbreitung von Mitarbeiterkapitalbeteiligungen

Verheißen die steuersystematischen Modifikationen bei investiven Erfolgsbeteiligungen sowohl quantitative als auch qualitative Auswirkungen, könnte insbesondere die Neugestaltung der Teilhafter-Besteuerung zu überwiegend qualitativen Änderungen der Mitarbeiterkapitalbeteiligung – und zwar hin zur erwünschten Beteiligung der Mitarbeiter am Eigenkapital des arbeitgebenden Unternehmens – führen.

Grundsätzlich von Bedeutung ist dabei die Besteuerung von Arbeitnehmer-Kommanditisten, die nun nicht mehr automatisch zur steuerlichen Mitunternehmerschaft führt. Da tendenziell jedoch eine Veränderung in der Wahl der Unternehmensrechtsformen hin zur haftungsbeschränkten Kapitalgesellschaft zu verzeichnen ist, steckt das größte Zukunftspotential in den rechtsformneutralen Beteiligungsformen der stillen Gesellschaft und des Genussrechts. Allerdings dürften in den seltensten Fällen den still beteiligten Mitarbeitern vertraglich derartig weitgehende Mitsprache- und Stimmrechte eingeräumt werden, dass diese im Rahmen ihrer Arbeitnehmerbeteiligung als echte Mitunternehmer anzusehen sind und somit identisch zu einem Vollhafter besteuert werden. [1186] Abgrenzungstechnische Schwierigkeiten können dadurch zwar nicht vollständig ausgeschlossen werden, sind aber auf Einzelfälle beschränkt, wodurch eine einfachere Handhabung dieser Kapitalbeteiligungsformen gewährleistet wird.

Die ersatzlose Abschaffung der Gewerbesteuer ist in Verbindung hierzu zu sehen. Denn ohne diese Maßnahme würde die steuerliche Benachteiligung des Eigenkapitals ein nur noch größeres Ausmaß annehmen, da die typische stille Beteiligung und die „normale" Genussbeteiligung steuerlich seither wie Fremdkapital nun aber im Falle betriebswirtschaftlichen Eigenkapitals auch steuerlich als Risikokapital behandelt wird. Daraus lässt sich schlussfolgern, dass sich die Qualität von Mitarbeiterkapital-

[1185] Auf eine mögliche staatliche Anschubsförderung soll im nachfolgenden Kapitel eingegangen werden.

[1186] Bei Beteiligungen über Genussrechte ist im Gegensatz zur stillen Beteiligung eine steuerlichen Mitunternehmerschaft nicht möglich, da Genussrechte nicht mit den notwendigen Stimm- und Mitspracherechten angereichert werden können.

beteiligungen dahingehend verbessern könnte, dass eine Beteiligung an den stillen Reserven und am Geschäftswert keine steuerliche Mitunternehmerschaft auslöst. Unterstützt wird diese Tendenz schließlich durch die nur folgerichtige Erfassung der Zinserträge aus Mitarbeiterdarlehen und Mitarbeiterguthaben durch die Kapitalertragsteuer, wodurch ein begrenzter „Vorteil" der Fremdkapitalvariante für Mitarbeiterkapitalbeteiligungen entfällt.

Abschließend ist festzustellen, dass die oben aufgestellte These, investive Erfolgsbeteiligungen seien der Motor einer (weiteren) Verbreitung von Mitarbeiterkapitalbeteiligungen, durch die Erläuterungen der vorangegangenen Abschnitte gestützt wird. Deshalb sollte auch nur hier – bei der Mittelherkunft – eine staatliche Förderung ansetzen. Hinsichtlich der Mitarbeiter(kapital)beteiligung wäre mit der Umsetzung der steuerlichen Reformvorschläge genügend getan, um die bestmöglichen Rahmenbedingungen zu gewährleisten, so dass es darüber hinaus dementsprechend keiner weiteren staatlichen Eingriffe bedarf.[1187] Auch vor der Gefahr, sich zu wiederholen, sei vor dem Hintergrund des nachfolgenden Abschnitts explizit darauf hingewiesen, dass sich die bisher dargestellten Reformvorschläge zur steuerlichen Behandlung der Erfolgs- und Kapitalbeteiligung von Arbeitnehmern an den geltenden Steuerprinzipien orientiert und diese, ohne einen bestimmten Sozialzweck zu verfolgen, im System einer klassischen Einkommensbesteuerung eingebettet wurden.

III. Reorganisation des staatlichen Fördersystems

A. Ausgangsüberlegungen

Staatliche Lenkungsmaßnahmen über Steuervergünstigungen oder Förderungen mit Steuermitteln stellen immer einen willkürlichen Eingriff in marktwirtschaftliche Prozesse dar. Außerdem hat immer die Gesamtheit der Steuerzahler die Kosten zu tragen, die durch die Verfolgung der unterschiedlichen „Sozialzwecke" entstehen. Diese Maßnahmen müssen daher besonders einer Rechtfertigungsprüfung standhalten und dabei nicht nur dem Gemeinwohl dienen sowie zur Erfüllung der beabsichtigen Zielverfolgung erforderlich und geeignet sein, sondern sie müssen außerdem auch dem

[1187] So wiegt der im Verlauf der geschichtlichen Entwicklung fortlaufend zu verzeichnende Mangel am Interesse der Mitarbeiterbeteiligung sowohl seitens der Gewerkschaften aber auch aufseiten der Unternehmer, Arbeitgeber bzw. Altkapitaleigentümer (hier insb. KMU) hemmender auf die Annahme der Beteiligungsidee als sämtliche Hindernisse der gesetzlichen Rahmenbedingungen. Daran konnte auch eine staatliche Förderung bislang nichts ändern. Dementsprechend ist aber auch eine Reihenfolge zur Lösung des Problems der geringen Verbreitung vorgegeben: Vermittlung der Beteiligungsidee in der Praxis, Abbau gesetzlicher Hemmnisse und erst in einer letzten Stufe kann eine finanzielle staatliche Unterstützung greifen, die ohne die vorherigen Schritte kaum eine positive Wirkung – außer den begrenzten Beschäftigungswirkungen i. S. e. Arbeitsbeschaffungsmaßnahme – entfalten kann.

Gleichheitssatz entsprechen.[1188] Ferner sollte sich die staatliche Förderung immer nur auf elementare Bereiche beschränken, deren Rahmenbedingungen sich allerdings im Laufe der Zeit verändern können.[1189] Ein entsprechend förderungswürdiger Bereich wurde seither in der Mitarbeiterbeteiligung gesehen, da deren einzel- und gesamtwirtschaftlichen Wirkungen für das Gemeinwohl als wertvoll zu bezeichnen sind, aber die Verbreitung bisher noch nicht das erwünschte Ausmaß angenommen hat.[1190]

Mit der im Reformvorschlag empfohlenen Anpassung der steuerlichen Rahmenbedingungen durch die Beseitigung der steuerlichen Hindernisse könnten die Regierungsparteien jedoch schon erste Schritte zur Verbesserung des Verbreitungsniveaus unternehmen. Ohne diese Steuerrechtsänderungen würden aber auch weitergehende Engagements, zum Beispiel eine Anhebung der Förderbeträge, wie gelegentlich gefordert wird und vor dem Hintergrund der französischen und britischen Betragshöhen – isoliert betrachtet – nachvollziehbar wäre, vergleichsweise wenig bewirken können. Um aber eine wirkungsvolle staatliche Förderung zu erzielen, braucht es mehr als eine ausschließliche Erhöhung der Arbeitnehmer-Sparzulage.

B. Eigenständiges wirtschaftliches Interventionsgesetz

1. Gründe gegen eine Förderung der Mitarbeiterbeteiligung im Vermögensbildungsgesetz

Die unter dem Begriff Vermögensbeteiligung in das Vermögensbildungsgesetz integrierte Förderung von Produktivkapitalbeteiligungen der Arbeitnehmer ist mit zu schwerwiegenden systematischen Mängeln behaftet, als dass sie zur Erfüllung der beabsichtigten(?) Zielverfolgung geeignet erscheint.

1188 So schon Scheuner, U., Staateingriffe (VVDStRL 4/54), S. 56; Birk, D., Steuerrecht (1988), S. 18 ff.

1189 Vgl. Loritz, K. G./Wagner, K.-R., Zukunftsperspektiven (1992), S. 46.

1190 Jedoch hat die Untersuchung hervorgebracht, dass die tatsächliche Verbreitung von Mitarbeiterkapitalbeteiligungsmodellen nicht so gering ist, wie oftmals im Vergleich mit Zahlen aus Frankreich und Großbritannien propagiert wird. Zudem spielt die „Qualität" der Beteiligungsformen in den meisten Vergleichen eine zu untergeordnete Rolle.

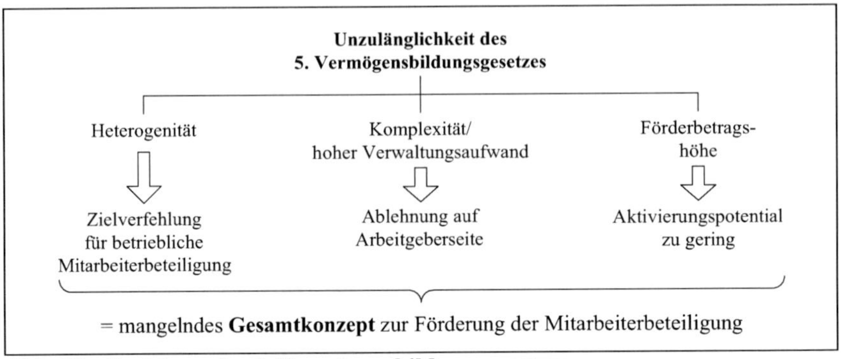

Abb. 80: Probleme des 5. Vermögensbildungsgesetzes

Am bedeutsamsten wiegt der Fehler, dass die Förderung der betrieblichen Mitarbeiterbeteiligung unter die selbe Zielverfolgung wie das – heute nicht mehr geförderte – Prämien- und Versicherungssparen sowie das Bausparen und schließlich das Produktivkapitalsparen zusammengefasst wurde.[1191] Die Heterogenität dieser Fördergattungen ist nicht nur aus wirtschaftlicher, sondern auch zum Teil aus rechtlicher Sicht unvereinbar, was eine Differenzierung ausdrücklich erforderlich macht.

Dieser Zusammenfassungsversuch der uneinheitlichen Förderkategorien führte zu einer dem Förderzweck abträglichen Komplexität, die an sich schon viele Beteiligungsunternehmen abschreckt. Darüber hinaus erhöht sie den – dem Zulagensystem anhaftenden – ohnehin schon beträchtlichen Verwaltungsaufwand. Bei der hier vertretenen Auffassung spielt schließlich die Förderhöhe die geringste Rolle der gesamten Thematik. Da sie aber in einer unverhältnismäßigen Relation zur Komplexität der Förderregelungen steht, erscheint die Erwähnung als Problemfaktor vertretbar.[1192]

Somit ist festzustellen, dass der staatlichen Förderung ein exakt auf die Zielorientierung von betrieblichen Mitarbeiterbeteiligungen zugeschnittenes Gesamtkonzept fehlt, das nicht im Vermögensbildungsgesetz zu verwirklichen ist.

2. Gründe gegen eine Integration der Förderung ins Einkommensteuerrecht

Das Einkommensteuergesetz würde sich unter Verzicht auf die Arbeitnehmersparzulage gerade zu anbieten, die staatliche Förderung von Mitarbeiterbeteiligungen im Sinne des § 19a EStG über Steuervergünstigungen zu regeln – wie es in Frankreich und Großbritannien der Fall ist. Jedoch wird ein Grund für den desolaten Zustand des

---

1191 Vgl. Loritz, K.-G./Wagner, K.-R., Zukunftsperspektiven (1992), S. 39.

1192 Als systembedingte Einschränkung ist auch die Tatsache zu sehen, dass die Zulagenhöhe nicht beliebig erhöht werden kann, was bei Steuervergünstigungen durch Abzug von der Bemessungsgrundlage (theoretisch) verhältnismäßig unproblematisch ist.

deutschen Steuersystems in einer Vielzahl von Sozialzwecknormen gesehen, die – mehr oder weniger unsystematisch – in die Steuergesetze eingebettet sind.[1193] Dabei sind es überwiegend wirtschaftslenkende Steuervergünstigungen – wie zum Beispiel § 19a EStG –, die wesentlich zur Umständlichkeit und Unübersichtlichkeit des Einkommensteuerrecht beitragen und regelmäßig gegen allgemein geltende Steuerprinzipien verstoßen und markwirtschaftliche Prozesse verzerren.[1194] Vor diesem Hintergrund wurden die eigenen Reformvorschläge zur steuerlichen Behandlung von Mitarbeitererfolgs- und -kapitalbeteiligungen ohne jegliche Lenkungsabsicht rein an den Steuerprinzipien ausgerichtet. Sie zielen somit auf keinerlei sozialzweckorientierte Sonderbehandlungen ab, wodurch die Komplizierung des Einkommensteuersystems noch weiter zugenommen hätte.

Auf staatliche Fördermaßnahmen zur Mitarbeiterbeteiligung muss deshalb aber nicht verzichtet werden. Sie sollten nur nicht in das Einkommensteuersystem integriert werden. Vielmehr müssen sie in einem separaten wirtschaftsrechtlichen Interventionsgesetz zusammengefasst werden, wo sie transparenter und vor allem schadloser gegenüber der Einkommensteuersystematik sind. Diese Forderung impliziert die Streichung der Steuervergünstigung des § 19a EStG.

3. Neukonzeption einer staatlichen Unterstützung zur (betrieblichen) Mitarbeiterbeteiligung durch ein wirtschaftliches Interventionsgesetz

In erster Linie muss sich die staatliche Förderung an den vordringlichen Aufgaben der gegenwärtigen Mitarbeiterbeteiligung orientieren, wenn dadurch die Anzahl der Beteiligungsunternehmen sowie die damit verbundene Anzahl der am arbeitgebenden Unternehmen direkt oder indirekt beteiligten Mitarbeiter gesteigert werden soll. Die derzeitigen (tarif-)politischen Förderziele zur Vermögensbildung – inklusive dem Produktivkapitalsparen im Rahmen von Investmentfonds etc. – mögen für sich betrachtet richtig sein und bedürfen deshalb zur weiteren Zielverfolgung keiner Neuausrichtung. Die Beteiligungspraxis – und hier insbesondere die der kleinen und mittleren Unternehmen – verfolgt jedoch mit der Einführung von Mitarbeiterbeteiligungen, und zwar von Beteiligungsmodellen, bei welchen die Arbeitnehmer materiell und immateriell am arbeitgebenden Unternehmen beteiligt werden, gänzlich andere Ziele,

---

1193 Vgl. Sigloch, J., Steuervereinfachung (1998), S. 94 f.; Lang, J., Steuervergünstigungen (2002), S. 711 f.

1194 Vgl. Einkommensteuer-Kommission, Thesen (BB-Beilage 24/94), S. 4 f.

die gesellschaftspolitisch ohne Zweifel ebenfalls „wertvoll" sind – was nicht unbedingt immer mit förderungsbedürftig gleichzusetzen ist.[1195]

Gerade jedoch in schwierigen konjunkturellen Situationen, wie zur Zeit nicht nur in Deutschland zu spüren ist, steht ein Großteil der Unternehmen unter zunehmendem Druck. Ausgewiesenermaßen zeigen sich dabei Beteiligungsunternehmen durchschnittlich weniger schwach als Unternehmen ohne Mitarbeiterbeteiligung.[1196] Und genau in den konjunkturell schwierigen Phasen ist eine staatliche Förderung zur Einführung neuer Mitarbeiterbeteiligungsmodelle besonders wirksam, da in wirtschaftlich schlechteren Zeiten offenbar ein noch geringeres Maß zur Beteiligungsinitiative vorhanden ist.

Dies bedeutet für diesbezügliche staatliche Interventionsmaßnahmen nichts anderes als eine völlige Abkehr vom bisher dominierenden Umverteilungsgedanken hin zu einer Grundauffassung der Arbeitsplatzsicherung und -gewinnung durch Gehaltsflexibilisierung, Produktivitätssteigerung und Risikokapitalbildung von Arbeitnehmern am arbeitgebenden Unternehmen, was in zweiter Linie auch zu einer gewissen Vermögensbildung und somit zu einer – zusätzlichen – Altersversorgung beitragen kann.[1197] Ein – als Gesamtkonzeption zur Förderung der Mitarbeiterbeteiligung ausgestaltetes – wirtschaftliches Interventionsgesetz kann und muss nun so flexibel wie möglich ausgestaltet werden, um demgemäß mehrere Förderkomponenten aufnehmen zu können, die alle exakt dieser Zielvorstellung folgen.[1198] So könnten bei Bedarf auch Maßnahmen zur – nicht finanziellen – Förderung der immateriellen Elemente von Mitarbeiterbeteiligungen neben den steuerrechtlichen Förderregelungen Platz finden. Die weiteren Überlegungen sollen sich jedoch ausschließlich auf die finanzielle staatliche Unterstützung der Mitarbeiterkapitalbeteiligung beschränken, denn wie

---

1195 Die Mitarbeiterbeteiligung hat viele Gesichter, da sich die Ziele zwischen den KMU einerseits und den großen bzw. Großunternehmen andererseits gravierend unterscheiden. Als Grund hierfür kann angeführt werden, dass die liquiditäts- und finanzwirtschaftlichen sowie die Produktivitäts- und Beschäftigungswirkungen mit zunehmender Unternehmensgröße (wobei hier hauptsächlich die Anzahl der Mitarbeiter, weniger z. B. die Umsatzgrößenordnung ausschlaggebend ist) „abflachen". Vgl. hierzu im Grundlagenteil das Kapitel II.C, S. 34 ff. Dies muss bei einer Ausrichtung der Förderziele notwendigerweise berücksichtigt werden.

1196 Zuletzt Backes-Gellner, U./Kay, R./Schröer, S./Wolff, K., Mitarbeiterbeteiligung (2002), S. 11 ff. m. w. N. zu vorherigen empirischen Erhebungen.

1197 Diese Verständnisstruktur läuft aber gleichzeitig Gefahr, die Mitarbeiterbeteiligung als „zweitklassig" in Bezug auf die gegenwärtige Altersvorsorgeproblematik zu diskreditieren, was auf gar keinen Fall deren potentiellen Qualitäten entspricht und deshalb ausdrücklich hervorgehoben werden soll.

1198 Die Förderung muss sich an die Nutzenvielfalt der Mitarbeiterbeteiligung, deren Spanne von Gehaltsflexibilisierung bis zur Altersvorsorge reicht, anpassen können, um so auch den unterschiedlichen Bedürfnissen der partizipierenden Personen/-gruppen Rechnung zu tragen; gleichzeitig darf die Komplexität der Vorschriften keine neue Hemmschwelle darstellen. Vgl. hierzu auch Loritz, K.-G., Mitarbeiterbeteiligung (2002), S. 115.

die Erfahrung aus Großbritannien zeigt, ist die Steuerbegünstigung einer reinen Erfolgsbeteiligung nicht zielkonform.[1199]

In welcher Art und Weise eine gezielte Förderung von (betrieblichen) Mitarbeiterkapitalbeteiligungen durchzuführen ist, wird in den nächsten zwei Abschnitten beschrieben.

a) Förderkreis

Nach dieser Grundauffassung muss die zu fördernde Aufgabe, nämlich die (betriebliche) Mitarbeiterkapitalbeteiligung, im Vordergrund stehen. Insofern kann es keine Beschränkung der Förderung auf einen bestimmten Personenkreis von „Bedürftigen" geben.[1200] Vielmehr sollte das Interesse aller potentiell an einem Beteiligungsprogramm partizipierenden Personen und Personengruppen beziehungsweise Institutionen geweckt werden.[1201] In Frage kommen dabei

- zuvorderst die zu beteiligenden Mitarbeiter,
- die Arbeitgeber beziehungsweise Alteigentümer sowie
- bei bestimmten Modellen Banken und andere Geldinstitute.

aa) Arbeitnehmer

Grundsätzlich sind alle Arbeitnehmer des produzierenden und des Dienstleistungsgewerbes in den Förderkreis einzubeziehen, gleichgültig ob sie in einem Einzelunternehmen, einer Personen- oder Kapitalgesellschaft tätig sind.[1202] Diese weitreichende Konzeption erfasst dabei vor allem auch gut- und besserverdienende Einkommensbezieher, da gerade Geringverdiener nicht über die notwendigen beziehungsweise über ausreichende Mittel einer zweckmäßigen Größenordnung zur (Risiko-)Kapitalbeteiligung verfügen. Eine ernsthafte Stärkung der Wettbewerbsfähigkeit eines Un-

---

1199 Die Steuervergünstigungen führten zu einer übermäßigen Umschichtung der Gehaltsbestandteile in die steuergünstigere Entlohnungsform der reinen Erfolgsbeteiligungen, ohne dass es daraus zu den erwünschten Mitarbeiterkapitalbeteiligungen kam. Vgl. Wilke, P., Mitarbeiterbeteiligung (2002), S. 159. Erst in Verbindung mit den zwei anderen Elementen der Mitarbeiterbeteiligung, der Beteiligung am (Eigen-)Kapital des Unternehmen und einer immateriellen Beteiligungsmöglichkeit, entfaltet sie ihre vollständige Wirkung. Letztere kann aber nicht durch einen finanziellen Anreiz gefördert werden.

1200 Wie dies z. B. im Rahmen des VermBG der Fall ist, wo die Förderung durch eine willkürliche – als gerecht geltende – Einkommenshöhe „gedeckelt" ist. Zu Gegenstimmen vgl. Punkt III.D.2.a)aa) des dritten Teils der Arbeit, S. 323.

1201 Vgl. hierzu Loritz, K.-G./Wagner, K.-R., Zukunftsperspektiven (1992), S. 62.

1202 Einseitige Forderungen wie die Förderung von Arbeitnehmerkapitalbeteiligungen in Aktiengesellschaften, die im Rahmen eines „Privater Aktiensparplan" vom Deutschen Aktieninstitut e. V. vorgeschlagen wurde, können nicht unter die hier verfolgte Zielsetzung subsumiert werden und sind deshalb abzulehnen. Zu dieser Forderung vgl. v. Rosen, R., Aktienförderung (Zeitschrift für das gesamte Kreditwesen 10/96), S. 466 ff.

ternehmens kann daher erst hierdurch erreicht werden.[1203] Dies wiederum dient der Sicherung und Gewinnung von Arbeitsplätzen in Beteiligungsunternehmen.

Zusätzlich sollten auch Arbeitnehmer förderberechtigt sein, für die eine Kapitalbeteiligung am arbeitgebenden Unternehmen per se ausgeschlossen ist, wie zum Beispiel bei Mitarbeitern von freiberuflich oder selbständig Tätigen sowie von Beamten und Arbeitnehmern des öffentlichen Dienstes – wobei hier der Staat als arbeitgebendes „Unternehmen" zu bezeichnen wäre.[1204] Der Nutzen betrieblicher Mitarbeiterkapitalbeteiligungen wird den Arbeitgebern dieser Arbeitnehmer jedoch nicht in dem Maße zugänglich sein, wie dies für Beteiligungsunternehmen mit betrieblichen Mitarbeiterkapitalbeteiligungsprogrammen möglich ist. Denn diese können ihre Mitarbeiter lediglich im Rahmen einer außer- beziehungsweise überbetrieblichen Beteiligung beteiligen.[1205]

bb) Arbeitgeber beziehungsweise Alteigentümer

Durch den Einbezug der Arbeitgeber oder Alteigentümer in die staatliche Förderung, die als Initiatoren der Beteiligungsmodelle gelten und ohne deren Zustimmung es gar nicht erst soweit kommt, dass Mitarbeiter am Unternehmenserfolg und/oder am Unternehmenskapital beteiligt werden, kann ein maßgeblicher Anstoß zur Praktizierung der Beteiligungsidee erreicht werden. Der materielle Anreiz vermag dabei allerdings wieder nur einen partiellen Bereich abzudecken, da den Alteigentümern für die Einräumung von immateriellen Beteiligungsrechten sowie für die Abtretung von Teilen des Unternehmenserfolgs im Rahmen einer Erfolgsbeteiligung keine Subventionen überlassen werden können.[1206] Vielmehr kann sich der finanzielle Anreiz ausschließlich auf die Überlassung von Kapitalanteilen beziehungsweise deren Bezugsrechte beziehen, wobei insofern bestimmte Mitsprache- und Stimmrechte für die zu beteiligenden Mitarbeiter Einschränkungen der alleinigen Unternehmensführung bedeuten.

1203 An dieser Stelle seien zwei spezielle Ausprägungen der Mitarbeiterbeteiligung genannt, die hier mit einzubeziehen sind: die Unternehmensnachfolgeproblematik sowie die Führungskräftebeteiligung in KMU als Pendant zu Managemententlohnung in großen u. Großunternehmen durch Stock-Option-Programme.

1204 Vgl. Loritz, K.-G./Wagner, K.-R., Zukunftsperspektiven (1992), S. 84.

1205 Allerdings sind auch bei diesen Arbeitgebern sämtliche anderen Formen der Mitarbeiterbeteiligung als Leistungsanreiz möglich: die Erfolgsbeteiligung bei Freiberuflern, eine allgemeine Leistungsorientierung der Entlohnung von Beamten und Arbeitnehmern des öffentlichen Dienstes sowie das immaterielle Beteiligungselement.

1206 Die Intervention müsste dafür aber im Rahmen von Aufklärungs- und Beratungsmaßnahmen, die staatlich zu initiieren aber nicht unbedingt gleichzeitig auch durchzuführen sind.

cc) Banken und sonstige Geldinstitute

Den Anregungen von LORITZ/WAGNER folgend,[1207] die ihrerseits wiederum auf einen Fördermechanismus zurückgreifen, der im so genannten ESOP in den USA umgesetzt wurde, könnten neben den ersten beiden Gruppen externe Fremdkapitalgeber wie Banken oder andere Geldinstitute gefördert werden, um die Attraktivität bestimmter Beteiligungsmodelle zu steigern, was wiederum die Verbreitungswahrscheinlichkeit zu beeinflussen und infolgedessen zu erhöhen vermag.

Diesen Überlegungen basieren auf dem Leverage-Effekt, wodurch Mitarbeitereigenkapital „als Hebel für die Aufnahme von Fremdkapital" benutzt werden kann.[1208] Und gerade diese Fremdkapitalaufnahme soll gefördert werden. Allerdings ist diese Förderung auf Beteiligungsmodelle beschränkt, bei denen die Mitarbeiter indirekt über eine Mitarbeiterbeteiligungsgesellschaft am arbeitgebenden Unternehmen beteiligt und somit ihre Eigenkapitalanteile in einer separaten Gesellschaft gebündelt sind. Bei einer direkten Mitarbeiterkapitalbeteiligung am bilanziellen Eigenkapital des arbeitgebenden Unternehmens ist diese Förderung nicht möglich, da technisch nicht umsetzbar. Die Gründung einer Mitarbeiterbeteiligungsgesellschaft ist deshalb nicht nur aus rein verwaltungstechnischen Gründen vorteilhaft, sondern auch bei Beteiligungsmodellen, die ihrerseits eine Fremdkapitalaufnahme bedürfen.[1209]

Die Idee der Mitarbeiterbeteiligungsgesellschaft kann auch auf die oben erwähnte Gruppe der Arbeitnehmer erweitert werden, denen eine Kapitalbeteiligung am eigenen arbeitgebenden Unternehmen versagt bleibt.[1210] Die Investition dieser Mittel unterliegt dabei aber einem erhöhten Risiko für die externen Arbeitnehmer, zumal sie für das Unternehmensergebnis selbst keinen Beitrag leisten können, sondern nur als Kapitalgeber fungieren. Von einer aus Risikogesichtspunkten ratsamen Streuungsmöglichkeit des Mitarbeiterkapitals der Beteiligungsgesellschaft durch Beteiligung an – regionalen – Drittunternehmen soll aber aus Gründen der Zielindifferenz abgesehen werden.

[1207] Vgl. Loritz, K.-G./Wagner, K.-R., Zukunftsperspektiven (1992), S. 62 ff.

[1208] Dabei sollte niemals vergessen werden, dass der Hebel einerseits eine Steigerung der Eigenkapitalrendite, andererseits aber auch eine Renditeschmälerung bis hin zum (partiellen) Verlust des Kapitals bewirken kann.

[1209] Einen hohen Fremdfinanzierungsaufwand erfordern z. B. Modelle wie die „Spinn-off-Finanzierung" zur Existenzgründung/Arbeitsplatzsicherung, MBO/BBO-Finanzierung zur Sicherung der Unternehmensnachfolge oder sog. PWA-Modelle. Aber auch bei „normalen" Beteiligungsmodellen können die Mitarbeiterkapitalanteile fremdfinanziert werden. Zum Produktivkapitalbeteiligung-Wohnungsversorgung Altersversorgung-Modell von LORITZ/WAGNER vgl. Loritz, K.-G./Wagner, K.-R., Konzeptionshandbuch (1995), § 5.

[1210] Diese Beteiligungsmodelle verschließen sich allerdings, wie oben erwähnt, dem Ziel der Arbeitsplatzsicherheit der beteiligten Mitarbeiter.

Eine weitere, durchaus ebenfalls akzeptable Alternative, diesen Effekt ohne staatlichen Eingriff in die Kapitalbeziehungen der Banken zu erzielen, bestünde in der Möglichkeit, die Finanzierungsaufgabe auf eine staatliche Mittelstandsbank, die KfW oder auf die jeweiligen Landesbanken beziehungsweise ähnliche Institutionen zu übertragen.

b) Förderinstrument

Sämtliche finanziellen Unterstützungsmaßnahmen des Staates eröffnen die Frage nach dem zu wählenden Förderinstrumentarium.[1211] Bei der Förderung der Vermögensbildung hat sich die Arbeitnehmer-Sparzulage sowie die Steuervergünstigung durch Abzugsmöglichkeit von der Steuerbemessungsgrundlage und bei der kürzlich eingeführten Förderung der privaten Rentenvorsorge, der so genannten Riester-Rente, hat sich wiederum die Zulagenförderung durchsetzen können. Die Widersprüche gegenüber der Förderung durch Zulage waren nicht nur während der jeweiligen Konzeptionsphasen sehr zahlreich, sondern begleite(te)n die Fördersysteme durch alle ihre Gesetzesnovellen – und immer setzte sich das Zulagensystem durch. Beachtenswert erscheint die Tatsache, dass sich die Bundesrepublik Deutschland als einzige der europäischen Nationen diesem Förderinstrumentarium bedient und trotz heftiger Kritik immer wieder daran festhält.[1212]

Erfüllt dieses Zulagensystem in der Vermögensbildung, bei der privaten Rentenvorsorge oder in anderen Anwendungsbereichen wie zum Beispiel dem Kindergeld seinen sozialen Zweck mit dem Argument der Verteilungsgerechtigkeit, ist in Ermangelung dessen genau dies der Dreh- und Angelpunkt bei der finanziellen Unterstützung der Mitarbeiterbeteiligung. Denn nach der erläuterten Zielsetzung geht es nicht um Verteilungsgerechtigkeit, sondern um eine Beteiligung von Arbeitnehmern mit den sich daraus ergebenden einzel- und gesamtwirtschaftlichen Wirkungen.

Bei einer Förderung durch Abzug von der Bemessungsgrundlage der Einkommensteuer können sich deshalb die Argumente durchsetzen, die gegen eine Zulagenförderung sprechen. Dabei stehen die verwaltungstechnische Einfachheit und die Effizienz der Fördersystematik im Vordergrund.[1213] Argumente, die gegen eine Förderung

[1211] Zu den Auswahlalternativen vgl. dritter Teil Punkt III.D.1, S. 319 ff.

[1212] Eine brauchbare Begründung hierfür liefert einmal mehr ein Blick in die Vergangenheit, der die Brandmarken der Förderung durch Steuervergünstigungen während der Ursprünge zur Vermögensbildung direkt nach dem zweiten Weltkrieg offenbart, welche die ungerechte Vermögensverteilung allem Anschein nach sogar noch verstärkte. Vgl. hierzu zweiter Teil Punkt II.A.3, S. 76 f.

[1213] Werden nicht nur Mittel aus einer investiven Erfolgsbeteiligung gefördert, sondern auch reinvestierte Erträge und Veräußerungsgewinne aus der Mitarbeiterkapitalbeteiligung, gilt hierdurch als besonders vorteilhaft, dass die bisher im Rahmen des 5. VermBG sowie der Vorschriften nach § 19a EStG bestehende Problematik der Mittelherkunft für die Kapitalbeteiligung keine Rolle mehr spielt. Zu ausführlicherer Darstellung der Steuervergünstigungen wird auf den nachfolgenden Abschnitt III.C.1, S. 388 ff. verwiesen.

durch Abzug von der Steuerbemessungsgrundlage sprechen – wie zum Beispiel die durch die Steuerprogression hervorgerufene höhere „Subventionierung“ von Besserverdienenden – treten hingegen in den Hintergrund. Einzuräumen bleibt allerdings, dass beispielsweise bei diesem Förderinstrumentarium Steuerwirkungen im Vergleich zur Zulagenförderung schwerer abschätzbar und darüber hinaus kaum messbar sind.[1214]

Ein bedeutendes Argument für die Förderung durch Steuervergünstigungen ist allerdings die hohe Flexibilität dieses Förderinstruments, die gerade bei speziellen Modellen zur Führungskräftebeteiligung in kleinen und mittleren Unternehmen erforderlich ist, um somit deren finanzwirtschaftliche Wettbewerbsnachteile gegenüber großen und Großunternehmen ausgleichen zu können. Die Zulagen- oder Prämienförderung scheint zudem bei der Anreizgestaltung für Alteigentümer und gegenüber den Banken bei Fremdkapitalsubvention eher ungünstig und kompliziert.

Nachdem durch die bisherigen Erläuterungen „lediglich“ die Rahmenbedingungen eines wirtschaftlichen Interventionsgesetzes abgesteckt wurden, soll im folgenden der Versuch unternommen werden, eine grobe Struktur des beispielsweise als Mitarbeiterbeteiligungs-Gesetz zu bezeichnenden Interventionsgesetzes vor dem Hintergrund der oben dargestellten eigenen steuerlichen Reformvorschläge zu skizzieren.

C. Grundstrukturen eines Mitarbeiterkapitalbeteiligungs-Gesetzes unter neuen steuerlichen Rahmenbedingungen

Das Mitarbeiterkapitalbeteiligungs-Gesetz soll die steuerliche Sonderbehandlung von Investitionen regeln, die infolge einer Kapitalbeteiligung von Arbeitnehmern – insbesondere am arbeitgebenden Unternehmen – erfolgen. Den Steuerbegünstigungen liegt dabei das System der klassischen Einkommensbesteuerung zugrunde, das den steuerlichen Reformvorschlägen ebenfalls als Referenzbasis dient(e). Würde man sich hingegen der Forderung einer generellen steuerlichen „Besserstellung“ von Investitionen anschließen, wonach Unternehmenserträge, die investiert werden, grundsätzlich nicht oder nur zu einem verminderten Steuersatz besteuert werden sollten, das heißt erst bei Ausschüttung an Anteilseigner der vollen beziehungsweise der „restlichen“ Besteuerung zu unterwerfen sind, würde man implizit einen Systemwechsel hin zur spar- oder zinsbereinigten Einkommensbesteuerung[1215] verlangen.[1216] Die staatliche Unterstüt-

---

[1214] KIRCHHOF begründet seine Bedenken hinsichtlich einer Förderung durch Steuervergünstigungen, dass die Erreichung des Subventionszwecks i. Vgl. zu Leistungssubvention kaum noch in förmlichen Verwaltungsverfahren geprüft werden kann. Vgl. Kirchhof, P., Karlsruher Entwurf (StuW 1/02), S. 6.

[1215] Vgl. hierzu die Ausführungen unter Punkt II.A.2, S. 350 ff.

zung von betrieblichen Mitarbeiterkapitalbeteiligungen ist aber als bewusst lenkende Interventionsmaßnahme zu verstehen, die die allgemeinen steuerlichen Rahmenbedingungen außer Kraft setzt.

1. Steuervergünstigungen für Arbeitnehmer

Die Förderung des Arbeitnehmers soll sowohl bei der investiven Erfolgsbeteiligung als auch bei den Erträgen und Veräußerungsgewinnen der Mitarbeiterkapitalbeteiligungen, also bei der Kapitalbildung, ansetzen. Als Ausgangspunkt soll hierbei ein betriebliches Beteiligungsmodell dienen, bei dem jedem Mitarbeiter zum Erwerb von Eigenkapitalbeteiligungen am arbeitgebenden Unternehmen ein bestimmter Steuerfreibetrag, der mindestens die Höhe eines dreistelligen Eurobetrages annehmen sollte, gewährt wird. Der Steuerfreibetrag sollte allerdings an die Bedingung einer mehrjährigen Halteverpflichtung der Kapitalbeteiligung gebunden sein, um somit die erforderliche Langzeitwirkung zu gewährleisten. Erfolgt eine Verfügung vor Ablauf dieser Frist sind sämtliche Beträge rückwirkend der Besteuerung zu unterwerfen, die dementsprechend auch den Zinseszinseffekt der Steuerpause erfassen muss. Einerseits könnten hierbei wiederum diverse Sonderverfügungsmöglichkeiten[1217] sowie andererseits eine gestaffelte Reduktion des Steuerfreibetrags zur Abmilderung der Nachversteuerung in Betracht gezogen werden.

Bei der Einräumung eines jährlichen Steuerfreibetrags spielt es keine Rolle, ob die Beteiligung aus einer Erfolgsbeteiligung, einem Investivlohnmodell, durch Lohnumwandlung oder Reinvestition laufender Kapitalerträge „gespeist" wird, was die Handhabung der Förderung erleichtert. Über den Freibetrag hinausgehende Beträge, die zu einer Eigenkapitalbeteiligung führen, werden darüber hinaus im Veräußerungszeitpunkt der nachgelagerten Besteuerung unterworfen. Um die Förderung der Mitarbeiterbeteiligung abzurunden, bietet sich zudem bei der vorgeschlagenen Einführung der privaten Veräußerungsgewinnbesteuerung zusätzlich zu den allgemeinen Abmilderungen wie einem verminderten Steuersatz oder bestimmten Freibeträgen eine spezielle Ermäßigungen für Veräußerungsgewinne aus dem Verkauf von Mitarbeiterkapitalbeteiligungen an.

1216 Dies sei nur deshalb noch einmal so deutlich hervorgehoben, weil vielfach in Äußerungen zur Förderung von Mitarbeiterbeteiligungen der Bezug zu einer bestimmten Einkommensbesteuerungssystematik fehlt und oftmals eine Vermengung einzelner Systemkomponenten verursacht. Dagegen plädieren z. B. WAGNER/LORITZ bei der Mitarbeiterbeteiligung für eine Investitions- statt einer Sparförderung, die im Zuge einer Unternehmenssteuerreform als Zwischenschritt zu einer allgemeinen steuerlichen Freistellung von Investitionen verstanden werden soll, wodurch sie sich zum Systemwechsel bekennen. Vgl. Wagner, K.-R., Sparförderung (DNU 4/91), S. 27; Loritz, K.-G./Wagner, K.-R., Zukunftsperspektiven (1992), S. 33 ff.; Wagner, K.-R./ Loritz, K.-G., Kapitalbeteiligte Arbeitnehmer (DStZ 24/92), S. 779 ff. Es verliert sich hier jedoch der Hinweis, dass nach dem erwünschten Systemwechsel zur sparbereinigten Einkommensbesteuerung der staatlichen Unterstützung der Mitarbeiterbeteiligung die Grundlage entzogen wurde.

1217 Z. B. für außerordentlichen Ereignisse wie Todes- oder Krankheitsfall, Arbeitslosigkeit oder Berufunfähigkeit, etc.

Nachfolgende Abbildung soll den Zusammenhang der Steuerbegünstigungen für den Arbeitnehmer exemplarisch verdeutlichen.

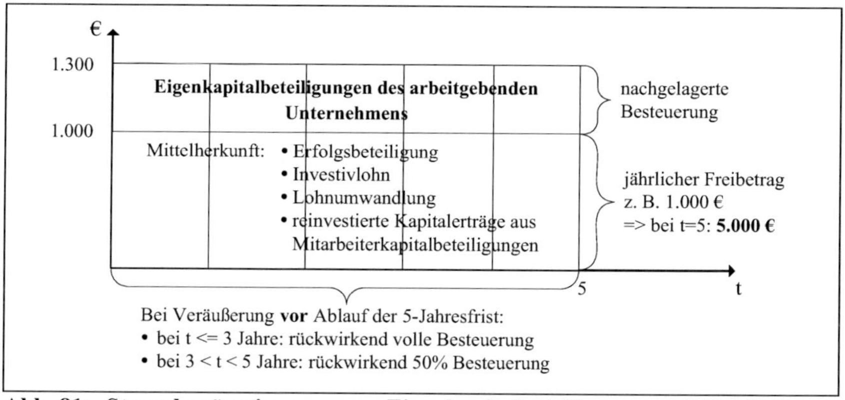

Abb. 81: Steuerbegünstigungen zur Eigenkapitalbeteiligung von Mitarbeitern

Im Beispiel wurde ein jährlicher Steuerfreibetrag in Höhe von 1.000 € angenommen, der eine Sperrfrist für die Veräußerung der Eigenkapitalbeteiligung von fünf Jahren voraussetzt. Werden während einer Abrechnungsperiode für mehr als diese 1.000 € Beteiligungen zum Beispiel aus einer Erfolgsbeteiligung, einem Investivlohnmodell, einer Lohnumwandlung oder durch reinvestierte Kapitalerträge bestehender Mitarbeitereigenkapitalbeteiligungen erworben, greift für diese Beträge im Veräußerungszeitpunkt der Beteiligung die nachgelagerte Besteuerung.[1218] Im Beispiel beträgt die Höhe der nachgelagert zu versteuernden Beträge (5*300 €=) 1.500 €. Wird die Beteiligung vor Ablauf dieser Frist verkauft, soll hier beispielsweise als Abmilderung ab dem dritten Jahr nur die Hälfte der Summe aus Steuerfreibetrag und nachgelagert zu besteuerndem Betrag der rückwirkenden Besteuerung zugeführt werden. Der restliche Anteil des Steuerfreibetrags wird dann lediglich nachgelagert besteuert.[1219]

Vor dem Hintergrund dieser Überlegungen ist der steuerliche Reformvorschlag zur neuen Mitunternehmerbesteuerung besonders hervorzuheben, da dieses steuerliche Hindernis die Mitarbeiterkapitalbeteiligung bisweilen stark beeinträchtigt. Alle Eigenkapitalbeteiligungen, die zu keiner steuerlichen Mitunternehmerschaft führen, unterliegen dabei dem Körperschaftsteuergesetz. Eigenkapitalmäßige stille Beteiligungen und Genussrechtsbeteiligungen würden danach wie Aktienbeteiligungen be-

1218 Anfänglich können die Mittel zur Eigenkapitalbeteiligung „nur" aus Erfolgsbeteiligungen, Investivlohnmodellen, Lohnumwandlungen oder sonstigen lohnähnlichen Leistungen stammen. Mit zunehmender Kapitalstärke können Dividendenzahlungen jedoch allmählich einen gewichtigen Anteil des Steuerfreibetrages ausmachen.

1219 Im Rahmen dieser Abmilderungsmöglichkeit ist zu bedenken, dass diese die Förderregelungen wiederum zunehmend unübersichtlich und kompliziert machen.

steuert. Die gewinnabhängigen Kapitalerträge würden auf Unternehmensebene der definitiven Körperschaftsteuer in Höhe von 25 % und bei Ausschüttung dem Halbeinkünfteverfahren unterliegen. Dies bietet eine zusätzliche Möglichkeit die Mitarbeiterbeteiligung durch eine Steuerbegünstigung zu fördern. So kann auch hier der erwähnte Steuerfreibetrag zum Tragen kommen, damit überhaupt keine Körperschaftsteuer für die reinvestierten Kapitalerträge aus Beteiligungen der Mitarbeiter am Eigenkapital des arbeitgebenden Unternehmens abzuführen wäre. In Höhe des Steuerfreibetrags sind dementsprechend sämtliche Investitionen in Mitarbeitereigenkapitalbeteiligungen steuerfrei. Werden dagegen die Kapitalerträge nicht zum Erwerb neuer Eigenkapitalbeteiligungen verwendet, sondern ausgeschüttet, greift zuerst die definitive Körperschaftsteuer und aus Gründen der Gleichmäßigkeit zusätzlich die individuelle Einkommensteuer im Rahmen des Halbeinkünfteverfahrens.[1220]

Die Prämisse der Veräußerungssperre erfordert allerdings eine gewisse Sicherstellung, die nach dem Vorbild der britischen Beteiligungsmodelle etwa über einen Treuhänder möglich wäre. Dieser könnte sämtliche Eigenkapitalanteile der Mitarbeiter über die Dauer des gesamten Beteiligungsmodells verwahren und eventuell auch deren Stimm- und Mitspracherechte gebündelt wahrnehmen.[1221] Bei einer indirekten Beteiligung der Mitarbeiter im Rahmen einer Mitarbeiterbeteiligungsgesellschaft wäre die steuerliche Behandlung analog. Für Arbeitnehmer, die wie erwähnt – per se – nicht an „ihrem" arbeitgebenden Unternehmen beteiligt werden können, besteht lediglich über eine solche Mitarbeiterbeteiligungsgesellschaft die Möglichkeit in die erläuterten Steuerbegünstigungen zu kommen. Dafür müsste sich allerdings die Beteiligungsgesellschaft für Beteiligungen externer Arbeitnehmer öffnen.[1222]

Speziell zur Führungskräftebeteiligung in kleinen und mittelgroßen Unternehmen könnte eine Erweiterung des Steuerfreibetrags um ein vielfaches vorgesehen werden, da hierdurch die Wettbewerbsfähigkeit dieser Unternehmen gestärkt werden kann.

1220 Dies zeigt einmal mehr die Nachteile des Halbeinkünfteverfahrens ggü. dem abgeschafften Anrechnungsverfahren, da die Definitivbelastung i. H. v. 25 % bestehen bleibt, auch wenn ein Steuerpflichtiger im Sinne seiner Leistungsfähigkeit einen individuellen Steuersatz s=0 % hat. Für Einkommensbezieher mit niedrigen Kapitalerträgen kann das Halbeinkünfteverfahren als Strafzins verglichen werden, denn für Kapitalerträge aus festverzinslichen Anlageformen können Sie den vollen Sparerfreibetrag in Anspruch nehmen. Isoliert betrachtet fördern die steuerlichen Rahmenbedingungen eher Fremdkapitalbeteiligungen, als dass sie die „Attraktivität der Aktie" ggü. anderen Formen der Wertpapieranlage steigert, wie dies von der Brühler Kommission beabsichtigt schien. Vgl. hierzu Maiterth, R./Semmler, B., Anmerkungen (BB 27/00), S. 1381 f.

1221 Nicht nur für KMU bietet es sich an, dass diese Aufgabe aus Vereinfachungsgründen vom Steuerberater übernommen werden könnte, damit andererseits auch die steuerliche Erfassung gewährleistet ist. Dies eröffnet gleichzeitig wiederum die Möglichkeit einer statistischen Erhebung aller relevanten Daten zur Mitarbeiterbeteiligung. Die Steuerbegünstigung sollte jedoch keine Genehmigung der Beteiligungsmodelle des zuständigen Finanzamtes erfordern, wie dies in Großbritannien und Frankreich der Fall ist, da hierdurch sonst nur zusätzlicher Verwaltungsaufwand entstehen würde.

1222 Die Möglichkeit der Risikominimierung durch Streuung des Mitarbeiterkapitals soll dabei nicht in Betracht kommen.

Denn in der Regel fehlt es im Vergleich zu den Großunternehmen an Liquidität, um hochkarätige Führungskräfte in den KMU zu halten beziehungsweise zu werben. Durch die Steuerbegünstigung könnte dieser Wettbewerbsnachteil wenigstens teilweise reduziert werden.

2. Steueranreize für Arbeitgeber

Die Eigenkapitalbeteiligung von Mitarbeitern hängt nicht nur stark von der Einstellung des oder der Alteigentümer ab. Bei Beteiligungsmodellen, bei denen bestehende Kapitalbeteiligungen der Alteigentümer verwendet werden sollen, wird sie auch dadurch beeinträchtigt, dass der Alteigentümer bei der dadurch erforderlichen Übertragung Veräußerungsgewinne zu versteuern hat. Eine Steuerfreistellung dieser Veräußerungsgewinne würde dieses Hemmnis beseitigen und könnte eventuell sogar einen zusätzlichen Anreiz für den Alteigentümer darstellen, eine Mitarbeiterkapitalbeteiligung einzuführen. Der genaue Freibetrag sollte im Rahmen eines politischen Konsens festgestellt werden.

Dieser steuerliche Anreiz entfaltet natürlich nur bei solchen Mitarbeiterkapitalbeteiligungsmodellen seine Wirkung, bei welchen sich der Alteigentümer von Teilen oder allen seinen Kapitalanteilen trennt. Insbesondere im Rahmen von Unternehmensnachfolge- oder Spinn-off-Modellen kann daher die Steuerbegünstigung einen wesentlichen Vorteil eröffnen und den Fortbestand des Unternehmens sichern beziehungsweise eine Neugründung ermöglichen.

3. Steuerliche Vorteile für Banken

Als dritte Gruppe, die durch steuerliche Vorteile einen positiven Beitrag zur Verbreitung von Mitarbeiterkapitalbeteiligungen leisten können, kommen Banken oder andere Geldinstitute in Frage. Durch zusätzliches Zuführen von Fremdkapital können Mitarbeiterbeteiligungsprogramme ihre Rentabilität, aber auch ihre Wirksamkeit erhöhen. Dazu bietet sich jedoch in Annäherung an das US-amerikanischen ESOP-Modell[1223] die Gründung einer Mitarbeiterbeteiligungsgesellschaft an, in der wiederum die Mitarbeiterkapitalanteile gebündelt werden und somit als Basis zur Fremdkapitalaufnahme dienen.

Durch Steuererleichterungen für die Fremdkapitalgeber könnte diese Fremdfinanzierung und somit das Beteiligungsmodell an sich unterstützt werden. Dabei könnten die Fremdkapitalzinsen beim Fremdkapitalgeber begünstigt besteuert werden. Der Fremdkapitalgeber kann diesen Renditevorteil sozusagen an das Beteiligungsmodell dadurch weitergeben, dass der eigentlich aufgrund der Risikosituation festzulegende Zinssatz durch den Steuervorteil gesenkt werden kann.

[1223] Zu Einzelheiten über Employee Stock Ownership Plans (ESOP) vgl. Koch, T., ESOPs (1991); Scholand, M., Anforderungen (1999a), S. 9.

D. Sicherungsbedürftigkeit

In der Diskussion um die Förderung von (betrieblichen) Mitarbeiterkapitalbeteiligungsmodellen wird häufig die Frage nach der Sicherungsbedürftigkeit gestellt – nicht nur von Seiten der Gewerkschaften. In der Tat könnte der Arbeitnehmer im Insolvenzfall nicht nur seinen Arbeitsplatz, sondern auch seine – langjährig ins arbeitgebende Unternehmen investierte – Mitarbeiterkapitalanteile verlieren. Es ist also nicht zu verkennen, dass bei einer derartigen Investition ein gewisses Unternehmerrisiko besteht. Doch bedeutet Risiko nicht nur Verlustgefahr, sondern eben auch Gewinnchance. Wenn auch die Kapitalrendite der Mitarbeiterkapitalbeteiligungen von alternativen Anlagemöglichkeiten am Kapitalmarkt deutlich nach unten abweichen kann, so könnte der Mitarbeiter durch das Beteiligungsmodell wenigstens eine gewisse Arbeitsplatzsicherheit gewinnen. So sollte die betriebliche Mitarbeiterkapitalbeteiligung in der Primärzielverfolgung des neuen Fördersystems zum Ausdruck kommen, das die bisherigen Ziele der Umverteilung und Vermögensbildung ablöst.

Eine Risikoabsicherung von Eigenkapital widerspricht zwar dem Charakter der Beteiligung und geht zudem auf Kosten der Kapitalrendite, die durch einen Risikoaufschlag diese Funktion eigentlich übernehmen müsste. Trotzdem ist es möglich, Beteiligungsmodelle mit Insolvenzabsicherung zu gestalten, was sich bei Modellen zur Altersvorsorge unabdingbar empfiehlt.[1224]

Nicht nur bei der im Rahmen der systematisch konsistenten Lösung erläuterten steuerlichen Neuausrichtung, bei der Pensionsrückstellungen nicht mehr möglich wären, könnte ein „Neubeginn der betrieblichen Altersvorsorge" dahingehend erfolgen, dass anstatt der erfolgsunabhängigen Pensionsrückstellungen ein erfolgsabhängiger Aufbau eines betrieblichen Altersvorsorgekapitals über investive Erfolgsbeteiligung in Erwägung zu ziehen wäre. Ausschließlich im Rahmen einer erfolgsabhängigen betrieblichen Altersvorsorge, die keine Kapitalrückzahlung an den Arbeitnehmer erlaubt, könnte eine Insolvenzabsicherung über den Pensionssicherungsverein auf Gegenseitigkeit, wie seither bei der betrieblichen Altersvorsorge, erfolgen.

Diese Überlegung kann durch die Argumentation gestützt werden, dass die Forderung nach einer flexibleren Ausgestaltung der Gehaltsfindung nicht mit einem erfolgsunabhängig und somit fix belastenden Aufbau einer betrieblichen Altersvorsorge zusammen passt. Dadurch könnte dem rückläufigen Trend der betrieblichen Altersvorsorge, der aufgrund der angespannten Konjunkturlage in vielen Unternehmen zu verzeichnen ist, begegnet werden. Der so genannte fünfte Durchführungsweg der betrieblichen Altersvorsorge, der Pensionsfonds, ist durch seine Diversifizierungsmöglichkeiten am Kapitalmarkt aus Risikogesichtspunkten eindeutig einer betrieblichen Altersvorsorge auf Basis einer investiven Erfolgsbeteiligung überlegen, weswegen er im Rahmen der Rentenreform durch die Möglichkeit der nachgelagerten Besteuerung

1224 Vgl. hierzu im Anhang die Initiativen einiger Länderregierungen, S. 398.

eine staatliche Unterstützung erfährt. Die einzel- und gesamtwirtschaftlichen Wirkungen von betrieblichen Mitarbeiterbeteiligungsmodellen können jedoch mit Pensionsfonds nicht erreicht werden. Deshalb sind Entwicklungen der Praxis wie zum Beispiel das Gothaer Partnerschafts-Modell[1225] zur betrieblichen Altersvorsorge mittels Mitarbeiterbeteiligung nicht nur zu begrüßen, sondern ebenfalls zu unterstützen. Hier bietet sich entweder eine Förderung im Rahmen der Riester-Rente oder aber, um die Vorteile der betrieblichen Mitarbeiterbeteiligung hervorzuheben im Rahmen des erläuterten Mitarbeiterkapitalbeteiligungs-Gesetzes an.

Eine für die Inanspruchnahme der Steuervergünstigung erforderliche Insolvenzabsicherung erscheint jedoch im Rahmen der hier vorgestellten Reformüberlegungen zur staatlichen Förderung von betrieblichen Mitarbeiterkapitalbeteiligungen generell nicht zwingend erforderlich. Insbesondere bei betrieblichen Mitarbeiterbeteiligungsmodellen, die als Altersvorsorgeinstrument strukturiert sind, sollte sie jedoch unabdingbarer Bestandteil sein, da die private Ergänzung zur gesetzlichen Rentenversicherung in Zukunft einen immer größer Anteil abdecken muss, weshalb ein Kapitalverlust ausgeschlossen sein sollte.

E. Zwischenergebnis

Die Reformvorschläge beziehen sich einerseits auf die Beseitigung der steuersystematischen Hindernisse sowie auf eine Neuausrichtung der staatlichen Fördersystematik.

Der Vorschlag zur Lösung der Zuflussproblematik, die ein Hemmnis bei der Ausgestaltung von investiven Erfolgsbeteiligungsmodellen darstellt, enthält zwei Lösungsalternativen. Die erste Alternative der systemkonformen Lösung basiert auf der Umsetzung der Reinvermögenszugangstheorie für die Besteuerung von Arbeitseinkommen, die eine intersubjektive, periodische Korrespondenz gewährleistet. Sie stellt die Optimallösung dar, deren Umsetzungswahrscheinlichkeit allerdings eher gering ist, weswegen mit der zweiten Lösungsalternative ein gangbarer Weg aufgezeigt wurde. Dieser beruht auf der Abschaffung der Periodisierungslücke unter Beibehaltung des Dualismus der Einkünfteermittlung im bestehenden Einkommensteuersystem. Dabei ist die unterschiedliche Auslegung des lohnsteuerauslösenden Zuflusszeitpunktes

---

1225 Die AGP hatte gemeinsam mit der Gothaer Lebensversicherung a.G. ein Partnerschaftsmodell entwickelt, das es ermöglicht, die Mitarbeiterbeteiligung derart abzusichern, dass diese den Anforderungen an eine kapitalgedeckte Altersvorsorge im Sinne des § 10 a Abs. 2 EStG, § 1 Abs. 1, 2 AltZertG würde. Das Partnerschaftsmodell umfasste die geläufigsten Formen der Mitarbeiterkapitalbeteiligung, insbesondere Mitarbeiterguthaben durch Beteiligung am Unternehmensgewinn, Mitarbeiterdarlehen, stille Beteiligungen, Genussrechte, GmbH-Anteile, Aktien und Aktienoptionen, Phantom Stocks sowie sonstige Formen von Investivlohn. Jedoch erhielt das Gothaer Partnerschafts-Modell nicht die für die Förderung notwendige Zertifizierung, was einmal mehr die Kontroverse zwischen praxisorientierten Marktlösungen einerseits und politisch motivierten Förderlösungen widerspiegelt. Zum Gothaer Partnerschafts-Modell vgl. AGP e.V., Thesenpapier (2003).

anhand der erstmaligen Verfügungsmacht konkretisiert worden, die eine einheitliche Behandlung aller möglichen investiven Erfolgsbeteiligungsmodelle erlaubt.

Das steuerliche Hemmnis der Mitunternehmerschaft wurde dadurch gelöst, dass eine Änderung der Besteuerung von Kommanditisten vorgeschlagen wird, die sich ebenfalls auf die Mitunternehmerschaftsproblematik im Rahmen von stillen Beteiligungen und Genussrechtsbeteiligungen erstreckt. Hauptmerkmal der vorgeschlagenen Besteuerung von Kommanditisten ist die kapitalistische Teilhaberschaft, auf die die Besteuerung nach dem Trennprinzip Anwendung finden soll. Daraus ergibt sich, dass ein Kommanditist, der im Normalfall lediglich Kapitalgeber ohne Unternehmerinitiative (im Sinne von Mitsprache- und Kontrollrechten), im Rahmen der Körperschaftsbesteuerung erfasst wird und nicht unter das Rechtsinstitut der Mitunternehmerschaft fällt. Kommanditisten mit Unternehmerinitiative sind als Mitunternehmer zu besteuern. Diese Unterscheidung ist im Rahmen der Mitarbeiterbeteiligung von großer Bedeutung, da davon auszugehen ist, dass Beteiligungsunternehmen ihren Mitarbeitern in den seltensten Fällen Unternehmerinitiative gewähren werden.

Die steuerliche Diskriminierung durch die Gewerbeertragsteuer wurde durch einen Vorschlag zur Abschaffung der Steuer gelöst. Die Vereinheitlichung der Quellenbesteuerung für alle Kapitalerträge rundet die steuerlichen Reformvorschläge ab.

Der Reformvorschlag zur Verbesserung der staatlichen Förderung der Mitarbeiterbeteiligung basiert auf eine Reorganisation der Fördersystematik. Die Lösung der Unzulänglichkeiten der bisherigen Förderung,

- die eine klare Verfehlung des Förderzieles hinsichtlich einer Verbreitung von betrieblichen Mitarbeiter(kapital)beteiligungen erkennen lässt,
- deren Ausgestaltung eine beinahe unüberschaubare Komplexität aufweist und deren Verwaltungsaufwand unverhältnismäßig hoch ist, und
- deren Förderbeträge als zu gering erachtet werden,

sieht ein eigenständiges wirtschaftliches Interventionsgesetz vor. Eine Integration der Förderung von Mitarbeiterbeteiligungen im Vermögensbildungsgesetz oder im Einkommensteuergesetz wird als nicht sinnvoll erachtet. Gegen eine Eingliederung in das Vermögensbildungsgesetz spricht in erster Linie die Unvereinbarkeit der unterschiedlichen Förderzwecke. Eine Förderung im Rahmen des Einkommen- und Körperschaftsteuergesetzes ist mit den allgemein geltenden Steuerprinzipien nicht vereinbar. Zudem würde der desolate Zustand des deutschen Steuersystems durch eine weitere Sozialzwecknorm noch weiter verschlechtert werden. Und schließlich würde der erforderliche Gestaltungsumfang die Komplexität der Vorschriften sprengen.

Zusammenfassung und Ausblick

Die geringe Verbreitung von Modellen der Mitarbeiterbeteiligung am arbeitgebenden Unternehmen in Deutschland ist in der Vergangenheit von Seiten der Politik und Wissenschaft immer wieder moniert worden. Dabei ist die Verbreitung der Mitarbeiterbeteiligung in Deutschland häufig mit der zahlenmäßigen Verbreitung der Arbeitnehmerbeteiligung in Frankreich und Großbritannien verglichen worden, da für diese beiden Länder die höchsten Beteiligungsquoten in Europa konstatiert wurden und noch immer werden. Eingangs stellte sich die Frage, ob die Art und Weise, wie die Verbreitung der wünschenswerten Arbeitnehmerbeteiligung auf ein höheres Niveau geführt werden soll, sinnvoll ist oder ob die bisherigen Forderungen nicht zu kurz greifen.

Im Rahmen dieser Untersuchung wurde die Entwicklung der jeweiligen Beteiligungssituation in Deutschland, Frankreich und Großbritannien dargestellt. Dazu wurden verschiedenen Faktoren der sozio-kulturellen und gesetzlichen Rahmenbedingungen bestimmt, die Einfluss auf die Verbreitung der Mitarbeiterbeteiligung ausüben könnten. Diese Einflussfaktoren wurden daraufhin einer Analyse unterzogen, um

- die Hindernisse der Mitarbeiterbeteiligung in Deutschland sowie
- die Erfolgsfaktoren der relativ hohen Verbreitung der Mitarbeiterbeteiligung in Frankreich und Großbritannien

ableiten zu können. Dabei hat sich gezeigt, dass die sozio-kulturellen Rahmenbedingungen als weiche Einflussfaktoren einen gewissen, nicht zu vernachlässigenden Einfluss auf die Verbreitung der Mitarbeiterbeteiligung haben. Der Einfluss der als hard-facts zu bezeichnenden gesetzlichen Rahmenbedingungen übersteigt allerdings das Niveau der sozio-kulturellen Einflussfaktoren bei weitem. Diese Feststellung ergibt sich aus der historischen Entwicklung der Verbreitungsniveaus in den untersuchten Ländern. So sind zum Teil erhebliche Veränderungen des Verbreitungsniveaus kurz nach einer Änderung der gesetzlichen Rahmenbedingungen festzustellen.

In den einzelnen Rechtsbereichen hat sich gezeigt, dass Vorschriften zur Arbeitnehmermitbestimmung im allgemeinen hinderlich für die Verbreitung von Mitarbeiterbeteiligungen, speziell von Eigenkapitalbeteiligungen am arbeitgebenden Unternehmen sind, da die risikolose Mitbestimmung die möglichen Mitspracherechte einer Eigenkapitalbeteiligung von Arbeitnehmern ersetzt und somit den Anreiz eines Beteiligungsmodells stark mindert. Die gesellschaftsrechtlichen Rahmenbedingungen beeinflussen die Verbreitung der Mitarbeiterkapitalbeteiligung insbesondere durch die Verteilung der unterschiedlichen Unternehmensrechtsformen. Diesbezüglich herrschen in Deutschland hinsichtlich einer Mitarbeiterkapitalbeteiligung die ungünstigsten, in Großbritannien dagegen die günstigsten Bedingungen. Die maßgeblich größten Auswirkungen auf die Verbreitung der Beteiligung von Mitarbeitern gehen jedoch von den steuerlichen Rahmenbedingungen aus. In Deutschland haben

- sich unterschiedliche Besteuerungszeitpunkte bei der steuerlichen Erfassung von Erfolgsbeteiligungen
- die Mitunternehmerschaftsproblematik im Rahmen von Mitarbeiterkapitalbeteiligungen sowie
- die steuerlichen Verzerrungen von Eigen- und Fremdkapitalbeteiligungen durch die Gewerbesteuer

als gravierende Hindernisse für die weitere Verbreitung der Mitarbeiterbeteiligung herausgestellt.

Demgegenüber stellen die zivil- und steuerrechtlichen Rahmenbedingungen einer „echten" Eigenkapitalbeteiligung der Mitarbeiter am arbeitgebenden Unternehmen

- in Frankreich eine im Vergleich zu Deutschland beteiligungsfreundlichere Ausgangsposition und
- in Großbritannien eine relativ problemlose Ausgangsposition dar,

da weder zivil- noch steuerrechtlich eine gravierende Behinderung erkannt werden konnte. Die Verbreitung der unterschiedlichen Mitarbeiterbeteiligungsmodelle hängt allerdings maßgeblich von der jeweiligen Fördersystematik ab.

In Frankreich ist die allgemein hohe Verbreitung einerseits durch die obligatorische Erfolgsbeteiligung, andererseits durch im Vergleich zu Deutschland relativ hohe Steuervergünstigungen zu begründen. Außerdem zeigte sich in der genaueren Untersuchung der statistischen Daten über die Verbreitung der einzelnen Beteiligungsmodelle in Frankreich, dass überwiegend Erfolgsbeteiligungsmodelle existieren (was größtenteils auf die obligatorische Komponente und die hohe Förderung zurückzuführen ist). Die Anzahl der Kapitalbeteiligungsmodelle ist dagegen weniger hoch. Zudem handelt es sich lediglich bei ungefähr einem Drittel der Kapitalbeteiligungen um Eigenkapitalbeteiligungen am arbeitgebenden Unternehmen. Der Großteil der investiv zu verwendenden Erfolgsbeteiligungen wird demnach teils in überbetriebliche Fonds, teils in betriebliche Fremdkapitalbeteiligungen investiert.

In Großbritannien zeigt sich dagegen ein anderes Bild: die Förderung ist dort ebenfalls im Vergleich zu Deutschland um ein vielfaches höher. Allerdings werden nur betriebliche Eigenkapitalbeteiligungsmodelle gefördert. Die Fördersystematik ist hinsichtlich des Primärziels einer Eigenkapitalbeteiligung von Mitarbeitern am arbeitgebenden Unternehmen dementsprechend positiv zu bewerten. Die hohe staatliche Förderung scheint aber der maßgebliche Erfolgsfaktor für das hohe Verbreitungsniveau zu sein, da zu Zeiten ohne entsprechende Förderung die Mitarbeiterbeteiligung unter ansonst gleichen – sozio-kulturellen und gesetzlichen – Rahmenbedingungen vergleichsweise gering war.

Abschließend bleibt festzuhalten, dass die Beteiligungssituation in Deutschland nicht so schlecht ist, wie oft angenommen wird. Trotz der widrigen Umstände aufgrund von unvorteilhaften gesetzlichen Rahmenbedingungen, die sich insbesondere durch

- die steuerlichen Hindernisse in Verbindung mit
- einer ungezielten Fördersystematik und geringen Förderbeträgen

ergeben, existiert eine beträchtliche Anzahl an Beteiligungsmodellen. Die Mitarbeiterbeteiligung in Deutschland ist demnach besser als ihr Ruf. Sie könnte sich auch ohne hohe staatliche Förderung weiter verbreiten, wenn insbesondere das steuerliche Hindernis der Mitunternehmerschaft abgeschafft werden würde. Eine gezieltere Förderung, die auf die Bedürfnisse der Beteiligungsunternehmen und der zu beteiligenden Mitarbeiter ausgerichtet ist, in Ergänzung zur Abschaffung der steuerlichen Hürden wäre allerdings durchaus wünschenswert, um die Mitarbeiterkapitalbeteiligung in Deutschland zu einem wirtschaftlich bedeutenden Faktor, vergleichbar mit dem der Arbeitnehmermitbestimmung, heranwachsen zu lassen.

Anhang

Überblick über Maßnahmen der Länderregierungen zur Mitarbeiterbeteiligung:

Bundesland	Spezielle Maßnahmen zur Mitarbeiter-Kapitalbeteiligung	Zuständiges Ministerium
Baden-Württemberg	Keine	
Bayern	In Bayern besteht lediglich ein Beratungskonzept für Unternehmen, die eine Mitarbeiterbeteiligung einführen möchten. Über die finanziellen Hilfen im Zusammenhang mit Mitarbeiterkapitalbeteiligungen (Kredite, sonstige Förderungen, Bürgschaften nach Höhe, Dauer und Zahl sowie Zahl der Unternehmen) sowie über die Zahl der Projekte unter Beteiligung von Teilnehmern an der Gemeinschaftsinitiative (Arbeitgeber, Gewerkschaften, Staatsregierung) existieren in Bayern keine Geschäftsstatistiken, so dass solche Informationen aus Feldumfragen gewonnen werden müssten.	Bayerisches Staatsministerium für Arbeit und Sozialordnung, Familie und Frauen
Berlin	Seit 1995 bietet die BBB-Bürgschaftsbank des Landes Berlin die Übernahme von Bürgschaften i.H.v. 80% der Beteiligungssumme bis maximal 12% p. a. an, wobei erfolgsunabhängige Beteiligungsbeträge nur bis zur Höhe der Umlaufrendite festverzinslicher Wertpapiere Berücksichtigung finden. Die Laufzeit der Bürgschaft beträgt höchstens 10 Jahre, der Höchstbetrag einer Bürgschaft beträgt pro Unternehmen 1 Mio. €. Bis 2001 wurden insgesamt 9 Garantien zur Absicherung von Arbeitnehmerbeteiligungen vergeben. Ende 2003 läuft dieses Programm aus, über eine Fortsetzung ist noch nicht entschieden worden.	Senatsverwaltung für Finanzen
Brandenburg	Anfang der neunziger Jahre gab es Bestre-	Ministerium für Wirtschaft,

	bungen eine Förderung von Mitarbeiterkapitalbeteiligungen einzuführen, diese Bestrebungen wurden jedoch eingestellt. Es existiert kein Landeskonzept zur öffentlichen Förderung von Mitarbeiterbeteiligungen.	Mittelstand und Technologie
Bremen	keine	
Hamburg	keine	
Hessen	keine	
Mecklenburg-Vorpommern	keine	
Niedersachsen	keine	
Nordrhein-Westfalen	Mitte 2001 hat die Landesregierung NRW gemeinsam mit Partnern die Landesinitiative „Einkommen der Zukunft“ ins Leben gerufen. Es wurde bei der Landesbank NRW, Bereich Investitionsbank, das Projektbüro Mitarbeiterkapitalbeteiligung eingerichtet. Das Konzept der Förderung von Mitarbeiterkapitalbeteiligungen basiert auf den kostenlosen Angeboten des Projektbüros. Diese beinhalten u. a. kostenlose Bereitstellung von Informationsmaterial, Durchführung von Informationsveranstaltungen und Schulungen sowie eine kostenlose Erstberatung für Unternehmer. Es werden weder Kredite vergeben, noch Bürgschaften übernommen. Gegenwärtig ist ein Absicherungsprogramm in Vorbereitung und eine umfangreiche Befragung über die bereits praktizierten MAB-Modelle am Laufen.	Ministerium für Arbeit und Soziales, Qualifikation und Technologie
Rheinland-Pfalz	keine	
Saarland	Im Jahre 2001 wurde im Saarland eine Arbeitsgruppe zum Thema Mitarbeiterbeteiligung geschaffen. Durch Beratungs- und Informationsveranstaltungen sollen Konzepte zur Mitarbeiterbeteiligung vor allem bei	Ministerium für Wirtschaft

	KUM gefördert werden. Unternehmensnahe Fortbildungsträger, die entsprechende Seminare anbieten, können dabei vom Wirtschaftsministerium mit den jeweiligen Fördersätzen (entsprechend der Größe des Unternehmens) unterstützt werden. Zur Förderung der Einzelberatung steht das Programm "Förderung der Betriebsberatung für kleine und mittlere Unternehmen" zur Verfügung. Das Programm sieht einen pauschalen Fördersatz pro Berater und Tag vor. Es werden keine Bürgschaften übernommen oder Kredite vergeben.	
Sachsen	Die Sächsische Aufbaubank GmbH (SAB) betreute von Oktober 1998 bis Dezember 2002 das Projekt Mitarbeiterbeteiligung (MAB) des Sächsischen Staatsministeriums für Wirtschaft und Arbeit (SMWA). Das zugrunde liegende Konzept wurde auf Anregung der sächsisch-bayerischen Zukunftskommission in den Jahren 1997 und 1998 im Auftrag des SMWA in Kooperation TU Dresden (Lehrstuhl Prof. Blum)/McKinsey/SAB erarbeitet. Dabei wurden Informationen über 15 Beteiligungsunternehmen gesammelt und bereits zwei Studien zur Mitarbeiterbeteiligung veröffentlicht, um das Interesse von potentiellen Anspruchsgruppen zu fördern, Modelle zur Einführung von Beteiligungsmodellen vorzustellen und als Beratungshilfe zu dienen. In o. g. Zeitraum führten 346 Unternehmen MAB abschließend ein. Weitere Förderhilfen stehen lediglich im Rahmen der Vermögensbildung in Arbeitnehmerhand und der betrieblichen Altersvorsorge zur Verfügung. Seit 2003 liegt die Zuständigkeit wieder beim Staatsministerium für Wirtschaft und Arbeit.	Staatsministerium für Wirtschaft und Arbeit
Sachsen-Anhalt	1997 lief ein Programm des Landes Sachsen- Anhalt zur Übernahme von Bürgschaften für Mitarbeiterkapitalbeteiligungen bei KMU aus. Gegenwärtig existiert kein För-	Ministerium für Finanzen

	derprogramm für Mitarbeiterkapitalbeteiligungen, das Land übernimmt jedoch Ausfallbürgschaften i.H.v. 80% des Ausfalls für „Maßnahmen die volkswirtschaftlich förderungswürdig und betriebswirtschaftlich vertretbar sind".	
Schleswig-Holstein	keine	
Thüringen	Seit 1995 bietet die BBT- Bürgschaftsbank Thüringen GmbH die Übernahme von Bürgschaften i.H.v. 80% der Beteiligungssumme an. Die Laufzeit der Bürgschaft beträgt höchstens 15 Jahre, der Höchstbetrag beträgt pro Unternehmen 1 Mio. €. Bis April 2003 wurden insgesamt 20 Garantien mit einer Gesamtgarantiesumme von 4,4 Millionen € zur Absicherung von Arbeitnehmerbeteiligungen vergeben, 5 Anträge sind noch in Bearbeitung, 10 wurden abgelehnt.	Ministerium für Finanzen

Abb. 82: Diverse Maßnahmen der Länderregierungen zur zusätzlichen Förderung von Mitarbeiterkapitalbeteiligungsmodellen

Berechnung zum Zahlenbeispiel unter Punkt III.C.2.e) im dritten Teil der Arbeit.

		Kapitalbeteiligungsform	
		Steuerliches EK	**Steuerliches FK**
Unternehmens-Ebene	Gewinn $_{\text{vor Zins;GewSt, KSt}}$	1,88	1,57
	- FK-Zins	-	1,43
	= Gewinn $_{\text{vor GewSt, KSt}}$	1,88	0,14
	=> GewSt-BMG)	(1,88)	(0,86)
	- GewSt (16,67 %)	0,31	0,14
	= Gewinn $_{\text{vor KSt}}$	1,57	-
	- KSt (25 %)	0,39	
	= Ausschüttungsbetrag	1,17	
Anteilseigner-Ebene	zvE	0,59*	1,43
	- s = 30 %	0,18	0,43
	=	0,41	1,00
	+ steuerfreie Einnahme	0,59	-
	= Nach-Steuer-Betrag	**1,00 (Dividende)**	**1,00 (FK-Zins)**

Abb. 83: Berechnung zum Zahlenbeispiel auf S. 312

* zvE = 1,17/2 = 0,59

** GewSt-BMG = 0,14 + 0,72 (hälftige FK-Zins lt. §9 GewStG) = 0,86

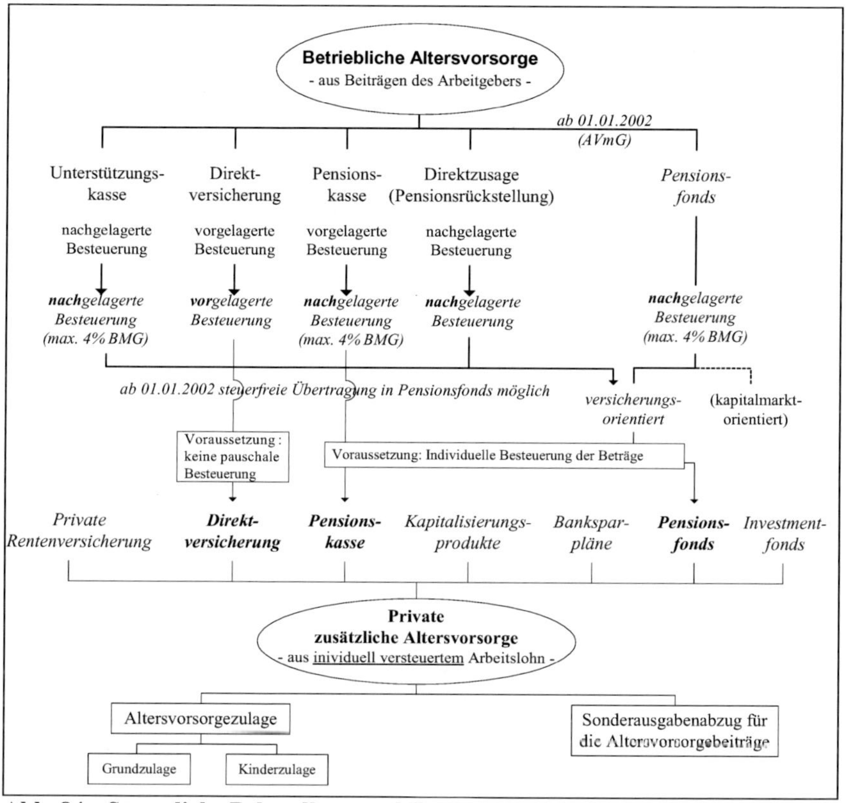

Abb. 84: Steuerliche Behandlung und Förderung der betrieblichen und privaten Altersvorsorge im Rahmen des AVmG

Literaturverzeichnis

A

Adam, Dietrich	*Produktions-Management*, 9. Aufl., Wiesbaden 2001.
Adam, Hermann	Macht und *Vermögen* in der Wirtschaft, Köln 1974.
Adam, Stuart Shaw, Jonathan	A *Survey* of UK Tax System, The Institute for Fiscal Studies (IFS) - Briefing Notes No. 9, Updated by Stuart Adam and Jonathan Shaw: March 2006.
AGP	*Produktivkapitalbeteiligung*. Stellungnahme zu den Ergebnissen einer repräsentativen Meinungsumfrage des Instituts für Demoskopie Allensbach, in: Ministerium für Arbeit, Gesundheit, Familie und Sozialordnung Baden-Württemberg [Hrsg.], Beteiligung am Produktivkapital - Eine Umfrage. Ergebnisse, Erläuterungen, Schlußfolgerungen, Stuttgart 1990, S. 15 - 51.
Allekotte, Heinz	*Volkswirtschaftliche Aspekte* betrieblicher Mitarbeiterbeteiligung, in: Schneider, H. J. (Hrsg.), Handbuch der Mitarbeiter-Kapitalbeteiligung, Köln 1977, S. 348 - 357.
Amann, Klaus	*Auswirkungen* einer Erfolgsbeteiligung der Belegschaft auf die Unternehmensfinanzierung, Zürich, Frankfurt a. M., Thun 1977.
Arbeitskreis GmbH-Reform	*Thesen* und Vorschläge zur GmbH-Reform: Bd. 2 - Kapital- u. Haftungsfragen bei d. GmbH-Gründung von Einmann-GmbH-Konzernrecht-Arbeitnehmerbeteiligung, in: Götz Hueck [Hrsg.], Heidelberg 1972.
Assmann, Heinz-Dieter Schütze, Rolf A.	Handbuch des *Kapitalanlage*rechts, § 26 II, München 1990.
Atmaca, Delal	*Kooperation* im Wettbewerb, Kontinuität im Wandel - Identität und Erfolg der produktivgenossenschaftlichen Organisationsform, Aachen 2002.

B

Backes-Gellner, Uschi
Kay, Rosemarie
Schröer, Sanita
Wolff, Karin
Mitarbeiterbeteiligung in kleinen und mittleren Unternehmen. Verbreitung, Effekte, Voraussetzungen. Schriften zur Mittelstandsforschung Nr. 92 NF, Wiesbaden 2002.

Baddon, Lesley
Hunter, Laurie
Hyman, Jeff
Leopold, John
Ramsay, Harvie
People's *capitalism*?: a critical analysis of profit-shaing and employee share ownership, London 1989.

Baeck, Ulrich
Diller, Martin
Arbeitsrechtliche *Probleme* bei Aktienoptionen und Belegschaftsaktien, in: Der Betrieb (DB) 27-28/1998, S. 1405 - 1412.

Balligand, Jean-Pierre
de Foucauld, Jean-B.
Rapport au Premier Ministre sur L'Epargne Salariale - Janvier 2000, Paris 2000.

Balligand, Jean-Pierre
de Foucauld, Jean-B.
Hanotaux, Pierre
Sessin, Terrie
L'épargne salariale au coer du contrat sociale. Rapport au Premier ministre coll. "Raports officiels", La Documentation francaise, Paris 2000.

Bareis, Peter
Niedrige *Steuersätze* durch Verbreiterung der Bemessungsgrundlage, in: Gewerkschaftliche Monatshefte 2/1997, S. 85 - 95.

Baron, Dietmar
Die personelle *Vermögensverteilung* in der Bundesrepublik Deutschland und ihre Bestimmungsgründe, Frankfurt u. a. 1988.

Batliner, Hubert
Die *Arbeitsaktien* im Lichtensteiner Aktienrecht, in: Die Aktiengesellschaft (AG), 1/1970, S. 9 - 13.

Beck, Hermann
Gerechter *Arbeitslohn*!, Dresden 1902.

Becker, Berthold
Die Diskussion um die *Kapitalbeteiligung* von Arbeitnehmern während der Weimarer Republik - unter besonderer Berücksichtigung der christlichen Gewerkschaften, Frankfurt a.M. 1992.

Berthold, Norbert
Der Gesetzgeber muss den Weg zu mehr *Mitarbeiterbe-*

teiligung ebnen, in: Handelsblatt vom 14./15.04.2000, S. 43.

Berthold, Norbert; Stettes, Oliver — Die betriebliche *Mitbestimmung* in Deutschland - Gratwanderung zwischen Markt- und Staatsversagen, in: Wirtschaftswissenschaftliches Studium (WiSt), 10/2001, S. 506 - 512.

Besters, Hans — Volkswirtschaftliche und gesellschaftspolitische Aspekte der *Beteiligung der Arbeitnehmer* am Produktivkapital, in: Laßmann, Gert/ Schwark, Eberhard (Hrsg.), Beteiligung der Arbeitnehmer am Produktivvermögen, Berlin, New York 1985, S. 1 - 16.

Beuthien, Volker — *Arbeitnehmer* oder Arbeitsteilhaber?, Stuttgart 1987.

Beyer, Heinrich; Fehr, Hans; Nutzinger, Hans G. — *Unternehmenskultur* und innerbetriebliche Kooperation : Anforderungen und praktische Erfahrungen, Wiesbaden 1995.

Bhargava, Sandeep — *Profit Sharing* and the Financial Performance of Companies: Evidence from UK Panel Data, in: The Economic Journal, Vol. 104, Sep. 1994, S. 1044 - 1056.

Biedenkopf, Kurt — *Sozialpolitik* und Arbeitsrecht, in: Mommsen, H./Petzina, D./Weisbrod, B. [Hrsg.], Industrielles System und politische Entwicklung in der Weimarer Republik, Düsseldorf 1974, S. 290 - 303.

Bippus, Birgit Elsa — Raus aus der *Mitunternehmerschaft*, rein in die Körperschaftsteuer - Überlegungen zur Konzeption der Personengesellschaft, in: Deutsches Steuerrecht (DStR), 20-21/1998, S. 749 - 759.

Birk, Dieter — Das *Leistungsfähigkeitsprinzip* als Maßstab der Steuernormen, Köln 1983.

Birk, Dieter — Steuerrecht, Heidelberg 2002.

Bispinck, Reinhard (Hrsg.) — *Tarifpolitik* und Tarifsysteme in Europa: ein Handbuch über 14 Länder und europäische Kollektivverhandlungen, Köln 1993.

Blasi, Joseph R. — *Employee Ownership* - Revolution or Ripoff?, Cambridge/ Mass. 1988.

Blasi, Joseph R.
Conte, Michael
Kruse, Douglas L. — Employee Ownership and *Corporate Performance* among Public Corporations, in: Industrial and Labour Relations Review, Vol. 50, Oct. 1996, S. 60 - 79.

Blaurock, Uwe — *Handbuch* der Stillen Gesellschaft, 5. Aufl., Köln 1998.

Board of Trade — *Report* on Profit Sharing and Copartnership in the United Kingdom, Cd. 698, London 1912.

Board of Trade — *Report* on Profit Sharing and Copartnership in the United Kingdom, in: The Ministry of the Labour Gazette, July 1930, S. 230 - 253.

Boettcher, Enno — Zur *Mitunternehmerschaft* als Institut des Einkommensteuerrechts, Sonderabdruck aus "Steuer und Wirtschaft" XLII. Jahrgang / Nr. 1, Januar 1965, München, zugl. Diss. München 1964.

Boettcher, Erik
Börner, Dietrich
Helmstädter, Ernst
Schmitz, Carl-Hinderich
Trippen, Ludwig
Zelz, Lothar — *Vermögenspolitik* im sozialen Rechtsstaat. Vermögenspolitischer Arbeitskreis der Gesellschaft zur Förderung der WWU-Münster, Tübingen 1985.

Böhmert, Viktor — Die *Gewinnbeteiligung*. Untersuchungen über Arbeitslohn und Unternehmergewinn, Band II, Leipzig 1878.

Böhmert, Viktor — Die *Gewinnbeteiligung* der Arbeitnehmer in Deutschland, Oesterreich und der Schweiz, Dresden 1902.

Bohne, Andreas — Paris weitet *Kapitalbildung* auf alle Beschäftigten aus, in: Handelsblatt vom 02.08.2000, S. 8.

Bontrup, Heinz-Josef
Springob, Kai — *Gewinn*- und Kapital*beteiligung*: eine mikro- und makroökonomische Analyse, Wiesbaden 2002.

Bornard, Jean — Les *aspects financèes* de la participation, in: Journal officiel, Avis et rapports du Conseil économique et social, Nr. 14 vom 19.06.1989, S. 1 - 15.

Börner, Dietrich — Gesetzliche *Maßnahmen* zur Förderung der Vermögensbildung und Eigentumsstreuung, in: K. Weigelt/ Wessling [Hrsg.], Vermögensbildung - Teilhabe der Arbeitnehmer am Produktivvermögen der Wirtschaft?, Arbeitsheft Nr. 6 der Politischen Akademie der Konrad-Adenauer-Stiftung e. V., Eichholz 1984, S. 55 - 87.

Börner, Dietrich — Die steuer- und handelsrechtliche *Problematik* betrieblicher Vermögensbeteiligungsmodelle: Darstellung und Lösungsvorschläge, in: E Boettcher, Dietrich Börner et alii [Hrsg.], Vermögenspolitik im sozialen Rechtsstaat. Vermögenspolitischer Arbeitskreis der WWU Münster, Tübingen 1985, S. 98 - 124.

Bradford, D. F. — Untangling the *Income Tax*, Cambridge/Mass., London 1986.

Brakelmann, Günter — Die *soziale Frage* des 19. Jahrhunderts, 7. Aufl., Witten/Ruhr 1981.

Brannen, Peter — Authority and *participation* in industry, London 1983.

Brauer, Theodor — Die *Gewerkschaften* als Organ der Volkswirtschaft, Berlin 1921.

Brenk-Keller, Sibylle — Die *Beteiligung* der Mitarbeiter am Produktivkapital - Konzeptionelle Entwicklung und praktische Ausgestaltung, Köln, Diss. 1997.

Brown, Gordon — Economic and Fiscal Strategy Report and Financial Statement and *Budget Report* 1999 v. 9. März 1999.

Brüggemann, Franz-Martin — *Genossenschaften* in Frankreich, Münster 1985.

Brühler Kommission — Brühler *Empfelungen* zur Reform der Unternehmesbesteuerung, in: Betriebs-Berater (BB), 23/1999, S. 1188 - 1192.

Bundesministerium für Arbeit und Sozialordnung (Hrsg.) — *Mitarbeiterbeteiligung* am Produktivkapital - Ein Wegweiser für Arbeitnehmer und Arbeitgeber, Berlin 2001.

Bundesministerium für Arbeit und Sozialordnung (Hrsg.) — Bericht des Bundesministeriums für Arbeit und Sozialordnung nach § 2 Abs. 5a des Fünften Vermögensbildungsgesetzes (VermBG) über die Vorkehrungen zur *Insolvenzsicherung* vermögenswirksamer Leistungen beim Erwerb von Mitarbeiter-Kapitalbeteiligungen, in:

	BT-Drucksache 14/9731 vom 28.06.2002, S. 1 - 8.
Bundesministerium für Arbeit und Sozialordnung (Hrsg.)	*Sozialbericht* 2001, Berlin 2002.
Bundesstelle für Außenhandelsinformation	Rechnungslegung der Unternehmen in *Großbritannien*, in: Bundesstelle für Außenhandelsinformation [Hrsg.], Berichte und Dokumente zum ausländischen Wirtschafts- und Steuerrecht, Nr. 186, Bonn 1984, S. 1-32.
Büschgen, Hans E.	*Bankbetriebslehre*: Bankgeschäfte und Bankmanagement, 5. Aufl., Wiesbaden 1998.

C

Cable, John R. Wilson, Nicholas	*Profit-sharing* and productivity: an international comparison, Economic Research Papers no. 301, University of Warwick, September 1988.
Cellier, Richard Ramandraivonona, Dera	*L'Epargne Salariale* en 2004, in: Ministère des affaires sociales, du travail et de la solidarité [Hrsg.], Premières Informations et Premières Synthèses, September 2005 - No. 37.2, Paris 2005.
Chamberlain, Colin E.	*Tolley's* Practical Guide to Employees' Share Schemes - Third Edition, Frome, London 2001.
Chaussade-Klein, Bernadette	*Gesellschaftsrecht* in Frankreich: eine Einführung mit vergleichenden Tabellen, 2. Aufl., München, Berlin 1998.
Chmielevicz, Klaus	*Forschungskonzeptionen* der Wirtschaftswissenschaften, 3. Aufl., Stuttgart 1994.
Clesius, Udo	Der *Genuss-schein* als Instrument zur Mitarbeiterkapitalbeteiligung bei Aktiengesellschaften, Spardorf 1985.
Clifford, Chance	Employee *Share Participation* in the UK, London 1996.
Coase, R. H.	The *Nature* of the Firm, in: Economica, Vol. 4, 1937, S. 386 - 405.
Copeman, Georg	Employee Share Ownership, in: Accountants Digest vom

Oktober, 1994, S. 1 - 27.

Courage, Christopf — Möglichkeiten für eine *Gewerbesteuerreform*, Aachen 1995.

Couret, Alain — *Stock-options* et bons de créateurs d'entreprises, in: La Gazette du Palais, no. 82 vom 23.03.2001, S. 23 - 29.

Craig, Gordon A. — Deutsche *Geschichte* 1866-1945: Vom Norddeutschen Bund bis zum Ende des Dritten Reiches, München 1999.

D

DAG — *Miteigentum* der Arbeitnehmer, eine Stellungnahme der Deutschen Angestellten-Gewerkschaft, in: Hauptvorstand der DAG, Abt. Wirtschaftspolitik und Betriebsverfassung [Hrsg.], Hamburg 1955.

Däubler, Wolfgang (Hrsg.) — Die *Gewerkschaften* in den 12 EG-Ländern: europäische Integration und Gewerkschaftsbewegung, Köln 1991.

Dautel, Ralph — *Möglichkeiten* zur steueroptimierten Beteiligung von Mitarbeitern an einer GmbH, in: INF, 22/1999, S. 684 - 687.

Dautel, Ralph — Besteuerung von *Mitarbeiterbeteiligungen*, in: Betriebs-Berater (BB), 35/2000, S. 1757 - 1763.

Deimel, Klaus — *Shareholder Value-Kennzahlen* und wertorientierte Unternehmenssteuerung, in: Das Wirtschaftsstudium (WISU), 4/2002, S. 506 - 594.

Del Boca, A.
Kruse, Douglas L.
Pendleton, Andrew — *Decentralisation* of bargaining systems and financial participation: A compatative analysis of Italy, UK and the US, in: Lavoro e ralazioni industrial 1/1999, S. 9 - 49.

Demmler, Uwe — *Dual Income Tax* als Reform der Einkommensteuer - Fortschritt oder Stillstand?, Aachen 2005.

Department of Trade and Industry — *Companies* in 2004-2005: Report for the year ended 31 March 2005 - Presented pursuant to the Companies Act 1985 Section 729, Norwich 2005.

Deutsche Angestellten Gewerkschaft	*RdA*, 1977.
Deutsche Angestellten Gewerkschaft	Betriebiche *Beteiligungen* am Produktivvermögen. Ein praktischer Wegweiser für Betriebsräte und Arbeitnehmer/innen, Hamburg 1999.
Deutscher Bundestag	*Gesetzentwurf* der Fraktion der CDU/CSU und FDP, Entwurf eines Gesetzes zur Förderung der Beteiligung der Arbeitnehmer am Produktivvermögen und anderen Formen der Vermögensbildung der Arbeitnehmer (Drittes Vermögensbeteiligungsgesetz), in: BT-Drucksache 13/10012 vom 03.03.1998.
Deutscher Bundestag	*Beschlussempfehlung* und Bericht des Ausschusses für Arbeit und Sozialordnung (11. Ausschuß), in: BT-Drucksache 13/10527 vom 28.04.1998, S. 1 - 9.
Deutscher Gewerkschaftsbund	*Stellungnahme* und Forderungen des Deutschen Gewerkschaftsbundes: Ablehnung der betrieblichen Mitarbeiter-Beteiligung und Forderung zur Vermögensbildung, in: Institut für Städtebau, Wohnungswirtschaft und Bausparwesen e. V. [Hrsg.], Materialien zur Vermögensbildung in Arbeitnehmerhand - Thesen, Pläne, Gesetze - Fünfte Folge: 1977 bis 1981, Bonn 1985, S. 127 - 133.
Deutscher Gewerkschaftsbund	*Anreize* und Sicherheiten für Mitarbeiterbeteiligungsmodelle unter besonderer Berücksichtigung der Lage in klein- und mittelständischen Unternehmen, Berlin 2000.
Dolleans, Eduard Dehove, Gérard	*Histoire* du Travail en France, Mouvement ouvriere et législation sociale, Tome II, De 1919 à nos jours, Paris 1955.
Döllerer, Georg	*Handelsrecht* und Steuerrecht - Einheit der Rechtsordnung?, in: Steuer und Wirtschaft (StuW), 3/1988, S. 203 - 209.
Dorenkamp, Christian	*Unternehmenssteuerreform* und partiell nachgelagerte Besteuerung von Einkommen, in: Steuer und Wirtschaft (StuW), 2/2000, S. 121 - 132.
Dräger, Christian	Über partnerschaftliche *Elemente* im Beziehungsgefüge des Unternehmens, in: Klaus-R. Wagner [Hrsg.], Mitar-

	beiterbeteiligung - Visionen für eine Gesellschaft von Teilhabern, Festschrift für Michael Lezius zum 60. Geburtstag, Wiesbaden 2002, S. 252 - 259.
Drechsler, Rudolf	*Genußrechte* und Genußscheine, in: Hans-Günter Guski/Hans J. Schneider [Hrsg.], Mitarbeiter-Beteiligung MAB: Handbuch für die Praxis (Stand: Aug. 2002), Fach 6210, Neuwied 1993.
Drukarczyk, Jochen Schwetzler, Bernhard	Mitarbeiterbeteiligung und *Unternehmensfinanzierung*, in: Der Betrieb (DB), 36/1990, S. 1777 - 1783.
Drukarczyk, Jochen Schwetzler, Bernhard	*Staatliche Förderung* von Mitarbeiterbeteiligungen und finanzielle Wirkungen, in: Der Betrieb (DB) 44. Jg., 23/1991, S. 1181 - 1188.
Drukarczyk, Jochen	Theorie und Politik der *Finanzierung*, 2. Aufl., München 1993.
Dupeux, Charles	La *Société* francaise 1789 - 1970, 2. Aufl., Paris 1972.
Durand, Paul	L'*ordonnance* du 7 février 1959, tendant à favoriser l'association ou l'intéressement des travaileurs à l'entreprise, in: Droit social 1959, S. 78 - 95.
Duvernell, H. (Hrsg.)	*Ertragsbeteiligung* der Arbeitnehmer, Berlin 1965.

E

Eder, Markus	*Beschäftigungsstabilisierung* durch das Beteiligungssystem? - Eine Auseinandersetzung mit dem Weitzman-Plan, München, zugl. Diss. München 1991 1992.
Egner, Thomas	Aktienkursorientierte *Vergütungsmodelle* - Grundfragen der Rechnungslegung und Besteuerung -, Bayreuth, Habil. 2002.
Egner, Thomas Wildner, Stefan	Einkommensteuerliche Behandlung von *Stock Options* beim Begünstigten, in: BF/M-Spiegel 1/1999, S. 2 - 8.
Egner, Thomas Wildner, Stefan	*Besteuerung* von Stock Options - Überbesteuerung oder Besteuerungslücke?, in: Finanzrundschau (FR), 2/2001, S. 62 - 74.

Eichler, Gerald	Die *Gewinnbeteiligung* der Arbeitnehmer in Frankreich, unter besonderer Berücksichtigung der "ordonnance no. 67-693" vom 17. August 1967, Göttingen 1970.
Einkommensteuer-Kommission	*Thesen* der Einkommensteuer-Kommission zur Steuerfreistellung des Existenzminimums ab 1996 und zur Reform der Einkommensteuer, in: Betriebs-Berater (BB), Beilage Nr. 24/1994, S. 1 - 20.
Elschen, Rainer	*Entscheidungsneutralität*, Allokationseffizienz und Besteuerung nach der Leistungsfähigkeit - Gibt es ein gemeinsames Fundament der Steuerwissenschaften?, in: Steuer und Wirtschaft (StuW), 2/1991, S. 99 - 115.
Elschen, Rainer/Hüchtebrock, Michael	*Steuerneutralität* in Finanzwissenschaft und Betriebswirtschaftslehre - Diskrepanzen und Konsequenzen, in: Finanarchiv 5/1983, S. 253 - 280.
Engelhardt, Ulrich	"*Verschmelzung* der Interessen" statt "unseliger Konflikte zwischen Kapital und Arbeit"? Zur Konfliktprophylaxe im frühindustriellen Betrieb: Das erste "Industrial-Partnership"-Experiment in Deutschland (1867 - 1873), in: Archiv für Sozialgeschichte 21/1981, S. 97 - 178.
Erhard, Ludwig	*Wohlstand* für alle, Bonn 1957.
Ernst & Young/BDI	*Unternehmenssteuerreform 2008*, Bonn 2007.
Esser, Klaus	*Arbeitsrechtliche Probleme* der Mitarbeiter-Beteiligung, in: Hans J. Schneider [Hrsg.], Handbuch der Mitarbeiter-Kapitalbeteiligung, Köln 1977, S. 199 - 212 .
Esser, Klaus Faltlhauser, Kurt	*Beteiligungsmodelle*, München 1974.
Estrin, Saul Grout, Paul A. Wadhwani, Sushil	*Profit Sharing* and Employee Share Ownership, in: Economic Policy, Jg. 4, 1987, S. 13 - 52.

F

Fabri, T.	Die *Kleinaktie*, Berlin 1959.

Faltlhauser, Kurt	*Systematik* und Grundprobleme materieller betrieblicher Mitarbeiter-Beteiligung, in: Schneider, Hans J. [Hrsg.], Handbuch der Mitarbeiter-Kapitalbeteiligung, Köln 1977, S. 71 - 87.
Färber, Giesela	*Besteuerung* von Alterseinkünften - ein überfälliger Regimewechsel!, in: Hamburger Jahrbuch der Gesellschafts- und Wirtschaftspolitik, Band 42, 1997, S. 183 - 207.
Feddersen, Dieter	*Aktienoptionsprogramme* für Führungskräfte aus kapitalmarktrechtlicher und steuerlicher Sicht, in: Zeitschrift für Recht (ZHR) 161/1997, S. 269 - 299.
Feddersen, Dieter Pohl, Marcus	Die Praxis der *Mitarbeiterbeteiligung* seit Einführung des KonTraG, in: Die Aktiengesellschaft (AG), 1/2001, S. 26 - 33.
Feilchenfeld, Werner	Die *Gewinnbeteiligung* der Arbeiter und Angestellten in Deutschland, Berlin 1922.
Fischer, Felix	Erwerbswirtschaftlich genutzte Wohnimmobilien im *Ertragsteuerrecht*: Eine Darstellung und Analyse alternativer Rechtsetzungen, Aachen 2001, zugl. Diss. Bayreuth 2000.
Fischer, Guido	Erfolgs- und *Gewinnbeteiligung* - Eine begriffliche Klärung, in: Mensch und Arbeit. Zeitschrift für betriebliche Sozial- und Wirtschaftspraxis (MuA) 4/1952, S. 230 - 231.
Fischer, Guido	Die Formen der *Erfolgsbeteiligung* und ihr Zusammenhang mi dem betrieblichen Rechnungswesen, in: Mensch und Arbeit. Zeitschrift für betriebliche Sozial- und Wirtschaftspraxis (MuA) 7/1956, S. 194 - 203.
FitzRoy, Felix R. Kraft, Kornelius	Mitarbeiterbeteiligung und *Produktivität*: Eine ökonometrische Untersuchung, in: Zeitschrift für Betriebswirtschaft (ZfB), 1985, S. 21 - 36.
FitzRoy, Felix R. Kraft, Kornelius	*Mitarbeiterbeteiligung* und Mitbestimmung im Unternehmen, Berlin 1987.
Flieger, Burghard	*Terra incognita*: Konsequente Mitarbeiterbeteiligungsformen in Deutschland, in: Klaus-R. Wagner [Hrsg.],

	Mitarbeiterbeteiligung: Visionen für eine Gesellschaft von Teilhabern, Festschrift für Michael Lezius zum 60. Geburtstag, Wiesbaden 2002, S. 271 - 286.
Föhl, Carl	Obligatorische *Gewinnbeteiligung* in Frankreich ein nachahmenswertes Vorbild? - Gutachten erstellt im Auftrage des Bundesministeriums für Arbeit und Sozialordnung, Berlin 1969.
Fondact	*Passeport* pour la participation, Édition 2004, Paris 2004.
French, Derek	Blackstone's statutes: *company law*, 2005/2006, 9th edition, Oxford 2006.
Frey, Bruno S.	Wie beeinfluss Lohn die *Motivation*, in: Bruno S. Frey/Margit Osterloh [Hrsg.], Managing Motivation, Wiesbaden 2000.
Frisch, Alfred	*Gratisaktien* für Arbeitnehmer in Frankreich, in: Recht der Arbeit (RdA), 2/1981, S. 115.
Fritz, Stefan	Finanzwirtschaftliche *Auswirkungen*, in: Hans-Günter Guski/Hans J. Schneider [Hrsg.], Mitarbeiter-Beteiligung MAB: Handbuch für die Praxis (Looseblattsammlung - 28. Ergänzungslieferung, Stand: August 2005), Fach 3430, Neuwied 1993.
Fuisting, Bernhard	Die preußischen direkten *Steuern*, Band 4, Grundzüge der Steuerlehre, Berlin 1902.
Furubotn, E. G. Pejovich, S.	*Property Rights* and Economic Theory: A Survey of Recent Literatur, in: Journal of Economic Literature, Vol. 10, 1972, S. 1137 - 1162.

G

Gaugler, Eduard	*Zieldynamik* erfolgsorientierter Mitarbeitervergütungen, in: Karl-Friedrich Ackermann et al. [Hrsg.], Verantwortliche Personalführung: Beitrag zu einem Kolloquium anlässlich des 75. Gebrutstags von Prof. Dr. August Marx, Mannheim; Wien; Zürich 1982, S. 107 - 128.
Gaugler, Eduard	*Einführung* - die historische Entwicklung der Vermö-

genspolitik - Ziele und Zukunftsperspektiven der Mitarbeiterbeteiligung, in: Vermögenspolitik in der sozialen Marktwirtschaft: ein Symposium der Ludwig-Erhard-Stiftung Bonn am 25. September 1986, Red. Horst Friedrich Wünsche, Stuttgart, New York 1986, S. 75 - 12.

Gaugler, Eduard	Mitarbeiter als *Mitunternehmer*: Die historischen Wurzeln eines Führungskonzepts, in: Rüdiger Klimecki/ Andreas Remer [Hrsg.], Personal als Strategie: mit flexiblen und lernbereiten Human-Ressourcen Kernkompetenzen aufbauen - ebenfalls erschienen in: Wunderer, Rolf (Hrsg.): Mitarbeiter als Mitunternehmer: Grundlagen-Förderinstrumente-Praxisbeispiele, Luchterhand 1999, S.3-21, Neuwied; Kriftel; Berlin 1997, S. 507 - 520.
Gaugler, Eduard	Die *Anfänge* der Mitarbeiterbeteiligung im 19. Jahrhundert, in: Klaus-R. Wagner [Hrsg.], Mitarbeiterbeteiligung - Visionen für eine Gesellschaft von Teilhabern, Festschrift für Michael Lezius zum 60. Geburtstag, Wiesbaden 2002, S. 17 - 26.
Gaugler, Eduard/ Kuchinka, Horst	*Mitarbeiterbeteiligung* und Steuerrecht , Köln 1972.
Gerlach, Knut	*Beschäftigungsförderung* durch Gewinnbeteiligung?, in: Dieter Sadowski/ Martin Schneider [Hrsg.], Vorschläge zu einer neuen Lohnpolitik. Optionen für mehr Beschäftigung I. Schriftenreihe der ADIA-Stiftung zur Erforschung Neuer Wege für Arbeit und Soziales Leben 05., Frankfurt a. M. 1997, S. 311 - 329.
Gerlach, Knut Hübler, Olaf	*Gewinnbeteiligung* in Europa: Empirische Ergebnisse, institutionelle Besonderheiten und mögliche Harmonisierungstendenzen, in: Bernd Gahlen/ Helmut Hesse/ Hans-Jürgen Ramser [Hrsg.], Europäische Integrationsprobleme aus wirtschaftswissenschaftlicher Sicht. Schriftenreihe des wirtschaftswissenschaftlichen Seminars Ottobeuren, Bd. 23, Tübingen 1994, S. 365 - 401.
Gilman, Nicholas Paine	Die Teilung des *Geschäftsgewinns* zwischen Unternehmern und Angestellten - Ein prakt. Beitr. z. Arbeiter-u. Lohnfrage, Leipzig 1891.
Gless, Sven-Erik Kall, Florian	*Aktienoptionsprogramme* und Stock Appreciation Rights in Deutschland - Studie 2000 -, Studie der Unterneh-

	mensberatung FIDES - Management Consultants, Bremen/Hamburg 2000.
Gloede, Klaus	*Management-Buy-Out* und Mitarbeiterbeteiligung in den neuen Bundesländern, in: Hans-Günter Guski/ Hans J. Schneider [Hrsg.], Mitarbeiter-Beteiligung MAB: Handbuch für die Praxis (Stand: August 2002), Fach 4500, Mai 1992, S. 1 - 32, Neuwied, Kriftel, Berlin 1993.
Göbes, Christian	Die *Unternehmensbesteuerung* in Deutschland und Großbritannnien vor dem Hintergrund des europäischen Integrationsprozesses, Frankfurt am Main 1996.
Goldschmidt, Bernhardt	*Gewinnbeteiligung* der Arbeitnehmer, Berlin 1922.
Gramlich, Ludwig/ Treisch, Corinna	*Korrespondenzprinzip*, Unterhaltszahlungen und Einkommensbegriff, in: Der Betrieb (DB), 47/1997, S. 2349 - 2353.
Gravenstein, Vicky	Französisches *Gesellschaftsrecht*, 3. Aufl., Frankfurt a. M. 1988.
Grawert, Achim	Deferred *Compensation*: Gestaltungsmöglichkeiten arbeitnehmerfinanzierter Altersversorung, Köln 1998.
Greth, Michael	*Managemententlohnung* aufgrund des Economic Value Added (EVA), in: Pellens, Bernhard (Hrsg.): Unternehmenswertorientierte Entlohnungssysteme, Stuttgart 1998, S. 71 - 100.
Grimmer, Joseph	*Arbeitergewinnbeteiligung* in der Form der Aktienbeteiligung, Diss. Elberfeld 1929.
Gropl, Christoph	Verfassungsrechtliche *Vorgaben* für intertemporale Korrespondenz und konsumorientierte Betrachtungsweise im Einkommensteuerrecht, in: Finanzrundschau (FR), 12/2001, S. 620 - 628.
Großkreutz, Marlene	Was geht uns "*Basel II*" an?, in: Die Steuerberatung (Stgb) 4/2002, S. 183.
Gulder, Markus	*Disagiovereinbarungen* im Einkommensteuerrecht: Eine ökonomische Analyse der steuerlichen Tatbestandsnormen in ausgewählten Ländern und Reformansätze, Aachen, zugl. Bayreuth, Diss. 2000.

Guski, Hans-Günter — *Vermögensbildung* in der Bundesrepublik : Aktuelle Situation und Zukunftsaussichten, in: Schneider, H. J. (Hrsg.), Handbuch der Mitarbeiterbeteiligung, Köln 1977, S. 12 - 22.

Guski, Hans-Günter — *Mitarbeiterguthaben*, in: Mitarbeiter-Beteiligung MAB - Handbuch für die Praxis (Stand: August 2005), Fach 6280, S. 1 - 8, Neuwied 1993.

Guski, Hans-Günter; Schneider, Hans J. — Betriebliche *Vermögensbeteiligung* in der Bundesrepublik Deutschland - Eine Bestandsaufnahme, in: Institut der deutschen Wirtschaft [Hrsg.], Köln 1977.

Guski, Hans-Günter; Schneider, Hans J. — Betriebliche *Vermögensbeteiligung* in der Bundesrepublik Deutschland - Teil II: Ergebnisse, Erfahrungen und Auswirkungen in der Praxis, Köln 1983.

Guski, Hans-Günter; Schneider, Hans J. — Betriebliche *Vermögensbeteiligung* - Bestandsaufnahme 1986, in: Institut der deutschen Wirtschaft [Hrsg.], Beiträge zur Wirtschafts- und Sozialpolitik, 145-7/1986, S. 40.

Gutenberg, Erich — *Grundlagen* der Betriebswirtschaftslehre, Bd. I, Die Produktion, 24. Auflage, Berlin et al 1983.

Güthoff, Julia — *Gesellschaftsrecht* in Großbritannien: eine Einführung mit vergleichenden Tabellen, München, Berlin 1998.

Gutsche, Kurt — Die *Gewinnbeteiligung* in Deutschland und England, Diss. Greifswald 1932.

H

Habermann, Max — Die neue Ordnung von *Kapital und Arbeit* - Vortrag gehalten auf der Tagung des Ausschusses des Deutschen Handlungsgehilfentages am 22. Mai 1921, Hamburg.

Hackmann, Johannes — *Konsequenzen* einer einkommensteuerilchen Freisetzung von Vermögenswertänderungen, in: Finanzarchiv, 45/1985, S. 412 - 450.

Haegert, Lutz — Die effektiven *Kapitalkosten* von Mitarbeiterbeteiligungen am Unternehmen, in: zfbf 12/1993, S. 1040 - 1059.

Haensel, Joachim — Ökonomische Aspekte der freiwilligen *Mitarbeiterbeteiligung*, Frankfurt a. M./ Berlin/ Bern/ New York/ Paris/ Wien 1999.

Hahn, Hartmut — Optionsrecht zur *Besteuerung* nach den Regeln des Körperschaftsteuergesetzes auch für Personengesellschaften - Ergänzung zum Beitrag von Bippus, DStR 1998, 749 ff.-, in: Deutsches Steuerrecht (DStR), 20-21/1999, S. 833 - 839.

Hanakam, Eva-Maria — Die steuerliche *Beurteilung* von Genussrechten als Instrument der Kapitalbeschaffung, Würzburg 1991.

Hanau, Peter — §§ 60 - 63: *Grundlagen* des Arbeitsentgelts, in: Reinhard Richardi/Otfried Wlotzke [Hrsg.], Münchner Handbuch zum Arbeitsrecht, Band I, 1992, S. 967 - 1032.

Harrer, Herbert — *Mitarbeiterbeteiligungen* und Stock-Option-Pläne, München 2000.

Hatton, T. J. — *Profit Sharing* in British industry, 1865 - 1913: Diskussion Paper No. 204, October 1987, Centre for Economic Policy Research, London 1987.

Hebestreit, Carsten — *Arbeitnehmer-Aktienbeteiligung* und Unternehmenswert - Eine Analyse am Beispiel des "actionnariat salarial" in Frankreich, München, Mering 2000.

Hebig, Michael; Zacharias, Erwin — *Handbuch* der betrieblichen Vermögensbildung - Betriebliche und außerbetriebliche Beteiligungsformen aus handelsrechtlicher, steuerrechtlicher und betriebswirtschaftlicher Sicht, München 1991.

Heering, Walter — Objektive und subjektive Dimensionen der *Unternehmensrestrukturierung* in Ostdeutschland, in: Dieter Voigt/Ludger Mertens [Hrsg.], Umgestaltung und Erneuerung im vereinigten Deutschland, Berlin 1993, S. 118 - 150.

Heering, Walter — *Mitarbeiterbeteiligung* am Unternehmen: Chancen und Risiken für die ostdeutsche Wirtschaft - Analytische Betrachtungen und empirische Befunde zu Potentialen, Varianten, Effekten und Streitpunkten, Berlin 1999.

Heering, Walter Schroeder, K.	Hohe *Motivation* und verhaltener Optimismus - Ergebnisse einer Befragung von Belegschaften und Geschäftsleitung ostdeutscher Betriebe, in: Walter Heering/K. Schroeder [Hrsg.], Transformationsprozesse in ostdeutschen Unternehmen. Akteursbezogene Studien zur ökonomischen und sozialen Entwicklung in den neuen Bundesländern, Berlin 1995, S. 143 - 275.
Heidermann, Ingrid	Die *Förderung* der Eigentumsbildung im Ausland, Stuttgart, Berlin, Köln, Mainz 1965.
Heidrich, Paul	Die Lehre von den obersten *Steuerprinzipien* - ein Beitrag zur Theorie der öffentlichen Wirtschaft, Jena 1929.
Hein, Manfred	Einführung in die *Bankbetriebslehre*, 2. Aufl., München 1993.
Heinz, Carsten	*Vermögensübergänge* im Spannungsfeld von Erbschaftsteuer und Einkommensteuer: Ansätze einer systemkonformen Ausgestaltung der Besteuerung im Erb- und Schenkungsfall, Aachen 2003, zugl. Diss. Bayreuth 2002.
Heller, Robert	*Shares* for employees, London 1984.
Hellio, Francois Rädler, Albert	*Anmerkungen* zur Diskussion um die Option zur Körperschaftsteuer aus französischer Sicht, in: Internationales Steuerrecht (IStR) 13/2000, S. 401 - 405.
Hennessy, Scott	*Phantom Stock* Plans - Giving employees a stake in the business without giving away stock, in: Employee benefits, vol. 12, No. 4, July/August 2001, S. 1 - 2.
Henselmann, Klaus	*Erfolgsmessung* und Steuerbelastung: eine Analyse geltender Vorschriften und ausgewählter Reformvorschläge zur Erfolgsmessung und ihre Wirkung auf die Steuerbelastung von Unternehmen, Heidelberg 1994.
Herkendell, Walter	*Vermögensbildung* und Prämienrecht, Saarbrücken 1976.
Herzig, Norbert	Steuerliche und bilanzielle Probleme bei Stock Options und *Stock Appreciation Rights*, in: Der Betrieb (DB), 1/1999, S. 1 - 12.
HM Revenue & Customs	*Stamp Taxes* Manual - updated 2002, Manchester.

HM Treasury	*Consultation* on Employee Share Ownership vom 18. Dezember 1998, London.
Hofmann, Herbert Holzner, Chrisitan	*Mitarbeiterkapitalbeteiligung* - Ein internationaler Vergleich, in: ifo Schnelldienst 12/2002, S. 7 - 13.
Hostettler, Stephan	Das *Konzept* des Economic Value Added (EVA), Stuttgart/Wien 1997.
Hübler, Olaf	*Beschäftigungseffekte* durch Gewinnbeteiligung?, in: Konjunkturpolitik 5-6/1988, S. 291 - 309.
Hübler, Olaf	*Produktivitätssteigerung* durch Mitarbeiterbeteiligung in Partnerschaftsunternehmen?, in: Mitteilungen aus der Arbeitsmarkt- und Berufsforschung 2/1995, S. 214 - 223.

I

International Bureau of Fiscal Documentation	*European Tax Handbook*, in: International Bureau of Fiscal Documentation [Hrsg.], Amsterdam 2005.
Isensee, Tobias	*Mitarbeiteraktienoptionen* - mehr als eine steuerliche Gewinnchance?, in: Deutsches Steuerrecht (DStR), 4/1999, S. 143 - 147.

J

Jones, Derek C. Pliskin, Jeffrey	The Effects of Worker Participation, *Employee Ownership* and Profit Sharing on Economics Performance: A Partial Review, Working Paper No. 13, November 1988 - Submitted to The Jerome Levy Economics Institute, Bard College, New York, New York 1988.
Jouyet, Jean-Pierre Combrexelle, Jean-D. Le Floch-Louboutin, H. Bras, Pierre-Louis	*Circulaire* Interministerielle du 22 Novembre 2001 relative a L'Epargne Salariale, Paris 2001.
Juntermanns, Hans-J. Klötzl, Gustav	*Partnerschafts-Entwicklung* - Forcierung der Kooperation durch immaterielle Beteiligung, in: Guski, H.-G./ Schnei-

der, H. J. [Hrsg.], Mitarbeiter-Beteiligung MAB - Handbuch für die Praxis, Stand: August 2004, Fach 2000, Neuwied 1993.

K

Kamga Wafo, Guy L. — Die *Finanzverfassung* der Genossenschaft: ein deutsch-französischer Vergleich, Konstanz 1999, zugl. Diss. Göttingen, 1998.

Kaskel/Ehrenzweig — In welcher rechtlichen Form ist die *Beteiligung* der Arbeitnehmer am Kapital und am Gewinn des Unternehmens möglich?, in: Schriftführer-Amt der ständigen Deputation [Hrsg.], Verhandlungen des Zweiunddreißigsten Deutschen Juristentags (Bamberg), Berlin, Leipzig 1922, S. 263 - 300.

Kastner, Walther
Doralt, Peter
Nowotny, Chrisitan — *Grundriß* des österreichischen Gesellschaftsrechts , 5. Aufl., Wien 1990.

Katscher, Leopold — Die *Teilung* des Geschäftsgewinns zwischen Unternehmen und Angestellten: Ein praktischer Beitrag zur Arbeiter- und Lohnfrage von Nikolas Paine Gilman - Mit Erlaubnis des Verfassers umgearbeitet und auf den neuesten Stand ergänzt, Leipzig 1891.

Kemmerich, Eva — Die *Beteiligung* der Arbeitnehmer am Kapital des arbeitgebenden Unternehmens - Vorteilhaftigkeitsanalyse bei Berücksichtigung staatlicher Fördermaßnahmen aus betriebswirtschaftlicher Sicht, Diss. Münster 1989.

Kempe, Martin — *Tarifvertrag* verzweifelt gesucht, in: Die Mitbestimmung (Mitbestimmung) 3/2001, S. 30 - 31.

Kiesewetter, Dirk — *Zinsbereinigte* Einkommen- und Körperschaftsteuer, Bielefeld 1999, zugl. Tübingen, Diss 1998.

Kilian, Horst — Betriebliche *Beteiligungsmodelle* - Verbreitung, Einführungsmotive und Auswirkungen in der Bundesrepublik Deutschland und den Vereinigten Staaten von Amerika, Wiesbaden 1978.

Kirchhof, Paul	Der verfassungsrechtliche Auftrag zur Besteuerung nach der finanziellen *Leistungsfähigkeit*, in: Steuer und Wirtschaft (StuW), 4/1985, S. 319 - 329.
Kirchhof, Paul	Der *Karlsruher Entwurf* und seine Fortentwicklung zu einer Vereinheitlichten Ertragsteuer, in: Steuer und Wirtschaft (StuW), 1/2002, S. 3 - 22.
Kissler, Leo (Hrsg.)	*Industrielle Demokratie* in Frankreich. Die neuen Arbeitnehmer- und Gewerkschaftsrechte in Theorie und Praxis, Frankfurt 1985.
Klinkhammer, Heiner Welslau, Dietmar	*Mitbestimmung* in Deutschland und Europa - Eine Einführung für Praktiker, Neuwied, Kriftel, Berlin 1995.
Knobbe-Keuk, Brigitte	*Qualifikationskonflikte* im internationalen Steuerrecht der Personengesellschaften, in: Recht der internationalen Wirtschaft (RIW), 4/1991, S. 306 - 316.
Knobbe-Keuk, Brigitte	Bilanz- und *Unternehmenssteuerrecht*, 9. Aufl., Köln 1993.
Knudsen, Herman	*Employee Participation* in Europe, London u. a. 1995.
Koch, Thomas	*ESOPs* in den Vereinigten Staaten, in: HansGünter Guski, Hans J. Schneider [Hrsg.], Handbuch der Mitarbeiter-Beteiligung MAB, Fach 4400 (Stand: 31.07.2003), Neuwied u. a. 1991.
Kommission der Europäischen Gemeinschaften	Bericht der Kommission - PEPPER II: Die Förderung der Gewinn- und Betriebsergebnisbeteiligung (einschließlich Kapitalbeteiligung) der Arbeitnehmer in den Mitgliedstaaten, *KOM(96)697* endg., 1996.
Krasper, F.	Der Arbeitsfriede durch Arbeiterkapitalisten, Berlin 1921.
Krause, Rüdiger	Mitarbeit in Unternehmen: Tätigkeitsverhältnisse im Spannungsfeld von Gesellschafts-, Dienstvertrags- und Arbeitsrecht, Tübingen 2002.
Krelle, Wilhelm Schunck, Johann Siebke, Jürgen	Überbetriebliche *Ertragsbeteiligung* der Arbeitnehmer - Mit einer Untersuchung über die Vermögensstruktur der Bundesrepublik Deutschland, Bd. I, Tübingen 1968.

Krelle, Wilhelm Schunck, Johann Siebke, Jürgen — Überbetriebliche Ertragsbeteiligung der Arbeitnehmer - Mit einer *Untersuchung* über die Vermögensstruktur der Bundesrepublik Deutschland, Bd. II, Tübingen 1968.

Kreßel, Eckehard — §§ 64 - 66: Leistungs- und ergebnisbezogene *Entgelte*, Zulschläge, in: Reinhard Richardi/Otfried Wlotzke [Hrsg.], Münchner Handbuch zum Arbeitsrecht, Band I, München 1992, S. 1032 - 1095.

Kroschel, Jörg — Zum *Zeitpunkt* der Besteuerung von Arbeitnehmer-Aktienoptionen, in: Betriebs-Berater (BB), 4/2000, S. 176 - 181.

Krumper, Artur — Die *Hauptentschädigung* im Lastenausgleich der Bundesrepublik Deutschland in finanzwissenschaftlicher und rechtswissenschaftlicher Sicht unter besonderer Berücksichtigung der sozialen Degression des §246 Lastenausgleichsgesetz, Diss., Erlangen-Nürnberg 1973.

Kruse, Douglas L. — *Profit Sharing* and Productivity: Microeconomic Evidence from the United States, in: The Economic Journal, London 1992, Vol. 102, S. 24 - 36.

Kruse, Douglas L. — *Profit Sharing*: Does It Make a Difference? The Productivity and Stability Effects of Employee Profit-Sharing Plans , Kalamazoo, Michigan 1993.

Kuchinka, Horst — *Mitarbeiter* als Kommanditisten, in: Hans J. Schneider [Hrsg.], Handbuch der Mitarbeiter-Kapitalbeteiligung, Köln 1977, S. 159 - 167.

Kühne, Walter/ Wolff, Bernhard — Das *Lastenausgleichsgesetz* vom 14.8.1952, 2., wesentl. erw. Aufl. unter Berücks. d. 4 Durchführungsverordnungen vom 8.10.1952, Stuttgart 1953.

Kunze, Stephan — *Neuer Markt* als Motor der Mitarbeiterbeteiligung, in: Personalwirtschaft 9/1999, S. 10 - 11.

Kurth, Hans — Irrwege zur *Bilanzbündeltheorie* - Wege zur Beitragstheorie?, in: Steuer und Wirtschaft (StuW), 1/1978, S. 1 - 22.

Kurth, Hans — Systematische Darstellung der verschiedenen Konzeptionen zur Besteuerung des *Mitunternehmers*, in: Steuer und Wirtschaft (StuW), 3/1978, S. 203 - 214.

Kurth, Hans — Abrenzung der *Leistungsbeziehungen* zwischen der Mitunternehmergemeinschaft und ihren Gesellschaftern gem. § 15 Abs. 1 Nr. 2 zweiter Halbsatz EStG, in: Deutsche Steuer-Zeitung (DStZ), 8/1978, S. 139 - 147.

Küting, Karlheinz — Private *Unternehmen*, in: Hans Pohl [Hrsg.], Die Entwicklung von Unternehmensformen und -strukturen in Westdeutschland seit dem Zweiten Weltkrieg, Stuttgart 1993, S. 47 - 79.

L

Laitenberger, Volkhard — Ludwig *Erhard* - Der Nationalökonom als Politiker, Göttingen, Zürich 1986.

Lammersen, Lothar — Die zinsbereinigte Einkommen- und *Gewinnsteuer*: ökonomische Analyse eines aktuellen Reformvorschlages, Nürnberg 1999.

Lang, Jochim — *Steuervergünstigungen* (§§ 19, 20), in: Klaus Tipke/ Joachim Lang [Hrsg.], Steuerrecht, 17. Aufl., Köln 2002, S. 711 - 731.

Lang, Joachim — *Einkommensteuer* (§ 9), in: Klaus Tipke/Joachim Lang [Hrsg.], Steuerrecht, 18. Aufl., Köln 2005, S. 210 - 434.

Lang, Joachim — *Grundlagen* der Steuerrechtsordnung (§§ 1 - 5), in: Klaus Tipke/Joachim Lang [Hrsg.], Steuerrecht, 18. Aufl., Köln 2005, S. 1 - 156.

Lang, Jochim — Das *Steuerrechtsverhältnis*, in: Klaus Tipke/ Joachim Lang [Hrsg.], Steuerrecht, 18. Aufl., Köln 2005, S. 157 - 209.

Lasserre, René — *Mitbestimmung* und Betriebsverfassung in Deutschland und Frankreich - Elemente eines historischen und sozialen Vergleichs, in: Hans Pohl [Hrsg.], Mitbestimmung und Betriebsverfassung in Deutschland, Frankreich und Großbritannien seit dem 19. Jahrhundert: 16. Wissenschaftliches Symposium auf Schloß Quint bei Trier am 30.9./1.10.1993, Stuttgart 199623 - 40.

Latta, Geoffrey W. | *Profit sharing*, employee stock ownership savings and asset formation plans in the western world, Philadelphia 1979.

Lefebvre, Francis | *Sociétés* civiles 2002: juridique, fiscal, social, comptable, Paris 2001.

Lefebvre, Francis | French Tax & Business *Law Guide*, Loseblattsammlung - Stand: April 2003, Levallois 2000.

Lefebvre, Francis | *Memento* Pratique Francis Lefebvre: *Fiscal* - 2006, in: Editions Francis Lefebvre [Hrsg.], Paris 2006, S. 144 - 201.

Legerlotz, Christoph; Laber, Jörg | Arbeitsrechtliche *Grundlagen* bei betrieblichen Arbeitnehmerbeteiligungen durch Aktienoptionen und Belegschaftsaktien, in: Deutsches Steuerrecht (DStR) 40/1999, S. 1658 - 1667.

Lehmkuhl, Augustin | Die *soziale Frage* und die staatliche Gewalt, 4. Aufl., Freiburg i. Br. 1911.

Leibfritz, Willi; O'Brien, Paul | The *French Tax System*: Main Characteristics, Recent Developements and Some Considerations for Reform, OECD Economics Department Working Papers, No. 439, ECO/WKP(2005)26, in: OECD [Hrsg.], Paris 2005.

Leistner, Georg | Die französische *Aktiengesellschaft* mit Beteiligung der Arbeitnehmer (Société anonyme à participation ouvrière) - ein soziales Experiment, in: Die Aktiengesellschaft (AG), 4/1976, S. 122 - 130.

Lembke, Mark | Die *Ausgestaltung* von Aktienoptionsplänen in arbeitsrechtlicher Hinsicht, in: Betriebs-Berater (BB) 28-29/2001, S. 1469 - 1477.

Leuchtl, Hans | Das Problem der *Gewinnbeteiligung* in Form der Arbeiter- und Arbeits-Aktie, Diss. München 1927.

Lewis, Thomas | *Steigerung* des Unternehmenswertes - Total-value-Management, 2. Aufl., Landsberg/Lech 1995.

Lewis, Thomas; Lehmann, Steffen | Überlegene *Investitionsentscheidungen* durch CFROI, in: Betriebswirtschaftliche Forschung und Praxis (BFuP),

44/1992, S. 1 - 16.

Littmann, Konrad — Die *Besteuerung* von Renten, Pensionen und anderen Altersbezügen als aktuelles Problem steuerlicher Gleichheit und Gerechtigkeit, Köln 1980.

Loritz, Karl-Georg — Die *Koppelung* der Arbeitsentgelte an den Unternehmenserfolg, in: Recht der Arbeit (RdA) 5/1998, S. 257 - 265.

Loritz, Karl-Georg — Die *Mitarbeit* Unternehmensbeteiligter, Köln 1984.

Loritz, Karl-Georg — *Mitarbeiterbeteiligung*, Vermögens- und Altersvorsorge - Überlegungen zum aktuellen Stand und zu den Zukunftsperspektiven, in: Klaus-R. Wagner [Hrsg.], Mitarbeiterbeteiligung - Visionen für eine Gesellschaft von Teilhabern, Festschrift für Michael Lezius zum 60. Geburtstag, Wiesbaden 2002, S. 111 - 118.

Loritz, Karl-Georg — Die Beteiligung der Nichtselbständigen am *Produktivvermögen*, in: Zeitschrift für Arbeitsrecht (ZfA), 4/1998, S. 543 - 572.

Loritz, Karl-Georg — *Veränderung* der wirtschaftlichen Grundlage - Konsequenzen für das Arbeitsrecht -, in: Zeitschrift für Arbeitsrecht (ZfA), 3/2000, S. 267 - 283.

Loritz, Karl-Georg — Variable erfolgsbezogene Vergütungen der Mitarbeiter, in: Arbeit und Arbeitsrecht (AuA), 7/1997, S. 224 - 228.

Loritz, Karl-Georg; Wagner, Klaus-R. — *Konzeptionshandbuch* der steuerorientierten Kapitalanlage, Band 2, Wiesbaden 1995.

Loritz, Karl-Georg; Wagner, Klaus-R. — *Zukunftsperspektiven* der Beteiligung Nichtselbständiger am Produktivvermögen - Investitionsförderung statt Sparförderung, in: Michael Lezius [Hrsg.], Mitarbeiterbeteiligung im Aufwind. Quo vadis Vermögensbildungspolitik?, Kassel 1992, S. 33 - 84.

Lowry, John P. — *Company law*, 3. Aufl., London 2006.

Luippold, Thomas L. — *Management* buy-outs: Evaluation ihrer Einsatzmöglichkeiten in Deutschland, Bern u.a., zugl. Diss. Sankt Gallen 1991.

Lutter, Marcus — *Aktienoptionen* für Führungskräfte - de lege lata und de lege ferenda, in: Zeitschrift für (ZIP), 1/1997, S. 1 - 9.

Luttermann, Claus — *Mitunternehmerschaft*, Unternehmensteuerreform und internationale Aspekte - Grenzgänge zwischen Steuerrecht und Zivilrecht zur Steuerrechtsordnung, in: Neue Zeitschrift für Gesellschaftsrecht (NZG) 14/1999, S. 635 - 643.

M

Maede, James E. — Different Forms of *Share Economy*, London 1986.

Maier, Kurt — *Leistungs- und Ertragsbeteiligung* als nicht gewinnabhängige Beteiligungsverfahren, in: Schneider, Hans J. [Hrsg.], Handbuch der Mitarbeiter-Kapitalbeteiligung, Köln 1977, S. 109 - 122.

Maiterth, Ralf; Semmler, Birk — Kritische *Anmerkungen* zur geplanten Substitution des körperschaftsteuerlichen Anrechnungsverfahrens durch das so genannte "Halbeinkünfteverfahren" im Zuge des Steuersenkungsgesetzes, in: Betriebs-Berater (BB), 27/2000, S. 1377 - 1387.

Malz, Friedrich — Materialien zur *Vermögensbildung* in Arbeitnehmerhand - Thesen, Pläne, Gesetze - Fünfte Folge: 1977 - 1981, Bonn 1985.

Marquer, Ephraim — Guide de *l'épargne salariale*, Paris 2005.

Merle, Philippe — *Droit* commercial, Sociétés commerciales, Paris 2001.

Miegel, Meinhard — *Arbeit* ohne Zukunft?, in: Manager Magazin, Ausgabe März 1997, S. 202 – 204.

Mierheim, Horst; Wicke, Lutz — Die personelle *Vermögensverteilung* in der Bundesrepublik Deutschland, Tübingen 1978.

Mikus, Rudolf — Die Bedienung von *Aktienoptionen* durch eigene Anteile nach der Unternehmenssteuerreform, in: Betriebs-Berater (BB), 4/2002, S. 178 - 181.

Milman, David; Flanagan, Terence — Modern *partnership* law, London 1983.

Ministère de l'emploi, de la cohésion sociale et du logement | La *Participation Financiere* - Rapport annuel du Conseil supérieur de la participation pour 2004/2005, Documentation francaise, Paris 2005.

Möller, Iris | *Produktivitätswirkung* von Mitarbeiterbeteiligung, in: Mitteilungen aus der Arbeitsmarkt- und Berufsforschung 4/2000, S. 565 - 582.

Mönning, Johann-H. | *Würdigung* ausgewählter Besteuerungsgrundsätze auf der Grundlage einer entfalteten sozialpolitischen Konzeption, Göttingen 1976.

Morse, Geoffrey; Williams, David | *Profit sharing*, London 1979.

Moxter, Adolf | *Bewertungsprobleme* im Rahmen der gesetzlichen Vorschriften zur Arbeitnehmerbeteiligung, in: Gert Lassmann/ Eberhard Schwark [Hrsg.], Beteiligung der Arbeitnehmer am Produktivvermögen - Grachter Symposion vom 8. und 9. März 1984, gleichzeitig Sonderheft 19/85 der ZfbF, Berlin; New York 1985, S. 131 - 149.

Mückl, Wolfgang J. | Vermögenspolitische *Konzepte* der Bundesrepublik Deutschland, Frankfurt 1975.

Müller, Udo | Die vermögens- und verteilungspolitischen Aspekte einer *Mitarbeiterbeteiligung*, 2000.

N

Nagelkerke, A. G.; de Nijs, Willem. F. | *Institutional Dynamics* in European Industrial Relations, in: Labour 4/1998, S. 743 - 769.

Neebe, Reinhard | Die *Republik* von Weimar 1918-1933, Stuttgart 2000.

Nestriepke, Siegfried | *Gewerkschaftslehre*, Stuttgart 1924.

Neumark, Fritz | *Grundsätze* gerechter und ökonomisch rationaler Steuerpolitik, Tübingen 1970.

Nitschke, Hartmut | Das *Recht* der Personengesellschaften in Deutschland und Frankreich: ein Vergleich unter besonderer Berücksichti-

	gung der Rechtspersönlichkeit der französischen Personengesellschaften, Berlin 2001.
Nordhaus, Wiliam D. John, A.	Symposium on the *Share Economy*, in: Journal of Comparative Economics, Jg. 10, 1986, S. 416 - 475.

O

o. V.	Les *cotisations sociales* de l'entreprise; Contribution Delalande (Code du travail, articles L. 321-12, L. 321-13, L. 321-13-1; Règlement assurance-chomage du 1er janiver 2001, article 68), in: La Gazette du Palais, no. 139, 19/05/2002, S. 6-57.
o. V.	*European tax handbook*, 2003.
o. V.	Die Gewinnbeteiligung, in: Der Gewerkverein, 45. Jg., 4/1913, S. 14.
o. V.	La *participation financière* dans l'enterprise, in: La Revue Fiduciaire, No. 833, Supplément au numéro 2598, Novembre 1996.
Oeffner, Marc	Die *Duale Einkommensteuer* des Sachverständigenrates in der Diskussion, in: Würzburg Economic Papers - W. E. P., No. 59, Würzburg 2005.
Office for National Statistics	*UK Business*: Activity, Size and Location - 2005, Statistikal Framework Division - Oktober 2005, London 2005.
Office for National Statistics	PA1003: Commerce, Energy and Industry - Size Analysis of *United Kingdom Businesses*: Data for 1998, London 2001.
Overrath, Hans-Peter	*Belegschafts-Gratisaktien* in Frankreich, in: Zeitschrift für Gesellschaftsrecht (ZGR), 3/1983, S. 376 - 394.

P

Pakleppa, Stefan	Genussrechte, in: Hans-Günter Guski/Hans J. Schneider [Hrsg.], Mitarbeiter-Beteiligung (MAB): Handbuch für

die Praxis (August 2005), Fach 6210, S. 1 - 13, Neuwied 1993.

Pankoke, René — Mitarbeiterkapitalbeteiligung bei mittelständischen Unternehmen: Analyse von Risiko und Ertrag für Unternehmen und beteiligte Mitarbeiter, Wiesbaden 2002, zugl. Diss. Dresden, 2001.

Park, Jihang — *Profit-sharing* and industrial co-partnership in British industry 1880 - 1920, New York, London 1987.

Pellens, Bernhard; Crasselt, Nils; Rockholtz, Carsten — Wertorientierte *Entlohnungssysteme* für Führungskräfte - Anforderungen und empirische Evidenz -, in: Pellens, Bernhard (Hrsg.): Unternehmenswertorientierte Entlohnungssysteme, Stuttgart 1998, S. 1 - 28.

Pendleton, Andrew — *Employee Ownership*, Participation and Governance - A study of ESOPs in the UK, London, New York 2001.

Pendleton, A.; McDonald, J.; Robinson, A.; Wilson, N. — Patterns of *employee participation* and industrial democracy in UK employee share ownership plans, centre for economic performance: discussion paper no. 249, London 1995.

Pendleton, Andrew; Poutsma, Erik; Ommeren, Jos van; Brewster, Chris — *Employee* share ownership and profit-sharing in the European Union, Luxembourg 2001.

Percival, Richard — General value and backround of employee financial participation - *United Kingdom*, in: Stefan Würz (Hrsg.), European Stock-Taking on Models of Employee Financial Participation - Results of ten European Case Studies, Wiesbaden 2003.

Perridon, Louis; Steiner, Manfred — *Finanzwirtschaft* der Unternehmung, 10. Aufl., München 1999.

Pett, David — Employee *Share Schemes*, Volume 1, Loseblatt 20. Ergänzungslieferung - Stand May 2005, London 2002.

Pflügler, Hansjörg — *Kommentierung* zu § 19 EStG, in: Herrmann, Carl/Heuer, Gerhard/Raupach, Arndt (Hrsg.) Kommentar zum EStG und KStG (Stand: 10/2005), Köln 2002.

Piechottka, Erwin	*Gleichberechtigung* von Kapital und Arbeit, Berlin 1921.
Poole, Michael	The origins of *economic democracy*, profit sharing and employee-shareholding schemes, London 1989.
Poole, Michael Jenkins, G.	The *Impact* of Economic Democracy. Profit-Sharing and Employee-Shareholding Schemes, London 1990.
Portner, Rosemarie	*Mitarbeiter-Optionen* (Stock Options): Gesellschaftsrechtliche Grundlagen und Besteuerung, in: Deutsches Steuerrecht (DStR), 38/1997, S. 786 - 788.
Portner, Rosemarie	Besteuerung von Stock Options - Zeitpunkt der Bewertung des *Sachbezugs*, in: Der Betrieb (DB), 7/2002, S. 235 - 237.
Portner, Rosemarie Bödefeld, Axel	*Besteuerung* von Arbeitnehmer-Aktien-Optionen, in: Deutsche Steuerrecht (DStR), 17/1995, S. 629 - 635.
Poß, Joachim	*Grundsätze* und Perspektiven einer sozialdemokratischen Steuerrefompolitik, in: Stefan Baron/Konrad Handschuch [Hrsg.], Wege aus dem Steuerchaos. Aktueller Stand der steuerpolitischen Diskussion in Deutschland, Stuttgart 1996, S. 165 - 176.
Potthoff, Erich	Der Kampf um die *Montan-Mitbestimmung*, Köln 1957.
Poutsma, Erik	*Recent Developements* in Financial Participation within the European Union - (Project No. 0218) for European Fondation for the improvement of living and working conditions, Nijmegen 2000.
Poutsma, Erik de Nijs, Willem Doorewaard, Hans	Promotion of *employee participation* and profit sharing in europe, in: Economic and Industrial Democracy, London, Vol. 20, 2/1999, S. 171 - 196.
Poutsma, Erik Huijgen, Fred	*Financial Employee* Participation in Europe - Report for the European Foundation for the Improvement of Living and Working Conditions, Nijmegen 1999.
Prognos AG	*Wirkungsanalyse* der staatlichen Sparförderung und Vermögensbildung aus subventionspolitischer Sicht, Basel 1998.

Proshare — Employee Share Ownership *Research*, London 1997 - 1998.

Pulte, Peter — Betriebliche *Vermögensbeteiligung* - Steuer- und unternehmensmitbestimmungsrechtliche Probleme und Lösungsansätze, Köln 1985.

R

Rädler, Albert — *Steuerfragen* aus der Sicht der Europäischen Union und der Globalisierung - Vision oder Utopie?, in: Deutsches Steuerrecht (DStR), 38/1996, S. 1472 - 1475.

Rappaport, Alfred — Creating *Shareholder Value*: A Guide for Managers and Investors, 2. Aufl., New York u. a. 1998.

Rat der Europäischen Union — *Empfehlung* des Rates über die Förderung der Gewinn- und Betriebsergebnisbeteiligung (einschließlich Kapitalbeteiligung) der Arbeitnehmer, 92/443/EWG vom 27.06.1992, Brüssel 1992.

Rat der Europäischen Union — *Richtlinie* des Rates zur Ergänzung des Statuts der Europäischen Gesellschaft hinsichtlich der Beteiligung der Arbeitnehmer - 14732/00 SOC503 SE10 vom 01.02.2001, Büssel 2001.

Rédaction RF Social — Mettre en place la *participation* ou l'intéressement, in: RF Social, no. 12, 01/09/2002, S. 1-81.

Reiß, Wolfram — Die *Revitalisierung* des Mitunternehmererlasses - keine gesetzestechnische Meisterleistung, in: Betriebs-Berater (BB), 39/2000, S. 1965 - 1974.

Reiß, Wolfram — *Fortentwicklung* des Unternehmenssteuerrechts bei Mitunternehmerschaften - Bemerkungen zu den Vorschlägen des BMF, in: Betriebs-Berater (BB), 24/2001, S. 1225 - 1232.

Rémus, Jean — La *participation* financière des salariés - Essai de classification et grandes orientations, in: Revue international du Travail, vol. 122, no. 1, 1983, S. 1 - 12.

Retzbach, Anton Franz Josef	*Ritter von Buß*: zu seinem 50. Todestage (31. Jan. 1928); Biographie mit dem Wortlaut der ersten sozialpolitischen Rede in einem deutschen Parlament am 25. April 1837 / zsgest. von Anton Retzbach , Mönchengladbach 1927.
Richter, Harry	Die *Kapital- und Gewinnbeteiligung* der Arbeitnehmer unter besonderen Berücksichtigung der Klein- und Arbeits-Aktie, Berlin 1922.
Ritter, Gerhard A.	*Soziale Frage* und Sozialpolitik in Deutschland seit Beginn des 19. Jahrhunderts, Opladen 1998.
Rose, Manfred	*Reform* der Besteuerung des Sparens und der Kapitaleinkommen, in: Betriebs-Berater (BB), 10/1992, Beilage 5/92.
Rose, Manfred	Steuerliche *Gleichbelastung* alternativer Formen der Altersvorsorge und Vermögensbildung, in: Manfred Rose [Hrsg.], Standpunkte zur aktuellen Steuerreform - Vorträge des Zweiten Heidelberger Steuerkongresses 1997, Heidelberg 1997, S. 17 - 35.
Rosette, Christine Schneider, Hans J.	*Mitarbeiter-Beteiligung*: eine Strategie zum Unternehmenserfolg, Bamberg 1986.
Ross, Hartmut	Überblick über das Gesetz zur Reform der gesetzlichen Rentenversicherung und zur Förderung eines kapitalgedeckten Altersvorsorgevermögens (Altersvermögensgesetz - steuerlicher Teil), in: Deutsches Steuerrecht (DStR), 24/2001, S. VI - X.

S

Sachverständigenrat zur Begutachtung der gesamtwirtschaftlichen Entwicklung	Wachstum und Währung - *Jahresgutachten 1978/79*, Mainz, Stuttgart 1979.
Sachverständigenrat zur Begutachtung der gesamtwirtschaftlichen Entwicklung	Herausforderung von Außen - *Jahresgutachten 1979/80*, Mainz, Stuttgart 1980.

Sachverständigenrat zur Begutachtung der gesamtwirtschaftlichen Entwicklung — Chancen für einen langen Aufschwung - *Jahresgutachten 1984/85*, Mainz, Stuttgart 1985.

Sawyer, Malcolm — *Germany*, in: Organisation for Economic Co-operation and Developement - OECD [Hrsg.], Income Distribution in OECD Countries, Paris 1976, S. 29 - 35.

Schäfer, Claus — Gegen die *Vorhaben* in der Bundesrepublik zur Förderung betrieblicher Vermögensbeteiligung, in: Gewerkschaftliche Monatshefte, 29. Jahrgang, 1/1978, S. 28 - 41.

Schanz, Georg von — Der *Einkommensbegriff* und die Einkommensteuergesetze, in: Finanzarchiv 1896, S. 1 - 87.

Schanz, Günther — Neue Techniken, neue Arbeitsmoral - Neue *Beteiligungsmodelle*, in: H. G. Schlotter [Hrsg.], Modelle und Perspektiven der Mitarbeiterbeteiligung, 2. Aufl., Krefeld 1986, S. 30 - 41.

Schanz, Thomas — Steuerliche und wirtschaftliche *Fallstricke* bei aus Gehaltsumwandlung der Mitarbeiter finanzierten Versorgungszusagen, in: Betriebs-Berater (BB), 12/1997, S. 602 - 610.

Schares, Christof — *Gewinn- und Kapitalbeteiligung* von Arbeitnehmern. Ein Überblick über neuere Forschungsergebnisse, in: Zeitschrift für Wirtschaftspolitik (ZfW) Jg. 42, 2/1993, S. 179 - 215.

Schares, Christof — *Lohnform* und Arbeitslosigkeit - Beschäftigungseffekte einer Gewinn- und einer Kapitalbeteiligung von Arbeitnehmern, in: Institut für Wirtschaftspolitik an der Universität zu Köln [Hrsg.], Untersuchungen zur Wirtschaftspolitik - 103/1996, Köln 1996.

Scharf, Dirk — *Eigenkapitalbeteiligung* der Arbeitnehmer über eine Gewinnbeteiligung, Thun, Frankfurt a. M. 1981.

Schaub, Günter; Koch, Ulrich; Link, Rüdiger — *Arbeitsrechtshandbuch*: systematische Darstellung und Nachschlagewerk für die Praxis, 10. Aufl., München 2002.

Schefceyk, Michael — *Finanzieren* mit vermögenswirksamen Leistungen, Stuttgart 2000.

Schiffner, K. Jan
Swoboda, Christoph — *Stiftungen* und Gemeinnützigkeit: Neue Impulse durch das neue Steuerrecht, in: Steuer- und Bilanzpraxis (StuB), 1/2001, S. 1 - 6.

Schmahl, Dieter W.
Neubauer, F — *"Win-Win"*-Erfolge mit Deferred Compensation, in: Personalführung 4/1994, S. 298 - 304.

Schmidt, Eberhard — Definition des *Arbeitnehmers* ist überholt, in: Der Steuerberater (StB) 10/2001, S. 361.

Schneider, Dieter — *Steuerbilanzen*, Wiesbaden 1978.

Schneider, Dieter — Der *Einkommensbegriff* und die Einkommensteuerrechtsprechnung, in: Finanzarchiv 32/1984, S. 407 - 432.

Schneider, Dieter — Steuerliche Folgen des *Vermögensbeteiligungsgesetzes*, in: Gert Lassmann/ Eberhard Schwark [Hrsg.], Beteiligung der Arbeitnehmer am Produktivvermögen - Grachter Symposion vom 8. und 9. März 1984, gleichzeitig Sonderheft 19/85 der ZfbF, Berlin; New York 1985, S. 153 - 168.

Schneider, Dieter — Lücken bei der Begründung einer "*Eigenkapitallücke*", in: Der Betrieb (DB), 45/1986, S. 2293 - 2298.

Schneider, Dieter — *Einkommensteuer*, Konsumsteuer und Steuerreformen der letzten Jahre, in: Finanzarchiv, Band 49, 1991/1992, S. 534 - 557.

Schneider, Dieter — *Investition*, Finanzierung und Besteuerung, 7. Aufl., Wiesbaden 1992.

Schneider, Dieter — *Betriebswirtschaftslehre*. Band 2: Rechnungswesen, München, Wien 1994.

Schneider, Dieter — *Unternehmensbesteuerung*, Wiesbaden 1994.

Schneider, Dieter — Marktwertorientierte *Unternehmensrechnung*: Pegasus mit Klumpfuß, in: Der Betrieb (DB), 51/1998, S. 1473 - 1478.

Schneider, Dieter — *Mängel* in der ökonomischen Begründung einer Steuerfreiheit für Kapitaleinkünfte, in: Steuer und Wirtschaft (StuW), 4/2000, S. 421 - 430.

Schneider, Hans J. — *Finanzwirtschaftliche Auswirkungen* einer Kapitalbeteiligung der Mitarbeiter, in: Hans J. Schneider [Hrsg.], Handbuch der Mitarbeiter-Kapitalbeteiligung, Köln 1977, S. 300 - 320.

Schneider, Hans J. — *Steuerung* der Kapitalentwicklung, in: Hans J. Schneider [Hrsg.], Handbuch der Mitarbeiter-Kapitalbeteiligung, Köln 1977, S. 378 - 389.

Schneider, Hans J. — *Mitarbeiter-Beteiligung*: Vorteile für Unternehmen und Mitarbeiter, Eschborn 1998.

Schneider, Hans-J. — Betriebliche *Partnerschaft* und Mitarbeiterbeteiligung, in: Rolf Wunderer [Hrsg.], Mitarbeiter als Mitunternehmer: Grundlagen, Förderinstrumente, Praxisbeispiele, Neuwied u. a. 1999, S. 67 - 78.

Schneider, Hans J.
Zander, Ernst — *Erfolgs- und Kapitalbeteiligung* der Mitarbeiter in Klein- und Mittelbetrieben, 4.. Aufl., Rudolf Haufe Verlag, Freiburg i. Br. 1993.

Schneider, Hans J.
Zander, Ernst — Erfolgs- und *Kapitalbeteiligung* der Mitarbeiter, 5. Aufl., Stuttgart 2001.

Schneider, Hans J.
Mehl, W. — Investive *Mitarbeiterbeteiligung* als betriebliche Altersversorgung, in: Personal 5/1997, S. 234 - 237.

Scholand, Markus — *Anforderungen* an neue Modelle zur Mitarbeiterbeteiligung in deutschen Aktiengesellschaften, in: HansGünter Guski/ Hans J. Schneider [Hrsg.], Handbuch der Mitarbeiter-Beteiligung MAB, Fach 3730 (Stand: August 2005), Neuwied 1993.

Schön, Wolfgang — Zur *Unternehmenssteuerreform*, in: Die Steuerberatung (Stbg), 1/2000, S. 1 - 17.

Schriftenreihe des Instituts für Städtebau, Wohnungswirtschaft und Bausparwesen e. V. — *Materialien* zur Vermögensbildung in Arbeitnehmerhand - Thesen, Pläne, Gesetze (1946 - 1965), Bonn.

Schrinner, Axel — *Steuerliche Probleme* der Altersvorsorge und der Vermögensbildung, Bonn 1999.

Schröder, Gerhard — *Rede* anläßlich der 50. Jahrestagung der Arbeitsgemeinschaft Partnerschaft in der Wirtschaft 2000 in Wolfsburg, in: Bundeskanzleramt [Hrsg.], Amtliches Bulletin Nr. 18 vom 1. April 2000, S. 1 - 8.

Schröder, Gerhard — *Mitarbeiterbeteiligung* als Element der Teilhabegesellschaft, in: Gewerkschaftliche Monatshefte 6/2000, S. 12 - 15.

Schröder, Jürgen — Möglichkeiten zur *Finanzierung* einer Kapitalbeteiligung der Mitarbeiter, in: Schneider, Hans J.: Handbuch der Mitarbeiter-Kapitalbeteiligung, Köln 1977, S. 90 - 99.

Schrottmeyer, Norbert — *Begünstigungsfähigkeit* "kapitalistischer Mitunternehmerschaften", in: Steuer- und Wirtschaftskartei (SWK), 29/1999, S. S665 - S669.

Schubert, Theo — Die *Überlassung* von Stock Options ist bereits lohnsteuerpflichtig, in: Finanzrundschau (FR), 11/1999, S. 639 - 645.

Schühsler, H — Die Zukunft der *Kapitalbeteiligung* der Mitarbeiter, in: Schüssel (Hrsg.), Ideen, die geh'n, Mitarbeiterbeteiligung, 2. Aufl., Wien 1989, S. 111 - 141.

Schutz, Pia — Die *Beteiligung* der Arbeitnehmer am Produktivkapital und deren staatliche Förderung in der Bundesrepublik Deutschland, Frankreich und Großbritannien, Bonn 1993.

Schwetzler, Bernhard — *Mitarbeiterbeteiligung* und Unternehmensfinanzierung, 1989.

Schwetzler, Bernhard — Finanzielle Effekte des *Vermögensbildungsgesetzes*, in: Schmalenbachs Zeitschrift für betriebswirtschaftliche Forschung (ZfbF) 42. Jg., 12/1990, S. 1057 - 1075.

Schwinger, Reiner — Einkommens- und konsumorientiere *Steuersysteme* - Wirkungen auf Investition, Finanzierung und Rechnungslegung, Heidelberg 1992.

Shakow, David — *Taxation* Without Realization: A Proposal for Accrual

	Taxation, in: University of Pennsylvania Law Review, 134/1986, S. 1111 - 1205.
Siegler, Albrecht	Die *Lohnpolitik* der christlichen Gewerkschaften Deutschlands (1894 - 1933), Diss. Mannheim 1978.
Siegler, Albrecht	Der *Beteiligungsgedanke* im 19. und frühen 20. Jahrhundert und seine Beurteilung durch die organisierte Arbeitnehmerschaft, in: Die Betriebswirtschaft (DBW) 39/1979, S. 143 - 153.
Sigloch, Jochen	*Abschreibungsfreiheit* und Zinsbesteuerung, in: Dieter Schneider [Hrsg.], Kapitalmarkt und Finanzierung, Bochum 1987, S. 169 - 186.
Sigloch, Jochen	*Einkommensbesteuerung* der Unternehmen - Stand und Perspektiven, in: Rainer Elschen/ Theodor Siegel/ Franz W. Wagner [Hrsg.], Unternehmenstheorie und Besteuerung: Festschrift zum 60. Geburtstag von Dieter Schneider, Wiesbaden 1995, S. 673 - 702.
Sigloch, Jochen	"*Bauelemente*" der Unternehmensbesteuerung, in: Heymo Böhler/ Thorsten M. Kühlmann/ Gerhard Schmidt/ Jochen Sigloch/ Peter R. Wossidlo [Hrsg.], Mittelstand und Betriebswirtschaft: Beiträge aus Wissenschaft und Praxis, Bayreuth 1996, S. 213 - 225.
Sigloch, Jochen	*Mitarbeiterbeteiligungen* für mittelständische Unternehmen: Motive, Gestaltungsformen und finanzwirtschaftliche Wirkungen, in: Heribert Meffert/Norbert Krawitz [Hrsg.], Unternehmensrechnung und -besteuerung (Festschrift für Dietrich Börner zum 65. Geburtstag), Gabler Verlag, Wiesbaden 1998, S. 575 - 608.
Sigloch, Jochen	*Steuervereinfachung* im Rahmen der Unternehmensbesteuerung, in: Gerold Krause-Junk [Hrsg.], Steuersysteme der Zukunft, Berlin 1998, S. 89 - 159.
Sigloch, Jochen	*Unternehmenssteuerreform* 2001 - Darstellung und ökonomische Analyse, in: Steuer und Wirtschaft (StuW), 2/2000, S. 160 - 176.
Sigloch, Jochen	*Grundlagen* der Besteuerung, in: Karl-Werner Schulte [Hrsg.], Immobilienökonomie - Rechtliche Grundlagen, Oldenburg 2001, S. 651 - 760.

Sigloch, Jochen — *Finanzierung* mittelständischer Unternehmen unter dem Einfluß der Besteuerung, in: Heymo Böhler/Jochen Sigloch [Hrsg.], Unternehmensführung und empirische Forschung. Festschrift zum 65. Geburtstag von Peter Rütger Wossidlo, Bayreuth 2001, S. 415 - 452.

Sigloch, Jochen — Die *Unternehmensbesteuerung* - Reformstand und Reformbedarf, in: F. Söllner/A. Wilfert [Hrsg.], Die Zukunft des Sozial- und Steuerstaates. Festschrift zum 65. Geburtstag von Dieter Fricke, Heidelberg 2001, S. 46 -74.

Sinn, Hanns-Werner — *Kapitalbeteiligung* und Lohndifferenzierung: Ein Vorschlag zur Lösung der Beschäftigungskrise, in: Hermann-Josef Arentz/Hans Peter Stihl u. a. [Hrsg.], Vermögensbildung in Arbeitnehmerhand. Wege zu einer Gesellschaft von Teilhabern, Sankt Augustin 1998, S. 9 - 23.

Söffing, Günter — *Besteuerung* der Mitunternehmer, Herne 1994.

Söhn, Hartmut — *Sonderausgaben* (§ 10 EStG) und Besteuerung nach Leistungsfähigkeit, in: Steuer und Wirtschaft (StuW), 4/1985, S. 395 - 407.

Sonnenberger, Hans Jürgen — Französisches *Handels- und Wirtschaftsrecht*, 2. Aufl., Heidelberg 1991.

Spiegelhalter, Franz — Miteigentum und *Gewinnbeteiligung*, Köln 1957.

Stammhammer, Josef — *Bibliographie der Social-Politik*, Jena 1896.

Stammhammer, Josef — *Bibliographie der Social-Politik, Band II*, Jena 1912.

Starer, Bernhard — Die *Kleinaktienfrage*, Diss., Frankfurt a. M. 1923.

Stegner, Achim — *Ansätze* und Perspektiven einer anspruchsgruppenorientierten Hochschulgestaltung: Automonie und Rechenschaft - Führungsinformation - leistungsorientierte Budgetierung und persönliche Anreizgestaltung, Aachen, zugl. Bayreuth, Univ., Diss 2000.

Steiner, Manfred; Bruns, Christoph — *Wertpapiermanagement* - professionelle Wertpapieranalyse und Portfoliostrukturierung, 8. Aufl., Stuttgart 2002.

Steinle, Rudolf — Die *Beteiligung* der Mitarbeiter am arbeitgebenden Un-

	ternehmen - Eine finanzwirtschaftliche Wirkungsanalyse, Frankfurt a.M., Bern, New York 1985.
Steinmann, Horst Klaus, Hans	*Gewinnbeteiligung*, in: Handwörterbuch des Rechnungswesens (HWR), 3. Auflage, Stuttgart 1993, Sp. 773 - 782.
Stewart, Bennett	The Quest for Value: a *Guide* for Senior Managers, New York 1999.
Stewart, Bennett	The Quest for *Value*, New York 1991.
Strack, Hans-Christoph	Die *Beteiligung* von Mitarbeitern an Gewinn und Kapital - Eine verhaltenstheoretische Analyse unter besonderer Berücksichtigung mittelständischer Betriebe, Frankfurt a. M., Bern, New York 1984.
Südekum, Albert	*Kapital- und Gewinnbeteiligung* als Grundlage planmäßiger Wirtschaftsführung, Berlin 1921.

T

Teuteberg, Hans-Jürgen	*Ursprünge* und Entwicklung der industriellen Mitbestimmung, in: Hans Pohl [Hrsg.], Mitbestimmung. Ursprünge und Entwicklung. Referate und Diskussionsbeiträge der 5. öffentlichen Vortragsveranstaltung der Gesellschaft für Unternehmensgeschichte e. V. am 7. Mai 1980 in Düsseldorf, Wiesbaden 1981, S. 1 - 28.
Teuteberg, Hans-Jürgen	Ursprünge und Entwicklung der *Mitbestimmung* in Deutschland, in: Hans Pohl [Hrsg.], Mitbestimmung - Ursprünge und Entwicklung: Referat und Diskussionsbeiträge der 5. öffentlichen Vortragsveranstaltung der Gesellschaft für Unternehmensgeschichte e.V. am 7. Mai 1980 in Düsseldorf, Wiesbaden 1981, S. 7-73.
Tiley, John	Studies in the *history* of tax law, 2004.
Tillmanns, Wolfhard	Das französische *GmbH-Recht*, in: Internationale Wirtschaftsbriefe (IWB), Fach 5, IWB Nr. 15 vom 12.8.1998.
Tillmanns, Wolfhard	*Frankreich*, in: Annemarie Mennel/ Jutta Förster [Hrsg.], Steuern in Europa, Amerika und Asien - Loseblattsammlung: 53. Ergänzungslieferung 2004, Berlin.

Tillmanns, Wolfhard — Grundzüge des französischen *Arbeitsrechts*, in: Internationale Wirtschaftsbriefe (IWB) - Fach 5 Frankreich, Gruppe 6, S. 171 - 180.

Tipke, Klaus — *Bezüge* und Abzüge im Einkommensteuerrecht, in: Steuer und Wirtschaft (StuW), 1/1980, S. 1 - 11.

Trades Union Concress — *Response to Consultation* on Employee Share Ownership, London 1999.

Treisch, Corinna — *Entscheidungsneutralität* der Besteuerung - Ökonomische Anforderungen an ein "gutes" Steuersystem, in: Steuer & Studium (SteuerStud), 8/2000, S. 368 - 374.

Troost, J. — Die steuerliche *Abgrenzung* zwischen typischen und atypischen stillen Gesellschaften, Lohmar, Köln 1997.

U

Uvalic, Milica — Der "*PEPPER-Bericht*", Die Förderung der Gewinn- und Betriebsergebnisbeteiligung der Arbeitnehmer in den Mitgliedstaaten der Europäischen Gemeinschaft, in: Kommission der Europäischen Gemeinschaften (Hrsg.): Soziales Europa, Beiheft 3/91.

V

Vala, Claude G. — General Value and background of employee financial participation - *France*, in: Stefan Würz (Hrsg.), European Stock-Taking on Models of Employee Financial Participation - Results of ten European Case Studies, Wiesbaden 2003.

van den Bulcke, Francine — *Finanzielle Beteiligung* der Arbeitnehmer in der Europäischen Union aus Sicht der Unternehmen - Ziele und Hindernisse, Brüssel 2000.

Vanek, Jaroslav — Workers' *Profit Participation*, Unemployement and the Keynesian Equilibrium, in: Erich Schneider [Hrsg.], Weltwirtschaftliches Archiv - Zeitschrift des Instituts für

Weltwirtschaft an der Universität Kiel, Band 94, Hamburg 1965, S. 206 - 214.

Vaughan-Whitehead, Daniel — L'Impact économique de la *participation* financière en France, Diss. Florence 1990.

Vaughan-Whitehead, Daniel — France: The driving force of *comprehensive legislation*, in: Vaughan-Whitehead, Daniel et al. [Hrsg.], Workers' Financial Participation, Geneva 1995, S. 55-84.

Vollmer, Lothar — Die *Entwicklung* partnerschaftlicher Unternehmensverfassungen, Köln 1976.

von Rosen, Rüdiger — *Aktienförderung* in der Europäischen Union, in: Zeitschrift für das gesamte Kreditwesen 10/1996, S. 466 - 470.

von Thünen, Johann Heinrich — *Der isolierte Staat* - in Beziehung auf Landwirthschaft und Nationalökonomie, 3. Aufl., Berlin 1875.

W

Wagner, Franz W. — Die zeitliche *Erfassung* steuerlicher Leistungsfähigkeit, in: Herbert Hax et alii [Hrsg.], Zeitaspekte in betriebswirtschaftlicher Theorie und Praxis: 50. Wissenschaftliche Jahrestagung des Verbandes der Hochschullehrer für Betriebswirtschaft e.V., Köln, 24. - 28. Mai 1988, Stuttgart 1989, S. 261 -278.

Wagner, Franz W. — *Neutralität* un Gleichmäßigkeit als ökonomische und rechtliche Kriterien steuerlicher Normkritik, in: Steuer und Wirtschaft (StuW), 1/1992, S. 2 - 13.

Wagner, Franz W. — "*Karlsruher Entwurf* zur Reform des Einkommensteuergesetzes" - Anmerkungen aus der Perspektive ökonomischer Vernunft, in: Steuer und Wirtschaft (StuW) 4/2001, S. 354 - 362.

Wagner, Klaus-R. — Die *Massenkommanditgesellschaft* als Mittel zur Vermögensbildung der Arbeitnehmer, Göttingen 1985.

Wagner, Klaus-R. — *Sicherungsbedürftigkeit* von Mitarbeiterbeteiligungen?, Göttingen 1990.

Wagner, Klaus-R. — Ergebnisorientierte *variable Vergütungen*, in: Betriebsberater (BB), 3/1997, S. 150 - 158.

Wagner, Klaus-R. — *Kapitalbeteiligung* von Mitarbeitern und Führungskräften: Möglichkeiten, Chancen, Visionen, Heidelberg 1999.

Wagner, Klaus-R. — *Innovatie Wege* der Mitarbeiterbeteiligung - Kreativität ist gefordert, in: Deutsches Steuerrecht (DStR), 40/2000, S. 1707 - 1712.

Wagner, Klaus-R. — Schaffung neuer *Arbeitsplätze* in Europa durch Mitarbeiterkapitalbeteiligung?, in: Zeitschrift für Wirtschaftsrecht (ZIP) 34/2001, S. 1483 - 1490.

Wagner, Klaus-R. — Betriebliche *Beteiligungsformen* - Ein Überblick, in: Hans-Günter Guski/Hans J. Schneider [Hrsg.], Mitarbeiter-Beteiligung MAB - Handbuch für die Praxis, Band II, (Stand. August 2005), Fach 6530, S. 1 - 12., Neuwied 1993.

Wagner, Klaus-R. — *Management* Buy-Out - Führungskräfte Buy-Out - Arbeitnehmer-Beteiligung I + II, in: Guski, H.-G./ Schneider, H. J. [Hrsg.], Mitarbeiter-Beteiligung MAB - Handbuch für die Praxis, (Stand: November 2005), Fach 1500 Rdn. 601 - 667, sowie Rdn. 701 - 792, Neuwied 1993.

Wagner, Klaus-R. — *Stille Beteiligungen* - Neue Entwicklungen, in: Hans-Günter Guski/Hans J. Schneider [Hrsg.], Mitarbeiter-Beteiligung MAB - Handbuch für die Praxis, Band II, (Stand. 15.07.2005) Fach 6181, S. 1 - 6., Neuwied 1993.

Wagner, Klaus-R.
Loritz, Karl-Georg — *Visionen* für kapitalbeteiligte Arbeitnehmer im Rahmen einer Unternehmenssteuerreform, in: Deutsche Steuerzeitschrift (DStZ), 24/1992, S. 779-783.

Walmsley, Keith — 2005 Butterworths *company law* handbook, 19th edition, London 2005.

Wehrheim, Michael
Roth, Matthias — Steuerliche Behandlung von *Stiftungen* - Gestaltungsmaßnahmen und steuerliche Anreize durch das Gesetz zur weiteren steuerlichen Förderung von Stiftungen, in: Steuer und Wirtschaft (StuW), 12/2001, S. 635 - 639.

Weilbach, Erich A. — Die *Mitunternehmerschaft* im Lichte der neuen Recht-

Weilbach, Helmut — sprechung des BFH, in: Der Steuerberater (StB), 5/2000, S. 176 - 179.

Weimar, Robert/ Delp, Udo A. — Die *Leistungsbeziehungen* des Personenunternehmers zu seinem Betrieb nach dem geplanten Steuersenkungsgesetz, in: I (INF), 8/2000, S. 225 - 229.

Weindling, A. — Die *Kleinaktie* mit besonderer Berücksichtigung der Arbeiteraktie und der Entwicklung im Auslande, Diss., Würzburg 1921.

Weisflog, W. E. — Über *Mitunternehmerschaft* und Betriebsausgaben in Großbritannien, in: Steuer und Wirtschaft (StuW), 2/1998, S. 167 - 169.

Weitzman, Martin L. — Some Macroeconomic Implications of Alternative *Compensation Systems*, in: Economic Journal, Jg. 93, 1983, S. 763 - 783.

Weitzman, Martin L. — The *Share Economy*, Cambridge 1984.

Weitzman, Martin L. — *Incentive* Effects of Profit Sharing, in: Horst Siebert [Hrsg.], Trends in business organization: do participation and cooperation increase competitivness?: International Workshop/ Institut für Weltwirtschaft, Kiel 1995, S. 51 - 78.

Weitzman, Martin L./ Kruse, Douglas L. — Profit Sharing and *Productivity*, in: Alan S. Blinder [Hrsg.], Paying for Productivity. A Look at the Evidence, Washington, D.C 1990.

Wenger, Ekkehard — *Gleichmäßigkeit* der Besteuerung von Arbeits- und Vermögenseinkünften, in: Finanzarchiv 41/1983, S. 207 - 252.

Wenger, Ekkehard — Einkommensteuerliche *Periodisierungsregeln*, Unternehmenserhaltung und optimale Einkommensbesteuerung Teil II: Einkommensteuerliche Periodisierungsregeln, neutrale und optimale Besteuerung, in: Zeitschrift für Betriebswirtschaft (ZfB), 2/1986, S. 132 - 151.

Wenger, Ekkehard Knoll, Leonhard — Aktienkursgebundene *Management-Anreize*: Erkenntnisse der Theorie und Defizite der Praxis, in: Betriebswirtschaftliche Forschung und Praxis (BFuP), 6/1999, S. 565 - 591.

Wenker, Harald — *Arbeitnehmermitbestimmung* in Deutschland und Frankreich, Frankfurt 1995, zugl. Erlangen-Nürnberg, Diss., 1994.

Werner, Randolph — *Probleme* betrieblicher Interessenvertretung in Frankreich am Beispiel des Rechts der Arbeitnehmer auf Mitsprache im Betrieb, Trier, Diss. 1995.

Westerheide, Peter — *Vermögenspolitik* in der Sozialen Marktwirtschaft: Ziele und Wirkungsmöglichkeiten, Münster 1999, zugl. Münster Diss. 1998.

Wicher, Alfred — Die *Arbeiteraktie* in Frankreich nach dem Gesetz vom 26. April 1917, Diss. Kiel 1930.

Wickert, Heiko — Monetäre *Erfolgsbeteiligungssysteme* in Großbritannien und Frankreich, München, Mering 2005.

Wiegard, Wolfgang — Nachgelagerte *Besteuerung* von Alterseinkünften: Das trojanische Pferd der Befürworter einer Konsumsteuer, in: ifo-Schnelldienst 21/2000, S. 8 - 12.

Wildner, Stefan — *Stock Options*: Ausgestaltungsmöglichkeiten und steuerliche Behandlung beim Begünstigten, Aachen 2000.

Wilke, Peter — Finanzielle *Mitarbeiterbeteiligung* in Westeuropa: Rahmenbedingungen und Entwicklungstrends in ausgewählten Ländern im Lichte neuerer Forschungsergebnisse, in: Klaus-R. Wagner [Hrsg.], Mitarbeiterbeteiligung - Visionen für eine Gesellschaft von Teilhabern, Festschrift für Michael Lezius zum 60. Geburtstag, Wiesbaden 2002, S. 152 - 164.

Williams, David — *Share Schemes* for Directors and Employees, London 1985.

Wöhe, Günter — Die *Aufgabe* der Betriebswirtschaftlichen Steuerlehre und das Postulat der Wertfreiheit, in: Lutz Fischer [Hrsg.], Unternehmung und Steuer. Festschrift zur Vollendung des 80. Lebensjahres von Peter Scherpf, Wiesbaden 1983, S. 5 - 20.

Wöhe, Günter/Döring, Ulrich — *Einführung* in die Allgemeine Betriebswirtschaftslehre, 21. Aufl., München 2002.

Würz, Stefan — Mitarbeiterbeteiligung in Europa - Bestandsaufnahme und Identifikation von Best Practice Beispielen, Wiesbaden 2005.

Z

Zacharias, Erwin / Hebig, Michael / Rinnewitz, Jürgen — Die atypische stille *Gesellschaft* - Recht, Steuer, Betriebswirtschaft, Bielefeld 1996.

Zadrow, George R. — The *Choice* between Income and Consumption: Efficiency and Horizontal Equity Aspects, in: Finanzarchiv, Band 49, 1991/1992, S. 85 - 115.

Zimmermann, Petra — Das *droit d'expression* des salariés und seine Ausdehnung: eine neue Form der Arbeitnehmermitbestimmung in Frankreich aus rechtlicher und rechtstatsächlicher Sicht, Trier, Diss 2002.

Zimmermann, Rainer / Hottmann, Jürgen / Hübner, Heinrich / Schaeberle, Jürgen / Völkel, Dieter — Die *Personengesellschaft* im Steuerrecht, 8. Aufl., Achim 2003.

Zinser, Thomas/Schimfpky, Peter — *Stock Options* - eine innovative Form der Beteiligung von Managern und Mitarbeitern, in: Hans-Günter Guski/Hans J. Schneider [Hrsg.], Mitarbeiter-Beteiligung MAB: Handbuch für die Praxis (Stand: Aug. 2002), Fach 3705, Neuwied, Kriftel, Berlin 2000, S. 1 - 41.

Zöllner, Wolfgang/ Loritz, Karl-Georg — *Arbeitsrecht*: ein Studienbuch, 5. Aufl., München 1998.

Rechtsquellenverzeichnis

A. Deutschland

1. Verzeichnis der Rechtsprechung (Urteile der verschiedenen Gerichte)

a) Urteile des Bundesarbeitsgerichts (BAG)

BAG vom 17.02.1998 – 3AZR783/96, Gleichbehandlung unterschiedlicher Arbeitnehmergruppen: BetrAVG § 1 Gleichbehandlung, in: Neue Zeitschrift für Arbeitsrecht (NZA), 14/1998, S. 762 - 764.

b) Urteile und Beschlüsse des Bundesfinanzhofes (BFH)

BFH-Urteil vom 21.07.1976 – I R 147/74, BStBl. II 1977, S. 46 ff.

BFH-Urteil vom 21.10.1981 – I R 230/78, BStBl. II 1982, S. 139 ff.

BFH-Urteil vom 28.01.1982 – IV R 197/79, BStBl. II 1982, S. 389 ff.

BFH-Urteil vom 14.05.1982 – VI R 124/77, BStBl. II 1982, S. 469 ff.

BFH-Urteil vom 11.12.1990 – VII R 85/88, BStBl. II 1991, S. 282 ff.

BFH-Urteil vom 17.11.1992 – VII R 13/92, BStBl. II 1992, S. 471 ff.

BFH-Urteil vom 15.12.1992 – VIII R 4290, BStBl. II 1994, S. 702 ff.

BFH-Urteil vom 15.10.1998 – IV R 18/98, BStBl. II 1999, S. 286 ff.

BFH-Urteil vom 23.07.1999 – VI B 116/99, Der Betrieb (DB) 38/1999, S. 1932 ff.

BFH-Urteil vom 21.10.1999 – I R 43,44/98, Finanzrundschau (FR) XX/2000, S. 387 ff.

BFH-Urteil vom 28.10.1999 – VIII R 66-70/97; BStBl. II 2000, S. 183 ff. bzw. Betriebs-Berater (BB) 43/2000, S. 286 ff.

BFH-Urteil vom 24.01.2001 – I R 119/98, BFH/NV 2001, S. 968 ff.

BFH-Urteil vom 20.06.2001 – VI R 105/99, BStBl. II 2001, S. 689 ff.

BFH-Urteil vom 09.10.2001 – VIII R 77/98, Deutsches Steuerrecht (DStR) SS/2001, S. 2108 ff.

BFH-Urteil vom 06.03.2002 – XI R 9/01, BStBl. II 2002, S. 737 – XXX.

c) Urteile und Beschlüsse des Bundesgerichtshofes (BGH)

BGH-Urteil vom 07.11.1988 – XI R 9/01, Wertpapiermitteilungen (WM) 11/1989, S. 14 ff.

d) Entschlüsse und Urteile des Bundesverfassungsgerichtshofes (BVerfG)

BVerfG-Urteil vom 30.09.1998 – 2 BvR 1818/91, Absatz-Nr. (1 - 40), Url: http://www.bverfg.de, BVerfGE 99, 88 (95) = StRK EStG 1975 § 22 Nr. 3 R. 7.

2. Gesetzesentwürfe und Gesetzesquellen

Verhandlungen des Reichstages (1884): Entwurf eines Gesetzes, betreffend die Kommanditgesellschaften auf Aktien und die Aktiengesellschaften, Anlage zu den Stenographischen Berichten über die Verhandlungen des Reichstages (1884), 3. Bd., Anlage Nr. 21, S. 248 – 251.

BetrVG 1952 Betriebsverfassungsgesetz vom 11. Oktober 1952, BGBl. I 1952, S. 681 – 695.

BetrVG 1972 Betriebsverfassungsgesetz vom 15. Januar 1972, BGBl. I 1972, S. 13 – 43.

Spar-Prämiengesetz vom 05.05.1959, BGBl. I 1959, S. 241 – 243.

Gesetz über steuerrechtliche Maßnahmen bei Erhöhung des Nennkapitals aus Gesellschaftsmitteln und bei der Überlassung von eigenen Aktien an Arbeitnehmer (Kapitalerhöhungssteuergesetz) vom 30.12.1959, BGBl. I 1959, S. 834 – 835.

Gesetz zur Förderung der Vermögensbildung der Arbeitnehmer (Erstes Vermögensbildungsgesetz – 1. VermBG) vom 12.07.1961, BGBl. I 1961, S. 909 – 912.

Zweites Gesetz zur Förderung der Vermögensbildung der Arbeitnehmer (Zweites Vermögensbildungsgesetz – 2. VermBG) vom 01.07.1965, BGBl. I 1965, S. 585 – 588.

Drittes Gesetz zur Förderung der Vermögensbildung der Arbeitnehmer (Drittes Vermögensbildungsgesetz – 3. VermBG) vom 27.06.1970, BGBl. I 1970, S. 930 – 937.

Fünftes Gesetz zur Förderung der Vermögensbildung der Arbeitnehmer (Fünftes Vermögensbildungsgesetz – 5. VermBG) vom 19.12.2000, BGBl. I 2000, S. 1790 – 1797.

Gesetz zur Förderung der Vermögensbildung der Arbeitnehmer durch Kapitalbeteiligungen (Erste Vermögensbeteiligungsgesetz) vom 22.12.1983, BGBl. I 1983, S. 1592 – 1597.

Gesetz über die Mitbestimmung der Arbeitnehmer in den Aufsichtsräten und Vorständen der Unternehmen des Bergbaus und der Eisen und Stahl erzeugenden Industrie vom 21.05.1951, BGBl. I 1951, S. 347 – 350.

Gesetz über die Mitbestimmung der Arbeitnehmer in den Aufsichtsräten (Mitbestimmungsgesetz – MitbestG) vom 04. Mai 1976, BGBl I 1976, S. 1153 – 1165.

Gesetz zur Kontrolle und Transparenz im Unternehmensbereich (KonTraG) vom 27.04.1998, BGBl. I 1998, S. 786 – 794.

Gesetzentwurf zur Senkung der Steuersätze und zur Reform der Unternehmensbesteuerung – Steuersenkungsgesetz (StSenkG), BT-Drs. 14/2683 v. 15.02.00.

Gesetzesentwurf zur Senkung der Steuersätze und zur Reform der Unternehmensbesteuerung (Steuersenkungsgesetz – StSenkG) vom 16.05.2000, BT-Drs. 14/3366.

Gesetzentwurf zur Entlastung (Steuerentlastungsgesetz – StEntlG 99/00/02), BT-Drs. 14/265, S. 4 – 6.

Gesetz zur Senkung der Steuersätze und zur Reform der Unternehmensbesteuerung (Steuersenkungsgesetz – StSenkG) vom 23.10.2000, BGBl. I 2000, S. 1433 – 1466.

Gesetz zur Fortentwicklung des Unternehmenssteuerrechts (Unternehmenssteuerfortentwicklungsgesetz – UntStFG) vom 20.12.2001, BGBl. I 2001, S. 3858 – 3878.

Gesetz zur Änderung steuerlicher Vorschriften (Steueränderungsgesetz 2001 – StÄndG 2001) vom 20.12.2001, BGBl. I 2001, S. 3794 – 3821.

3. Drucksachen (BR- und BT-Drucksachen)

BT-Drs. 13/4373: BT-Drs. vom 17.04.1996, Antrag der Fraktion der SPD: Offensive zur Förderung der Arbeitnehmerbeteiligung am Produktivvermögen.

BR-Drs. 314/60: BR-Drs. vom 12.12.1960, Entwurf eines Gesetzes zur Förderung der Vermögensbildung der Arbeitnehmer.

BR-Drs. 139/82: BR-Drs. vom 11.06.1982, Gesetzesantrag des Landes Niedersachsen – Entwurf eines Vermögensbildungsgesetzes zur Förderung von Arbeitnehmerbeteiligungen am Produktivvermögen.

BR-Drs. 304/2/83: BR-Drs. vom 31.08.1983, Entwurf eines Gesetzes zur Förderung der Vermögensbildung durch Kapitalbeteiligungen (Vermögensbeteiligungsgesetz).

BT-Drs. 14/9731: BT-Drs. 14/9731 vom 28.06.2002, Bericht des Bundesministeriums für Arbeit und Sozialordnung nach § 2 Abs. 5a des Fünften Vermögensbildungsgesetzes (VermBG) über die Vorkehrungen zur Insolvenzsicherung vermögenswirksamer Leistungen beim Erwerb von Mitarbeiter-Kapitalbeteiligungen.

4. Europäische Gemeinschaft/Union (Kommission)

KOM (97) 128 Grünbuch der EU „Eine neue Arbeitsorganisation im Geiste der Partnerschaft“, KOM(97)128, April 1997

Pepper II PEPPER II: Die Förderung der Gewinn- und Betriebsergebnisbeteiligung (einschließlich Kapitalbeteiligung) der Arbeitnehmer in den Mitgliedstaaten (KOM (96) 697 endg. vom 8.1.1997).

5. Verwaltungsanweisungen (des BMF, der Länder, Verfügungen der OFD, ...)

BMF – Schreiben vom 02.12.1998, Az. IV C 6 – S-2741 – 12/98, Steuerrechtliche Behandlung des Erwerbs eigener Anteile, BStBl. I 1998, S. 1509 – 1511.

FinMin. NRW – Erlass vom 15.05.1995, S 2332 – 75 – VB3, in: Der Betrieb (DB), 23/1995, S. 1150 – 1151.

OFD Hannover – Erlass v. 05.10.95, Az. S217 – 109 – StH222/S2176 – 74 – StO221, in: Betriebs-Berater (BB), 4/1996, S. 211.

OFD Frankfurt/M. – Rdvfg. vom 14.03.2001, Az. S 2241 A – 37 – St II 21, in: Deutsches Steuerrecht (DStR), 28/2001, S. 1159 – 1161.

B. Frankreich

1. Gesetzesentwürfe und Gesetzesquellen

Loi du 26 avril 1917 sur les sociétés anonymes à participation ouvrière, Journal officiel, Lois et décrets, 28.04.1917, S. 3386 ff.

Loi no. 50-205 du 11 février 1950 relative aux conventions collectives et aux procedures de règlements des conflits collectives de travail, Journal officiel, Lois et décrets, 12.2.1950, S. 1688 ff.

Loi ordinaire 70-1322 du 31 décembre 1970 adjonciton des Art. 208-1 a 208-8 relatifs aux options de souscription ou achat d'actions, Journal officiel „Lois et Décrets" du 03 janvier 1971, S. 77 ff.

Loi ordinaire 73-1196 du 27 décembre 1973 loi relative a la souscription ou a l'aquisition d'actions de societes par leurs salaries, Journal officiel „Lois et Décrets" du 30 décembre 1973, S. 14148 ff.

Loi no. 80-834 du 24.10.1980, Journal officiel, Loi et décrets, 25.10.1980, S. 10.257 ff.

Loi ordinaire 84-578 du 09 juillet 1984 sur le developpement de l'initiative economique, Journal officiel „Lois et Décrets" du 11 juillet 1984, S. 2203 ff.

Loi ordinaire 88-2101 du 23 décembre 1988 relative aux organismes de placement collectif en valeurs mobilieres et portant creation des fonds communs de creances, Journal officiel „Lois et Décrets“ du 31 décembre 1988, S. 16736 ff.

Loi no. 94-640 du 25 juillet 1994 relative à l'amélioration de la participation des salariés dan l'entreprise, Journal officiel, Lois et décrets, 27 juillet 1994, S. 10.832 ff.

Loi ordinaire 2001-152 du 19 février 2001 sur l'épargne salariale (1), Journal officiel „Lois et Décrets“ 043 du 20 février 2001, S. 2774 ff.

Loi no. 2003-721 du 01 août 2003 pour l'initiative économique (1), Journal officiel Lois et décrets, 05 août 2003, S. 13.449 ff.

Loi ordinaire 2003-775 du 21 août 2003 portant réforme des retraites (1), Journal officiel „Lois et Décrets“ 193 du 22 août 2003, S. 14310 ff.

Loi de finances pour 2004 no. 2003-1311 du 30 décemtre 2003, Journal officiel „Lois et Décrets“ 302du 31 décembre 2003, S. 22530 ff.

Loi no. 2004-391 du 04 mai 2004, relative à formation professionnelle tout au long de la vie et au dialogue social (1), Journal officiel, lois et décrets, 05. mai 2004, S. 7983 ff.

Loi ordinaire 2004-1484 du 30 décembre 2004 de finances pour 2005 (1), Journal officiel „Lois et Décrets“ 304 du 31décembre 2004, S. 22459 ff.

Loi ordinaire 2005-842 du 26 juillet 2005 pour la confiance et la modernisation de l'économie (1), Journal officiel „Lois et Décrets“ 173 du 27 juillet 2005, S. 12160 ff.

Loi oridinaire 2005-882 du 02 août 2005 en favuer des petites et moyennes entreprises (1), Journal officiel „Lois et Décrets“ 179 du 03 août 2005, S. 12639.

Projet de loi sur l'épargne salariale: des possibilités mouvelles pour les salariés et les entreprise, Texte no. 2560 de M. Laurent Fabius, ministre del'économie, des finances et de l'industrie, déposé à l'Assemblée Nationale le 1er août 2000 (http://assemblee-nationale.fr/projets/pl2560.asp, Stand: 12.02.2006).

2. Erlasse

Décret no. 55-594 du 20 mai 1955 relatif à divers allégements fiscaux, Journal officiel, Lois et décrets, 21.5.1955, S. 5115 ff.

Décret no. 55-1223 du 17 septembre 1955 fixant les conditions d'application de l'article 10 du décret no. 55-594 du 20 mai 1955, Journal officiel Lois et décrets, 18.9.1955, S. 9243 ff.

Décret no. 59-540 du 17 avril 1959 fixant la composition du comité national consultatif prevue par l'ordonnance no. 59-126 du 7 janivier 1959 tendant à favoriser l'association ou l'intéressement des travailleurs à l'entreprise, Journal officiel, Lois et décrets, 18.4.1959, S. 4312 ff.

Décret no. 80-935 du 26 novembre 1980 fixant les modalites d'application de la loi 80834 du 24-10.1980 creant une distribution d'actions en faveur des salaries des entreprises industrielles et commerciales, Journal officiel "Loi et décrets" du 27 novembre 1980, S. 2764 ff.

Décret no. 81-891 du 01 octobre 1981 fixant le montant de la contribution fortaitaire, institutee par l'art. 64 de la loi de finances pour 1975, Journal officiel Lois et décrets, 02.10.1981, S. 2687)

Décret en Conseil d'Etat 2004-400 du 07 mai 2004 pris en application de l'article L.443-1-2 du code du travail (deuxième partie: Décrets en conseil d'Etat), Journal officiel „Lois et Décrets" du 08 mai 2004, S. 8231.

3. Verordungen

Ordonnance no. 59-126 du 7 janvier 1959 tendant à favoriser l'association ou l'intéressement des travailleurs à l'entreprise, Journal officiel, Lois et décrets, 9.1.1959, S. 641 ff.

Ordonnance no. 67-693 du 17 août 1967 relative à la participation des salariés aux fruits de l'expansion des entreprises, Journal officiel, Lois et décrets, 18.8.1967, S. 8288 ff.

Ordonnance no. 67-694 du 17 août 1967 relative aux plans d'éspargne d'entreprise et modifiant la loi no. 65-997 du 29 novembre 1965, Journal officiel, Lois et décrets, 18.8.1967, S. 8290.

Ordonnance no. 67-695 du 17 août 1967 modifiant et comoétant la loi no. 66-537 du 24 juillet 1966 sur les sociétés commerciales, Journal officiel, Lois et décrets, 18.8.1967, S. 8291.

Ordonnance no. 86-1134 du 21 octubre 1986 relative a l'interessement et a la participation des salaries aux resultats de l'entreprise et a l'actionnariat des salaries, Journal officiel, Lois et décrets, 23.10.1986, S. 12771 ff.

4. Sonstiges

Circulaire du 14 septembre 2005 relative à l'épargne salariale, NOR: SOCX0508715C, Journal officiel „lois et décrets" n° 255 du 1 novembre 2005, texte n° 6, S. 17179 ff.

B. Großbritannien

1. Gesetzesentwürfe und Gesetzesquellen

Buildings Society Act 1986

Company Act 1985

Finance Act 1972

Finance Act 1980

Finance Act 1984

Finance Act 2000

Finance Act 2003

Finance Act 2005

Income and Corporation Tax Act – ICTA 1988

Income Tax (Earnings and Pensions) Act – ITEPA 2003

Income Tax (Trading and Other Income) Act – ITTOIA 2005

Taxation of Chargeable Gains Act – TCGA 1992

Transfer of Undertakings (Protection of Employment) Regulations 1981

2. Finanzgerichtsurteile

Weight v. Salmon (1935), 19 T.C. 174.

Ede v. Wilsond (1945), 26 T.C. 381.

Mansworth (Inspector of Taxes) v. Jelley (2003) STC 53.

3. Entscheidungen des House of Lords

Abbot v. Philbin (1961), A. C. 352.

R. vs. Secretary of State of Employment Ex p Equal Opportunieites Commission (1995) 1 A.C.1, HL.

Sonstige Quellen

Brown, G. (Consultation) (http://www.hm-treasury.gov.uk./media/B3C/54/2.pdf, Stand: 14.06.2006), Consultation on Employee Share Ownership, in: http://www.hm-treasury.gov.uk./media/B3C/54/2.pdf (Stand: 14.06.2006).

Deutscher Gewerkschaftsbund (Spielräume), Spielräume ausschöpfen statt Tarifsystem ändern, Pressetext zum Thema "Arbeitnehmerrechte ausbauen", in: http://www.dgb.de/themen/btw2002 /beitraege/tarif (Stand: 02.12.2005).

Hagelüken, Alexander (Bündnis), "Wirtschaft lässt Bündnis platzen" - Neuer Forderungskatalog der Arbeitgeber erregt die Gewerkschaften. Regierung muss mit Scheitern ihres Symbolprojekts rechnen, in: sueddeutsche.de vom 21.01.2002, http://www.sueddeutsche.de/wirtschaft/brachenpolitik/34 783/index.php.

HM Revenue & Customs, HM Revenue & Customs, www.hmrc.gov.uk/rates/cgt.htm, (Stand: 16.06.06).

HM Revenue & Customs, HM Revenue & Customs, www.hmrc.gov.uk/rates/nic.htm, (Stand: 16.06.06).

HM Revenue & Customs, www.hmrc.gov.uk/rates/it.htm, (Stand: 16.06.06).

HM Revenue & Customs, HM Revenue & Customs, www.hmrc.gov.uk/rates/corp.htm, (Stand: 16.06.06).

Hofmann, Herbert/Munz, Sonja (Verbreitung), Verbreitung von Mitarbeiter-Kapitalbeteiligungen und von Vorkehrungen zum Insolvenzschutz für mit vermögenswirksamen Leistungen erworbenen Kapitalbeteiligungen, ifo-Projekt-Endbericht (Bundesministerium für Arbeit und Sozialordnung), September 2002, in: http://www.bma.bund.de/doc/doc_request.cfm?20AA599529084FE6BD44298169E5AB71 (Stand: 12/2002).

Inland Revenue (RIA - Enterprise Management Incentives), Final Regulatory Impact Assessment (RIA) - Enterprise Management Incentives, in: www.hmrc.gov.uk/ria/ria_emi.pdf (Stand: 15.08.2006).

Inland Revenue (Share Appreciation Rights), No approval for CSOP with share appreciation rights, in: Tax Bulletin May 1992, S. 23 - 34.

Inland Revenue (Technical Note), A New All-Employee Share Scheme: A Technical Note by the Inland Revenue (by 30 April 1999), in: http://inlandrevenue.gov.uk/////////consult/tnnss.htm (Stand: 19/06/2006).

Unternehmen und Steuern

Herausgeber: Prof. Dr. Jochen Sigloch, Universität Bayreuth
Prof. Dr. Klaus Henselmann, Universität Erlangen-Nürnberg

Band 1: Lutz Schmidt
Maßgeblichkeitsprinzip und Einheitsbilanz
1994. ISBN 3-7908-0751-6

Band 2: Klaus Henselmann
Erfolgsmessung und Steuerbelastung
1994. ISBN 3-7908-0752-4

Band 3: Andreas Bertsch
Rechnungslegung von Konzernunternehmen
1995. ISBN 3-7908-0842-3

Band 4: Alfred Krätzschmar
Alterssicherung und Besteuerung
Eine modellgestützte Analyse für Leibrenten
1995. ISBN 3-7908-0889-X

Band 5: Claudius Theurer
Pensionszusagen und ihre Dynamisierung auf lange Sicht
1996. ISBN 3-7908-0921-7

Band 6: Thomas Egner
Performancemessung bei Wertpapier-Investmentfonds
1998. ISBN 3-7908-1106-8

Band 7: Bernhard Engelbrecht
Grundsätze und Technik ordnungsmäßiger Immobilienbewertung
1998. ISBN 3-7908-1107-6

Band 8: Rainer Mauer
Altersvorsorge von abhängig Erwerbstätigen
1998. ISBN 3-7908-1113-0

Band 9: Johannes E. Mittermaier
Besteuerung von Personengesellschaften im Verhältnis USA - Deutschland
1999. ISBN 3-7908-1177-7

Im Shaker Verlag sind erschienen:

Band 10: Klaus Henselmann
Unternehmensrechnungen und Unternehmenswert
1999. ISBN 3-8265-5741-7

Band 11: Markus Emmrich
Ansätze und Perspektiven einer Reform der externen Rechnungslegung in Deutschland
1999. ISBN 3-8265-5687-9

Band 12: Sven Matthiesen
Finanzinnovationen und Besteuerungen
1999. ISBN 3-8265-5696-8

Band 13: Corinna Treisch
Existenzminimum und Einkommensbesteuerung
1999. ISBN 3-8265-5736-0

Band 14: Ralf Zirn
Die Besteuerung von Unternehmensübernahmen
1999. ISBN 3-8265-5865-0

Band 15: Stephan Wildner
Stock Options: Ausgestaltungsmöglichkeiten und steuerliche Behandlung beim Begünstigten
2000. ISBN 3-8265-5928-2

Band 16: Achim Stegner
Ansätze und Perspektiven einer anspruchsgruppenorientierten Hochschulgestaltung: Autonomie und Rechenschaft – Führungsinformation–leistungsorientierte Budgetierung und persönliche Anreizgestaltung
2000. ISBN 3-8265-5971-1

Band 17: Georg Arnswald
Transnationale Immobilieninvestitionen und Besteuerung – Besteuerungswirkungen und Gestaltungsmöglichkeiten grenzüberschreitender Immobilieninvestitionen im internationalen Vergleich
2000. ISBN 3-8265-5959-2

Band 18: Felix Fischer
Erwerbswirtschaftlich genutzte Wohnimmobilien im Ertragsteuerrecht – Eine Darstellung und Analyse alternativer Rechtsetzungen
2000. ISBN 3-8265-5966-5

Band 19: Marcus Gulder
Disagiovereinbarungen im Einkommensteuerrecht: Eine ökonomische Analyse der steuerrechtlichen Tatbestandsnormen in ausgewählten Ländern und Reformansätze
2000. ISBN 3-8265-8084-2

Band 20: Michael Spörl
Immobilienbesteuerung in Mittel- und Osteuropa: Eine kritische Bestandsaufnahme mit Reformvorschlägen
2001. ISBN 3-8265-8721-9

Band 21: Wilfried Effing
Jahresabschlussbasierte Konkurrenzanalyse. Eignung von Jahresabschlüssen zur Befriedigung des Informationsbedarfs der Konkurrenzanalyse
2002. ISBN 3-8322-0011-8

Band 22: Ralf Hilgenstock
Besteuerung öffentlicher Unternehmen. Notwendigkeit und Ansatzpunkte für eine Reform der körperschaft-, gewerbe- und umsatzsteuerlichen Behandlung
2002. ISBN 3-8322-0275-7

Band 23: Bernd Grottel
Bilanzierung immaterieller Anlagewerte im internationalen Vergleich
2002. ISBN 3-8322-0891-7

Band 24: Carsten Heinz
Vermögensübergänge im Spannungsfeld von Erbschaftsteuer und Einkommensteuer. Ansätze einer systemkonformen Ausgestaltung der Besteuerung im Erb- oder Schenkungsfall
2003. ISBN 3-8322-0910-7

Band 25: Oliver Bauer
Die Bewertung von Steuerberaterkanzleien
2003. ISBN 3-8322-1253-1

Band 26: Holger Hendel
Die Bewertung von Start-up Unternehmen im Rahmen von Venture Capital Finanzierungen - Anwendungsmöglichkeiten der Realoptionstheorie
2003. ISBN 3-8322-1342-2

Band 27: André Rauch
Nachfolgeplanung in mittelständischen Unternehmen unter besonderer Berücksichtigung privater Versorgungsleistungen
2003. ISBN 3-8322-1692-8

Band 28: Matthias Wagner
Rückstellungen in der Handelsbilanz und Steuerbilanz in den Staaten der Europäischen Union
2003. ISBN 3-8322-1747-9

Band 29: Matthias Sander
Gemeindeeinkommensteuer - Theoretische Beurteilung und Ausgestaltungsmöglichkeiten
2003. ISBN 3-8322-1757-6

Band 30: Holger Himmel
Konvergenz von interner und externer Unternehmensrechnung am Beispiel der Segmentberichterstattung
2003. ISBN 3-8322-1946-3

Band 31: Thomas Fritzmann
Internationale Konzernfinanzierung. Entscheidungshilfen zur steuerlichen Optimierung der Finanzierung ausländischer Tochtergesellschaften unter Anwendung der Teilsteuerrechnung
2003. ISBN 3-8322-2008-9

Band 32: Fabian Prüschenk
Ertragsbesteuerung von Konzernen. Eine ökonomische Analyse alternativer Formen der Konzernbesteuerung
2004. ISBN 3-8322-2015-1

Band 33: Stephan Wildner
Nutzungsrechte in Handels- und Steuerbilanz
2004. ISBN 3-8322-2347-9

Band 34: Isabel Rind
Die Berücksichtigung von Steuern in der Kapitalmarkttheorie. Darstellung ausgewählter theoretischer Ansätze und Überlegungen zu ihrer Übertragbarkeit auf das deutsche Steuersystem
2004. ISBN 3-8322-2447-5

Band 35: Thomas Egner
Aktienkursorientierte Vergütungsmodelle. Grundfragen der Rechnungslegung und Besteuerung
2004. ISBN 3-8322-2735-0

Band 36: Christian Zeislmair
Lebensversicherung und Altersvorsorge. Entwicklung und Rahmenbedingungen – Produktkonzeption – Steuerliche Behandlung
2004. ISBN 3-8322-2772-5

Band 37: Jasmin Kunz
Besteuerungssystemübergreifende Umwandlungen – eine systematische Analyse und Lösungsansätze im Rahmen des bisherigen und des geltenden Rechts –
2005. ISBN 3-8322-3491-8

Band 38: Kathrin Leischel
Steuerliche Einflüsse bei erfolgsabhängigen Entlohnungssystemen
2005. ISBN 3-8322-3730-5

Band 39: Alexander Lohschmidt
Ziele und Zielkonflikte bei der Festlegung von Verrechnungspreisen
2005. ISBN 3-8322-3755-0

Band 40: Axel Weiler
Verbesserung der Prognosegüte bei der Unternehmensbewertung - Konvergenzprozesse in der Restwertperiode
2005. ISBN 3-8322-4353-4

Band 41: Uwe Demmler
Dual Income Tax als Reform der Einkommensteuer – Fortschritt oder Stillstand?
2005. ISBN 3-8322-4363-1

Band 42: Marco Ebel
Performancemessung professioneller Fußballunternehmen. Entwicklung eines betriebswirtschaftlichen Steuerungsinstrumentariums
2006. ISBN 3-8322-4822-6

Band 43: Axel Weiß
Behandlung von Derivaten im deutschen und englischen Rechtskreis – ein Rechtsvergleich als Ausgangspunkt zur Schaffung von Steuerneutralität
2006. ISBN 3-8322-5092-1

Band 44: Sascha Hower
Steuerliche Vorteile der Fremdfinanzierung in der Unternehmensbewertung: Tax Shield des Fremdkapitals in Deutschland und den USA
2006. ISBN 3-8322-5339-4

Band 45: Simone Jäck
Gemeinnützige Organisationen im Ertragssteuerrecht. Kritische Bestandsaufnahme der geltenden Regelungen für Mittelerwerb und Mittelverwendung in Deutschland, Schweiz und USA und Reformüberlegungen
2006. ISBN 3-8322-5527-3

Band 46: Hans-Joachim Heimbürger
Stock Options – Motiv oder Gegenmittel für Bilanzmanipulationen? Theoretische Erklärungsansätze und praktische Befunde
2006. ISBN 3-8322-5545-1

Band 47: Burkhard Kahre
Kapitalmarktkommunikation immateriellen Vermögens
2006. ISBN 3-8322-5650-4

Band 48: Ingo Fuchs
Modellgestützter Belastungsvergleich zwischen Rechtsformkombinationen auf der Grundlage von Charakteristika und steuerlichen Implikationen bei Venture Capital-Finanzierungen
2007. ISBN 978-3-8322-6083-5

Band 49: Anja Munzert
Nießbrauch als Instrument der Unternehmensnachfolge – Eine Steuerbelastungsanalyse anhand alternativer Rechtsverhältnisse bezogen auf Einzelunternehmen
2007. ISBN 978-3-8322-6127-6

Band 50: Axel Rebien
Kapitalkosten in der Unternehmensbewertung. Auswahl und Einsatz von Ermittlungsmethoden zur sachgerechten Ableitung von Risikokosten unter Berücksichtigung fundamentaler Faktoren
2007. ISBN 978-3-8322-6296-9

Band 51: Jörn Möller
Immobilie als Unternehmen – Kritische Analyse der Bewertungspraxis und Ansätze zur outputorientierten Wertermittlung
2007. ISBN 978-3-8322-6569-4

Band 52: Frank Kramer
Unternehmensbesteuerung durch Cash-flow-Steuer – Eine ökonomische Analyse verschiedener Formen einer Konsumbesteuerung unter besonderer Berücksichtigung grenzüberschreitender Investitionen
2007. ISBN 978-3-8322-6607-3

Band 53: Stefan Lorenzat
Preisfindung bei Erstemissionen deutscher Aktiengesellschaften unter besonderer Berücksichtigung der Performanceentwicklung
2008. ISBN 978-3-8322-7358-3

Band 54: Jörg Nicklas
Vergleich nationaler und internationaler Standards der Unternehmensbewertung – Ein kontingenztheoretischer Ansatz
2008. ISBN 978-3-8322-7398-9

Band 55: Sascha Hower
Unternehmensbewertung mit dem Tax-CAPM: Fortschritt oder nicht pragmatische Komplexitätssteigerung?
2008. ISBN 978-3-8322-7451-1